U0554539

抗日义勇军与抗日救亡运动

主编◎解学诗

副主编◎李娜　王玉芹

社会科学文献出版社
SOCIAL SCIENCES ACADEMIC PRESS (CHINA)

序　言

本书所述原本是九一八事变80周年纪念选题，因故未能及时完成。选此课题主要想法是：（1）多年来，笔者通过收集、整理史料工作，掌握一些档案文献，觉得如有机会应该将其运用于抗日义勇军问题的研究，看看对研究能否起到添砖加瓦的作用；（2）抗日义勇军历史问题是中国抗日战争的重要课题，近些年已有不少著述问世，对其评价大多中肯、正确，但似乎仍有一些问题，需要深入探讨，进一步取得共识。

在理论上，本书自然不是理论创新工作，所述多为旧事，并无新的发掘与发现，而是努力学习历史唯物主义，力求进行历史主义分析，不以今日之标准要求昨日之事物。在方法上，注意综合分析和总体把握，将抗日义勇军问题尽量放进中国抗日战争和抗日救亡的历史洪流中，一并剖析与认识，以期明示抗日义勇军在抗日战争历史中的本质、地位与作用，不使其自外于中国抗日战争史全局。基于此，本书理所当然地从整体上肯定抗日义勇军的历史意义，弘扬由义勇军军歌即如今的国歌所传递出来的，实际是由中国共产党抗日民族统一战线升华的“团结奋斗”的伟大民族精神。本书并不否认义勇军的缺点与问题，但它们不是决定义勇军本质与主体的关键因素。本书也不对义勇军的个人与个案问题进行专门论证。因为笔者水平与能力有限，所掌握的史料也有限，所述人与事难免挂一漏万。

本书框架、结构的特点是，课题研究成果和档案文献展示同时并重，这样做无非表示重视文献史料。课题研究成果，不管质量高低都是一家之言，而重要档案文献则可供人们长期研究和玩味，两者的研读和读后感受是不能互相取代的。

辽宁的同行是抗日义勇军问题研究的开创者和奠基人，他们的《东北抗日义勇军史》《东北抗日义勇军人物志》《东北抗日救亡人物传》等，都是本课题研究的基本参考文献，本书多所依据和引用。同样，戴茂林、邓守静所著《八年抗战中的东北救亡总会》和张德良、周毅主编的《东北军史》，也是保证笔者研究水准的基本文献，没有他们的研究工作，笔者的努力不可想象，因此在这里特向使笔者获得教益的辽宁同行致以衷心的感谢。

总之，归根结底，本书所能展示出的，只有角度、方法和若干观点，是否必要、妥当和具有意义，有待于读者和朋友的不吝批评。

目　录

上编　课题研究

下编　文献辑录

上编

课题研究

前言　关于抗日战争开始和发展道路问题

中国抗日战争始于何时？这本来是一个毋庸置疑的明白问题，可是近年来在日益深入的抗日战争史研究中，却成为一项不大的争议。部分学者主张中国的抗日战争始于1937年的七七事变，从此到1945年8月日本战败投降的中国对日作战是抗日战争，其前包括东北军民的抗日武装斗争，不属于中国抗日战争历史范畴。经过研讨，目前一般的认识是从1931年九一八事变起的对日战争是中国局部（指东北）抗日战争的开始；而以1937年的七七事变为起点的对日反侵略作战，是中国全面抗日战争之始。[①] 从抗日武装斗争发生发展的地理区位来看，特别是联系中共党史来观察，这样论断合乎实际，是正确的。其实，关于中国抗日战争开始和发展问题，毛泽东同志早在抗日战争正在进行时就做了明确的阐述："中国人民的抗日战争，是在曲折的道路上发展起来的。这个战争，还是在一九三一年就开始了。"[②] 如果认为毛泽东同志的论断正确的话，无疑1931年九一八事变就是中国抗日战争之始（当然也是日本侵华战争之始）；问题在于，抗日战争发展的"曲折的道路"，内涵是什么？也许这才是认识抗日战争发生发展历程的关键所在。历史表明：自1931年九一八事变日本帝国主义悍然发动侵华战争以来，中国人民既要同日寇进行救国于危亡的空前惨烈的反侵略战争，

---

① 人民出版社2011年9月出版的马克思理论研究和建设重点工程项目成果之中国抗日战争史编写组编写的《中国抗日战争史》，就是把九一八事变起的对日武装反侵略作战，说成中国局部抗战的开始，而后局部抗战持续发展，直到察哈尔抗战后的福建事变，即1934年1月福建政府解体，才结束。

② 《毛泽东选集》第3卷，人民出版社，1991，第1034页。

又必须对国民党政府采取的对日屈服，即妥协、不抵抗政策，以及其妄图建立专制独裁统治的所谓“抗日建国”方针进行尖锐复杂斗争。

堪称中国抗日战争第一役的东北抗日义勇军的抗敌斗争，就是广大东北军民面对日军疯狂进攻和蒋介石、张学良的不抵抗政策，为挽救国家民族危亡所能做的唯一选择。就像马占山当时所言：“与其丧失国土，委诸父老于不顾，毋宁牺牲一切，奋斗到底，如蒙天佑，或可保持一时，而获最后之侥幸。”① 所以马占山敢于“以一隅之兵力”“抵日人一国之大军”。当时奉命实行对日不抵抗的是东北军官兵，进行“不抵抗”之抵抗的也是东北军官兵。正如台湾著名历史学家郭廷以所指出的“东北正规军虽奉命对日不加抵抗，自动抵抗的仍旧不少”②。而且，东北军官兵至少在义勇军发展的初始阶段，处于主力地位，发挥主导作用。除东北军官兵外，义勇军的构成成分，还有警政人员、民团、农工商学以及大刀会、红枪会等民间组织及绿林武装势力。他们揭竿而起，风起云涌，自称自卫军、救国军，采取自发分散的办法和灵活游击的战术抗击和应对侵略者。特别是在1932年初春，即日军占领了东北三省一区③的主要城镇及主要铁路交通线，打造了伪满洲国傀儡政权，从而证明了日本将永远霸据“满蒙”并征服全中国的企图后，抗日义勇军运动出现新的高潮，并获得全国人民和抗日救国团体的支持和声援，一时间，抗日义勇军总规模达数十万人④，致使日本侵略军陷入中国抗日义勇军的汪洋大海之中。先是（4～7月）马占山的黑龙江军及东北抗日救国军和李杜、丁超的吉林自卫军，把黑吉两省作为抗敌主要战场，甚而使敌人占领长春、哈尔滨时受到严重打击；继而（特别是7、8月间）唐聚五的辽宁民众自卫军和战斗在南满“三角地区”的邓铁梅、刘景文、李春润等义勇军各部，又掀起攻打沈阳、抚顺、辽阳、鞍山、营口等各大城镇和破袭南满铁路、奉山铁路、沈海铁路等的斗争高潮；随后（主要是9月以后）护路军苏炳文、张殿九两旅宣布起义，建立民众救国军，并与摆脱日军重兵围剿的马占山联手进攻黑龙江省省会齐齐哈尔；紧接着，先后给日军以重创的李杜、丁超的吉林自卫军东进攻克佳木斯，与其相呼应的在中东铁路东部线活动的王德林国民救国军也取得了令中外瞩

---

① 《马占山致北京张学良及各界的电报》（1931年11月6日），《黑龙江省抗日战斗详报》，1934年4月，吉林省社会科学院，复印件，第9页。

② 郭廷以：《近代中国史纲》，香港中文大学出版社，1983，第633页。

③ 三省一区，即辽宁省、吉林省、黑龙江省和以哈尔滨为中心的沿中东铁路的东省特别区。

④ 东北抗日义勇军总兵力，系动态数字，一般为估计值，故说法不一。多者称50万人以上，少者称20万人以上。一般认为是30余万人，如敌伪资料就是如此。

目的发展和对敌斗争的胜利。对此，“暴日纵极凶顽，亦必疲于奔命”[①]。1932 年，在关东军基本实现了对东三省的武装占领和完成伪满傀儡政权打造的情况下，竟然进行了九一八事变以来最大规模的增兵，以致可以利用五六个师团的重兵[②]和驱使大量日伪警力[③]，发动极力镇压与“围剿”义勇军的武力活动。1932 年夏季北满的空前水灾[④]已经给义勇军造成无法言状的极大困难；时届严冬，本来就“兵单饷绌，器窳装敝”的义勇军，在关东军大肆杀伐下，更加“饷弹两缺，衣食无着”，甚而不得不“披搭被褥，与敌对抗”，最后“物罄粮殚，无以为守”[⑤]。及至 1933 年 2 月日军进攻热河时，奋斗达一年半之久的抗日义勇军被迫转进和退散，抗日武装斗争转入低潮，但这绝非义勇军的溃败和被消灭，不管是转移外地者，还是坚持在本地者，都是“在极端艰苦之下，继续奋斗不懈”[⑥]。

日军进攻热河时，一分为三的义勇军，多数还是留在东北各地坚持艰苦卓绝的抗日武装斗争。[⑦] 就连日伪方面都不得不承认，抗日义勇军“在量上虽然显著减少”，但“在质的方面，有了显著的提高”，亦即“抗日部队数量的减少绝不意味着满洲的中国人民抗日运动的弱化”[⑧]。他们“由大股变成小股，从平地遁往山间僻地”，“思想越来越激进，行动也就更加坚决”。特别是以不断袭击县城和火车的战斗方式打击敌人。虽然日本侵略者也改变了“集中兵力，各个击破”的运动战术，从 1933 年 6 月起实行分散配置，全线出击，武力“围剿”与政治镇压相结合，大规模地进行所谓

---

① 《马占山致电北京张学良及中央》（1932 年 5 月 9 日），《黑龙江省抗日战斗详报》，1934 年 4 月，第 23 页。

② 据 1932 年 7 月 1 日北平绥靖公署参谋处《九一八以来日军在东北行动概要》载，当时在中国东北打杀抗日义勇军的日军部队有独立守备队、第二师团、第二十师团及第三十九混成旅团、第八师团及第四混成旅团、第三十八混成旅团、第十师团、第十四师团、骑兵第一旅团。此外，关东军进攻热河前，第六师团被编入关东军。而当时的日本常备师团，总共才有 17 个。

③ 1933 年，伪满洲国警察共为 10.1 万人，警察队即武装警察部队 3.6 万人，占总数的三分之一以上。

④ 1932 年 7 ~8 月的北满水灾，受灾面积与日本九州面积相当，哈尔滨一带受灾难民即达 36 万人。义勇军活动的松花江下游受灾尤为严重。

⑤ 《李杜、丁超代表王子耀、刘丕光致国民政府呈文》（1933 年 2 月 24 日），吉林省社会科学院原件复印件。

⑥ 郭廷以：《近代中国史纲》，第 634 页。

⑦ 吉林省自卫军或称“吉林自卫军”，包括原吉林省正规军和新建的救国军，1932 年发展到 10 多万人。1933 年初，退入苏联后经新疆归国的共 18 批，8000 余人，坚持在原地继续武装斗争的“尚有七万之众”。

⑧ 〔日〕古海忠之等：《日本帝国主义中国侵略史》（日文），未刊手稿，第 382 ~386 页。

“匪民分离”的“集家”等工作，但义勇军各部依然持续斗争，取得一系列胜利，并逐步实现了抗日战线的联合，掀起抗日武装斗争的新高潮。[①] 首先，是经过前一阶段铁血战斗的洗礼，涌现出一批像王凤阁那样信誓“枪不离人，人不离乡”的思想坚定的义勇军领导者，他们掌握了相当高超的对敌斗争战术；其次，反对日伪统治掠夺（如依兰土龙山农民暴动和驼腰岭金矿工人起义）的工农知识分子相继参加抗日斗争行列，使义勇军成分有了改变，素质有了提升；最后，也是最为重要的一点是中国共产党的红色抗日游击战争，特别是他们的抗日统一战线政策对义勇军的斗争思想、行动甚至组织形式产生的深刻影响。不过，九一八事变后的初期，中国共产党及其领导的游击队力量有限，并受左倾思想影响，虽然在 1934 年就建立了东北人民革命军，并将其提升为战时可以联合行动的抗日同盟军，但是只有在 1936 年初《东北抗日联军统一军队建制宣言》发表后，党所领导的东北人民革命军以及各路义勇军等抗日部队，才接连改编为抗日联军，成为政治目标和斗争纲领明确的抗日武装集团，促进抗日战争的发展。

因此，有著作将九一八事变以来的 6 年东北人民的斗争，说成是“一部义勇军斗争史”[②]，不无道理。正是这 6 年来的东北人民抗日武装斗争，包括义勇军的抗日武装斗争，红军游击队的抗日武装斗争，以及两者协同的抗日武装斗争，不仅牵制、打击了敌人，扰乱了敌人的侵华计划，而且以抗战的实践，与日益高涨的全国抗日救亡运动相呼应相配合，揭露敌伪，教育人民，使国民党营垒发生变化，以致“逼蒋”走上抗日战争的道路，特别是中国共产党在这期间建立发展了抗日民族统一战线，领导中国人民开始了全面的抗日战争。

① 据日伪统计，1932～1937 年东北抗日部队共出动 131423 次，抗日武装人员共出动 21058011 人次，按年计算，其间年均出动人次，从 377 万人次，增加到 1035 万人次，后者是前者近 3 倍［吉林省公安厅公安史研究室、东北沦陷十四年史吉林编写组编译（以下省略）《满洲国警察史》，1989，第 321 页］。

② 中国现代史资料编辑委员会编（以下省略）《从“九一八”到“七七”国民党的投降政策与人民的抗战运动》，上海人民出版社，1958，第 151～152 页。

第一章　东北各路抗日义勇军

一　东北军的不抵抗与抵抗

1. 蒋、张不抵抗政策

九一八事变后，日本帝国主义恣意侵略，东三省迅速沦丧，就中国而言，其主要原因，既有实力问题，也有政策错误。众所周知，面对日军的疯狂武装侵略，蒋介石的国民政府推行的却是不抵抗政策，而守土有责的东北军最高统帅张学良又忠实地执行了这一政策。蒋、张都把日本侵略者看得过于强大，低估了中国人民抗敌的信心与力量，心存恐惧，他们把希望寄托于国际社会——国际联盟的干涉，以遏制日本，迫使其有所收敛。不过，蒋、张立场不同，着眼各异，因而在不抵抗政策的推行上日益显现差异乃至产生矛盾。

1931 年 7 月，西北军阀石友三受粤系及日方策动，在河南发动武装叛乱。之后，中国北方又发生了漫延 10 省、灾民多达 5000 万的大水灾。凡此种种，对国民党政府的内外决策不无影响，但是，蒋介石的不抵抗政策，归根结底，是出自他的"安内攘外"论。而所谓"安内"虽有压制反蒋粤系的考虑，但主要的是企图消灭中国共产党。1932 年 2 月，集国民政府主席、行政院院长和陆海空军总司令于一身的蒋介石，因所谓"约法问题"[①]，

---

① 中原大战后，蒋介石积极筹备召开国民会议制定《训政暑期约法》，剥夺反蒋派势力，实行蒋的独裁统治。1930 年 11 月的国民党三届四中全会决定 1931 年 5 月 5 日召开国民会议。但蒋介石与胡汉民关于约法问题的争执日烈。蒋派人劝胡"休养"未遂后，乃于 1931 年 2 月 18 日将胡诱捕，软禁于南京郊区汤山，声称胡"引咎辞职"，改选了立法院院长。

软禁了国民党元老和立法院院长胡汉民，从而导致宁粤分裂、粤系国民政府成立和蒋介石受弹劾而一度下野。[①] 与此同时，由于国民党军两次江西苏区大“围剿”均遭失败，蒋介石遂从1931年7月1日起，亲率30万大军对江西苏区实行第三次大“围剿”，并通电声称：“不先消灭赤匪”，“则不能御侮”；“不先削粤逆”，“则不能攘外”。[②] 1931年11月，国民党四大召开，同月30日蒋介石在讲话中又把“攘外应先安内”改为“攘外必先安内”。[③] 这就是外国学者所说的蒋介石把“九一八时的不抵抗政策后来逐步发展为‘安内攘外’论”。[④]

可是，继承张作霖出任东北边防军总司令的张学良，其不抵抗政策的着眼点却是日本侵略者的野心和强大。回溯1928年他不顾日本阻挠，毅然易帜归从国民政府便可知，其主要动机就是谋求全国合力抵抗日本的侵略。这已成为他的一贯思想。1931年4月，张学良升任全国陆海空军副总司令，但他自同年5月28日起，就因身患伤寒病住进北平协和医院。7月“万宝山事件”和随之朝鲜排华事件发生后，他虽十分焦虑，却仍认为东北军无力与日军单独作战，故于7月6日密电东北政务委员会称：“此时如与日本开战，我方必败，败则日方将对我方要求割地偿款，东北将万劫不复，亟宜避免冲突，以公理为周旋。”可他同时又代表东北集团建议国民政府“对日采取强硬态度”，“直接抵抗日本侵略”。[⑤] 而醉心于“剿共”并业已抛出“攘外应先安内”的蒋介石，虽集会讨论了张的建议，但否定了张的建议。张学良自易帜以来，对蒋介石忠心耿耿，不但遵从蒋的意旨，且在平息石友三的叛乱时，从东北调集精兵6万名入关，并未对即将动武的日本侵略做好军事准备。可是，关东军继而借口“中村大尉事件”，趁石友三叛乱之机策划在东北起事。张学良亟思回师抗敌，接连向蒋介石请命，明确提出“东北之安全，非藉武力无以确保”，并尖锐指出“日本推展其大陆政策，有急侵满蒙之意，已无疑”；他郑重建议：“事既关系满蒙存亡，吾人自应早为之计。”[⑥] 对此，蒋介石除重弹其“剿共”的老调外，毫无别的表示，

① 在宁粤对立中，1931年12月15日至1932年3月，蒋介石被迫下野。

② 《蒋总统秘录》第7册，“中央”日报社译印，1976，第185页；转引自解学诗《伪满洲国史新编》，人民出版社，2008，第122页。

③ 另有著述称，1933年5月6日，蒋介石在讲演中，将其观点定为“攘外必须先安内”。

④ 〔日〕西村成雄：《东北的殖民地化与抗日救亡运动》，〔日〕池田诚编著《抗日战争与中国民众——中国的民族主义》，中国抗日战争纪念馆编研部译校（以下省略），求实出版社，1989，第46页。

⑤ 《顾维钧回忆录》第1册，中华书局，1983，第425页。

⑥ 毕万闻主编《张学良文集》第1册，新华出版社，1992，第466页。

并于1931年8月16日发出了众所公认的铣电："无论日本军队如何在东北寻衅，我方应不予抵抗，力避冲突，吾兄万勿逞一时之愤，置国家民族于不顾。"[①] 自然，精于谍特谋略活动的日本侵略者对此了如指掌，中方官员对自方的态度与政策实际也不隐讳。[②] 因此，关东军于1931年9月中旬悍然发动九一八事变，虽因石友三叛乱很快被平息而未得有利条件，但是该事变确实是在东北军政首脑不在，后方空虚，并确知中国将不进行抵抗的有利时机发动的。

事实证明，九一八事变前，蒋介石不仅向张学良发出了上述铣电，而且于1931年9月11日曾亲自驱车到石家庄，电召张学良，在火车上面谕他万万不能抵抗。[③] 因此，当1931年9月18日晚10时，张学良正在前门一家戏院看京剧时，接到东北边防军参谋长荣臻的十万火急请示电报后，立即下令"不抵抗""避免冲击"，尽管迄今亦未见到有蒋介石的命令文档公布。继而他还不止一次地向中外媒体宣传其不抵抗政策，甚至不顾许多东北军部队在不抵抗命令下达的情况下曾自发、自动、自觉进行激烈抵抗的事实，刻意强调不抵抗和未抵抗，其意图无非是欲与蒋介石和国民党政府一道表明："中国只求世界舆论之判断，并希望公理之得伸。"[④] 特别是在1931年10月20日国联理事会做出第二次限期3周日军撤兵后，张学良竟欣然认为和平在即，日本快要撤军了。然而，日军不仅未撤，反而大举向黑龙江省进犯。是时张的不抵抗政策不得不略做调整，即颁令黑龙江省代主席马占山等"采取正当自卫办法"，但他仍对国联抱有幻想，要求"中央转报国联要求设法制止"，[⑤] 不过，未被制止反而得寸进尺的日军的疯狂侵略，终于使张学良开始感到"判断错误了"。[⑥] 特别是关东军打下齐齐哈尔后开始向辽西转进时，蒋、张的不抵抗政策开始发生微妙的变化。当时，辽西锦州

---

① 据张学良的原机要秘书田雨时在香港《明报月报》1991年9月号发表文章称："'铣电'一直藏诸秘档，当时在新闻检查制度下，凡报章刊载'铣电'是要被删去或开天窗的。"

② 1931年8月17日，满铁木村理事致外务省亚洲局长电称：8月16日，东北政务委员会委员汤尔和去大连向满铁寻风摸底，曾称如果日军"强制进行，只有抱不抵抗主义"。

③ 此事在唐德刚、王书君《张学良世纪传奇》（口述实录，上卷，山东友谊出版社，2002，第422～423页）一书和何柱国《九一八沈阳事变前后》（《文史资料选辑》第76辑，文史资料出版社，1981，第66页）一文中，都有记载。蒋对张称："日军在东北马上要动手……最主要的是要你严令东北全军，凡遇到日军进攻，一律不准抵抗。"

④ 《张学良文集》第1册，新华出版社，1992，第484页。

⑤ 《张学良致国民党中央党部等通电》（1931年11月6日），《张学良文集》，第515页。

⑥ 1990年6月和8月，张学良数次接见日本广播协会记者，曾称"我对九一八事变判断错误了"，"没有把情形看明白"。

已是张学良在某种程度上对东北继续发挥政治军事影响的中枢[①]，锦州一旦失陷，无异于张的势力被全部扫出东北；而对蒋介石和国民党政府来说，辽西走廊和锦州失陷，则意味着关内华北、中原都失去了屏障。可是，蒋和张均无抗击日本的决心与准备，更谈不上有信心决一胜负。1931 年 11 月 25 日，国民政府代表施肇基向国联提出锦州中立化计划，试图以非战争手段保全锦州。但是，西方国家无法无力担保日本不向锦州至山海关一线进兵和不干涉这一地区的中国行政与警察，尽管辽西走廊属于英美势力范围。至于张学良，他不但赞同锦州中立化计划，而且主张并已开始举行中日间的直接谈判，但因日方得寸进尺，加之中方民众强烈反对，此议作罢。这一切更加助长了日本的侵略气焰，1931 年 12 月 15 日，日本参谋本部批准了关东军以"讨匪"为名的进攻锦州计划。面对即将发起的日军锦州攻势，蒋介石业已下野（因宁粤问题遭受指责），南京国民政府似已决意放弃不抵抗政策，背水一战，进行"实力防卫"了，12 月 25 日明令张学良固守锦州。可是，中央虽下令死守，却既缺援兵，又无饷械接济，何以搏敌作战。12 月 26 日，敌已大军压境，张学良向国民政府摊牌了，电称："奉有（25）电敬悉。对锦必尽力设法固守，但日军倾全国之力，我仅一隅之师。彼则军实充足，器械精良，陆空连接，大举进犯；我则养饔不充，械弹两缺，防空御寒，均无准备。实力相较，众寡悬殊。凡此情形，谅为钧府所洞察。""再日本在天津现已集结大军，锦战一开，华北全局必将同时牵动。关于此举，尤须预筹应付策略，否则空言固守，实际有所为难。""良部官兵，已有牺牲决心；但事关全国，深恐无补艰危。"最后，张学良表示："惟念兹事体大，关系全国存亡，情势所在，不能不据实直陈，究应如何处理之处，敬请统筹全局，确切指示为盼。"[②] 南京方面显然无以"确切指示"，因为此前张学良业已电呈国民政府火速拨支巨额军款和调遣大部援军，称"否则巧妇难为无米之炊"。结果，当 1932 年 1 月 2 日关东军兵临锦州城之时，众达 3 万人的东北军悄悄地撤离了。这个时候，张学良临阵撤兵，大致不是惧敌，亦非不愿御敌，而是仍如初衷，没有全国的合力抗日，单凭东北军，他是不肯做此一拼的，就像锦战一触即发之际前线东北军官兵所宣言的："东北为中国之东北，非东北人之东北，故言抵抗，必须全国以整个力量赴之。"[③] 此后的历史进程表明，面临

① 1931 年 9 月 23 日，张学良致电在锦州设立东北边防军司令长官公署行署和辽宁省政府行署，分别任命张作相代理司令长官，米春霖代理省主席。

② 《张学良呈国民政府电》（1932 年 12 月 26 日），《张学良文集》第 1 册，第 564 ~ 565 页。

③ 陈觉：《九一八后国难痛史资料》第 1 卷，东北问题研究会，1932，第 231 页；转引自张德良、周毅主编《东北军史》，辽宁大学出版社，1987，第 214 页。

日本继续恣意侵略和中国当局依然推行退让妥协政策，反对蒋介石国民党政府一味图谋实现独裁专制的所谓“统一”，争取举国一致的抗日救亡的发展，不仅成为“家仇国难丛集一身”而亟谋收复失地的张学良与蒋介石及国民政府的主要矛盾，也是当时中国政治日趋突出的基本矛盾。

2. 沈阳、长春兵营突围战

虽然蒋、张的矛盾日深，但在九一八事变后初期尤其是锦州备战之前，在推行不抵抗政策上，两者是一致的[①]。可是，受命不抵抗的中国军，并非毫不抵抗，沈阳、长春东北军兵营的抵抗相当英勇和激烈。

辽宁省是东北军主力所在地，但在事变前，东北军的大部分被张学良带领进关。事变时，沈阳及其周围只剩驻北大营的第七旅，该旅辖第六一九、六二〇、六二一 3 个团。他们在事变前即得知中方之不抵抗政策，但绝不肯在凶虐的日军刀锋前引颈就戮。1931 年 8 月，该旅召开上校以上军官会议，并由旅长王以哲携材料赴平报告。王以哲回沈传达张学良的遇事退让、避免冲突的指示后，又收到张转蒋的铣电。于是再次召开会议决定了“见机行事”的方针，即：衅不自我开，有限度退让；敌人越过铁路即开枪迎击；不得已时退至东山嘴子集结待命。于是，官兵一律不准归宿，加强工事，继续侦察，改换官长姓名，更换符号颜色。9 月 18 日夜 10 时 20 分，北大营西面传来一声巨响，震醒了梦中的第七旅官兵。关东军独立守备队第二大队第三中队迅速接近北大营西南角，并以 1 个小队切断第七旅退路。当时王以哲旅长不在旅部。当首当其冲的北大营西墙内第六二一团官兵操起枪炮欲与敌人拼战之际，旅参谋长赵镇藩传达了东北军参谋长荣臻之不准抵抗命令。可此时关东军已从西、南、北逼近营垣，并已开始越墙。第七旅官兵再也无法遵守不抵抗命令，参谋长赵镇藩、第六二〇团团长王铁汉等当即决定，根据 8 月的军官会议精神，还击入侵之敌。中国官兵突然袭击，奋勇杀敌，致使敌人不敢直驱挺进，而改用远距离的 24 厘米口径的榴弹炮轰击。11 时 50 分，守备队第二大队队部及第一、四两个中队到达北大营，与业已占领北大营一角的第三中队会合，对北大营开始了猛烈攻击。19 日零时 30 分，第七旅旅部及所辖各团在第六一九团殿后掩护下，不得已向东山嘴子东大营撤退。凌晨 3 时 30 分，驻抚顺之关东军独立守备队第二大队第二中队赶到，上午 5 时 30 分全部占领北大营。据关东军统计，是役日

① 吴天威《蒋介石与九一八事变》一文称：“蒋张合作无间，直到是年 12 月 15 日蒋宣布下野为止。”《抗日战争研究》第 2 期，1992，第 42 页。

军战死 2 人，第七旅牺牲 400 人左右。[①] 直至 20 日“战斗已经过一个昼夜，北大营内各处仍在燃烧”，而且“死尸累累，马尸遍布……还有尚未死去的奄奄一息者，极为凄惨!”[②] 这表明，由第七旅官兵首开的不抵抗政策下的抵抗即北大营突围战，是相当惨烈的。[③]

不过，沈阳北大营突围战并非中国军队在不抵抗政策下的抵抗的唯一战例，长春中国军队的抵抗作战，其激烈程度，甚至超过沈阳北大营突围战。

本来按关东军的计划，柳条沟衅起，驻长春日军即应以主力驰援，会攻沈阳，然后分袭各地，包括长春。但因 9 月 18 日夜至 19 日凌晨，关东军的沈阳攻击战并未遭到太大的反抗[④]，所以，19 日凌晨 3 时许，正在积极准备南行增援的驻长春日军，立即收到进攻长春中国驻军的命令。当时驻长春日军除第二师团的第三旅团司令部外，还有第三旅团辖属的第四联队的两个大队，和独立守备队第一大队的第四中队，总兵力约 1000 人。中国军队则分驻于长春的 3 个据点：南岭驻有吉林辖属的东北炮兵第十团穆纯昌部、步兵第二十五旅任玉山部，以及 1 个辎重营；二道沟（宽城子）驻有中东铁路护路军第二十三旅第六六三团第二营傅冠军部；长春市内还驻有第二十三旅第六六五团马锡麟团长率领的 1 个营。3 处中国驻军人数相当于日本驻军的 5 倍多。特别是长春南岭的南大营，是中国的一座著名兵营，清咸丰年间始建，曹锟、吴佩孚都曾在这里当官，1925 年改建后，可容纳 1 万人，事变时营中所驻步、炮各一团，堪称东北军之精锐，炮团装备的 36 门野炮，更是对日军致命性的威胁，炮群一旦怒吼，不要说区区 1000 名日军，就连整块长春铁路附属地，只需两小时，即可化为焦土。因此，关东军把攻击长春的重点置于南岭兵营。9 月 19 日凌晨 3 时 10 分，关东军集合待命南下的第三旅团第四联队第一大队黑石大队长率第五、七两个中队，连夜改奔南岭，拂晓 5 时到达炮兵团营房西北角，之后首先向炮兵一营开刀。因受事先传达的不抵抗命令的影响，中国军队不但毫无准备和警觉，

① 关东军参谋部：《满洲事变实录》，东京，日东书院印行，第 72 ~ 74 页。另据张德良、周毅主编《东北军史》（第 226 页）载，北大营中方伤亡中校以下 290 余人，日军伤亡 50 人。

② 此为满铁奉天公所长目睹情况；载于满铁总务部：《时局综合情报》（五），1931 年 9 月 22 日。

③ 据张德良、周毅主编《东北军史》载，撤到东山嘴子的第七旅官兵，后又退到东边道镇守使于芷山驻地山城镇，当时尚有 6000 人。后来他们越过南满铁路，经山海关，至京郊休整。整编恢复建制后，参加抗日战争。

④ 在独立守备队第二大队进攻沈阳北大营的同时，第二师团的第二十九联队向沈阳城区进攻。当时沈阳城内并无中国正规军，据称只有黄显声的警察队等进行过自发性抗战，结果关东军只以 7 个小时即占领了全城。

而且临战时步、炮两团团长经请示熙洽后，仍得令“急速撤走，不准抵抗”，当然也就无法实行步、炮两团联手抗敌。但是，官兵发觉日军偷袭兵营后，立即以窗户为掩体猛烈还击，阻击企图登梯越墙的日军。于是日军以全力更加疯狂冲击营门，6 时 40 分占领炮团第一营，继而黑石大队长以第五中队为左翼，第七中队为右翼，由北部向炮兵第二、三营进攻。此时，炮团官兵饮恨且战且向东部撤退，野炮全遭破坏或缴械，且因步、炮两团不能互援，致使日军攻击炮团之后得有喘息机会。同时，由公主岭赶来支援的由小河原中佐率领的独立守备队第一大队第二、三两个中队已从孟家屯站下车，上午 8 时也于临近南岭兵营的袁家窝棚集结完毕。于是，从上午 10 时起，独立守备队第一大队从南，第二师团的第三旅团第四联队从西，将任玉山的步兵团，即东北边防军第二十五旅第六七一团（旧五十团）大举包围攻击。当日军接近中国兵阵营前 400 米的时候，眼看炮兵团遭袭，早已义愤填膺的中国官兵，以堤防为掩体，用步兵炮和迫击炮猛烈还击，致使日军强行通过开阔的练兵场时，有很大伤亡。战斗从上午 10 时持续到下午 3 时，十分激烈，几乎全都是近距离短兵相接，最终因吉林军参谋长熙洽再次下达不抵抗的强制命令，官兵才不得不含恨退却。此时此刻，原驻公主岭的日军骑兵第二联队和刚刚打完宽城子的第四联队也开到南岭，可是已无仗可打，他们便以“扫荡”之名向兵营和附近百姓肆虐。当日午后 5 时 35 分日军炮火才全部停息，我方官兵共阵亡 250～260 人，伤 30～40 人，市民及乡农死亡 170～180 人，伤 30 余人。[①] 日军也有比攻打沈阳北大营时严重得多的伤亡。[②]

日军对长春的另一个目标——宽城子兵营进行攻击的是第三旅团第四联队第一大队等部队，在联队长大岛指挥下，从 19 日凌晨 4 时 50 分开始偷袭。那里驻扎的第二十三旅第六六三团第二营，共有兵力 650 人。他们虽也接到不抵抗命令，但已决定戒备反抗，主要是利用坚固的原俄国兵营墙壁，突然反击，阻止日军。在这种情况下，日军迫使中国宪兵队队长喊话劝降，让傅冠军营长出阵投降，傅营长毅然拒绝后遭击受伤阵亡，群情激愤的全营官兵，反击更加激烈。上午 8 时，日军第一大队的第二、三两个中队占领兵营的一部，但西兵营仍在顽强抵抗。日军试图从北和东西面突破，奈因入口窄小难以通过。上午 10 时，日军迫击炮、山炮并发，全队突击，上午 11 时 10 分兵营失陷。据关东军统计，此役中国军队 70 余人牺牲[③]，即十分

① 陈觉编著，张德良校订《九一八后国难痛史》上册，辽宁教育出版社，1991，第 105 页。

② 据关东军统计，日军攻击沈阳时死伤 25 人，攻击长春时死伤 142 人。

③ 关东军参谋部：《满洲事变实志》，第 82 页。

之一以上的官兵抗日阵亡。[①] 诚然，也有部分中国驻军，即驻长春城内的第二十三旅旅长李桂林和第六六五团团长马锡麟带领的 1 个营官兵临阵而逃，撤往吉林乌拉街方向。

二　江桥抗战与黑省抗日军

1. 江桥抗战的历史意义

鉴于以上史实，有的著述把东北军第七旅的北大营突围战说成中国人民抗日战争之始，这是正确的，[②] 但在典型意义上，一般均以马占山的江桥抗战作为中国抗日战争第一役。这一仗之所以博得全中国乃至全世界的肯定与赞誉，就是因为它表明日本帝国主义的侵略肆虐是应该抗击而且是能够抗击的。

关东军占领长春后，由于吉林军参谋长熙洽降敌，9 月 22 日吉林市便刀不血刃地陷入敌手。当天，关东军即按既定计划下达进兵哈尔滨的作战命令。可是，日本陆军中央当时最怕触怒苏联，故当得悉关东军准备攻哈尔滨的情报后，立刻指示："未得中央部同意，绝不许向哈尔滨进军。"[③] 受到制止的关东军迅即调头西进，当日即命部分部队开进郑家屯，9 月 24 日装甲车又进犯洮南。关东军此举，显然是企图从西部突破中东铁路，直捣黑省省会齐齐哈尔，谋夺黑省和北满，为此利用亲日派洮辽镇守使张海鹏充当马前卒，北进达到攻城略地的目的。实际上，自发动九一八事变起，面对苏联介入或武装干涉的可能性，日军采取非战或少战而主要利用中国人夺取北满的所谓"北满经略"政策，利用张景惠和操纵张海鹏都是此种政策的实践。张海鹏出身绿林，早在日俄战争时期即留有效日袭俄的记录，事变后经满铁河野洮南公所长等人的策动，很快便叛国降敌。1931 年 10 月 1 日，他自封边境保安司令，宣布"独立"，准备向黑省伸手。和对张景惠一样，关东军也"慷慨"地拨给张海鹏 3000 支步枪[④]，使原来并无实力的 1

① 按张德良、周毅主编《东北军史》（第 228 页）载，长春宽城子（即二道沟）和南岭两地的抗战中，中国官兵亡 218 名，伤 199 名；日军亡 83 名，伤 104 名。南岭步兵团的李辅建、张东山两个营撤退后曾转战于榆树县（今榆树市）等地，与日军作战达一年之久。

② 张德良、周毅主编《东北军史》即如此认为，见该书第 227 页。

③ 日本参谋总长致关东军司令官电，第 36 号（1931 年 9 月 22 日）；转引自解学诗《伪满洲国史新编》，第 67 页。

④ 1931 年 9 月 27 日，关东军拨给张景惠 3000 支步枪，40 万发子弹。几乎同时，也拨给张海鹏同样数量的枪支与子弹，此外还有 20 万元现款。

个旅4个团的张军，一下子膨胀为8个支队，跃跃欲试。

当时，黑龙江省省长兼东北边防军副司令长官的万福麟，已随张学良赴北平，随行之时还带去黑省精锐第二十九、三十2个独立旅。1931年10月10日在北平的张学良电令黑河警备司令、步兵第三旅旅长马占山代理黑龙江省主席兼东北边防军副司令。而黑省驻军当时尚有步兵3个旅、骑兵2个旅及卫队团、炮兵团等，共约3万人。[①] 面对蠢蠢欲动的日伪军，张学良还曾电示："如张海鹏进军图黑，应予讨伐，但对日军须避免直接冲突。"[②] 马占山虽然深感"兵力单薄，兵器不良，抗战决难持久"，但是还是决定"宁为玉碎，不为瓦全"，"与日本一拼"。故于10月19日抵齐就任后，立即召开会议，宣布抗日，设立黑龙江省临时总指挥部，马占山自任总指挥；"一时士气激昂，人心振奋，一面布置军事，一面将嫩江之哈拉尔葛桥梁加以破坏"，特别是将卫队团徐宝珍部及炮兵团一连、工兵营一连驻扎在关键阵地大兴。[③]

由日军撑腰一心图黑的张海鹏，在得知马占山任黑省主席后，果然行动起来。10月22日，张部徐景隆少将团长率两团前来偷渡江桥，结果徐本人被黑军预先埋置在江桥南端的炸弹炸死，守军齐出阵地予以猛攻，致使张伪军全部溃逃。原来只有装备陈破的2000人兵力的张海鹏，在江桥战役伊始便一败涂地，再也无力单独犯黑，虽然利用关东军的"赏赐"，军力已开始膨胀，但依然是软弱无力的乌合之众。可是，江桥遭到破坏，使虎视眈眈但不敢直接露面的关东军，抓到了公开武装侵略的借口。因为，包含嫩江江桥在内的洮南至昂昂溪铁路，原系满铁贷款铁路，关东军便以维护权益之名派兵修桥，为此开始将第二师团部署在洮南一带。原来禁止关东军攻哈尔滨的参谋本部也默认了这一部署，关东军便在齐齐哈尔新设特务机关，令机关长林义秀向马占山发出最后通牒，限期在11月3日前必须修复铁桥，否则即自行修复并对工程进行"实力保护"。[④]

---

① 步兵为第一旅，旅长为张殿九，驻扎兰屯；第二旅，旅长为苏炳文，驻海拉尔；第三旅，旅长为马占山，驻黑河。骑兵第一旅，旅长为吴松林，驻拜泉；第二旅，旅长为程志远，驻满洲里。此外还有石兰斌的骑兵第五十五团、徐宝珍的卫队团、朴大同的炮兵团、刘润川的工兵营等。后来，在辽宁兴安屯垦的苑崇谷旅编入黑军。

② 《马占山将军》，中国文史出版社，1987，第26页；马占山的《黑龙江省抗日战斗详报》（1934年4月）中无此记载。

③ 马占山：《黑龙江省抗日战斗详报》，1934年4月，第2页；参照《江桥抗战日记》（1931年10月19日至12月20日），《马占山将军抗战史料》（1941年8月编于准噶尔），第12号文。关于黑龙江军破坏江桥的时间，各文献记载不同。大兴位于嫩江桥北。

④ 10月22日，张伪军徐景隆被炸死后，23日即有日机在大兴投弹，伤中国士兵。23日又有日本浪人持本庄繁信件进行恫吓，要求马占山将黑龙江省军政权交给张海鹏。从27日起，林义秀和日领事清水八百一数次要挟和试图贿买马占山，直至11月3日大兴战役爆发止。

当时，日本陆军中央虽仍坚持避免与苏联冲突的方针，关东军也无意收敛其“北满经略”计划，但他们据情报判断，苏联不会干涉日军行动。于是关东军便命令组成以第二师团步兵第十六联队联队长滨本喜三郎为首的嫩江支队，并由林义秀发出上述通牒。但由马占山亲自指挥的黑军拒不理睬通牒，加强防务，严阵以待。关东军嫩江支队的兵力配置为步、炮各1个大队，工兵1个中队。11月3日，江桥抗战的关键战役——大兴战役开始。当日晚，日军飞机突然轰炸大兴中国军阵地。4日拂晓，日军在大雾中以嫩江支队的1个中队为先导，共六七百士兵向中国军扑来，还有5架飞机助战。中午12时30分中国军发动炮火猛烈的阻击，日军死伤多人。下午2时，日军变装，掺杂在张伪军内向黑省军阵地进攻，2架飞机临空掷弹。黑省军抵抗顽强，战线胶着不前，加之面临大面积湿地，直至傍晚日军也只是占领大兴东北约3公里的高地。5日，日军又有野炮20余门、飞机8架加入战斗，可结果日军支队不但没有取胜，反而全被包围，支队几乎全被歼灭。入夜，关东军第二次增援了2个步兵大队、3个炮兵中队。6日，继续增援的第二十九联队的名仓大队和第十六联队的第三大队到达后，嫩江支队才免于被全歼。但因日军兵力增加，当日上午8时，黑军向昂昂溪退却，10时日军夺取阵地。关东军公布，此役中方出动步骑兵约5000人，火炮30门，迫击炮12门；日军死伤官兵144人，中国军遗弃尸体约200具。①

大兴战役后，日军并未立即前进，一是仍怕苏联出兵干涉，二是遭受重创后需要喘息。不过，自11月8日起实行讹诈战术，即通告马占山下野，将政权移交给张海鹏。此种挑衅行为，无非是利用马占山的必然拒绝，制造继续进兵的借口。此时，马占山已将从大兴撤退下来的部队集结至昂昂溪到齐齐哈尔一线和中东铁路以南地区。当时，由景星转移过来的原辽宁屯垦军苑崇谷部，已成为大兴以北50华里三间房一带阵地主力，并被改编为暂编第一旅，苑被任命为前线步兵指挥。骑兵第八旅（原第二旅）则担任左右翼，旅长程志远任前线骑兵指挥。11月11日，即嫩江江桥修复的前两天，林义秀再次送来要求马占山下野的通牒，12日遭马占山严词拒绝后，关东军果然指责马占山“挑起战端”，第二师团向大兴集结。

1931年11月中旬，日本方面政局的最大变化是，面对马占山的江桥抗战，关东军与陆军中央、中央军部与日本政府，在政策上达成一致。这恐怕与日本的十月事件不无关系。日本军阀少壮派和民间右翼的法西斯政变计划虽再次失败，但是事变影响所导致的内阁改组和荒木贞夫上台，至少

① 关东军参谋部：《满洲事变实志》，第89页。另据黑军判断，仅在11月4~6日，日军即战死2000余人。

相当于政变成功了一半。无怪乎中国部分心存侥幸的当权者，到 1931 年 11 月看到黑省局势时才认识到，日本确实要侵吞全东北了。因日本参谋本部的“可以采取自卫上认为必要的自主行动”指示在先，关东军乃于 11 月 14 日强硬要求马占山于 16 日以前撤到齐齐哈尔以北。[①] 其实，自大兴战斗开始以来，日军接连来袭，14 日当天，日军即以步骑炮兵数百人，在飞机、坦克的配合下，向黑军汤池至蘑菇溪间阵地猛扑，黑军与其鏖战达 15 小时。当时，关东军把所能调动的主力和大部分装备全都拿来对付马占山了。[②] 这还不够，陆军中央又特从第三、十二、二十师团抽调 3 个飞行中队，参加对马军的立体战，此外还有第四混成旅团也正奉命前来参战。[③] 可是，急不可耐的关东军不等援军全部到达，于 11 月 16 日凌晨 4 时即开始总攻了。面对黑省军的 4 道防线和数以万计的步骑兵，关东军以 8 辆坦克为先导，在 10 余门重炮、20 余门野炮的配合下，猛烈攻击，入夜又从左侧偷袭黑军防线。[④] 从此，鏖战三昼夜，“肉搏十多次”，黑省军阵地失而复得，反复冲杀。“十八日早五时敌举全力来攻，陆空联合将我阵地炸毁殆尽。我军武器既劣，复无阵地凭借，伤亡枕藉……激战至午后二时，敌鉴于我军坚抗不退，遂遣飞机四架，爆炸省垣，威胁后方。”[⑤] 于是，马占山指挥黑军连夜撤至海伦。19 日付出相当代价的关东军侵入齐齐哈尔。虽然结果如此，但当时即被称为中华民国抗日战争开始之第一次江桥战役，在前后 16 天的战斗中，中国军队不畏强敌，英勇奋战，给敌人以重大打击，造成比中国军队更多的损伤[⑥]，所以“虽败犹荣”，它证明“日军并非绝对不可抗拒”。[⑦]

2. 黑河誓师，义勇军突起

日军占领齐齐哈尔后，仍顾虑苏联动向，根据日军中央的“严禁对北满使用兵力”政策，和既定的“北满经略”方针，主力很快撤离，在齐齐哈尔只留下 300 人的小部队。而中国方面且战且退到海伦的马占山，继续率

---

① 1931 年 11 月 13 日，日陆军大臣致关东军关于马占山交涉的训令，其内容为要求马占山撤回齐齐哈尔以北，不再向本铁路以南出兵，如妨碍洮昂铁路运行，可采取必要行动。

② 步兵 10 个大队，骑兵 2 个中队，野炮 6 个中队，重炮兵 2 个中队，工兵 1 个中队。

③ 第四混成旅团，属弘前第八师团，旅团长为铃木通美，于 11 月 11 日奉命与第二师团协力进攻昂昂溪、齐齐哈尔。

④ 关东军报道的黑军 4 道防线是大兴至三间房；榆树屯至昂昂溪；齐齐哈尔、昂昂溪、十五里屯至四家子；齐齐哈尔南部。

⑤ 马占山：《黑龙江省抗日战斗详报》，1934 年 4 月，第 13 页。

⑥ 据当时参战的黑龙江军估算，在江桥、大兴、三间房的 16 天作战中，中国军队阵亡 2000 余人，日伪军伤亡数量为中国军队的 3 倍。

⑦ 郭廷以：《近代中国史纲》，第 663 页。

军抗日，并因此受到全国人民热烈支持，士气大振。在这种情势下，关东军转而采取控制哈尔滨以攫取黑省全省的侵略方针，即唆使张景惠策动马占山与其共同降日从伪。张景惠虽在九一八事变之初即倒向日方，并在日军侵入齐齐哈尔后，派警备队入齐，但他自知缺乏实力，日军撤退后难撑局面，而且时局又有所变化：一是马占山成为人民英雄广受拥护、支持，吉林抗日军开始集结，吉林省政府迁至宾县开始办公；二是关东军唯恐黑省马占山与吉林张作相抗日势力联手夺回齐齐哈尔，故妄图扑灭锦州张学良势力，无力顾及其他。于是，“北满经略”行动更加紧锣密鼓，如板垣一行突然出现在海伦。从此，马占山唯恐被“重兵消灭”，迫于形势，乃“虚与委蛇”“相机应付”，险入日伪营垒40余天。然而，1932年4月2日，马占山毅然以视察为名出走齐齐哈尔，经拜泉、克山绕道北行，7日到达黑河，重新成立黑省抗日军政机关。由于马占山曾任伪满政府军政部部长和伪黑龙江省省长，洞悉日伪内幕，故在抵黑河后立即通电抗日，将信息报告国联调查团，揭露日本侵略和打造伪满洲国的种种阴谋。马占山此举，比起江桥战役，更使全国上下为之一振，风起云涌的抗日武装斗争受到更大的鼓舞。自然，极为狼狈尴尬是日伪当局，他们既领教过马军的抗敌战斗力，也懂得马占山重举义旗的巨大感召力。所以，马占山的出走敌营重新抗日，必然成为日本侵略者大举增兵、与中国人民为敌的新起点。

可是，马占山黑河誓师重举义旗时即已表示：“虽明知势孤力薄，难支大厦，然救国情殷，义无反顾，济河焚舟，早具决心，成则为少康之一旅，败则效田横之五百，一息尚存，誓与倭奴周旋到底，成败利钝在所不计。”①当时，关东军指挥的部队，除拥有6个大队的独立守备队外，已有第二师团、第二十师团（含由该师团抽人员组成的第三十九混成旅团）、第三十八混成旅团、第四混成旅团等。马占山从齐齐哈尔出走的第三天，日本陆军中央即发令将第八师团、第十师团调至中国东北，此外还将骑兵第一旅团也编入关东军序列，不久又将参加上海“一·二八”事变的第十四师团特别调来东北。关东军如此大规模的军队调动，不无部队换防因素，但主要还是增加兵力，几乎扩军一倍并将新增兵力的大半放在北满，与黑吉抗日军对峙，尤其是针对黑省马军，马占山深悉此情。②

① 《马占山通电详陈忍辱应付情形誓再抗战文》（1932年4月12日），《马占山将军抗战史料》，第27项。

② 日本陆军中央是1932年4月初下达将第八、第十师团调至中国的命令的，该两个师团到达后，原由朝鲜调来的部队，除第三十八混成旅团外（即第二十师团及第三十九混成旅团），其他全部归返原地。5月初第十四师团奉令开来东北，骑兵第一旅团6月15日从大连登陆，故马占山称当时日军有约5个师团在东北，这是符合实情的。

有利的是，九一八事变后黑军的大部分人马与马占山共进退，且在马占山重新抗日后，黑军又有一定发展，即除原黑省省防军第一、第二、第三旅外，又新编骑兵第一军，马占山兼军长；骑兵第二军，吴松林任军长；步兵暂编第一旅，朴炳珊任旅长；步兵暂编第二旅，徐宝珍为旅长；总兵力达4万人。马占山根据全东北的战局发展和敌我力量，决定以“先肃北满之敌，再进而恢复东北失地”为战略，以“极力避免正面攻击，利用青纱帐起，用游击战术，避实击虚，骑兵攻之于前，步兵继之于后，义勇军及便衣队则随时随地扰乱之”为战术，把黑省分为甲主战场和乙支战场。当然，前者即甲主战场中的骑兵攻势作战与步兵守势作战相比，以收复哈尔滨、长春、四平为目标的攻势作战犹为重点。如果此种攻势作战“不能达到进展目的，则固守兴安岭之线，确保黑河及呼伦贝尔之地区为坚壁清野，俟机而动之计”。[①] 基于此，统一的黑省抗日军实际上遍驻于全省各地，基本上是各自为战，其中民团和义勇军的发展与作战，日益重要。

黑龙江省人民自九一八事变起，即兴起义勇军运动，马占山十分重视义勇军的抗敌意义，他曾称“民心不死，国事可为。”[②] 江桥抗战时即有义勇军参加战斗，黑军向海伦撤退时，受到激励的“各地学生前往从军者亦众”，马占山“即令苑旅组织学生军”。与此同时，“肇东各蒙古王公，对我孤军奋斗极表钦敬，亦要求收编蒙旗精壮自成一军”。[③] 马占山率部转移到海伦后，在整顿改编军队的同时，积极筹划“征收民械”和实施“训练民团之办法”，决定在“黑省东部各县，如绥稜、绥化、肇东、肇州、海伦、望奎、拜泉、青岗、克山各县，每三县委一上校民团总队长，每总队分四中队，每中队分三小队，每一中队骑兵126名，限期在12月15日编成”。结果“各县人民，激于爱国心之鼓励，奋勇参加，成效异常美满”。[④] 1932年4月，抵黑河重举抗日义旗的马占山，进而推行“化民为兵”的长期抗战政策。为强化领导，特成立亲自兼任总司令的抗日救国义勇军总司令部，任行营总参谋长容聿肃为主管救国义勇军事务的军署参议官，并派员到各县点验。很快黑省东北部20多县训练的民团众达6万余人，“枪马占半数”。而由民团改编的义勇军，有的直接编入正式军队，有的单独建制委任司令，或委部队长兼任司令，即义勇军与正式军已浑然

① 《黑龙江省抗日战斗详报》，1934年4月，第20页。

② 《马占山促各县人民奋起组织义勇军函》（1932年6月10日），《马占山将军抗战史料》，第46项。

③ 《黑龙江省抗日战斗详报》，1934年4月，第16页。

④ 《马占山退出省垣后之抗战计划》（1931年11月），《马占山将军抗战史料》，第13项。

一体，统一指挥，详见下表。

黑龙江省抗日救国义勇军司令姓名表（1932年5月）

职务	姓名及身份	区域	备注
司令	梁振铎（省职员）	海伦	积劳病故
副司令	陈景阳	—	—
司令	卢明谦（绅士）	布西、甘南	—
司令	徐子英（省议员）	泰来	—
司令	张品三（绅士）	通北、拜泉	—
司令	张墨林（绅士）	克山、克东	积劳病故
司令	南廷芳（在乡军人）	德都、北安	阵亡
副司令	王甫钧	—	—
司令	李天德（民团）	兰西、望奎	—
副司令	魏大五	—	—
司令	李云集（团长兼）	绥化、庆城	—
副司令	李天保	—	—
司令	才洪猷（团长兼）	呼兰、兰西	—
司令	焦景斌（旅长兼）	汤原、通河、穆兰	阵亡
副司令	吴凌汉（团长）	—	阵亡
司令	张殿九（旅长兼）	景星、甘南	—
司令	李忠义（旅长兼）	安达	积劳病故
副司令	张希五（团长兼）	肇东、肇川	—
司令	徐海亭（在乡军人）	嫩江、讷河	—
副司令	程德峻	—	—
司令	张庆禄	巴彦	—
司令	陈大凡（县长兼）	绥滨	—
司令	温瑞廷（县长兼）	龙门	—
司令	韩玉禄（营长）	铁黎	积劳病故
副司令	于庆余	—	—
山林游击司令	吴索伦	东山里、索伦	—

资料来源：《马占山将军抗战史料》，第188～190页。

抗日义勇军构成的复杂情况，反映了中国抗日战争的全民性质。如上表所示，在各路义勇军司令中，除正规军旅团长兼任者外，还有家产100万的绅士，他们都毁家纾难以身报国。有投笔从戎的县长，坚持进行战斗；

有在乡军人，以身殉国；也有绿林豪杰屡建奇功，死而后已。凡此种种，都显示民众热烈响应全省动员，都是“江省抗战中中华民族精神之个性表现”。正是以这些铁的事实为基础，马占山对抗日义勇军的积极肯定态度始终不渝，他在1932年5月15日《马占山告农民要紧记七件大事函》中，有这样一段话：

> 现在人民受了日本军的压迫，不甘心去当亡国奴，就纠合同志组织抵抗日本军阀的义勇军。这是非常好的现象，但是这种义勇军差不多都没有受过军事训练，缺少军队纪律的，他们的行动往往有不当的地方，甚至听说常有抢劫行为。本主席对于他们的爱国心是非常赞同的，对于他们的时有不法的行为是不能同意的。望你们明白这种道理，制止他们的越轨行为，援助他们爱国的事业。[①]

因为对义勇军怀有理性的正确认识，因此，在1932年6月，即日军重兵压境，中日军队开始残酷较量的关键时刻，马占山公开号召，“凡我民团及各乡居户所存之枪械，均应全数带出组〔织〕民众抗日救国义勇军，或自卫军”，“努力杀敌，复我山河”。[②] 寄厚望于义勇军的马占山，此时已就黑省的抗日武装斗争，重新做了部署，“鉴于由民团改编的救国军各部，临敌不惧，作战英勇，但械弹缺少，伤亡较大”，除强化其游击战术与敌周旋外，决定成立邓文的新编第一军和吴松林的第二军。当时，该二军辖属指挥的义勇军李天德支队、才洪（以下资料中亦有写“鸿”字者）猷旅等，都在海伦、通北、拜泉、克山、德都以及呼兰、巴彦一带坚持武装抗日斗争，壮大救国军，准备全面反攻。[③] 6月末，马占山来到兰西十间房，又任命李海青[④]为第三军军长，李部当时已在兰西，并与才洪猷部会师。上述各部有不少是抗日义勇军劲旅，尤其是李海青部，该部无论在黑省，还是在全东北，都是南征北战、屡建奇功、享誉中外的抗日部队。

---

① 《马占山告农民要紧记七件大事函》（1932年5月15日），《马占山将军抗战史料》，第35项。

② 《马占山促各县人民奋起组织义勇军函》（1932年6月10日），《马占山将军抗战史料》，第46项。

③ 参见温永录主编《东北抗日义勇军史》（下），黑龙江人民出版社，1987，第735～737页。

④ 李海青即李忠义，原名李青山，山东夏津人，20世纪20年代到东北务农，后沦为“匪”，1925年前被黑省军改编，任营长。后因整军入狱。九一八事变后，被马占山释放，参加义勇军。

3. 马占山神奇脱险

马占山为实现首战哈尔滨计划，出走齐齐哈尔前即与吉林自卫军秘密联系，4 月 3 日到达拜泉时，又与吉军代表举行联席会议，做出部署。可是，5 月 15 日马由黑河出发督师南下后，因路途泥泞，5 月 28 日才始达海伦。此前，黑省军前敌总指挥吴松林以下骑兵邓文部、义勇军李云集部、张纯一部、刘雅轩部、才洪猷部、李天德部等，早在 4 月 30 日即开始攻击哈尔滨郊外的松浦镇和马家船口，但因主攻部队渡江时遭日炮艇轰击，加之准备迎接国联调查团的到来，于是暂缓进攻。可是，当 5 月中旬反攻哈尔滨之战再炽时，前述关东军增援师团先后到达，对黑军而言，形势日趋不利。新开到北满的第十师团自然是全力攻击吉林自卫军，5 月末自上海调来的第十四师团，也以其第二十七旅团会同第三十八混成旅团攻击中东铁路东段的吉林抗日军。此时黑龙江军程志远骑兵旅降日，并配合日军袭击海伦、绥化等地，切断了黑省军才、邓等部的后路；与此同时，吉林军李杜、丁超在依兰战役中也遭失败。至 5 月 17 日吉林自卫军总部所在地依兰陷落后，第十师团主力及第十四师团的第二十七旅团全部回兵哈尔滨。从此，除哈尔滨改由第十师团警备外，第十四师团立即实施呼海铁路方面的作战，并以“一强大部队”前往中东铁路西段安达方面“扫荡李海青部”，同时准备“在齐克铁路方面作战”，妄图分路打击黑省军各部，并将来自黑河的马占山直辖部队包围在黑省中部。此乃 1932 年 5 月 23 日关东军司令官亲临哈尔滨所做的部署。

第十四师团主力平贺旅团等 5 月 25 日从哈尔滨出发，6 月 3 日即占领海伦。西线的该师团平松旅团也同时从哈尔滨奔向中东铁路对青山一带，与黑省伪军共同“扫荡”李海青部。作为义勇军中敢打善战劲旅的李部，3、4 月间曾攻打农安，威胁伪京长春，闻知马占山重又抗日后，立刻挥师北归靠拢哈尔滨，一路连克肇源、肇州，很快逼近肇东、对青山一带，部队至少有五六千人。可是，在肇东与平松旅团接战的只有五六百人，主力业已转移。从此，日军第十四师团便以捕捉马占山主力为主要目标，关东军飞行队奉命协助，6 月 15 日登陆；17 日到达齐齐哈尔的骑兵第一旅团（原属近卫师团）也向齐克方面推进。关东军当时认为马占山及其直属部队活动在呼海铁路以西地区。

如前所述，马占山自黑河南下督师攻哈尔滨未果后，6 月初对黑省抗日作战重新做了部署，6 月末来到兰西十间房，与由肇东转移到兰西的李海青会面，并将其提升为第三军军长，然后即起程东行。问题是，马占山的行踪被敌人探知，行至呼海铁路张维车站时即遭日军伏击。同时，由于阴雨连绵，行军困难，日军又沿江封锁，东行受阻，不得不改变计划，由东兴向黑省北部前行。从此，马占山率其直属部队与敌辗转周旋，关东军也为捕捉马占山疲于奔命。6 月末至 7 月初，马军在克东、拜泉、呼海铁路东西部各地多次遭围攻堵击。7 月 29 日马占山率部在海伦东安古镇罗圈店西森林里，遭到日军第十四师团第二十八旅团旅团长指挥的多个联队的重重包围。当时，“又值阴雨连绵，均在泥泞中舍命相拼，鏖战三昼夜，由西南冲击”，8 月 1 日在张家湾摆脱敌人。这一仗虽然毙敌颇多，但马军损失尤为惨重，除少将参议韩家麟阵亡外，跟随马占山的黑省军政两署人员 254 人仅剩 32 人，所率部队 1760 人只剩 170 人，其他械弹、马匹、辎重等也损失殆尽。敌人在战场上拾得不少公私财物，便认为马占山业已阵亡，进行大肆宣传。[①] 实际上，胜利突围到刘家店的马军已取道入山，直至 8 月 26 日才出山。在山内的 20 余天，虽未与敌接触，“但山深林密，淫雨成潦，人马日夜行止雨中”，“不得已宰马烧食，聊餍饥苦，以日困雨水之中，官兵泡伤腿足者比比皆是，饥疲交加，遂致多罹疾病”。[②] 总之，马占山及其所率部队在 40 多天中所遭“围剿”之惨烈，应该成为中国抗日战争史上值得大书特书的一页。

1932 年 8 月下旬行抵龙镇的马占山得知，两三个月以来，黑省抗日军各部都在坚持抗日战争，特别是战斗在黑省中部的邓文部曾先后攻克克山、通北，该部堪称黑省军的主力和基干，马占山将精华之旅均交予该部。南廷芳部也曾打下德都。李海青误信“马占山战死”的宣传后，曾率部攻打省垣齐齐哈尔，攻城虽未果却给敌人以打击。概言之，关东军以第十四师团为主力，两三个月以来尽管使黑省抗日武装遭受巨大损失，但未达到歼灭的目的。马占山与日军捉迷藏，到处进击敌人，保存自己。因此，胜利突围后到达龙镇的马占山，很快便赴海伦以东老道店一带收容部队。当时光是散在各县的抗日官兵就有 2 万余人。马占山准备重整队伍，大举反攻。

4. 马苏会攻省垣未果入苏

此时，驻于海拉尔、满洲里一带的苏炳文和张殿九正悄然准备起义。

---

① 《黑龙江省抗日战斗详报》，1934 年 4 月，第 29 页。据日本参谋本部编《满洲事变作战经过概要》载，马军遗尸 130 具。关于韩家麟阵亡，有资料载，其为掩护马军撤退吸引敌人，于罗圈甸子南七八道林子牺牲。亦有资料称，其与押运款物队随行，与马占山失去联络，于七八道林子遭袭身亡。因韩蓄短须并带有马占山的名章，故认为是马占山。

② 《黑龙江省抗日战斗详报》，1934 年 4 月，第 29 页。

当时属于设在海拉尔的呼伦贝尔警备司令部的黑省军有张殿九任旅长的驻扎在扎兰屯、昂昂溪的省防军第一旅；苏炳文任旅长的驻扎在海拉尔的省防军第二旅；程志远任旅长的驻扎在满洲里、扎赉诺尔的骑兵第二旅。其中，苏炳文追随万福麟，曾任东北边防军驻黑龙江副司令长官公署参谋长和黑省政府委员，还曾兼任中东铁路护路军哈满司令，在海满地区较有权势。九一八事变后，程志远的骑兵第二旅又被调离海满地区，参加江桥抗战。马占山出任伪职后，海满地区也随之从伪，但身任海满地区军政首脑的苏炳文并不甘心降日，因而除一支120人的伪满国境警察队在海满外，一切日伪组织均被其拒之在海满之外。日本侵略者多次对其进行高官厚禄的诱惑，均遭苏的拒绝。马占山重新抗日后，身陷囹圄的谢珂，被伪省长韩云阶释出后，曾被日伪送到苏炳文处当说客，结果谢反倒成了苏的抗日阵营的一员。①

1932年9月27日，苏炳文突然发动起义。从满洲里到富拉尔基沿线的护路军全部戴上“铁血救国军”的臂章，占领各个车站，切断海满与外地的交通通信联络。同时将驻满洲里的山崎城一领事、小原重孝特务机关长和伪满国境警察队宇野队长等扣押，成为起义军的阶下囚。1932年10月1日，东北民众救国军在海拉尔正式成立，苏炳文任总司令，张殿九任副司令，谢珂任总参谋长，金奎璧任副参谋长，张玉珽任前敌总指挥。苏等人的义举，是继马占山重新抗日后的东北抗日义勇军的又一件大事，不但受到海满各界的热烈拥护与支持，积极参军参战，大刀会、红枪会等民团也积极配合，而且博得了全东北乃至全中国的声援与支持。当时正在呼伦贝尔的蒙藏委员会慰问专员春德阳曾电呈委员会称：“现在蒙汉联合，民气军心极为壮盛。东日通电计达钧鉴，收复失土指日可待。”②

东北民众救国军成立后立即发动收复齐齐哈尔的战斗。驻富拉尔基的第一旅第六团为主攻部队，过嫩江铁桥从西南侧攻城。齐齐哈尔守城日军警备队是第二师团第十五旅团，他们以攻为守，先发制人。激烈战斗在富拉尔基打响后，面对抗击甚猛的东北民众救国军，他们又自感兵力不足。10月7日，第十四师团奉令抽调中山支队加入战斗，与此同时，关东军还派飞机炸毁了嫩江铁桥。于是，日军“集结全力压迫我哈满线之护路军”，除飞

① 谢珂原任东北边防军驻黑龙江省副司令长官公署参谋长，九一八事变后成为马占山的副手。马占山出任伪职后，他愤然而走，途中被捕。因谢与苏素有交往，韩云阶把谢从狱中释出后，让他去苏处劝降，他将计就计。韩云阶接得谢的“颇为顺利”的电报后，又派参谋处长金奎璧和参议陈鸿猷前往，结果也是一去不返。

② 《蒙藏委员会委员长石青阳致行政院呈》，1932年10月12日，吉林省社会科学院，复印件。

机轰炸外，“复以大炮四门、步骑兵约千余人，向我富拉尔基护路军猛攻，陆空并进，凶暴异常”。[①] 10月9日，日军占领了富拉尔基，之后日军为营救被东北民众救国军扣留的日伪人员和滞留在海满地区的日侨，妄图与东北民众救国军和谈，软化与降服苏炳文等人。而东北民众救国军不想给日军以喘息之机，可是要反攻省垣齐齐哈尔必须与黑省其他抗日军各部联合作战才行。此时突围甩掉日军的马占山，恰好在重整旗鼓，准备反攻。后经联络，马占山立即制定了4路大军会攻齐齐哈尔的作战计划：东路，朴炳珊和邓文部进攻泰安镇及安达站；西路，苏炳文、张殿九部由中东路西部线前进，目标是富拉尔基；南路，李海青部向昂昂溪进军；北路为主攻部队，由马占山亲自督率徐海亭部进攻齐齐哈尔北部的拉哈；然后4路合攻齐齐哈尔。总攻时间定为10月20日。[②]

日军第十四师团在富拉尔基战斗后，他们首攻业已于9月下旬占领安达并南下肇东的邓文部。当4路大军进攻齐齐哈尔的行动开始后，强化军力的第十四师团把大兴安岭东侧、黑龙江中部，特别是将齐克铁路沿线作为进攻重点，为进一步向扎兰屯及大兴安岭的西海满地区推进做准备。马占山督率的北路军恰好遭遇北进之敌，10月29～31日两军在拉哈激烈交战。11月1日又有大批日军开到，于是业已围攻拉哈21天的马军，暂先后退休整。此刻黑省已普降大雪，军需供应又极端困难，马占山乃赴讷河、嫩江商议对策；为与西线苏炳文部取得联系，又由讷河转途，于11月14日到达扎兰屯，会同谢珂、张殿九前往海拉尔。其他各路部队虽按既定计划行动，但都未达预定目的。第十四师团进攻拉哈之后又进而攻击讷河与拜泉。

日军当时实施和战两手策略，在靠近大兴安岭地区行使武力，而在呼伦贝尔方向则进行所谓“政治工作”。然而，苏炳文的东北民众救国军拒绝一切和谈花招，致使敌人无计可施。于是，关东军便疯狂地向海满救国军施暴。12月3日，第十四师团协同10月初才入境的第十四混成旅团占领扎兰屯，其先遣部队乘装甲列车于4日强行冲过大兴安岭隧道，5日侵入海拉尔。而救国军在扎兰屯已遭严重损失，又值隆冬，实难再战，苏炳文等便与业已到达海拉尔的马占山一行率数千人，分乘7列火车撤往苏联。黑省抗日军各部，如黑军主力邓文部、义勇军劲旅李海青部，都按马占山意旨转进热河。至此，历经年余的以马占山的黑省军为主导的武装抗日战争暂时告一段落，虽打了不少胜仗，但遭受惨重损伤，万余名爱国官兵为救国献

① 《苏炳文致南京国民政府电》，1932年10月12日，吉林省社会科学院，抄件。文件所称“护路军”即东北民众救国军，该军原为中东铁路哈满护路军。

② 温永录主编《东北抗日义勇军史》（下），第778页。

出了宝贵的生命。①

三 吉林自卫军捍卫大片国土

1. 吉军大举走上抗日道路

九一八事变前，作为东北军构成部分的吉林军主力，并未应调入关，全部留驻本省，国防军和省防军共有步骑 9 个旅②。九一八事变后，有 3 个步兵旅的大部和 1 个骑兵旅，共约 8000 人，在汉奸熙洽的胁迫下降日从伪③。其他吉林军大多在李杜、丁超、冯占海等人的率领下，毅然走上武装抗日道路。他们曾英勇参加哈尔滨保卫战，并在战斗中结成吉林自卫军，从此与黑省军相呼应（亦有联合），与日军激烈对阵，特别在吉林地区曾捍卫了大片祖国疆土。

九一八事变时吉林军政首脑张作相不在，吉林军参谋长熙洽以代理吉林省政府主席及东北边防军驻吉副司令身份，独揽大权。他既是满脑子复辟欲的清室皇族，又是经日本帝国主义豢养过的亲日派，恰好进攻吉林的关东军第二师团师团长多门二郎是其“业师”（熙洽在日本士官学校时的教官），所以九一八事变时经吉林的日本顾问大迫通贞的策动，迅即“甘心卖国，礼迎敌师”。④ 9 月 19 日驻吉总领事访问熙洽和交涉署主任施履本时，二人都表示采取不抵抗政策。9 月 20 日又派吉林陆军训练处总办齐知政随同大迫前往长春接洽投降事宜，⑤ 当天吉林城内的驻军受命开出城外待命。⑥ 21 日第二师团以装甲车为先导由长春向吉林进发时，熙洽又派安玉珍到土门岭迎接；同日晚上 8 时，多门师团一弹未发占领吉林。22 日吉林军被日军缴械，但被缴械的只是吉林军一小部分。紧接着，熙洽受命组织伪吉林

---

① 据《黑龙江省抗日战斗详报》载，共阵亡军官 1275 名、士兵 6038 名，负伤军官 631 名、士兵 2360 名，生死不明军官 63 名、士兵 450 名，加上江桥、大兴、三间房战役，共伤亡 15568 人。

② 即独立第二十一、二十二、二十三、二十四、二十五、二十六、二十七、二十八旅和骑兵第七旅。此外还有冯占海的卫队团（即第六八二团）及穆纯昌的炮兵第十九团等。

③ 即驻吉长的李桂林第二十三旅、驻延边的吉兴第二十七旅、驻宁安的赵芷香第二十一旅及驻农安的独立骑兵第七旅。

④ 《吉林自卫军抗日实记》（报南京参谋本部），吉林省社会科学院，抄件。

⑤ 《现代史资料》（11）（东京，みすず书房，1965，第 316 页）载，与大迫同往的是中将王某，地点在桦皮厂。也有资料称与大迫同往的是张燕卿。

⑥ 当时在吉林城内驻有第二十五旅（旅长张作舟）的第二十二、二十三两团，卫队团（团长冯占海）的 3 个营，以及骑炮各 1 个营等。

省公署，“代日军收抚吉林省各县”，熙洽“辄积极采取政治手段，分别派遣代表赴各驻军将领及各县政府，卖送委任，接济日军，借作收买利用之诱惑”。[①]“但因各种情势，其威力不仅止于吉、长附近，很难统一”。[②]只有延吉镇守使、皇族兄弟吉兴，经当地特务机关策动和熙洽致电劝降，很快投降“独立”。

可是，1931 年 9 月 23 日张学良通电各方，在锦州成立东北边防军司令长官公署行署和辽宁省政府行署，并由张作相就近主持一切工作。当熙洽的吉林伪政权面世时，张作相从锦州电令吉林各机关“不准奉行伪令和解送税款”。之后，从 10 月起，张作相又同张学良商议，酝酿成立吉林军政机关问题，1931 年 11 月 12 日，代理省政府主席原吉林省政府委员诚允，终于奉命在宾县成立吉林省政府行署和东北边防军驻吉副司令长官公署行署，即吉林省抗日政府。而诚允确为富有民族精神的忠节志士，在抗日救国艰难条件下“犹能锐意革新政治”，对学生进行军事训练，赶编自卫团，在省政府成立仅一个月时，即恢复 27 个县[③]的广大地区。遍布这些县城的吉林抗日军，如依兰镇守使李杜部、滨江镇守使丁超部、第二十五旅张作舟部、卫队团冯占海部、驻双城第二十二旅第六六二团赵毅部等，莫不蓄势待发，决心与日本侵略者一搏。同时，远在任地（也是其原籍）锦州的张作相还“密令丁超就滨江道区属各县，筹饷自卫；李杜就依兰道区旧属各县，并吉林延边各县境，筹饷自卫，静以待机”。[④]而李杜以其行动证明，他确系一位“凡有生之日，皆报国之年，一息尚存，决不稍萌退念”[⑤]的坚定爱国志士和抗战领袖。他应抗日斗争需要和张作相指示，“遂即积极开始准备自卫，赶编保卫团，以固后方，筹设地方银行，以裕经济，不逾两月，大体就绪；更加紧军队训练，整顿服械，预备随时可以出发”。[⑥]特别是在黑省江桥抗战时更是加紧战备，除督饬所部益勤外，特派得力密使赴哈尔滨联络丁超、邢占清，赴阿城联络冯占海，赴榆树联络张作舟，赴双城联络苏得臣，赴舒兰联络宫长海，赴敦化联络王德林，还进而联合邻省各友

① 《吉林自卫军抗日实纪》，《吉林文史资料》第 5 辑，吉林人民出版社，1985。

② 《满洲事变中的军的统帅》（中），《现代史资料》（11），“续满洲事变”，第 491 页。

③ 即绥远、同江、依兰、富锦、桦川、方正、同宾、滨江、扶余、双城、饶河、宝清、虎林、密山、穆棱、东宁、五常、德惠、农安、濛江、长岭、苇河、乌珠、阿城、榆林、额穆、宾县。

④ 《吉林自卫军抗日实纪》。

⑤ 陈觉：《九一八后国难痛史资料》第 1 卷，第 173 页。张德良、周毅主编《东北军史》，第 173 页。

⑥ 《吉林自卫军抗日纪实》，吉林省社会科学院，复印件。

军首领，如屯垦军统领苑崇谷、哈满护路军司令苏炳文等。因为他感到只有“大联合”成功，才会有进攻哈尔滨这样的大举动。

2. 哈尔滨保卫战与双城阻击战

按行政区划，哈尔滨应归当时之吉林省辖属，但因中东铁路关系，成为东省特别区首府，张景惠为行政长官。众所周知，九一八事变时，正在沈阳的张景惠是降敌最快最早的卖国汉奸，他不但从关东军手中领取3000支步枪，成立警察队，实质上帮助侵略者“维持”哈尔滨“秩序”，而且作为关东军“北满经略”的对象兼工具，妄想依靠侵略者充当“北满王”。日军因顾虑苏联，加之有张景惠暂时帮助支撑，一直未能进军哈尔滨。可是，占领锦州之后，按打造伪满洲国的时间表，哈尔滨的向背成了伪满洲国能否出笼的关键。关东军也企图对吉林省实施其“北满经略”，尽管熙洽早已从日“独立”，但是至少吉北还有大片抗日地区，并且在宾县设有管辖甚广、十分活跃、颇得人心的吉林抗日政府。“北满经略”工具之一的熙洽，一直积极活动，并未稍懈，可是“由于熙洽同他们（指在宾县的吉林抗日政府等）的原来关系及战备不足等原因，虽与他们尽量试行和平妥协，但无成果，双方关系愈益恶化，成为满蒙统一新政权建立的一大癌症”。[①] 于是，日伪认为“最后除武力解决外而无他”，可行使武力时还是本着“北满经略”方针，采取中国人打中国人的办法进行。于琛澂[②]曾任吉林军师长，后因降职而怀恨张作相并引退，九一八事变后旋即投敌，被委为“剿匪军”司令，1932年1月5日踏上“北伐”之途。于的行动自然是关东军授意的，他所带领的9000名“剿匪军”亦系在伪吉林省顾问大迫通贞指挥下所拼编的，并配有日本军官。日本侵略者低估了中国人抗敌的战斗力，他们根据吉林抗日军的状况判断，在关东军“无形支援”和飞机协助下，伴以哈尔滨特务机关的“内部活动”，将“宾县系统压倒使之归服”，“并不困难”。然而，日伪不仅低估了中国人，更高估了自己。1月上旬即开始北进的于伪军，与日方的“速即进入哈尔滨南郊”的要求相悖，其行动“却有牛步之感，不符军的意图。可反吉林政权要人与熙洽不能达成妥协，继续其北伐，看来愈益困难”。[③] 关东军既嫌弃于伪军的不中用，又不能丢掉于伪军，因舍此而无他。

① 详见《满洲事变中的军的统帅》（中），《现代史资料》（11），“续满洲事变”，第491～520页。

② 于琛澂，黑龙江省双城人，1925年任驻吉林省第十六师师长，因降职为旅长而怀恨张作相。也有资料称，他在“中村事件”时辞职归乡。

③ 详见《满洲事变中的军的统帅》（中），《现代史资料》（11），“续满洲事变”，第491～520页。

而吉林抗日军之冯占海部于1月23日在拉林站堵击于伪军后，25日经阿城、哈东进入哈尔滨。与此同时，吉林抗日军主力，如李杜第二十四旅主力等，都已进入哈尔滨，进行保卫战。[①] 此时于伪军已到达哈尔滨近郊香坊，但未敢进城。1月27日，抗日军与于伪军终于打响战斗，当日“九时起，冯占海部复与逆军在子药库方面接触，李杜军由两翼夹攻，时有日机四架加入作战，投弹射枪，经李杜部分道协攻，逆军始败退”。[②] 冯占海部随后追击，于伪军大部分溃散。[③]

在哈尔滨保卫战开始的1月27日，关东军即命令日军吉长警备司令迅速集结兵力，准备随时向哈尔滨进发。于伪军败退后，28日关东军更明确命令第二师团之第三旅团长谷部急进哈尔滨，名义是“侨民保护”。但因中东铁路拒绝军运，日军遂实行强迫运输。对此，中东铁路护路军总司令丁超在发表通电制止日军利用中东铁路运兵的同时，也部署堵截。当30日“东路南段已入日军之手，由南满路调员四百名为该路服务”后，31日即发生了闻名的双城阻击战。双城是哈尔滨的南大门，中东铁路南部线上的重要车站，吉林抗日军第二十二旅驻双城一带待命。当日凌晨4时，关东军第二师团长谷旅团，甫从两列军列上下车，尚未宿营便遭到抗日军的猛烈围歼。同日8时和9时日军的战报称：

> 拥有大炮的一个联队至少一千五六百名之敌，晨5时许前来夜袭我宿营地，接近到我阵地前20米，交战约两小时后，将之击退。
>
> 从本日天亮前起，在双城堡的长谷部支队受敌攻击，从晨6时起兵力进一步增加，步兵达2000人，炮3门。敌在约一小时前虽已向东部退去，但约在相距2000米处停止，并无退却迹象，对我军呈包围态势。
>
> 战死者不详，估计约30名（据报告，至午后1时30分为战死13，负伤35。敌在战场上遗弃尸体不下300）。[④]

抗日军发动的双城阻击战不啻为对日军公然进攻哈尔滨的当头棒喝。对此，关东军于翌日对吉林军赵毅部进行猛烈的报复性进攻，使赵毅部遭

---

① 当时集结在哈尔滨附近的吉林抗日军有第六八二团冯占海部、第二十四旅李杜部、第二十六旅第六七三团邢占清部、第二十八旅第六七九和第六八一团丁超部。

② 《吉林自卫军抗战纪实》。

③ 但日军报告称：“吉林军（指抗日军）27日回避战斗，向阿城东部地区撤退，但因有日军出动的报告，士气大震，午后5时重又行动起来，开始向哈尔滨前进。”

④ 详见《满洲事变中的军的统帅》（中），《现代史资料》（11），“续满洲事变”，第491～520页。参加双城阻击战的，应既有驻当地的赵毅部，也有丁超所派的护路军。

受惨重损失后，更加疯狂地对哈尔滨进攻，尽管他们仍高度戒备苏联出兵和注视马占山的动向。针锋相对的吉林抗日军也急速向哈尔滨集结，包括给日军以重大杀伤然后又遭日军报复攻击的双城赵毅部和在阿城追击于琛澂伪军的冯占海部。据日军飞机侦察，在双城东部有抗日军司令部，日军判断，日趋增加的抗日军已达1.2万人，“士气高涨，决定可能对我进行攻击”。

其实，当时吉林省抗日军何止是急速集结、士气高涨，就在保卫哈尔滨的烽火前线，正式宣布成立了联合部队——吉林省自卫军（或称“吉林自卫军”）。由原吉林军独立第二十四旅旅长兼依兰镇守使的李杜任吉林自卫军总司令，原吉林军独立第二十八旅旅长兼滨江镇守使的丁超任中东铁路护路军总司令。据1932年1月31日李杜、丁超等致国民政府等的通电，吉林自卫军拥有第二十二旅、第二十五旅、第二十六旅、第二十八旅、暂编第一旅、骑兵旅等。[①]

日军由第二师团师团长亲自指挥，2月3日以其集结在双城堡附近的5个大队和炮兵3个中队为基干北进，余留部队3~4日由长春出发追赶师团主力，及至双方激战的2月5日，日军投入的兵力为步兵6个大队，野炮12门。日军不仅实行步炮齐攻，而且陆空联合。但至4日夜，日军仍觉“师团状况不容乐观”，英勇的吉林抗日军“利用一部分市街及围墙等正在顽强抵抗中”。第二师团虽相应改变了配置，重点转向右翼，决心从5日晨起重启攻势，但仍感“困难重重”。于是关东军又命令在沈阳待命的第八混成旅团向哈尔滨前进。此刻吉林自卫军评估双方态势后，决定放弃战线，转移外地，重做部署。丁超、李杜先后向南京电呈：“迄五日晨，敌的生力军，附有飞机、坦克，猛力扑来，血肉相持，卒以火器不敌，暂退呼兰”[②]；“我联合军终以转战经旬，伤亡盈千，兵力过疲，呼救无援，乃退守宾州、巴彦一带……整饬部属，再图规复”[③]。哈尔滨虽未确保，但膺惩了顽敌的凶锋，打乱了其意欲尽早打造起伪满洲国的步骤，激励中国人的抗日斗志，使吉林省抗日战争出现新的格局。

3. 自卫军与救国军[④]协同征战

退守到宾县、巴彦一带的李杜、丁超部，经整饬还有8000余人，他们

① 《李杜、丁超等致国民政府等电》（1932年1月31日），该电载，除李杜、丁超外，王之佑任前敌总指挥，杨耀钧任总参谋长。

② 《丁超致国民政府蒋介石、张学良电》，1932年2月7日，吉林省社会科学院，复印件。

③ 《李杜致国民政府等电》，1932年2月8日，吉林省社会科学院，复印件。

④ 本第3小节中，“救国军”指吉林王德林成立的“中国国民救国军”，“自卫军”指“吉林省自卫军”。

获得抗战的广阔天地，伺机夺回哈尔滨。第二师团主力也继续滞留哈尔滨，准备对自卫军施暴。1932年2月18~19日，日军连续用6架飞机轰炸宾县、巴彦，自卫军将总部移向方正，一路于20日夜占领珠河，缴了当地伪军的械；另一路更向东进，于26日占领一面坡到绥芬河的中东铁路东段。与此同时，自卫军赵毅部则挺进到哈尔滨附近的黄山嘴子，致使哈尔滨秩序一时紊乱。自卫军暂编第一旅旅长冯占海主张声东击西，使关东军调集大军严守哈尔滨，造成吉林省城空虚，便可一攻而取。关东军确中计，拟将原驻“奉天”以南的第八混成旅团急调哈尔滨编入第二师团（2月5日第二师团占领了哈尔滨，故当时关东军命该旅团停止开进哈尔滨）序列，只因自卫军前敌总指挥王之佑此时叛变投敌，该混成旅团才停止前进。可在1932年3月1日第二师团的第十五混成旅团，终又奉命东进，6日全部抵达宁安。此举主要是妄图扑灭东北抗日义勇军名将王德林在吉林广大地区点燃的抗日烽火，而当时伪满洲国正式宣布成立，在关东军的导演下，溥仪走马上任。

王德林，山东沂水县人，九一八事变时任吉林军第二十七旅第六七七团第三营营长，早年曾率众在松花江、乌苏里江流域和中东铁路沿线进行反俄斗争，事变后因旅长吉兴降敌从伪，随后成为伪军军官。王营驻地是敦化至天宝山之间的瓮声砬子（今明月沟），该地是日本亟欲修通的侵华新捷径吉会（吉林至朝鲜会宁）铁路必经之地。1931年11月间，吉会铁路测量队进行测量时，不听王德林部劝阻，随同的日军闯进军事禁区山顶守望炮台，两名日军被王部士兵击毙。日伪因恐军心不稳，未给王德林以惩处，但实行调虎离山计，将王德林部调属伪军于琛澂部。1932年1月，素怀爱国意志的王德林在西调途中，毅然高举抗日义旗，并迅速得到了广泛的响应，2月8日在小城子召开抗日誓师大会，正式宣布成立中国国民救国军，王自任总指挥，孔宪荣任副总指挥，吴义成任前敌总指挥。他们以战斗促发展，边战边建。首战敦化告捷后，1932年2月24日又先后攻克额穆和蛟河，于是名声大振，各地民团、山林队、参茸队、大刀会、起义军警纷至沓来，其中包括由总队长刘万魁率领的拥有众达千名士兵的宁安公安总队。截至1932年3月止，救国军已发展到2万余人，分别编成7个步兵旅和2个骑兵团，分驻于吉林省11个县。救国军虽自建立起即加入吉林自卫军，但王德林部与李、丁部实际是各自独立的联手关系，李、丁的自卫军以松花江流域为依托，王德林的救国军主要在中东铁路东段和吉林至图们铁路沿线活动，即一在吉林东北部，一在吉林东部。两军或者协同行动，或者相互策应，在作战上有意无意地大体形成为一个整体。

不仅吉林省的李、丁自卫军与王德林救国军在相当大的程度上保持着联动关系，而且吉林省抗日军与黑龙江省抗日军在作战上有时也形成联动关系，甚而构成因果关系。当哈尔滨陷入敌手，且马占山身陷敌营“因环境关系按兵不动”时，誓为“保守一隅干净土”而战的吉林自卫军，则积极谋图夺回哈尔滨。其前锋于3月初已逼近哈尔滨，从3月中旬至下旬，自卫军虽两度反攻哈尔滨未遂，却两度攻克宾县。冯占海部亦曾与熙洽伪军激战于宾县附近的高力帽子。而日军既置重兵于哈尔滨进行防卫，又继续追击自卫军，并从3月初起在一面坡攻打王德林部。自卫军也同样如此，既在哈尔滨附近与敌周旋，又要在中东铁路哈绥线上（如石头河子）组织对日军的包围战，以策应王德林。就在关东军主力第二师团的第三旅团（即长谷部旅团）和第十五旅团（即天野旅团）分别开往宾县和珠河之际，发生了农安与方正的战斗。

不过，前已述及，攻击和包围农安的不是吉林省抗日军，而是黑省义勇军劲旅富有传奇色彩的李海青部。李海青曾任马占山军特别行动队队长，因在三间房战役和撤离省城的战斗中立有战功而被提升为旅长，马任伪职后，李离马南下抗日。1932年初，李部3000人向伪都新京靠近，拟以出奇制胜的战法捉拿溥仪，砸碎伪满洲国。计划虽未遂，但其义举赢得了广泛群众的支持，于是他将所率部队改称为东北民众自卫军，自任总司令。同年3月15日，李率众以万计的东北民众自卫军占领扶余，10天后便以主力包围了农安，使伪军吉林警备军刘毓坤旅的2500人成了瓮中之鳖。农安被围，即长春之危。当时，吉林于琛澂伪军正在哈东，关东军遂将准备回归之第三十九混成旅团紧急调回，使之与第二师团之长谷、天野两旅团及张海鹏伪军分路围攻。4月1日，以关东军独立守备队森连为总指挥的日伪军开始总攻，直至4月3日晨，在农安的六间房等处“均有剧烈战争，血肉相搏，日军死伤奇重”。奈因日伪军开始“左右包抄”，“飞机多架掷弹轰炸”，“装甲车五辆冲锋”，以及“后路为逆军所截”，李部不得不向扶余方向退却。①

方正是吉林自卫军的根据地，也对哈尔滨构成威胁。前已述及，退出哈尔滨的吉林自卫军，一再采取行动，决心夺回哈尔滨。当李海青义勇军占领农安时，充当日军马前卒的于伪军李文炳、刘宝麟等部在方正以西，与自卫军冯占海、宫长海等部激战中惨败。由于当时正值农安之战，方正方面仍由于伪军应对。关东军因于琛澂部屡攻方正不下，转调陆空两军前

① 《吉林自卫军抗战纪实》。

往助战。4 月 5 日，“日军以飞机、重炮向方正猛攻”，“至午后三时，日军复协同于琛澂部绕出后方，自卫军以腹背受敌威胁，不得已遂总退却，大部撤赴依兰。”① 方正被第二师团的若松联队占领后，于伪军之司令部亦设于城内。

自卫军自方正东撤后，并未认输，到达江滨大罗勒密后，重新部署巩固防线，誓死抵抗到底，特别是吉林救国军王德林此时正取得节节胜利，战果丰硕。4 月 3 日，王部攻克宁安，城内商民挂起青天白日旗，4 月 5 日攻占三道沟，炸毁山城子至烟筒山铁桥，致使吉会铁路无法按时通车，8 日大举进攻延吉百草沟。此时王德林部已达万余人，在中东铁路东段悉归自卫军的同时，王德林也“决不令吉会路落成”。从此该路（即日伪所称京图铁路，即伪都至图们铁路）成为义勇军打击敌人的重点目标。

不过，综观东北抗日战场，此刻最令人振奋的是马占山重新抗日，最为义愤的是日军空前大增兵进行大“围剿”，东北义勇军从此进入了最为惨烈的抗日武装斗争的关键阶段。单从吉林省来看，接替第二师团的以广濑寿助为师团长的第十师团，于 1932 年 4 月中旬陆续到达哈尔滨，归其指挥的第三十八混成旅团也于4 月 26 日到达，此后开始兵分两路向李、丁自卫军及王德林救国军展开巨大攻势。第三十八混成旅团被派往宁安一带，因该旅团系驻朝鲜之第十九师团所组建的，故在吉东随时可以得到该师团的接应。而第十师团则在第十四师团先头部队到达后，从 5 月 11 日起沿江而下，直指依兰。自卫军也并非被动挨打的，此前，他们经过一段休整训练后，在下江各界纷纷要求下正式决定，从 4 月中旬起兵分三路反攻哈尔滨。右路由冯占海指挥，从依兰向方正进发，在方正西北的南天门，给第十师团中村支队以重创。通河城内，居民受遭创的日军的报复，其惨状更是激发了抗日军民的斗志。冯占海指挥下的宫长海部继而又攻克宾县、蜚克图并直逼哈尔滨市郊。中路由杨躍钧、邢占清指挥，经方正、夹信子向珠河进攻。珠河当时驻有关东军独立守备队的配有装甲车的1 个大队和吉林伪军第二旅的1 个团，日伪军虽顽固抵抗，但自卫军终以伤亡 2000 人的代价，攻克珠河县城，之后部队继续西进。左路进攻形势不佳，总指挥竟未临前线，亲临前线的马再周和刘万魁两旅长又敌前发生摩擦，刘万魁中敌圈套遭敌偷袭，致使一面坡得而复失。当然，总体而言，自卫军之行动还较顺利，正因如此，刚到北满主攻吉林抗日军的第十师团，便孤注一掷，甩开自卫军各路进攻的主力，顺江直击自卫军总部所在地依兰。吉林自卫军和

① 《吉林自卫军抗战纪实》。

中东铁路护路军两个司令部内少数留守人员，尚在欣喜于前方捷报频传之际，不料日军已兵临城下。5 月 17 日，日军占领依兰，李杜经勃利向鸡西梨树镇转移，而丁超则向宝清方向撤退。依兰的失守，不但使出发作战的各路部队失去联系中心和根据地，而且在各处日军不断发动攻势面前，失去了退守之路。同时，又由于第十师团占领依兰之后回兵哈尔滨，会同第十四师团进行攻击呼兰的战斗，堵截马占山的黑军，致使马军与自卫军业已密谋妥当的夹攻哈尔滨的计划流产。前已述及，马军部队此前已接近哈尔滨市郊之松浦和马家船口，并打响战斗。

4. 冯占海西进，李杜率部入苏

依兰陷落后，北满日军进攻重点虽西移，但东线的吉林自卫军仍步履维艰。其中路因业已挺进到日伪腹地，屡遭袭剿，不得不且战且退，转进到勃利、穆棱一带。左路结局最为悲惨，内讧后向下江败退，溃不成军。唯有冯占海的右路，重整旗鼓，持续作战，并于 5 月下旬在宾县脱离自卫军，宣布成立吉林抗日救国军，决心再次反攻哈尔滨。其主攻部队曾于 6 月 9 日在义兴泉一带重创敌人，宫长海骑兵也曾绕到哈尔滨郊外香坊，但终因天气恶劣，日军有飞机、装甲车助战猛攻，而不得不撤离。冯占海的吉林抗日救国军不愧为义勇军之劲旅，之后不但收复榆树，而且 7 月和 8 月连克五常、舒兰，9 月上旬还对吉林形成包围之势。[①] 后因关东军“围剿”马占山之战告一段落，得以置重兵于吉长，解吉林之围，于是冯占海的吉林抗日救国军西进热河。

走过抗敌峰期的吉林自卫军，显然不得不面对由攻变守的被动局面。但在 1932 年秋，由李杜督饬直辖的第二十四旅、邢占清的第二十六旅、杨耀钧的第二十八旅，以及马宪章、路永才、陈宗岱、关永禄、杨子彬、王永 6 支混成旅，仍活跃于吉林省东北部的绥芬、东宁、穆棱、宝清、密山、虎林、同江、饶河、富锦、桦川、方正、勃利、抚远、依兰 14 个县内，“不时以守势与日军接触”。其他各军如王德林、孔宪荣、姚殿臣、刘万魁部，“则由吉敦路线，向吉垣活动，以期会攻伪部”。还有为数 3 万人的大刀会“分处各县，秘密工作”。此外，丁超以吉林省主席身份，主持区内政

---

① 据王希亮、谭译《抗日将领冯占海》（吉林省政协文史资料委员会，1988，第 102 ~ 115 页）载，至 1932 年 6 月下旬，冯占海救国军已发展到 5 万余人，编为 12 个旅、4 个支队、3 个独立团和 1 个特种营。7 月 1 日，南京政府电委李杜代理东北边防军驻吉副司令长官，冯占海为哈绥路警备司令。冯军在 7 月连克五常、舒兰两城的基础上，于 8、9 月形成对吉林省城的包围态势。

务。值此时刻，实际上自卫军迫在眉睫的不仅有严峻的敌情，还有关系部队存亡的经济问题。当年北满遭受特大水灾，黑松两江同时泛滥，军区内外，“不被兵灾，即蒙水患”，“百姓生计已感飘摇，商业经济自然凋敝，且加以日军施行经济封锁政策，民食虽尚未臻恐慌，而军队冬季服装则殊堪踌躇矣”。[①] 就在这种艰难情势下，由于马、苏两军业已退入苏联，日军乃转向东进。第十师团主力分三路开始攻击吉林自卫军，长驱直入陷绥芬河，然后直逼密山，敌“两翼抄袭，包围我军，炮火极为激烈，更用飞机五架轰炸”。[②] 自卫军虽“拼命抵抗”，但士兵大半未着棉衣，披搭被褥与敌对抗，直至深夜。李杜鉴于无法支撑乃率部入苏，甫抵俄境伯力即致电蒋张报告“岁初日军进占宝清，闻丁代主席超被虏，当即去哈”，“其他各路队伍，因限于区域及时间，未及入俄境者甚多，现在均散驻各地，仍继续抗日”，并表示“虽受暴日强迫，一时屈服，犹不忘祖国，人心士气依然不死”。[③]

四 辽宁义勇军烽烟四起

1. 辽宁义勇军特色与优势

辽宁军显然是原东北军的主力，但在九一八事变前，其很大一部分被调入关内。在辽宁省城沈阳一带，留有唯一一支部队即北大营第七旅，该旅在关东军独立守备队突然袭击下，遭受重大伤亡后，也撤离西去。远在辽西等地驻守的各旅一时尚未卷入事变，后虽向锦州一带集结，但在关东军兵临锦州城下时，又奉命撤入关内。因此，九一八事变后，在日军凶狂侵攻和蒋张推行不抵抗政策的严峻形势下，没有像黑龙江省那样，几乎全部军队与抗日将领马占山等共进退；也没有如同吉林省那样，大半力量在李杜、丁超、冯占海等领导下毅然走上武装抗日的道路。

不过，辽宁义勇军各路为首者中，许多都是原东北军将领或政界官员，也就是日伪资料中所说的“不少将领和官员及其同僚”。相应的，由于军警机构的瓦解破坏，原军队和公安队中的大量人员“不甘心服从新国家的领

① 《吉林自卫军抗战纪实》。

② 《丁超、李杜经王子耀致国民政府电》，1933 年 1 月 5 日，吉林省社会科学院，复印件。

③ 《李杜自伯力致蒋介石、张学良电》，1933 年 2 月 11 日，吉林省社会科学院，复印件。日军侵入宝清后，派吉林之丁文凯（丁超之侄）持熙洽及第十师团师团长广濑寿助的劝降信件对丁超劝降。丁降敌时，所率 1500 余人全部被缴械遣散。王德林因受日第十五旅团进攻海林等地的威胁，于 3 月初入苏。

导”“遽然打出反满抗日的旗号”，走向抗日。他们往往构成义勇军的基干、支柱和主流，以致侵略者都认为：“事变以来败军残警合流，形成我国的一大敌对阵营。”[①]

人民群众面临帝国主义恣意侵略而毅然奋起，当然不独是辽宁义勇军发展壮大的社会基础，还是全东北的抗日义勇军发展壮大的社会基础。尤其是1932年的北满，空前的水患兵灾，加之素藏枪于民，贫寒凋敝的无数农民义无反顾，纷纷投奔抗日队伍使民团、自卫军、救国军等快速发展壮大。不过，多年饱受外国殖民侵略盘剥之苦的辽宁省，在九一八事变后，最先最频地遭受敌人的猖狂与枪炮，不能不引发更大的社会激荡，促成各阶层齐上战场的全民性义勇军运动。辽宁义勇军所显现的广泛动员的抗日意识，更具典型意义。[②] 日伪当局当即认为，九一八事变当时的东北四省的22万军队和11万警察，除死伤、被俘和辗转重归东北军者外，大部分“匪”化，即义勇军化；同时，原来的“职业土匪”，“随着时局的剧变”也“势力大增”，加上不少东北军败散士兵加入其中，“人员和装备越发扩大和齐备起来”[③]。不错，在民族危亡的严峻历史关头，昔日的有害无利的山林武装集团，确实大部调转枪口，确实激发出爱国心，确实与各界人民一致对外，尽管他们身上一时还不免残留着某些匪气寇行。山林武装成为义勇军的构成部分，是全东北更是辽宁省义勇军的历史现象，因为在东北，辽宁省原来就有山林武装遍布，特别是辽河沿岸，即辽西、辽北、辽南等地，更是如此。而山林武装转而走上抗日道路，无疑是民族觉醒的一种重要象征。

就规模而言，辽宁省义勇军也不乏兵员众多的大集团，如闻名遐迩的唐聚五的辽宁民众自卫军。该支自卫军建军伊始即编成19路军，数月后快速发展到37路军，兵员数万。辽西义勇军中，规模最大的一支是郑桂林的义勇军第四十八路，兵员也逾万，且系善同敌人周旋而常胜不败的抗日武装集团。总体而言，辽宁省抗日义勇军的组织特点是中小集团相对偏多，这与其构成因素相关。他们以几百人、几十人为单位分布在全省各地，因此，以“自发、分散”活动为主的义勇军抗敌行动特性，在辽宁省义勇军中显现得尤为鲜明。黑、吉两省的义勇军也都以游击战术为本，但是，为了实现收复失地，特别是反攻日伪政治、经济中心的重要战略目标，为了对抗日军的集中力量“围剿”著名抗日武装大集团，在采取战略战术时，

① 《满洲国警察史》，第171～172页。

② 日本的中国近现代史专家西村成雄就这样认为。

③ 《满洲国警察史》，第167页。

义勇军就不得不实行大规模的甚至跨省联合的运动战。而在日本帝国主义侵略势力渗透由来已久，且事变后荼毒更为深广的辽宁省，武装起来的抗日义勇军不能不对敌方林林总总的机构、设施和势力发动攻势，多方出击，以全面开花的游击战方式，积小胜为大胜，以期推翻侵略者的统治，达到收复失地的目的。历史的发展表明，更加广泛充分地实施游击战术，可能正是辽宁义勇军得以较久保存一定战斗力且能持续打击敌人的原因之一。

据称，辽宁省义勇军抗战行动，是在九一八事变后的1931年9月24日由公主岭开始的，那里是关东军独立守备队司令部所在地。从此，乱石山、郑家屯、千山、开原、牛心台、秋木桩、高丽门、凤凰城、四台子、五龙背、铁岭等地，相继被袭。及至日伪所称的“治安最坏状态下”的1932年夏，更呈现为南满铁路东西两厢的辽宁抗日义勇军齐向铁路沿线日伪势力进攻的态势。当时辽宁义勇军已发展壮大，“号称14万余”，“甚至连奉天城都多次遭到袭击”。由于当时日军的行动重点主要在北满，南满只限于维护处于义勇军接连袭击的南满铁路沿线各县，其他各地，确认被义勇军占据、掌控就有16个县，即使仍在日伪手中的各县，也只限于县城。[①] 与此相对应，不仅南满铁路干线“屡遭袭击”，而且营口、沈海、打通等线都已不通。

辽宁省是日伪暴力机关军警宪特的大本营，辽宁义勇军所处的地缘条件颇为不利。不过，由于省境接壤关内，故有获得华北张学良的东北军和全国人民支持之便。况且，在锦州沦陷之前，辽宁义勇军不但背靠辽西和锦热中国主权下的大片国土，而且锦州及其一带拥有张学良的军政机关，集结着辽宁军的多个兵团[②]，堪称辽宁义勇军，特别是辽西义勇军进行抗日武装斗争的根据地。尽管锦州的军政机关和北平的东北民众抗日救国会，对东北义勇军的指导、支持有限，但对辽宁义勇军而言，不能不说是条件得天独厚。特别是分驻在辽西锦州一带的东北军和公安队，不可能不在备战之余关注和支持义勇军的发展与斗争。在锦州沦陷前夕，日军认为，进军到满铁干线附近进行袭击的就是锦州方面派出的中国正规军。

关东军将对南满义勇军“打压剿杀”，称为“治安维持”，主要由铁路沿线驻扎的独立守备队各大队和伪军分区分段进行。1931年11月至12月

① 例如，据战犯古海忠之供称：1932年8月因田振东的数千抗日武装在满铁线上的伪昌图地区活动，县城即与外部隔绝，县城周围设有铁丝网、土壕、岗哨，城内驻有大量伪警察和自卫团员。

② 锦州原来驻有步兵第十二旅张廷枢部，锦州军政机关成立后，通辽的骑兵第三旅张树森部，洮南的步兵第二十旅常经武部，盘山的步兵第十九旅孙德荃部，以及炮兵第七旅等，都调至锦州一带。日军进攻前，仍驻有步兵第七旅（王以哲部）和第九旅（何柱国部）各一部。

关东军为进攻锦州进行备战时，以其部分主力对辽西进行了第一次“大讨伐”。1932 年的大半年，关东军将行动重点置于北满，图谋歼灭黑吉两省的抗日军，因而辽宁义勇军获得了发展与斗争的空间与良机。同年夏秋，就连辽宁省会也濒临朝不保夕的危机时，关东军司令官也曾亲临现地进行部署。继而在北满“征讨”大体告一段落的时候，终于发动了热河地区的“大讨伐”和辽西的第二次“大讨伐”，后者显然是意在为进攻热河和云集锦热的义勇军扫清道路。

2. 唐聚五誉满辽东

在辽宁省诸多义勇军武装集团中，论声誉之盛者，莫过于以唐聚五为首领的辽宁民众自卫军。辽宁民众自卫军的筹备虽然不晚，但是正式建军是在 1932 年 4 月国联调查团前来东北调查之时，用唐聚五的话说，就是欲“与调查团的深刻之认识，而制亲日份子之暴行”，也就是辽宁民众自卫军用其自身的行动，揭露并回击日本帝国主义把武装侵略说成是“自卫”，把打造伪满洲国说成是中国民众“自愿”行动的谎言与罪行。

唐聚五，辽宁锦县（今凌海市）人，奉天讲武堂毕业，当过营长、团长。九一八事变时，一个偶然机会，充任第一团团长，该团为东边道镇守使于芷山所辖省防军步兵第一旅的 4 个团之一。当时于芷山态度暧昧，立场不定，处于敌我之间。而唐聚五曾受于之命乔装赴平向张学良请示机宜，张学良既令其执行不抵抗政策，又嘱其在东北组织民众武装积极进行抗日。因此，尽管于芷山终于降日从伪，第一团也被编入伪奉天警备军，可唐聚五却矢志抗日，送走家人，“自冬迄春，工作数月”。唐走上抗日，即意味着与多年长官于芷山为敌，兵戎相见，但唐有句名言“媚日者虽亲亦仇，救国者似仇亦亲也”①。这是唐的立场，也是唐建军的指导思想。他认识到只以“一团之众，不足撄大敌，非以民众为后盾，更难图功”。正值唐的建军关键时刻，爱国青年黄宇宙出现在唐的面前，黄是北平东北民众抗日救国会联络员，专在辽东一带发动组织民众抗日武装。面对黄所持张学良的亲笔信，唐更决心不负张学良的期待，在黄的协助下开始多方联络活动。首先争取了原桓仁县公安大队大队长郭景珊，郭景珊又联系了宽甸县公安局局长时远岫，桓仁县公安局局长张宗周、县长刘铮达，辑安县公安局局长林振清等。总之，自黄宇宙到达唐聚五驻地桓仁后，“赞成举义者日多：通化王育文、张太仆、古敬斋，宽甸王宣斋，桓仁富光圭、杨仲西、孟伯

① 朱贡忱：《唐聚五救国史》（报送南京国民政府参谋本部件），吉林省社会科学院，复印件。

钧，此文人之风起者也；桓仁公安局长张宗周、公安大队长郭景珊，凤城公安局长邓铁梅，通化在野军人王凤阁、孙秀岩、姜中夫，柳河包广宇，此武人之云从者也”。[①]

1932 年 4 月间国联调查团已到东北，月末即将视察抚顺煤矿，唐聚五乃于同月 21 日[②]在桓仁誓师，宣布辽宁民众自卫军正式成立，唐任总司令，李春润、张宗周任副总司令，下属 19 路军，同时有 14 个县通电响应。同年 6 月，辽宁民众自卫军总部转进至更具战略意义的东边道中心通化，并在那里设立了以唐聚五为首的抗日的辽宁省政府，并得到了北平张学良的认同，从此以在桓仁时期即已设立的抗日救国委员会为名，与日伪统治相对立，开始政治工作，发展生产，提高人民生活，还发行了辽宁民众自卫军的流通债券。当时在东边道共收复了 21 个县，官兵发展到接近 10 万人。[③] 九一八事变以来在人民群众中种下的抗日火种，终于迸发成为燎原大火而不可阻挡。

辽宁民众自卫军成立以后，自通化战役起，大小战役数以百计，先后在新宾、宽甸、柳河、金川、辉南、朝阳、临江、辑安等地打了若干大仗、漂亮仗。当时全东北的抗日武装斗争正呈全面开花之势，辽宁民众自卫军乘关东军疲于奔命，穷于应付，把军事行动重点置于北满之际，纵横驰骋，到处出击。日伪所面临的南满铁路干线和“奉天”等重要城市，都遭连续攻打的危困情势，这在相当大的程度上都是辽宁民众自卫军所为。1932 年 9 月 15 日，抚顺煤矿的杨伯堡、东岗、东乡、老虎台等矿坑，突遭强袭，杀死矿长，破坏设施等，就是辽宁民众自卫军第 11 路之第三十至三十三团的有计划的作战行动。当时约 1000 人队伍接近抚顺市区，有 300 人深入矿区作战。为了进行报复，抚顺日本守备队则制造了震惊中国乃至全世界的“大惨案”，即抚顺平顶山村 3000 多平民被无辜杀害。

1932 年初的南满，日军只有独立守备队，4 月以后由于新增兵团陆续到达，第二师团开始由北满撤下。不过对付辽宁民众自卫军的仍以伪军为主，除了于伪军外，来自山东的李寿山匪军也被调入辽东，在东边道肆虐。同年 5～6 月东边道的第一次“大讨伐”，就由伪军主导。同年 8 月新任关东军司令官到任后，又有新的增援部队接连来满，同时由于“围剿”马占山之战告一段落，各师团便抽组部队，开始了第二次东边道“大讨伐”。其目

---

① 朱贡忱：《唐聚五救国史》（报送南京国民政府参谋本部件），吉林省社会科学院，复印件。

② 关于辽宁民众自卫军正式成立时间，郭景珊《回忆辽宁民众抗日自卫军》（《吉林文史资料》第 5 辑）载为 1932 年 3 月 21 日。

③ 选出的省政府委员有 13 人。自卫军总司令部增加张宗周、黄宇宙为副总司令；新编第二十路至第三十七路，成立 6 个方面军，李春润、孙秀岩、张宗周、邓铁梅、刘景文、郭景珊为各个方面军的总指挥。

标是将辽宁民众自卫军“包围在通化、桓仁地区歼灭之”，特别强调“力求捉住或杀死其头目唐聚五”。[①] 此战始于1932年10月11日，关东军司令官武藤信义亲自指挥，他要求第二师团各旅团部队沿鸭绿江溯江而上，直插辽宁民众自卫军的背后。辽宁民众自卫军为应对日军的第二次“大讨伐”，发起了第三次临江战役，由于第八路坚持不住，退出临江，勇打善战的第七路援后，终因敌方火力太猛，飞机轰炸，亦未能改变战势。值此时刻，唐总司令下令立即向抚松转移，因伪军于芷山、李寿山部和日军铃木、茂本两旅团，已由安东、吉林南北两路开始快速夹攻，辽宁民众自卫军各路个个遭袭，县城相继失守。唐聚五本拟在抚松重组部队，并设法与吉林王德林的救国军联手，以图再起，但因驻抚松的第七路司令已向日军表示“归顺”，抚松不具备抗敌条件，而且寒冬即至，衣粮无着，不得已唐聚五决定化整为零，分头行动，退守转进或各自行动。结果是除唐本人乔装进关，郭景珊率部转进热河外，还有相当多的队伍留在本地坚持斗争。

尤其是坚持在南满铁路以东、安奉铁路以南、关东州以北的所谓“三角地带”进行抗日斗争的刘景文部和邓铁梅部，他们本来也是唐聚五辽宁民众自卫军的组成部分，纳入该自卫军序列[②]，但他们始终单独行动，辽宁民众自卫军分解转进后，他们更是坚持原地斗争，行动活跃而锐利，后来成为义勇军成功实施游击战的闻名劲旅。由于其毗连关东州，周围皆敌，日伪的“讨伐镇压”自然格外得手和倾力。1932年12月至1933年2月对三角地带第一次“大讨伐”，就是以关东军第二师团和独立守备队的主力，并纠集伪奉天警备军所组成的支队来进行的，为此进行配合的还有关东局日本警察队，他们竟动用警备船，协同日本海军封锁黄海海岸，使刘、邓抗日武装遭受惨重损失。但不屈的刘、邓部队为策应热河的抗日军，1933年4~5月继续袭击敌人，而日伪为此又对三角地带进行了第二次“大讨伐”。

3. 黄显声公安总队的核心地位

如果可以将南满辽宁省义勇军抗日战线格局说成以南满铁路为中界分为东西两线的话，那么在西线辽西地区，义勇军体系更加复杂，活动更加纵深。特别是锦州沦陷前，辽西尚存有张学良军政力量和未被占领的锦热大地，因背靠关内，义勇军得到了更多的接应和回旋天地，致使日本侵略者面临难以摆脱的威胁和打击。同时关东军也利用辽西特殊的政治态势和敌我力量配置，极力制造和加速侵略的借口。

---

① 日本参谋本部编《满洲事变作战经过概要》，中华书局，1981，第5页。

② 刘景文任第七方面司令，邓铁梅任第四方面司令和第十三路司令。

辽西地区似乎不像辽东那样，存在如唐聚五辽宁民众自卫军那样的义勇军大兵团，但是，东北军正规军的大量存在，特别是黄显声及其指挥的公安总队对于义勇军的指导、促进和实际支持，也不可低估。因有地理条件，上述辽西义勇军得以较多地借助北平东北民众抗日救国会的统一指挥而发展自己，而且这种情势又因为黄显声的积极努力而变得愈加有利。黄显声，辽宁凤城出生，亦系原东北军将领，曾任旅长，深受张学良器重。1930 年奉军入关时，特被留守，任为辽宁省公安管理处处长兼沈阳市公安局局长。他远见卓识，经张学良同意，为强化地方武装，当即把辽宁全省公安队和警察队编为 12 个总队（每三五县为一总队）。九一八事变前夕又以警备名义，将库存的东北军历次入关缴械的 20 万支旧枪紧急发给各县，正是这批枪支很快化为群众起而抗日的有力武器。事变爆发后，鲜为人知的是，黄显声曾命其警察队对日军进行不抵抗的抵抗。锦州的张学良军政机关设立后，黄显声前往供职，并将由沈阳撤出的警察和公安总队带至锦州。紧接着，黄显声召开辽西八县公安局局长会议，决定抽调各县干警加强公安总队，将其编为 3 个骑兵总队。黄显声及其公安总队首功就是歼灭日军收买利用的凌印清匪帮——“东北民众自卫军”，日军妄图利用其推翻锦州抗日政府，并制造侵占辽西的借口。黄显声奉命派公安总队第二骑兵总队前往讨剿，将匪帮中的少数头目说服归顺，11 月初匪首凌印清顾问仓冈被擒，号称千人的匪团彻底消灭。与此同时，张学成匪帮亦同样被第二骑兵总队歼灭。从此，黄及其公安总队名声大振，黄也得以派出代表参加北平东北民众抗日救国会，从而鼓舞和推动了辽西义勇军的蓬勃发展。从黄显声的八县公安局局长会议到 1931 年 11 月末，仅两个月时间，经辽宁省警备处和北平救国会委任的大大小小义勇军部队即达 30 余路，分布在辽西及辽北、辽南各地，众达四五万人。

4. 辽西义勇军围歼日军大捷

辽西义勇军诞生最早，再生力较强。1931 年 10 月 10 日，高鹏振的东北民众抗日救国军即在黑山后窑堡成立，自此，辽西各地义勇军纷纷建立，即使在东北义勇军抗日斗争已转入低潮的 1933 年 5 月，仍有裴德富的第四十七路义勇军在锦州三家子建立。据统计，活跃在以锦州为中心的辽西一带的义勇军队伍，有战绩可考者即有 22 支，其中黑山 6 支，北镇 6 支，义县、锦县 4 支，锦西 2 支，兴城、绥中 4 支，兵员多达 4 万人，最小的一支只有几十人，最大的如郑桂林的第四十八路达万人。这些队伍的首领中，有相当一部分是原东北军军官，如第五路、十二路、十三路、二十五路、三十三路、四十七路、四十八路以及在新民组建却在锦州一带活动的第四路等。[①] 如将北票、朝阳一带的义勇军也考虑在内，战斗在辽西一带的义勇军的规模就当然更大。例如，朱霁青的东北国民救国军总监部就设在朝阳县萧家店。身为老同盟会会员，又曾任国民党中央执行委员、国民政府委员等职的朱霁青，在九一八事变后因不满于国民政府不抵抗政策而愤然弃官返乡，组织武装在辽西、热河打击敌人，对当地人民起了很大的鼓舞作用。与朱同行的还有原东北军将领宋九龄。1932 年北平东北民众抗日救国会特派彭振国来到朝阳，任第一军区总指挥。同年 5 月，黄显声的公安总队也决定撤至北票，在那里组建东北义勇军总指挥部。显然，锦热地区义勇军抗日斗争开始升温。

综观辽西义勇军抗日武装全过程，在锦州失据前后呈现为敌我斗争的峰期。锦州沦陷前，日军慑于辽西走廊的西方势力和国联动向，一时不敢动用地面部队，但处心积虑地寻衅闹事，制造所谓"讨匪权"，妄图借以西进锦州。对此，1931 年 12 月义勇军有力兵团如第四路耿继周部攻克新民，辽南项青山部和第二路王显廷部会攻大虎山，牵制日军。与此同时，以黄显声公安总队为主导的辽西义勇军极力扩大抗日阵线。就连日本参谋本部的总结性资料都述称：

> 张学良已将黄显声派往通辽，命令附近各官宪招抚匪贼，组织别动义勇军。因此，目前四洮路方面匪贼正在大举改编中，以郑家屯、通辽及康平、法库、通江口为根据，势力逐渐扩大，向远处梨树（四平街北）、怀德（长春以西）进展，其影响及至洮南方面。[②]

总之，为对抗日军的西攻锦州阴谋，辽西乃至辽北、辽南、辽东义勇军等都以更大的力度行动，以策应正规军迎敌备战。而当关东军兵临锦州前夕，张学良争取粮械供应和实现全国合力抗日未果而命部队弃城后撤之后，义勇军以其智勇给不战而占锦州之敌以事变以来堪称"最大军耻"的重创，这就是自 1932 年 1 月 3 日日军侵入锦州起，不到一周时间，义勇军连续 3 次取得歼敌战的胜利。第一次，在 1 月 9 日，义勇军第三十六路刘纯启部在锦西江家屯以西与日骑兵第二十七联队激战，歼灭该联队队部和石

---

① 《冀热辽人民抗日斗争文献·回忆录》第 1 辑，天津人民出版社，1987，第 291～294 页。

② 日本参谋本部《满洲事变史》第五卷（案）摘译；《现代史资料》（11），"续满洲事变"，第 432～476 页。据谭译主编《东北抗日义勇军人物志》（辽宁人民出版社，1987，第 9 页）载，到 1931 年末，黄显声在辽西和辽北组编的义勇军不下 5 万人。

野小队70余人，击毙军官有古贺联队长、米谷副官，以及机枪大队星野大队长与石野小队长等[①]；第二次，是在同日，第一运输监视队（即松尾辎重队）在上述江家屯东30余里的前搭屯（日方资料载为红螺岘附近），受当地军民1000余人包围，经3小时激战，队长松尾秀治等27名官兵全部毙命；第三次，是在1月10日，日军骑兵第十二联队第二中队，在新立屯与义勇军交战，结果中队长不破直治等15人战死，另有军官6名负伤。[②] 就这样，日军在一两天之内，即连续遭到重创，死伤惨重，而日军相关部门竟毫不知情，且在此之前，即锦州失陷的翌日——1月4日，义勇军第四路耿继周部，第二次杀进新民县，攻破监狱，释放200余人。在此之后，2月3日，耿继周部又联合义勇军第十二路，共万余人，攻克彰武。对此，日军哀叹道，此为“满洲事变以来最大的悲惨事件”，于是他们以其驻辽西第二十师团为“讨伐队”，开始了报复性“讨伐”。自1932年1月23日开始，由师团长指挥，以步兵9个大队、炮兵4个中队、野战重炮兵1个大队为基干，对打虎山以西的义勇军进行第一次辽西“大讨伐”，直至2月末才结束。这次大讨伐中，首当其冲的是北镇北部的义勇军第二十五路和绥中的第十三路，他们虽遭重大损失，但都坚持抗击到底。同年3～5月，王照泮、石盘的第十三路与郑桂林的第四十八路，两次会攻绥中城。8月，于汇川、张海涛的第十二路，会同杜成栋、陶洪飞的第三十七路，攻打北镇、广宁镇。10月，朱霁青召集义县马子丹部、刘纯启部，联合攻击义县县城。同月，宋九龄所率的东北国民救国军第四梯队攻入锦州，击毙日军多名，遂即撤出。此外，作为关内连接之关键，即辽西铁路交通设施，具有重要战略意义，1932年1～10月，辽西义勇军对之作战达20余次。[③]

1932年9～10月，关东军进行第二次辽西“大讨伐”，第八师团的第四旅团和飞行第十大队第一中队，对辽西义勇军规模最大的兵团郑桂林的第四十八路开火，但善同敌人周旋的郑部并未被击破，很快转进到关内。在此期间，日军对李海峰部、马子丹部、朱霁青部、孙兆印部、宋九龄部、

---

① 以上古贺联队伤亡数值参考了中共锦州市委党史资料征集办公室的调查资料。日方资料载为战死古贺联队长及以下官兵14名，伤19名。但亦有资料载，战死古贺等12名。另据中共葫芦岛市委党史研究室调查，古贺联队属第八师团，古贺率77名骑兵进入锦西卧佛寺，1932年1月7日，该联队所属的松尾辎重监视队的28名官兵和第七十三联队的石田、石野等26名官兵前后赶到。1月9日他们被周玉桂和刘纯启所率的千余人义勇军围歼，131名日军，只剩下40人。

② 《现代史资料》（11），“续满洲事变”，第432～476页。对于松尾辎重监视队伤亡状况，中日资料记载相差极小（只差一二名）。关于日军骑兵第十二联队第二中队的惨败，过去日方资料不见记载。

③ 《冀热辽人民抗日斗争文献·回忆录》第1辑，第299～300页。

亮山部、高文斌部等都进行了血腥的“讨伐”，各部差不多均遭严重损失。此外，日军还残暴烧杀无辜群众，例如，1932 年 10 月，第八师团第三十联队主力从朝阳寺向朱霁青义勇军驻地义县刘龙台和三宝营子进击，闻义勇军业已转移，乃调头向当地群众施暴，将刘龙台洗劫一空，烧毁民房 300 余间。第八师团后来成为进攻热河的主力师团之一，其此时对辽西的“讨伐”就是为攻占热河扫清道路。

五 抗日义勇军的历史意义

1. 热河抗战时义勇军基本态势

1932 年 8 月取代本庄繁就任关东军司令官的武藤信义面临两项任务：一是打压“剿杀”正处于高潮的东北义勇军的抗日武装斗争；二是进攻和占领向悖尚且不明的热河地区，以谋实现对满蒙四省的全部军事占领。关东军特意选择在 1933 年 2 月 24 日国联通过对日“劝告”方案，日本代表松冈洋右表示退出国联的前一天即 23 日，兵分三路开始进攻。且在进攻开始前，关东军司令官竟发表挑衅性十足的所谓“声明”：“如果华北政权对我军采取积极的实力行动时，则不能不引起战祸以至华北方面。”① 与此同时，日本政府也向南京国民政府发出最后通牒，声称“难保战局不及于华北方面”。日方此举固然是对中国进行武力讹诈，迫使中国继续推行彻底的不抵抗政策，但同时也是向中国发出十分明确的信号：确确实实不仅要侵占全东北，还要征服华北乃至全中国，且已开始行动了。正因如此，关东军进行了九一八事变以来最大规模的兵力调动与部署。第八师团原已侵入辽西，为准备攻热，1932 年末又特意调来第六师团，除此两个师团外，还有第十四混成旅团、第三十三混成旅团和骑兵第四旅团等。另外还有张海鹏的洮辽伪军大部，以及关东军直接操纵的别有用途的伪匪军刘桂堂的“护国军”、程国瑞的暂编第二军、李寿山的独立第一旅、丁强的“救国军”和川岛芳子的“定国军”，等等。而在行动上，提前在 1933 年元旦即制造借口②，夺取了攻占热河、侵略华北的战略要隘山海关；同时，对热河的攻势也是采取突然袭击的办法，即在发表进攻“声明”的同时或更早即开始行动。例如，由主力第八师团（师团长西义一）主攻的攻热中路，2 月 21 日

① 日本陆军省调查班：《热河讨伐经过概要》，1933，第 5 ~6 页。

② 命伪满“国境”警察队山海关派遣队队员，向山海关站日本宪兵和守备队处投掷手榴弹，然后栽赃给中国驻军何柱国部，引起事端与冲突。

即提前占领北票，之后以三路纵队从义县、锦州方面迅速长驱直入，25日进朝阳，3月2日占凌源，3日占平泉，4日占领承德。

在日本侵华战火即将从锦热大地燃烧到关内平原的危亡关头，中国政府再也无法固守既定的妥协政策了。首先，张学良在山海关事件发生后即1933年1月8日向中外媒体表示，放弃不抵抗政策和依赖国联政策，用中国军民的精神和血来抵抗日本的侵略。10天后，张学良、阎锡山等26人又联名发出通电，说明九一八事变以来的惨痛教训，告诉人们必须放弃不抵抗政策和依赖国联政策。[①] 其次，国民党军事系统中的华北将领和国民党政府中的英美派官僚政客也表态要武装抗日。2月17日，日军进攻热河一周前，宋子文偕张学良、张作相、孙殿英、朱庆澜等多人视察热河，督励抗战，[②] 并会见多名将领，召开军事会议，发表正式讲话和抗日通电。此外，蒋介石的回电也未否定张学良的“筹定大计”，但将问题全部推给了张，然后继续其对中国共产党进行第四次“围剿”。当时张以国民政府军事委员会北平分会代委员长身份，统一指挥长城内外的中国军队，他用心良苦地将华北军的多个军团，包括驻当地的汤玉麟部的东北军各师旅等，都派做对热防卫战的主力。可是，似已胸有成竹的热河中国守军，在日军攻势面前一触即溃，纷纷后撤。偌大一个热河省，只10天工夫即成日军的囊中物。热河失守，舆论哗然。汤玉麟受通缉，张学良引咎辞职。然而，这一切都未换来侵略者的收敛，相反关东军更加有恃无恐，立即越长城，侵冀东，进逼平津。虽然国民政府重新部署，蒋介石亲任总司令，由何应钦代理指挥的25万中国守军，却未能阻挡住关东军的2个师团和两三个旅团的攻势，最后不得不与日军签署了妥协投降的《塘沽协定》。国民党政府从此虽不能说又回到对日彻底不抵抗政策的老路上，但是无论如何再也不提“一面抵抗、一面交涉”的政策口号了，而是在继续“剿共”的同时开始对日采取绥靖政策。得寸进尺的日本侵略者，在加强东北的殖民统治的同时，开启了阴谋蚕食华北的新历程。中国人民的义勇军抗日武装斗争和抗日救亡运动面临新的抉择。

当时从热河地区无奈撤退的还有来自各地云集在那里的大量抗日义勇军。关东军发动侵略热河的作战，“剿杀”义勇军也是明确的预期目的之一。到1932年底，经过一年多的浴血奋战，义勇军面临不断强化的日伪军

---

① 以上1933年1月8日张学良对中外新闻界谈话和1933年3月18日张学良等通电，均为辽宁大学中国现代史研究室存件。转自于张德良、周毅主编《东北军史》，第253~254页。

② 1933年2月17日随同宋子文一行赴热河的还有平津沪各界人士80余人，并携有援热物资及宣传队。

攻击，械弹衣粮供应无着，形势严峻，武装斗争大多难以为继，不得不转换地理空间和斗争方式。在这种形势下，义勇军各部向热河地区转进，是保存实力和准备再战的应急对策，也是重要的战略选择。而保存实力和准备再战，在当时对义勇军而言，是有条件的。义勇军首脑们深知，热河省经济落后，民不聊生，无法养活突然蜂拥而至的多达十几万的大军。可是，新发生的情势是日军进犯热河迫在眉睫，国民党政府的行迹表明，它的对日政策大有可能从不抵抗转向抵抗，实现全国合力抗战的局面，而这正是抗日义勇军所希望的；况且张学良已示意若干义勇军部队可向热河地区转移。因此，各路义勇军长途跋涉，克服千难万险，冲破日军的围追堵截，向热河集结，其原动力与其说是消极地摆脱困境，不如说是积极地力图从对敌抗战中发展抗日大业和壮大自己。总之，数万义勇军集结热河地区，不是讨饭求衣，更不是特意集结起来再行退却。

吉黑两省义勇军的首脑，如黑龙江省军的马占山、苏炳文、张殿九，吉林省军的李杜、王德林等，不下 20 人，均在 1932 年 12 月至 1933 年初先后率领部队应急但有组织地入苏，其目的就是取道苏联，回国抗战，特别是在热河进行抗战。黑龙江军由黑龙江省转向热河省的战略选择，尤为明确而坚定。1932 年 12 月初，当西线战局处于不利时，马占山指挥的黑龙江军即当机立断："为保全实力冀图再举计，拟将我军全数撤退到热河边境开鲁、林西一带。"① 而当马占山与苏炳文决定出国入苏之时，即令卫队旅长邰斌山设法迅速传令邓文、李忠义、徐海亭、才洪猷各军，"仍努力进攻省城"，"不得已时各率部队转至热河集合"。② 于是，首由邰斌山卫队旅的 3000 人开路西进，继而邓文部 9000 余人和李海青（即李忠义）部 3000 余人也西进热河边境，之后于多伦与邰部会合。吉林抗日军西入热最早、实力最强的是勇打善战的冯占海部。冯占海部原属吉林省自卫军，吉黑义勇军联合攻哈尔滨的重大行动未果后，两军大部退离哈尔滨郊区，冯占海部则被孤悬敌后，处境艰难；但冯部则乘日军以主力在松花江以北攻打黑军马占山部和吉林军李杜等部之机，发展壮大自己，成立吉林抗日救国军，6 月下旬全军发展至 5 万余人。8、9 月间义勇军在全东北掀起抗战高潮时，冯部相应地开展了围吉林、打长春的使敌人在核心地区"寝食不安"的攻势。冯军的此举虽损失了"上千名弟兄"，且敌人企图将冯军困死在吉长地区，但冯军跳出了包围圈。时至 10 月冯军已"弹尽粮绝"，部队被分割在

① 《黑龙江省抗日战斗详报》，1934 年 4 月，吉林省社会科学院，复印件。

② 《马占山将军出国，部队转进热河》（1932 年 12 月 4 日）《马占山将军抗战史料》，第 57 项。

各地，于是，冯部决定部分部队“向西往热河转移”，其余各部队就地坚持进行战斗。[①] 西进部队于1932年底才开进热河省开鲁县境内，随同西进的还有冯军的宫长海骑兵部队。当时已不是伺机再行东返，谋图大举的形势了，日军进攻热河的行动实际业已开始。辽宁省义勇军有多个部队邻近热河。在辽东征战的唐聚五辽宁民众自卫军于1932年末，与东北其他各路义勇军面临类似形势，最后也研究决定采取“到热河去抗日，其他留辽东分散抗日”的政策。前往热河的数千人转移部队，由辽宁民众自卫军第六方面军总指挥兼宪兵司令郭景珊率领，施行“分散行军”的办法，经月余到达热河省凌源，与先期到达那里的第三十二路军丁育昌部会师。辽宁省的其他义勇军各部，如冯庸部（即冯庸大学义勇军）就有3000人进至热河。据日本陆军省统计，当时集结在热河的准备抗战的中国军共有13.3万人，其中义勇军占总数的三分之一以上。[②]

集结在热河的义勇军各部自成体系，仍是各自仓促应战，且在热河抗战的全过程中，并无影响战局发展的发言权。当时，义勇军的劲旅，如冯占海部、邓文部、李海青部均被配置在日军进攻热河的三路中的北路，即开鲁至赤峰一线，战斗打响后，不得不随着牵头抗击这一路的但毫无战意的晋军孙殿英部和毫无战斗力的“不中用”的崔兴武部临阵溃逃，退下战场。

在热河保卫战中，很遗憾，义勇军的抗战目的未能实现。不过，不可否认的是，到热河沦陷，即日军占领东北四省为止，义勇军基本实现了保存实力以利再战的预期，基干部队没有遭到溃败性的根本损伤。[③] 因而不仅在继而发生的长城抗战和察哈尔抗战中，发挥抗敌作用，而且在沦陷了的东北，由于转换了战略战术和斗争方式，逐步掀起了新的抗日高潮。

2. 义勇军是中国抗日救亡的先锋

诚然，到日军攻陷热河为止，从纯军事角度来看，在侵华日军和抗日

---

① 王希亮、谭译《抗日将领冯占海》，第118页。

② 日本陆军省调查班：《热河讨伐经过概要》，1933，第2~3页。另据张德良、周毅主编《东北军史》（第257页）载，参加热河保卫战的中国军队“当在10万人以上”。关于义勇军参加热河抗战的兵员数记载不一。例如，对于冯占海部，有的称4万，有的称1.5万；对于邓文、李海青、刘震东部，有的称1.1万，有的称1.5万；对于冯庸部，有的称3000人，有的称500人。

③ 《东北抗日联军斗争史》（人民出版社，1991，第71页）载，到1933年春，义勇军作战牺牲约5万人，伤8万余人，溃散7万余人，入苏近3万人，转移至热河3万余人，尚有4万余人仍在东北坚持抗日斗争。

义勇军对阵的战局上，无疑劣势与败局属于中国抗日义勇军一方。这与义勇军自身的问题与弱点不无关系，特别是与组织结构复杂所导致的流寇习气、伤害群众和危难时刻的叛离现象，有很大的关系。黑龙江、吉林、辽宁三省抗日军首脑层都曾出现从敌叛变者，如丁超、王之佑、程志远等人，但是，抗日名将马占山在义勇军建立伊始，就正确地阐述了义勇军的弱点与问题，以及其主导的本质的积极历史意义。对于前者，应反对、克服；对于后者，则是尽全力予以肯定，使之继续发扬，也就是“制止他们的越轨行为，援助他们爱国的事业”。[①] 义勇军在日本帝国主义业已行动，实行侵华灭华的历史关头，所表现的为救国而不惜牺牲精神，才是其最可宝贵的基本面。

至于战争的胜负，归根结底，取决于对阵双方的国情、国策和国力、军力。姑且单就兵力而言，一般公认，中国抗日义勇军在1932年抗日作战高峰期，兵力达30余万人，而关东军原本只有第二师团和独立守备队，总共一万零数百人，马占山率部进行江桥抗战之后，日军接连大举增兵，除第三十八混成旅团、第三十九混成旅团外，还有第二十师团、第四混成旅团、骑兵集团（辖2个旅团）、第十师团、第十四师团、第八师团、第六师团、第四混成旅；此外，独立守备队也一扩为三，辖有18个大队，相当于3个旅团。众所周知，在1937年七七事变前，日本拥有常备师团17个，可在其进犯热河时，即将如上的三分之一兵力（甚至是将近一半）派进中国东北，总兵力至少有10多万人，与此同时，关东军还直接指挥着伪军伪警武装暴力团体，其人数亦达20多万。[②] 因此，以关东军为首的“剿杀”义勇军的日伪武装暴力，首先在数量上优势于义勇军。其次，组织、装备、机动性和后勤保障，双方不能相提并论。一方是一般械弹严重不足，经常是弹尽粮绝；另一方是飞机大炮肆虐。一方是缺乏统一组织指挥，各自为战；另一方则以全国之力调兵遣将，控制铁路交通，实行集中兵力机动作战。两军在这种情况下对峙，其结果是不言而喻的。

在此，人们应该充分理解义勇军在特定的历史时空下所表现的胜败观

---

① 《马占山告农民要紧记七件大事函》（1932年5月15日），《马占山将军抗战史料》，第35项。

② 据伪满军政部最高顾问多田骏《满洲国军政指导状况报告》（1933年3月24日）载，伪满之初，伪军为11万人，后增至13.5万人，1932年缩减到11万人，1933年进攻热河时因收编各种伪匪军，又增至15万人，不久又减缩到11万人左右。伪军主要来源是原东北军降日残部、日本浪人、预备军和他们操纵的土匪、流氓、兵痞等。当时按伪行政区划成立4个伪省的警备军和伪兴安4个分省的警备军。1933年，共有步骑29个旅，12万人。另据《满洲国警察史》载，1932年，伪满警察达10.065万人，其中警察队为37509人。

和贯彻始终的抗日初衷。

"为国牺牲，士皆所愿，成败利钝，亦所不计"[①]，此为李杜将军在吉林自卫军建军时期表全军所做的表态。九一八事变后，东北人民之所以本着这种不怕牺牲精神，顿时兴起几十万人齐上阵的抗日战场，就是因为他们长期遭受着日本帝国主义的种种侵略，有所警戒，事变爆发后，立刻深深认识到，来势凶狂的日本侵略者终于开始推行其从满蒙到全中国的武装侵略与占领了。困难当头，救国情殷。广大义勇军官兵用"与其坐而待灭，莫如进而玉碎"的牺牲精神和抗敌实际行动，向执政当局的不抵抗的投降政策，做出了坚决、坚定的反击。他们践行和坚守的"外患必御，国土必守"理念，正是近代中国人民在长期抵御列强侵略过程中凝聚而成的民族精神，可称之为中华之魂。就像《大公报》当年评赞马占山的江桥抗战的意义时所赞称的：他们并非不知"无久持时日之可能"，可是他们所做的是"宁战而亡，不为所屈"的"绝对牺牲"。[②] 这是抗日义勇军毅然行动的首要意义，全国抗日战争时期，中国人民进一步充分地升华和发扬了这种精神。

抗日义勇军的行动表明，中国军队不仅应该打、必须打，而且能够打，能够使敌寇遭受重创和挫败，消灭其凶狂的侵略气焰。前已述及，台湾著名学者郭廷以在评述马占山军的江桥抗战时曾称："日军并非绝对不可抗拒。"[③] 因为在江桥战役中，日伪军遭到了比黑龙江军更重的损伤。义勇军深知，与日军作战，虽系"良械"与"热血"之战，系非常悬殊的敌强我弱之战，但他们也深信，只要是正义事业，"精神终胜于物质，胜算贵在决心"。诚然，日军装备精良，陆空协调，保障有力，机动灵活，可实施集中力量各个击破的战术，如日军第十四师团使用装甲列车强行快速通过了大兴安岭隧道，直击苏炳文东北民众救国军的中枢；第二师团利用炮艇逆江而上直插唐聚五辽宁民众自卫军的背后，使义勇军遽然陷入不利，导致失败。但是，义勇军也并非是坐以待毙、无策以对的。例如，1932 年 6 月，在黑吉两省军联手攻哈未果之际，黑军劲旅邓文部根据马占山的指示，采取"游击战方法"，即：

> 不死守，不攻坚，处处设伏，步步为营；以灵活机动之态势争取主动，以频繁秘密之手段施行袭击，或有扰乱，或行破坏，或断其联

---

① 《李杜致国民政府等电》，1932 年 2 月 8 日，吉林省社会科学院，复印件。

② 《大公报》社论（1931 年 11 月 20 日），《马占山将军抗战史料》，第 9 项。

③ 郭廷以：《近代中国史纲》，第 663 页。

> 络，或截其辎重，以旺盛之士气，牺牲之精神，配以地理之熟悉与人民协助，时时打击敌人，使敌毫无所获，并不得安息。我即积小胜为大胜，俟敌疲劳之时，集结全力反攻。①

正是因为义勇军采取这样的战术，到处袭敌，自诩“精锐”“无敌”的关东军，纵极凶顽，肆虐无忌，陷人民于浩劫，在许多场合下，也是处于被动挨打和疲于奔命状态。1932 年是义勇军抗敌的高潮年，是年关东军大增兵两次，兵员每次倍增，兵力相当于五六个师团，达 10 万人以上。此外还辅以相当于关东军两倍以上的伪军伪警，以及愈演愈烈的策反与谋略。可是，这一年仍出现“治安最坏的状态”，就连伪首都和伪省城都频遭袭击，周围多个伪县城被攻克，铁路遭毁。九一八事变以来，义勇军与日伪军之战，大大小小，不计其数。绝非只胜不败的日军，据其自行公布的数据，到 1933 年为止，其伤亡即近 7000 人之众，相当于临战状态的整整 1 个师团。② 所以，从当时中日两军对阵的总趋势来看，义勇军虽不占上风，尤其自 1932 年秋季之后，走向败落和低潮，但除具有代表性的江桥抗战之外，还有许多给日本侵略军以沉重打击的战例，例如，日军入侵锦州后，在 1932 年 1 月上旬的不到一周时间内，义勇军刘纯启部等即取得了对日军第二十七联队等的 3 次胜利，歼灭古贺联队长等大量日军官；哈尔滨保卫战打响后，于 1932 年 1 月 31 日，吉林抗日军第二十二旅对日军第二师团师长谷部进行了著名的双城阻击战，2000 义勇军突袭刚下火车不久，在车站附近宿营的日军，造成日军的大量伤亡；1932 年 8、9 月义勇军抗敌高潮时期，辽东民众自卫军第十一路之第三十至三十三团的 1000 人接近抚顺，数百人深入满铁抚顺煤矿的扬伯堡、东岗、东多、老虎台等矿井，突袭猛击，杀死日本人矿长，破坏设施，使生产一时陷入瘫痪；甚至 1932 年 12 月业已挺进到热河地区的冯占海的吉林抗日救国军，还在冯占海亲自督战和宫长海亲自率领下，500 人的敢死大刀队，在大沁特拉镇奇袭了前来堵截冯军的阿部联队，砍死打伤俘虏日伪军数百名；等等。所有这些胜利，都使全国人民受到鼓舞，增强信心，看到了希望。

义勇军采取的“积小胜为大胜”的战略战术，其所谓“大胜”其目标

---

① 《呼海铁路战记》（黑龙江军第一军参谋长李世勋笔记）（1932 年 6 月），《马占山将军抗战史料》，第 41 项。

② 据 1933 年 10 月 3 日《盛京时报》报道，在义勇军抗击下，日军死伤官兵共有 6910 人。因《盛京时报》是满铁操纵的媒体，故所公布数据显然是日方缩小的。日方侵入中国的临战师团，在国内均有留守兵力。

就是抗日救亡的最后胜利。抗日救亡，既是义勇军抗敌的出发点，又是其抗敌的归结点。抗日救亡乃义勇军的行动目的、宗旨、灵魂与思想政治基础。当然作为社会运动的抗日救亡，其活动多种多样，但在敌寇大军压境、全线进攻、践踏国土的严峻情势下，义勇军的毅然武力抗敌，是抗日救亡运动的第一选择，是践行抗日救亡的先锋之举。因此，义勇军武装抗敌和抗日救亡运动，实际上是同步、一体的，其核心是争取举国合力抗敌局面的形成，只有这样才能赢得抗日救亡的伟大胜利。就像关东军攻打锦州前兵临城下之际，东北军官兵所宣言的“东北为中国之东北，非东北人之东北，故言抵抗，必须全国以整个力量赴之”①，否则单凭“一隅之师”是难以战胜极其凶狂的敌寇的。所以，张学良当即命令撤兵，尽管南京政府已明令抵御，但它既不发援军，又不供应粮械军饷，东北军“难为无米之炊”。国难当头，东北人民“敌忾同仇，共纾国难”，“希望与一切有觉悟争取解放者联合作战”②；全国人民也无不要求政府改变不抵抗政策，从全国抗日救亡的立场出发，实现举国合力的一致抗日战争。1932 年 2 月，吉林自卫军甫告成立，上海最富实力、组织规模最大的社会团体——上海商会即旗帜鲜明地呼吁当局“当机立断”，“从规复东北下手”，“由密云出兵热河”，并指出，如“三省尽陷，沪防纵完，于本计何补?”③ 可是，南京政府对抗日武装斗争依旧消极敷衍，与抗日救亡运动背道而驰。当局愈是如此，愈是激发全国人民的奋起斗争。1933 年 6 月，就连日本侵略者都不敢否定的民族英雄马占山自苏联经欧洲各国、南洋等地归国时，在上海受到了 200 多个反帝爱国团体的热烈欢迎，马占山在欢迎大会上做了长篇的义勇军《抗日之经过》报告。这一历史事实本身就昭示了义勇军抗敌斗争和抗日救亡是一体的，它们都具有势不可挡的发展力量。

---

① 张德良、周毅主编《东北军史》，第 214 页。

② 《马占山由黑河誓师出发文》（1932 年 5 月 15 日），《马占山将军抗战史料》，第 37 项。

③ 《上海商会致国民政府电》，1932 年 2 月 17 日，吉林省社会科学院，复印件。

第二章　从义勇军到抗日联军

一　武装抗日方式转换

1. 分散小型的游击战

一般都认为，九一八事变后，在义勇军抗日武装斗争高潮期的 1932 年，义勇军兵力总规模达 30 万人左右。① 当时义勇军以原东北军为主导，大兵团较多，兵员多者达两三万，少者也不下千人，当然也存在兵员不等的大量中小武装集团。到 1933 年 2～3 月，即日军攻占热河前后，由于大批部队或退入苏联，或转进热河，以及前一时期的战场牺牲减员，斗争转入低潮时，士兵离队归乡趋势增强，义勇军总兵力明显缩减。据关东军统计，1933 年 3～6 月抗日武装力量的总规模，是 1932 年 9 月高峰期的三分之一至二分之一。②

不过，热河地区沦陷后，东北抗日义勇军的态势变化，不单是兵力锐减，规模变小，而且在组织结构和战略战术方面也发生了明显的转变；相应地对敌斗争局势，也不同于此前。

到 1933 年春热河抗战为止，日军主要以捕捉、“歼灭”大规模抗日武装集团为目标，用运动战的方式，采取集中兵力各个击破的战术，进行

---

① 此为一般估计数据。有的著述甚至认为，当时参加武装抗日的人数达 50 万人（军事科学院军史部：《抗日战争史》，解放军出版社，1991，第 141～142 页）。据关东军统计，到 1932 年 9 月止，义勇军为 21 万人；关东军资料一般称其为二三十万人。

② 据关东军参谋部统计，到 1933 年 3 月为止，东北抗日武装力量为 6.6 万人；到当年 6 月为止，为 10.5 万人。见关东军参谋部编《最近满洲国的治安》，1937 年 5 月，中央档案馆：A2－30，二乙 166。

“围剿”作战。对此，义勇军的中小集团虽然分散自由地打击敌人，与敌周旋，可是处于主导地位的由原东北军构成的抗日军和义勇军大兵团，仍然是以正规军的正规战方法与敌对阵；也就是说，义勇军所进行的是没有统一指挥、没有后勤保障的大规模作战行动，是与敌不对等、不对称的准军事行动，因而从纯军事角度来看，其结果是不言而喻的。

形势的发展大规模武装集团的存在和发展没有条件，主客观因素都促使抗日义勇军急速地向小集团、分散化发展。也就是说，义勇军的武装集团发生了大股变小股、从平原向山区僻地转进的明显变化。一方面，日伪军的全线出击一致“讨伐”，迫使义勇军走向分散和分离；另一方面，义勇军为了避免与日军强硬对阵而主动采取分散策略。小集团、分散化使部队行动敏捷、自由且易于解决补给问题，特别是便于部队间相互联络与合作，以弥补战事需要的弱势。据统计，1932 年 10 月，兵员 500 人以上的抗日武装集团有 152 个（不含热河省），一年后即 1933 年 10 月即减少到 36 个（其中含热河省 11 个），减少了 116 个。[①] 大集团急剧减少，小集团迅速增多。小集团遭遇“讨伐”时能够灵便地隐蔽进高粱地或山林里，“讨伐”日军撤离后又能立刻集结转而进行袭击。就像满铁情报所载，1933 年 9 月初某日，在辽河下游地区游动打击敌人的李纯华、卢士杰、占胜部约 100 人，对在牛庄西八吉附近渡河中的日军森重中队猛烈射击，然后就潜入苇塘和高粱地中。[②]有些山区，如热河省朝阳南部、锦西西北山区，就聚集 100 多个小集团，他们甚至有能力制造小型枪支和弹药。小集团遍布的情况下，义勇军随时可集结成一二千人，袭击铁路或县城据点。此外，如在南满三角地带，义勇军“几乎均为当地出身者”，日伪讨伐时化兵为民，“讨伐缓和时，即再度合流”。

义勇军的转变不只表现为兵力或部队规模有异于既往，而且在从抗敌高潮走向低潮过程中，不能否认，有离散甚至投降现象的发生。与此同时，义勇军队伍的纯化、优化和强化趋向也在悄然发展，因为那些觉悟高、斗志坚、经受战斗洗礼和艰苦磨难考验的义勇军官兵，值此历史转折关头，不单是继续抗敌斗争，还势必为提振其抗战力而奋斗。就连日伪当局也不否认，抗日军数量虽在减少，“却从另一方面出现由量到质的飞跃”，“他们的思想越来越激进，行动上也就更加坚决反对国家”。[③] 特别是随着伪满洲

---

① 《满洲国警察史》，第 476 页。

② 满铁总务部资料课：《情报日报》（8）第 129 号，1933 年 9 月 6 日，吉林省社会科学院，复印件。

③ 《满洲国警察史》，第 479 页。

国的日本殖民统治的确立与强化，义勇军将抗日复土斗争与冲破日伪当局的政治迫害和经济侵略的斗争密切地结合起来。他们来自群众，又回归群众。此种趋势最好的例证就是1934年3月发生的依兰县土龙山的农民暴动，起义农民击毙了日军联队长，毅然组成救国军，走上武装抗日的道路。[①] 这次暴动既是东北人民殖民地解放运动发展的标志，也是武装斗争与人民群众相结合的义勇军抗日斗争深入开展的转折。

义勇军由于迅速实现小集团、分散化，部队素质逐步提升，在战略上更能够彻底和成功地实施避免与日军正面冲突而置重点于游击战的方针。历经两年多的战斗，义勇军官兵在思想上受到锻炼，在战斗上积累了经验，从而涌现了大批优秀指战员。因此，义勇军并没有因为兵员的减少而使打击敌人的势头弱化，相反，出动袭击的频率更高，打击目标的选择更加优化。

2. 敌之全线出击与“绝对讨伐”

据关东军显然缩小的统计，1932年9月，东北抗日武装人员总数达最高峰时，为21万人，至1933年3月日伪军进攻热河时减少到6.6万人，可是到了《塘沽协定》签订后的1933年6月又增长到10.5万人，即恢复到1932年初和年末的水平。[②] 统计数值的高低姑且不论，它所展示的态势表明，义勇军抗敌斗争方式的变换，没有导致战斗力的弱化，相反更加稳定甚至增强。当时义勇军的大集团武装抗日斗争，已经完全让位于分散小集团化的游击战争。义勇军出动抗击敌人的次数不仅没有减少，反而增多，而且更加积极主动，在许多情况下，使日伪方面处于被动挨打的局面。据各方面调查，从1933年6月到1934年5月，仅伪奉天一省，义勇军出动次数就达6296次，总计为467691人次。[③] 1934年尤呈现为日益增加之势：1934年6月709次，7月759次，8月1516次，12月达1706次。[④] 出动打击的重点目标也更具针对性，这就是除有选择地继续袭击作为殖民统治和经济掠夺基本设施的铁路交通线外，还将攻击对象锁定为县城。因为，随

① 日军第十师团为给第一批日本移民提供土地，由其第六十三联队直接在依兰至虎林6县，强制圈占土地，并与“围剿”抗日军行动相结合，凶暴无忌，激起依兰土龙山农民暴动，击毙饭塚联队长等多名日军，随后成立以谢文东为首的民众救国军。

② 关东军参谋部编《最近满洲国的治安》，1937年5月，中央档案馆：A2-30，二乙166。

③ 《东北知识》第1卷第4期，转引自《从“九一八”到“七七”国民党的投降政策与人民的抗战运动》，上海人民出版社，1958，第154页。

④ 此为当时伪奉天省警察厅统计。见《从“九一八”到“七七”国民党的投降政策与人民的抗战运动》，第154页。

着伪满洲国中央政权的确立和大规模连续“讨伐”的实施，日伪当局处心积虑地通过派遣日本人担任伪县参事官、副参事官和警务指导官的办法，夺取各地伪政权的操纵实权。对此，义勇军把1933年变成了围攻伪县城年，全年攻击伪县城达27个，其中伪奉天省4县，伪吉林省16县，伪黑龙江省7县；其中，有7个县城被攻破。袭击大部分发生在8、9两月。[①] 这表明，日伪当局手中的县级统治中心每四五个中就有一个被围、被打或被攻克占领。[②] 义勇军围攻县城时，各部队联合和著名部队的出动，尤其威慑日伪当局。[③]

日本帝国主义为了持续“讨伐”和“歼灭”中国人民的抗日武装力量，针对义勇军抗敌方式的全面转变，也立即相应地改变了战略战术，这就是自《塘沽协定》签订后的1933年6月起，结束了此前的集中兵力各个“歼灭”义勇军大兵团的战略战术，转而采取“分散配置”“讨伐第一”的方针。所谓“分散配置”就是分散配置兵力，以期实行全面出动和分头出击的战术。为此，刚刚从华北撤回的师团和原在东北的师团，全部进行分散配置，即第十师团分布在哈尔滨、吉林；第十四师团分布在齐齐哈尔；第六师团分布在承德；第八师团分布在锦州；骑兵集团分布在海拉尔；独立守备队原来就是分散配置的，1933年扩编后依然是分散配置。因而当时每个伪县旗几乎都派驻了日军的一个大队（相当于营）或一个中队（相当于连）。伪军也实行由日军指挥的分散配置。为与这种军事力量分布格局相适应，从伪满政府中央到地方伪县旗，层层设立关东军参谋长和各级关东军部队长为头目的所谓“治安维持会”，以取代前一阶段由伪满洲国政府统辖的所谓“清乡委员会”。“治安维持会”虽标榜为“维持治安的最高咨询机关”和“主要事项的审议机关”[④]，但实质上是为配合关东军军事行动进行军事统治的军政府。因为有关规程规定：各级“治安维持会”“统辖、指导有关治安维持之主要事项”，而关东军各级指挥官被授权指挥警备期内的“有关机关，必要时可组织治安维持会”。[⑤] 当时，与日军武力“讨伐”同

① 《满洲国警察史》，第478页。

② 1933年日伪当局夺取的县政权有伪奉天省58个县中的57个，伪吉林省42个县中的26个，伪黑龙江省47个县中的37个。

③ 例如，1933年9月初，就有殿臣、宋国荣、毛作斌的联合部队1000人包围濛江县城，并占领部分县城。对此，伪濛江县派600名警察，伪抚松县派警察队250名守卫。又如1933年8月袭击宝清县城的陈东山部和9月袭击东宁县城的吴义成部，都是知名的义勇军部队。

④ 《1935年前的治安维持会沿革》，中央档案馆：119－2，1135，1，第18号。

⑤ 关东军司令部：《关于本年度夏季治安维持之统辖指导特别规程》，1933年7月，吉林省社会科学院，抄件。

步进行的组织部署“自卫团”、招降、收缴武器、宣传、伪警察训练等，都由“治安维持会”负责。伪中央治安维持会设立于1933年6月10日，原定与关东军分散配置结束的10月末同时撤销，但是，关东军的分散配置与全线出击的战术没有奏效，或者效果有限，以致分散配置的“治安维持会”不得不延期到1934年3月，之后又延期到当年秋天。妄图几个月就完全消灭中国人民抗日武装力量的设想失败后，所谓的“分散配置”的用兵原则，自1934年4月起悄然进行调整，即以一伪县或数县为单位，将部分兵力分驻于特定的所谓专守地区，其余兵力集中作为预备队，机动进行“讨伐”，这叫集团配置。此后不久又进行随时“讨伐”和季节性分区“大讨伐”。“讨伐”方式的变换是针对抗日军抗敌态势而做的调整，而“讨伐”行动期限一再拖延，说明“讨伐”虽可以削弱中国人民抗日力量，却很难达到彻底“歼灭”的效果。可是，不管怎样，日本帝国主义都始终如一地对中国人民实行“讨伐第一”的方针，在这一点上，大规模“讨伐”时期和分散配置时期是没有分别的，血腥杀戮是侵略者对待反侵略者的基本手段，其他手段也都以杀戮为后盾。1933年6月关东军刚刚发布分散配置的命令，就发文重申头一年即1932年9月大规模“讨伐”时期关东军参谋长的讲话要点，以继续贯彻“讨伐第一”的原则，即所谓“恢复治安的手段，有讨伐，有招抚，有政治工作，但军队恢复治安的唯一无二的手段是讨伐”。①特别是对于更具威胁性的红军游击队，实行所谓“绝对讨伐主义”，“不断讨伐，使他们陷于不安、恐怖和悲观生活之中；同时，用我们的威力和不断的行动威慑一般居民”。② 根据这种“讨伐第一”和“绝对讨伐”的方针，日伪军的“讨伐”行动，“多半以头目为目标彻底进行”，也就是首先将抗日部队击溃，然后对被击溃的队伍，以为首者为主要目标，逐一“消灭”。自分散配置、实施分头反复出击和逐一“消灭”的战术以来，日伪军的“讨伐”几乎连续进行，特别是将吉林省、东边道和三角地带视作重点地区。1933年7~8月进行东边道、三角地带和伪奉天省“讨伐”；10~11月进行秋季“讨伐”；1934年1~5月和6~11月，又分别进行第四次三角地带“讨伐”和第四、五次东边道“讨伐”。③ 其间，1933年7~10月，仅伪军对东边道的红军游击队和王凤阁、毛作彬、殿臣等义勇军就进行了230

① 《参谋长会议上军参谋长讲话要点摘要》（1932年9月26日），《关东军扫匪手段概要》，1933年6月13日，吉林省社会科学院，抄件。

② 吉林派遣员松岛嘱托：《关于间岛共产匪认识之件》，1933年11月2日，吉林省社会科学院，抄件。

③ 1934年6~11月的第四次和第五次东边道“大讨伐”，实际上已联结起来，后者亦谓“特别工作”。

余次“讨伐”。[1] 同年10月中旬至11月中旬的伪吉林全省“讨伐”，动用了伪吉林省的全部伪军和伪黑龙江省的骑兵第一旅、第三教导队、“靖安军”[2]、炮兵队，以及伪新京骑兵旅等，是仅次于进攻热河时的伪军大动员，出动兵力达3.5万人。问题在于，在义勇军小集团分散化实行全面游击战的情况下，日伪军的“讨伐”“扫荡”作战的结果如何？

按关东军的统计，东北抗日武装人员，1933年6月至1934年底，从10.5万人下降到2.5万人，即锐减了约四分之三。[3] 单从伪奉天省来看，1933年8月到10月，从3.2万人剧减到1.4万人，“讨伐”的结果是三角地带义勇军著名首领李子荣和刘景文于同年8月和11月后转入华北。[4] 关东军独立守备队经过1933年4～6月的三角地带的第三次“讨伐”，就认为“治安恢复”“面目一新”；但他们也无法否认，小股抗日军“还到处出没”“或窥讨伐空隙，重组集团”。[5] 到1934年3月该伪省内尚有抗日军五六千人。许多义勇军重要首领如王殿瑞、王凤阁、马兴山、苏子金、邓铁梅等都在坚持抗日斗争，甚至还有原国民革命军的梁凤瑞率领的队伍也在坚持抗日斗争。红军游击队早就在磐石等地出现，虽然实力有限。伪吉林省的“讨伐”，特别是在1933年10～11月的秋季“大讨伐”中，由于受到日军和“靖安军”的“讨伐”袭击，原王德林中国民众救国军系统的吴义成部暂时移向宁安、东宁方面，而那里有原吉林自卫军的大量余部在活动，尤其是高玉山、陈东山等部。日伪当局认为伪黑龙江省局面基本平稳，但在肇东等地仍有义勇军在活动。热河被日军占领后，“热河军遗弃的武器弹药”全为抗日军所利用，尤其平泉、凌源两县在1933年6、7月的“讨伐”后抗日活动依然“旺盛”。[6] 辽西地区也“有不少依然标榜着反满义勇军者”，日伪从1934年1月起，在建平、平泉、赤峰各伪县专门对黄、红枪会进行“一齐讨伐”，数千人受到打击。

总体而言，因日伪军的连续“讨伐”打击，使抗日武装力量严重受挫，但是数量减少质量提高的趋势依然持续。特别是1934年解冻以后，逐渐活

---

① 《省政汇览》第八辑，“奉天省篇”，“国务院总务厅情报处”，“康德”三年（1936）十一月，第578～582页。

② 伪军中之“靖安军”，原称“靖安游击队”，是九一八事变后关东军利用日本退伍军人组成的武装集团，部队中的中上级军官全部和下级军官中的一半以上都是日本人，是伪军中最为凶恶的部队，因服装袖头上缝有红布，故被称为“红袖头”。

③ 关东军参谋部编《最近满洲国的治安》，1937年5月，中央档案馆：A2－30，二乙166。

④ 《满洲国警察史》，第477页。

⑤ 独立守备队第四大队队长板津直纯：《关于第三次三角地带讨伐后警备的注意事项》，1933年6月12日，吉林省社会科学院，复印件。

⑥ 满铁总务部资料课：《情报日报》（8）第127号，1933年9月4日。

跃的抗日军，随着高粱茂密期的临近，总人数又达4万人左右。[①] 特别是东满地区（即东部边境地区和中东铁路东部线以北）、奉吉境内和东边道等地又成为抗日军“集结和四处活动”的地方。形势的发展预示着东北人民抗日武装斗争新高潮的来临，这种新高潮更具有全面反抗帝国主义殖民统治的性质，也更具有导引广泛的工农基本群众走上抗日道路的感召力量。如前已提及的土龙山农民暴动，2000多名武装农民为反对日伪占地和收枪，占领伪警察署、击毙伪军、打死饭塚大佐等多名日军后，遭到日军百倍疯狂的血腥报复，10多个村屯被血洗，数百村民被杀伤。可是，他们却没有屈服，自行改编为民众救国军，受其影响，依兰及周围各县的抗日武装纷纷建立。因此，本来就堪称义勇军根据地并拥有吉林自卫军数万余部的东满地区，即上述东部边境和中东铁路东部线以北地区，在抗日斗争新高潮到来之际，成为东北人民抗击日本帝国主义侵略与统治的首要舞台，不是偶然的。

二　坚持原地抗日的义勇军各部

1. 吉东高玉山

1932年12月4日，马占山与苏炳文等转入苏联时，率官兵3000余人，同时由卫队旅长部斌山传令驻各地的邓文、李忠义（即李海青）、徐海亭、才洪猷各军长仍努力进攻省垣，不得已时转进热河集结，马占山原亦计划由苏联转至热河。之后，堪称黑龙江抗日军之基干与精锐的邓文部，与勇打善战的李忠义部，且战且进，最后到达热境。驻讷河的徐海亭军长因暂去黑河，故于12月下旬，部队由副军长程德峻、旅长卢明谦率领，所部4000余人，拟由甘南越中东铁路，沿索伦山转进热河，但因经布西达甘南时遭敌偷袭，且中东铁路沿线敌防守甚严，不易通过，程德峻与卢明谦乃将部队一分为二，分别退往德都和讷河，因卢率部攻克讷河后又被包围，便转至德都与程部会师，从此遂在德都一带进行游击战争。1933年6月，卢明谦、程德峻化装离黑龙江前往上海，部队交旅长张云阁继续指挥，张原系绿林豪杰，他以德都东山为根据地出击各地，屡建奇功；与其相呼应的，有转战于青冈、望奎、兰西、肇东、木兰、安达等地的张锡武部。前者原属东北民众救国军第四军徐海亭部，后者原属东北民众救国军第三军

---

① 此为伪满警务部门的估计数，与关东军统计数值基本相同。关东军统计，到1934年2月为止，为2.4万人；到9月为止，为4.5万人。

李忠义即李海青部。可惜的是，张云阁和张锡武在对敌斗争中，先后于1933年冬和1934年10月壮烈牺牲。另外，在当时属于黑吉两省的三江地区，还有由马占山和李杜分别任命的绥滨县县长陈大凡和桦川县县长张锡侯，他们在马、李入苏后不但坚持抗日武装斗争，而且双方会合成立了黑龙江省抗日人民自卫军。张锡侯的黑龙江省抗日人民自卫军还与下述高玉山的东北国民救国军建立了联系，配合抗日，但在1934年初，他们在日伪疯狂“讨伐”下，被迫退入苏联。

北满的松花江以南地区当时属于吉林省的行政区划。前已述及，李杜等转进苏联时率领部队较多，达六七千人，但因未及撤退，留在各地者更多，达六七万人。由于原义勇军官兵的大量存在，不管其是否已化兵为民，都是发展抗日武装斗争难得的社会基础。

李杜及其领导的吉林自卫军转移和解散后，由高玉山重组了新的义勇军部队——东北国民救国军，成为义勇军分散小规模化游击打击日本侵略者之遐迩闻名的有力部队。高玉山（亦有称高禹山）原为虎林县独木河保安队队长，参加吉林自卫军后任保安大队大队长。1933年1月上旬日军占领虎林，后在建立伪县警察大队时，高玉山被收编，任第一中队中队长。在当地群众开展各种反日斗争活动的激励下，高玉山决心抗日，重组队伍。首先是由其警卫员巧妙开枪打死伪县日本参事官隐岐太郎和警务指导官伊藤重男，然后乘警察大队不在县城，重举东北国民救国军抗日义旗，将队伍由虎林城迅速拉到独木河一带。高玉山的果敢行动得到散在虎林饶河一带原吉林自卫军和吉林抗日救国军官兵的积极拥护与响应，其他许多小规模武装队伍也纷至沓来，队伍很快发展到2000余人，其中包括原吉林自卫军陈东山部。4月17日高玉山的东北国民救国军开始攻打饶河县城，攻而不克后，部队暂撤至义顺号，在那里遇到原东北军臧景芝旧部，两部会集，兵力增至3000余人，5月26日，兵力大增的高玉山部经两小时激战即攻占了饶河县城，并砸开监狱，救出该县反日会会长李阳春及其会员。[①] 继而该支救国军又乘势攻打虎林、抚远等县城，特别是同江、宝清两县城被高玉山部连续攻破，时间为1933年8月25、26日。[②] 高玉山部的胜利，震动中外，就连转进苏联的李杜、马占山和正在察哈尔进行抗战的冯玉祥等，都

---

① 参见东北抗日联军斗争史编委会《东北抗日联军斗争史》，人民出版社，1991，第104～105页。

② 满铁总务部资料课：《情报日报》（8）第126、127号，1933年9月24日。

曾先后派代表到虎林表示支持和慰问。[①]

2. 东边道王凤阁

所谓吉东即以牡丹江地区为中心的地区，原为李杜的吉林自卫军和王德林的中国国民救国军抗日活动的重要地区。李、王等转进苏联后，王德林的中国国民救国军的前敌司令吴义成率该救国军余部坚持抗日斗争，并辗转到东满即延边地区开展活动。吴义成与王德林原来均在延边伪军吉兴部任职，起义后成为坚定的爱国抗日战士。而吉东和东满又都是群众反日运动兴盛和共产党活动活跃的地区。据载，1932 年初，吴就来到汪清，而到 1933 年 8 月吴部既在吉林地区的两江口与日军交战，又在中东铁路东部线的东宁南部对日进行袭击。当时，包括东满在内的全吉林省都有义勇军进行积极抗日活动。上述吴义成部活动过的两江口附近就是义勇军抗日中心地区，该地区也有共产党的游击队在活动，故有日军“讨伐”队经常出现在这里。

以吉林磐石为基地的义勇军首领宋国荣，原为吉林军李桂林的一个营长，故其所带的兵称宋营。熙洽投敌后，李桂林部被改编为伪军，1932 年宋营起义。因磐石是群众觉悟较高、爱国抗日活动兴盛的地方，故宋营起义后，很快联合并收编不少地方武装和山林队，并与辽宁民众自卫军及邓铁梅部建立了联系。在吉林地区特别联合了山林队中的大集团殿臣部，宋营队伍有 1000 余人，加上殿臣队伍，兵力共达 3000 人左右，属于义勇军小规模化游击时期的著名大武装集团，他们活动于磐石、桦甸、双阳、永吉等地。1932 年夏他们即被北平东北民众抗日救国会编为第八路义勇军，宋为军长。当年 9 月，宋营即联合殿臣部攻进磐石县城，此后坚持不懈地进行斗争，到了 1933 年 9 月，在义勇军攻城斗争的高潮之际，宋国荣、殿臣和毛作斌又集结 1000 余人包围濛江县城，给日伪以威慑。[②] 宋营的起义斗争，受到杨靖宇的南满红军游击队的关注，双方建立了联系并曾协同作战。1933 年秋，日伪开始推行绥靖政策，当时日伪军都还在实行分散配置和全面出击的战术，除关东军外，伪匪军李寿山部和“红袖头”伪靖安军仍到处“讨伐”肆虐。针对这种情况，宋国荣的第八路军主力转移至辉南山区活动。其间殿臣部主力投敌。1934 年日伪军开始集团配置，进行机动地有重点的“讨伐”，磐石一带自然成为对象，宋国荣部与关内失去联系。至 1935

① 1933 年冬，高玉山、陈东山、汝有才、张锡侯等被迫由虎林渡过乌苏里江，退入苏联远东地区，后经中亚哈萨克斯坦进入新疆伊犁地区。1947 年高玉山从新疆回到沈阳。

② 满铁总务部资料课：《情报日报》（8）第 130 号，1933 年 9 月 7 日。

年夏秋，宋国荣离磐石去北平，宋部中的坚定者随同吴义成投奔了抗联第一军。

活跃于辽吉境内和辽东一带的唐聚五的辽宁民众自卫军，是辽宁省规模最大的武装联合集团。1932 年 11 月，唐聚五乔装进关、郭景珊率部转进热河后，仍有许多部队留在原地坚持抗日斗争，不少著名抗日将士为国捐躯，其中尤以通化的王凤阁最为感人。王凤阁原为东北军的一名普通军官，九一八事变后，他认为抗日救国，“时不容迟”，其组织抗日队伍的活动深得通化青年学生与教师的拥护。与此同时，他还与原辽宁军团副孙秀岩密谋抗日大计，1932 年 4 月在通化、临江的交界处组成辽宁民众义勇军，继而于 5 月 8 日一举攻克柳河县城。之后，他被唐聚五的辽宁民众自卫军委任为第十九路司令，兵力达 3000 余人；后又被任为第三方面总指挥，统领海龙、柳河、金川、辉南等县近万人的抗日武装。王部曾先后大败伪军于芷山部田团和占领柳河。1932 年 11 月唐聚五乔装赴平、部队转进热河时，王凤阁主张枪不离人、人不离乡，率领部队到果松川、大罗圈沟一带坚持抗日武装斗争。部下军官们拥护王凤阁的主张，建立抗日地盘，改阵地战为游击战，同敌人进行长期斗争。所谓游击战术就是，避敌主力，敌来我去，敌去我来，不死守，不死拼，遇小股之敌时，引至有利或天险之处狠击消灭，对敌主力闪电袭击则暗打、狠打后快速撤离，使之疲于奔命，徒自消耗。王凤阁曾称，抗日军自卫自救，官兵和气，生活平等，抗日军不打抗日军，不分民族，互相团结，共同对敌。1933 年 7 月，日伪军向王凤阁的抗日地盘大罗圈沟、老岭一带实行“大围剿”，使用大炮、重机枪。王则利用其游击战术，避实击虚，天险设伏，给敌人以致命的打击。在果松川沟里与数百日军遭遇，王凤阁部爬山技术熟练，迅速占领制高点，压敌于沟底，居高临下，杀伤多个敌人，然后沿熟路立刻突围。1933 年底，日军在老岭一带“围剿”，王凤阁指挥各部队于十二道沟、挠头沟、果松川等地设伏，出奇制胜，敌一无所得，徒遭伤亡。敌人实行报复，残害群众，王凤阁便转移部队到通化西荒沟和城北石棚子，封锁消息然后突袭县城，虚张声势，调虎离山，前往大罗圈沟的日伪军不得不调头回通化县城。同样因设伏而取胜的战役也曾于 1934 年 3 月末在七道沟发生。其后，日伪军又对王凤阁实行军事、政治手段齐施并用的方针，即将在各地业已开始的坚壁清野、归屯并户的办法推行到王的地盘。而王则以在密林深处建设山寨，构筑工事，加紧修建被服、手榴弹、枪械修配、粮食加工等工厂。总之，王凤阁部多次抗击日伪“讨伐”，保存和壮大了自己。王凤阁当时不但与其邻接的辽东三角地区抗日军密切联系，而且曾同杨靖宇的抗日队伍及金日成的朝鲜人民军相互配合，不断打击敌人。因此，王凤阁与金日成、吴义成同被列为1936年秋至1937年初的所谓东边道独立“大讨伐”的对象。此次是伪满时期屈指可数的重点地区“大讨伐”之始，也是伪军破天荒的一次独立行动，但讨伐的实际指挥者是伪满军政部最高顾问关东军少将佐佐木到一。“大讨伐”地区为东边道北部，动用的部队除伪满第一军管区部队外，还有伪靖安军主力和伪第三、第五军管区的部队，以及伪宪兵队、伪警察队等。这些部队，分别部署在临抚、辑安、通化、金柳、濛辉5个地区，每个地区都拥有2个旅以上的兵力，受地区司令部指挥。使用的战术是“将所需兵力高度分散配备在各县，同时以一定之兵力担任游击讨伐，使匪贼无存身之地”。[①]“讨伐”分秋冬两期，从1936年10月25日开始的“秋季讨伐”，在通化和辑安两地区分别讨伐吴义成、金日成部和王凤阁部，以王部为主。对王凤阁还悬赏5000元进行捉拿，并组成伪宪兵便衣队进行搜索和暗杀。但“讨伐”将近一个月时，王凤阁及其义勇军依然存在，只是某些山林武装遭受了较大损失。[②]于是在12月1日开始的“冬季讨伐”便以吴义成、金日成部为主要目标，计划将他们“歼灭”在抚松县中部，或围困在长白县无人区，“使之自灭”。使用的部队是伪军中最为凶恶的李寿山第三混成旅及伪靖安军支队等。吴、金部虽化整为零，遭受某些损失，但主力转移到抚松以东和长白山南麓，继续打击敌人。1937年1月，“讨伐”再度转向王凤阁部，并动用了临抚以外的全部伪军，2月初据情报得知王部仍在原根据地，然而直至3月27日才在辑安六道沟捕获了王凤阁，杀害了20余名辽宁民众义勇军官兵，4月6日在通化城东玉皇山下更加残忍地用刀砍杀了王凤阁，之后又枪毙了王凤阁的妻子和只有几岁的儿子。

3. 三角地带邓铁梅

在辽宁抗日义勇军中，坚定的爱国志士不乏其人。在通化地区与王凤阁并肩进行对敌斗争的还有辽宁民众自卫军第十八路军原司令高德隆[③]，他也主张“地方武装，应就地守土”，故率辽宁民众自卫军第十八路军余部，坚持在通化与敌周旋，直到最后。曾在于芷山属下任参谋处处长和唐聚五

---

① 关东军：《昭和十一年度第二期关东军治安肃正要领》（1936年7月23日），《日本帝国主义侵华档案资料选编》第4卷，“东北大讨伐”，中华书局，1989，第215～219页。

② 据佐佐木到一《昭和十一年度满军独立北部东边道冬季讨伐综合报告》（1937年4月20日）载，在此期间，战斗350次，兵力8690人，杀伤1000余人，覆灭山寨300余处，东边道抗日武装减至2000人。

③ 九一八事变时任鸭绿江沿岸巡守使，驻通化，兼通化、辑安、临江、长白、抚松5县联防司令，是辽宁民众自卫军组织者之一。

团任第三营营长的李春润，随唐起义后任辽宁民众自卫军副总司令兼第一方面总指挥及第六路司令，在新宾一带进行抗日武装斗争。辽宁民众自卫军撤退后，李春润曾前往北平，又被东北民众抗日救国会委任为抗日义勇军第三军副总指挥，代行总指挥权。1933 年 7 月筹集一批军火由海路秘密运回，[①] 在安东南部重又投入抗日斗争，即以凤城县西部山区为依托，联合邓铁梅、刘景文等部义勇军协同作战，并被推举为辽东总指挥。在其指挥下，阎生堂的老阎队多次对敌进行打击。到 1935 年，该队发展到 300 余人，同年 12 月被编入李部少年铁血军，成为该军的第一路军。1936 年阎部向宽甸、通化一带进发，并与抗日联军取得联系。但在同年 12 月，正在进行分散活动的阎生堂却在凤城沙里塞北尖山沟被敌包围，负伤后牺牲。至于李春润本人，于 1933 年 8 月在塔沟、谢家岭一带与日军交战，杀伤日军多名，他本人左股受伤，后伤口恶化，不幸逝世。[②]

如前所述，辽南三角地带的邓铁梅等部虽也系辽宁民众自卫军的构成部分，但其抗日武装斗争活动，因地缘关系，相对独立。邓铁梅原为凤城县公安局局长，九一八事变时居闲，后在抗日名将黄显声的支持下，从锦州回到凤城进行抗日。因邓铁梅在凤城、岫岩一带素有声望，一经活动便获得枪械数百支，拉起近 200 人的队伍。早在 1931 年 10 月下旬，即在凤城县小汤家沟顾家堡子宣告成立东北民众自卫军，此后不到两个月，该自卫军就扩大到 1500 人，并于 1931 年 12 月 26 日夜袭凤城，致使敌人“胆战心寒”。1932 年 3 月，北平东北民众抗日救国会特派苗可秀到邓部联络，不久邓被该救国会委任为东北民众自卫军第二十八路司令，同年 4 月唐聚五在桓仁起义誓师后，邓又被委任为辽宁民众自卫军第十三路司令。从 1932 年春到同年 8 月，邓铁梅部与日伪军进行大小战斗百余次，队伍一跃而达 1.5 万人以上，编成 6 个旅 20 个团，成为活跃在安东、凤城、岫岩、庄河一带的抗日义勇军劲旅。1932 年 11 月，唐聚五和辽宁民众自卫军转进关内和热河后，邓铁梅部于原地继续坚持抗日斗争。1933 年 4 月中旬至 6 月中旬，关东军独立守备队第四大队对三角地带进行了第三次“讨伐”，邓部受损较大，关东军称他们“已溃灭

① 据满铁情报和日伪档案记载，此批武器于 1933 年 7 月下旬抵大孤山东部海岸，系威海卫惠通行（轮船公司）所运，抵岸后雇用帆船五六只运至大孤山青堆子，并称此批军火系李春润赴南京，由南京政府所给；实际上，此批军火是由北平东北民众抗日救国会筹集所得的。

② 高华昌口述、高其昌整理《高德隆的抗日活动及辽宁民众抗日自卫军始末补遗》，《吉林省文史资料》第 5 辑（《抗日救国风云录·抗日自卫军、义勇军史料专辑》），中国人民政治协商会议吉林省委员会文史资料研究委员会，1985，第 135 页。

四散”“抵抗意志消失”,[①]实际上他们利用即将长起来的青纱帐起恢复了队伍，7、8 月间即活跃起来打击敌人，并取得部分胜利。1934 年，日伪不但一再“讨伐扫荡”，而且开始实施旨在所谓军民分离的归屯并户政策，邓部队不得不化整为零，以小股方式活动。就在此时邓铁梅因病不能随队活动，在凤城小蔡沟张家堡子被日伪便衣军警逮捕,[②] 继而于同年 9 月 28 日被秘密杀害于“奉天”陆军监狱。邓在就义前写下了“五尺身躯何足惜，四省失地几时收”的壮烈词句!

邓铁梅的继承者苗可秀是投笔从戎的知识分子，东北大学流亡学生，曾参与东北民众赴京请愿团的活动。他奉派来到邓部工作后，毅然放弃复学和毕业考试机会，参加邓部并成为邓部总参议。邓铁梅遇难时，苗可秀任少年铁血军总司令。这支部队的主要成分是邓部的学生队和凤城、岫岩、庄河几个县的大中小学学生以及中小学教师与青年农民。1935 年 4 月 21 日，苗可秀的少年铁血军曾进行过使日伪当局受到很大震动的汤沟战役。此后不久，苗可秀从凤城向岫岩转移过程中身负重伤，之后被逮捕，1935 年 7 月 25 日被敌人杀害。

苗可秀牺牲后，少年铁血军中的杰出青年刘壮飞、白君实等踏着前人的血迹继续前进。他们原来都是在中学读书的青年学生，九一八事变爆发后，便于 1932 年春在岫岩师范学校内，会同许多人组织了学生团和抗日救国会。1933 年 1 月，受苗可秀的委托组织别动队，刘、白二人分任队长和队副。同年 3 月，别动队改为劲斗团；1934 年 2 月，劲斗团又改为少年铁血团，刘、白分任第一、第二大队长，苗可秀任总司令，共 500 余人。这支以知识青年为主体的抗日队伍，直到 1935 年仍是给敌人以很大威慑的抗日劲旅。不幸的是，同年 11 月 21 日刘壮飞被另一支抗日队伍误击致死，继任少年铁血军总司令的白君实，后来转进到深山密林之中，并以地道战与敌周旋，直到 1939 年壮烈殉国。他可能是坚持最久和最为年轻的为国牺牲的义勇军战士。

4. 锦热孙永勤

辽西抗日义勇军于 1932 年遭受两次日伪“大讨伐”，1933 年春日军进攻热河前后，辽西义勇军大都西进参加热察的抗日战争。此时辽北和吉林的若干抗日义勇军，为配合热河作战，开进辽西热边，继续开展抗日武装

---

① 独立守备步兵第四大队大队长板津直纯：《关于第三次三角地带讨伐后警备的注意事项》，1933 年 6 月 12 日，吉林省社会科学院，复印件。

② 据 1934 年 6 月 5 日伪奉天警备司令部情报第 59 号载，邓铁梅是 1934 年 5 月 30 日夜，在岫岩小张家堡子（岫岩东南 20 公里）遭伪军混成旅（原二旅）暗杀队逮捕的。

斗争。例如，辽北义勇军贾秉彝、刘翔阁部，吉林抗日救国军第十六旅田霖部，辽宁民众自卫军留守部队英若愚部等，他们曾于1933年4月2日攻克阜新，4月下旬又攻克康平，生擒日本参事官南竹次。但在同年7月，在敌人的“讨伐”中，田、英、贾三部被分割，田霖不幸中弹身亡，三部失去联系。继续在辽西一带抗击日本侵略者的仍有许多义勇军部队，其中高鹏振部就是较有影响的一部。高鹏振即俗称的“老梯子”，绿林出身，九一八事变后毅然走上抗日道路，事变当月即1931年9月就组成了200多人的救国军，不久部队扩大到2000余人，之后被纳入东北民众抗日救国义勇军第四路耿继周部，作为该部第二团转战辽西各地，成为辽西义勇军驰名中外之劲旅。辽西各路义勇军西进热河后，1933年8、9月间，其所部针对日军的分散配置、全线出击的战术，仍在辽河中游地区和“奉山”路沿线袭击敌人，[①] 而他本人决心留在热辽边境继续战斗，从此高部转战于法库、新民、阜新、彰武一带达四五年之久。1937年6月高鹏振不幸死于叛徒手下。

热河沦陷后，辽西义勇军各部虽大部分西进参加热察抗日战争，但热河当地广大群众蜂起，抗击敌人侵略与统治。前已述及，人们拾起原热河军遗弃的武器装备自己，在朝阳南部和锦西西北山区出现数十个乃至上百个小集团，有的甚至能密造小型枪支和弹药。其间当地群众开展对敌武装斗争的杰出代表是孙永勤的抗日救国军。孙永勤是热河省兴隆县人，曾任黄花川自卫团的团总，热河被占领后，他目睹日本侵略者的野蛮残暴和汉奸亲日派的厚颜无耻，决心奋起抗日。恰好中共冀东特委派人到黄花川一带宣传，号召群众起来武装抗日，孙永勤深受影响。1933年12月10日以孙永勤为首的民众抗日救国军正式成立。新建立的孙永勤的救国军又受到中国共产党的重视与支持，中共冀东特委派20多名党员参加孙部。由于该救国军在热南地区连战连捷，各地民团、山林队纷至沓来，队伍很快扩大到5000人左右。1934年5月，孙永勤接受中共冀东特委王平路的建议，将军队正式改称为抗日救国军。部队经过整编，战斗力提升，连续攻克多个伪军据点。1934年8月日军诱降孙永勤，遭孙拒绝后加紧竭力“围剿”孙部。1935年2月孙部被敌人重兵包围，突围后不得已转进冀东“非武装区”，在那里遭到日伪军众以万计的猛烈“围剿”，孙永勤壮烈牺牲。尽管如此，同年5月日本侵略者为侵吞华北而猖狂制造华北事变时，所谓的“孙永勤事件”竟被作为迫使南京国民政府妥协签署《何梅协定》的借口

① 例如，满铁总务部资料课《情报日报》（8）第126号和第127号（1933年9月2日、9月4日）都载有“老梯子”与其他部在新民南部和“奉山”线方面活动情况。1933年9月16日，老梯子部在“奉山”线白旗堡至绕阳河间曾袭击111次列车，日军警死伤5人。

之一。

三　红军游击队与义勇军分合立废

1. “一月来信”后的转变

在抗日义勇军顽强坚决地进行抗日武装斗争的同时，中国共产党所领导的抗日游击队也在积极抗敌，并在抗敌中发展壮大。后者不是前者的继承者，但两者的关系密不可分，至少前者在人力和活动上为后者做了准备，并从正反两方面提供了斗争的经验、教训；而后者是抗日武装斗争中最为活跃而积极的力量，最后成为抗日武装斗争正确发展的引领者。

九一八事变爆发后，中国共产党接连发表声明，[①] 坚决反对日本帝国主义侵占我国东北，明确提出要组织东北游击战争，直接给日本帝国主义以打击，号召“武装工农学生群众”。但是，当时党在东北的力量有限，且因中央正在推行左倾冒险主义路线，没有在东北的抗日义勇军运动中发挥太大作用。满洲省委领导人和许多党员虽都能从当地实际出发，清醒地把努力开展和领导抗日民族战争作为中心任务，但是，他们终究无法摆脱党的政策框架而各自为政。特别是 1932 年 6 月，党在上海召开了由博古主持的北方各省代表联席会议（以下简称“北方会议”），会上批判了所谓“满洲特殊论”，强调满洲要与关内一样实行“打倒一切帝国主义”和“将反日战争与土地革命相结合”的路线和政策，提出建立红军和苏维埃政权的任务。根据北方会议规定的政策精神，同年 7 月满洲省委扩大会议做出“为建立满洲苏维埃政权而斗争”的决议，党的行动指导思想不得不从武装抗日转变为土地革命。而且，在组织上把满洲省委书记罗登贤调离东北，并把罗登贤自 1932 年初起组织领导的反日游击队改为红军游击队。1932 年 9 月，满洲省委又根据北方会议精神专就义勇军工作向各级党组织发出指示，要求向义勇军及抗日群众广泛宣传，说明国民党各派系都是帝国主义走狗，都是不抵抗主义者，都是“汉奸”，甚至把带有宗教色彩的农民武装组织如大刀会、红枪会等的抗日行动，说成是“消灭抗日”，宣称“只有苏维埃与红军才是反帝国主义唯一的力量”。[②] 在这种情况下，党领导的游击队不仅脱离了义勇军和抗日救亡，而且使义勇军的广泛发展壮大受到制约。而当

---

① 1931 年 9 月 22 日，中共中央做出《关于日本帝国主义发动满洲事变的决议》；1931 年 9 月 30 日，发表《中国共产党为日帝国主义强占东三省第二次宣言》。

② 参见东北抗日联军斗争史编写组《东北抗日联军斗争史》，第 77 页。

时正值东北抗日义勇军斗争的关键期，即武装抗日从高潮走向低潮的历史时期。

然而，共产国际却采取与在上海的中共中央不同的政策，他们从保卫苏联出发，向驻共产国际的中共代表团发出“中共的特殊任务”的指示，要求中共“扩展游击运动”，提出在东三省“建立农民委员会”“没收帝国主义走狗的财产”等口号。这就意味着，在东北完全被日本帝国主义武装占领的特殊环境下，中共中央要放弃开展土地革命和建立苏维埃政权的政策。驻共产国际中共中央代表团讨论了这一指示后，由王明于1932年底起草了《中共给满洲各级党委及全体党员的信》，因该文件系1933年1月26日发出，故一般称为“一·二六”指示信，简称“一月来信”，当该信件经由海参崴的太平洋劳动组合秘书处转到驻哈尔滨的满洲省委时，已是1933年4月。它对中国共产党的东北武装斗争政策产生了具有转折意义的重要影响，尽管其局限性依然明显。

“一月来信”首先指出“满洲已被日本占领一年零四个月了，日本帝国主义用全部的力量把满洲变为它垄断的殖民地”。“一月来信”在政策上的最大突破，是作为“总策略方针”提出“尽可能地造成全民族的反帝统一战线”。可是，“一月来信”对于拥有30万人的各种游击队之“社会成分政治领导”的分析未必正确。第一，它认为马占山、李杜、丁超、苏炳文、朱霁青等旧部队组织者和“张学良部下”是“不可靠的、动摇的”可能叛变投降的力量；第二，它认为与王德林部类似的游击队，“大部分是农民小资产阶级，甚至是工人的反日义勇军”，但是“队伍的命运”要看“他对工农的政策如何”；第三，它认为大刀会、红枪会、自卫团等农民游击队是第三种游击队，他们政治不够成熟、军事技术弱势，“还未能找着正确的彻底的革命的方法和道路”。当然，“一月来信”认为，中国共产党领导的红色游击队“是一切游击队中最先进最革命最大战斗力的队伍”是正确的，但又认为其组织及影响过于薄弱，以致“直到现在不但还不是满洲整个反日游击运动的领导者和左右一切的力量，而且未成为这运动的基本力量”。所以，“一月来信”要求满洲党的组织“必须用全力和一切政治方法，努力打入一切游击队伍（首先是最大的）”。[①] 可能正因如此，以“一·二六”指示信为契机，东北人民抗日游击战争形势朝着正确道路发生了转折。作为党的核心政策的反帝民族统一战线，事实上在抗日游击战的新形势下，继续走上不断克服局限性的完善之路。所以，有的外国学者认为：“1933年中

① 《中央给满洲各级党部及全体党员的信——论满洲的状况和我们党的任务》（1933年1月26日），中共中央书记处编《六大以来》（上），人民出版社，1980，第319～329页。

这一政治领导的转变，是直至1936年中三年多时间的东北地区抗日运动的理论与实践的基础。”[①] 此外，满洲省委为了贯彻“一月来信”，还于1933年5月15日通过了《关于执行反帝统一战线和争取无产阶级领导权的决议》。

2. 游击队与义勇军交相活动发展

从九一八事变到1936年东北抗日武装队伍大都统一为抗日联军为止，无论是自发分散的抗日义勇军，还是共产党所领导的抗日游击队，都以贯彻“一·二六”指示信为界，在此前后，斗争组织与斗争形势都有所不同。

如前所述，九一八事变后尽管中共中央仍在推行左倾冒险主义路线政策，但也不能无视日本帝国主义侵占东北的这一重大历史事实，尤其是深刻体会当地实情的东北地方党组织，其反帝爱国主张与态度更为鲜明。因此，中共中央和满洲省委先后做出决议，指示各级党组织应武装群众，组织游击队，把日本帝国主义赶出去。[②] 特别是满洲省委遭破坏后，[③] 重组后的以罗登贤为书记的满洲省委明确提出把发动游击战争作为当前的主要任务，这就是在建立党所领导的抗日游击队开始抗日游击战的同时，强化对义勇军的联络工作，使之逐步接受党的抗日主张。为此，满洲省委在力量极其薄弱的情势下，将相当数量的优秀党员派到基层，或派到游击队去从事军事工作。但如前所述，1932年6月北方会议精神的传达贯彻，不能不使他们的思想和行动受到桎梏，以致不仅影响到同义勇军的关系，而且影响党的游击队自身发展，即使有所发展，也是党组织和党员从当地实际出发，做清醒努力的成果，至少在1933年贯彻“一·二六”指示信前是如此。

中国共产党所领导的南满游击队有两支，即磐石游击队和海龙游击队。磐石县在1930年8月即设有中心县委，事变后反日群众组织犹如雨后春笋。当时中心县委已拥有一支小型武装，名为特务队，队长李红光。该队在九一八事变前为锄奸御敌的打狗队，1932年5月16日，伊通营城子伪吉长警备军第五旅第二营第七连哗变，该特务队利用他们提供的20多支枪，于6月4日在盘东三道岗小金厂，正式建立南满工农反日义勇军的游击队。此后曾因执行王明的左倾路线而进行过“打土豪分田地”，也曾为避免与其他义

① 〔日〕西村成雄：《东北的殖民地化与抗日救亡运动》，〔日〕池田诚编著《抗日战争与中国民众——中国的民族主义与民主主义》，第55页。

② 如1931年9月23日满洲省委《关于士兵工作紧急决议》；1931年10月12日，中共中央指示直接在农民中组织游击队；1931年10月22日，《红旗周报》发表《反日帝国主义占据满洲及满洲中共党部的中心任务》的署名文章。

③ 1931年底满洲省委遭破坏，省委迁至哈尔滨，中央驻满洲代表罗登贤任书记。

勇军部冲突，与山林队“常占队”合并。1932年9月宋国荣救国军联合其他各部围攻磐石县城时，该游击队亦曾参加战斗。1932年8月，满洲省委得知磐石南满工农反日义勇军游击队迭遭挫折，处境困难，乃派杨靖宇到磐石加强对该游击队的领导。当时该游击队已离开“常占队”，改以“五洋”的队号进行活动。杨靖宇虽整顿了队内思想，并取消了“五洋”的队号，并按北方会议精神改该游击队为中国工农红军第三十二军南满游击队。这支队伍，在1933年1～5月与敌人作战30余次，打退敌人的“讨伐”4次。南满游击队的另一支海龙游击队所在地是长白山区向辽河平原过渡地带，那里抗日义勇军极为活跃，海龙县委曾派10名党员打入辽宁民众自卫军第九路军进行工作，1932年8月县委便以这些党员为骨干从辽宁民众自卫军中拉出部分队伍准备成立工农义勇军，但因时机关系暂未成立。1933年1月，杨靖宇以省委候补委员的身份，在整顿了磐石游击队后，到海龙巡视。当时辽宁民众自卫军业已分解，杨靖宇将从第九路军拉出的队伍改编为中国工农红军第三十七军海龙游击队。该年秋，当时“一·二六”指示信已开始贯彻执行，上述中国工农红军第三十二和第三十七军的磐石、海龙两支游击队合并为由杨靖宇领导的红军南满游击队，队伍众达2000余人，活动于磐石、永吉、桦甸、辉南、通化、柳河、海龙、东丰、西丰、伊通、双阳等地，逐渐成为这一地区抗日武装的骨干力量。

东满地区即原吉林省东南部地区，亦即今延边地区，那里与朝鲜隔江相望，居住的朝鲜族较多，是东北地区朝鲜族反对日本帝国而进行独立运动和革命活动的中心地区，九一八事变后又成为汉鲜两族共同抗击日本侵略的重要战场。由于该地区中共党组织成立较早，事变后党所组织和领导的抗日武装既早又多于其他地区。该地区早在1928年和1930年就先后建立了东满区委和延和中心县委。事变后面对日军对东北的全面占领，特别是驻朝第十九师团直接跨江入侵，更加激起了当地人民的革命斗志，各种反日群众组织纷纷建立，为抗日游击队的建立打下了群众基础。1931年10月东满特委就先后派人到各地帮助地方党委从事组建游击队的准备工作，11月满洲省委又特派原大连市委书记童长荣到东满任特委书记。在他领导下，1932年这一年，延吉、汪清、安图、珲春、和龙都建立了游击队。在延吉县，曾任县反帝同盟组织部长的王德泰，奉命到山林队义勇军中做兵运工作取得成功，而且还成立了拥有130余人和70余支枪的延吉县抗日游击大队；在安图县，金日成曾奉命到该县明月沟发动群众，于1932年4月下旬正式成立县游击队；汪清县游击队是赤卫队员从公安局夺取枪支后，于1932年3月成立的。与此同时，王德林的中国国民救国军前敌指挥吴义成率队来到汪清时，汪清县委曾派10人加入该救国军，他们后来成为县游击队的骨干。汪清游击队及其别动队英勇善战，多次袭击敌人，在南蛤蟆塘伏击伪军孟营时，其前锋13人全被缴械，游击队长金哲牺牲。据日方情报载，1932年9月的汪清县委扩大会议决定，吸收吴义成为中共党员。[①] 继而于同年11月汪清游击队与来自安图、宁安的两支游击队合并，成立汪清反日游击大队，队长为梁成龙，政委为金日成。珲春县于1931年底和1932年初，分别在群众基础较好的大荒沟和烟筒砬子成立两支规模不大的突击队，7月又分别改编为珲春岭南反日游击队和珲春岭北反日游击队。与此同时，由于县委派人到中国国民救国军中做策反工作，该救国军王玉振旅第十三连连长孔宪琛率16人加入了珲春岭北游击队。1932年11月珲春岭南、岭北两游击队合并为珲春县游击队。1933年2月吴义成率中国国民救国军余部加入游击队。1933年4月成立珲春游击总队，兵力120余人。和龙县游击队成立较晚，是1932年12月经县委决定，将原来县内开山屯等地几支规模较小的赤卫队合并，成为和龙反日游击中队，1933年3月改编为大队，兵力也从原来的40余人增加到80多人。

吉东，基本上相当于今日黑龙江省牡丹江地区。九一八事变后，那里是李杜的吉林自卫军和王德林中国国民救国军相互配合进行抗日武装斗争的重要地区。满洲省委派人对义勇军进行兵运工作即从这里开始，而最早被派到那里的共产党员就是后来成为抗日联军重要将领和中国抗日救亡运动杰出代表的李延禄。王德林起义前李即奉命到王营工作，1932年2月8日王在敦化小城子宣布成立中国国民救国军时，李即被任命为总部参谋长。同年4月，省委军委书记周保中也被派到吉东，5月成立中共吉东局。吉东是群众反日运动最活跃的地区，在吉东，王德林的中国国民救国军也是发展最快且抗日武装斗争影响最为深远的义勇军队伍，当然也是日本侵略者进行杀伐的重点目标之一。如前所述，1932年11~12月，由于关东军第十师团利用掌握铁路之便长驱直入绥芬河，并兵分三路进攻吉林自卫军，不得已李杜率部转进苏联，王德林的中国国民救国军也随之退散。值此之际，李延禄等人根据绥宁中心县委的决定，从中国国民救国军总部带出部分部队，于1933年1月初宣布成立抗日游击总队，李任总队长，兵力900多人。1月中旬进一步收纳中国国民救国军退散官兵，组成东北抗日救国游击军，李任总司令。[②] 从此该军转战于

① 满铁总务部资料课：《情报日报》（8）第142号，1933年9月25日。

② 李延禄在中国国民救国军中从事兵运工作，承受了当时党的左倾政策的很大压力，党在义勇军中工作被称为“联合国民党军官”的右倾机会主义。见李延禄《过去的年代》，黑龙江人民出版社，1979，第184页。

宁安、汪清各地，先后在八道河子和东京城击毙日军多人，瓦解伪军保安队，取得多次胜利。吉东的另一支游击队是宁安游击队。周保中到宁安地区对吉林自卫军和中国国民救国军做工作后，于1933年5月将李荆璞率领的平南洋总队改编成宁安工农义勇队。周保中是满洲省委最早派到义勇军中工作的领导者[①]，后来还从事使王德林余部与宁安工农义勇队合并的工作。吉东还有一支游击队即饶河反日游击队，该队由崔石泉等领导，与当地声望最高的高玉山、陈东山东北国民救国军统一活动，而高、陈原来都是吉林自卫军余部。

中国共产党领导的北满抗日游击队有如下几支：一是巴彦游击队，该队是清华大学学生张甲洲发动东北籍同学回乡后建立的，名为东北工农义勇军江北骑兵独立师，该师下设两个中队，约200余人。1932年6月末，满洲省委派军委书记赵尚志到该部工作，之后任该部参谋长。同年8月会同邻近的黑龙江省抗日军才洪猷部围攻巴彦县城后，部队影响扩大，队伍发展到700余人。但至1932年末，部队奉命执行北方会议决定之实行土地革命等左倾冒险主义政策，失去群众支持，最后离散。二是汤原游击队，它是1932年夏满洲省委秘书长冯仲云奉命赴汤原组建的。汤原也是党组织建立较早、群众抗日斗争高涨的地区。可是，汤原游击队经历坎坷：1932年10月，中共汤原中心县委在反日同盟会的基础上第一次建立的汤原游击队，竟被土匪荣好缴械；同年冬第二次建立的汤原游击队，发生了兵变；1933年冬在县委书记夏云杰领导下第三次建立的汤原游击队，才在队长戴洪宾、政委夏云杰领导下发展了队伍，达600余人，后来有张传福的伪自卫团和冯治刚的伪矿警队加入，队伍扩大到2000余人，活动在汤原、萝北、通河、依兰、桦川、富锦一带。三是珠河游击队，亦称哈东游击队。1933年初，满洲省委派曾在巴彦游击队工作的赵尚志到哈东义勇军孙朝阳部工作。赵提议攻打宾县并亲自带队攻克了宾县县城，于是被提拔为参谋长（原以马夫身份进入孙部）。同年秋，孙部溃散，赵尚志率人携武器到了珠河，在珠河县委领导下，在县内三股流成立了珠河反日游击队，赵任队长。1934年春，珠河游击队攻克珠河镇，三次围攻宾县城，争取了伪军，队伍发展到400多人，后被编为东北反日游击队哈东支队，赵尚志任支队长，张寿篯（即李兆麟）任政治委员。

① 周保中于1932年4月被派到吉东，当时任满洲省委军委书记。九一八事变后，周对义勇军看法消极。

3. 东北人民革命军出现

中国共产党领导的南满、东满、吉东、北满抗日游击队共有10余支，大多是在“一·二六”指示信贯彻实施前建立的，他们差不多都有着同义勇军的某种关系史，也差不多都因受左倾政策的影响而制约了队伍的发展。北满的巴彦游击队建立伊始时，势头很好，但因左倾政策失掉群众，很快退出历史舞台，而两度遭受磨难的汤原游击队，在“一·二六”指示信贯彻后兵力发展到2000余人。当然，从总体上看，1933～1934年，党所领导的抗日武装力量没有太大发展，“一·二六”指示信中所指出的薄弱状态并未改变，在东北抗日武装斗争战线上主导力量仍系抗日义勇军。但是，相对而言，党领导的游击队在悄悄地迅速改观，广泛联合，走向新的高潮。前已提及，1933年5月15日，满洲省委为贯彻“一·二六”指示信，特做出《关于执行反帝统一战线和争取无产阶级领导权的决议》，就在该决议中提出了“以最好的游击队的基础建立人民革命军”的任务。

1933年7月1日，首先是杨靖宇任军长的中国工农红军第三十二军南满游击队改为东北人民革命军第一军，这并非单纯为消除北方会议的左倾政策的影响，而是“一·二六”指示信得到贯彻后形势变化所导致的必然结果。1933年5月以后，活跃在磐石县的几十股义勇军抗日队伍，开始与红军游击队联合作战。1933年3～9月，吉海铁路就被抗日军和红军破坏22次。[①] 1933年9月18日东北人民革命军还建立了独立师，在此前后，都曾同其他各路抗日军建立联合作战组织。到1935年10月，第一军已发展到5000人左右，活跃在南满以至东满，根据地设在柳河、通化、浑江交界处的金川县河里。在那里，受抗日群众热情的影响，南满各游击区建立了3000多个农民委员会，15个乡政府，56个区政府，还在辉南石头河子成立了南满特区人民革命政府。

东北人民革命军第二军于1935年5月30日成立，军长王德泰，政治委员魏拯民，共有1200余人。该军正式成立前，先于1934年3月成立东北人民革命军第一独立师，它把原东满的延吉、和龙、汪清、珲春4县游击队合并为一。第二军的游击活动地区与第五军有交叉。其第一师转战于安图、敦化、额穆、桦甸、抚松等地；其第二师大部分与第五军一起活动，小部分在汪清、珲春一带坚持斗争。

东北人民革命军第三军的建立比较曲折，它是以珠河游击队为基础建

① 孙继英、周兴等：《东北抗日联军第一军》，黑龙江人民出版社，1986，第12～23页。

立和发展起来的。前项所述之珠河游击队改编为东北反日游击队哈东支队，是1934年6月29日的事情。事情的发生，源于1934年初游击队基于“一月来信”的统一战线方针，决定与义勇军、山林队（后来还有红枪会）共同抗日，因而组成东北民众反日联合军总司令部，赵尚志任总司令。因统一战线扩大而组织了上述游击队哈东支队，省委为“加强和扩大游击区，建立民众政府”[①]，派冯仲云、赵一曼等到珠河。1935年5月，珠河县人民革命政府成立，反日会成员发展到万人以上。但是，抗日的游击队和人民群众面临的是日伪日益凶猛的打压，日伪不仅屡屡实行军警大讨伐，而且用“集家”和移民来分割军民和占领根据地。在这种形势下，1935年1月由哈东支队和反日青年义勇军合并成立的东北人民革命军第三军（军长赵尚志、政治部主任冯仲云有3个团，共500人），9月便不得不从直接威慑北满政治经济中心哈尔滨的方正、延寿、宾县、阿城、五常、双城一带，向下江的依兰、勃利、通河、汤原等地转移，与第四军李延禄部及谢文东部、李华堂部协同打击敌人。第三军主力还曾西征到松花江北岸的通河、巴彦、木兰、东兴、庆城、铁力、海伦等县，将活动区域扩展到松花江两岸20余县，并在深山与河谷建有4处带有根据地性质的密营，兵力达1500余人，加上收编的队伍，共有6000余人。

第四军名称不叫东北人民革命军，而称东北抗日同盟军第四军，它是由前文所述吉东的中国国民救国军前敌司令、共产党员李延禄建立起来的。1933年7月下旬，李延禄在密山郝家屯召开了抗日山林队联席会议，会议决定建立统一指挥机构——东北人民反日革命军，平时分散独立活动，战时统一指挥联合行动。1934年9月，以此为基础成立东北抗日同盟军总司令部，李延禄任总司令，以联合更多的抗日部队。这也是中共驻共产国际代表团所派人员巡视密山等地后所提出的意见，后经密山县委扩大会议决定，将密山游击队与李延禄直接所率部队合并，正式成立了东北抗日同盟军第四军，李延禄任军长。此后，李延禄在共产国际代表团所派人员的协助下，积极联合团结密山、勃利、依兰、方正等地义勇军、山林队等开展游击战争，壮大队伍。到1935年9月，第四军已由原来的3个团发展为2个独立旅和7个团，还在密山、方正建立了被称为“红区”的根据地。[②]

东北抗日同盟军第五军，是1935年2月10日将绥宁抗日同盟军改编而成的，周保中任军长，柴世荣任副军长，辖2个师，共900人，主要以八道

① 1934年1月，满洲省委派遣的参加中央苏区第二次全国工农兵代表大会的何成溶，在回归时带回2月22日《中央给满洲省委的指示信》。

② 参见李剑白主编《东北抗日救亡人物传》，中国大百科全书出版社，1991，第155页。

河子为根据地，在宁安县境内活动。1935 年夏，东北人民革命第二军第二师也来到宁安，第五军派陈翰章为该师代理师长，后将活动由宁安扩展到额牧、敦化一带。

东北人民革命军第六军是由汤原游击总队扩编而成。如前所述，汤原游击队第三次建队时就发展很快，后又因有伪自卫团和矿警队加入，兵力竟众达2000 人。1936 年1 月30 日，当时业已扩编改称的汤原游击总队又扩编成东北人民革命军第六军，军长为夏云杰，政治部主任由张寿篯代理，参谋长为冯治安。①

四　抗日联军建立

1. 东北抗日高潮再现

中国共产党领导的东北抗日武装组织形态，如上所述，大体上是经过游击队—工农义勇军—红军游击队—东北人民革命军或抗日同盟军等几个阶段。这些变迁，不只是队伍名称的更改，还反映着以中国共产党抗日武装斗争政策调整优化为背景，党的武装组织不断扩大强化同其他武装组织特别是义勇军（含山林队等）的联合，从而发展了武装抗日事业的历史图景。其实，势将到来的抗日斗争高潮，1934 年即已初显，1935 年、1936 年更是历史的现实。集中而言，其现象就是：（1）抗日武装斗争力量增强，即在日甚一日的“讨伐”镇压之下，抗日武装人数，不降反增；（2）抗日群众运动活跃，它给武装斗争提供社会基础；（3）抗日联军的建立，抗日民族统一战线终于形成，开始了持久有效的全民抗日战争。

回顾历史，九一八事变后日军武装占领东三省时期，即从九一八事变到进陷热河为止，他们曾倾注全力镇压东北抗日军民。抗日的黑龙江军和吉林自卫军基干虽已转进苏联，使以原东北军为主导的东北义勇军的抗日武装斗争转入低潮。可是，小规模分散了的义勇军的抗日武装斗争从未停止，并且深入发展，使日伪照样不得安宁，无法建立起殖民统治。所以，《塘沽协定》签订后，由华北撤退回来的关东军首脑叫嚣，“治安工作”即镇压抗日军民仍“是大业中的基础大业”，要为其而竭“尽全力”。② 于是，

① 以上关于红军抗日游击队和东北人民革命军问题的阐述，许多资料都参考了军事科学院军史部《中国抗日战争史》上卷，解放军出版社，1991；东北抗日联军斗争史编写组：《东北抗日联军斗争史》，人民出版社，1991。

② 关东军参谋长在1933 年6 月13 日伪中央治安维持会第一次委员会上的致辞，《日本帝国主义侵华档案资料选编》第4 卷，“东北大讨伐”，第7 页。

日伪军全部实行分散配置，全面出击，“彻底讨伐”。他们以为，把四五个师团以上的兵力全都拿出来，再加上伪军，只需几个月，就可以肃清甚至根绝东北人民的抗日武装力量。但事与愿违，事实上，“讨伐”镇压计划不得不一拖再拖以致转为长期化，“讨伐”镇压方式也一再调整改换。1933 年下半年到 1934 年，对东边道、吉林省和辽宁三角地区，实行了反复出击和逐一消灭的战术。1933 年底和 1934 年底，还先后由伪满政府公布所谓《暂行保甲法》和关于建立所谓“集团部落”的 969 号“训令”，以作为“治本”和分离抗日军民的政治措施。

在这种严酷形势下，抗日武装人数确在减少。按关东军统计，东北抗日武装力量，从 1933 年 5、6 月的 10.5 万人，减少到 1934 年 12 月的 2.5 万人。但是，姑且不说抗日军的数量减少质量提高的趋势，单就数量而言，从抗日武装人员数量消长变化趋势便可以看出，数值并非是呈直线下降之势，特别是经过 1934 年 3 月的最低谷之后，显然出现转机，同年 9、10 月日伪对东边道和吉林进行“大讨伐”时，抗日军队的数量又恢复到 4.5 万或 4 万人，是 3 月最低值的约一倍半。而这种增势，在 1935 年依然持续，此点就连敌人都已经敏锐地看到，这就是他们所说的与 1934 年 3 月相比，1935 年 8、9 月的东北抗日武装总人数增加一万人。①

这种状况的出现，除了有义勇军各部顶着日伪的凶狂“剿杀”持续发展抗日武装游击战争的因素外，还有中国共产党领导的抗日武装从受北方会议的左倾影响转到执行“一月来信”较为正确的政策，以及与其直接相关的反对残酷殖民统治的抗日群众运动空前高涨等至关重要的因素。这就是日本侵略者所说的“特别是共产思想之影响日益扩大和加深，实乃治安维持上极为忧虑之事”。② 所以，与其说他们关心抗日武装人员数量变动，不如说他们担心培育着抗日武装人员的社会基础。“正如深渊之鱼难捕，浅滩之鱼易捉一样”，“只有减低水深，方知匪数”。③ 于是他誓言将“讨伐”镇压扩伸至穷乡僻壤。

在东北人民抗日斗争高潮再现的 1935 年，据关东军统计，抗日武装近一两年“估计为 3 万左右”，但抗日军的“友军”即抗日群众远不止于此，而且他们认识到：

---

① 即按关东军统计，从 1934 年的 1.8 万人，到 1935 年 8、9 月分别增加到的 2.9 万人和 2.8 万人。

② 关东军参谋部：《关于昭和 10 年度秋季治安肃正工作概况》（摘录），中央档案馆，A2－30，二乙 116。

③ 同上。

> 民众对匪贼［指抗日军］的认识是极为良好的，并不像我们所认为有不共戴天之仇，甚至可说，三千万民众在精神上与匪贼无大差别者为数不少，大多数的民众还没有与匪贼完全分开，如果进行精神上争夺，假定匪数有3万，精神上的匪军之友军，不知有几倍或几十倍。这些匪贼精神的友军，虽不敢持枪反抗我们，却是扶育匪贼之母体。历来讨伐效果不大的最大原因，就在于此。[①]

在东北抗日群众运动中，具有划时期意义的重要事件，莫过于两件：一件是1933年6月，依兰县东部驼腰岭金矿工人祁致中（时称祁宝堂）率领同盟兄弟，用买到的手枪击灭日军护矿队7人，然后起义，成立反日山林队“明山队”；另一件是1934年3月8日，依兰县土龙山一带2000多农民，在保董谢文东、甲长景振卿率领下，为反对日伪占地、收枪而举行暴动。祁致中和谢文东率领的起义群众坚持抗日斗争，后来被编为东北抗日联军的第十一军和第八军。[②] 正是在他们的影响下，依兰县及其周围地区，各种抗日武装组织纷纷建立，光是云集到依兰的抗日者，即众以万计。事实表明，在东北的抗日武装队伍中，工农群众越来越成为主要成分，特别是广大农村成为抗日武装斗争的主要阵地。[③] 因此，在参与抗日救国组织与运动的人数上，农村显然高于城镇。例如，1935年在各地发展起来的南满反日会，其分支组织即遍及磐石、伊通、双阳、桦甸、西安、辉南、濛江、金川、抚松、海龙、柳河、临江、清原、通化、桓仁、东丰、西丰等县。[④] 类似的抗日救国组织极多，如东北反日总会、东北抗日救国总会、东满中韩反日联合会、沿江协会、东满中高反日联合会、宁安反日总会、青年救国会、北满青年救国会、满洲反日青年大同盟、北满中国青年救国总会、满洲反日青年大同盟、北满中国青年救国总会、下江救国青年会、农民协会，等等。[⑤] 经过如此广泛的抗日群众团体的参与和奉献，东北广大地域，尤其是农村地区的人民，都已成为抗日武装取用不尽的力量源泉。据日伪当局

① 关东军参谋部：《关于昭和10年度秋季治安肃正工作概况》（摘录），中央档案馆，A2－30，二乙116。

② 抗日联军第十一军军长祁致中坚持抗日斗争到1939年，最后为国捐躯，成为工人投身抗日武装的杰出代表。但是，保董出身的抗日联军第八军军长谢文东，后来在日伪威胁利诱下，叛国从敌。

③ 据《东北周刊》第1卷第18期载，在李延禄的东北抗日同盟军第四军中，工人占23%，农民占37%，商绅占10%，知识分子占10%，士兵占20%。

④ 《驻间岛日本领事致日本驻满大使南次郎函》，1935年8月5日，机密，第974号。

⑤ 关东宪兵队档案，吉林省社会科学院，抄件。

观察判断，时至 1935 年，东北的贯通南北的铁路（大连—哈尔滨—北安线）以东地区，特别是南满铁路以东、大松花以南地区，已成为抗日武装的根据地，并以广大根据地为基础，形成了诸如南满、东满、哈东、珠河、吉林、汤原、饶河等与敌人周旋的游击区。就像关东军内部资料所载，在有的抗日军的“地盘”内，他们能“自给自足”，甚至“设有工厂”“有的竟穿用与日、满军相类似的服装”。[①] 所有这一切社会与地缘条件，都是党的抗日武装在短期内实现由游击队到东北人民革命军，再由东北人民革命军到抗日联军两次转变的有利因素，当然决定因素仍是政策。

2.《八一宣言》之里程碑意义

“一·二六”指示信的历史积极意义，如上所述，是应该重视的，其贡献就在于提出了在东北特殊环境下的反帝民族统一战线的主张，使抗日队伍和抗日事业得到相当长足的发展；其局限性则在于其反帝统一战线论有着严重缺陷，认同下层统一战线，否定上层统一战线，以致在党领导的某些游击队与义勇军等实行组织重组时出现只要兵不要官的现象，从而限制了抗日武装队伍的发展壮大。归根结底，这还是极“左”路线在作怪，缺乏收复失地的抗日救亡意识，不能从民族矛盾这一大前提下来看待义勇军及其首领的立场和行动。

但是，形势在发展，特别是日本帝国主义从东北到华北妄图逐渐吞并的野心，以及制造华北事变的行径，给中国人民以警醒和教育，从而使抗日救亡运动上升到了全国规模的更加自觉的新阶段。这是党的抗日政策再次进行重大调整的重大历史背景。

1935 年 8 月 1 日，中华苏维埃中央政府、中国共产党中央委员会发表了《为抗日救国告全体同胞书》即《八一宣言》。在此之前，1935 年 6 月 3 日，中共中央驻共产国际代表团经中共吉东特委发来《给满洲负责同志秘密指示信》，简称“六三指示信”，其基本内容与精神同《八一宣言》完全一致。由此可见，党中央和驻共产国际中共中央代表团对当时形势分析和因应形势所做出的政策抉择相同。但它并非是一般性政治或政策表态，而是关系国家民族存亡的前途命运的重大政策。正是对《八一宣言》所昭示的政策方针的逐步实施，才引领了中国人民伟大的抗日事业走上了最终取得胜利的正确道路，因此它具有里程碑性质的历史意义。

《八一宣言》开宗名义指出：“日本帝国主义加紧对我进攻，南京卖国

① 关东军参谋部：《关于昭和 10 年度秋季治安肃正概况》（摘录），中央档案馆，A2－30，二乙 116。

政府步步投降，我北方各省又继东北四省之后而实际沦亡了!”接着，《八一宣言》为了重申实际上九一八事变后义勇军进行抗日武装斗争之初即已奉行的“抗日则生，不抗日则死”理念，用简洁犀利的语言概括了从九一八事变到《何梅协定》出笼的这“不到四年”的惨痛历史，并严正指出：“差不多半壁山河，已被日寇占领和侵袭了。田中奏折所预定的完全灭亡我国的毒计，正着着实行，长此下去，眼看长江和珠江流域及其他各地，均将逐渐被日寇所吞蚀。我五千年古国将完全变成被征服地，四万万同胞将都变成亡国奴。”《八一宣言》还特别揭露了数年来不抵抗政策和“逆来顺受”主张所造成的丧权辱国的“无上耻辱”，热烈地讴歌了“数年来我工农商学各界同胞为抗日而进行排货、罢工、罢市、罢课、示威等救国运动”，“尤其是我东北数十万武装反日战士”，“前仆后继的英勇作战”所表现的“我民族救亡图存的伟大精神”。更为非同寻常的是，《八一宣言》提名道姓地将业已救国捐躯和尚在领导抗日武装斗争的人士称为民族英雄，其中包括牺牲在敌人陆军监狱的辽宁三角地带抗日义勇军领导人邓铁梅和《何梅协定》出笼前牺牲于冀东“非武装区”然后又被日本侵略者向中国发难要挟中国屈从时当作借口（抗议义勇军进入冀东“非武装区”）的热河省义勇军领导人孙永勤。

《八一宣言》所传达的思想核心是，向全国同胞呼吁：“无论各党派间在过去和现在有任何政见和利害的不同，无论各界同胞有任何意见上或利益上的差异，无论各军队间过去和现在有任何敌对行动，大家都应当有‘兄弟阋于墙外御其侮’的真诚觉悟，首先大家都应当停止内战，以便集中一切国力（人力、物力、财力、武力等）去为抗日救国的神圣事业而奋斗。”为此，《八一宣言》郑重宣布，只要国民党军队停止进攻苏区，愿意共同对敌救国。具体而言，就是主张组建统一的国防政府和抗日联军，即国防政府由一切愿意参加抗日救国事业的各党派、各团体、各界名流、政治家以及一切地方军政机关，与苏维埃政府和东北各抗日政府所组成；抗日联军则由一切愿意抗日的部队与红军东北人民革命军以及各种反日义勇军组成。①

《八一宣言》的推出，显然是党内路线斗争胜利的结果。在东北，北方会议的左倾路线错误和“一月来信”的左倾局限性，都将因《八一宣言》的实行而被扫除。当然，《八一宣言》的推出，也是形势发展的迫切需求，而形势发展所导致的全国各阶层的普遍觉悟和抗日救亡意识的急速提升，

① 以上关于《八一宣言》的引语和内容，均见中共书记处编《六大以来》（上），党内秘密文件，第679～682页。

都给《八一宣言》的实行提供了充分可能性。《八一宣言》虽然并非专门针对东北，可是东北作为完全被侵略者占领的沦陷区和抗日武装斗争先锋战场，《八一宣言》的实行，更具有其必要性和迫切性。

3. 东北抗日联军各部

《八一宣言》推出后，中共东北党组织积极为其实行而努力，但因 1936 年 1 月满洲省委被驻共产国际中共中央代表团所撤销，同年 3 月才分别成立南满、东满、北满等省委，因缺乏统一领导，给落实《八一宣言》建立抗日联军带来很大困难。其间，为积极实行《八一宣言》，于 1936 年 1 月下旬，在汤原建立了由北满抗日部队编成的东北民众反日联合军总司令部，由赵尚志任总司令。及至同年 2 月，又以杨靖宇、王德泰、赵尚志、李延禄、周保中、谢文东和汤原游击队、海伦游击队名义，发表了据称是中共中央驻共产国际代表团拟定的《东北抗日联军统一军队建制宣言》。从此到 1937 年 10 月，东北人民革命军和其他抗日军队陆续改编为东北抗日联军第一军至第十一军。他们都接受中国共产党领导，故按其所在地分别处于各省委领导之下。

历史表明，此次跨越近两年的东北抗日联军（简称“抗联”）建立过程，交织着东北人民抗日武装斗争的新高潮，也就是这场史无前例的党与非党抗日武装组织与行动的大联合，是在对敌铁血斗争的特殊时空中实现的。1935 年下半年，日本侵略者即慑于中国抗日斗争的新高潮而强化杀伐，同年 9 月起实行为期 3 个月的秋季“治安肃正”。敌人宣称，在安东、奉天、吉林、间岛、滨江、三江 6 个伪省区，作战 600 次，使抗日军队付出 4600 余人的重大牺牲。[①] 进入 1936 年，关东军又在东北抗日联军建立时，即从同年 4 月起，推行所谓“治安肃正三年计划”，目的是“彻底肃清镇压”东北抗日联军和在满共产党。由于抗日武装已占领广大地区并将之化为游击区，关东军的“治安肃正三年计划”把着眼点放在地盘的争夺上，实行所谓分区“肃正”。因此，东北抗日联军活跃的东边道地区以及其各军云集的三江地区，便在 1936 年和 1937 年先后实行所谓“特别治安肃正”。在东边道地区，由关东军实际指挥，以伪军独立“讨伐”为名，将最为凶恶的伪匪军李寿山部和伪靖安军等作为进攻的主力。而在三江地区，关东军主力师团直接上阵，大规模地进行高变分散配置，实行“带有浓厚军事管制色彩”的武力镇压。在此空前严峻的形势下，敌人的“大讨伐”、大逮

① 关东军参谋部：《关于昭和 10 年度秋季治安肃正工作概况》（摘录），中央档案馆：A2－30，二乙 116。

捕和大屠杀虽使刚刚诞生的东北抗日联军遭受了重大损失与牺牲，但是他们没有被扼杀，而且还取得许多局部性胜利。

东北抗日联军第一军是1936年7月初，在中共南满特委于金川县河里后方根据地召开的南满党第二次代表大会上宣布成立的。杨靖宇任军长兼政委，宋铁岩任政治部主任，安光勋任参谋长，下辖3个师，程斌、曹国安、王仁斋分任各师长。抗联第二军，是在前此的1936年3月吉东特委和东北人民革命军第二军领导干部的安图后方基地的迷魂阵会议上，决定由东北人民革命军第二军改编而成的。军长王德泰、政委魏拯民、政治部主任李学忠、参谋长刘汉兴，下辖3个师和教导团、少年营等，由安凤学、史忠恒（陈翰章代）、金日成分任各师长。抗联第一军和第二军成立后，1936年7月两军即合编为抗联第一路军，成立了由杨靖宇任总司令的总司令部，并做出战斗部署，即西征辽西热河，在游击区内坚持斗争，开辟长白山游击根据地，并联合抗联第五军开展抗日武装斗争。两次西征虽未成功，却扩大了抗联的活动区域和影响：转战于东南满各地的抗联第一路军各部，在1936年8~12月，取得了攻打抚松县城、袭击安图东清沟和伏击长白七道沟的胜利，给敌人以打击和威慑。与此同时，在前面业已述及的1936年秋至1937年春的所谓东边道独立“大讨伐”中，抗联第一路军遭受很大牺牲，即军政治部主任李学忠、第二师师长曹国安和第一路军副总司令兼第二军军长王德泰先后为国捐躯，但是，“讨伐”所规定的明确目标之一即抗联吴义成、金日成部，亦即第一路军所部署的在游击区内坚持斗争的部队，胜利地甩掉敌人，转移北上，到抚松以东地区和长白山南路，继续抗击敌人。敌人独立“大讨伐”的唯一“战果”是逮捕和惨杀了王凤阁，当然，王凤阁部义勇军也是其“讨伐”的目标之一。

抗联第三军是1936年8月由东北人民革命军第三军改编而成。前已提及，《八一宣言》传达贯彻后，1936年1月下旬，会师于汤原的东北人民革命军第三军、东北抗日同盟军第四军和汤原抗日游击总队，以及吉林自卫军、民众救国军等各军领导人赵尚志、李延禄、夏云杰、张寿篯、谢文东、李华堂、冯治刚等，在汤原吉兴沟举行了东北民众反日联合军军政扩大会议，决定组织东北反日联合临时政府，成立东北民众反日联合军总司令部，推举赵尚志为总司令，张寿篯为总政治部主任，李华堂为副总司令。该司令部实际是北满抗联的总司令部，在统一指挥北满抗日活动和安排北满抗日武装给养、人事等方面起了重要作用。《东北抗日联军统一军队建制宣言》发表后，参与在北满的东北民众反日联合军总司令部的东北人民革命军第三军改编为抗联第三军，军长赵尚志，政治部主任冯仲云。该军是抗联中规模最大的军，下辖10个师，共8000人，在中共北满临时省委（赵尚志任书记）领导下，辗转战斗在松花江两岸的广大地区。根据省委决定，该军以主力西征小兴安岭一带的铁力、海伦、龙门，然后进入黑嫩平原，开展游击战争。配合西征的还有抗联第四、五军的部分部队。总之，抗联第三军从其改编起到1937年4月，仅仅半年时间即转战数千里，在北满几十个县与日伪军进行百余次战斗，毙伤俘敌1000余人，攻占城镇20余座，粉碎了以汤原为中心的多次“讨伐”，开展了黑嫩平原的游击战争。

抗联第四军是1936年3月由活动于密山、勃利、穆棱、虎林、饶河一带的东北抗日同盟军第四军改编而成的，军长李延禄，参谋长胡伦，政治部主任黄玉清。如前所述，东北抗日同盟军第四军官兵原本就主要来源于王德林的中国国民救国军，改为抗联第四军后，原设3个师。同年7月，在富锦南部山区活动的原吉林自卫军第二旅余部被编为该军第四师。

抗联第五军成立也较早。1936年2月，中共东满特委书记、抗联第二军政委魏拯民从苏联回到东北，当时在宁安南湖头召开会议。会后东北民众反日联合军第五军即被改编为抗联第五军，军长为周保中，副军长为柴世荣，政治部主任为胡仁，参谋长为张建东，下辖2个师。该军自当还坚持在宁安老区进行斗争，但主力开始向中东铁路以北的穆棱、密山、依兰方面转移，1937年春已集结到以刁翎游击根据地为中心的牡丹江下游地区，同年3月还会同抗联第三、四、八、九各军之一部围攻依兰县城并占领大部分城区。

抗联第六军于1936年9月以东北人民革命军第六军为基础建立。原由夏云杰任军长，张寿篯代理政治部主任，冯治刚任参谋长。1937年2月整编后，戴鸿宾任军长，兰志渊任政治部主任，参谋长不变，下辖4个师。抗联第六军与第三军同归北满临时省委领导，主要以汤原为根据地，开辟依兰、桦川、富锦等新游击区。1936年11月23日，抗联第六军创始人、军长夏云杰，在汤原西北部遭敌袭击，负伤身亡。之后，继任者戴鸿宾军长将第六军扩大到5个师。1937年5月18日，在日伪春季讨伐后，第六军取得夜袭汤原城的重大胜利，使敌人深受震动。

抗联第七军是在抗联第四军第二师的基础上，于1936年11月改编而成的，其前身是饶河反日游击队，军长陈荣久，参谋长崔石泉。该军扩大了虎、饶老游击区，并开辟了富、同新游击区。

抗联第一军至第七军都是中国共产党组建、领导、指挥的抗日部队。而抗联第八军至第十一军，基于其积极抗日立场，接受共产党领导，与中共保持着统一战线关系。他们是1936年夏至1937年秋，先后被纳入抗联序列的，中共向各军都派了党代表和政工干部，在抗敌作战上，与其他各军按统一部署采取行动。抗联第八军，原即依兰县土龙山农民暴动后组成的民众救国军，改编为抗联部队后，谢文东、滕松柏分任军长、副军长（该二人很快叛变），该军主要在依兰、方正、延寿、勃利等地开展游击战争。抗联第九军军长李华堂原为吉林自卫军营长，他所拉起的吉林自卫军混成旅第二支队，在遭受严重损失时，曾得到东北人民革命军第三军的帮助，改编为抗联部队后，辖3个师，由800人发展到2000人，活动于伊兰、方正、勃利一带。抗联第十军的前身是汪雅臣反日山林队“双龙”队，1936年初被中共珠河县委收编为东北人民革命军第八军，同年冬又被改编为抗联第十军，军长汪雅臣、副军长齐云禄，共1000余人，活动于五常、苇河、舒兰一带。抗联第十一军的人员构成，与其他各军都不同，实际是由依兰县驼腰岭金矿工人所组成。1933年6月，他们起义后建立以祁致中为首领的反日山林队“明山队”，1936年5月被改编为抗联独立师，1937年10月正式被编为抗联第十一军，军长祁致中，政治部主任金正国，参谋长白云峰，辖1个师3个旅，1000余人，活动于依兰、桦川、富锦、集贤一带。

抗联的11个军，共3万余人，活动于东南满、吉东和北满三大游击区，游击区覆盖70余县，建立了多个根据地、基地、密营，与东北人民建立了血肉联系，赢得了广大群众的拥护与支持，从而得以在极端困难的环境下，坚持与日本侵略者作战多年，取得了抗日武装斗争的一系列胜利，当然也付出了无以弥补的巨大牺牲。

五 历史的发展与升华

东北抗日联军是在东北人民抗日斗争新高潮中建立的，标志着中国人民的反日斗争已由义勇军的抗日斗争阶段转向东北抗日联军的斗争新阶段。形势发展所导致的这一历史必然发展，其思想政治基础就在于抗日救亡。面对不抵抗和节节妥协投降政策，毅然走上武装抗敌道路的义勇军，始终坚持抗日救亡事业，自始至终表现“宁战而亡”的不屈民族精神，且在斗争低潮中坚持斗争，主导斗争，并始终展示“希望与一切有觉悟争取解放者联合作战”的气概和为实现全国合力抗战而不懈奋斗的精神。当然，不能说义勇军是党的抗日武装诞生的基础，因为党领导的红军游击队和工农反日义勇军也早已出现在抗日战场上。但是，义勇军抗敌斗争所起的抗日救亡先锋作用，义勇军占主导地位所形成的武装抗日斗争格局，对党领导的抗联建立不无影响。事实上，在当时的事态下，党的抗日武装建立、变迁以及对敌斗争活动，在很大程度上是在处理同非党的特别是同义勇军的关系中进行的。党的政策调整、转换，尤其是逐步放弃左倾错误政策，实际是因应日本侵华行径的升级，是中国共产党和中国人民逐步增强抗日救亡意识的过程。“一·二六”指示信的推出和《八一宣言》的贯彻实施，都是在抗日救亡这个重大而紧迫的政治主题上，对政策与态度的改进和根本改变。体现《八一宣言》精神的无条件团结一切抗日力量之党的民族统一战线的建立，是抗日救亡宗旨在组织和行动上的落实，是实现全国合力抗战的根本实践。而且，由党直接组织、领导和指挥的具有统一战线性质的东北抗日联军，它不仅保持、发扬了“外患必御，国土必守”的义勇军传统与精神，而且使抗日部队走上了组织有纪律、斗争有战术、前进有目标的抗日道路。

第三章　抗日救亡运动与义勇军精神

一　抗日救亡论推出与义勇军被毁

1. 东北民众抗日救国会与抗日义勇军

在九一八事变后立即掀起的全国抗日救亡运动中，在北平成立的东北民众抗日救国会（简称“救国会”），是成立最早，也是对抗日救亡运动和抗日义勇军发展、战斗做出突出贡献的社会团体之一。其发起者，如阎宝航、高崇民、卢广绩、车向忱、王卓然、王化一等[①]，大多是事变前东北各反帝爱国团体的组织者和领导者，他们与流亡在北平的东北各界代表及爱国人士协商，于1931年9月27日在北平西单牌楼刑部街12号辽宁会馆宣布成立东北民众抗日救国会。

其成立宣言鲜明地体现了该会宗旨。日本著名中国现代史学者西村成雄曾高度评价称，该会最先提出了中国的抗日政治，即“挽救民族危亡、挽救国家危亡的抗日救亡论”，并说抗日救亡论是“反侵略的抗日战争中民族抗战的最深厚的思想基础，也是19世纪中叶以来‘救亡图存’的思想结晶。从这个意义上讲，抗日救亡带有20世纪30年代中国民族主义的特征，即期望摆脱帝国主义列强的统治，争取中华民族的解放，建立自己的国家”。[②]

---

① 阎宝航，原任沈阳基督教青年会干事，后与高崇民等组织国民外交协会等；高崇民原为辽宁省农会会长；卢广绩原为辽宁商会副会长；车向忱系辽宁省著名平民教育家；王卓然系东北大学教授；王化一为辽宁省教育会副会长。

② 〔日〕西村成雄：《体现中国民族主义的抗日救国论》，〔日〕池田诚《抗日战争与中国民众》，第38页。

东北民众抗日救国会不是狭隘地局限于东北人的抗日团体，正像该救国会成立大会通过的决定之一即入会条件所规定的那样：“不限东北籍人员，凡有国家观念、主张的武力抵抗日军之人员，皆可入会。”[①] 东北民众抗日救国会，其成员不仅面向全国，而且来自各个阶层，是各界抗日爱国人士以及青年学生等自发的统一战线组织。从政治倾向看，该救国会成员中，不仅有中国共产党党员及党影响下的进步青年，还有爱国的国民党党员、青年党党员及无党派民主人士。该救国会成立宣言《告东北民众书》声称：“吾东北三千万民众，数万里国土，今日已在日人铁蹄蹂躏之下矣！”中华民族已经到了“危机存亡之秋，千钧一发之时也！”故应“群策群力，同舟共济，以与倭奴决一雌雄”，“为主持正义而战，为保障和平而战，为民族生存、国家安宁起见，均不得不出于最后一战！”[②]

东北民众抗日救国会基于其成立宗旨，给自己规定了两项任务，即宣传抗日救亡和指导、组织及支持抗日义勇军的抗敌武装斗争。两者是同一目的，即促进并实现举国一致的合力的武力抗日救亡斗争。在日本帝国主义业已凶狂地用武力侵华灭华的形势下，前者即宣传抗日救亡，实质就是顺应全国人民的抗日要求，发动和组织广泛的社会力量，迫使中国当局抛弃投降政策，转而走上武装抗日道路；后者即指导和支持抗日义勇军，实质就是以支持武装抗日的实际行动，反对不抵抗政策，争取实现全国合力武力抗日的局面，取得抗日救亡的最后胜利。

因此，东北民众抗日救国会在组织定期的宣传队，发行《救国旬刊》等活动之外，还联合全国各方面救亡组织，共同推进救亡运动。其实，东北民众抗日救国会本身就是这种“联合”与“共同”活动的产物。华北最早出现的抗日救亡团体，是九一八事变后第三天即 1931 年 9 月 21 日成立的北京大学法学院东北同学抗日救国会，继而各抗日救国团体接连面世。东北民众抗日救国会宣告成立时，恰值对立的粤宁双方酝酿在上海举行和平会议，此举促进了东北民众抗日救国会的诞生，该救国会决定利用国民党和平会议[③]之机，组团赴沪请愿。1931 年 11 月 5 日，由冯庸[④]任总指挥的

---

① 戴茂林、邓守静：《八年抗战中的东北救亡总会》，东北大学出版社，1996，第 6 页。

② 戴茂林、邓守静：《八年抗战中的东北救亡总会》，第 7 页。

③ 九一八事变前夕，蒋介石因约法问题，将立法院院长胡汉民扣押，宁粤之间矛盾升级，九一八事变的发生促进双方的议和意愿。但是，10 月 26 日到 11 月 7 日的和平会在最紧要的对日问题上未做出任何决定。其前虽释放了胡汉民，但因胡的坚持，蒋被迫于 1931 年 12 月 15 日下野。之后粤系汪精卫与蒋介石合作，汪任行政院长，蒋任军事委员会委员长。蒋汪从各自立场出发，共同推行对外妥协、对内“攘外必先安内”政策。

④ 冯庸，曾任中央航空署参事兼所长，1927 年设立冯庸大学。

600 余人组成的请愿团起程赴沪。出发时虽发宣言要求和平会议成功，建立统一政府，准备对日宣战，[①] 可是请愿团抵沪时，和平会议业已闭幕，在对日问题上则毫无决定。于是，请愿团一方面发表宣言指出，“东北亡，内地断难独存”；另一方面进行两路活动：一路由阎宝航、高崇民等会见汪精卫、胡汉民等，要求抗日救亡，对日开战；二路由王化一率请愿团冒雨在上海南市区示威游行。11 月 10 日请愿团由沪抵宁，当天下午 3 时在国民党中央军校礼堂得以面见蒋介石，蒋接阅请愿书后辩称：“政府对外作战已具决心，一切计划，不便宣布……对外交涉，政府自有办法，人民不应过虑。”[②] 作为请愿团指挥者之一的高崇民，当即指问蒋，“自辽吉失陷而后，政府除将此事提交国联而外，并无其他具体的办法，而领袖诸公虽集议于上海（指和平会议），亦并无谈及此事者，因此吾东北民众非常疑惧”，“政府是否还要东三省？我东北民众现在未出者日被屠杀，已出者将流为乞丐，党国领袖诸公对此水深火热焦头烂额之状，曾否发过恻隐之心？政府如还要东三省时，十六号国联仍无效[③]，宜用何种方法收回失地，请主席立予答复，以释群疑”。[④] 高崇民代表东北民众提出的这一指问，不啻为对蒋介石及其不抵抗政策的严重冲撞，可是蒋对此无言以对。当然这只是救国会诸多宣传政治活动中的一幕。

除宣传活动外，救国会还有更实际而又艰巨的任务，即对义勇军的工作。这一任务的践行，得到了张学良的支持和全国其他抗日救亡团体，特别是著名人士朱庆澜[⑤]的东北义勇军后援会的协作与配合。张学良作为中国国民政府的陆海空军副总司令，九一八事变前后是中国北方的最高统帅。1931 年末，蒋介石下野时，张学良虽也辞去副总司令之职，但随后仍以北平绥靖公署主任和国民政府军事委员会北平分会主任身份，执掌北方军事大权。历史与现实的高上地位和对日所怀的既实行不抵抗政策又有杀父亡省之仇的矛盾心理，决定他必然积极并有可能援助抗日救亡的义勇军的发展与斗争，事实上，他在一段时间内对东北的军政仍发挥程度有限的指导

① 陈觉编著，张德良校订《九一八后国难痛史》（上），第 978 页。

② 陈觉编著，张德良校订《九一八后国难痛史》（上），第 980 页。

③ “十六号”即 1931 年 10 月 16 日，自该日起，国联第三次讨论日本侵略中国东北问题。此次国联会议不仅毫无作为，而且使日本感到国联对“日本的气氛明显缓和下来”。特别是 11 月下旬，中国提出锦州中立化建议后，日本更加强硬。

④ 陈觉编著，张德良修订《九一八后国难痛史》（上），第 980 页。

⑤ 朱庆澜，曾先后任黑龙江省代理都督、巡按史、广西省省长等职。1922 年受张作霖之聘，任中东铁路护路军总司令兼东省特区长官。1924 年起专门从事救灾事业，1931 年任国民政府财务委员会委员。

和影响作用。

朱庆澜的东北义勇军后援会于1932年4月26日在上海成立，5月经张学良赞同，迁北平改称辽吉黑民众后援会。[①] 同年11月，东北民众抗日救国会与该后援会商定，成立以朱庆澜为总司令的义勇军总司令部，救国会派人到该后援会进行协助。救国会原来组建的辽宁义勇军总指挥部继续保留，由王化一任总指挥。两会各有职责，后援会当以募集抗日资金为主要工作。

实际上，东北民众抗日救国会已成为组织分散、互无联络、补给无着的东北抗日义勇军的指导和保障中心，特别是辽宁地区的义勇军受其帮助颇多。据统计，到1932年3月，经救国会委任的义勇军就有54路（后增至57路），兵员达10余万；至同年夏，东北全境的近30万人的义勇军均接受了该救国会的指导。同年初，救国会即颁布了《义勇军誓词》《义勇军税捐暂行章程》《义勇军托赏简章》等，规范强化对义勇军的指导与管理。1932年6月，救国会第19次常委会扩大会议又决定将义勇军划分为5个军区，委任了各军区总指挥，制定了义勇军军区、路、民团等编制。[②] 当然，义勇军面对强敌，激烈作战，艰难生存，救国会又遭国民党和国民政府的阻挠破坏，其对义勇军的指导与管理，究竟能落实到何种程度不无疑问。但救国会对义勇军的工作从未稍懈，始终如一。救国会军事部在一直对张学良做工作，劝促其决意出兵抗日的同时，也先后派多名救国会成员秘密出关，联络马占山、李杜等，策动唐聚五、邓铁梅等部以及沈阳、辽西抗日队伍，建立抗日义勇军。如黄宇苗、苗可秀等人，后来都成为闻名的义勇军领导人和抗日英雄。救国会军事部部长王化一曾亲自担任辽南义勇军即第二军区李纯华部的总指挥，使之成为辽河沿岸同敌斗争的劲旅。救国会还与某些义勇军部队已形成互动关系，比如，辽西义勇军领导者黄显声就曾参与救国会的种种军事策划活动。[③]

救国会称不上是抗日义勇军的后勤部门，但在械弹、款物等方面还是

---

① 戴茂林、邓守静：《八年抗战中的东北救亡总会》，第14页。另据载，朱在上海并未成立东北义勇军后援会之类的组织，但曾邀请黄炎培、史量才、沈钧儒等200余人聚会，呼吁共赴国难，并致电蒋介石，促其团结御敌，之后北上，经张学良赞同成立并得到在平的宋子文帮助，建立为辽吉黑抗日救国会。

② 戴茂林、邓守静：《八年抗战中的东北救亡总会》，第12～13页。另据载，辽宁义勇军被划分为辽西、辽南、辽东、辽北4个军区，共52路。

③ 例如，锦州失陷后，黄显声赴北平向张学良汇报义勇军作战情况，1932年1月7日该救国会根据黄的意见，讨论了义勇军整编问题。1月8日，黄显声在东北民众抗日救国会做了锦州失守和朝阳一带战况的报告，1月9日该救国会决定其组织大纲和义勇军工作方针。

做了相当多的贡献。1932 年，只经救国会斡旋，而得以会见张学良并获得资助的义勇军首领就达数十人。当时，资助资源主要依靠张学良的批拨，较多的成批械弹供应总共只有 4 次，其中包括 1933 年 7 月新被委任为第三军区总指挥的李春润经海路运回东北的一批武器弹药，而李春润之后在保护这批物资的战斗中因伤牺牲。此外，各界捐助、募款义卖和发行“爱国奖券”等也是救国会支援义勇军的财源和手段。与二三十万义勇军的耗费相比，此虽是杯水车薪，但精神上的鼓励远大于物质上的接济。

2. 淞沪抗战中的义勇军各部

义勇军之抗日战争，不是东北人民抗日救亡运动的独有现象，由第十九路军主动自发所进行的淞沪抗战，也具有义勇军抗战的性质。在第十九路军抗战的同时，大批上海本地和来自全国各地的多支义勇军部队也参加淞沪抗战，构成了上海及各地人民并肩御敌的壮烈图景！

1932 年 1 月 28 日爆发的“一·二八”上海事变，众所周知，是关东军高级参谋板垣征四郎指使日本驻上海武官田中隆吉制造的。其目的有二：一是把世界视听引离中国东北，以利于加快伪满洲国傀儡政权的打造步伐；二是把中国首要的港口城市和工商中心沦为扩大侵华灭华战事的桥头堡。当时，欧美各国和国联的对日态度已明显趋缓，国联调查团虽已出发前来中日进行调查，但日本明知其将无所作为，决定向其摊牌。

中国方面的政治形势是，国民政府因其推行不抵抗的对日妥协政策，招致全国一致的反对，同时由于发生宁粤之争，政治统治出现动摇。和平会议后，刚刚成立的软弱的孙科政府不到一个月就倒台，蒋介石虽仍在野，但蒋汪合作势已开始。面对打到眼皮底下的日本凶狂侵略战事，国民政府再也无法推行不抵抗政策，但由汪精卫仍宣布实行“一面抵抗，一面交涉”的软弱政策。因此，对于日本侵沪，中国当局试图尽快解决。

当时驻上海的第十九路军，是由蒋光鼐、蔡廷锴、陈铭枢等①统率的广东派精锐铁军，全军 3 个师，3 万余人，原在江西“剿共”，后奉调到宁沪一线担任警卫。该军是在应调再赴江西“剿共”而尚未行动的情况下，因日军在上海闸北突然挑起战事，而自动进行淞沪抗战的。九一八事变以来，广东系的蒋光鼐等人士向来主张全国一致积极抗日。第十九路军接防京沪之后，由于受到上海及全国救亡运动蓬勃发展的影响，像战斗在东北的马占山、李杜等将领一样，更加坚定地抱定战斗牺牲精神。陈铭枢曾强调称：

① 当时，蒋光鼐任淞沪地区驻军总指挥；蔡廷锴任第十九路军军长；陈铭枢任京沪卫戍司令长官。

“民族一线生机，只有不计死亡，持久抗战”，据此他要求第十九路军“坚持到底，不可为任何当局所摇夺”。[①] 南京国民政府对第十九路军竟采取观望和不支持的政策，后来之所以转变态度，增派新组建的张治中将军统率的第五军[②]参加上海保卫战，是日本进行大增兵和侵略升级所使然。当时，第十九路军的英勇反击，不仅粉碎了日本海军“四小时占领上海”的狂言，而且迫使日本不得不丢掉海军独立攻击中国军队的企图。上海事变原为侵入长江流域的日本海军第一外遣队发动的。第十九路军的英勇反击挫敌凶焰后，日本接连大举增兵，海军新编第三舰队取代第一外遣队，陆军将第九、十一、十四 3 个师团派到上海，并组成以白川义则大将为司令官的上海派遣军。这支陆海双料的庞大侵华日军，自 1932 年 2 月 20 日发起第一次总攻起到 3 月下旬被迫坐下来进行停战谈判的 36 天中，先后 3 次总攻，均被第十九路军及其指挥的第五军所击退。日本学者曾以日军死伤的惨重程度，佐证上海战役的激烈性，即此期间日军死伤 3091 人，是同期日军在东北死伤人数的 3 倍。[③] 在上海保卫战中，中方的表现既显现了中国军队的抗敌精神与抗战力，又反映了中国人民进行抗日救亡的决心。

在上海保卫战中，由于有大批抗日救国义勇军（有学者称其为群众性准武装队伍）和各种形式的后援队参加或配合战斗，在上海展现了“军队与民众结合的新型民族战争”。[④]

据上海学者余子道研究，上海保卫战期间的抗日义勇军来自全国。首先，上海市各界爱国民众组织本地义勇军参与抗战，如有复旦大学义勇军、上海法政学院义勇军、其他大学义勇军、上海中学联青年义勇军、上海市总工会义勇军、招商局职工义勇军、上海水木职工义勇军、邮工义勇军、上海特区市民联合会议义勇军、上海市民联合会义勇军、市民义勇军先锋大队、上海义勇团、上海市民抗日决死队等。中共江苏省委通过上海民众反日救国联合会组织民众反日救国义勇军，该义勇军以上海工人为主，以学生和知识分子为辅。其次，全国多个地方或团体也组成义勇军，前来上海参加抗日，主要有北平冯庸大学义勇军、南京中央大学义勇军、中国退职军人抗日义勇军、四川抗日义勇军、天津义勇军。此外，海外华侨和归国侨胞也组织了华侨救国义勇军。由此可见，上海抗日义勇军，主要由各

① 朱伯康：《第十九路军抗日血战史料》上册，神州国光社，1932，第 183 页。转引自余子道《抵抗与妥协的两重奏》，广西师范大学出版社，1994，第 147 页。

② 第五军辖第八十七、八十八两个师及中央军校教导总队，该军归第十九路军指挥。

③ 〔日〕石岛纪之：《中国抗日战争史》，郑玉纯等译，吉林教育出版社，1990，第 13 页。该书还载称，上海战役中国军队死伤 14326 人，财产损失 15.6 亿元。

④ 〔日〕石岛纪之：《中国抗日战争史》，郑玉纯等译，第 12 页。

抗日救国团体所组织，共产党也通过抗日救国团体组织义勇军；来自上海本地者占多数，外地赴沪义勇军数量也相当可观。上海义勇军有不同于东北抗日义勇军之处：首先，上海义勇军由第十九路军统一管辖指挥，而东北义勇军缺乏统一组织、管辖与指挥。尽管上海义勇军也无统一建制，但统归第十六军辖制，下设义勇军指挥部，由该军高级参谋华振中任总指挥、第七十八师第一五六旅旅长翁照垣任副总指挥，负责训练和任务分配。[①] 据统计，在第十九路军登记的义勇军部队共50余支，约2万人。[②]

上海抗日义勇军战绩突出者，为当地的复旦大学义勇军和外地的冯庸大学义勇军，当然其成员也都来自全国各地。复旦大学义勇军是在1931年10月九一八事变后掀起的抗日救亡运动高潮中建立的，全校大部分同学参加了该支义勇军，其间还包括“一·二八”上海事变前夕成为第十九路军第七十八师第一五六旅军事训练班成员的随军受训者。显然，复旦大学义勇军是受九一八事变后全国抗日救亡运动特别是东北抗日义勇军英勇抗敌事迹的影响而组建起来的。“一·二八”事变前夜，复旦大学义勇军闻知第十九路军受南京政府命令撤退，改由宪兵第七团接防时，坚持表示反对。第十九路第一五六旅当晚在天通庵打响上海反击战第一枪后，该旅立即命令复旦大学义勇军组成5个战地服务队，从事各种战勤工作，直到1932年5月5日停战协定签字后，始返校。据称，上海保卫战期间，复旦大学义勇军死伤200余人。[③] 冯庸大学是1927年在沈阳建立的学校，九一八事变后，该校将学生武装，并将学校迁往北平。上海事变发生后，校长冯庸亲率100余人，参加抗战，尤其是“浏河之役冯大义勇军的功劳不可抹杀”。[④] 1932年2月13日，冯庸大学义勇军抵真如，第十九路军总指挥部令其开赴浏河前线，构筑沿长江工事并监视日海军舰活动。3月1日，日军果然从浏河附近七丫口、杨林口一带登陆，冯庸大学义勇军与中央军校教导总队并肩作战，阻击日军，一直坚持到中国守军得令由前线主动撤离，胜利地完成了阻击日军的任务。

3. 抗日同盟军与义勇军[⑤]同遭摧残

关东军在进攻长城，侵略华北的同时，西侵内蒙古的行动亦未稍懈。

① 以上上海义勇军状况，详见余子道《抵抗与妥协的两重奏》一书所载。
② 〔日〕石岛纪之：《中国抗日战争史》，郑玉纯等译，第12页。其他著述记载数字大体相同。
③ 《从“九一八”到“七七”国民党的投降政策与人民的抗战运动》，第134页。
④ 同上。
⑤ 本小节中的义勇军，均指东北抗日义勇军。

1932 年关东军参谋田中久就在锡林郭勒盟对索王进行策动；并在多伦设有特务机关，冒充喇嘛的日本特务业已公开化。1933 年 3 月，关东军犯热河，越长城，出兵华北，虽未踏进察蒙，关东军豢养和操纵的多支伪匪军却窜入多伦一带，如刘桂堂伪护国军和原在通辽拥有 3000 人的李守信匪军等。长城抗战期间，张海鹏偕同日军多人窜至察东进行策划；5 月 24 日，即《塘沽协定》出笼前夕，驻多伦日伪军南犯沽源，进而拟兵分两路侵略察哈尔省；6 月 1 日日机轰炸独石口，4 日和 8 日宝昌、康保相继沦陷，张家口危在旦夕。对此，冯玉祥于 1933 年 5 月 26 日通电全国，宣告正式成立察哈尔抗日同盟军（简称“抗日同盟军”），冯任总司令，紧接着同盟军迎着日伪的侵略锋芒进军抗日。冯玉祥的察哈尔抗日同盟军的抗战和东北抗日义勇军的相同，也是反对不抵抗政策的自发抗日行动，并有大批东北抗日义勇军亲临前线，参与战斗。察哈尔抗击日军的战斗是中国人民抗日战争中的一场大战、恶战。

九一八事变后，冯玉祥力主抗战，先后在 1931 年 12 月国民党四届一中全会上和“一·二八”事变后的国民政府军事委员会上，提出共赴国难、收复失地和“出兵十万增援十九路军”的提案，但均遭拒绝。1932 年 9 月，冯玉祥毅然结束中原大战以来的隐休生活，走出泰山，直赴察哈尔从事抗日大业。此乃中国共产党大力支援所使然，中共北方局曾派 300 名共产党员，助冯组织抗日武装。[①] 秘密共产党员、原西北军将领、冯的挚友吉鸿昌的作用也不可低估。后来的事实表明：吉鸿昌不仅是抗日同盟军的创建者之一和身先士卒冲锋陷阵的抗日同盟军统帅，而且是抗日同盟军中的惨遭国民党杀害的民族烈士。当然，察哈尔抗战的实施，也是全国各阶层、各爱国团体、各方面爱国人士，以及来自多方面的爱国武装力量的拥护、支持和积极参与的结果。察哈尔抗日同盟军的建立和抗战壮举，堪称令中国人民为之一振的“共赴国难”“合力抗战”的一次重大演练。

冯玉祥察哈尔抗日同盟军的特色是其构成成分具有多层面性，如有察省地方武装、参加长城一线防守的爱国军队、原西北军旧部、平津华北的爱国青年学生等。有的著述剖析其成分有 5 种，令人特别瞩目的队伍有如下几支：一是冯玉祥特别电调的山西汾阳军校学员队，共 3000 余人，该学员队抵张家口后扩编为师[②]；二是由原西北军将领方振武在山西介休与旧部共同组织的抗日救国军，该支救国军徒步北上，进入张家口；三是东北义勇

① 《中国抗日战争史》编写组（以下省略）：《中国抗日战争史》（上），解放军出版社，2005，第 79 页。

② 师长支应遴，3 个团长均为共产党员，该师后由佟麟阁指挥。

军，即参加热河和长城抗战的东北义勇军各部，除被改编者外，均相继被纳入察哈尔抗日同盟军序列，其指挥和领导者为冯占海、邓文、李海青、擅自新、黄守中、刘震东、富春、姚景川、马冠军、彭振国、郑桂林等。[①]冯玉祥热情欢迎东北义勇军，给予义勇军以极高评价，并予以整编和委任，故东北义勇军在察哈尔同盟军中，占有很大比重和重要地位。50多年前的文献资料即已明确显示："同盟军第二军吉鸿昌部及第五军第十六师等原来是东北义勇军，第五军邓文部和第十六军李忠义（即李海青）部原就是马占山的旧部"。[②] 如今尤为判明，当时冯玉祥对东北义勇军将领还有如下任命：冯占海任第四路军总指挥、耿继周任第三十五军军长、马冠军任第二十五军军长、黄守忠任第十八军军长、冯庸任第一军独立旅旅长。[③] 抗日同盟军号称10万大军之说如果成立[④]，光是来自东北义勇军的兵员总数，按日方统计，至少占抗日同盟军之半。

1933年5月26日，冯玉祥通电宣布抗日同盟军成立后，6月15～19日在张家口召开了第一次军民代表大会，大会通过的抗日同盟军纲领称：抗日同盟军是"革命军民联合战线"，"否认一切卖国协定，并反对任何方式之妥协，誓以武力收复失地"。会议提出明确的政治主张：对日绝交，肃清汉奸，建立抗日民主政权，取消苛捐杂税，改善民众生活，释放政治犯，保障各项自由，等等。会议还选举成立了由11名常委组成的军事委员会，其中包括冯玉祥、方振武、吉鸿昌和原东北义勇军的邓文等。6月19日军民代表大会闭幕，20日即开始收复失地的北征军事行动，在如此紧要关头抢时间建立军民联合战线，确定抗日同盟军的性质、任务和施政纲领，表现了抗日同盟军的政治智慧和政治成熟，无疑对有效抗日和增强胜敌信心是有积极意义的。

6月20日开始的抗日同盟军北征，亦称察东战役，目标是收复被日伪侵占的康保、宝昌、沽源、多伦四县；投入的兵力有方振武的抗日救国军、吉鸿昌的第二军、邓文的第五路军、张凌云的第六军、李海青的第十六军；这5支部队组成的北路军，方振武任总司令，吉鸿昌为前敌总指挥。北路军兵分左右两路，分别由吉鸿昌和方振武兼任总指挥。6月22日，张北的察哈尔自卫军张砺生部首战康保，守敌崔兴武部东逃。6月23日，抗日同盟军兵分两路：左路，吉鸿昌、邓文、张凌云等部进击宝昌；右路，李海青

① 温永录主编《东北抗日义勇军史》（下），第863页。

② 《从"九一八"到"七七"国民党的投降政策与人民的抗战政策》，第140页。

③ 温永录主编《东北抗日义勇军史》（下），第863页。

④ 温永录主编《中国抗日战争史》（上），第286页。

部直捣沽源。结果，左路张海鹏、崔兴武被击败，逃向多伦；右路，伪军刘桂堂部通电反正，张海鹏之一部亦被击败而逃。三县的攻克收复，意味着多伦之战即将开始。多伦系察蒙重镇，有“小上海”之称，工事牢固，重兵驻守。面对守敌日军骑兵第四旅团、李守信与崔兴武的伪军和驻丰宁进行策应的日军西义一的第八师团，抗日同盟军当机决定集中4个师，先发制人，实行一举攻克的战术。命张凌云部为左路，李海青部为中路，刘桂堂部（反正过来的部队）为右路，吉鸿昌、邓文部为总预备队。7月7日开始的各路猛攻，受到守敌凭借30多个工事的顽强抵抗，战况极其激烈。8日晨，吉鸿昌、邓文、李海青亲临前线，鼓舞士气，10日晚，吉鸿昌亲率敢死队，三次指挥登城未果。于是，12日凌晨，同盟军各路趁夜色突然齐逼城下，发动总攻，并派伪装部队入城响应，守敌闻变乱，同盟军乘势三面攻入城中进行巷战，统帅吉鸿昌又身先士卒，率部赤膊冲杀，敌军溃败，夺门东逃。至此，血战五昼夜的多伦之战胜利结束，实现了九一八事变以来中国人民首次从日伪军手中收复多个失地的壮举。此役敌方伤亡逾千，我方伤亡也超过六百。

察哈尔同盟军与东北义勇军同为抗日救亡之旅，光复察东失地并非最后目的。1933年7月27日，即多伦收复仅半月之后，由冯玉祥任委员长的收复东北四省计划委员会即宣布成立。冯玉祥表示，决心“自率十万饥疲之士进而为规复（东北）四省之谋，一息尚存，此志不懈”。[①] 当然这也与全国人民的祝愿希望不无关系，是大势所趋，民心所向，更是中华民族奋斗的方向。特别是应该注意到，冯玉祥的抗日同盟军攻克多伦后，中国力主抗日的上层人士，诸如李烈钧、程潜、蒋光鼐、蔡廷锴、李宗仁、李济深、陈铭枢等，都曾致电祝贺，电称“捷音传来，遐迩欣慰，激已死之人心，伸大义于天下”。所以，冯玉祥在收复东北四省计划委员会的成立通电中回答称：“相率中原豪杰，还我山河”“职责所在，全力赴之”。[②]

然而，冯玉祥的抗日同盟军的行动，触怒了蒋介石和南京国民党政府。抗日同盟军在筹建时，南京国民政府就要求其“取消名义”，因此在军事上处于国民政府与日伪的夹击威胁之下。上述1933年6月15～19日抗日同盟军的第一次军民代表会议，在很大程度上正是对抗蒋介石和南京当局的重要之举。特别是，7月12日多伦光复时，南京政府闻信召开中央政治会议，非但不庆贺多伦光复，反而决定以重兵“围剿”攻击多伦的奋战者。到7

① 赵瑾三：《察哈尔抗日实录》第2编，上海军学社，1933，第80页；转引自《中国抗日战争史》（上），第291页。

② 《中国抗日战争史》（上），第291页。

月底，受南京当局命令而入察的部队已达 16 个师，由庞炳勋指挥，三路进攻张家口。只因社会舆论沸腾和西南实力派等坚决反对，才暂免战论。可蒋汪讨冯大军依然压境察省，日伪军乘势再次蠢动，并成为南京当局施展政治谋略、破坏暗杀之武力背景。在物质上，南京当局和日伪军多方封锁，断绝供应，妄图围困抗日同盟军。中国共产党的左倾关门主义政策，亦系不利因素。冯玉祥无奈，于 1933 年 8 月 5 日通电全国："自即日起，完全收缩军事，政权归之政府，复土交诸国人。"抗日同盟军瓦解后，冯玉祥离开，方振武、吉鸿昌则在中共河北省委支持下，率领万名抗日同盟军转战热河、长城一带，但于同年 10 月在北平近郊因遭日军与国民党军进攻而损失殆尽。方振武流亡香港，吉鸿昌被捕，惨遭杀害。

抗日同盟军的瓦解，决定了抗日同盟军基干与主力的原东北抗日义勇军的生存命运。政府当局将对义勇军的打压政策，转变为取消政策，在长城抗战期间，即由何应钦贯彻实行，在察哈尔抗日同盟军瓦解之际，更是变本加厉。手段是以改编、缩编、遣散等方式，由嫡系、旁系中央军吃掉或予以野蛮摧残，首当其冲的当然是在抗敌战斗中冲锋于前的那些主力部队。

察哈尔抗日同盟军第五路军邓文部，共 7000 余人，辖骑兵 3 个师 1 个旅，另有步兵 1 个旅，大部分为邓在黑省时的旧部和苏炳文余部唐忠信旅部分兵员。邓在黑省时，原来只是个连长，但智勇双全，很快被马占山倚重，提拔为统帅型将领，任军长，黑省抗日军的精锐与主力大部，均曾归邓统一指挥，邓亦屡建战功。进察后，受冯玉祥器重，吸纳为军事委员会常委，并任第五路军军长，在北征过程中，他指挥主力部队，配合总指挥吉鸿昌，协同第十六军李海青军长，取得了连克数城，特别是收复多伦的伟大胜利。这位抗日同盟军中的功臣名将，恰是头一个倒在国民党当局的"消灭"义勇军政策的枪口下的人。1933 年 7 月 30 日，年仅 40 岁的邓文将军，在张家口遭血腥暗杀。之后，第五路军总指挥由该军第十一师师长擅自新继任。抗日同盟军瓦解后，擅部被"改编"为东北骑兵军，再之后，南京当局阴谋策动擅部离开东北军，该部队由中央军吃掉。

李海青亦系闻名遐迩、颇富传奇色彩的义勇军骁勇名将，率有逾万大兵团。冯玉祥对李海青东北战绩早有所闻，故李及其所部抵察后，冯任命李为抗日同盟军第十六军军长。抗日同盟军北征时，在吉鸿昌的北路军前敌总指挥之下，邓文、李海青分任左右副总指挥。李部协同各部收复康保、宝昌后，单独承担攻克沽源的作战任务，由于李派人向守军刘桂堂部晓以民族大义，刘部起义，调转枪口，沽源收复，促使来犯伪军纷纷投诚。关键之役的反攻多伦战役中，由于抗日同盟军已处于国民政府军与日伪军夹攻态势之下，总指挥吉鸿昌与副总指挥邓文、李海青商议，决定先发制人，以迅雷之势拿下多伦，据城反攻，迫使日伪夹攻计划流产。李部的战功在于，作为中路主攻部队，协同左右两路，在攻城命令下达后，李亲自带领壮骑一队冲入敌营，进行激战，跨越重重战壕，缩短了战线。之后，经过数日的胶着状态后所进行的总攻战术，即派兵伪装入城，与三面突击攻城内外呼应，最后使敌军大乱。攻城告捷之策，也是吉鸿昌、李海青等密议实施的。李海青这样的抗日将领，也险遭暗杀。1933 年 7 月 30 日，邓文遭暗杀，继而图谋杀害李海青的吉松年案告破，原来吉系国民党特务，潜伏在李部任参谋长。抗日同盟军解体后，李部于同年 10 月被命令改编，一部分并入第二十九军，另一部分遣散。李被任命为改编后的骑兵第二十四旅旅长，李因不满当局的阴谋与手段，弃军职赴平闲居，但他胸怀抗日之志不灭，七七事变后，在中国共产党正确路线政策影响下，他东山再起，在平西海淀一带拉起一支队伍，准备抗日，不幸被叛徒杀害。

原吉林省自卫军冯占海部也曾在热河抗战之后，参加察哈尔抗日同盟军，被抗日同盟军编为第四路军，冯任军长，但因冯占海部在 1932 年 10 月已被张学良正式改编为第六十三军，且系兵员众多的大兵团，才幸免于遭取消和摧残。但是，国民党政府北方军事首脑何应钦，以取消军队建制番号和停拨粮饷等相威胁，逼迫冯占海第六十三军退出抗日同盟军，还以“出身绿林”为由迫使部队内抗日猛将宫长海等人退出部队，致使该部战斗力严重削弱。此后冯部也屡遭歧视、排斥和压制，最后冯本人不得不弃军从商，新中国成立后，才在新中国的建设和繁荣统一事业中，发挥作用，做出贡献。

东北抗日义勇军其他各部参加察哈尔抗日同盟军者，无不遭到同样的灾难。例如，辽西义勇军第四十八路郑桂林部，在协同正规军进行艰苦的长城抗战后，不肯接受当局的改编“消灭”政策，突然率小部队于 1933 年 7 月投奔察哈尔抗日同盟军，因当时抗日同盟军已被迫解体，郑部乃毅然随同坚决抗日的方振武、吉鸿昌部北上，结果，和方、吉部队一样，不但遭到敌人的“围剿”，而且本人也惨遭杀害。

二 抗日救亡运动向纵深发展

1933 年 8 月，在察哈尔抗日同盟军被迫宣布解体，原东北义勇军中参加抗日同盟军的各部队被肢解而基本“消灭”之后，福建事变爆发。上海

“一·二八”抗战后，被调往福建“剿共”的第十九路军首领们联合中国国民党内李济深、陈铭枢、黄琪翔等人，走抗日反蒋道路。1933 年 11 月 22 日在福州成立中华共和国人民革命政府，提出“打倒日本帝国主义”等政策口号，并成立了人民革命军第一方面军，赞同中国共产党的停战抗日主张，准备对日宣战。但是，由于国民党政府实行政治分化和军事“讨伐”政策，1934 年 1 月中华共和国人民革命政府宣告解体。

中国抗日战争胜利前夕，毛泽东同志在总结中国曲折、艰苦的抗日道路时，严正指出，中国人民为反对国民党政府的不抵抗政策，曾经三次自动自发地进行抗日武装斗争，这就是东北抗日义勇军、察哈尔抗日同盟军和福建人民革命军所进行的抗日斗争，但是，其中有两次，即前面所说的察哈尔抗日和福建抗日，都被蒋介石和国民党政府所破坏了。[①] 实际上，东北抗日义勇军的抗日武装斗争，因为是在日本帝国主义业已占领的东北大地上进行的，国民党政府无从破坏，其抗日斗争才得以继续进行。但是，从热河抗战到察哈尔抗战，数万东北义勇军，为全国的抗日救亡，英勇奋战，流血牺牲，却同样遭到国民党政府的打压、取缔，致使义勇军各部损失殆尽，沦落衰败。与此同时，此前转进苏联、经由西伯利亚等地回归中国新疆，准备继续抗日的约 3 万东北抗日义勇军[②]，同样遭到不幸。1933 年初，赴苏义勇军各部返回新疆后，适逢新疆“四·一二”政变，原新疆省主席兼边防督办金树仁，被政治野心家盛世才所取代。盛不准义勇军重返抗日战场，强迫其长留新疆，以供驱使。同年 7 月，南京国民党政府竟派员至迪化[③]，宣布将东北义勇军改编为新疆部队，由师旅缩编为团，使之迎战甘肃军阀马仲英部，伤亡惨重。之后，盛为实行其法西斯独裁统治，制造罪名，屠杀多位义勇军将领，义勇军番号也被取消，数千老弱伤残被遗弃。抗战胜利前夕，进入新疆的东北抗日义勇军，据称只剩万余人，回到东北者更是寥寥无几。

就这样，20 世纪 30 年代初，在东北大地上，为抗击日本帝国主义的武

① 毛泽东：《两个中国之命运》（1945 年 4 月 22 日），《毛泽东选集》（一卷本），人民出版社，1968，第 935 ~936 页。

② 1932 年末至 1933 年初，入苏抗日义勇军数量，无准确记载。据档案载，随同马占山、苏炳文由西线入苏者为 7 列列车。东部李杜、丁超吉林自卫军原有 8.2 万人，除入苏部队外，1933 年 1 月时仍有 7 万人分布在各地，故入苏部队为万人以上。归还部队，共 18 批，第 1 批至第 6 批为黑龙江军 2700 人，第 7 批至 18 批为吉林省军 6000 余人。此数不含 1933 年末期继续入苏者和家属数量。

③ 有资料载，是国民党政府派李杜的副官处长王子耀赴新疆宣布东北义勇军改编为新疆部队的。也有资料载，宣布时间为 5 月，但王子耀在 4 月 25 日尚在报告吉林自卫军入苏前后状况。

装侵略和反对蒋介石和国民党政府的不抵抗政策而涌现的号称30万人的抗日义勇军，到1933年后期，均遭国民党政府扼杀，此后作为中外历史上的一支具有特殊意义、起着特殊作用的武装部队，基本上不复存在。但是，矢志不移，力谋继续抗日的原义勇军官兵依然存在，特别是抗日义勇军所发挥的义勇军精神，业已化为推动全国抗日救亡运动向纵深发展的动力，正是这种伟大的社会运动的发展和升华，终使中国人民转入抗战道路，尽管在抗日道路上依然存在两条路线斗争。

一般认为，从上海停战协定签字到热河抗战爆发，是抗日救亡运动的低潮期，由于国民党政府的打压，加上“全国人民感觉到单是奔走呼号和游行请愿的不够，于是转入地下的秘密活动，从事于积蓄力量的准备工作，因此表面上，轰轰烈烈的运动不见了”。可是，1933年5月末《塘沽协定》的签订与实施，抗日救亡运动却没有因为强化的高压政策而再次低落，相反仍持续发展，很快迎来了空前的新高潮。日本帝国主义的侵略行径和国民党的倒行逆施政策，恰恰强化和激发了自己的反对力量。这表现在以下几个方面。

1. 中共提出停战抗日政策

当时的中共临时中央虽然仍在推行左倾机会主义，但拥有众多基层组织和共产党员的中国共产党，面对强敌日本日甚一日的侵华灭华危机，必然日益提升关注程度，并开始调整政策。特别是在日本进攻热河，中国抗日救亡运动重新高涨之际，中国共产党向东北党组织提出了“一·二六”指示信，主张实行团结抗日政策，从而向建立民族抗日统一战线迈进了一大步，尽管仍有其局限性。在此稍前，1933年1月17日，中华苏维埃共和国临时中央政府毛泽东、中国工农红军革命军事委员会朱德等正式发表宣言，首次表示愿在以下三个条件下“与任何武装部队订立作战协定，来反对日本帝国主义的侵略”：（1）“立即停止进攻苏维埃区域”；（2）“立即保证民众的权利（集会、结社、言论、罢工、出版之自由等）”；（3）“立即武装民众创立武装的义勇军，以保卫中国及争取中国的独立统一与领土的完整”。即一般所说的停战抗日的主张。然而，国民党当局拒绝了这一提议。此后，虽然国民党政府的内战政策愈益猖狂，但中国人民要求停止内战一致抗日的呼声也越来越高涨。因为中国共产党的停战抗日主张，已为建立抗日民族统一战线奠定基石，对社会产生积极影响，各界各种抗日爱国组织纷纷建立。1933年3月8日，以宋庆龄为首的中国民权保障同盟联合上海20多个进步团体，成立国民御侮自救会，要求立派80%的军队，收复东北、热河和保卫华北。从此，各地各阶层，工、农、商、学等各种团体一致要求出兵抗日，甚至国民党部队的官兵，包括在“剿共”前线的官兵，都积极请缨前往抗日战场，这就是长城抗战前后社会形势和历史背景。但是，长城抗战失败，并屈辱地签署了丢失冀东22个县的主权与领土的《塘沽协定》，中国人民不能不更加愤怒，进一步开展抗日救亡运动。特别是在南京国民党政府破坏福建事变之后，1934年5月，著名社会人士宋庆龄、何香凝、王法勤、白云梯、李达、沈德明等1779人共同签署发表了《中国人民对日作战的基本纲领》，提出六项主张：（1）动员海陆空军全体对日作战；（2）全体人民总动员；（3）全体人民总武装；（4）立刻解决抗日军费；（5）成立工农兵学商代表选出的全中国民族武装自卫委员会；（6）联合日本帝国主义的一切敌人。并于上海成立中国民族武装自卫委员会。结果得到全国乃至海外各地各阶层的反应，纷纷成立这种武装自卫委员会，此后不到3个月，会员即达30万人。同年6月，中国民族武装自卫委员会还发表了“对日作战宣言”，号召人民积极排除抗日作战的障碍，即不抵抗政策，依赖国联、卖国的亲日政策，所谓“建设救国”政策，无力抗日的失败主义，等等。

2. 抗日复土运动与抗日救亡运动同步

前面所说的由东北流亡北平的知名爱国人士所倡议组成的东北民众抗日救国会，其难能可贵的贡献，就在于率先提出了“抗日救亡论”，并以实现全中国合力抗日为目标。为此，救国会主要通过指导、支持抗日义勇军的收复失地的武装斗争，开展强大社会宣传活动促使南京国民党政府放弃不抵抗政策，立即对日进行武装抗战。因此，东北民众抗日救国会既是推动东北抗日复土斗争的社会团体，又是争取实现全民抗战的面向全国的抗日救亡组织。但是，继热河抗战失败，张学良被迫“引咎辞职”，在《塘沽协定》签订后，1933年7月31日，国民党政府军事委员会北平分会主任何应钦通知“救国会应根据协定（指《塘沽协定》）速予取消”。一个月后，国民党政府更勒令强行取消救国会。救国会常务委员会虽开会决定，不仅不停止活动，而且应积极开展抗日救亡运动，但是面对强权高压，也不得不缩小组织，转入秘密行动。[1] 1933年9月18日，即九一八事变第二周年当天，以团结东北流亡人士和东北军高级将领进行抗日活动为主要任务的

---

① 《王化一日记》，1937年7月16日；转引自戴茂林、邓守静《八年抗战中的东北救亡总会》，第15页。另据载，1933年6、7月，东北民众抗日救国会军事部部长东北大学教授霍维周和执行委员张希尧、徐靖远先后遭暗杀和逮捕。

复东会成立，复东会就成为关内东北军与东北人联系的纽带。领导人仍为王卓然、高崇民、阎宝航等。

此时，以东北军为首构成的数十万东北人在关内的流亡集团已经出现。热河抗战失败，张学良被迫辞职出国后，蒋介石和国民党政府曾密谋将东北军南调“剿共”，实行分化和瓦解之策。但是，东北军高级将领秉承张学良之保住东北军和东北大学的指示，一致对国民党政府的阴谋进行了坚决的抵制。当时，关内的东北军仍有20余万人，除九一八事变前后入关的部队外，还包括由东北义勇军改编的冯占海的第六十三军和黄显声的骑兵第二师，后者与共产党保持着密切关系。东北流亡集团中的爱国人士和青年学生是陆续从东北入关的，其中1931年9月末入关的青年学生就有近万名，至1934年初时即有3~4万人。[①] 这样，军民两方的以东北军为首的东北流亡集团便成为东北流亡关内的各阶层、各团体以及广大眷属的庞大集团。而前述东北民众抗日救国会和东北留平学生抗日救国会等社会团体的建立，标志着东北流亡集团的形成。当然，东北流亡集团也是难民集团，是抗日战争时期日本帝国主义侵略中国所造成的难以计数的浩大难民人群之组成部分。不同于其他难民群体的是，他们的家乡——东北大地已完全被敌人所占领，他们是因为不愿做亡国之奴而流亡的，流亡也是为了挽救国家于危亡。正是流亡与救亡合一的这数十万人集团，成为震撼和牵动全国人民心弦的力量。所以，抗战之初最为流行的革命歌曲是《松花江上》，创作者并不是东北人，更不是东北流亡者，而是有感于东北同胞流离之苦，怀着对祖国无比热爱和对日本侵略者的强烈仇恨的河北人张寒晖（时任西安第二中学教员）。这首歌以悠扬而悲壮的旋律传达出来的，不仅仅是对东北流亡人群的无比同情，而且是对收复失地、抗日救亡的强烈愿望与要求。所以，东北流亡集团作为“入关东北难民在关内人民抗日救亡运动中起了积极的推动作用——他们本身就是最好的宣传，而且这种宣传是其他方式不能取代的”。[②]

关内东北流亡集团的行动，自当是首先反对蒋介石和国民党政府的“攘外必先安内”的不抵抗政策。由于这种政策在很大程度上出自江浙财阀代表蒋介石集团向来推行的牺牲东北和消灭异己的政策，所以它与张学良所竭力主张的举国合力抗战政策全然不同，尽管九一八事变之初张也推行不抵抗政策。受到张学良关切爱护的东北流亡集团，为收复东北失地而斗争，该集团主张只有全国抗日救亡的充分实践，才能达成包括收复失地在

---

① 张德良、周毅主编《东北军史》，第208页。

② 孙艳魁：《苦难的人流——抗战时期的难民》，广西师大出版社，1993，第36页。

内的救亡目的，所以，他们很快成为全国抗日救亡运动的先锋。东北流亡集团的行动，是随着全国抗日救亡运动而消长的，是全国抗日救亡运动中的一支特殊力量。有人曾称："我们虽然不敢说，东北人民的救亡团体，在全国的救亡运动中，有什么主要作用，但至少我们相信，他们的救亡运动，是统一战线中一个值得满意的团体，虽然他们还有许多努力不够的地方。"[①]这番话虽然是在东北沦陷六年之后说的，但是它所反映的是东北流亡集团六年来的一贯表现。只不过东北流亡集团已经从九一八事变后的以其生存斗争唤起人们为救国而战的宣传队，变成了七七事变后通过各种实践活动服务于抗日战争的实际救亡的工作团了。

3. 左翼文化、抗战文艺活跃

全国抗日救亡运动的深层次发展，更显现在思想文化领域。众所周知，1930 年 3 月和 1930 年 5 月，中国左翼作家联盟和中国社会科学家联盟先后在上海宣布成立，标志着马克思主义的思想文化运动在中国蓬勃兴起。20 世纪 30 年代初叶，在中国共产党临时党中央尚在推行左倾机会主义路线政策时，左翼思想文化运动之所以得以向前发展，做出贡献，主要是由于蒋介石和国民党政府执行"攘外必先安内"和不抵抗政策，独裁专政，民心不满，就连国民党统治集团内部也发生分化，愈来愈多的人靠近代表广大劳动人民利益的中国共产党；中国共产党临时党中央虽然推行左倾政策，脱离群众，不为群众所接受，但在具体实践中，许多党组织和党员个人都有所突破，有所创新，有所前进。

左翼思想文化运动，关涉多个层面和领域，而且马克思主义思想文化运动与正义的革命的抗战文艺事业之间，没有鸿沟，一脉相承。当然，左翼思想文化运动，是在政府当局不断掀起文化"围剿"的恶劣环境中，同形形色色非马克思主义者对立斗争中进行的。左翼思想文化工作者努力翻译、出版了马克思主义经典著作，普及了马克思主义思想理论知识，开展了影响深远的中国社会性质大论战，抵制了复古主义和与武力"围剿"相配合的所谓"新生活运动"；此外，还大力开展了语言改革和文字通俗化运动，等等。在文学理论成果和文学创作方面，鲁迅、瞿秋白、茅盾、周扬等都做出了重要贡献，他们还影响、带动了中间立场和进步作者，推出了一批揭露社会黑暗、歌颂光明的脍炙人口的优秀作品，诸如巴金的《家》、老舍的《骆驼祥子》、曹禺的《雷雨》《日出》等，至今仍在社会上产生广

① 蓝渤：《一年来关内东北人民的救亡运动》，《反攻》第 1 卷第 4 期；转引自戴茂林、邓守静《八年抗战中的东北救亡总会》，第 134 页。

泛影响，促进国家文艺事业的向前发展。当然，在国家遭受强敌入侵，民族面临存亡危难关头，文艺领域的剧变，必然呈现为御敌文艺的崛起；人们的文艺欣赏审美观，势必从帝王将相、才子佳人转向贴近群众、贴近生活和反映社会矛盾及对敌斗争的革命现实主义作品。所以，自 20 世纪 30 年代起，无数抗日战争题材的论文、诗词、歌曲、戏剧作品，纷纷涌现在社会生活的方方面面。作为最具影响力的现代文化媒体的电影，1933 年就出现了反映抗战生活的《肉搏》①，到了 1935 年 5 月，在诸多的抗战文艺作品中，犹有电影故事片《风云儿女》② 这样最受中国人民欢迎的作品问世。由于影片还配有《义勇军进行曲》主题歌，它不仅通过一个东北流亡青年觉醒与成长的故事，发出了都来抗日救亡的呐喊，而且以铿锵的旋律警示“中华民族到了最危险的时候”，必须“把我们的血肉筑成我们新的长城”“冒着敌人的炮火，前进，前进！”如今这首歌已被庄严地规定为正式国歌，也就是它所传递出来的以“团结奋斗”为主旨的民族魂义勇军精神，将被全国人民世代传承，以作为建设社会主义现代化的永远精神力量。

三 华北事变与“一二·九”运动

1. 日军“华北自治”阴谋

1935 年确是具有划时期意义的一年，这一年中国的抗日救亡运动，在纵深发展的基础上，升华为无可阻挡的强大社会运动，给中国人民的抗日形势提供了新的契机，导致局势的重大变化。状况的出现，诚然是日本帝国主义加紧侵华和蒋介石国民党政府继续妥协所激发起来的，但中国共产党的抗日政策的重大调整也是至关重要的因素。

日本在制造九一八事变期间，在侵略华北方面，也开始动了手脚。日军占领热河后，跨越长城，进兵华北，并非偶然。他们主要是慑于西方国家干涉，考虑兵力的问题，才进逼平津而没有侵入平津。《塘沽协定》签订后，基于如上同样原因，而采取打击抗日军、胁迫国民党政府妥协、建立亲日政权、不战而取华北的政策。中国方面，由于业已签署了大幅度妥协

① 该片由田汉编剧，胡涂导演，彭飞、查瑞龙、戚丽天主演，上海艺华电影有限公司 1933 年出品。

② 《风云儿女》，1935 年上海电通影片公司出品，是左翼电影代表作，编剧田汉、夏衍，导演许幸之，摄影吴印咸，主演袁牧之、王人美。主题歌《义勇军进行曲》，田汉词，聂耳曲，1935 年 5 月灌制成唱片。该歌于 1949 年 9 月由全国政治协商会议第一届全体会议定为代国歌，1978 年 3 月定为正式国歌。

投降的卖国协定《塘沽协定》，国民党政府再也无法重提“一面抵抗，一面交涉”的对日政策，而是在继续“剿共”的同时，对日采取绥靖政策。特别是1933年9月庐山会议后，由于汪精卫取代宋子文任外长，亲日派抬头，黄郛、殷同等积极为执行《塘沽协定》而奔走。因而继大连、唐山会议之后，经过北平会议，1933年11月到1934年春，伪满和华北之间先后实现了通车和通邮，乃至在长城各关口伪满方面设立关卡。这就助长了日本妄图实现不战而取的以“华北自治”为名的分割蚕食政策。但这既绝非意味着日本侵华政策趋缓，华北局势呈现平静，也不意味着日本侵华政策发生根本变化。当时，日本广田外务大臣即对驻英美大使称：“要始终以严肃的态度，使其（指中国）放弃反日政策，根除排日运动，现存各种具体案件，使之贯彻我方方针加以解决，促其自觉反省，避免给其印象，似乎我方焦虑于改善两国关系。”① 日本帝国主义仍然沿着其既定的侵华政策前行，分割蚕食的侵略策略，仍是以武装侵略为背景的。穷兵黩武和巧取豪夺，常常是相互结合和彼此调位的，这是日本司空见惯的伎俩。

广义而言，所谓华北事变，是指日本帝国主义为了扩大侵华战事，在九一八事变到七七事变期间，在华北制造的一系列侵华事件的总称；而一般将华北事变理解为1935年6月所谓《何梅协定》签订前后所发生的日本侵华事件。日本意欲摆脱华盛顿体制，并因制造了伪满洲国退出国联，戒备国际方面的反弹和反击，所以以军部为首的右翼势力高叫“一九三五、一九三六年危机”。华北事变之诸多侵华事件之所以高密度地集中在1935年、1936年发生，与上述危机叫喊不无关系。日本军部和右翼分子们企图先发制人，从中国开刀，加剧紧张局势，为扩军备战，扩大侵略，开辟道路。

1933年下半年到1934年，日本为推行其分割蚕食的侵华策略，以落实《塘沽协定》为名，扩大侵华权益，并将经济侵略作为先导，派满铁大规模地进入华北。在华北事变顶峰年的1935年，则转入制造阴谋与暴行，迫使中国方面就范。同年1月，日军即制造了察东事件，他们擅自声称，察哈尔省沽源县属长梁一带应归伪满洲国热河省，要求中国军队撤至长城以西，为此特派出第七师团“讨伐队”和第十三旅团，向西推进。中国方面在那里本无军队，可是国民党政府却也退让，与日本侵略者达成所谓《大滩口

① 《广田大臣致驻英松平大使、驻美出渊大使电》（1933年10月25日），《关于五相会议决定之外交方针之件》，日本外务省编《日本外交年表与主要文书》（下），东京，原书房，1978，第276页。

约》，从此宋哲元军不得再出现在察东一带。[1] 日军是企图打通多伦至沽源交通线，占领西进要地，实现所谓“多伦战略”。

同年5月，日军又借口两名报社社长被暗杀和所谓“孙永勤事件”，向中国发难。天津《国权报》报社社长胡恩溥和振报社社长白逾桓，分别于5月2日和3日，在北洋饭店与自宅被暗杀，他们都是亲日分子。至于孙永勤乃被写进中国共产党重要文献《八一宣言》里的誉满全国的抗日英雄，曾奋战在长城线上，日伪取得中国当局的配合，以数千人对义勇军孙永勤的抗日救国军进行“围剿”，日军向中方要挟时，被迫退进冀东遵化县境的孙部，正遭到日伪军的“歼灭性”攻击，孙永勤及其所部七八百人不幸牺牲。可是，日军却因中国官方“庇护”孙永勤而提出抗议。1935年5月29日，驻华北的日本驻屯军参谋长酒井隆和驻华武官高桥坦，借口上述事件，要求“清算蒋介石的二重政策”电11项条件构成的通牒：从华北撤出东北军、中央军、宪兵三团、国民党，严惩杀人者，解散排日团体，迁移河北省政府，等等，否则“有必要采取自卫行动”。在中国政府业已软化的情况下，日本政府竟又决定借机“一举解决过去一切悬案”。于是，6月8日酒井隆又以最后通牒方式提出，“将河北全省置于几乎与非武装区同样的状态”，并要求6月10日前必须答复。[2] 与此同时，关东军向山海关集结部队，进行武力威胁与讹诈。南京国民党政府立即屈膝投降，6月9日汪精卫电告何应钦“全部答应日方要求”，10日下午即以访问何应钦方式答应高桥坦，达成了后来所谓的《何梅协定》。当夜，中央军第二师和第二十五师由北平南撤汉口。继冀东、察东之后，国民党的军政力量被排挤出河北省。

日本所要吞噬的目标是全华北，而不单是河北省，所以他们继续制造阴谋和事端，如6月27日，由日本浪人、中国老牌汉奸和分裂势力“正义社”成员相勾结，炮打北平城，制造丰台事件；9月24日，日本华北驻屯军司令官多田骏，公然抛出爆炸性声明，要求“华北五省联合自治”，为此而不惜诉诸武力；10月20日，日军大特务土肥原贤二和松室孝良制造香河暴动，日本浪人与香河劣绅操纵，2000名暴民以要求减税为名冲击县城，另有20余名宪兵进城推波助澜；11月12日，关东军再次向山海关集结，反对中国以英资为后盾和与英镑挂钩的币制改革，支持香河暴动和华北“自治运动”；11月25日，受日本人唆使的数百名流氓围攻天津的河北省政府和公安局；11月27日，驻天津日军公然发表公告：“华北顷近之运动，

① 1935年2月2日，国民政府军事委员会北平分会公布了《大滩口约》。当时，关东军出动3架重型轰炸机，在东栅子沽源一带炸死中国居民40余人。

② 满铁总务部资料课：《日中事件的经过》，综合情报10号之号外，1935年6月21日。

乃因民众要求自治问题，故中国当局如以武装镇压实属徒劳。”[①] 就在这种氛围下，汉奸殷汝耕的“冀东防共自治委员会”于11月25日出笼，一个月后改称“冀东防共自治政府”，将原来冀东“非武装区”的22个县作为辖区。此刻集结在山海关进行武力威胁的关东军部队开始后撤了。

这是南京国民党政府再次妥协退让的结果。12月18日，南京方面宣布撤销北平分会，设立以宋哲元为首的冀察政务委员会，将冀察两省和平津两市置于一般行政区之外，实行自治性管辖。这自然是南京方面迎合日方要求的举措，日本方面对于冀东、冀察两政权并立局面的形成，当然也极其高兴。其顺势而调整的“华北自治”政策是以冀东伪政权为筹码，迫使冀察政权迅速“亲日化”，“一俟冀察的自治大体稳定时，则尽快促成两政权的合并”[②]，并把“华北自治”扩大到华北五省，以实现“华北国”的企图。[③] 也就是把华北变成为“要靠以军力为背景的威胁，使之提供利权便利”地区，“逐步造成南京政府威力所不及的地区”，并“将中国置于分立状态”。[④]

2. “一二·九”运动与全国救联面世

在日本军部推行以“自治”为名的华北蚕食侵略阴谋活动的同时，日本政府也在同中国政府进行所谓“广田三原则”的交涉，要求中国承认伪满洲国，实行中日经济提携，共同防共。到了1935年下半年，日军蚕食华北的侵略活动达到顶峰，“广田三原则”交涉公然成了华北日军阴谋侵略活动的保护伞。例如，1935年11月20日，日本大使有吉到宁会见蒋介石时，辩解和威胁道：

> 对最近华北的自治运动不十分了解其内容，但此种运动本来是因为中央对华北的特殊情况和过去历史缺少充分认识，对根据既有约定解决各种案件，采取迁延政策而发生的，中央一旦加以压制或以武力镇压，就会造成事态的混乱和治安的破坏，进而恐怕还可能对与该地方有紧密关系的日本和满洲国发生很大影响，特别对负责保卫满洲国

① （天津）《益世报》，1935年11月27日。

② 《华北处理要纲》（1936年1月13日），《日本外交年表与主要文书》（下），第322页。

③ 1936年8月11日的《第二次华北处理要纲》仍规定“自治区域以华北五省为目标”，但又规定“避免帝国的目的被理解为否认中国在该地区的领土主权，或者培育脱离南京政权的独立国，抑或呈现为满洲国的延长”。实际上，目的正在于此。

④ 满铁经济调查会干事：《酒井大佐谈话大要》（无时间记载），“极秘”，打字件；附有“阅后焚毁”的纸签。

安全的关东军来说，对此不能坐视，此点不能不唤起贵方的注意。[①]

总之，日本帝国主义已把中国搞得乌烟瘴气，特别是华北，危机空前。富有五四革命运动传统的北平、天津学生，冲破了国民党政府的高压，先秘密而后公开地掀起大规模的反对运动。1935 年 11 月 1 日，燕京大学等平津 10 所院校的自治会联合发表《抗日救国争取自由宣言》。11 月 18 日北平大中学生联合会成立。11 月 25 日，蒋梦麟、胡适等大学校长和教授们发表“坚决反对脱离中央组织特殊机构的一切阴谋”的声明。12 月 3 日何应钦进入北平，同日北平大中学生联合会决定举行大规模的请愿活动。

1935 年 12 月 9 日，北平大中学生联合会组织数千名学生走上街头，齐到中南海居仁堂找何应钦，抗议成立冀察政务委员会，反对“华北自治”，要求集会、言论等自由，但遭到宋哲元部队的堵截与袭击，可学生们第二天继续游行示威。12 月 16 日，北平大中学生联合会因闻悉当日冀察政务委员会正式成立，立即组织更大规模的游行示威等活动。清晨，燕京大学、清华大学、北京师范大学、北京大学、辅仁大学等多所学校的大中学生 2 万多名冲破军警的封锁，中午齐集天桥，与数万名北平市民，举行露天大会，通过“誓死反对防共自治的伪组织”等决议，之后进行规模宏大的示威游行。由于军警残暴镇压，造成了武装军警与徒手群众刀光剑影的流血冲突，五六十名学生被捕，500 余名学生受伤。由于群众运动高涨，冀察政务委员会成立大会延期到 18 日举行。而由“一二·九”学生游行和“一二·一六”群众斗争为内容的“一二·九”运动，迅即影响到全国，少数大城市和大量中小城市中，也举行同样的示威游行活动。

“一二·九”运动的历史意义在于，它使全国抗日救亡再次掀起高潮，给中国的政治形势带来极大的影响，给即将到来的全国抗战，做了重要舆论、政治和组织准备。而这一切是北平的学生运动南下发展的结果。“一二·一六”后第十天，平津学生便联合起来，组织南下宣传团，共五队。他们于 1936 年 2 月 2 日出发，路经各地虽受到种种阻挠，但受到广大民众的欢迎，播下了抗日救亡的种子。宣传团到达保定后，作为固定的抗日群众战斗组织，成立了中华民族解放先锋队。后来情况表明，该先锋队迅速在北平、西安、天津、太原、济南、广州、南宁、桂林等地发展起来。深入工农、群众的南下宣传团的活动，使“一二·九”运动发生两大变化：一是该运动的主要地域从平津扩展到全国，特别是全国政治、经济中心上

① 《须磨驻南京总领事致广田外务大臣报告》（1935 年 11 月 21 日），中央档案馆、中国第二历史档案馆、吉林省社会科学院合编《华北事变》，中华书局，2000，第 695 页。

海瞬即成为全国抗日救亡的中枢；二是运动的主体从青年学生扩大到社会各阶层，包括社会名流和政治上层。因“一二·九”运动而行动起来的上海各界，在1936年1月28日就成立了上海各界救国会，5月31日和6月1日又进而成立了全国各界抗日救国联合会（简称“全国救联”），成立大会“聚集了全国18个省市、60多个救国团体的50多人。大会把团结全国各党派、促进共同抗日作为救国战线的主要任务，这标志着‘一二·九’运动以后抗日救国运动进入了一个新的时期”。[①] 在这种形势下，7月15日，沈钧儒、章乃器、陶行知、邹韬奋等联名发表了《团结御侮的几个基本条件与最低要求》的公开信，要求国民党联合红军共同抗日，实行抗日言论自由和救国运动自由，等等。10月12日，在上海的全国各界抗日救国联合会又发表了《抗日救国初步政治纲领》，在政治、外交、教育、财政、经济、民族等各方面提出了施政意见。当时，除全国救联外，华南、华北、西北、南京、济南、武汉等地都先后成立了抗日救国会，海外华侨也组成了抗日救国联合会。

四　西北抗日救亡运动的崛起与西安事变

“一二·九”运动所导致的全国抗日救亡运动持续高涨，呈现为两种趋势的同步发展，即在全国各地抗日救亡运动广泛深入发展的同时，西北地区日益成为抗日救亡运动的中心和焦点，并最终取得了使中国政局，特别是对日抗战的格局发生了根本性的划时代的变化，尽管在路线政策等方面仍有分歧和问题。这种形势的到来，是世界形势发生变化，日本极力扩大侵华，以及各种政治势力力量调整和政策转变所使然，是抗日救亡运动持续、广泛、深入发展的结果，开启了抗日救亡运动的新阶段、新局面。

1. 中共北进陕北，召开瓦窑堡会议

中国共产党中央北进陕北后，抗日民族统一战线作为抗日时期党的政治法宝发挥主导作用。本来在半殖民地半封建的近代中国，中国共产党自其建立的1921年起，就是引导社会发展的领导力量。20世纪30年代初，因中共临时党中央执行左倾机会主义路线政策，在抵抗日本帝国主义疯狂入侵的抗日救亡方面，其作为受到局限。但是，情势在发生变化，前已述及，1933年1月17日，毛泽东和朱德分别以中华苏维埃中央临时政府及中

① 〔日〕石岛纪之：《中国抗日战争史》，郑玉纯等译，第30页；另有著述称，参加成立大会的有20多个省市的60个救亡团体代表，共计70余人。

国工农红军革命军事委员会的名义发表宣言，表示愿以停止内战、武装民众、进行抗日为条件，与任何武装部队签订停战协定，实即提出建立抗日民族统一战线的主张。1934 年 4 月 10 日，红军正在遭受蒋介石国民党军的第五次“围剿”，中国共产党却发出《为日本帝国主义对华北进攻告全国民众书》，号召进行民族革命战争，在反帝统一战线下，不分政治倾向，共同对日作战，停止进攻苏区，反对国民党的投降卖国政策，反对《塘沽协定》和中日直接交涉，实即提出扩大民族统一战线政策的主张。半年后，红军开始起自江西的大转移，即两万五千里长征。1935 年初，在长征途上还召开了清算左倾路线的遵义会议。1935 年 6 ~ 7 月间，红军正在艰难跋涉的长征途中，中国共产党不可能在日本制造华北事变的高潮之际，把实施国共合作为基础的抗日民族统一战线政策提上日程。然而，此时德、意、日法西斯势力，猖狂起来，威胁世界和平和人类安全。对此，1935 年 7 月 15 日至 8 月 20 日，共产国际第七次代表大会，提出了建立反法西斯统一战线的方针。特别是日本对中国的野蛮占领和对世界重新瓜分，受到共产国际的高度关注。因此，在共产国际第七次代表大会期间，中共中央驻共产国际代表团根据共产国际第七次代表大会精神，用中华苏维埃中央政府和中国共产党中央委员会的名义，发表了《为抗日救国告全体同胞书》，即一般所谓的《八一宣言》。该宣言指出：中国“已处在千钧一发的生死关头。抗日则生，不抗日则死，抗日救国已成为每个同胞的神圣天职”。并表示，“红军愿与任何部队实行对日抗战”，包括国民党军队，不管有过“任何宿怨”“任何分歧”，立刻停止敌对行为，“愿意与之亲密携手共同救国”。[①] 可是，该宣言直到长征的红军与陕北红军会师后，才从莫斯科接到传达。为贯彻共产国际的精神，中国共产党于 1935 年 12 月 17 ~ 25 日召开了政治局会议，即一般所说的瓦窑堡会议，做出了由张闻天起草的《中共中央关于目前政治形势与党的任务决议》。27 日在相关的会议上，毛泽东还做了《论反对日本帝国主义的策略》的报告。此前，震动全国的“一二·九”运动业已发生，因而不能说该运动是中国共产党依据瓦窑堡会议精神而领导的。但是，时至红军到达陕北时，《八一宣言》的精神已为党所熟知，并且由于华北事变等所引起的形势剧变，抗日救亡主张，已是全国人民最强烈的愿望与要求，所以，“一二·九”运动是在中国共产党，特别是在中共北平临时工委领导下进行的，而该运动正是毛泽东所说的“动员全民族抗战的运动。”[②]

① 中央档案馆：《中共中央文件选集》第 10 册，中共中央党校出版社，1991，第 518 ~ 524 页。

② 《毛泽东文集》第二卷，人民出版社，1993，第 253 页。

《八一宣言》和瓦窑堡会议决议，核心是实施抗日民族统一战线政策，这是中国共产党抗日政治路线的重大改变，对国民党内部也产生了重大冲击，要求抗日的呼声和反对进攻苏区的微词，不时出现，致使其不得不开始同中国共产党进行政治接触。不过，当时的中国共产党抗日民族统一战线，仍把蒋介石抛弃在外，可是从“反蒋”到“联蒋”“逼蒋”抗日，也是此后不久的事情。

2. 绥远抗战，“抗日七君子”被捕

在日本大叫危机的1936年，随着其“华北自治”阴谋的失败，冀察政权非但没有“亲日化”，反而对日日趋强硬，日本实行武装占领的战争政策，开始占了上风。同年8月7日，日本五相会议推出的《国策的基准》，规定“确保帝国在东亚大陆的地位，同时向南方南洋进出发展”。[①] 同一天，日本四相会议决定的“帝国外交方针”规定，在对苏对华关系中，“将对华实行政策当作重点”。[②] 事实上，此时日本对华扩军备战行动已经公开化了。同年4月18日，日本陆军中央命令，将驻华北的中国驻屯军，由原来2个大队，扩大为2个联队，编成步兵旅团，并建立各种特种兵。同年5月6日，日本参谋总长命令扩编后的驻屯军的任务是在交通沿线“保护帝国臣民”和在停战区“监视”中方。关于“保护帝国臣民”，“无暇等待大命时”，可“先行处理”；对于“停战区”（即冀东），必要时也“容许行使武力”。[③] 就在同一天，关东军也得到类似的新命令：“必要时属下部队的一部，可在长城线外近处部署及行动。”[④]

日军对察蒙的侵略由来已久，可以说是与对东北的侵略齐头并进的。前已述及，在华北事变的高潮年1935年，1月制造了察东事件；6月27日，《何梅协定》刚刚签订；国民党政府又派秦德纯[⑤]与关东军的土肥原签订所谓《秦土协定》，据以日方借口日本人受辱而迫使宋哲元又从张北、宝昌等察东6县交出行政权，驻多伦的李守信伪察东警备军，根据关东军的命令，

---

① 日本外务省编《日本外交年表及主要文书》（下），第344页；“东亚大陆”的着重号系作者所加。

② 日本外务省编《日本外交年表及主要文书》（下），第346页；“将对华实行政策当作重点”的着重号系作者所加。

③ 《参谋次长对新中国驻屯军司令官（田代皖一郎中将）讲话要旨》（1936年5月6日），《现代史资料》（7），“满洲事变”，第605～606页。

④ 《关于关东军及中国驻屯军配置与任务的指示》（1936年5月6日），《现代史资料》（7）“满洲事变”，第604页。

⑤ 秦德纯，时任察哈尔省政府委员、民政厅厅长、第二十九军参谋长。

对其进行了占领。从此，日军对西进察蒙更加肆无忌惮，而狂热的民族分裂主义者、锡林郭勒盟苏尼特右旗扎萨克郡王德穆楚克栋鲁普（简称德王），是日军的追随者。1936 年初，德王便在关东军参谋长西尾寿造亲临下建立了伪蒙古军司令部；同年 5 月 12 日，又在关东军参谋副长今村均亲临下，正式成立伪蒙古军政府。此后，关东军便积极策动伪蒙军西犯绥远。当时拥有 1 万余人的伪蒙军的所谓 2 个军 8 个师已经初步编定，垂涎河套地区的王英[①]匪帮也在关东军的唆使下凑起所谓“大汉义军”。按德化关东军特务机关机关长田中隆吉的西犯设计，王英匪部在先，伪蒙军在后，把百灵庙作为后方军事基地。1936 年 11 月中旬，他们便同傅作义兵戎相见。田中隆吉大佐还带去一支由关东军和伪满军组成的不大不小的特别兵团参与战斗，田中本人则亲自坐上飞机在空中盘旋指挥。然而，傅作义部是国民党军队中军风军纪和战斗力闻名遐迩的部队，而伪蒙军和王英匪帮则是不堪一击的乌合之众。王英匪军首攻仁格时很快溃败，李守信部接替王匪后，后方基地百灵庙很快遭傅部孙兰峰旅袭击。1936 年 11 月 23 日，傅部孙旅开始攻击时，守军伪蒙军第二军日本顾问首先抱头鼠窜。傅军占领百灵庙后，王匪妄图卷土重来，可他在锡拉木伦庙的石玉山、金宪章两旅，却杀死日本顾问，反正起义。[②] 其中石旅原是东北抗日义勇军的一支部队。正当此时，“双十二事变”爆发，傅军奉命停止进攻，田中与德王都免于灭顶之灾。[③]

在中国共产党瓦窑堡会议决定转变抗日政策后，全国各界抗日救国联合会领导人便为实现抗日民族统一战线而进一步努力。1936 年 7 月 15 日，全国各界抗日救国联合会的沈钧儒、章乃器、陶行知、邹韬奋等发表声明，要求结成救亡联合战线，停止内战，互相让步。对此，蒋介石置若罔闻，毛泽东则做了积极的回应。就在这种形势下，绥远形势紧张，从同年 11 月上旬起，全国救联领导的援绥运动在全国展开，上海和青岛的日本纺织工厂都发生了工人大罢工。特别是百灵庙的胜利和石玉山旅的起义，使中国民众的抗日救亡运动空前高涨。毛泽东高度评价称，绥远抗战是“全国抗战之先声”，“四万万人闻之，神为之旺，气为之壮”。[④] 然而，南京国民党

---

① 王英是几起几落，他既是带兵 20 年的恶霸地主式的土军阀，也是无耻的民族汉奸，曾与多个军阀为伍。充当“大汉义军总司令”为期只有几个月。吃空额，扣军饷，令士兵种鸦片，剥削人民。新中国成立后被处死。

② 1936 年 12 月 9 日，傅部攻击锡拉木伦庙。12 月 17 日，石、金两旅起义。

③ 解学诗：《伪满洲国史新编》，人民出版社，2008，第 419～420 页。

④ 董其武：《戎马春秋》，中国文史出版社，1986，第 108 页；转引自《中国抗日战争史》（上），第 97 页。

政府，就在傅作义部孙旅攻击百灵庙伪蒙军当天——1936年11月23日，竟制造了震惊全国的逮捕全国救联领导人的严重事件，在社会高层颇具名望的沈钧儒、章乃器、邹韬奋、李公朴、王造时、沙千里、史良“抗日七君子”被国民党政府拘为阶下囚。此种与抗日救亡运动背道而驰的高压政策，理所当然地激起广大民众的义愤与斗争；这也表明，现行的抗日救亡活动，无法太大地改变蒋介石和南京政府的立场与政策。不过，向前发展着的政治情势，正在迅速朝着能够迫使其做出大改变的方向前行，不会再有倒退。

3. 西北大联合的实现

1933年热河抗战失败后，张学良引咎辞职，出国考察。因张学良不在，东北军部队无人可以调动，得以完整保存。张归国后，1934年3月1日受命任豫鄂皖三省“剿匪”副司令，因张在国外深受法西斯主义思想影响，信奉“一个政党，一个领袖”和由蒋介石“统一中国”的理念，因而欣然接受任命，精心治理部队。时经一年多之后情况有变。由于中国工农红军在第五次反“围剿”中失利，以第一方面军为首，红军各部队开始进行重大战略转移，北上川陕，抗日救国。蒋介石国民党军为了对红军进行围堵和“消灭”陕北红军，也强抢时空，挺进西北。特别是中央红军即将入陕，红第二十五军已与陕北红军会师之际，蒋介石认为是消灭红军的千载难逢的大好时机，1935年11月国民政府正式在西安成立西北“剿匪”总司令部，总司令为蒋介石，副总司令张学良代行总司令。司令部统辖陕西、甘肃、宁夏、青海4省，总兵力30多万人。东北军所拥有的20余万人中，除仍在抗日前沿的第五十三军、第六十三军及炮兵第六、八旅外，其余13万人全被调入西北“剿共”内战，[①] 光是东北军兵员即远超红军，且东北军一向将红军视为弱军。但是，早自1935年10月初起，东北军对红军一连三次作战，即崂山、榆林桥、直罗镇战役，在短短50天之内即损失近3个师的兵力，致使本来就厌于内战而要求抗日复土的东北军极受震动，不得不重新估量红军，不能不更加要求停止内战，进行抗日。针对这种情况，中共中央在得知《八一宣言》精神之前，即开始对东北军的争取工作；瓦窑堡会议后，更加积极地对东北军，特别是其上层开展政治争取工作。1936年1月25日，毛泽东、彭德怀等20名红军将领联合发表《红军为愿意同东北军

---

① 张德良、周毅主编《东北军史》，第312页。当时，东北军被编入西北序列的有第五十一军、第五十七军、第六十七军、骑兵军（含骑第三师、第六师、第七师、第十师）、独立第一〇五师、直属第一一二师、第一一五师等。

联合抗日致东北军全体将士书》，指出，打红军和进攻苏区不是东北军的前途，而是东北军的绝路。特别是同年6月20日，中共中央又制定了《中央关于东北军工作的指导原则》，即不是分裂瓦解东北军，而是给东北军以彻底的抗日纲领，并团结起来，成为坚强的抗日武装力量；也不是把东北军变成红军，而是使东北军成为红军的友军，把共产党提出的抗日救国纲领，变为自己的纲领。与此同时，中国共产党中央为建立抗日统一战线，也在注意调整与国民党政府的关系。特别是1936年2月，南京国民党政府通过宋庆龄提出愿与中共合作的意向后，4月25日中共中央发表宣言，首次把国民党列为统一战线对象。8月25日，中共中央又发表《中国共产党致中国国民党书》，重申中共的停止内战、一致抗日的立场，提议实行第二次国共合作，实现真正的救国图存。9月1日，中共中央还对党内发出《关于逼蒋抗日的指示》，指出"抗日反蒋"的口号是不适当的。[①]

自日军制造华北事变以来深受触动而萌生与红军联合意向的张学良，也在努力寻觅与中国共产党建立联系的途径。1935年10月，张学良在国民党四届六中全会和五全大会的空隙时间，由南京到上海，会见杜重远[②]，向其求教。杜指出"只有抗日，东北军才有前途"，"东北军现在陕、甘，正应联合共产党、杨虎城和盛世才共同抗日"。张学良对于与杨虎城等联合都认为好办，唯一的顾虑是不确定中共是否接受。而杜解释了《八一宣言》，并称"只要你决心抗日，共产党一定会同你联合"。[③] 化解疑虑的张学良确实同杨虎城比较容易地建立了同盟，因为杨虎城自九一八事变以来，一贯反对不抵抗政策，主张抗日救国，对于东北军，从张学良等的开明表现中，他也得以解疑释惑。"张、杨的联合是推动西北抗日救亡运动和发动西安事变的重要一环，没有张学良带头，杨虎城势孤力单，难以发动；没有杨虎城支持，张学良无所依托，难以成事。"[④] 至于张学良与红军的关系的建立，恰好得益于一名东北军的团长，他叫高福源，是第六十七军第一〇七师第六一九团团长，在榆林桥战役中被俘，中共中央联络局局长李克农会见了高福源，将他释放回东北军，随身带去毛泽东和周恩来表示有诚意派代表与张学良商谈的信件，结果促成中共与张学良联手合作的著名的洛川会议和肤施（即延安）会议。前者于1936年3月6日召开，由李克农与张学良

---

① 以上参照《中国抗日战争史》（上），第112～113页。

② 杜重远，九一八事变后，成为张学良指定的幕僚核心组成员。1935年7月，因杜在上海主编《新生》周刊，刊登《闲话皇帝》，得罪了日本侵略者，国民党当局屈从日方压力，将杜拘押于上海。

③ 张魁堂：《挽危救亡的史诗——西安事变》，广西师大出版社，1994，第25～26页。

④ 张魁堂：《挽危救亡的史诗——西安事变》，第86页。

举行会谈；后者于1936年4月8日召开，由周恩来、李克农与张学良、王以哲进行会晤。两次会议，特别是肤施会议达成十分具体的合作协议①，对张学良走上联共抗日道路起了决定性作用，从此张确确实实希望蒋能改变错误政策。至于西北实力派杨虎城之所以联共并与张学良共同走上抗日道路，基础在于两点原因：（1）他坚持抗日救国主张；（2）他不是蒋的嫡系，与蒋介石的中央存在根深蒂固的矛盾。但是，杨对共产党和红军也疑虑重重，担心自己的存在受到威胁。中国共产党先后派汪锋、王世英（中共北方局负责人之一）、潘汉年等与杨会谈。直到1936年8月中旬，红第二、四方面军已奉命北上，红军与东北军已实现全面合作，与杨的谈判虽有进展但协议尚未落实，故8月末毛泽东秘书张文彬急赴西安，9月6日与杨虎城密谈两小时，此后杨同意了与中共中央合作的各项办法。至此，红军、东北军和第十七路军的“西北大联合”得以实现，这是中共北方局在纠正左倾错误之后提出的口号。

“西北大联合”的实现，以及西北抗日救亡运动空前高涨，也和关内东北流亡集团西进开展救亡运动是不可分的。东北流亡集团的分布，一般以东北军的行止为转移。1935年随着东北军主力西调，军队家属、青年学生和东北爱国救亡志士也大批向西北流动。特别是一批东北高层爱国志士的齐集西安，对推动形势的发展起着无可取代的作用。当时，胡愈之②、杜重远在上海不在西北，但为推动国共合作、张杨联合，极力倡导有条件的爱国人士都应前往西安效力。因而1935年10月，高崇民、阎宝航、卢广绩等东北抗日爱国人士即致函张学良，力劝其实行国共合作，一致对外；1935年，高崇民、卢广绩、车向忱、栗义文、刘澜波、孙达生等又从各地到达西安，其中包括中共地下党员多人。张学良对他们虽不能说言听计从，但是这批知识界名流确为张学良向来倚重的智囊人物，特别在九一八事变后的抗日救亡运动中，堪称张的幕僚团队，其中的若干人被张指定为幕僚“核心组”，为其献计献策。1935年10月，东北军第一一〇师在崂山战役被红军消灭后，原幕僚“核心组”，特别是杜重远，力主张在西北与杨虎城联合，以西北为根据地联合红军，联合各实力派，共同抗日。为此，杜重远决定请高崇民持“核心组”信件去西北向张面陈，并会见杨虎城等，还把

① 孙铭九《“西安事变”的真相》（江苏文艺出版社，1993，第10页）载，肤施会议达成协议10项，含：互派代表常驻；东北军代办红军特殊物品；双方派代表赴苏；红军接受整编；统一番号；停止一切斗争；释放被捕共产党人和红军官兵；等等。

② 胡愈之，曾留学巴黎大学，归国后曾长期在商务印书馆从事《东方杂志》编辑工作，是国际政治学家，语言学家。1936年、1937年时，是上海文化界救国会领袖。抗战期间，在创办新闻文化报刊的同时，继续从事抗日救亡活动。

共产党员孙达生介绍给高，向高宣传马克思主义。高觉悟提高，撕毁国民党证，决心跟着共产党，去西北完成任务。高抵西安后以自己的住宅为基地，与孙达生等共同向东北军和第十七路军展开一系列斡旋、动员工作。前已述及，在国民党四届六中全会与五全大会的空隙时间，张学良曾由宁赴沪向杜重远请教，杜向其指出了停止内战、张杨联合的抗日道路；张回到西安后，又接到高崇民手交的劝其联合第十七路军的信件。然后高崇民按张的指示，从事张、杨两部的协调联合工作。高指出，蒋介石命令东北军与第十七路军“剿共”，是“一箭双雕”的目的，即在消灭红军的同时，也妄图消灭东北军。当时，这些东北籍爱国人士在做上层统一战线工作的同时，也积极从事对中下层军队与民众工作，诸如，随同高崇民来到西安的孙达生、来自天津的苗渤然、东北大学秘书长王卓然、东北学生运动领袖宋黎、原义勇军将领黄显声的秘书共产党员刘澜波等，都为此而不懈努力。

民众抗日运动的急剧高涨也是西北抗日救亡运动崛起的标志，是和张杨联手，逼蒋抗日的社会力量。“一二·九”运动后，因国民党当局的镇压，西北民众运动，一时沉寂；但在1936年九一八事变五周年之际，在中国共产党的领导和推动下，举行了发动群众、团结抗日的万人大会。张、杨参加大会，张还发表了一定打回老家、收复失地的讲话。10月4日，东北民众救亡会[①]在西安正式成立，教育家车向忱[②]被推举为大会主席和东北民众救亡会的常务执行委员。大会通过的组织大纲规定，该会以“抗日救亡恢复失地、扩大民族解放运动为宗旨”。在他乡异地组成的东北民众救亡会，由于摆脱了左倾错误的束缚，组织得到了大发展。犹富特色的是，该救亡会中军人广泛参加，东北军各军长大都是救亡会的会董，西北“剿总”的许多军官都参加了该救亡会；而且在各军、师、团中都有该救亡会的组织，西安事变前，该救亡会下属分会已达40多个。东北民众救亡会的活动，准据其宗旨而进行，例如，1936年10月20日蒋介石拟赴西安“督剿”，该救亡会闻知后当即准备召开请愿大会，递交由5项要求构成的请愿书。蒋介石闻信，未敢按时前来。继而同年11月，绥东抗战爆发，该救亡会积极广泛开展支援前线的募捐活动，车向忱一行还亲往前线进行慰问。总之，西安事变前，东北民众救亡会与同步发展起来的西北抗日救国会，已成为两

① 东北民众救亡会在西安市政府登记注册。

② 车向忱在北京大学读书时，曾参加五四运动，毕业后回辽宁从事平民教育工作。九一八事变后，到北平发起创办东北民众抗日救国会。1935年到西安创办东北竞存小学。1937年任西北教育界抗日救国大同盟执行委员。抗战期间与中共保持密切而友好的关系。

股巨大的社会力量，促进了西北地区抗日新局面的早日到来。在西安事变前的“一二·九”运动一周年之际，东北和西北的救亡组织举行万余人的纪念活动，要求到华清池向已到西安坐镇督战的蒋介石请愿，但学生请愿行动不但受阻，而且军警还打伤了东望小学[①]的一名学生，民众更加愤怒。蒋介石则准备开枪镇压。于是张学良亲自驱车前往临潼坝桥劝阻学生，同时对同学们的爱国行动表示“我要在一星期之内用事实给你们回答”。[②]

4. 张杨逼蒋抗日与西安事变后政局

1936 年 12 月 12 日，武装扣押蒋介石对其进行“兵谏”的西安事变是张杨面对形势的无他选择。当时，随着红军挺进川陕，蒋介石也强抢时空，部署西北“围剿”，可是时至 1936 年 10 月，红军三大主力第一、二、四方面军已胜利会师陕北。蒋介石从其非“消灭共军”休谈抗日的顽固立场出发，认为红军三大主力总共只有 3 万余人，且已战力低迷，是最后予以消灭的良机。10 月下旬，蒋介石飞抵西安，针对张杨已明确表示反对内战、主张抗日的情势，重新部署“围剿”，包括动用两广形势缓解而撤下的主力部队，形成对陕北的多路攻势。绥东抗战，蒋介石认为对“围剿”行动不利，故曾亲往太原，要求傅作义尽快结束战斗，并下毒手逮捕“抗日七君子”，压制抗日救亡运动的发展。值此之际，12 月 1 日，毛泽东、朱德等 19 位红军将领致函蒋介石，要求其“立即从自相残杀之内战战场，开赴抗日战线”。自不待言，蒋介石不是“开赴抗日战线”，而是于 12 月 4 日，率大批人马从洛阳飞抵西安，设行营于临潼华清池，坐镇“督剿”，胁迫张杨进剿红军，消灭红军主力。摆在张杨面前的是：或者按命令充当“围剿”先锋，承受中央军的殿后督战；或者拒不执行命令，而被调往安徽、江苏进行改编。显然，两种选择，张杨都无法接受，既有悖于抗日救亡的民族大义，又系自取消亡的绝路。所以，蒋张连续数次的激烈交锋、碰撞之后，12 月 10 日，张杨终下决心，实施扣押蒋和逼蒋抗日的既定方案，并做出部署。12 月 12 日凌晨，东北军在临潼顺利地捉拿并扣押了蒋介石，西北第十七路军控制西安市区，完成了对南京来到西安的几十名国民党军政要员的软禁。之后，立即发表了由高崇民等预先起草的《对时局通电》，阐明了西安事变的原委与宗旨，提出了抗日救国的 8 项主张，即：改组南京政府、停止一切内战；释放爱国领袖；释放一切政治犯；开放民众爱国运动；保障集会、

① 东望小学系张学良夫人于凤至捐款创办的专供流亡东北人子弟上学的学校。

② 杨中州编著《西安事变》，上海人民出版社，1979，第 101 页。

结社等一切政治自由；遵行总理遗嘱；立即召开国民会议；等等。[①] 陕北的中共中央对张杨发动西安事变事先并不知情，12 月 15 日致电南京政府，表示支持张杨的 8 项主张；17 日周恩来奉命急赴西安进行工作；19 日中共中央政治局扩大会议，做出反对内战与和平解决西安事变的决议。南京方面也挫败了主张“讨伐”张杨的亲日派。23 日在周恩来的参与下，宋子文、宋美龄与张学良、杨虎城举行会谈，翌日即达成有 6 项内容的协议，蒋容纳了张杨的 8 项主张的主要内容，明确表示南京政府“停止‘剿共’政策，联合红军抗日”。当晚，周恩来会见蒋介石时，阐述了中共政策，指出坚持内战自速其亡的道理，蒋介石则做出停止“剿共”、联红抗日，及关于进一步谈判的 3 点指示。至此，轰动中外的西安事变得以和平解决。然而，西安事变解决所展现的光明前景，不久又为乌云所笼罩，政局扑朔迷离，凶吉难卜。一是张学良自作主张，亲送蒋介石归宁，结果被蒋终身监禁，在历史转折关键时刻，使东北军民失去了统帅和领袖；二是东北军少壮派为营救张，制造了枪杀稳健派王以哲将军的“二二”事件，破坏了东北军的团结；三是东北军终被调离西北进行改编，“西北大联合”瓦解，重现中国共产党与国民党的军事对立局面，东北军的命运堪忧。不过，西安事变的全过程既已昭示内外，蒋介石也不大可能彻底自食诺言；张学良与东北军互为人质而牵制存在，蒋介石和国民党政府尚难下手，他们仍不失为一支重要抗日力量；特别是包括东北军民在内的继续战斗牺牲的全国抗日救亡运动持续深入发展，国共合作抗日的格局，便能得以维护。只是蒋介石和南京国民党政府的反共及打压异党立场不变，从 1931 年开始的抗日战争，“在曲折的道路上”发展，经过七七事变后，依然是“在曲折的道路上”发展着。

① 李新主编《中华民国史》第 2 卷，中华书局，1981，第 337 页。

第四章　抗战两条路线，东北军民坚持奋斗牺牲

一　国民党的抗战建国与独裁反共

1. “八一三”事变后蒋介石决定抗日

西安事变后发生之危机，如“二二”事件，经中国共产党帮助，得以化险为夷。① 至于西安事变时张杨的“八项主张”和蒋介石诺言的落实与兑现，国民党方面表示需要经五届三中全会讨论。因为吉凶难辨，前途未卜，1937 年 2 月 10 日，中共中央率先致电国民党，提出了“五项国策”和“四项保证”。“五项国策”的主要内容是：停止内战，一致对外；保障政治自由，释放政治犯；召开各党、界、军代表会议，共谋救国；完成对日抗战准备工作；改善人民生活。中国共产党表示，如国民党接纳 5 项要求为国策，共产党保证：（1）在全国范围内停止推翻国民政府之武装暴动方针；（2）工农政府改名为中华民国特区政府，红军改名为国民革命军，直接受南京中央政府与军事委员会之领导；（3）在特区政府区域内，实施彻底的民主制度；（4）停止没收地主土地政策，坚决执行抗日民族统一战线的共同纲领。② 1937 年 2 月 15 ~ 22 日的国民党五届三中全会，虽然没有制定明确坚定的抗日方针，没有检讨以往的错误，改变反共立场，但是在 21 日通

① 周恩来让刘鼎将应德田、苗剑秋、孙铭九等送往云阳红军总部，离开西安；又派刘澜波去高陵劝说刘多荃、缪澄流，以大局为重，停止对西安的东北军少壮派用兵。

② 中央档案馆：《中共中央文件选集》第 11 册，中共中央党校出版社，1991，第 160 页。

过的宣言和所谓《关于根绝赤祸之决议案》中以含混的字句透露其政策有所改变。如宣言表示："和平统一"，"为全国共守之信条"；在对日问题上如"超过忍耐之限度"，只有"出于抗战"。在上述决议案中，也曲折地表示同意在统一军队编制与政权形式等条件下与共产党合作；所规定的与共产党关系的"四项原则"，也与共产党提出的上述"五项国策"及"四项保证"内容相似。另外，蒋介石在会上声言开放言论自由、释放政治犯等，并在会后指示媒体不再使用"赤匪""共匪"等字样。此后到七七事变，国共在各地曾多次举行谈判，中共方面多次重申"五项国策"和"四项保证"，可国民党则本着限制和削弱共产党力量的方针，处处设障，在在延宕。不过，双方既已初步达成合作意向，不应逆转。

日军制造卢沟桥事变后，侵华战争迅速扩大。1937 年 7 月 11 日，在日本与中方签订停战协定的当天，日本内阁即决定大规模增兵华北；7 月 26 日，参谋本部又进行更大规模的增兵①，宣布废除七七事变第二天即 7 月 8 日下达的所谓"不扩大"的"临第 400 号指示"②；7 月 28 日各兵团便奉命开始在华北全线进攻。形势十万火急，中共中央为尽快落实国共合作事宜，此前于7 月 8 日通电表示，红军"咸愿在委员长领导之下，为国效命，与敌周旋，以达保土卫国之目的"。同时派周恩来等二上庐山，与蒋介石等谈判。7 月 15 日，他们向蒋介石提交了《中共中央为公布国共合作宣言》，将发动全民族抗战，实行民权政治和改善人民生活三项，作为国共合作纲领和奋斗目标，并申明践行三民主义，停止推翻国民党政府和没收地主土地的政策，苏维埃政府改称特区政府，红军改编为国民革命军等。可蒋介石将该宣言搁置不理，坚持红军改编不设统一指挥机关等，以期削弱、限制红军。平津失陷后，8 月上旬各地将领、负责人，包括周恩来、朱德、叶剑英等到南京开会。蒋介石讲话称，此次中日战争是"我们国家生死存亡的关头"，但同时又说："划定疆界可以，如果能以长城为界，长城以内的资源，日本不得有丝毫侵占之行为，这我敢做。可以以长城划分为疆界。"③由此可见，蒋介石确实怀有必要时彻底抛弃东北的罪恶用心，同时也可以看出，时至此时他仍企图对日妥协。因为 8 月 7 日的那次国防会议决定：

① 7 月 11 日增派的部队为第一、第十一混成旅团，第二十师团和大批特种兵。7 月 26 日又增派第五、第六、第十师团和一支 80 多人的特种兵部队。

② 《日本帝国主义侵华档案资料选编》第 2 卷"华北事变"，中华书局，2000，第 365～366 页。

③ 《国民政府国防联席会议记录》，1937 年 8 月 7 日，军事科学院图书馆藏；转引自《中国抗日战争史》（上），第 141 页。

“在未正式宣战以前，与日本交涉，仍不轻易放弃和平。”[①] 国民党政府的国共合作进行抗日战争的政策，原来是“八一三”事变日军侵入上海后才正式决定下来的。因为日本人已打到眼皮底下了。此后国共两党继续加紧谈判；9 月 22 日，国民党发表了《中共为公布国共合作宣言》，23 日蒋介石发表《对中国共产党宣言的谈话》，说该宣言“为民族意识胜过一切之例证”。从此，以国共合作为基础的抗日民族统一战线正式成立。

七七事变后，以国民党为中心的中国抗战的时间表是：7 月 11 日，蒋介石在庐山召开国防会议；7 月 28 日，日军在华北发起总攻；7 月 30 日，日军占领平津；7 月 31 日，国民政府释放监禁中的沈钧儒等“抗日七君子”；8 月 7 日，召开国防会议；8 月 12 日，国民党政府决定蒋介石为三军总司令；8 月 14 日，蒋介石在上海发布了总攻击命令；8 月 22 日，国民政府军事委员会宣布，将西北红军约 3 万人改编为国民革命军第八路军（1 个军，共 3 个师），任命朱德为总指挥、彭德怀为副总指挥，战区为阎锡山指挥下的山西、河北、山东；8 月 25 日，朱德、彭德怀发表就职通电；9 月 22 日，中央社发表上述国共合作宣言；9 月 23 日，蒋介石发表上述宣言的谈话。此后，即 10 月 1 日，华中的红军部队，改编为国民革命军新编第四军，任叶挺为军长。此前 9 月 12 日，国民党政府将国民革命军第八路军改编为国民革命军第十八集团军，但中国共产党继续使用第八路军的番号。

至于战局，由于日本采取速战速决战略，蒋介石则采取诱敌深入使之消耗、崩溃战略，即所谓“以空间换时间”战略，呈现为中国军节节后退的态势。国民党政府把中央军主力置于长江流域，参加华北战场，如察哈尔、平汉、津浦等方面的都是各地方杂牌军。9 月 24 日和 10 月 10 日即先后有保定和石家庄被日军占领。令人振奋的是西北抗战，由红军改编的八路军，自改编之日起，即东渡黄河进入山西。国民党鉴于山西有非凡资源，也调遣主力军进行防守。而侵入绥晋的日军，除关东军外，还有板垣的第五师团等部。9 月 25 日，八路军第一一五师，在灵丘通往平型关的公路上伏击了第五师团，全歼了其第二十五联队和补给部队，取得了轰动一时的平型关大捷。继而，中央军卫立煌部和山西军发起了抗击第五师团进攻太原的战役和忻口战役。八路军的多个游击队则从日军后方进行攻击，援助了国民党军。日军虽于 10 月末和 11 月上旬占领了娘子关和太原，但因在山西的国民党军与八路军的良好协作，推迟了日军的占领时间，也使日军第五师团遭到重创。上海是中国第一大海港城市，堪称政治经济中心，自七

① 《中国抗日战争史》（上），第 141 页。

七事变起，日军即大肆对沪集结兵力，意图立即夺取。日军动用了它的三分之一的常规师团，即 6 个师团（七七事变时，日本常备师团为 17 个），中国方面也投入了国民党部队的约四成兵力，即 70 多个师（当时国民党所指挥的部队约为 180 个师）。[①] 中国军队虽然武器装备相对低劣，但是抗敌士气极盛，他们利用地形、地物顽强抵抗。9 月初在长江沿岸宝山防卫战中，500 多名中国士兵，持续两昼夜抵抗日军猛攻，最后全部牺牲；日军上海派遣军主力第三师团攻击吴淞西某处时，竟用了 1 个月的时间；战役末期，扼守苏州河畔四行仓库的中国部队被日军包围，他们高举国旗拒不投降，被誉为抗战象征的“八百壮士”。令国际舆论震惊的上海 3 个月抗战，极具精神意义，证明中国有抗战必胜的前途。上海抗战之结束，是日军第十军在杭州湾登陆作战以后的事情。上海抗战也使中国付出了极大的代价。日军占领上海后继逞余威进攻南京，12 月 13 日还进行了骇人听闻的南京大屠杀，日军暴行更坚定了中国人民的抗日决心。

2. 国民党“抗战建国”与共产党“抗日救国”根本区别

国共合作的抗日战争开始后，国民党、共产党，无论哪一方，都在抗战路线、战略方针和战时总动员等上，面临重大抉择。

首先，在共产党方面，“七七”卢沟桥事变爆发后，7 月 8 日中国共产党即发表通电，呼吁全民族实行抗战。7 月 23 日，毛泽东在《反对日本进攻的方针、办法和前途》一文中，对军队和人民总动员提出纲领性意见。更重要的是，1937 年 8 月 22 ~25 日，中共中央在陕西省洛川县冯家村召开政治局扩大会议（一般称洛川会议），通过了《中共中央关于目前政治形势与党的任务决定》《中国共产党抗日救国十大纲领》（简称《抗日救国十大纲领》），“十大纲领”内容包括：

（1）打倒日本帝国主义；

（2）全国军事总动员；

（3）全国人民总动员；

（4）改革政治机构；

（5）实行抗日外交政策；

（6）实行为战时服务的财政经济政策；

（7）改良人民生活；

（8）实行抗日的教育政策；

---

① 1937 年 9 月，蒋介石取代冯玉祥兼任长江下游的第三战区司令长官。陈诚第十五集团军等中央军，投入淞沪战场，随后还有各支地方部队参加战斗。

（9）肃清汉奸、卖国贼亲日派，巩固后方；

（10）实现抗日的民族团结。

《抗日救国十大纲领》的此项重大政治决策，主要针对当时国民党的“政府抗战”和共产党的“全民抗战”的不同方针，号召全党站在抗战的最前线，成为全国抗战中心，大力宣传、动员、组织军队和群众，构成千军万马的全民族的抗日民族统一战线，争取抗日战争的最后胜利。所以，洛川会议还决定，除在全国发动抗日运动外，还在敌后发动独立自主的抗日游击战争，并把动员农民和实行减租减息作为基本对策。

其次，国民党方面，在中国共产党提出上述《抗日救国十大纲领》的大约7个月后，即1938年3月29日至4月1日，在武汉举行的国民党临时全国代表大会上，通过了《中国国民党抗战建国纲领》（简称《抗战建国纲领》），其基本内容是：

（1）三民主义为抗战行为及建国之最高准绳，全国应在国民党及蒋委员长领导之下，集中全力，奋砺迈进；

（2）联合世界上同情中国之国家民族；

（3）加紧军队政治训练，充实民众武力；

（4）组织国民参政机关；

（5）以军事建设为中心，同时注意人民生活；

（6）发动全国民众，为抗战而动员，保障不违反三民主义及法令的自由；

（7）改变教育制度，实行战时教程。[①]

显然，这一《抗战建国纲领》吸纳了上述《抗日救国十大纲领》中的一些内容。因此，中国不久前编撰出版的权威性《中国抗日战争史》一书认为：“《抗战建国纲领》是一个具有两重性的纲领，既表现了当时国民党在抗日问题上进步的一面，又反映了国民党害怕发动和武装群众实行全面抗战以及对日妥协动摇的一面。”[②] 其实，中国共产党的《抗日救国十大纲领》和国民党的《抗战建国纲领》的根本区别就在于它们展示了不同的抗日路线。前者是宣传、动员、组织全国全民族，组成亿万人民参加的全民族的统一战线，进行抗日战争，争取最后胜利；后者则强调抗日是为了建国，建设国民党和蒋介石领导下的“国”。就像境外学者揭示推出《抗战建国纲领》的国民党临时全国代表大会的宣言时所说的：“抗战目的在于抵御

① 根据郭廷以《近代中国史纲》（香港中文大学出版社，1983，第693页）所述整理成该条目。

② 《中国抗日战争史》（上），第160页。

日本的侵略，同时完成建国任务”，“非抗战则民族生存不可保，非建国则自力不能充实。惟抗战乃能解除压迫，惟抗战胜利，乃能组织自由统一的中华民国”，“一面抗战，一面建国”，“抗战必胜，建国必成”。[①] 据称，在国民党临时全国代表大会之前，蒋介石就曾策划化多党为一党，或者酌改组织。但是中国共产党赞成各党合作，不同意合并，主张建立某种形式的革命联盟，制定统一战线纲领，各党遵行；或者恢复 1924 ~ 1927 年国共合作的方式，各党党员可加入国民党，但仍保持其政治上和组织上的独立。总之，中国共产党的《抗日救国十大纲领》和国民党的《抗战建国纲领》所呈现的不同抗日路线，是两条不同的实现中华民族统一的政治路线：前者是通过以国共合作为基础的抗日民族统一战线来完成抗日战争，赢得战争的彻底胜利，这条路线是通过广泛的“人民统一”来争取战争胜利的，因而与国民党的民族主义相比，可说是全民的民族主义；相对而言，后者不仅要求在国民党一党统治的前提下实行“国家的统一”，而且表现国民党的抗战意图目的，可以说是国民党的民族主义。[②] 正是基于这两条基调与实质对立的抗日路线，反映了国共两党在抗日战略方针和战时政策上，特别是在战时总动员及政治经济重组等政策上的不同。

南京战役后日本的侵华更加疯狂起来。1938 年 1 月 16 日，日本政府发表“今后不以国民政府为对手”的声明，继续推行其迅速灭亡中国的侵略计划，妄图速占徐州，打通津浦路，使日军的南北侵略连通，同时还决心攻占武汉，控制中原。但是，在为时 4 个多月的徐州会战中，中国军队不仅取得了台儿庄大捷，而且大大迟滞了日军进攻武汉的时间，尽管徐州于 1938 年 5 月 19 日失陷。战局的发展，粉碎了日本的“三个月灭亡中国”的“侵华速决论”，并预示了战争的长期化。特别是 1938 年 6 ~ 10 月的武汉会战和从武汉会战后期进行的广州战役后，战争的长期化，即中国方面所说的相持阶段，正式来临。从此，日本采取武力加谋略和战争与诱降相结合的侵略战术，与攻城略地的武力作战相比，诱引投降、图谋不战而取的侵略行动，此后愈演愈烈。

针对日本的“侵华速决论”，全面侵华战争开始后，国民党和共产党双方不谋而合地根据中国实际情况制定和实施了持久战的战略方针，到了武汉会战和广州战役时期，即全面抗战的大约一年以后，由于战争相持局面的明显出现，中国的持久战更成为坚定不移的方针。问题是，国共两党在

① 郭廷以：《近代中国史纲》，第 694 页。

② 参考〔日〕池田诚《世界现代史上的抗日战争》，《抗日战争与中国民众——中国的民族主义与民主主义》，第 31 页。

为推行这一战略方针所采取的战时政治经济政策迥然不同。中国的抗日战争，是包括民族资本家和地主阶级在内的全民抗战，但中国是半封建半殖民地国家，这样贫弱落后的国家如要抗击近代化国家的侵略并取得最后胜利，就必须重组政治经济，使之近代化。1938 年 5 月，毛泽东发表了《论持久战》（随后又发表了《论新阶段》），提出并论证了持久战三阶段的理论，即由敌战略进攻、我战略防卫，敌战略保守、我准备反攻（即战略相持），我战略反攻、敌战略退却三个阶段。持久战三阶段战略之实现是改变敌强我弱，不断增强我之抗战力的过程，也就是实现军力强化、政治民主和经济重组的过程。其间政治改革是中心，群众动员是关键。与毛泽东发表《论持久战》几乎同时，国民党也发表《抗战建国纲领》（1938 年 3 月末 4 月初由国民党临时全国代表会议通过，同年 7 月发表），重申了其持久战的战略方针，即蒋介石早已宣示的“以空间换时间”的战略方针。这种战略方针，确切地说是“持久消耗战”战略，即靠敌之长期消耗实力，争取胜利。就像何应钦所说的“利用我优势之人力与广大国土，采取持久消耗战，一面消耗敌人，一面培养国力，俟机转移攻势，击败敌人，争取最后胜利”。① 与此相应，国民党强调内线固守和分兵把口原则，而不是实行积极防御作战；实行单纯依靠政府和军队而不是依靠群众的作战方针。因而，在其战略方针实施中，看不到使国家由弱变强的改革改造和对抗战基本力量——群众的宣传与动员。结果，在至关重要的战时民众动员方面，呈现出背道而驰的两个方向，就像日方满铁在中国抗战力调查报告书中所说，“中国的民众动员存在着性质不同的两条道路：一是国民党的方向，另一是中国共产党指导的方向。前者，包括国民党政府战时编成的 300 万新军，完全强制性的和义务性的，而且土豪劣绅从中舞弊，不仅难以收到战时动员之效，而且酿成广大农民的离反；相反，中国共产党则把群众动员理解为群众自身的运动，也就是，根据群众的直接利益组织群众，与此同时，以此种组织力，将群众向政治（抗日）、军事（游击战）、生产等方面动员”。② 中国共产党的认识很明确：中国抗战力的基点在农村，动员的基本群众是农民，而农民动员必然关系到农业改革和土地问题，也触及农村政治民主化甚至统一化的政治问题。总之，国民党与共产党相比，其选择的战略方向是不对头的，根据其战略方向所实施的战略方针和战时政治经济政策是不成功的。

---

① 何应钦：《日军侵华八年抗战史》，台北，黎明文化事业公司，1982，第 13 页。

② 满铁调查部：《中国抗战力调查委员会昭和 14 年度总括资料》（二之 1），1940，第 22 ~ 23 页。

3. 国民党制造反共高潮

国共两党各自的抗战路线、方针和政策，分别在其抗战大后方及正面战场，或者敌后抗日根据地及游击区推行。但国民党依据其所谓《抗战建国纲领》，在整个抗日战争期间，自始至终极力排挤、限制、打击，甚至妄图消灭异党，特别是共产党，以期实现蒋介石、国民党统治下的“建国”。

中国工农红军第一、二、四方面军及陕北红军，是1937年8月25日正式改变为国民革命军第八路军的，辖第一一五、第一二〇和第一二九师。8月下旬中共中央政治局洛川会议决定的第八路军基本任务是：建立敌后抗日根据地，配合友军作战，牵制敌人，保存自己，最初的作战地区为晋察冀绥四省交界处的恒山和五台山地区。实际上，八路军未等改编就绪，即东渡黄河，主力3个师全都部署在山西省抗击敌人，建立根据地，随着游击战从山西山区向广大华北平原扩展，华北各根据地普遍建设起来。特别是，王明自共产国际回到延安，他的“一切服从抗日，一切为着统一战线”主张被拒绝，毛泽东《论新阶段》发表，中国共产党明确实行各党在统一战线中必须有相对的独立性，即“既统一，又独立”的方针，中国共产党领导的八路军、新四军、游击队以及根据地、游击区更加发展起来。抗战开始时，中国共产党领导的武装力量，约有三四万人①，只有陕甘宁边区，该区在1937年9月改苏维埃政府为边区政府。② 此后，各根据地陆续建立起来。首先是1937年底建立的晋察冀边区，它是由中共中央实际直接统辖的华北最大的抗日根据地，该区以河北西北部为中心，兵力5万余人，活动地区广约40个县。其他陆续建立的根据地有1938年建立起的冀中、冀东、冀南及冀鲁豫、晋绥、山东等根据地。到1940年，中国共产党在华北已拥有统辖200余县的地区，兵力约30万人。在华中的长江两岸有新四军，他们在1939年初即商定了“向北发展，向东作战，向南巩固”的方针。在此之前，从1938年起，就出现了苏豫皖边区和鄂豫皖边区；在湖南、浙江、广东也都建立了中国共产党领导的抗日游击队。在华中、华南，抗日游击队和新四军，即中国共产党所领导的武装力量，不下10万人。

随着中国共产党力量的壮大，七七事变以来国共两党合作的大约两年“蜜月”期已成为过去，国民党为解脱其面临的危机，向共产党开刀，变既定的联共政策为反共政策。当时，抗战已进入长期化，即相持阶段，日本从大规模的军事侵略作战，转为以政略为主的“和平”攻势。国民党来自

---

① 一说是3万余人，另一说是4.6万人。

② 据载，原辖15县，后扩大为20县，各县均拥有自卫军。

正面战场的压力减轻，加上日本的竭力诱降和英美等国对日的绥靖妥协，国民党内部动摇，出现叛离，党外反对腐败独裁的呼声日高，抗日日趋消极，反共却步步加强。对此，毛泽东曾进行过全面的剖析，他说：

> 中国的抗日战争，一开始就分为两个战场：国民党战场和解放区战场。
>
> 一九三八年十月武汉失守后，日本侵略者停止了向国民党战场的战略性的进攻，逐渐地将其主要军事力量移到了解放区战场；同时，针对着国民党政府的失败情绪，声言愿意和它谋取妥协的和平，并将卖国贼汪精卫诱出重庆，在南京成立伪政府，实施民族的欺骗政策。从这时起，国民党政府开始了它的政策上的变化，将其重点由抗日逐渐转移到反共反人民。这首先表现在军事方面。它采取了对日消极作战的政策，保存军事实力，而把作战的重点放在解放区战场上，让日寇大举进攻解放区，它自己则“坐山观虎斗”。
>
> 一九三九年，国民党政府采取了反动的所谓《限制异党活动办法》，将抗战初期人民和各抗日党派争得的某些权利，一概取消。从此时起，在国民党统治区内，国民党政府将一切党派，首先和主要地是将中国共产党打入地下。在国民党统治区各个省份的监狱和集中营内，充满了共产党人、爱国青年及其他民主战士。从一九三九年起直至一九四三年秋季为止的五年之内，国民党政府发动了三次大规模的“反共高潮”，分裂国内的团结，造成严重的内战危险。①

国民党政府发动的第一次反共高潮是在1939年12月到1940年3月，在此之前，国民党即进行了精心准备。1939年1月，在重庆召开的国民党五届五中全会上，确认了“一个领袖、一个主义、一个政党”的方针，以强化蒋介石的独裁统治；在组织上，决定新设党、政、军一体化的国防最高委员会，以蒋介石为委员长；同时，将CC团和蓝衣社分别改组为国民党中央调查统计局和国民政府军事委员会调查统计局，以加强法西斯式的专制统治。国民党五届五中全会还明确地决定了“容共、防共、限共、反共”的方针；会后秘密地拟定了《限制异党活动办法》和《异党问题处理方案》等。同年3月，国防最高委员会公布了国民精神总动员的组织和实施办法，提出了“国家至上、民族至上、军事第一、胜利第一、意志集中、力量集

① 毛泽东：《论联合政府》（1945年4月24日），《毛泽东选集》第3卷，人民出版社，1968，第943页。

中”等极富国民党至上的思想统治色彩的口号。于是，反共舆论不胫而走，反共事件频频发生。诸如袭击八路军游击队杀害共产党部队战士干部的陕西旬邑事件、山东博山事件、湖南平江惨案、河南确山惨案，等等，都相继发生在这个时期。阎锡山还发动了“十二月事变”。原来自 1936 年起，阎锡山鉴于内外形势与共产党建立了抗日的统一战线关系，之后成立了有共产党员参加并由共产党员从事政治工作的山西新军。而摇摆于防共和抗日之间的阎锡山，于 1939 年 3 月的秋林会议上，决定改编新军，排除从事政治工作的共产党员。1939 年 12 月，阎军突然围攻晋西南新军决死队和八路军晋西支队。1940 年 1 月，八路军进行反攻，击溃阎军，使之向晋西南退却。[①] 在“十二月事件”发生同时，根据国民党五届六中全会的决定，从政治限共转向军事限共。国民党顽固派在军事上动员军队对待八路军、新四军的同时，叫嚣在政治上消灭共产党，并将小范围的摩擦升级为大规模的军事进攻。例如，1939 年 12 月，胡宗南部侵占了陕甘宁边区的淳化、旬邑等 16 个地区；1939 年末至 1940 年初，国民党冀察战区第九十七军朱怀兵部和第六十九军石友三部，先后向晋冀豫等地的八路军进攻，摧残抗日政权，并配合日伪军攻击晋东南太行地区的八路军总部。对于国民党顽军的进攻，八路军给予了坚决的反击。1940 年 3 月，中共中央召开会议，总结了击退第一次反共高潮的经验，认为抗日民族统一战线是抗战胜利的基本条件，为扩大和巩固统一战线，必须“发展进步势力、争取中间势力、反对顽固势力”；对于顽固派，亦须坚持既团结又斗争、以斗争求团结的政策，实行“有理、有力、有节”的原则。

国民党的第二次反共高潮发生在 1940 年 10 月至 1941 年 3 月。1940 年 7 月 16 日，即国民党五届七中全会之后，为了限制中国共产党武装力量的发展壮大，向中国共产党提出所谓《中央提示案》，主要内容是：取消陕甘宁边区，改称陕北行政区，归陕西省政府领导；取消国民党冀察战区，将其所辖河北、察哈尔及山东黄河以北地区并入第二战区；限期八路军、新四军全部开赴上述区域以内，并将八路军编为 3 个军 6 个师，新四军编为 2 个师，其余部队一律收缩。按此案，八路军和新四军原有的 50 万军队，将被缩编为 10 万人，并被压缩在黄河以北的冀察狭小地区。10 月 19 日，国民政府军事委员会参谋总长、副长，还指责“共军”“不服从中央命令”，限令八路军、新四军在一个月内开赴黄河以北指定位置。值此国民党制造

① 山西新军成立于 1937 年 8 月 1 日，共有 4 个总队，分布在山西的东北、东南、西南、西北，开展游击战争，建立根据地。1938 年在八路军帮助下进行整军，编为 4 个总队，50 个团。“十二月事变”后，于 1940 年 2 月成立山西新军总指挥部，不久山西新军编入八路军序列。

危机时刻，11 月 9 日朱德、彭德怀、叶挺、项英致电国民党当局，一面拒绝其无理要求，一面顾全大局，应诺新四军“北移”。1941 年 1 月 4 日，新四军部率其皖南部队 9000 余人，已从云岭出发开赴江北。可是，1 月 7 日拂晓，在茂林地区突遭国民党军 7 个师 8 万人的截攻，造成皖南事变。中共中央立即要求蒋介石撤围，可是国民政府却命令将新四军“一网打尽”。到 1 月 14 日，新四军除突围 2000 余人外，其余 6000 余人大都牺牲。军长叶挺被扣，政治部主任袁国平突围时牺牲，副军长项英和副参谋长周子昆被叛徒杀害。之后，蒋介石下令取消新四军番号，声言将叶挺交“军法审判”。中国共产党决定坚决粉碎国民党的第二次反共高潮，在重庆的周恩来（时任南方局书记）对国民党顽固派进行了坚决的斗争，并在报纸上发表了“千古奇冤，江南一叶；同室操戈，相煎何急!?”的著名题词，进行有力声讨。之后，中共中央和南方局采取各种方式揭露真相，阐述中共的反对内战、坚持团结的立场。1 月 20 日，中共中央发布重建新四军的命令，毛泽东发表谈话，要求国民党当局悬崖勒马，停止挑衅，承认错误，惩办祸首，恢复叶挺自由，抚恤伤亡将士，废止一党专攻，实行民主政治。国内外舆论广泛赞同和支持中国共产党的立场与主张，全国文化界数百名著名人士发表宣言，反对国民党的内战政策。国际社会也深恐中国内战爆发，造成有利于日本局面，而相继向国民党施压，特别是美国表示，如不解决国共纠纷，无法进行援华。内外交困的蒋介石在 1941 年 3 月 8 日，于第二届国民参政会上发表演说，表示“以后亦决无‘剿共’的军事”；3 月 14 日约见周恩来时，又将各地反共活动推到下级身上，回避血腥攻击新四军的皖南事变责任。

蒋介石并未履行其“以后亦决无‘剿共’的军事”的承诺，国民党政府当局也没有停止其反共的行为，第三次反共高潮于 1943 年 3 ~ 10 月发生。1943 年 3 月，蒋介石以自己名义发表了《中国之命运》一书。当时无论世界反法西斯战争形势，还是中国抗日战争形势，都积极地向有利的方向好转；国民党独裁专制统治丧尽人心，深切担心统治前途和中国共产党抗日力量的发展危及其统治。《中国之命运》一书，是污蔑、攻击中国共产党及民主党派，准备进一步打杀民主进步力量的挑战书。同年 5 月，国民党当局就趁共产国际撤销之际，指使特务冒充群众团体，叫喊“解散共产党”“取消陕甘宁边区”“重新改编各地红军”等口号。与此同时，蒋介石大肆进行军事部署，命令第八战区副司令长官胡宗南，6 月底之前完成闪击延安、攻占陕甘宁边区的军事部署。6 月初，何应钦、白崇禧也奉蒋命到陕西，与胡宗南会商作战方案，当时调集的部队达 50 万人，准备兵分 9 路进攻延安。

继而于7、8月间，国民党顽固派军队向陕甘宁边区挑衅进攻达数十次，内战危机迫在眉睫。针对蒋介石的反共军先头部队已对陕甘宁边区关中地区开始试探式进攻，国民党操纵的第三届国民参政会第二次会议上通过了反共决议案，中共中央政治局决定由八路军总司令朱德分别向蒋介石、胡宗南发出抗议电。7月12日，毛泽东又在《质问国民党》一文中，揭露了蒋介石勾结日伪、制造内战的阴谋。中国共产党在发动有力的宣传反击和进行军事反击准备的同时，也积极争取国内外进步力量的支持和同情。由于美、英、苏等同盟国都纷纷表达了对国民党顽固派反共的不满，致使国民党当局陷入内外孤立的境地。同年9月，国民党五届十一中全会上，蒋介石不得不做出表示，声称共产党问题是个政治问题，应用政治方法解决，胡宗南受命停止进攻解放区。① 但是，正如毛泽东于1945年4月在《论联合政府》一文中所指出的，“直到现时为止，国民党军队向解放区军队进攻的事件还未停止，并且看不出任何准备停止的征象”。②

二　战时抗日救亡运动特点

在蒋介石和国民党政府当局坚持专制、独裁统治立场，推行反共政策，不断强化打压共产党及民主进步势力的情势下，国共合作抗日格局得以保持，原因就在于，中国共产党充分珍视和执行抗日民族统一战线的方针与政策，对国民党顽固派的反共行径，在坚决予以反击的同时，实行既团结又斗争、以斗争求团结的方针，力求“有理、有力、有节”地对待和处理。同时也是因为中国共产党领导和影响下的全国抗日救亡运动，不断广泛、深入发展，开展多种多样的具体抗日活动，才迫使国民党当局不得不有所收敛，无法彻底偏离抗日事业大局。当然，七七事变以来的全国抗日救亡运动，不同既往，呈现出新的形势和特点。

1. 最广泛强烈的抗日救亡运动在国内外同时兴起

七七事变发生后的第二天，共产党即致电全国，号召发动自卫战争，呼吁国共两党合作。卢沟桥附近的农民和长辛店的铁路工人及北平市民也马上声援第二十九军的抗战，抗日救亡的呼声立即响彻全国。“抗日七君子”获释和国共合作宣言发表，更使中国人民激动振奋。虽然，当时国共

---

① 1944年中国共产党为准备反攻，派代表在西安与国民党谈判军事和边区问题，但无果而终。

② 毛泽东：《论联合政府》（1945年4月24日），《毛泽东选集》第3卷，第943页。

达成的合作，尚无正式文件，统一战线并不稳定，但是，像宋庆龄这样众望所归的社会人士都动情地声称："我听到这个消息，禁不住感动得热泪纵横。"

行动起来，组织抗敌后援会、抗敌自卫军、抗日救国会、抗日决死队、战地宣传队、抗敌同志会、巡回宣传队、战地服务团、抗日后援会等抗日组织，开展抗日宣传、募捐、慰劳、动员参军参战等活动；冒着枪林弹雨，帮助军队赶修防御工事、救护伤员、运送物资，甚至拿起武器，与爱国官兵共同直接杀敌者，不仅有各地工人、农民、青年学生，还有工商界人士等。许多民主党派和社会团体，也在为抗日，为民族利益而奔走效力，尤其华北各抗日团体，在七七事变刚刚发生就成立了华北抗敌后援会，"共赴国难"。全国知名人士黄炎培，七七事变当时亦曾致电第二十九军军长宋哲元，"望坚持到底，勿中敌计，不做城下之盟，不签任何条约"。[①] 许多民主党派和社会团体，都在七七事变后立即组织战地服务团，从事支援前线的各种具体工作。另外，成为抗日救亡运动广泛、强烈开展的象征之一的各少数民族、港澳同胞、海外侨胞大规模开展的抗日救亡运动日益高涨。例如，香港于七七事变后，由 30 多个工会组织了香港工人筹账联合会；到 1939 年上半年，港澳组织回国回乡服务团有五六十个，人员达千人以上。八九百万的海外侨胞，自九一八事变起就异常关注和极力支持国内抗日事业，抗战期间，以全欧华侨联合会、南侨总会、旅美华侨救国会三大侨团为代表的各种华侨团体近 4000 个，他们办报刊、搞宣传、组织文艺团体、创作抗战文学作品、开展抗战体育活动等，从事多种多样的抗日救亡活动。此外，还有大量的持久的抗战捐款运动，据统计，抗战期间，华侨捐款总额达法币 12 亿多元，捐款者占华侨总数的二分之一以上。

国内外各地抗日救亡运动的形式不一，水平各异，其共同的特点是：日本帝国主义对华凶狂的侵略战争，使中国人民空前觉醒，空前团结，空前表现爱国主义奋斗精神。抗日救亡运动，可以说，归根结底，是日本帝国主义的侵略残暴和中国政府当局专制腐败所"发动"起来的。1937 年 12 月 13 日，日军侵占南京后，屠杀了约 30 万名中国同胞，数万妇女遭到强暴。上海"八一三"事变时，即有 6 万名难民逃往租界，一个月后，租界难民即达 300 多万，此后更有数以千万计的难民，经长江向内地迁移。1938 年 6 月，中国军队在不做事先安排的情况下，掘毁黄河大堤，致使 44 个县的广大地区被淹，数十万居民溺水而亡。同年 11 月，中国军队实行焦土政

① 《黄炎培传》，《中国各民主党派史人物传》（1），华夏出版社，1991，第 21 页；转引自《中国抗日战争史》（上），第 21 页。

策，火烧长沙，数万居民毙命。战时总动员政策的施行，诸如工厂内迁、学校搬家，等等，莫不给人民群众带来越来越多的战时灾难。1938 年的国民党临时代表大会后颁布《兵役法》，结果有超过半数的应征者为了逃避兵役，买通官府，东借西凑，甚至倾家荡产。自 1939 年起，著名社会进步人士邹韬奋经营的生活书店等，被逐一查封，文化生活，自由空气，荡然无存。

2. 抗日救亡与抗日民主运动的统一

“抗日”与“民主”是两个范畴，但在抗战时期，两者存在必然的内在联系。要进行抗日，就必须动员民众，利用民力，给人民以民主自由；如专制独裁，收缩民主，剥夺自由，民众挨压受苦，就会导致抗日民族统一战线的破裂，影响抗日胜利的到来。因此，争取抗日战争最后全面胜利的抗日救亡运动和反对战时独裁专制的抗日民主运动，目标是一致的。当然，抗日民主运动，是以维护推行抗日民族统一战线和赢得战争的最后胜利为前提的。

抗日民主运动是针对蒋介石和国民党当局不断强化独裁专制统治而进行的，运动的变迁起伏，也是以蒋介石和国民党当局战时政治统治状况为转移的。通观抗战时期，抗日民主阵地，主要在国民参政会，抗日民主运动的主题，乃是宪政实施问题。先后掀起的两次宪政运动高潮，都是蒋介石和国民党当局加紧独裁所致，同时也与战局攸关。

宪政，就是立宪政治，或说是实行宪法之政治。在这种制度下，根据民主程序制定颁布宪法，设置政府，保障人民民主自由权利，并将宪法作为政府和人民信守的最高准则。可是，民国政府成立十余年来，却从无宪法，更无准据宪法之民主政治之实行，始终实行所谓“训政”或“军政”。不错，抗战初期，国民党当局迫于全国人民和民主党派的要求，曾采取一些扩大民主的举措，诸如增加国防会议人员名额，简化政府行政机构，吸纳个别共产党员或进步人士为政府成员，《新华日报》等进步报刊得以在国民党统治区发行，等等，然而，却是两种趋势并存，即国民党当局在开放有限的民主空间的同时，也在悄然地强化专制统治。1938 年 3 月末至 4 月初国民党临时全国代表大会通过的《抗战建国纲领》就是如此，由于其基调是在蒋介石领导下的“建国”，实现国民党一党统治下的“国家统一”，所以在临时全国国民党代表大会前夕，曾策划吞并其他党派的“多党为一党”，但遭到拒绝。诚然，《抗战建国纲领》中，也做出了“组织国民参政机关”的决定，不久即同年7月6日，第一届国民参政会确也正式召开。[①]除中国共产党有7人参加外，国民党当局还网罗了国内各党各派、各界人士参加，呈现举国一致的态势；同时由于人民得以参政议政，国民党一党专政的局面开始打破。毛泽东和参与国民参政会的中共7名代表，都对该届参政会予以积极肯定的评价。但是，国民参政会所体现的民主进步具有很大局限性，正如有的著作所指出的：“国民参政会仅仅是一个咨询机关，还不是正式的民意机关；且国民党对提出议案还有很多限制；中共等各党派也是以文化团体、经济团体、‘信望久著’者的身份参加会议的。”[②] 不仅如此，第一届国民参政会所显现的有限民主进步趋向，很快开始逆转。除有国际国内的形势因素外，国民党自身也产生了强化独裁、加紧专制的动因：一方面，由于游击战争的有效展开，真正的民主在解放区充分实行，蒋介石和国民党不愿看见中国共产党领导的抗日武装和根据地发展、壮大，使其深感恐惧和不安；另一方面，抗战以来，国民党非嫡系地方实力派，因奉调充当抗战前锋，普遍削弱，而蒋介石又利用所谓“战时”的特殊条件，强化了自己的独裁地位。1939年1月，国民政府改组国防最高会议为国防最高委员会，蒋介石任委员长，从而统一了党政军指挥。在1939年2月21日第一届国民参政会第三次会议的闭幕会上，蒋介石宣布实行军政。1939年5月1日，全国正式实行国民精神总动员，使全国精神统一到“一个党、一个主义、一个领袖”的轨道上来。与此同时，1939年国民党五届五中全会之后，国民党秘密地积极地拟定了《限制异党活动办法》等反共反民主的独裁法令，并制造一系列残害共产党和进步势力的事件与惨案，其中包括1939年6月12日发生的惨绝人寰的平江惨案。[③] 中国共产党为了维护抗日大局，维护抗日统一战线，对于反独裁专制的民主运动，本来是采取克制和低调姿态的，但是，鉴于蒋介石和国民党当局的倒行逆施的反共反民主的行径愈演愈烈，决定把坚持抗战和争取民主的斗争结合起来。在1939年的中国共产党的《七七宣言》中虽未提出实行民主的要求，但提出三大口号：“坚持抗日到底，反对中途妥协！巩固国内团结，反对内部分裂！力求全国进步，反对向后倒退！”同年8月，中国共产党领导人在向蒋介石等

---

① 建立国民参政会原系在1932年国难会议上由民主党派提出的议案，国民党四届三中全会曾决定于1933年内成立。

② 王双梅：《历史的洪流——抗战时期中共与民主运动》，广西师范大学出版社，1994，第109页。

③ 当日国民党军第二十七集团军杨森部，根据蒋的命令，包围中共湖南平江嘉义的通讯处，惨杀新四军参谋涂正坤等。同晚，又将八路军、新四军6人活埋于黄金洞，并将通讯处财物抢劫一空。这一系列事件激起全国人民公愤，要求严惩凶手。

就平江惨案等提出要求的同时，决定适当进行争取民主的斗争；对于第一届国民参政会第四次会议，中共中央政治局决定采取积极方针，发起和领导第一次民主立宪运动。1939 年 9 月 9 日第一届国民参政会第四次会议开幕后，预经协商和准备的各民主党派，万箭齐发，相继提出《结束党派统治，开始宪政提案》。据统计，参加此次会议的参政员共 141 人，几乎全部参与了提案，有人甚至参与多个提案。总之，此次会议掀起了要求民主、实施宪政的运动高潮。这种宪政运动，反映了战时社会阶级关系的变化，尤其是显现了中间阶层的充分觉醒，他们中的许多人都放弃了对国民党和蒋介石的政治幻想。在国民参政会上一贯保持中立、很少表态的一些老参政员，也公开表示支持民主党派的提案。当然，在国民参政会上最激烈的争论，是在国民党与其他党派的参政员之间进行的，争论的焦点自然是是否给各党派以合法保障和结束党治的问题。

国民参政会一届四次会议上宪政问题的讨论，已成为战时政治生活的焦点，全国媒体都在活跃地报道评论。宪政促进运动也席卷各地，诸如成都、昆明、上海租界、广东等地都组成了宪政促进会或召开座谈会，特别是同年 11 月 17 日，国民党五届六中全会接受国民参政会的提案，通过《定期召开国民大会并限期办竣选举案》后，宪政运动更呈现日趋高涨的局面。各地宪政运动讨论的主题是国民大会召开问题、宪法制定问题和宪政如何实施问题等。国民党当局面对如此高涨的宪政运动，十分担心与恐慌，蒋介石曾公然声称："若真的发展民主，我们就不能建国了。"所以，时至 1940 年 4 月，国民党中央就开始打杀宪政团体，限定一地一团体，取缔违反国民党宪政文件的言论；1940 年 9 月，国民党政府又宣布，国民大会召开日期另行规定。就这样，第一次民主宪政运动以失败告终。[①]

由于国民党拒绝实行宪政，国民党地区的民主宪政运动便陷入低潮，可是，在宪政运动中经受锻炼的各民主党派和民主人士，认清了国民党当局的真实面目，民主运动持续发展并走向联合。蒋介石和国民党当局虽然日益独裁和法西斯化，但其面临的各种危机也在加深，而民主势力随着世界反法西斯形势的好转，要求实行民主的声音越来越高。1943 年 9 月，国民党当局慑于舆论压力，宣称抗战结束后一年内召开国民大会，制定宪法，实行宪政。第二次民主宪政运动由此而开展起来。1944 年 3 月，中共中央决定参加此次运动，指示中共南方局积极行动。大后方的民主人士创办了一批呼吁民主、宣传宪政的刊物；许多民主人士，如李公朴、闻一多等著

① 王双梅：《历史的洪流——抗战时期中共与民主运动》，第 169 页。

名教授都起而疾呼民主，抨击独裁；青年学生、民族工商界也都积极地为实现民主而活跃起来；国民党内一些人士和各地方实力派，发表民主言论，要求实行民主抗战。1944 年 9 月，中国民主政团同盟，改组为中国民主同盟，由于无党派人士的广泛参加，而成为重要的社会力量。1944 年 9 月，林伯渠根据中共中央指示，在国民参政会上提出成立联合政府的方案，这一反映全国人民愿望的议案，立刻引起全社会的普遍关注，国民党一党专政面临严重危机。1944 年 10 月，在各界、各阶层的近千人追悼邹韬奋的大会上，一致要求向法西斯统治做斗争。成都华西大学等 5 所大学 2000 人举行集会，要求改组政府，成立联合政府；昆明更是举行 6000 人的大会，提出同样要求。在此期间，中国共产党与国民党还就联合政府问题举行谈判。1945 年五四纪念日，昆明学生举行万余人的示威游行，要求国民党结束一党专政，建立联合政府。面对一浪高过一浪的要求民主的社会运动，国民党却始终拒绝成立联合政府。1945 年 3 月，蒋介石公然宣布，要在同年 11 月召开国民党一手包办的国民大会，引起中国共产党和全国人民的极大不满和强烈谴责。迫于形势，国民党参政员虽与共产党参政员进行谈判，但蒋介石执意召开国民党一手包办的国民大会，因此，此后的反对国民党独裁专制的民主斗争愈演愈烈。1945 年 2 月，在中共南方局组积领导下，掀起有 20 万工人、学生、市民参加的重庆反国民党特务的斗争大会；国民党统治区日趋高潮的民主运动，都是围绕抗日这一中心而进行的。这些运动使各种抗日力量进一步聚集起来，壮大民主力量，不但有助于抗战的最后胜利，也为胜利后的中国社会发展，准备了条件。

3. 抗日救亡运动跨入共产党领导的新阶段

七七事变后，蒋介石确已履行西安事变时所做的实行抗日的许诺，但因其坚持推行所谓的“抗战建国”路线，全国人民所实行的抗日救亡运动前途，依然艰难、坎坷。不过，进入全国抗战后，全国抗日救亡运动，实际已完全由中国共产党领导，为配合武装抗日战争，维护国共合作大方向，执行抗日民族统一战线，争取抗日战争的最后胜利，发挥了不可磨灭的历史作用。

从抗日救亡组织的角度来看，初始阶段的全国抗日救亡运动，是以九一八事变后的北平东北民众抗日救国会为主导的，它对指导、帮助东北抗日义勇军的抗日武装斗争和在率领群众向南京进军，揭露、反对蒋介石的不抵抗政策等方面的历史功勋，永载史册。然而，《上海停战协定》和《塘沽协定》签订后，抗日救亡团体遭到封杀，抗日救亡运动走向低潮。

1933 年 7 月，北平东北民众抗日救国会被国民政府军事委员会北平分会勒令停止活动，但该会常委会决定，以秘密方式继续活动。1933 年 9 月 18 日该会仍以原来名义，举行九一八两周年纪念大会。当晚，该会常委会即决定，按此前张学良提出的“复兴民族、抗日救亡、复土还乡”的宗旨，组织秘密抗日救亡团体复东会，领导人均来自原北平东北民众抗日救国会。在 12 月 19 日召开的第二次全体大会上，王卓然当选为理事长，高崇民为秘书长，阎宝航等 9 人为理事。复东会给自己规定的主要任务是团结东北流亡集团的上层人士，在东北军高级将领中开展抗日救亡运动。因为他们在东北流亡群体中联系广泛，所以复东会成为联络、团结东北军和东北人士的重要纽带。然而不久后，复东会被一个称为四维学会的组织所取代。1934 年 1 月，张学良旅欧考察回国，被南京方面任为豫鄂皖三省“剿总”副总司令，开始率领东北军与红军作战。当时，复东会及其活动已被国民党当局所注意，他们认为，复东会是关内东北人的一支核心力量，与张学良关系密切。蒋介石要求张学良将复东会与复兴社合并成立一个新组织。张学良当时奉蒋介石为“领袖”，唯命是从，因张在海外深受法西斯思想影响，复东会主要领导人高崇民、阎宝航等本来心怀反对之意，但因张的关系只好表示同意，存在不到一年的复东会便被所谓“四维学会”所取代。该会实质是蒋介石瓦解张学良势力，控制与分裂东北流亡同胞之抗日救亡运动，巩固法西斯专制统治的复兴社的外围团体。但因原复东会领导人士与复兴社分子冲突、摩擦不断，且如高崇民这样重要人士离会他去，致使活动到西安事变为止的四维学会，并无作为，反而对抗日救亡运动产生了消极的负面影响。

庆幸的是，一度低落消沉的全国抗日救亡运动，早在 1935 年即掀起空前的新高潮。历史转折的契机有二：一是 1935 年上半年，日本帝国主义将以“华北自治”为名的侵吞华北之华北事变推到极致，引起全中国人民的极大愤恨与反对；二是针对日本侵华更加危急的新形势，中国共产党做出重大政策调整。如前所述，1935 年 8 月 1 日发表了《为抗日救国告全体同胞书》（即《八一宣言》），提出了最大化的抗日民族统一战线政策和建立国防政府与抗日联军的政策主张。正是在如此两方面重大历史形势的激励下，1935 年冬爆发了由中国共产党领导的空前激烈的“一二·九”爱国反帝运动。该次运动最重要的意义与影响是全国抗日救亡运动达到空前的新高潮，全国各地各界抗日救亡团体，如雨后春笋，纷纷出现，特别具有标志性意义的是，全国各界抗日救国联合会于 1936 年在上海诞生，全国各界顶级抗日爱国人士，包括被称为“爱国领袖”的人士（如

“抗日七君子”）在内，都成了该联合会领导，其对全国抗日救亡运动的影响作用，可想而知。

鉴于流亡关内东北同胞的抗日救亡运动对全国的特别重要作用，中国共产党对此加强了领导。1935 年 1 月，中共中央北方局在北平成立中国共产党东北特别支部，简称“东特支”；继而，1936 年初，在“东特支”基础上，又成立中共东北党务特别委员会，简称“东特委”，它把最为活跃的流亡华北的东北青年学生作为工作重点，先后组成了各种抗日救亡团体，如以东北大学女生为主体的东北妇女抗日救国会（简称“东妇”）；以东北大学、东北中学等东北籍青年为主体的东北旅平青年救国会（简称“东青”）；以团结关内东北青年学生和东北籍爱国人士进行抗日救亡运动为己任的东北人民抗日会（简称“东抗”）等；从而使流亡关内的东北同胞，重新拥有了自己的抗日救亡团体，但问题是，这些团体的领导机构不够完善，没有形成统一力量。“东特委”在 1936 年初，即这些团体成立时，就计划以东妇、东青和东抗为基础，将救亡团体进行联合，创建统一领导东北流亡同胞救亡团体的东北各界抗日救国联合会，简称“东联”。西安事变发生后的 1936 年 12 月 20 日东联正式成立，成立宣言称：“（一）要求立刻对日宣战；（二）联合各党各派召开救国会议，建立举国一致的民主政府。”① 到 1937 年 3 月，参加东联的团体已达十五六个，东联成为流亡关内东北同胞进行抗日救亡运动的中枢。东联并非全国救联属下团体，但全国救联对东联的指导与影响，显而易见。流亡关内的东北同胞及其救亡团体的可贵之处就在于，他们以其特殊存在的形态和活动方式，对全国抗日救亡运动起到先锋作用。他们的复土还乡目标，是以全国抗日救亡运动取得全面胜利为前提条件的，所以，他们积极参与全国抗日救亡运动。1936 年，抗日救亡运动在西北地区崛起时，尚在筹建中的东联就积极组织成员，尤其是青年学生进军大西北。特别在西安事变前夕，东联联合西北抗日救亡团体，举行了规模逾万人的声势浩大的向临潼前进的请愿示威活动，要求蒋介石立即对日抗战，结果推动了张学良、杨虎城两将军逼蒋抗日的兵谏行动。《张、杨对时局宣言》发表后的第三天，东联即发表宣言称：“反对假借任何名义实行内战”，“要求政府接受张、杨主张”，“速召救国大会实行抗日”等，之后东联宣布正式成立。东联存在时间较短，虽然在西安事变后，东北抗日救亡运动实现了从依靠张学良的指导与支持，到接受共产党领导的转变，关内东北救亡团体也实现了在中国共产党领导下的联合，但东联这

① 戴茂林、邓守静：《八年抗战中的东北救亡总会》，第 27 页。

个救亡团体联合组织，仍系松散的团体，组织并不严密。所以，七七事变前夕，东联被东北救亡总会（简称“东总”）所取代，它是中国共产党领导下的统一关内的东北抗日救亡组织，是抗日战争时期关内东北同胞进行抗日救亡运动的中枢。

三 东北救亡总会及其业绩

1. 团结东北军民抗日救亡之中枢

西安事变时期，蒋介石做出了抗日的承诺，但是，痛快地兑现承诺，谈何容易。况且张学良送蒋回南京后被蒋长期监禁起来，在西安发生了东北军少壮派枪杀王以哲将军的“二二”事件，东北军势将被调离西北进行改编。因此，无论是全国形势，还是东北军的前途，都不容乐观。1937 年 2 月，周恩来指示设在东北军内部的东北军工作委员会[①]书记刘澜波：“把东北人民、东北军团结起来，抵抗蒋介石的分化瓦解；把进步的东北军官、东北人士组织起来，把东北救亡团体联合起来，扩大抗日民族统一战线，争取民主，实现抗战，争取张学良将军早日恢复自由。”[②] 3 月 18 日，正在西安与国民党谈判的周恩来又指示北方局书记刘少奇：“在执行党今天巩固和平、加速准备抗日的总任务下，东北军与东北流亡人民中的工作仍是最重要的一环”，“今天最好的方法就是加紧东北军的团结”，“建立东北群众的统一战线”，“建立整个东北民众救国团体联合会，在今天可以作为建立东北群众统一战线活动的中心”。[③] 于是，从 1937 年 3 月起，东北民众救国团体联合会的筹建工作，便在北平、上海两地开始，同步进行。北平方面，由东工委书记刘澜波通过从西安来到北平的高崇民，联络东北著名爱国人士杜重远、卢广绩、车向忱、陈先舟等，进行筹划商议；上海方面，则由同国民党当局谈判国共合作问题的周恩来亲自进行，他首先指示在上海的抗联第四军军长、共产党员李延禄召开筹备会议，之后又会同李延禄往访驻上海的东北抗日义勇军将领李杜，并鼓励他为抗日救亡所做的努力。应

① 1935 年 12 月中共中央瓦窑堡会议后，为强化东北军工作，成立中共中央东北军工作委员会，简称“中工委”，周恩来任书记；在东北军内部则秘密设立了东北军工作委员会，简称“东工委”，刘澜波任书记。

② 《西安事变资料》第 1 辑，人民出版社，1980，第 172 ~ 173 页；转引自戴茂林、邓守静《八年抗战中的东北救亡总会》，第 41 页。

③ 《周恩来统一战线文选》，人民出版社，1984，第 38 ~ 39 页；转引自戴茂林、邓守静《八年抗战中的东北救亡总会》，第 41 页。

该注意到，中国共产党对于向东北军和东北流亡同胞做工作，都很重视，尤以东北军为重点。西安事变后，由于蒋介石长期监禁了张学良，东北军又面临国民党当局进行分化瓦解的严峻形势，对向东北军做工作，倍加重视。为了促使东北军团结抗战，推动全国的国共合作抗战，中国共产党调整了对东北军和东北同胞的工作策略，即建立和强化东北救亡团体联合会，以期“用东北群众的力量来推动东北军的团结”。故在成立的新救亡团体中，拟议最大限度地吸纳东北名流，特别是东北军军官，团结东北军军官，提升东北军的抗日士气，尤其注意团结整个东北人民与军队，不满足于只团结一部分左倾分子，这样做不仅无益，反而有害。根据这一宗旨，按预定的先在上海召开筹备会议，再去北平开成立大会的程序，1937 年 6 月 20 日，东北救亡总会在北平白塔寺东北大学礼堂举行。出席成立大会的有原东北民众抗日救国会和复东会的负责人、东联及其所属团体的代表、东北军代表、东北抗日联军代表、东北抗日义勇军代表、东北大学代表、东北社会名流、归国留学生代表、各地区代表和百余名东北青年等。

东总与此前的东联不同，它是在中国共产党领导下，在中共北方局直接组织下，吸纳绝大多数关内东北救亡团体而成立的组织严密、宗旨明确、行动统一的抗日救亡团体。在西安事变和平解决、张学良被囚、东北军面临分化瓦解，全国形势由不断内战朝着共同抵御外侮的历史转折之际，推动抗日救亡运动发展，促进国共合作，达成全民抗战新局面，具有重大意义，因而东总的成立，不仅是团结东北军而且是发展全国抗日救亡形势的迫切需要。

作为中国共产党直接领导下的东总，是公开的抗日救亡群众组织，一方面拥有公开的领导机关①，领导者都由威望很高的东北知名人士充当，以便于有效开展救亡工作；另一方面设有专门从事东总工作的秘密“中共东总党组”②，实行秘密党组织领导下的公开社团的体制。当然，东总的组织机构也多有变迁，如地址迁移和机关改组。随着七七事变爆发，东总由北平到南京再到武汉，不断迁移。1938 年撤离武汉时，又一分为四，成立若干分会。③ 不管如何变迁，其宗旨和事业始终如一。

---

① 东总最高权力机关是会员代表大会，大会闭会期间，由执行委员会行使职权。执行委员会选有常务委员，即高崇民、阎宝航、车向忱、陈先舟、卢广绩。东总迁至南京后，改为主席团制，除原有委员外，另吸收与国民党当局联络较多、与张学良关系较深的王卓然和王化一为主席团成员。

② 中共东总党组由中共北方局的东北特别委员会所组建，书记为刘澜波。东总迁至南京后，东总及其党组织改由中央直接领导，仍由刘澜波负责。在重庆期间，改由南方局领导。

③ 即有东总重庆总部、西安陕西分会、延安分会、衡阳分会；后来分会发展到 10 多个。

根据东总成立时通过的《组织大纲草案》规定，东总宗旨为："本会以团结东北救亡力量，领导东北救亡工作，并推动全国抗日运动，以期达到恢复东北失地，完成民族解放……"[①] 根据这一宗旨，东总及其各分会，不遗余力地从事有利于中国抗日事业的诸多工作。在东总合法存在的五年间及其后在反攻杂志社名义下继续奋力开展活动直到抗日战争最后胜利，始终不渝地为中国抗日战争及其胜利，做出了重大贡献。在全国诸多抗日救亡团体中，东总堪称历经时间最长、活动领域最广、事业业绩最多、影响作用最大的最富特色的团体。它在中国共产党的直接而又正确领导下，在与20万东北军保持密切关系的同时，率引数十万东北流亡同胞投身于全国的抗日救亡斗争和打回老家去的抗日大业，将东北流亡同胞组织锻炼成一支在中国抗日救亡运动中具有特殊作用的劲旅。这是东总的最大的历史功勋。

2. 军事工作与战地服务团

东总继承抗日救亡团体的传统，将首要的活动与工作，集中于军事方面。东总总部初设四部、五委员会；军事委员会为五委员会之首，由东北抗日义勇军李杜将军挂帅。因为东总成立后仅半个多月就爆发了七七事变，也就是东总面世伊始，就遇到日本侵略者疯狂的全面侵华暴行，必然举全力回应。首先是派遣会员到前线、战区、抗日部队中去参加抗敌战斗。据载，自上海"八一三"事变发生到1938年10月，即有"不下千余人"经东总介绍到各战区工作，"因而牺牲者也不在少数"。[②] 其次是组织领导抗日武装，特别在全面抗战的最初阶段的前线华北，东总的华北分会实际就是武装抗日的实体，它所组建的华北国民抗敌自卫军，规模众达数千人，活动于京西一带，打击敌人。[③] 此外，在雁北中共抗日游击队、马占山在绥远组建的东北挺进军中，都有东总人员协助抗战。再次是分化瓦解伪军，争取他们反正，在这方面最突出的例证，就是东总骨干徐靖远会同东北抗日义勇军组织领导者黄宇宙策动伪皇协军第一军起义成功。1938年3月，国民党骑兵第五师师长李福和任第二战区第三游击司令，于河南林县投敌，任伪皇协军第一军军长。当时，东总骨干徐靖远在林县主持领导军民联合

① 戴茂林、邓守静：《八年抗战中的东北救亡总会》，第45页。

② 阎宝航：《七年来东北同胞的奋斗》，《反攻》第3卷第5期，1941。

③ 七七事变后，东总立刻成立了武装部，首先在北平西郊发动游击战。其中，规模最大的赵侗等部队众达数千人。东北军吕正操团，则在冀西组织游击队，拥有5万余人的抗日队伍，保卫了河北大片领土。

抗日委员会，因组织领导东北抗日义勇军并积极参加抗战而声名远扬的河南人黄宇宙，也在林县一带进行群众抗日武装斗争。李福和投敌后监禁了徐、黄二人，并进行拉拢。徐、黄假装归顺于李，分别被李任为伪皇协军副军长和第三师师长。徐、黄与八路军秘密取得联系，同年8月7日，趁李福和陪日军长川少将视察时，当场率部起义，击毙李和长川，然后带领部队投奔八路军，该部后改编为抗日救国纵队，徐、黄分任正、副司令。伪皇协军第一军反正事件，不仅在国内而且在国际上产生很大影响，曾被称为“东方佛朗哥”的李福和之死，是对日本侵略者以华制华政策的沉重打击。

东总的战地服务团，既是一支宣传队，又是一支工作队。东总的战地服务团有三支：一支是1938年春在武汉成立的第一团；一支是1939年7月在陕西成立的第二团；另一支是东总的服务队，1940年1月由重庆向华北挺进时改称为第三团。战地服务团从事演出、讲演等多种多样的宣传活动，并伺机向敌后根据地进军，从事抗日的战地工作。1938年春成立于武汉的战地服务第一团，同年8月即向敌后根据地进军，8月20日到达豫西汜水，受到驻军第五十三军（东北军）军长万福麟的接见；战地服务第一团得知原辽东义勇军唐聚五领导的东北游击队，也驻在该地时，特赶到部队驻地，为该游击队举行了一场热烈的欢送会。看来，由众多优秀热血青年和许多共产党员组成的战地服务团，之所以一致以挺进敌后根据地开展工作为目标，归根结底是为了实现抗战到底和打回老家去的基本宗旨。正是本着这一宗旨，与战斗在华北的诸多东北群众抗日武装集团①保持密切联系的东总华北分会，自建会伊始，就建立了类似战地服务团的东进工作团。该团呼吁在暴敌统治下的东北同胞坚持抗战和抗日到底，并于1938年10月与东总华北分会成员一同到达平西游击区，在抗日前线一直战斗到1940年末。东总战地服务团深入敌后的战斗任务，虽然未能全部完成，但它为抗日事业，为根据地，输送了大量干部，为抗战胜利储备了力量。

3. 坚守《反攻》出版发行阵地

《反攻》是东总的会刊，东总迁至武汉后，该刊于1938年2月1日出版发行。在国民党当局的严酷思想言论统治和战时种种困难条件下，《反攻》的发展道路艰难坎坷，但因有中国共产党的坚强领导和东总领导人的有效周旋，致使该刊得以持续公开发行到抗日战争最后胜利，成为抗日战争时

① 东总华北分会与白乙华的东北挺进军、唐聚五的东北游击军、清河两岸的人民自卫军等，都有联系。

期别具特色和为抗日战争做出重要贡献的中国抗战期刊。《反攻》作为东总的宣传阵地，即“加强抗日宣传工作”的重要媒体，不仅是有着最长寿命的抗战期刊，而且是中国共产党在国统区直接领导的重要期刊。《反攻》是在国民党中央立案注册的公开出版物，但其编辑出版，均由以共产党员为主体的东总宣传部负责。《反攻》在中共长江局和南方局直接领导下，既是在国统区坚持抗战到底，反对妥协投降的战斗武器，也是宣传中国共产党和中国人民抗战业绩，鼓舞全民抗日意志的重要阵地。1942 年 5 月之前，《反攻》刊载的抗日根据地和敌后抗日武装斗争活动的报道文章，占当时抗战报刊的三分之一。特别是对鲜为人知的抗日联军的英勇顽强的抗敌斗争情况的报道上，《反攻》成为主要渠道，这方面的文章共达 30 余篇。《反攻》第 8 卷第 2 期至第 10 卷第 2 期连载了王语今的《赵尚志》一文，翔实生动地展示了东北抗联第三军军长赵尚志如何艰难困苦、出生入死地与敌人战斗的状况。《反攻》也是东北几十万流亡同胞实行“打回老家去”的战斗号角，自认为与犹太人同样的关内东北流亡同胞，生活悲惨，对国破家亡有着切肤之痛，对进行反攻、收复失地、获取抗日胜利，怀有强烈要求。所以，《反攻》代表他们，喊出了他们的心声。其发刊词称：“为了挽救我们的祖国，为了争取最后的胜利，获得中华民族的独立自主与解放，我们……一定要实行反攻……一定要在这一反攻中，葬送万恶的日本帝国主义！”[①] 关内东北流亡同胞深爱这份刊物，把《反攻》作为精神依托。《反攻》经常报道东北同胞的困苦和青年学生的学习问题，并对他们进行一定的指导。不过，作为社会新闻媒体，其内容与服务对象是多种多样的，《反攻》不是单纯的战争与军事杂志。杂志撰稿人，有军、政、经、文等各界人士，诸如东北元老莫德惠、万福麟，国民党要人冯玉祥、孙科，社会名流黄炎培、章伯钧，学者或作家张友渔、茅盾，国际友人史沫特莱、绿川英子，共产党人邓颖超、胡绳，等等。所以，《反攻》自然也成了国统区各党各派、各个阶层共议时事与抗战大事的舆论平台。当然，国民党当局对其政治监视，也与时俱进。特别是随着蒋介石、国民党当局的消极抗日、积极反共政策的推行，在中共外围组织东总备受打击破坏的情况下，《反攻》的处境日益艰难，文章被扣、刊物遭截，以致被迫临时停刊，共产党员撤离。总之，《反攻》在其后期历经坎坷，艰辛备尝，全赖杂志社同人在坚强无畏的东总领导人高崇民率领下，顶住种种压力，克服重重困难，使国民党当局抓不到取缔的借口，因而在极端恶劣环境下，该刊物依然有声

① 转引自戴茂林、邓守静《八年抗战中的东北救亡总会》，第 58 页。

有色，直至抗战胜利。

4. 坚决反对出卖东北的妥协投降

东总的事业与活动远不止于此，在其他方面，诸如上层统战工作，向延安输送青年学生，与国民党当局特务统治进行斗争，参与宪政民主运动等，东总都做出了努力与贡献。除此之外，东总还与蒋介石和国民党当局进行过至关重要的关于抗战到底问题的论争，这一论争实际关系到抗日事业是否半途而废地对日妥协投降问题。东总坚持抗日到底，坚决反对妥协投降，为此极力坚守阵地与事业。

武汉战役和广州战役之后，日本的速战速决战略方针失败，国内战时危机暴露，对华战略方针，在正面战场不得不调整为政治诱降为主、军事打击为辅。正是在这种形势下，国民党阵营发生公开分裂，亲日派汪精卫叛国投敌，国民党集团中以蒋介石为代表的亲英美派，虽仍坚持抗日主张，但是在加强反共的同时，对日妥协倾向明显增强。汪精卫飞离中国出逃到河内后，于1939年1月国民党召开的五届五中全会上，蒋介石虽然仍称要“坚持抗战到底”，但是照他的说法，所谓“抗战到底”，这个“底”就是“恢复‘七七’事变以前的状态”；反过来说，东北地区和华北地区的部分权益，都可以牺牲、出让，即只要保住华南、华中和华北的领土主权名义即可。这种东北牺牲论，是以蒋介石为首的国民党的一贯主张。前已述及，蒋介石在1937年8月7日召开的有各地将领和负责人（含中共方面）参加的会议上，就曾大谈其“可以长城划为疆界”，并表示“这我敢做”。该会议还决定：“在未正式宣战以前与日本交涉，仍不轻易放弃和平。”这说明，在七七事变后一个月，平津业已失守的情况下，蒋介石仍在放放弃东北以求对日妥协之可能的信号，并未决定实行国共合作抗日的政策。国共合作抗日政策的实行，是“八一三”上海事变以后的事情，因为日本侵略者已经打到蒋介石国民党统治的心脏地区了，所以，国民党迟至9月22日才公布了中国共产党发表的国共合作宣言。此次蒋介石之所以老调重弹，无非是他觉得机会又至，为与出逃投敌的汪精卫暗争高低，他也试图伺机以放弃东北为条件，与日方达成妥协，结束战争，并为此而预发信号。但是在被日本凶狂侵略行径动员起来进行抗日的全国人民面前，此种民族背叛行为，是行不通的。蒋的谬论一经推出，即遭围攻猛击。以打回老家去和打到鸭绿江边为宗旨的东总对此早有准备，在国民党五届五中全会之前，东总党组书记于毅夫就发表《对于五中全会的期待》一文，呼吁国民党认清日本“非要达到灭亡我国目的而不止的”的本性，要求政府“杜绝一切妥协失败主义”。国民党五届五中全会后，东总在中国共产党领导下，立即对国民党的妥协倾向展开批判。国民党当局因恐事态闹大，不得不于1939年6月15日由军事委员会政治部部长陈诚出面，邀请东北元老和名流，举行座谈会，进行解释，把责任推给“汪精卫之徒”，表示要抗战到底，最低限度要恢复九一八事变以前之状态，恢复中国领土主权之完整。国民党当局的行为虽有所收敛，姿态有所放低，但东总并未就此罢休，在继续批判汪精卫叛国行径的同时，特于同年12月要求国民党五届六中全会收回上次五中全会关于抗战到底的解释。与此同时，东总在中共南方局领导下，动员东北流亡同胞开展了要求恢复东北政治机构的运动，致使国民党政府不得不于1940年5月宣布任命万福麟、邹作华、马占山、缪澄流为辽、吉、黑、热四省主席的命令。此后，东总为打回老家去和抗战到底，进行种种宣传工作，为此坚持、坚决与国民党斗争到底。

1939年初的国民党五届五中全会是国民党当局在抗战道路上倒退，实行消极抗日、积极反共政策之始，故此后所呈现对日妥协投降之势并不偶然。此次会议之后，国民党当局即积极于反共法令的制造，实行反共摩擦，发动反共高潮。特别是皖南事变之后，东总也直面遭取缔破坏之危机。东总作为中国共产党的外围组织，成立五年来之所以顺利开展工作，为抗战事业做出重要贡献，主要因素有二：一是有中国共产党的正确领导，能随时因应形势调整策略；二是有一个坚强领导班子，他们借助于广泛的社会关系，灵活机智地排除干扰，顶住压力，与国民党当局特别是特务部门，进行斗争并取得胜利。到1942年4月，蒋介石终于下令取缔东总；同年5月末，国民党政府在挂牌成立东北四省抗敌协会这样一个御用组织的同时，关闭了东总。然而，东总的脚步并未停歇，它继续以反攻杂志社为基地，持续从事抗战的秘密活动。《反攻》是在国民党宣传部单独立案注册的合法期刊，只要国民党当局找不出借口，它就不会遭到查封。中国共产党南方局表示，东总坚守《反攻》阵地具有极大的政治意义，只要《反攻》坚持出刊，蒋介石和国民党就无法出卖东北，所以要调整活动策略，坚守《反攻》阵地。当时东总的主要领导人，如高崇民、阎宝航、陈先舟、王卓然、王化一等大都在重庆。其中王卓然、王化一在国民党政府中任职；阎宝航、陈先舟公开身份是商人，实际为党从事情报等秘密工作。主持全局工作的高崇民则是一位刚直不阿、立场坚定、斗争性极强的抗日志士。东总被取消后，他在重庆的自宅，挂出了由郭沫若书写的“《反攻》杂志社”牌子。高崇民首先是一名《反攻》的作者，在该刊《冷言冷语》栏目中，经常发表一些语言犀利的短文，激励奋斗到底的信心。国民党特务对此虽很关注，但也无可奈何。高崇民是中国共产党特别安排的党外人士，国民党特务认为他是主张联俄联共的国民党员，但他毫无畏惧地在特务经常尾随监视的情况下，出入八路军重庆办事处和新华日报社，也时常会见中共负责人。中国共产党认为《反攻》对反对以蒋介石为首的国民党对日妥协具有特殊意义，因此，高崇民为坚守《反攻》阵地，不顾自身生活拮据，接济杂志出版，甚至变卖夫人的婚戒。

前文已述，东总曾参加包括宪政民主运动在内的种种活动。宪政民主运动，推动了国统区民主运动的发展，1941 年 3 月诞生了中国民主政团联盟，东总的高崇民等参加了该同盟。1944 年，中国抗日战争和世界反法西斯战争进入了全面反攻的新阶段，为迎接胜利，东总准备以新的形式重新组织起来。根据党的指示决定，首先以《反攻》为阵地，扩大会员，然后再选择形式重组，为此，通过郭沫若特将在国民政府军事委员会政治部工作的刘仁和绿川英子夫妇①借调到《反攻》杂志，之后又留用准备赴延安的一批进步青年，以强化《反攻》杂志编辑团队。1944 年秋，终以《反攻》为基础，秘密成立了东北民主政治协会，由中共南方局领导，其公开名义是 1944 年 9 月由中国民主政团联盟改组而成的中国民主同盟东北小组。东北民主政治协会的成员，在抗战胜利后，都来到东北，对东北各项事业的发展做出了种种贡献。

四　抗联、东北军、义勇军老将抗战到底

1. 东北抗日联军的战略

东北军民的抗日武装斗争，向来在关内、关外两个战场同时进行。在东北战场上，七七事变发生时，东北抗日联军的各军，刚刚全部亮相，可是，日本帝国主义对抗联的一次最大规模的“剿杀”行动即已开始。这场以“特殊治安肃正”为名的“三江特别大讨伐”是关东军发动的。就在这场“剿杀”开始的同时，关东军也派重兵参与刚刚开始的对华北乃至对全中国的凶狂军事侵略行动。此外，关东军还特组东条兵团，大规模地进犯察蒙。三地同时进攻，其互相呼应和互动的军事战略目的不言而喻。三方行动的始作俑者，是时任关东军参谋长的日本头号战犯东条英机，但在

① 刘仁，辽宁本溪人，是 1934 年赴日留学生；绿川英子，又名长谷川照子，日本山梨县人。1936 年两人相识、结婚后来中国。抗战爆发后，在郭沫若领导的国民政府军事委员会政治部第三厅工作。

“三江特别大讨伐”中，逞凶者则是关东军主力师团之一的第四师团，师团长是众所周知的日本军阀山下奉文。关东军之所以特选东北偏远一隅的三江地区逞凶肆虐，就是因为那里有东北抗日联军聚集。抗联的11个军，除了活动于东南满地区的第一、二军和驻吉林五常一带的第十军外，其余各军全都云集于三江地区。东条英机本来就声称伪满洲国的大约一半地区控制得不够“理想”，而对三江地区尤感“特殊”不佳。所以，他决定把第四师团和数倍于日军师团的伪满军警宪特全部调出，对三江地区进行带有“浓厚军事管制色彩”和“治安肃正新方式”的“大讨伐”，综合“治标”与“治本”，“剿抚并施”，“集家”封锁，妄图实现“匪民分离”，置抗联于死地。战术是“在以大规模分配配置的兵力束缚匪团行动之同时”，“运用另外准备的游击队，和上述分散配置之部队，迅速追击，彻底消灭”。[①]特设游击队是来自关东军多个师团和守备队的官兵，共设9个中队，每个中队100～150人。就这样，从1937年7月到1938年12月，经过长达一年半的血腥杀伐，抗日军从1.4万人减至1200人。日伪宣布的数值不无夸张之嫌，但它至少反映了杀伐的残暴与惨烈。1939年，关东军继续把三江地区与通化、热河并列为“治安肃正”的三大重点地区，并自同年底起，以捕杀抗联各领导人为目标。

然而，敌人高兴得太早。从九一八事变后的抗日义勇军烽起，到中国共产党领导的有思想、有纪律、有战术、有政治目标的抗联11个军的建立，历经多年浴血战争，他们虽然在强大、凶残敌人打压下，在多年的浴血奋战中遭受损失和牺牲，甚至是极其惨重的损失和牺牲，但他们没有被“消灭”，依然与顽敌斗智斗勇，直至最后胜利。

1938年上半年，“三江特别大讨伐”尚在进行，抗联就组织了两次“反讨伐”的西征。同年6月底抗联第二路军第四、五军所进行的西征虽然失败，但由北满省委决定之冲破敌人“讨伐”、跳出包围圈，即抗联第三、六、九、十一军穿越小兴安岭向海伦地区挺进，开辟新游击区的西进行动，取得成功。摆脱“三江特别大讨伐”的西进各军，在1939年到1940年，改编为抗联第三路军，将部队小型化为第三、六、九、十二等支队。各支队辗转于黑嫩平原，先后取得了攻克讷河县城（冯治刚支队）、攻打克山县城（王明贵的第三支队）和多次袭击三肇地区（徐泽民的第十二支队）等的重大胜利。抗联第三路军西进的成功与抗联自身素质及黑嫩地区日伪统治相对薄弱有关。不过，黑嫩地区也是关东军对苏战备的前沿，抗联各支

① 伪满治安部：《三江省治安肃正工作综合报告书》（1938年12月），《日本帝国主义侵华档案资料选编》第4卷，“东北大讨伐”，中华书局，1991，第400～401页。

队在此纵横征战，不能不成其心头大患。但是，业已小型化的抗联部队，作战灵活，融入民众，日伪大兵力的一阵风“讨伐”，实难奏效。据此，留驻三江地区的抗联赵尚志部等，也尽量利用以苏联为依托的小部队，继续与敌周旋、战斗。

1939 年 3 月到 1941 年 3 月，关东军又实行以抗联第一路军为目标的“重点大讨伐”，因系由第二独立守备队司令官野副昌德少将指挥，故称“野副大讨伐”。此次融日伪军警宪特为一体的暴力行动中，其小区“讨伐”行动也是混合进行的。“讨伐”的实际指挥者是北部邦雄中佐，他在“三江特别大讨伐”时指挥伪军，他所推行的所谓“篦虱战术”就是除利用飞机和瞭望哨外，到冬天尽量利用雪地足迹，进行侦察和追击，一旦发现踪迹，便穷追不舍，不给对方以喘息之机。在为时一年半的“大讨伐”中，抗联第二路军司令员杨靖宇，于 1940 年 2 月下旬在战斗中英勇牺牲，其继任领导者魏拯民也于一年后病死于野营。至此，抗联的抗日斗争，转入低潮。

抗联主力转移至苏联后，仍以在苏联的基地为依托，继续战斗。1940 年春，抗联代表与苏联远东军区举行第一次伯力会议，会上达成协议，苏方允准抗联部队入苏整训，由苏方统一领导和管理，建立两个抗联临时驻屯所，即南、北两个野营。1942 年 7 月苏方同意将抗联驻苏部队统一编组为 1 个旅，作为未来中国组建 6 个军的基干部队。当时，抗联驻苏部队，已分批归国，继续开展对敌斗争。1941 年 4 月《苏日中立条约》签订后，抗联驻苏部队大批回国虽受到限制，但小部队仍继续分批回国执行各项战斗任务。特别是抗联第三路军总指挥部人员和第三支队王明贵部，在苏联野营休整后，与留在东北的原第十二支队朴吉松部及张瑞麟、钮景芳部等，在北满广大地区，尤其是巴彦、木兰、东兴一带，进行了队伍小、能量大的抗日群众救亡运动，当地群众大规模地奋起斗争，令日伪当局深感震惊。他们坚持斗争，直至 1944 年春，才返回苏联野营基地。同样，抗联第二路军在东北也留有坚持抗敌的小部队。例如，抗联第二路军第二支队刘雁来部，只派 18 人，以饶河为中心，侦察日伪兵力，搜集各方情报。他们根据周保中的指示，坚持斗争，直至 1943 年河水结冻时，才全部入苏。总之，抗联的兵力劣势及其斗争转入低潮，是日本侵略者的优势兵力和高度军事殖民统治的结果。但是，殖民地军民的反侵略求解放的意志与决心和日伪统治力无论如何也无法达到社会末梢的客观现实，为将抗日救亡宏愿化为抗联官兵坚持抗战到底的行动，获得了所需的条件与社会基础。1944 年，入苏抗联部队没有太大的动作，但从 1945 年起，特别是 4 ~ 6 月，根据中共七大精神，他们开始准备即将到来的全国抗战总反攻。当时，苏军与抗联已成为牵制日军的战略力量，而抗联与西南部热河地区的八路军，对日伪形成南北两面的夹攻之势。

2. 东北军各部浴血奋战

在中国地方武装集团之一的东北军中，在九一八事变前，有一部分（主要是辽宁、黑龙江军）被张学良率领入关；另一部分，是1931年末，关东军兵临锦州城下时，撤至关内的。1933年，入关的东北军先后参加热河抗战和长城抗战后；自1934年起，被调至豫鄂皖和西北，充当蒋介石和国民党政府“剿共”主力，与红军作战；1936年末西安事变时，他们又成为张学良、杨虎城两将军逼蒋抗日，进行兵谏的强大军事后盾。之后，1937年3月，东北军开始东调，进行整编。1937年6月底整编结束，当时东北军的战斗序列为第五十一军（军长于学忠，辖第一一三师、第一一四师）、第五十七军（军长缪澄流，辖第一一一师、第一一二师）、第五十三军（军长万福麟，辖第一一六师、第一三〇师）、第四十九军（军长刘多荃，辖第一〇五师、第一〇九师）、第六十七军（军长吴克仁，辖第一〇七师、第一〇八师）、骑兵第二军（军长何柱国，辖骑第三师、第四师、第六师）。国民党政府根据其决定，即每军辖二师，每师辖二旅，每旅辖二团的原则，对东北军进行整编。被调出东北军部队有第五十一军第一一八师、第一一〇师，第五十三军第一一九师，第五十七军第一二〇师、第一〇九师，第六十七军第一一七师、第一二九师，骑兵第二军第七师等。另外，取消第六十三军番号，仅留第九十一师，军长冯占海降为师长。整编实即整军，军内左派遭受迫害，例如，颇具声望的第五十三军副军长兼第一一九师师长黄显声将军，就曾被软禁。

东北军在全国地方军中本来就相对具有实力，装备优良，且因国破家亡，抗日救亡和打回老家去的愿望与志气极高。可在西安事变后，不但统帅张学良被扣，而且因“二二”事件部队分化，被国民党当局东调整编。遭受压迫的东北军，军心浮动，思想混乱。当时最大的问题是如何稳定、团结和保持战斗力，即如继任东北军实际首脑的于学忠将军[①]所说：

> 张副司令已经成为人质，他的生命安危，系于东北军的强弱和存亡。为了维护张副司令的安全，东北军必须团结起来，保持战斗力，

① 西安事变后，蒋介石决定任命于学忠为豫皖绥靖公署主任，统率驻两省的东北军，但蒋食言，1937年4月28日才任命于为江苏绥靖公署主任，只统辖其第五十一军。

行动上要谨慎，不要走错一步。[①]

尽管当时东北军已被蒋介石用于“剿共”、打内战，可是中国共产党仍极重视东北军，对之积极采取争取、联合、团结，从而使之走上抗日救亡道路的政策。经共产党与东北军双方的共同努力，东北军上下终于认识到，参与“剿共”是绝路一条，故从拥蒋反共一变而为逼蒋抗日，从根本上改写了中国的抗日历史。然而，西安事变后，由于未曾预料的事态，东北军重新面临前已述及的困境。中国共产党为稳定、团结东北军，首先重申1936年6月即已制定实施之不分裂瓦解东北军，不使东北军变为红军，而是使东北军成为红军的友军，从而走上抗日道路的政策。[②] 为此，在东北军东调整编时，多批投奔红军的东北军部队，成建制地被劝说、动员回到东北军序列。[③] 与此同时，竭力强化对东北上层人士、东北军高级将领、东北军与东北流亡团体的团结，积极筹促东北各抗日团体的联合统一，将抗日民主运动化为加速推进全国抗日总任务实现的核心动力。后因中国共产党领导的东北救亡总会顺利开展工作，因此这一任务完成得非常出色。

七七事变后，东北军被部署在除第四战区外的各战区。[④] 日军当时主要沿津浦、平汉两条铁路线，疯狂南压。津浦线北段原由国民党军第一集团军防守，战线突破后，该集团军全线溃退。战区司令官冯玉祥调东北军第四十九军刘多荃部接防，亦未奏效。继而，驻河南商丘之东北军第六十七军吴克仁部受命开至津浦线上的沧州，在一片汪洋洪水中，与敌抗搏，其第一〇七师十分英勇，重机枪连伤亡殆尽。之后，第六十七军调至平汉线上的邯郸。同时战斗在平汉线上的还有东北军第五十三军万福麟部，担任国民党军第二集团刘峙部右翼防卫，掩护集团军南撤。因平汉线上中央军缺乏协同，作战失利，第五十三军与第六十七军联络，决定通报后再撤退。但至1938年1月，第五十三军又奉命追击汤阴南犯之敌，掩护第一战区主力撤往黄河南岸，战斗激烈，双方伤亡惨重。第五十三军在后撤途中，与第一战区部队失去联络，乃进入太行山区。在那里，负责地区指挥的第十八集团军总司令朱德将军，亲切接见了第五十三军参谋长，双方晤谈融洽，且共同袭击阳城、沁水之敌。早在1937年10月12日，第五十三军后退时，

① 张德良、周毅主编《东北军史》，第433页。

② 《中央关于东北军工作的指导原则》（1936年6月20日）规定之内容。

③ 如第一二〇师第六五六团汲绍纲部、抗日先锋队第一支队第一大队第三中队、第五十七军第一一一师常恩多部等，也曾要拉队伍入红军，后被劝阻。

④ 抗战初期，正面战场划分5个战区：第一战区：河北、山东北部；第二战区：晋察绥；第三战区：沪浙；第四战区：闽粤；第五战区：鲁南、苏北。

第六九一团团长吕正操部拒绝失败主义的后撤，脱离第五十三军，回师北上，接受共产党领导，改称人民自卫军，会同深泽县军民共同抗日。

此前，1937 年 8 月 13 日，日军向上海大举进攻。蒋介石国民党当局对淞沪抗战，不能不十分认真，参战部队最多时达 70 多个师，日方增兵亦达 20 万人。东北军第六十七军、第四十九军、第五十七军先后奉调驰援。第五十七军第一一一师常恩多部于 1937 年 8 月 26 日，作为先头部队，到达长江口南通，翌日即接蒋介石电话，受命严守，坚决阻止敌人登陆，战至一兵一卒，不许后撤。第四十九军和第六十七军抵沪时，战局已不利，两军均属疲惫之师，仓促上阵。第四十九军第一〇五师在日军猛攻钱江弄、江桥一带时坚守阵地，其第六二六团团长顾忠全阵亡；第六十七军主要任务是防止日军在杭州湾登陆，守卫松江，但因天降大雨，行动困难，吴克仁军长在指挥部队渡河时，中弹牺牲，同时牺牲的还有参谋长吴桐岗。

淞沪抗战后的历次重要抗战战役，几乎都有东北军参战或驰援。如在南京保卫战中，第五十七军第一一一师奉命保卫扬州，军长缪澄流拒绝师长常恩多的纵深配置方案，只做应付性沿江布防，结果归第一一一师节制的 8 个保安团，临战时逃离一空，军长也下令全军撤退，只有第一一一师坚持打到太阳西沉。第五十七军的第三三三旅，也颇善战，曾为难得的台儿庄会战胜利贡献了力量。武汉大会战时，蒋介石曾动员集结 130 个师，东北军的 3 个军也不同程度地参战。第五十三军守备阳新一带，掩护武汉外围右侧背；第五十一军部署在长江北岸，参与大别山麓作战；第五十七军在苏北，进行配合与策应，伺机侧攻，虽属预备队性质，但因行军路线路经疫区，全军染疟疾的有 3000 多人，行动困难，有的连队竟派不出一名联络员。

总之，抗战初期，东北军各部善打敢拼，每至紧要关头，部队指挥官不惜流血与牺牲。如第六十七军军长吴克仁、参谋长吴桐岗，坚守松江三天，在掩护淞沪抗战其他部队总撤退时，壮烈牺牲。可是，南京方面不仅不予抚恤，而且反诬吴克仁有投敌嫌疑，并撤销了第六十七军番号。蒋介石在中日对决如此严峻时刻，仍不顾大局，对东北军采取歧视和消灭政策，进行釜底抽薪，实属反动与罪恶。

1938 年 10 月 12 日和 26 日，广州和武汉相继失守，抗战进入相持阶段，南京国民党政府消极抗战、积极反共行径变本加厉。东北军各部受中国共产党政策影响，对国民党政府制造的第一次反共高潮，采取中立立场，顶住了国民党顽固派投降、反共、倒退的逆流，坚持抗战、团结和进步。但在国民党继而制造的反共高潮中，部分东北军部队，因遭国民党当局重压，发生分裂和分化，这在山东表现得较为明显。相持阶段初期，国民党当局在敌后新设冀察和鲁苏两个战区。后者以东北军于学忠将军为总司令，江苏省政府主席韩德勤、山东省政府主席沈鸿烈为副总司令，显然，该战区是针对八路军山东第三总队和苏北新四军的。当地群众对于学忠将军率东北军第五十一军和第五十七军入鲁，深表欢迎，中共山东分局对东北军也寄予厚望，1939 年春特派人将第五十七军第一一一师常恩多师长，发展为秘密特别党员，师内原有的共产党员是担任第六六八团团长的万毅。但军长缪澄流系东北军高级将领中的民族败类，万毅获有确凿证据，佐证缪已投敌，与敌签有协议，故万准备在军内开展锄奸运动，但事情泄露，万毅被捕，南京方面要求于学忠秘密处死万毅，由于师长常恩多坚决反对，于拒绝了南京方面的要求。被关押一年多的万毅越狱成功后，身患重病的常恩多决定立即采取行动，于 1942 年 8 月，率第五十七军第一一一师举行“八三”起义，之后又组织该师，对前来围堵的反起义的部队进行了甲多子山战役，结果由万毅、郭维城指挥的新第一一一师应运而生。常恩多师长则在 8 月 19 日因病逝世。在国民党制造的第二次反共高潮中，有部分东北军部队陷入困境，中共山东分局仍对东北军坚持争取和团结政策，如东北军第五十一军，因有八路军鲁中军区部队，在沂水西北进行较大规模牵制敌人的策应作战中，部队避免了覆灭性之灾。

1943 年到 1944 年，东北军更加困难，大多被削弱，除第五十三军被调参加中国远征军，并取得滇西反攻胜利外，其他有的东北军已名存实亡，如东北军的第二十五军，已被蒋介石嫡系黄百韬所控制；第二十二军军长高双城实际为晋系。真正的东北军部队，只有在西北坚持抗日战争的东北挺进军马占山部和归马占山指挥的第十五集团军何柱国所辖骑兵军各部。1944 年，国民党军的湘桂作战全线失败，政治上的腐败严重泛滥，国内外声望急剧下降。在此种情势下，东北军中的起义部队日益增多。吕正操领导之第五十三军第六九一团，1938 年 4 月起义后与河北抗日游击队合并，后被改编为八路军第三纵队。1943 年 8 月，第三纵队的 7 个团开往晋绥，强化延安周围防务。1945 年第三纵队切断敌军间的联络，将同蒲铁路和太汾公路附近多个军分区连成一片。万毅、郭维城指挥之新第一一一师，根据山东军区命令，改编为八路军滨海支队。此前的 1943 年春，蒋介石嫌于学忠将军反共不利，并有人告其亲共，从而撤销了鲁苏战区，而于学忠将军未等接防部队到达，即率部西撤，将第五十一军防区移交给了八路军。此外，第五十七军独立团，也被改编为八路军海陵独立团。这批部队，在 1944 年开始的八路军局部反攻中，发挥了重要作用，并成为之后全线大反攻的先锋。

3. 义勇军老将军抗战到底的壮举永垂青史

长城抗战和察哈尔抗战后，因蒋介石国民党当局实行义勇军取缔政策①,以正规部队出现的东北抗日义勇军，在关内已基本上不复存在。不过，原东北各路义勇军老将军们，大多还滞留在关内各地，虽然遭受到国民党当局的冷遇，面临诸多困难，且身体年龄状况也不尽相同，却都始终坚持为中国的抗日救亡和东北的收复失地不懈努力，如重组部队返回战场，指挥杀敌直至最后。他们联络东北军各部，联络东北流亡集团，联络抗日救亡团体，特别是联络中国共产党，接受帮助教育，且获得不同程度的影响，思想与行动产生重要变化，更加坚定了为抗日救亡而奋斗的决心。

在七七事变前一段时间中，东北义勇军各部将士与东北流亡同胞一样，遭遇重重困难，就连已被改编为正规军的义勇军，如兵团宏大、英勇善战的第六十三军冯占海部和已被改编为骑兵第二师的黄显声部，也都没有好日子过。前者，不仅所报部队番号迟迟不批，且被安插亲信进行监视，后来竟被取消番号，军降为师；后者，张学良拟将其提升为骑兵军，任黄显声为军长，蒋介石则视黄为“桀骜不驯之徒”，死不同意，不得已黄被任命为第五十三军副军长，率第一一九师驻防陕甘。在国内国外，因抗日而享有盛誉的义勇军英雄们，都受到人们的热烈欢迎，可在国民党当局那里，却是受到冷遇，充其量授予个徒具虚名的闲职，不给一兵一卒，并被告诫：不要移动，不要做事，免生麻烦。马占山、李杜、苏炳文、王德林等老将们，莫不如此。但是，他们没有消极等待，坐以待毙，而是积极地为抗日救亡和收复失地而献身。他们大多数都活跃在抗日救亡浪潮里，激流勇进。在西北抗日救亡运动崛起和西安事变前后，他们协助共产党，帮助张学良、杨虎城做了许许多多别人无法取代的艰苦工作。

七七事变爆发后，敌人疯狂攻城略地，使中国濒临亡国灭种的空前民族危机，但由于为之奋斗数年的国共合作抗日局面终于实现，全国上下为之一振。抗日义勇军的老将们，或重返战场前线，或在活动其他场合，为抗日救国而奋斗牺牲。

马占山是国内外公认的当之无愧的民族英雄。由苏归国后，国民党当

① 长城抗战时，冯占海、李海青、邓文等部都在北线，后转察哈尔；长城抗战时，由热河中路转到西线古北口、南天门作战的义勇军有耿继周、张海天、郑桂林、唐聚五等部。1933年4月27日，国民政府军事委员会北平分会颁布《整顿河北境内义勇军办法四项》，实行改编、遣散，但张海天之子张秉林率部返回东北继续抗日；郑桂林率部冲出敌营投奔察哈尔，但在察哈尔抗战时，国民党对在此地参与抗战的义勇军实行取缔政策。

局只委他以国民政府军事委员会委员的虚职，对其请缨抗日，置若罔闻。天津居住期间的马占山，恰有机会得以参与动员张学良停止内战，与红军一致抗日的斡旋活动，而张学良也正计划让马占山在西北主持东北军的骑兵建设。继而，马占山参加西安事变，不仅签署了张杨通电，提议不杀蒋介石，并为张学良被扣后的和平释放而奔走。七七事变后，马占山很快被任命为东北挺进军总司令，并指挥骑兵第二军第六师刘桂五部[①]，从此马占山于西北地区、长城内外，出生入死，一直奋战到抗日胜利。其间，1938年8月，他曾为养伤而到过延安。本已从西安事变的和平解决和平型关大捷等事件中对中国共产党的坚定抗日立场有充分认识的马占山，由于受到延安的热烈欢迎和毛泽东的赞扬与肯定，更坚定了抗日决心。

唐聚五也是一面鲜明的抗日旗帜，入关后曾率部积极参加热河抗战和长城抗战，后因部队被国民党当局改编吃掉而离队。[②] 全国抗战爆发后，他毅然以东北游击队名义，率队由武汉北上到太行山区，在那里得到了八路军实实在在的支持和帮助，部队得到发展。他以八路军为榜样整饬部队，挺进到冀东长城一带继续抗战，其间还曾一度越过长城，试图收复东北失地。不幸的是，1939年5月，唐聚五在对敌战斗中以身殉国，年仅40岁。《新华日报》为追悼唐聚五将军发表社论称，唐之战死“是我们东北同胞英勇奋斗、是我们中国人民英勇抗战的一个重大损失”，赞扬他是高举抗日大旗的“民族英雄之一”。[③]

抗日战争时期，凡抗日杀敌矢志不移的人们，无不设法以各种形式参与伟大的抗日实践活动。李海青和宫长海在东北抗日义勇军中均功勋卓著，声名显赫。李海青是黑龙江马占山部最为得力的义勇军军长，宫长海在吉林义勇军冯占海部改编为第六十三军时任师长，英勇善战，屡建奇功。两人都是因为参加察哈尔抗战，且都有一段“绿林”经历，被迫离队，解甲归乡，心情抑郁，但始终热血依然。西安事变后，李海青竟奇怪地拆掉亲手搭砌的美观炉灶，告诉家人说是“另起炉灶”，然后毅然乔迁北平，在那里广泛联络旧部，在平西海淀一带拉起队伍，游击抗日。宫长海则在七七事变后，开始变卖家产和住宅，购买枪支，利用粪车运出城外，在平西妙峰山地区组成120余人的抗日队伍，与敌周旋。不料，两人不久便逝世：李

① 刘桂五是西安事变时捉蒋功臣之一，此后在马占山指挥下，参与东北挺进军抗战，1938年4月于平绥线上与日军作战中光荣牺牲。

② 唐聚五、郭景珊领导的辽宁民众自卫军，在古北口、白马关一带配合正规军与敌作战，损失惨重，战后被缩编为庞炳勋部的补充团，唐被迫离队。

③ 《新华日报》，1940年2月18日。

海青被叛徒杀害；宫长海毙殒命于同民众武装的冲突之中，壮志未酬。尽管如此，有关抗日义勇军的著述，根据他们生平的抗日斗争业绩，仍把他们誉为民族英雄。

被中国共产党赞誉为“民族老英雄”的王德林将军，是东北抗日义勇军中德高望众的统帅人物，他在抗战期间的抗日救亡事迹，感人至深。他是清末抵抗沙俄侵略的抗俄志士。九一八事变后，他从延边“老三营”指挥一跃而为统率吉东数万义勇军劲旅的首领，充分展现了老将军的智勇与人格魅力。他的中国民众救国军与李杜的吉林自卫军以及冯占海的吉林抗日救国军，成为捍卫吉林大片国土的三大军团。王德林的中国民众救国军主要奋战在吉东地区和中东铁路及吉图铁路沿线，特别在阻止、破坏敌之侵略捷径吉会铁路修筑上，连续沉重地打击了侵略者。王德林的中国民众救国军是最早接受中国共产党影响和领导，并在共产党帮助下迅速发展壮大的义勇军队伍。李延禄将军是与王德林将军共创吉东一片天的功臣名将。中国民众救国军遗留下来的队伍与阵地，为李延禄将军等人继续发展抗日游击战奠定了基础，特别为建立人民革命军和抗日联军储备条件。王德林也曾后退入苏，归国后同样遭受国民党当局冷遇，但他不气馁，不退缩，依然为抗日救亡而奔走呼号。王德林本为山东沂水人，但他旗帜鲜明地宣称，不应该把东北事件仅视为东北事件，救东北就是救中国。他在《泣告国人书》中表示：“德林兴师抗日，志在挽救危亡，收复东北，个人生死早置之度外。”1935年，中共东北党组织在建立抗日联军时，在总司令人选上曾考虑李杜、王德林二人，后因王德林患病及其他原因，而未能北行就任。抗战爆发后，国民党当局企图利用王德林的声望，招兵买马，任命王为国民政府军事委员会别动队光复军第二路指挥。王德林认为，这是他第二次“决死求生”，在中国共产党的赞许下，不顾年迈病重，衔着空职，奔走于江淮鲁豫，组织抗日队伍。后因病重，不得不返乡疗养，垂危时刻，仍在向八路军倾诉：“咱们东北人一辈子不会当亡国奴……”1939年2月4日，中国共产党特在《解放》周刊上发专文悼念他，高度赞扬这位“民族老英雄”。新中国成立后，王德林将军被追认为烈士。

与马占山齐名的李杜和李延禄两将军，都是东北抗日义勇军的元老。抗战期间虽然未能重返沙场作战，但在抗日救亡战线上，做出了突出贡献，其过程同样富有传奇色彩，其丰功伟绩无可比拟。

李杜将军由苏归国后，利用国民党授予之空虚高位[①]，曾经直面蒋介

① 国民政府军事委员会委员，上将军衔。

石，要求援助义勇军，结果是与虎谋皮。他毅然转向实地宣传，指导和帮助现地的东北义勇军进行抗日斗争，诸如对土龙山抗暴起义和李延禄、高玉山的救国军进行援助等。与此同时，开辟与中国知名爱国人士的合作之路，先后与宋庆龄、何香凝等共同开设中国民族自卫委员会，签署《中华民族共同作战基本纲领》，响应中国共产党提出的抗日救国“六大纲领”，推动全国的抗日救亡运动。《八一宣言》发表后，李杜更是断然放弃依靠国民党抗日的思想，坚定走近中国共产党，帮助张学良转向联共抗日，充当中国共产党与张学良间的沟通合作的桥梁。在“一·二九”运动之后至七七事变之前，积极协助中国共产党组成东联和东总。不过，李杜将军的最大心愿和计划是重返东北，重举义旗，收复失土，为此，他曾三次采取行动。1936 年 12 月他准备经欧入苏，再从苏潜回东北，此举获得张学良支持，且张学良派人与之策划。同时，他受中国共产党委托，将毛岸英兄弟带至苏联学习。后因苏方设置障碍，李杜只能长时间滞欧等待，后无奈回国，只有毛岸英兄弟获准入苏。李杜的第二、第三次行动都是七七事变后的事情。第二次计划取道新疆，但飞机因故在兰州降落时，新疆方面表示“谢绝”入境，无奈返回。第三次是在上海沦陷的次日乘轮赴欧，翌年春获准入苏，结果又因德波战起而被召回。

李延禄是王德林在“老三营”时期即被派进营内从事兵运工作的共产党员，继而，他作为王德林的参谋长为中国民众救国军的大发展立下汗马功劳。王德林入苏后，李延禄取得原地抗日的重大成功。王归国后，李延禄以义勇军身份，应王邀赴沪，会见李杜将军等，共商义勇军发展大计。1936 年，继续在东北进行抗日和重组抗日队伍的李延禄，应召赴苏学习，然后以抗联第四军军长身份，代表抗联和 3000 万东北同胞，赴宁沪直接向蒋介石和国民党当局从事危险度颇高的促蒋抗战工作。七七事变后，李延禄使命完成，但仍受命协助李杜，帮助李杜将军实现潜回东北抗日的既定计划。前述 1937 年 8 月与 11 月的李杜第二、第三次行动，都有李延禄与专职翻译的伴随，戴笠也派出特务步步紧跟，他随时有暴露共产党身份的生命危险。而李延禄和专职翻译在途中机警地改乘船只，甩开特务，提前归国，但李杜的返乡复土行动计划，终未实现。时至 1938 年 10 月某日，李延禄将军奉命赴汉口，翌日又离开汉口乘船行至嘉鱼县时，船被日机炸沉，李延禄抱住一块木板漂流遇救，徒步行至桂林。在那里巧遇早从欧洲归来的李杜将军，但是此后两人分处两地，受命承担全然不同的任务。李延禄将军被调往延安，从 1939 年起，任党中央东北工作委员会副主任，从事东北工作的研究，并开展处理有关东北工作的各项事务，直至抗战胜利，之后，李延禄将军受命率先赶赴东北，担任重要职务，为东北的革命和建设而献身。李杜将军，由党安排前往重庆，被党敬重为重庆“南山五老”之一。他利用非党高层人士身份，开展统战工作，还在重庆设立东北抗日联军总指挥部，吸纳共产党员参加，并派人潜入香港、天津等地，架设电台，呼吁抗联各部，不分党派，不怀恩怨，均联合在抗日大旗之下，沿着为民族而牺牲的战士血迹前进。1942 年 6 月，国民党当局查封了东北抗日联军总指挥部，戴笠的特务开始监视李杜将军行踪。可是，李杜将军业已坚信，不仅领导全国抗日事业的是中国共产党，而且战后复兴中国的重任也势必落在中国共产党的肩上。所以，他无所恐惧，不顾蒋记特务恐吓，继续来往于《新华日报》、八路军办事处，统战联络多方面人士。1945 年，李杜终被批准为中国共产党特别党员，成为新中国革命与建设的重要领导者。

至于黄显声将军，他给历史留下的是壮烈而又惨痛的一页。作为顶天立地的抗日义勇军的英勇一员，他是拉出去打日寇的义勇军的首倡者。张学良锦州政府时期的黄显声公安总队，先后歼灭瓦解张学成和凌印清两股受日军操纵的顽匪，成为辽西义勇军抗日的主导者。锦州失陷后，黄显声前往北票组建东北民众自卫军总指挥部，并向北平东北民众抗日救国会提出整编义勇军和进一步开展抗日武装斗争的一系列方针大计，被誉为“血肉长城第一人”。1932 年 12 月起，黄显声的公安总队被改编为骑兵第二师，而骑兵第二师是最早接受共产党领导，并由共产党人组建政工部门的武装力量。张学良辞职出国期间，黄显声秉承张的保住东北军、保住东北大学的意旨，从东北军众将领中站出来，公然反对国民党当局意在分化瓦解的调东北军“剿共”决定，声称张学良不在，谁也无权调动东北军。1936 年黄显声加入共产党后，更加坚定地推行共产党的建军路线。西安事变前，黄显声奉命任第五十三军副军长，西安事变发生后，黄显声人到军中各部吸纳共产党员，发展革命力量。七七事变后，黄显声奉命前往武汉，积极从事张学良的营救工作，并承担向延安密运枪械军火等任务。当时，党中央已决定派黄显声参加抗日军政大学的领导工作，未及动身便遭武汉国民党特务逮捕，最后投进“白公馆”。铮铮铁骨的黄显声，既拒绝投降获释，又放弃单独越狱获救，1949 年 11 月 27 日惨遭杀害，12 月 15 日灵柩送至北京八宝山革命烈士公墓。黄显声墓是新中国成立不久，就在首都北京树立起来的抗日义勇军的一面旗帜，受人世代敬仰，永垂不朽！

结语　团结奋斗的民族精神世代传承

1945 年 8 月 15 日抗日战争胜利，本该是中国转向复兴发展的历史枢纽，可是，转折没有如期到来。蒋介石国民党当局，为实现专制独裁法西斯统治，为“消灭”共产党，撕毁“双十协定”，发动了为期三年的内战，即中国共产党领导全国人民对之进行的解放战争。解放战争的进行，是抗日时期两条路线斗争的继续；解放战争的胜利，则是中国共产党推行民族民主统一战线政策取得的更伟大胜利。三年间，消灭了蒋介石的约 800 万大军，推翻了统治中国达 20 多年的蒋家王朝，特别是在政治上使国民党反动派彻底惨败，变成受中国人民唾弃的孤家寡人。本章第四节，列举了抗日义勇军的多位老将，他们在抗日战争时期用鲜血和生命所书写的 14 年间抗日义勇军传统与斗争，证明了毛泽东同志早已论证的自九一八事变开始的中国抗日战争的曲折发展历程；证明了实际由中国共产党领导的中国人民从长期艰苦实践中发展起来的抗日救亡运动的伟大；证明了升华了的“团结奋斗”的义勇军精神具有无限力量，且此种力量正以国歌的形式，引领中国人民为建成小康社会和建设发达的社会主义国家而前进。

下编

文献辑录

前言　抗日义勇军档案文书的珍稀性

抗日义勇军多系中小军团，行动上主要采取灵活机动的游击战术，难以留下系统的文字记录。本书主要辑录黑龙江、吉林、辽宁三省若干大规模抗日武装集团遗存的档案文书。这些武装集团，是中国人民初始抗日的队伍，他们在不同程度上，承继了原有的军事组织框架、人力资源和活动传统，并争取全国合力对日作战，积极向执政当局请示、报告。尽管国民党蒋介石政府，本着不抵抗政策，不予理睬，将档案文书打入冷宫，但是，作为当权派妥协投降的佐证和中国人民英勇不屈、坚决抗敌的原始记录，义勇军档案文书的珍稀性质，备受重视。

1934 年 4 月推出的《黑龙江省抗日战斗详报》，是黑龙江军和黑龙江义勇军向南京参谋本部提出的正式报告。当时，马占山将军和入苏部队都已回国，他们借道苏联，就是为了保存实力，顺利归国，继续抗日。但是，由于热河抗日、长城抗战接连失败和《塘沽协定》签订；参加察哈尔抗日同盟军的黑龙江义勇军劲旅邓文部和李海青部，随着"同盟军"被迫瓦解而遭到摧残；下野出国的张学良虽已回国，但被派往前线"剿共"；等等，形势严峻。本来具有继续请缨抗日性质的"战斗详报"，最后只是声称："东北失地待复，强邻之侵蚀未已，此后我国军人须各存爱国观念，各具独立精神，坚忍团结，努力奋斗，庶外侮御而内治安也。""战斗详报"共约 3 万字，由 11 个专题构成，在"彼我形势"分析的基础上，逐一阐述了各次战役，明示了抗战宗旨前途、义勇军发展、战略战术等诸多问题，不仅提供了黑龙江抗日义勇军的有关文书、作战部署、伤亡统计等，而且总结了黑龙江军抗日义勇军的经验教训和敌我优劣对比，为抗日义勇军研究提供了难得的可贵文献。

马占山将军归国后，在推动张学良联共抗日方面，起了积极作用；张亦请马占山帮助东北军在西北建设、发展骑兵。1937 年 8 月，马占山即被任命为“挺进军司令，兼东北四省招抚事宜，拨骑兵第六师为将军指挥”，之后归其指挥的还有何柱国第十五集团军的骑兵部队，从而使马占山部作为东北军的一支劲旅，在西北蒙绥大地，纵横驰骋，枪林弹雨，坚持抗日，直到胜利。本书继上述《黑龙江省抗日战斗详报》所辑之《马占山抗日文献》，就是根据 1939 年 8 月，在内蒙古准噶尔马军司令部整理的马占山将军及有关官佐的口述笔记和重新搜集的各种文件编辑而成的。“文献”共 59 项，篇幅与内容，均超过前述“战斗详报”。由于“文献”以展示马占山抗日活动为主体，其中马占山的讲稿、文电，相对较多。从中可以看到其他史料难以反映的关于江桥抗战、海伦局势、马占山板垣会谈、“虚与委蛇”四十天、黑河重举义旗、国联之调查、组建义勇军、罗圈甸子神奇突围、会攻省城、紧急出国、部队转进热河等的内情与细节，以及马占山所受到的国际欢迎情景与回归上海时对 200 多个团体报告抗日经过的内容。“文献”还特别辑录了《大公报》等中国主流媒体对马占山及黑龙江省抗战的高度评价。“文献”编辑，可说是在战时条件下，马占山亲自参与的对黑龙江省抗战文献的一次抢救，因为历经多年变乱，已有文献“复多散佚”，此次在这里重新辑录“文献”，不啻为再一次抢救，因为本来无多的史料，历经多年恐已所存无几。

九一八事变后，黑龙江军大多与马占山共进退，马出任伪职时，驻海满（海拉尔、满洲里）地区的苏炳文部和张殿九部也随之从伪，但不甘心，故除少量伪警队外，日伪一切势力均被拒之于海满之外。但在马占山胜利突围，开始组织会攻省垣之际，苏军突然起义，宣布成立东北民众救国军。本书所辑录者即关于东北民众救国军的一组文电，其中包括当时正在呼伦贝尔地区进行慰问活动的春德阳的报告，蒙藏委员会委员长石青阳致南京行政院的呈文。这些文件称蒙汉“民气军心极为壮哉”，“收复失土指日可待”，可惜的是，由于激烈的拜泉战役突发和日军第十四师团冲过大兴安岭疯狂攻击海满起义军，致使马与苏张部不但难会攻齐齐哈尔，而且自身之立足也成问题，故不得不火速做出安排，携部队入苏。就苏张两部而言，无论如何业已脱离日伪，壮志虽然未酬，但以起义壮举表现了爱国精神，使全国人民为之一振。东北民众救国军的此组文电正是此次壮举的可贵记录。

在吉林省，因熙洽叛国，原吉林省军在九一八事变后发生分裂，大多走上武装抗日道路，并很快发展成吉林抗日义勇军的三大军团，即：李杜、丁超的吉林自卫军，冯占海的吉林抗日救国军，王德林的中国国民救国军。

三路义勇军统帅则都是原东北军首脑，特别是吉林自卫军，同样在相当大的程度上承继了原来的组织框架、成员和行动方式，也经常向执政当局和各界发送函电和报告，故在今天能使本书得以选编《吉林自卫军抗日纪实》和军情战报等文电。前者系提交给南京参谋本部的报告，陈述了吉林自卫军建军至 1932 年 10 月为止的状况；后者即李杜等致张蒋等的函电，其中包括 1933 年 7 月吉林自卫军代表自新疆塔城给南京国民政府的请示报告。吉林义勇军档案文书，篇幅与内容均略逊于黑龙江省义勇军的，但同样是珍稀的原始档案文献。其中关于吉林义勇军的出国、归国，以及坚持原地继续武装斗争的部队人员数量和地区分布等，都是其他文献无法替代的。据载，光是吉林自卫军就有多个旅和多达六七万之众的官兵，继续留在原地即吉林东北部坚持抗日斗争。王德林中国国民救国军在吉林东部持续抗日的部队也达数万人。把握这些重要情况，对后续研究，无疑是十分重要的。

辽宁抗日义勇军更富特点，组织上中小军团居多，行动上自发分散特征明显，思想上广泛动员的抗日意识尤具典型意义。本书辑录之《唐聚五救国史》表明，该军团是辽宁规模最大的义勇军武装集团，曾发展到近 10 万人，誉满辽东，多路部队分散在 20 余县的广大地域，各自为战，全面开花。“救国史”由该军秘书厅厅长朱贡忱执笔，亦系报给南京军事当局（后如石沉大海）的文书资料。文中在评介唐聚五和辽宁民众自卫军活动业绩的同时，记述了桓仁、通化、新宾、宽甸、临江、辑安等代表性战役，以及最后退往抚松和转进热河的部署与情景。一并辑录的，还有 1932 年 4 月 7 日形成的《辽宁义勇军最近战绩》，所述虽然是唐聚五的辽宁民众自卫军桓仁誓师前后和辽宁抗日义勇军初期抗日活动状况，但是它也是第一手档案、文书，初步反映了辽宁义勇军的特点。

抗日义勇军档案、文书，出自义勇军自身，在抗战烽火硝烟中形成，存量无多，故较珍稀；从内容方面看，不仅最原始的文字记录展现了义勇军诸多历史事迹，而且义勇军档案、文书共同道出了中国人民义无反顾的御敌决心和义勇军进行艰苦斗争的基本宗旨，这就是争取全国合力抗日。说到此层，应该注意到在本书辑录的如上海义勇军函电中，有一件不能不令人特别注意的电稿，即 1932 年 2 月 17 日上海总商会致国民政府电。当时，日本制造的“一·二八”上海事变业已爆发，上海正面临日本海陆军张牙舞爪的猖狂进攻，但是，此刻该电文建议和要求“由密云出兵热河，进袭辽西”，以争取“东事”的解决。为此，该电稿还强调指出：如果“三省尽陷，沪防纵完”于事“何补”？上海总商会是当地最具实力和规模最大的行业社团。继此之后，1933 年 7 月初，由上海 200 多个团体参加的盛大欢迎马占山将军大会，就是在上海总商会议事厅召开的。由此可见，争取实现全国合力抗日，是上海和全国人民的意愿，抗日义勇军只不过是用铁与血的行动，体现了这一正义要求。

需要说明的是，鉴于抗日义勇军抗击的敌方侵略势力是日军，本书作者感到在研究上应做些综合中日双方资料的对照考察，以期澄清事实和真相，当然，着眼点是记述史实的资料性，因而主要选录事实记录、文件、战报、情报等。例如，本书收录的日本参谋本部《满洲事变史》一段记述，完全证实了日军在占领锦州后，连续3次遭到义勇军严重歼击的事实。另外，为了估量义勇军的抗敌作用和斗争方式等，本书也辑录部分战犯供述资料和日伪当局的综合汇总性记述，以供参考。总之，对日伪资料进行必要把握，合理利用，是深入研究之需要，也是应该做到的。

第一章　黑龙江军及民众救国军

一　黑龙江省抗日战斗详报*

（1934.4）

战斗前彼我形势之概要

民国二十年，我国洪水为灾，饿殍载道，加以华北战事未结，东三省军事长官均在北平，精锐军队亦皆奉调入关。日人夙具侵略野心，窥伺已久，至此以为有机可乘，竟不顾信义，破坏公约，初则发动铁路会议交涉案，继又扩大万宝山稻田案，同时复嗾（唆）使鲜人无故戕害华侨以万计，最后则以日军官中村不听我国警告，私自旅行兴安屯垦区，偷绘地图失踪事件，借口被害，煽动其本国之舆论，主张占领东三省，以为交涉保障。实于九月十八日夜十时许，本其预定计划，自行破坏南满路轨，诬谓我驻扎北大营之国军，阻止行车，纵其军人肆行袭击，于六小时内占我沈阳、安东、辽阳、长春等重要城市，三日之间占领辽、吉两省。我系尊重国际盟约，彼竟视为无抵抗能力，益张其攘取北满之势。侦知黑省精锐之二十九、三十两独立旅，调入关内，兵力无多，均散驻各县，省垣空虚，遂于九月二十五日，以铁甲车一列，载日兵二百余名进至洮南界。前洮南镇守使张海鹏获步枪三千支，子弹三十万粒及飞机、军费、服装等件极多，尤复饵以利禄权利，遂即为虎作伥。风云紧急，黑省垂危，前副司令官兼主

* 此部分是《黑龙江省抗日战斗详报》（1934年4月）全文照录；编辑时有所调整、修理。

席万福麟因公在平，路梗不能遄返，因请准中央电令占山任黑龙江省政府主席，兼代驻江副司令官。占山适任黑河警备司令，正在整军鞠旅，预备请缨拜命，愤慨已具抵抗决心，即于十月十九日率领所部星夜驰抵省垣就职。而日军相逼益急，知其不达侵略目的不止，占山外观国际，内审国情，又复自度本省兵力，以边瘠孱弱，一省之少数兵力，断难与雄强日本一国之师相抵抗。然日本不顾国际，不讲公理，一味骄恣侵凌，直欲东亚称雄，并我中土。既已守土有责，自宜保守疆圉，以期为国家争地位，为民众争人格，成败利钝在所不计。所谓宁为玉碎，不为瓦全者，志意坚决，爰即召开会议，宣布抗日，设黑龙江军临时总指挥部，以便统一指挥调度军事。占山自任总指挥，以副司令官公署参谋长谢珂任副指挥，一时士气激昂，人心振奋，一面积极布置军事，一面将嫩江之哈拉尔葛桥梁加以破坏，令卫队团长徐宝珍率全团暨炮兵一连、工兵一连驻扎大兴，布置阵地，并饬由东荒调回之步兵四营、骑兵两团，分布沿江一带，以资防御。

二十一日，清水领事由哈返黑，提出照会，略云洮昂铁路系满铁株式会社押品，哈拉尔葛江桥被黑军破坏，拟由会社派工修复等语。此项要求阳假修桥之名，阴为掩护逆军渡江，以达其侵黑之目的。当即据理驳覆，略云洮昂路虽有日本一部债权，但该路权完全属于中国，江桥破坏，我方自当通知该路局工程人员赶紧修理，请转达南满会社，明其权责，毋庸派人兴修，以免误会等语，并将详情电报北平当局转电中央。

二十二日，虑日军偷渡江桥，派工兵营营长刘润川于江桥南端埋置炸弹，张海鹏部少将团长徐景隆果来偷过，即被炸死。

二十三日午后一时，飞机一架至大兴投弹八枚，伤卫队团兵一名。

二十四日午后，有日人高塚、须本二名，持本庄函来见，据声述大意，拟请占山速将黑省军政权交与张海鹏，言时颇汹汹，比以未经该管领事介绍与证明，故未接受其函。该二日人遂怏怏去，嗣调查该二人，一为镶牙师，一为下流浪人，系日方派遣，用恫吓手段藉以尝试者。

二十七日，有日军代表少佐林义秀来黑，提出要求如次：自明日起一星期内，黑龙江省政府务将已坏桥梁修理完好，如逾期限，即由满铁自行修理，并以日军掩护工作等语。答以路权属之中国，自行修理，勿庸代谋。

三十日，日领再来谒见，声称奉该国政府电令，以洮昂路有满铁债权关系，已坏江桥应由满铁兴修，要求不加妨害，若再延误，日方将为断然之处置等语。当以外交方式，据理严词驳覆，并电报北平当局，转请中央关于修理江桥期限问题。我方提出工程计划证明，非十六天不能竣工，日领无辩驳，允将十六天期限电达该国政府。查日方对于江桥修理异常重视，并坚持由满铁兴修。当时经连日交涉，结果仍由洮昂路自行修理，审度情势，不容再缓，故即饬洮昂路动工修理。

三十一日，日领清水八百一来，饵以二百万金票，贿请让政权于张海鹏。答以既为中国官长，只知保国守土，不计利害，决不受贿卖国，丧地辱名，严词拒之。

十一月一日，据日军代表林义秀声称，日方对于江桥，不问黑龙江能修与否，月之四日，满铁决行派工经修，日军出动掩护工作，并称日方决以兵力改变黑龙江省政局，不顾国联之决议案。复据驻黑日本领事声称，前议修桥期限，日政府暨关东司令部恐难同意，在黑日侨及满铁职员定于三日一律退往哈埠，意在避免军事危险。经我方一再理论，均称无权制止，复接前方确报，日军铁甲车已到泰来，其先头部队数百余人，明（二日）早开到江桥，距离我军甚近，难免不发生冲突等情。是日，驻哈美国正副领事来黑，调查日人图谋黑省，当即延见，表示特别欢迎，并将日人与张海鹏图侵黑省经过详情，及飞机爆炸，泰来、大兴各站实况，与其干涉修桥兵力出发之各项动作，条分缕析，附以证明，提请该领事报告政府，宣布国联。以上各情，均电报北平请转中央矣。

二日，日军少佐林义秀提出通告四条：（1）嫩江桥梁不得为战术的使用；（2）至十一月三日正午，南（张军）、北（黑军）两军由桥梁撤退十公里（即十五华里）；（3）距离之地点，在修理完成以前，不许两军侵入其地域内，以俟修理完成之日，当即通知两军；（4）上项要求若不应允，或妨碍修理时，认为对于日军有敌意，则使行武力对待等情。经我方正式声明，满铁修桥及日军出动黑省，政府根本上不能承认，惟为尊重国联决议案与维持国际和平，对于日军开到江桥，暂取避免冲突办法，日军如有对我挑衅情事，或侵入我军阵地，则采取正当防御等语，立即电报北平，请转中央请示。然窥其情势以修桥借口，显图寻衅，爰将我军集中江桥北端大兴车站，以防来袭，即以大兴为本阵地，以三间房为第二线阵地，以资抵抗（参看附图第一）［图略］。

三日上午十一时，日军以铁甲车载兵一千三百余名，协同飞机七架，空陆并进渡过江桥，至我大兴阵地前方，猛烈射击，并掷手榴弹数十枚，伤我士兵七名，亘二小时始退。我方仍为避免冲突，未予还击，而日军却于后方积极增加军队，闻调长春第二师团多门中将为攻黑总指挥，率部向嫩江桥开拔，并迫令张逆收降之蒙匪七千余名，与日军协同前进，任冲锋之责。

四日早二时，日军少佐林义秀要求我军派员同到前线，各向本队分别讲话，以维和平而免冲突。乃派上校石兰斌、秘书韩树业同往，至大兴站后，该林义秀竟要求石兰斌签字，令我军撤退，并迫令下退却命令。当经严词拒绝，正交涉间，日军四五十名竟向我大兴阵地进迫，捕我警戒兵三名而去，并云本日十二点以前占领大兴。后闻被捕士兵已为日军倒悬杀害，亦云惨矣。当时先以电话命令前线各部严加防范，并电报北平如次：

（衔略）支日早，日军数十名，越桥直向我阵地前进，抓我哨兵三名，复由领馆及我方派员往江桥交涉无效，并口头向我提出要求，本日十二点以前占领大兴，现正与日领交涉中。查此次日军完全向我挑衅，虽欲避免，势又不能，现在江桥一带日军不过五六百名，其意仍欲掩护张军前进，倘日军暴露真面目来攻，定以武力对付，谨闻。

与前线各部队命令要旨如左：

一、敌人增加兵力，节节进逼，阳假修桥之名，阴护张逆海鹏军渡江，为攻击我军之计。

二、我军以防御之目的，应在大兴附近占领阵地，拒止敌人前进，无庸退避。

三、仰前线各部严加防范，倘敌来攻，即开始射击，誓死抵抗，以歼敌军而保国土为要。

大兴附近战斗之经过

四日拂晓，大雾弥漫，十步外不辨黑白，日军乘双方讲话之际，利用天候之阴暗，以步兵约六七百名，突然向我军猛烈攻击，嗣又用飞机五架投掷炸弹，炮兵亦开始轰击。我军为自卫计，乃起而抵抗，以一团兵力沉着应战，奋勇杀敌，虽死伤过半，而日军两次猛攻均未占优势。下午二时，日军复变服华装掺杂张军队内，向我阵地攻击，又来飞机两架，旋绕阵地投掷炸弹，伤我官兵二十六名。午后五时，复以两团之兵力，掩护逆军过江，继续攻击。我军奋勇抵抗，敌我伤亡均重。直至五日晓，日军复以野炮二十余门，飞机八架加入战斗，再接再厉，步步进逼。我军亦增加步兵第四团两营及骑兵一团，各官兵皆激于义奋，竭力抵抗，于硝烟弹雨之中，伤亡虽众，犹复拼死苦战，不稍退缩。日军□取攻势，死亡极众，复增日兵千余名。我军亦增步兵第五团两营继续战斗。日军以连日进攻，未稍得利，而士兵死伤累累，始知我军，不可轻敌，乃变更阵容，尽驱张海鹏部约二千余名为前锋，并架机枪严加督视，而谓之曰“务前进莫后顾”。下午三时又复来攻，日军自为中路，兵力约在三团以上，附唐克车一辆、飞机六架，满载重量炸弹，陆空交攻，我军奋勇抵御。正酣战间，日军复来飞机十余架，齐在上空掷弹威胁。我军暂避战壕中，待夕阳既下，天色如墨，飞机因失效止飞，而张海鹏部亦皆无作战勇气，我军乘之跃出战壕，猛力进攻，日伪各军不支而退。是夕，我军阵亡二百六十二人，伤者百四十三名，约毙敌五百余名。日军初次进兵即遭巨创，一面积极准备，一面复遣代表林义秀来提出条件两项：一须让黑省主席与张海鹏，二须组织治安维持会。并云能履行上两项，日军方可停止攻击等语。当经严词拒绝。日方即调集驻辽、吉之大部队，及驻朝鲜之弘前第八师团赶赴江桥前线，复以天野、铃木二旅团长及南满路守备队三大队，为中、左、右三指挥官，并调唐克车、汽车队、铁甲车队、山炮队、重炮队及骑兵一旅团等齐至江桥作战，又派工兵一营及满铁工程队五百名，赴前线相机修理嫩江桥，定于六日晨为总攻击之开始，并捏造谣言，淆乱视听。当日所下命令要旨如左。

一、当面之敌已渡过嫩江，与我军在大兴车站以南对峙中。

二、我军以歼灭该敌之目的，拟于明（六日）拂晓开始攻击。

三、卫队团、步四团、步五团各守阵地，于明（六日）拂晓严加防范，相机出击。

四、骑兵第一团掩护我军左翼并相机出击，扰乱敌之翼侧。

五、骑兵第一旅为预备队，速到头站附近待命。

是日电报如次：

（衔略）辽吉变后，日人用种种方法勾结土匪、蒙匪及不良分子，图谋北满，以华人自立为名，阴行其侵略土地、政权之实。江省远处边疆，极力自卫，乃竟于江日起公然出首，藉口修理嫩江桥，以日兵掩护洮南张海鹏军过江，压迫我防地，开始攻击，并于昨今两日，日方利用飞机八架，炮二十余门猛烈环攻，势非直捣江省省垣不可。复查嫩江江桥系我国所有，日人何得干涉。占山原以此事国联已有办法，力主避免冲突。而日方不顾世界和平，始终贯彻其侵略满蒙野心。江省处于必不得已地位，为迫切自卫起见，已与武力周旋，大难当前，国将不国，惟有淬励所部，誓死力抗，一切牺牲在所不惜，务恳全国父老努力振作，以救危亡，不胜愤激之至。

六日早一时，日军复自为前锋，使张海鹏为后应，大举进攻。我军步四、五两团（各欠一营）暨卫队团起而应敌。战至四时，我骑兵一旅及二旅两团加入作战，当以骑一旅吴松林为左翼，袭击敌人右侧背，二旅涂、周两团在右翼袭击敌人左侧背。敌军以飞机八架翱翔于上，机枪排列于前，重炮十余门放列于后，步骑炮空连合向我总攻。我军仍沉着应战，誓死抵抗。鏖战四时许，双方已死亡枕藉。占山以此役胜负为国家荣辱，东北存亡关头，非具有坚强无畏精神，与夫杀敌致果勇气，不能灭其凶焰，因于早八时亲到前线督师，一面通知各部队：此次日军本其侵略主义，强来侵我土地，即是辱我国家，戕我生命，我军人以卫国守土为天职，宜敌忾同仇，誓死抵抗，保我疆圉。该敌虽以步炮空连合总攻，本总指挥已厚集兵力，分路进击，具有相当计划，誓与敌拚，敌纵凶强，不难击退，我将士等须振奋决斗，不得畏缩。一面分路派员督战，其命令要旨如左：

一、本总指挥亲莅战线，派员分路督战，无命不准退却，违则处以军法。

二、派副官长唐凤甲为左翼督战，参谋处长金奎壁为右翼督战。

三、本总指挥位置在大兴，亲督指挥一切。

占山到阵地下令后，士气大振，合力总攻，激战至十二时，将敌击退江桥南端。该敌增加飞机四架，铁甲车一列，复来反攻。我军乘势袭击，尤为奋勇。该敌屡退屡进，混战六时，肉搏数次。是役该敌伤亡约二千余名，我军伤亡士兵一千七百六十二名，卫队团团长徐宝珍臂受弹伤一处，少校连长张竞渡腿部受弹伤一处，少校连长邓文左手受弹伤一处，少校连长刘德林右腿受弹伤一处，中校骑兵连长张德新阵亡，尉官阵亡五十七名，伤者三十四名。其战事之剧烈为近今所罕见。卒以敌众我寡，器械悬殊，且敌占江桥南端高崖，居高临下，感受威胁，我阵地势低土劣，敌用飞机及唐克车将我阵地破坏，不得已变换阵地。

大兴阵地变换之经过

六日晚六时，退至大兴北约五十华里之三间房、大小兴屯一带，占领阵地以拒止日军之前进，而促其最后之觉悟，守备此阵地之主力军为适由景星调到之东北陆军暂编步兵第一旅苑崇谷部，其余则为卫队团步兵第四、五团之一部，委苑旅长崇谷为步兵指挥官，程旅长志远为骑兵指挥官，率领所部，位置于何托气附近，掩护我军之左翼。当时所下命令要旨如次（参看附图一）［图略］：

一、敌军正在陆续增加兵力中。

二、我军拟向三间房、大小兴屯、何托气之既设阵地撤退，占领该线，拒止敌人。

三、骑兵第二第四两团，占领汤池附近，掩护前线各部之撤退，及阵地之占领。

四、暂编步兵第一旅旅长苑崇谷为步兵指挥官，指挥所属，占领小三家子、三间房、大小兴屯之线，拒止敌人。

五、骑兵第八旅旅长程志远为骑兵指挥官，指挥所属，以主力占领何托气附近，掩护我军左翼，以一部分驻莫姑气及英老爷坟，掩护我军右翼。

六、前线卫队团、步五团、步四团、野炮营、工兵连于本（六日）日没后，由原阵地开始撤退，经昂昂溪附近集结整理。

七、骑兵第一团、骑兵第五十五团为总预备队，位置于昂昂溪。

八、予在昂昂溪临时总指挥部。

我军虽因武器较劣，牺牲颇重而撤退，但精神团结，士气旺盛，加以各界慰劳者连络不绝，士气更振。故外人参观者甚多，均表同情于我。是日，电报情况如左：

（衔略）日本图谋北满，野心暴露，举世睽睽，无庸讳言，此次借口修理江桥，大举进攻。我军力图自卫，只可相与周旋。连日激战，昼攻夜袭，恣意残杀，致死伤枕藉，卒以受迫过甚，退保三间房、大小兴屯一带，筑垒坚守。顾日军武器胜我十倍，明知江省联络断绝，呼援不应，仅以一隅之兵力焉能抵日人一国之大军。所差堪自恃者，凡我前方将士莫不深明大义，慷慨激昂，大有气吞河岳、敌忾同仇之势。兼之占山受国家倚畀之深，人民寄托之重，目睹辽吉沦胥，江省危如累卵，与其坐失国土，委诸父老于不顾，毋宁牺牲一切，奋斗到底，如蒙天佑，或可保持一时，而获最后之侥幸。本日日军迭派飞机向我连续掷弹，一面调集兵力，逐渐推进。观测情况，恐于最短期间必将大肆围攻。占山守土有责，一息尚存，决不敢使尺寸之地沦于异族，惟有本我初衷，誓与周旋，始终坚持，绝不屈让，惟海内明达，其谅察焉，除已誓率前方将士，一致决死相拼，并将最近情况，电向国联，声请设法制止，静候世界各国公理之解决，务恳全国父老努力振作，以救危亡，不胜愤慨之至。

三间房附近战斗之经过

七日，日军一面为外交上之压迫，一面为总攻击之准备，自长春调来长谷旅团两联队，自吉林调来天野旅团步、炮各一联队，加入前线，于早七时开始攻击，节节进逼，并以飞机十余架掩护其部队向我三间房阵地进攻，任意轰炸，有时低飞空际，用机枪扫射。我军沉着射击，誓死杀敌，俟敌机低飞时，一律仰射，并用山炮射击，日机应声坠地，我军齐声大呼，势震山岳，日军气阻，军容遂乱，飞机纷纷退去。我军乘势出击，在小兴屯附近将敌一部包围，毙敌数百名，由此，日人咸谓中国人未可轻视，而其飞机亦不敢低飞于我阵地矣。

八日，日军以飞机数架迭向我阵地投掷炸弹，复向黑垣附近侦察，其骑兵亦时向我军袭击，关东军司令部急派兵车五辆，载多量炮弹，由洮昂路开往泰来，并将驻公主岭之日军由四平街开赴洮南，以便增援。且因我阵地正面布置甚周，急切难下，遂改变计划，暂时抛弃正面攻击，而绕经景星县之朱家坎子，直取省城。我军闻讯，遂令驻扎兰屯步兵第一旅旅长张殿九，率步兵两营、骑兵一团星夜驰往景星，拒止敌人前进，并掩护我军右翼。迨九日拂晓，日伪军两千余名袭击景星，被我击退，击毙敌人三百余名，俘伪军三十余名。我军亦亡官兵七十二名，伤四十八员。该敌不料有备，受此大创，日军大佐林原繁以其迂回袭击，计划失败，大为焦虑时，各县民团所组织之救国军声势浩大，进占东屏，正拊日军之背。张海鹏部之鹏飞团亦抵东屏，表示与救国军合作，日军极感不安，对张海鹏督促愈严，一面积极备战，一面使少佐林义秀转送通告两件：（一）马占山如欲避免日本军之进入齐齐哈尔应速自行披沥诚意，本回答至急在本（八日）夜十二时以前望即提出，为此通告；（二）考察现下之时局，欲避免战祸，维持地方治安之唯一方法，即马主席此际下野，同时黑省政府与张海鹏之间于和平里实行将政权授受，此外恐别无良策，等语。

当以不卖国、不屈服二语报之，旋致复函略云，避免战祸维持治安，极所同情。张海鹏亦系中国大员，固可授受黑省政权，但未奉国民政府明令奚可私相授受等语。同时电报各关系方面。

十一日午后二时，日军骑兵一部向我骑兵袭击，我阵亡兵二名、伤一名。

十二日日军步骑炮联合队向我军猛攻，并派飞机三架向我阵地掷弹轰炸。我军奋勇抵抗，激战数小时，日军不支而退，当击毙日军大尉一员。正午日军代表林义秀又持本庄书，要求左记各件：

一、马占山主席应即下野。

二、黑龙江省军应由齐齐哈尔撤退。

三、日本军之一部为洮昂安全保证起见，应向洮昂线昂昂溪车站出进，后改为龙江车站。

本回答于十一月十二日夜十二时以前望即提出。当时复函大意如左：

一、本主席下野亦可，惟须中央派人接替，并有正式命令，如张海鹏者决不能交与政权。

二、关于撤兵，在我领土以内自有主权，非任何外人可以干预。

三、齐克路中国建筑不能让与，尤其在法律上、事实上亦均非日军所应要求占有者。

日人闻之，惭汗而去。并将详情飞电北平，转报中央及日内瓦施代表转报。

十三日，日军以步骑炮连合约六百余名向我军左翼骑兵进攻，激战三时，我军伤亡颇众，复以飞机至我阵地抛掷炸弹。我军竭力抵抗。日军终未得逞，鉴于我军之勇敢死守，深知欲击破我军阵地，非特种兵器不易奏功，遂增调重炮八门、唐克车八辆、骑兵一联队、飞机两队约十余架，及大部步炮兵，准备大举进攻。探悉，敌方任第二师团长多门为攻黑总指挥，并其本人已于本日到达嫩江桥附近，连同森守备司令二千余名，加入特种兵，人数约一万三四千人。

十四日正午，日军步骑炮连合约千余人，飞机四架，向我阵地猛攻，弹落如雨，飞调骑兵五十五团增加，奋斗抵抗，卒以兵器不良，我汤池前进阵地竟被日军突破，伤我团长萨力布及士兵三十二名。当时通告视察团并电报如次：

寒日午时，日军步骑炮连合约千余人、飞机四架突向我汤池一带驻军猛烈袭击，汤池在三间房我阵地前十余里，彼此激战五小时。我骑兵萨团长力布受伤，士兵伤亡甚众。午后七时，我军由汤池撤回，我方正派兵向前增援中。近据本庄代表林义秀声称，本庄决意非越中东线占领黑龙江省城不可云云。查与日代表芳泽在国联声称，日兵到大兴站停止，不再前进，候两星期修桥，工竣即行撤兵等语大相反背。除准备应敌外，谨闻。

致各国视察团通告如左：

十一月十一日下午二时，日军骑兵一部向我骑兵袭击，我阵亡兵二名，伤一名。十二日，日军步骑炮连合队于正午向我骑兵猛攻。下午五时，日军始将队撤回，派来飞机三架向我阵地掷弹，轰炸甚烈，我军极力防卫，固守原阵地。十三日午后，日军有步骑炮连合队六百名，由汤池、乌林诺等处向我骑兵猛攻，激战三小时之久，因日军自动大器甚多，我方伤亡颇众，稍为引退。十四日，日军步骑炮连合队约千余人，飞机四架突向我汤池一带驻军猛烈袭击，汤池在三间房我阵地前十余里，激战五小时，我骑兵萨团长力布受伤，士兵伤亡甚众。午后七时，我军撤出汤池。本庄代表林义秀声言，本庄决意非越中东路线占领黑龙江省城不可云云。查日代表芳泽在国联声称，日兵到大兴站停止，不再前进，候两星期修桥，工竣即行撤兵之语大相反背，惟请贵视察团，转为报告为荷。

十五日情况稍缓，接日方通告大意如左：

一、要求我军由十五日起于十日内向齐齐哈尔以北撤退，驻卜奎昂昂溪站一带军队均撤回原防。

二、我军不得在东铁以内驻扎。

三、我军不得妨害洮昂路之运行，否则日军即有相当对待，等语。

当即据理答复，日方对我答复表示接受，并又口头要求黑省，应即时宣布独立，与中央政府脱离关系，如不认可，日军即行攻击。占山复予严词驳覆，一面分电各方请制止日之暴行，一面为自卫及保全领土计，不得不鼓励士气，准备与日军作决死抗衡。

十六日早四时，日军全线总攻，以唐克车八辆为先头，重炮十余门，野炮二十余门向我正面开始猛烈轰击，掩护其步兵前进，并以飞机十余架在我阵地上空掷弹，尤以其重炮之火力为最盛。我军伤亡甚众，但我士卒始终沉着抵抗，敌未获逞。直至下午五时敌机失效，火力稍减。迨夜十时，敌步兵由左侧偷袭，当被我守兵发觉击退，敌遗尸百余具。是日，日军飞机二架在富拉尔基投弹六枚，炸坏民房一间，伤人一名，在三间房以西克里木向我军阵地投弹二十余枚，又在大兴以北后依里巴屯设飞行着陆场，时有飞机降落。当此国际会议之日，日军仍如此暴行，殊属无理，因电北平转电中央及施代表宣布。

十七日上午十一时，敌以重野炮掩护其步兵向三间房阵地猛冲，激战二时余，始将敌人击退。旋有敌机十余架又来我阵地上空投弹轰炸。我军虽行仰射，因步枪火力太弱，伤亡尤多。因侦知敌军司令部设在大兴屯附近，当派涂团长全胜率所部，由翼侧迂回向该司令部袭击，敌人因其后方感受威胁，遂撤兵救援，以之正面火力稍减，我步兵乃乘机出击，猛冲数次，终以敌机枪火力炽盛，未克奏功，然敌我已伤亡无数。我奇袭部队因敌方有援，未能完成任务，烧敌辎重甚多，亦足予敌人以重大打击。是夜十时，敌人先以重野炮向我阵地猛烈射击，继以步兵偷袭，同时并以骑兵袭击我左翼侧。我军分头迎敌，激战二小时，毙敌六七百名，始将敌人击退。是日电报如左：

> （衔略）十七日上午十一时至下午一时，日飞机四架在我三间房阵地前端飞行数次，投下炸弹甚众，又大小兴屯南方不时有日军骑兵小部队向我方窥探。现日军正在汤池北端构筑阵地中，谨闻。

十八日早五时，敌举全力来攻，陆空连合将我阵地炸毁殆尽，我军武器既劣，复无阵地凭藉，伤亡枕藉，但士卒有必死之心，将校无偷生之念，故虽血肉相搏，终不稍退。占山又亲临指挥，士气更振，故日军几次突击，均被击退。激战至午后二时，敌鉴于我军于坚抗不退，遂遣飞机四架，爆炸省垣，威胁后方。商民惊慌，纷来前线泣请，比以鏖战三昼夜，肉搏十余次，阵地失而复得者数次，毙敌二千余名。我军伤亡校官三十七名，尉官一百二十三名，连同士兵已达三千余名之多。精神虽不稍怯，实力损失殆尽，益以地方商民环请，占山再思，不忍省垣沦于惨劫，将士同归灰烬，现既牺牲无补，只好暂避，再图恢复，遂决心向克山、拜泉、海伦一带撤退，借资整理而作最后之奋斗。为撤退安全计，令由骑一旅派团长朱凤阳搅乱后方，烧毁江桥，以牵制敌人追击，当时之命令要旨如左：

一、敌人继续增加兵力，企图击破我军，占领省垣。

二、我国因损失过甚，为补充实力，再与决战，由本（十八日）夜十时脱离战场，向拜泉、克山、海伦一带背进。

三、辎重及军政各机关重要物品于日没后，由齐克路向海伦背进。

四、骑兵第一团即时出发，占领省城南端孤站榆树屯附近之既设阵地，掩护军之背进，俟省城各机关撤退完毕，沿齐海大道向海伦背进。

五、暂编步兵第一旅卫队团、炮兵团、工兵营于本（十八日）夜十时脱离战线，沿洮昂路齐拜大道向拜泉三道镇附近背进，须酌派后卫以资掩护。

六、步兵第五团于日没后脱离战场，沿洮昂路齐拜大道向依安附近背进。

七、步兵第四团于日没后脱离战场，沿洮昂路、中东路向扎兰屯方向背进。

八、骑兵第一旅、骑兵第八旅极力与敌支持，俟步炮兵撤退后，以一部掩护军之背进，主力沿洮昂路以东、齐克路以南之线向泰安镇克山县背进，但须留一部于宁年拉哈各站附近，占领阵地，掩护我军。

九、予率骑兵第一团、第五十五团于明（十九日）午前四时，由省城出发，向海伦背进，掩护骑步安全退却，及保持省垣治安。

我军由龙江及三间房阵地向海伦撤退之经过

是日午后七时，敌骑兵一部进至黑垣南端，经我骑一团极力抵抗，激战三时而退。是夜，军政党各机关、各团体将公文印信及无线电机、余留军火、粮饷、辎重等均随大军保护先行，并留公安局督察长刘允升、于龙江维持治安。占山等于是夜四时离省，向海伦撤退，并通电报告情况如左：

（衔略）日人前以军队掩护，修我嫩江桥为名，压迫我军，迭经通电在案。十一月六日，本省防军为避免冲突，力求和缓计，曾退至三间房一带。乃日军并不履行声明防止军事扩大，每日袭击不已，并更于十六日国联开会之际，加派大部兵力并唐克车多辆、飞机十余架、重炮八门，昼以继夜向我猛攻。直至十八日晨，我军援尽兵单，加以器械不利，被将防线一部突破，我军誓死反攻，肉搏多时，始行恢复原防。又于午后二时，日人以唐克车、重炮猛攻急扑，以致全防动摇，几不能支。幸我军心振愤，以一当百，尚在撑持期间，彼复骑兵四出，到处扰乱，并以飞机四架到省城掷弹示威。商民惊恐万分，环乞暂避相当地带，以免人民涂炭。查日军不顾国联合理处置，恃强夺占，一意孤行，不但目无国联，直将世界和平、国际道德破坏无遗。兹为俯顺舆情、尊重国联，暂行退避相当地带，静候公理之解决。临电泣涕，不知所云。

十九日十二时，日军追击队千余人至龙江城东杨家屯时，被我军之掩护队徐团与该屯保卫团包围，痛击该敌，伤亡过半，并击毙其旅团长一名，闻系多门之胞弟。下午五时，日军约五千名，由多门统带，进占黑垣，分驻于南大营、讲武堂等处，强迫商民悬挂日旗，残杀我医院伤兵二百余名，强迫商会供给给养，并骑兵千余由齐克路追击我军，遣飞机五架向我军掷弹，在何家岗地方，我兵车一列被炸，损伤甚重。

二十二日，日军骑炮兵三千余名继续追击，图攻克山。我军得报，当派军队、义勇军择要埋伏，俟其经过，出其不意突出攻击，激战二时，毙敌甚众。自此，齐克路线虽有日机时来侦察，而敌军不敢跟踪追击矣。我军退至克拜后，其驻防地点如次：

骑兵第八旅涂全胜团驻拉哈站，朱凤阳团驻宁年站，周作霖团及骑兵第一旅旅长吴松林带王克镇团驻泰安镇，骑兵总指挥部驻克山，以第八旅旅长程志远任总指挥，第一旅旅长吴松林任副指挥，卫队团驻三道镇，步兵总指挥部驻拜泉，以暂编步兵第一旅旅长苑崇谷任总指挥，以卫队团团长徐宝珍任副指挥，军政两署及炮兵团驻海伦，委炮兵团团长朴炳珊为海伦警备司令，军政两署照常办公，编练新军，力加整顿，准备继续抵抗。

二十六日，占山赴拜泉一带视察，各部均已恢复原状，并派员到阵地掩埋阵亡士兵尸体，同时派人向前方收容伤兵。

二十七日，日军多门率大部撤退，省垣仅留三百余名，后闻我军有反攻之传说，日军又派铃木旅团长率兵千余名增加省垣。哈埠长官张逆景惠派英顺率警备队五百名赴江垣。是时，国外华侨及各省民众慰电纷来，私人捐款助饷者甚多，各地学生前往从军者亦众，即令苑旅组织学生军。肇东各蒙古王公，对我孤军奋斗极表钦敬，亦要求收编蒙旗精壮自成一军，先在肇东训练，有事再供指挥，足见我国民气激昂之一斑。综计是役，我军徐宝珍、吴德林、萨力布三团长，及营、连长等伤亡官佐二百四十五名，连同兵士约五千余名，敌军死伤约在四千名左右，冻伤约数百名，其校官死者亦不少。多门军中曾在驻东三省之日人居留民中，征兵约五分之一，长春、哈尔滨等处，死者眷属均哭泣甚哀，甚至有夫亡妻缢者，故其士气为之沮丧。

十二月四日，据昂昂溪胡营长文藻电称，日军于三日早二时增兵千名入城，分驻南大营、讲武堂，有向东荒进逼之形势。又据确报，日人要求张景惠在哈埠东马家沟建筑飞机场一处，并于七日派往日方工人二十余名，及中国民夫数十名，着手动工。我东荒一带将被其扰乱，当时电报北平，请转中央转电国联，设法制止。我军自退海伦，日人即拟用政治手腕解决，故曾派人至海伦会晤，而叛逆张景惠、赵仲仁辈复禀（秉）承日方意旨，极尽勾结怂恿能事，迄未得当，张景惠乃于十二月八日赴江省就任省长，日人知占山终不为屈，乃拟由呼海、齐克两路以重兵消灭。我军处于万不得已，与日人虚与委蛇者四十余日，业于二十一年五月文电详细声明矣。兹录文电如次：

（衔略）溯自暴日以武力侵占辽吉后，虽其代表芳泽屡向国际间声明，决不破坏中华领土之完整，但其事实积极进兵，并吞江省之志日益迫切。初则利用张海鹏部进攻，继则竟公然以修护江桥为名，调集大队日军进迫省垣。我方以尊重国际联合会决议案及非战公约竭力避免冲突，藉以保持世界和平而免地方之靡（糜）烂，并电我施代表提出国联，促彼反省，乃封豕长蛇得寸进尺，狼子野心贪而无厌。占山守土有责，遂不得不实行我国家自卫权，以兵戎相见。当时我军义愤填膺，人怀死志，昼夜战守，气薄云霄。卒以军械不敌，益以敌方飞机日向省城内外居民抛掷炸弹，占山因重人民之吁请，并尊重国联之公决，始将所部撤退海伦一带。此已往与敌战争经过之事实，业经迭电宣布，谅邀共鉴。迨撤退海伦后，正在积极补充军实，作最后之奋斗，而哈尔滨之战事继起，遂一面派队堵截驻江日军攻哈，一面以主力军队援助丁、李，从此两军衔接，东西声援，庶使暴寇兵力或不得逞。不意我军甫抵松花江北岸之马家船口，而丁、李各军不支而退却。日方侦知我军援哈举动，决计由齐克、呼海两路用重兵夹击，以期消灭我军实力。当是时也，前有强敌进逼，后无要隘可守，内而械窳弹缺，外而孤悬援绝，危急存亡间不容发。占山自幼从戎，历经战阵，生死二字久已置之度外，顾念死或重于泰山，或轻于鸿毛，若驱一军忠义以与强寇锐利无情之炮火相搏，结果徒供一时之牺牲，快敌人之心愿，恢复之机益将绝望。反复思维，欲解决目前难关，惟有相机应付，缓敌进击，庶可藉探日人侵略我方之真确计划，故不惜冒险赴哈，会晤日本多门中将，本虚与委蛇之宗旨，搪塞其间，而东北一线之生机庶可保留。此占山应付日人经过之曲折苦衷也。夫国际间最重信义、道德，未有徒恃暴力欺诈而可得世界文明各国之同情者，乃日本不顾一切，甘冒不韪，其计划之毒出人意表。兹者国际调查团不日东来，若不将占山四十余日亲见亲闻之日人种种阴谋揭破宣告于世界，谁复知日人之鬼蜮伎俩，更谁知我东三省三千万民众处此万劫不复之地狱耶。当二月十六日，占山为明了日人制造满洲伪政府之真相起见，又因日方邀请，冒险赴辽宁会议。翌日，晤日本关东司令本庄，据称，东三省大部已被日军占领，仅吉、黑一小部分谅难抵抗，希与日方合作等语。是晚又强迫在赵欣伯宅会议，凡占山所提取消伪国家产出之方案，咸被日方拒绝。十八日托病返回海伦，旋据赵仲仁报告，十九日，日军却竟强迫张景惠成立伪国筹备委员会，并令张景惠、赵仲仁率日方所收买辽、吉、黑三省之伪代表十二人，同赴旅顺敦请溥仪为伪国执政，并由日方授意，溥仪三次推让，代表三次敦请始完使命。三月九日，为伪政府成立之期，占山本拟托故不往，既为避免日方猜疑计，乃不得已勉为一行。十日，日方现充伪国务院总务厅长之驹井，及伪高等顾问板垣，以军部命令开国务会议，发表伪政府设总务厅，掌管各部一切实权，凡政令不经该厅签字盖章即不能执行。十一日，板垣、驹井又在国务会议发表，日本军部本拟由日人占充伪政府官吏之半数，及各伪省府官吏十分之四，现经减少，仅派加新政府百数十名。旋经议及日人入籍问题，熙洽曾有审慎之提议，当被驹井、板垣等严词申斥，并谓凡居留东省之日人，均由铁血换来，自应隶属新国国籍，无审慎之必要，至于是否脱离国籍，日人自有权衡，他人不容过问。复又发表辽、吉、黑三省各设总务厅并警务厅，均由日人充任，总揽各省全权，惟江省总务、警务两厅以占山极力反对，故暂允缓，三月后再由日人接充。迨至十六日，本庄来江视察大兴阵地，曾谓日本已具决心，无论如何牺牲决不放弃东三省，如有反对新国家者，即由日本军队完全担任扫灭责任，纵有第三国出而干涉，亦必与之宣战。至于政令，自可按步进行，惟须经驻在日军部之许可乃可。又驻哈特务机关长土肥原及驻江铃木旅团长声称：日本得东三省后，种种军事材料充足，将来北侵苏联，东抗美国，胥于此次方立基础焉。又复于土地、交通、金融、教育为积极之侵略。伪国务院议决：（一）凡东北土地已经出放者，若地主为官吏或军阀，则全数没收，若民户亩数较多者，则以官价收买其半数，其未经出放者，悉数收归伪国所有，以备日政府实行移民之用。(二)呼海铁路为我江省粮运之枢纽，日人与张景惠订约，以十分之一代价，三百万强迫抵押，虽订期五十年，实无异于永久占领，又恐占山不能承认，商补签字，当予严词拒绝，近闻又向伪国交通部进行矣。(三)筹设满洲伪国家银行，仿朝鲜银行办法，以为操纵金融吸我脂膏之企图。(四)摧残我学校，侵略我文化。凡学校除驻兵外，将我原有部定各级启发爱国之教科书悉加删改，参以亲日意旨，以尽其消灭我民族性之能事。而于言论尤极摧残，甚至假造舆论，淆惑视听，对电报、电话更严为把持，塞我耳目。抑且残杀我智识阶级，凡曾受教育具有爱国心者，刺杀活埋。如前财政总长阎廷瑞、洮索路局长张魁恩等均遭惨害。综观以上事实，是日人吞并东三省之野心，破坏世界和平公约已露骨表现，乃对国际间犹谬称，满洲新国之成立为东北民众自决之行为，而实则迫勒威胁无所不用其极，所谓民意，纯出日人伪造而已。语云，一手掩盖天下人之耳目，此之谓也。占山一介武夫，愧乏学问，惟上承国家依畀之重，下受人民付托之殷，故近月以来不惜只身冒险，忍辱受谤，以与汉贼不两立之国仇虚相周旋。所以然者，不过欲俟农民春耕之后，所部稍事苏息，再图大举，以竟全功。现在日方假造之伪国真相已明，调查团不日东来，乘机策动，此正其时，爰将所部军队暗中分布要隘，于四月七日急来黑河，所有黑龙江军政两署重要人员先已密遣到黑，关防印信一并携来，即日照常工作，进图规复。虽明知势孤力薄，难支大厦，然救国情殷，义无反顾，济河焚舟，早具决心，成则为少康之一旅，败则效田横之五百，一息尚存，誓与倭奴周旋到底，成败利钝，在所不计。呜呼，国家不造，祸起强邻，白山淞沪同罹浩劫，此后不斩楼兰，誓不生还。惟委曲求全之苦衷，恐不为国人所见谅，故将中间经过之详细情形电达左右，昔日子房辅刘心切，存韩庄缪，归曹志在汉室，占山庸愚，心窃慕焉。知我罪我，惟在邦人君子。临电悲愤，不知所云。黑龙江省主席马占山叩文。

黑河誓师继续抗日之经过

占山本拟候春耕竣事，民力稍舒，并军事准备就绪后，方图再举。因国联调查团将到东北，必须详细报告真相，乃于四月二日，以视察为名，自拜泉、克山绕道北行，于七日到达黑河。所有军政机关，即日成立，照常办公，积极筹备继续抗日。一面将日人强制满洲伪政府种种阴谋通电全国，报告国联调查团，以揭穿其侵我阴谋；一面决定作战计划，电令呼海、通肇各处驻军，连络友军，相机进攻哈埠。该计划大要如次。

敌我现有兵力之概数：

一、敌在东北约有五师团，兵力不下六万人，炮兵一团，约三十六门，飞机两队，约二十四架，其主力似在南满路及哈尔滨，一部（诸兵种连合约一旅）在卜奎附近，似有增加兵力模样。

二、我黑军步骑炮及其他民军约四万人，吉军丁、李两部约二万人。

作战方针：

本军以先肃清北满之敌，再进而恢复东北失地为目的，拟定占山自兼之骑兵第一军为主力，沿呼海路进攻哈尔滨，连络吉军进攻长春，以一部归吴松林指挥，为骑兵第二军，进攻卜奎，沿洮齐、四洮两路，向四平街方向攻击。俟犄角之势既成，再连络辽宁义勇军及关内军队，恢复南满。倘不能达到进展目的，则固守兴安岭之线，确保黑河及呼伦贝尔之地区为坚壁清野，俟机而动之计。指导要领：

副司令官

甲主战场

（1）攻势作战

a. 骑兵第一军（占山兼）以哈尔滨、长春为攻击目标。

b. 骑兵第二军（吴松林）以卜奎、四平街为攻击目标。

c. 骑兵第十六团团长陈海胜为右支队长，以主力破坏嫩江桥梁，一部攻击泰来之敌。

d. 李忠义为先遣支队长，由侧面攻击长春之线。

（2）守势作战

a. 步兵暂编第二旅（徐宝珍）固守嫩江大岭之线，并筑该线工事。

b. 步兵暂编第一旅（朴炳珊）固守龙镇附近，并筑该线工事。

c. 步兵第三旅（徐景德）警戒黑河、通河沿边，为总预备队。

乙支战场：步兵第一旅（张殿九）、步兵第二旅（苏炳文）固守博克图、兴安岭之线，并相机进攻卜奎。

战斗方法：

本军以实力不充，难当方张之寇，极力避免正面攻击，利用青纱幛起，用游击战术，避实击虚，骑兵攻之于前，步兵继之于后，义勇军及便衣队则随时随地扰乱之。守时，除在防御线及驻在地选定数线阵地构筑坚固工事外，取互相连络、互相援应之势。

当时我军编制及驻防地点如附表第一，并得情报如左：

据探报，哈尔滨之敌拟分水陆两路向我进攻：一路乘舰队沿松花江向我通河驻军进攻；一路沿呼海路向我海伦进攻。又据义勇军司令梁振铎敬电称，我西路已与李忠义联络，将哈长线三岔河占领，铁道破坏，交通断绝，个日安达县被占，其他各路均有动作，哈绥线已不通多日，东路已拟勘日乘调查团到哈机会，大举进攻。今晨日方武装袭击，我方还击，请电饬各路一齐出动，尤望我公星夜来海督师，以资统率。

哈埠日军不满二千，合力围攻可操胜算，等情。

当即电令前方各部，严加防范，不日即誓师出发。

通河附近战斗之经过

日人既占我哈尔滨，侵夺我江防舰队，于是利用江道潜载大部日军，以扰我军之后，于五月一日进犯通河。我焦团长景彬、吴团长凌汉率队痛击。日军败退，复调大批援军，水陆并进。焦、吴两团长分头迎击，激战十余小时，卒以敌方炮火猛烈，我军不支而退。是役毙敌中佐一员，大尉四员，中尉二员，士兵七十余人。而我军亦阵亡吴团长凌汉，张团附兴华，及少校队长二员，上尉分队长六员，士兵三十四人。其电报如左：

一、（衔略）职奉命协同丁、李各军进行攻哈之际，不料日军利用舰队由江道绕至我军之后，于五月一日进犯通河，焚掠我街市、粮食，勒缴我警团枪械，残杀我无辜百姓。职等率部往援，分布郊外，于二日夜半乘敌饱载登船之时，突起包围痛击，毙敌无算，夺获械弹甚多，刻正追击中。职焦景彬、吴凌汉叩江印。

二、（衔略）六日拂晓，日军由哈调队增援，计军舰四支，大小火轮十余支，沿江东进，于炮火掩护下，登岸进攻。我军分头迎击，激战十余小时，双方肉搏，白刃相接，卒以敌火甚烈，我军暂退。是役毙敌甚众，我军阵亡步五团上校团长吴凌汉，中校团附张兴华，及少校队长二员，上尉分队长六员，士兵三十四名。职焦景彬叩。

接电报后，一面电慰焦团长，饬其指挥五团，收编民众，整理残部，速令陆春溥队编团，以图反攻，并与丁、李切实联络，借资互助；一面将通河战况电报北平，转报中央备案。

五月九日，占山令黑河各部队齐集黑河西营大操场内，亲临阅兵，誓师训话。各官兵莫不同仇敌忾，气吞山河。当时并电报北平转电中央如左：

> （衔略）窃职虎穴余生，但知报效。惟暴日野心不戢，自犯我通河，经我焦团、吴团协力击却后，又大增援军，水陆俱进通河，复而又失。此役激战甚烈，我吴团长凌汉、张团附兴华等死之。现我焦团仍在距通河十余里之三站间，死力抵御。连日据丁、李电，方正、依兰亦复吃紧。辅车相依，势难坐视。而黑河地处边陲，别无出路，兼以交通多梗，指挥不灵，若不亟行动员，将成坐困。现职业于“五九”纪念日誓师，先头部队次第出发，职定于明日首途赴下江一带督师。国难方殷，宪恩甚重，忠愤所趋，义无反顾，倘能激我宪之声威，获最后之胜利，则实国家之福。区区之心，惟有死生以之而已。此行大体计划，拟利用骑兵取游动战式，多方肆扰，避实击虚。彼有利器，我有热血，暴日纵极凶顽，亦必疲于奔命。刻已饬令黑河电台，随军前进，此后进止所在，再当随时报告，请示方略。倚装陈言，无任悲愤。职马占山叩。

十日，因出发在即，前后方均须妥为布置，以便大举进攻，各专责成。所有后方军事，交步兵第三旅旅长徐景德主持，行政交财政厅长郎官普主持。组织行营，自任总指挥兼救国、义勇军各军总指挥，容聿肃任行营少将总参谋长，兼主管救国、义勇两军事务军署参议官。韩家麟兼行营少将总参议。民政厅长韩立如调兼行营秘书长。本主席未到以前，呼海一带军队暂归骑兵第二军军长吴松林指挥，并任该军长为攻哈前方总指挥，通令各部队暨各县局知照。十二日，据吴军长松林电称，业于文日开始攻击，其部属如次：邓旅长文、李团长云集任正面，沿呼海路前进，直捣哈尔滨；张旅长纯一、刘团长雅轩为左翼，经过蒙古吐过江，向哈尔滨前进；才旅长鸿猷、李团长天德为右翼，经过邵家窝堡向哈尔滨前进；以团长顾诚德、萨力布两部，及武术队一队为总预备队，位置于兴隆镇。总指挥部设于绥化，等语。

呼海松浦附近战斗之经过

十五日，由黑河出发督师，率骑兵第一团、卫队一营、工兵一营、宪兵一连、通讯连一连、救护队一队、卫生队一部、无线电台两架，因道途泥泞难行，于五月二十八日始抵海伦。时有日机两架，在空中散布传单。并据吴军长宥电转据邓旅长文报称：于四月二十七日哈埠敌军通知我呼兰才旅，拟派日军一联队，沿呼海路北上，并告该路局备车一列等情。当经拒绝，决以武力拒止，一面派队向才旅，在徐家及张家店占领阵地，阻止敌人；一面将松浦等站所存车辆，调往呼兰河以上各站。五月十一日，敌军渡江窃据松浦、马家船口两站。敌机飞至兴隆镇掷弹数枚，炸伤商民十数名。十五日晚，敌军平贺旅团附铁甲车一列，向我驻张家店才旅进攻。即率何、于两团及李云集、李天德等团赴该处增援，共同抵御。鏖战昼夜，敌势不支，于十六日下午二时将敌击退。十七日拂晓，敌军复又借炮火掩护，向我张家店、徐家阵地猛攻。敌机四架亦频来掷弹。我军誓死抵抗，鏖战竟日，敌以天黑撤退。我军乘机夜袭，弹落如雨，不少［作者注：此处似有漏字］畏惧，直捣松浦车站，并分攻马家船口车站。激战数时，敌人又复溃退，适敌舰多艘来援，我军遂退守原阵地。此役毙敌伊田大佐一员，士兵五百余名。我军亦伤亡官兵一百五十七名。于是，邓文同李云集团任正面防御，才旅及李天德团为右翼，警戒哈尔滨江桥方面；张纯一及刘雅轩两部为左翼，在呼兰河东岸警戒河口及蒙古吐各江口，以防敌舰之登陆；另以两团扼守对青山，以防卜奎之敌。相持将旬，互有伤亡。二十三日，该敌复行总攻，先以步炮兵攻我正面，当被击退，复因敌舰十余艘载兵三千余名，重野炮十余门向我蒙古吐阵地猛击，激战两昼夜，将我阵地突破。军队退至黑小屯一带，拒敌追击。同时右翼才旅在张家店亦被二千余之敌数度袭击，因伤亡过重，于二十四日夜向呼兰撤退。该敌大部置于左右翼，另以一部千余名向正面佯攻，迨两翼撤退，断绝联络，该敌于十五日拂晓，集中兵力，将我军包围，激战至是夜半。幸调顾、萨两团是时赶到接应，方得冲出，向呼兰撤退。该敌乘胜追击，在呼兰沿河拒止。敌以一部由蒙古吐袭呼兰车站，前后咸受威胁，不得已向绥化背进，沿泥河布防；一面整顿，拟在泥河北岸，沿堤构筑工事，以资防御，刻正向绥化背进中。是役共计阵亡官佐五员，士兵三百五十九名，等情。当即电陈北平转电中央如次：

（衔略）职前于黑河未出发时，曾密令呼海路沿线各军协同吉军丁、李各部，进攻哈埠，遂于月之十五日，由黑河由陆路向海伦一带统兵前进，只以道路泥泞，于二十八日始达海伦。当据前方报告，我邓、才、张各部于哈埠北松浦镇向敌进攻，并构筑工事。自月之十一日至十七日，因敌除在正面抵抗，复由松花江乘军舰于巴彦登陆，向我军左侧直攻呼绥两线。连日敌我正在激战中。职除即日前往督师外，谨电驰报。职马占山叩勘。

二十九日据报，后以我军攻哈部队损失既巨，而敌又大部跟攻，扼守泥河，恐难持久，为集结兵力计，乃令该军长放弃泥河，向克音之线集中，以厚兵力。其命令如左：

一、敌情如前面所见；

二、我军拟在克音河北岸之线拒止敌人；

三、吴军长松林迅率所部，由铁路星夜输送，集中防御线布防；

四、骑兵第一团、第五十五团为预备队，位置于张家店；

五、绥化县县长段耀先率所辖警保退至海伦，即编为行营执法处，任该县长为少将处长；

六、予在海伦。

是日晚，据报该敌追击队已到达克音河，与我军前哨发生冲突。次日拂晓，该敌集结大部向我正面猛攻，我军誓死应敌。同时敌又以一部向张家店我军绕攻，与我骑兵一团及五十五团正激战中。

三十日早，敌人即以飞机十余架轰炸海伦，炸毁房屋，商民惊慌。午后，又来飞机十余架，齐掷烧夷弹，登时火起，烟雾迷天，焚毁商民房屋尤多，商民叫苦哭声极惨。同时我张家店守军，受敌压迫过甚，以致全城震动，秩序不安。占山目睹心伤，潸然泪下。鉴于敌机残暴，不忍商民重罹涂炭，爰改作战计划，避免城市战，专以骑兵分区扰乱，俾敌应付难周，乃于当晚十时，率队迁驻海北镇，集中兵力，分途进攻。

六月一日，因国联调查团派美记者司帝罗及瑞士记者林得特二人，先期约定在孙家油房会面，爰即迁驻该处，与该记者等晤谈数次，告以经过事实。五日代为觅车送还时，日方调集陆空大部队，分至呼兰、绥化、海伦、海北镇等处扼守，不时侦查。

六日，召集各重要将领开军事会议，决定九日晚同时反攻海伦及海北镇等处。即令才鸿猷、李天德、李云集等攻击海伦，邓文旅攻击海北镇之敌。才旅于九日夜进攻海伦，日军即完全退守广信涌院，依墙抗战，任攻不出。我军无炮，只得暂退。邓旅于九日夜袭击海北镇，巷战至晓，将敌击退，毙敌高级军官一员，士兵五十余名。正在追击中，敌机十余架来援，该旅即退至时泉镇一带。是役，我军阵亡官兵二十六人。十日，电报如次：

> 天津无线电台陈台长鉴：转北平。日人占我呼海路各县后，奸淫杀烧，无所不用其极。山于灰日晓，派队实行夜袭，业将敌人击溃。现正督队追击中，嗣后对敌军行游动战法，使之顾此失彼，苦于应付，而不坚持一地，以免为敌机大炮所乘，损我兵力。山誓必与敌周旋到底，以达我恢复国土目的。时各县民众已起，结合地方保卫团，协同官兵极力抵抗，人心激昂，不难歼此强寇也。特闻马占山灰。

十一日，移驻伦河镇，召集各重要将领开军事会议，决定游击作战方法。其区分如左：

> 一、邓旅长文及骑兵五十五团，并顾诚德团，担任海伦、通北及天主堂一带之敌，相机攻扰之。
>
> 二、张旅长纯一及李团长云集、李团长德林担任绥化及兴农镇克音河沿线一带之敌，相机袭击，断其连络。
>
> 三、才旅长鸿猷、义勇军李天宝担任联络吉军，合攻哈埠，并相机扰攻呼兰及沈家窝堡并松浦一带。
>
> 四、吴军长松林率所兼骑兵一旅，担任破坏呼海全线，并相机援应各部，并督饬之。
>
> 五、本总指挥自统骑兵第三旅、骑兵第一团及卫队营亲赴各县，整顿警保，编练义军，并布置各县防守，以期唤醒民众，共同御侮。

十四日，由伦河镇出发，十五日驰抵明水，当即召集官民、警保，喻以大义，官民愤激，即委王庆余为该县义勇军指挥，计编义勇军一千二百名，警保编组八百名，委该县县长卢伯航统率之。

十七日，抵依安县，编义勇军八百名，委栾云章指挥之，编警保五百名，以该县县长关捷三统率之。

十九日，抵安达县，编义勇军二千名，以王振玉指挥之；编警保一千三百名，以该县县长张铭昆统率之。

二十一日，抵青冈县，编义勇军二千五百名，以高云章指挥之；编警保一千四百名，以该县县长杜含英统率之。

二十三日，抵望奎县，编义勇军四千名，警保二千名，均委公安局长唐宝铃指挥统率之。各县所编义军、警保各队，以之保守地面，拒止敌人，迨总攻时，调集义军出动，留警保保卫地方。

东荒各县游击战斗之经过

二十五日，占山亲率骑兵第三旅部旅长斌山、骑兵第一团及卫队营向绥棱前进，行至呼海线之张维站，与敌数百名遇于铁道旁，毙敌三十余人，获步枪二十余支，子弹数千粒，钢盔二十余顶，我方阵亡排长一员，士兵三名，伤八名。

二十六日，到达绥棱县，被敌炸坏房屋甚多，伤兵一名。在该县编义勇军千余名，委郑万春指挥，即向庆城方向前进。

二十八日，到达庆城县，编义勇军二千名，委张甲辉指挥之。又编炮手队八百名，改为骑兵一团，委曹荣统率之。派部旅长斌山带同该两部，驰往赵胡窝堡，攻击该处之敌。

七月七日，我军向东兴县西北河前进，于午后一时与步兵约九百名、飞机六架之敌遭遇，激战至晚，敌机始去，步兵旋亦退去。此役，我军阵亡团长关捷三一员，士兵三十二名。

七月二十二日，敌以步兵六百余名，迫炮四门，在三马架将我工兵第三连包围。抗战数小时，闻报亲督卫队往援，始将敌人击退。惟我王连长以下士兵共伤亡四十五员名，敌亦遗尸三十余具。

二十六日下午四时，我军在杨永河口渡河之际，敌以飞机两架，步骑炮兵约七百余名，由后方袭击。我军背河抗战，射落敌机一架，鏖战至暮，敌势不支，始退。我军伤亡官兵五十四员名，敌亦损失相当。

二十七日，我骑兵第二军军长吴松林率第四团于王荣庙与敌四百余遭遇，激战三小时，敌始撤退。我军伤亡七十六名。

二十八日下午一时，我骑一团张团长，工兵营刘营长，在十三井与步骑连合之敌约六百余名遭遇，激战至晚，检查我军伤亡三十六名，敌遗尸四十余具。

二十九日，据武术队队长王天培报称，窃职于本月十八日率兵三十余名，化装进入海伦县城，侦知日军司令部设于广信当院内。当即伺日军参谋长外出之际，将其狙击身死，此日军闻警追击，且战且逃。复击毙其士兵三十余名。幸出城后遇义勇军李天德部，经其救援，得脱危难。职部阵亡士兵十二名，等语。

罗圈店附近战斗之经过

七月二十九日上午十时，占山率队行至海伦东安古镇罗圈店西方森林附近，与兵骑炮空连合之敌，日伪两军六千余名相遇，四面包围。当激励官兵奋勇应战，又值阴雨连绵，均在泥泞中舍命相拼，鏖战三昼夜，由西南冲出，且战且走，未稍休息。

八月一日，驰抵张家湾河口，正渡河间，敌以飞机两架，步骑数百余名，向我追击。我军一面渡河，一面抵抗，激战竟日，至晚利用夜间渡过河南张家湾地，方与敌脱离。综计是役，毙敌虽多，而我军伤亡尤重，少将参议韩家麟阵亡，军政两署人员等原有二百五十四员，死亡者甚多，仅余三十二人，原带部队一千七百六十名，仅余一百七十名，械弹、马匹、辎重损失殆尽，复损失江洋七十余万元，山面部被流弹伤两处。

八月三日，行抵刘家店，因探悉沿山密布敌人，加以我军损伤过巨，乃决定取道山里，冀以迂道出山，整军再战。其时适义勇军韩玉禄率部二百余名亦至该店。除派干探潜往山外，与邓、才各部授以分路进攻命令，暨取道山内计划外，复召集官长训话，以资鼓励。其要旨如左：

我军此次作战，实力损伤殆尽，而此后取道山里，又复人烟稀少，给养困难，所历艰辛，自所难免。顾杀敌御侮，义无反顾。本总指挥一息尚存，必与敌抵抗到底，望大家一致努力，以冀最后之胜利云。

四日早，由刘家店出发，五日行至八道河子，在森林休息时，复被敌机六架，骑兵五百余名截击，幸我官兵用命，以一当十，激战半日，毙敌三十余名。我军仅伤官兵十一员名。此后皆取道山内。迨至八月二十六日，共行山内二十日，虽距敌稍远，未再接触，但山深林密，淫雨成潦，人马日夜行止雨中。加以旷无人烟，军粮缺乏，虽其间有伐木工人闻我义师竭粮资助，及猎户打取狍鹿济我军食，惟所得无几，难求一饱，不得已宰马烧食聊餍饥苦，以日困雨水之中，官兵泡伤腿足者比比皆是，饥疲交加，遂致多罹疾病。

八月二十六日，到达龙镇收容部队，从事整理并电报战况如左：

(衔略) 窃自六月终超越呼海线后，职即率部向绥棱、庆城、东兴等县前进，同时并令邓旅长文、义勇军南司令廷芳率部分袭北部克东、通北、德都等县。兹将战况分陈如后：(一) 七月虞日，我军向东兴县西北河前进，于午后一时与步兵约九百名、飞机六架之敌遭遇，激战至晚，敌机始去，步兵旋亦退去。此役我军虽受敌机威炸，但损失尚不甚巨。(二) 祃日，敌以步兵六百余名，迫炮四门，在三马架将我工兵第三连包围，抗战数小时。比职闻报亲督卫队往援，始将敌人击退。惟我王连长以下士兵共伤亡四十余员名，敌亦遗尸三十余具。(三) 宥日下午四时，我军在杨永河口渡河之际，敌以飞机两架，步骑炮兵约七百余名，由后方猝至袭击。我军背河抗战，射落敌机一架，鏖战至暮，敌始不支。我军伤亡官兵五十余员名，敌亦损失相当。（四）沁日，我骑兵第二军军长吴松林率第四团于王荣庙与敌四百余名遭遇，激战三小时，敌始撤退。我军伤亡七十余员名。（五）勘日下午一时，我骑兵第一团张团长、工兵营刘营长在十三井与步骑连合之敌约六百余名遭遇，激战至晚。检查我军伤亡三十余名，敌遗尸四十余具。（六）艳日上午十时，职率所部行至罗圈店西方森林附近，与兵［步］骑炮连合之敌伪六千余名相遇，四面包围，职当激励官兵奋勇还击，鏖战至三昼夜，始将西南方敌人击退。检查所部官兵伤亡殆尽，械弹、马匹损耗甚巨，并失饷糈江大洋七十余万元，职之面部亦于此役被流弹所伤，刻已痊愈。且以探悉，沿山附近，密布敌人，因取道山里，以便收容。乃于本月微日行至八道河子，复被敌机六架，骑兵五百余名截击。幸我军官兵用命，以一当十，激战半日，毙敌数十名，我方仅伤官兵十一员名。（七）据义勇军总指挥徐海亭报告，寒日率部进击拉哈站，与敌激战一昼夜，始行占领。此役歼敌甚众，并毙其大佐、大尉各一名。我军伤亡七百余名。次日，敌增重兵反攻，因无法防空及火力不敌，始行退出。（八）邓旅长文报告，于七月蒸日，将克东之敌击退，占领县城，旋于次日因敌机轰炸，为免商民损失，复行退出。该旅长又于寒日将通北县城占领，亦因保全商民撤出。（九）据南司令廷芳报告，于七月哿日将德都县城攻下，即令固守，并授以相机攻取克山之任务。综合以上数役，虽未尽数歼灭顽敌，但迭次剧战，足寒敌胆，况飞机为敌独有，我军之防空能力较为不利，否则虽我大器不逮敌人精良，而官兵精神固极振奋也。职拟赴海伦东老道店一带收容，并令邓、南各部分头策动。俟集结完竣，即行大举反攻。伏查职部现仅有官兵两万余人，虽散驻各县，对于械弹饷糈，皆感困难，所恃者勇往精神始终不懈，长期抵抗，弗渝初衷耳。惟念东北沦胥已将一载，究用如何切实有效方法收复失地，迄今尚无所闻。职以边地孤军，纵能坚忍支持，实力终属有限，仍应仰恳我政府迅定大计以拯危亡，我国人努力同心共肩艰巨，临电迫切，祈鉴血诚。再前因无线电无法携带，有线电又复不通，是以呈报稽至月余，合并陈明。马占山叩卅。

洛阳中央政府林主席、蒋委员长、汪院长钧鉴：职离黑来呼海各县与敌周旋，因取游动袭击策略，各部队多奏奇勋，致敌顾此失彼，大有疲于奔命之势。只以职亲赴各地指挥攻击，故驻军地点无常，虽曾偶有报告，未能随时逐一详禀。兹谨将近日各方战况及管见所及陈列于下：日军依飞机掷弹、扫射，子弹充足，运输便利，与我争斗多制定成规，不惯游动。我军则利用袭击地点无常，时间无定，不到切近不虚耗子弹。自海伦及天主堂（海北镇）两役，将其旅团长真藏击毙，及毙敌百五十余名以来，敌军胆寒。我军乘胜，士气大振，加以敌每屠洗我农村，奸污我妇女，各县农民激于亡国惨痛，愤而纷纷自动呈编抗日救国军，不时邀击。尤以海伦、克山、克东、望奎等县为甚。查日以武力占我东三省，假造满洲伪国，破坏东亚和平，威诱利用少数傀儡，节节准备，若不乘此民心激昂，士气飞扬，青纱幛起，道路泥泞之机，军民全体，四方攻袭，到冬敌势渐成，则更无从措手矣。务盼我中央政府，迅定对敌策略，俾得收复失地，则党国幸甚。临电惶悚，不胜迫切待命之至。职马占山叩东。

在龙镇收容集结出发之经过

到龙镇后得各方战斗情报如左：

据巴彦县长张庆禄报称：五月二十五日，哈埠敌人向我松浦驻军进攻，时适有吉军冯占海、宫长海所属军队，约万七千余人，渡江后集中于巴彦南乡。职一面筹备给养，一面调集四乡保卫团，会同吉军，截断敌人松江运输。二十九日，敌乘炮舰商轮各二艘，由松江北岸滴搭咀子登岸，向我攻击，并将该处所存黄豆概行焚毁，奸淫掳掠，无所不为。我军抵抗，相持二日后，因吉军撤退江南，敌之舰队主力亦驶往呼兰河口，仅留商轮一只，步兵约四百余名，飞机三架，于六月五日向我保卫团及城防队所占领之阵地攻击。激战三日，敌飞机又增加三架，掷弹爆炸，城内损失甚巨，炮火猛烈，我军伤亡相继，势渐不支，遂于七日夜十二时命各队向五顶山撤退，收容各队约五百七十余人，又收练武术队二百五十余名。于十三日向庆城、绥棱方向前进，十七日到达绥棱县，十八日拂晓，敌约二百余名由西方来向我攻击，激战一日，是晚率队出城，向十四井子撤退。是役我阵亡二十五名，伤四十六名。二十二日晨，行至海伦北聂家窑附近，敌机三架，骑兵百余名，向我追击。我军即利用地形，将敌骑击退。是日，在聂家窑收容有义勇军首领乔成章，率部百余名前来，愿归县长指挥，共同抗日，当即收留。于二十四日拂晓，率队将小天主堂之敌人驱除，我军遂占领天主堂。是日午后二时，敌机六架，骑兵二百余名，向天主堂猛烈攻击，掷弹多枚。我军遂向翟家店撤退，又收义勇军计凤山二百余名，并与邓文部下刘毅团长相遇，遂会同反攻小天主堂。二十九日，行至小天主堂西北方木桥附近，正与敌军相遇，激战一日，我军伤亡百三十五名。是晚仍撤退翟家店。次晨九时，有步骑炮空连合之敌向我攻击，投弹轰炸，我军弹药缺乏，晚九时向通北县撤退。次晨九时，甫抵通北，敌机六架猛烈轰炸。职部阵亡连长张之佩一员，兵十七名；刘团伤亡官兵三十八员名。午后三时敌军追至，职与刘团并驻通北辎重营，共同抵抗。卒因敌军火力猛烈，飞机掷弹，我军弹尽，辎重营向东撤退，职与周团向乌鱼镇撤退。该镇户少粮缺，我军约千五百人，给养困难，遂杀马充饥。因敌军在山口堵击，于七月八日刘团进山绕往东荒。职带队由董画匠屯依据山险截击。我军当与该敌冲突，相持二日，被我击退。于七月十三日抵龙镇县城，即向黑河军政两署报告经过，旋奉电令所部驻扎龙镇，协同温县长防御敌军，等情。

据邓旅长文报称：六月十日，约有步兵百余名，附野炮一门之敌，由海北镇向我于海屯之驻军攻击，当被我关营长击退。十三日，敌以全力攻我时泉镇之驻军，激战一昼夜，毙敌官兵二百余名，得枪五十余支。我军亦伤亡六十八名。二十五日夜，在呼海路东边井站与敌相遇，当毙敌十余名，获大小枪十二支。二十六日到大成玉一带休息，约有步炮兵三百余人之敌，由海伦来攻，鏖战至晚，我军以弹药缺乏，乘夜向哈拉巴山背进，此役我伤亡官兵二十六名。七月一日，探悉克山之敌，拟延修呼海、齐克之路线，乃令王团长乘夜攻入克山，当将修路材料完全焚毁。七日夜，复又袭入克山，击毙日军三十余名。十日，将克东之敌击退，占领县城。旋于次日因敌机轰炸，为免商民损失，复行退出，又于十四日将通北县城占领，亦因保全商民退出。八月七日，驻克山敌军步骑炮连合约八百余名向我军进攻，在月亮泡、张家店一带激战二昼夜。敌借空军掩护，炮火猛烈。我军伤亡官兵百七十三名，遂向北安镇背进。十五日夜，进攻克东县，与伪军白团长接触，获迫炮一门，轻机枪二挺，步枪三十余支，并将该县存储之子弹三十余万粒、炮弹二千余发运出。是役我军伤亡二十六名。

据南司令廷芳报称：七月十五日，在龙镇与敌千五百余名激战三日夜，毙敌百余名，我军伤亡官兵五十一员名，敌势不支，向德都县溃退。我军乘胜追击，于二十日拂晓，围德都，激战至晚，将德都县城攻下。敌向克山溃退。是役毙敌七十余名，我军伤亡官兵百二十一名。现占领该城，稍事整顿。于八月一日，向克山进攻，行至月亮泡，与敌步骑炮连合队二千余名遭遇，激战八时。日军败退，毙敌三十余名。我军伤亡二十三名以上。三役共获轻机枪二挺，步枪七十二支，马三十五匹。

据才旅长鸿猷称：六月十七日，在青冈县六大屯，与敌三百余名接触，激战五小时，将敌击退，毙敌二十余名，获马三十二匹，我军伤亡十一名，敌向青冈方面溃退，我军仍在追击中。二十八日，在马方桥，敌机四架向我军掷弹，当被击落敌机一架。三十日，在五顶山屯，我军正在休息中，日伪两军又来两千余名向我军猛扑。我军起而应敌，激战两日夜，毙敌百余名。我军阵亡官三员，伤亡士兵七十二名，我军退入东兴县。七月三日，奉令赴巴彦收编义勇军，并相机攻取该县城。于十二日在巴彦县土门岭子与敌骑兵四百余名接触，当毙敌二十余名，获骑枪六支，洋马五匹。我军阵亡官一员，兵三名，将敌击退后，从事收编，当编成义勇军二千名，武术队一千二百名。于二十六日，据密报称，据守巴彦之敌，共千余名。于二十七日率部分三路围攻该城，鏖战三昼夜。二十九日晚，敌势不支，向呼兰溃退。我军遂将该城占领。是役毙敌五十余名，我军伤亡官兵八十二员名。八月十五日，马逆振东窜扰东兴，当协同武术队，驰往该处围攻。当场将该逆击毙，队伍收编，等情。

九月六日，据徐旅长海亭报告：窃职奉令进攻讷河县拉哈站等处，兹将进攻情形分报如左：八月二十一日上午十一时，职率部在九井子地方，与敌骑兵二百余名遭遇，激战三小时，敌势不支，即行溃退，当督队尾追。二十二日早，追至齐家窝堡，适在该村休息，复将该敌围攻，鏖战至晚。敌乘天昏向讷河溃退。综计两役毙敌六十余名，得获骑枪二十一支，马十四匹；我军伤亡官兵三百二十三名。九月五日，职率部进攻讷河，与扼守该县之敌小泉联队，及伪第四旅徐宝珍部接战，由拂晓开始，激战至午后一时。我军奋勇突入敌阵，将伪旅长徐宝珍击毙，并毙敌伪甚多。嗣因敌机三架来援，猛烈轰炸，我军并缘子弹不足，乃暂行撤退讷北三十五里之谭家窝堡，整理以企再举。是役我军伤亡官兵四百零四员名。

据第七旅旅长宋喜和报告：职奉令攻击泰安镇及拉哈站，及破坏齐克铁路，遵于七月十九日率部乘夜袭攻泰安镇，与据守该镇敌井上中队激战，数度攻入市内。以敌凭垒顽守，火力炽盛，迨至天晓，我军退出。计我军伤亡官兵六十二名。敌亦伤亡枕籍（藉）。八月二日，率部将齐克路泰安镇以西破坏四十余里，并以迫炮击破火车七辆，得获子弹四十一箱、步枪八十六支，毙敌九十余名。将路线破坏后，复于五日晚进攻泰安镇，巷战两夜一昼。七日早，因敌来大部援军，我军后方感受威胁，向通南镇撤退整理。我军伤亡官兵八十二名，敌亦伤亡甚重。

据义勇军第六路总指挥李天宝报称：职奉令进攻庆城，于八月三日率部向该县出发，于四日晓开始围攻。当与驻守该县之敌三百余名鏖战，数度猛冲，于午后三时将该城完全占领。敌向绥化方向溃退。计毙敌一百余名，我军伤亡官兵二百十一员名，得获步枪五十三支，轻机枪二架，辎重车五辆，刻正整饬部队，拟相机攻取绥化。

据骑兵独立第一团郑团长万春、第二团田团长永富报告：职等奉令破坏呼海线，遵即合力进行，于八月二十三日晚九时，将克音河桥梁焚毁，并破坏路线二十余里，比被敌发觉。二十四早，来骑兵二百余名来攻，当与激战。至午后二时，因敌机二架来援，掷弹爆炸，我军无防空能力，伤亡官兵四十六员名，马匹倍之，毙敌三十余名，不得已向兴农镇退却，以便整理，再行反攻。

八月十日，据义勇军第三路总指挥张希武报告：奉令进攻，遵于七月十三日率部进攻青冈县城，当与驻守该县日军三百余名、伪军第一旅王克镇部接触，围攻三昼夜，数次肉搏，至十六日晨，始将该县占领，毙敌伪一百四十余名，得枪七十四支，我军伤亡官兵二百二十三员名，敌向安达站方向溃退。同日职部第二团，并将望奎县属中和镇之伪军一营击退，进据该镇，亦毙敌十余名，我军亡四名，伤七名，刻正积极整顿，拟不日即进攻安达站。二十八日，率队向安达站出发，于二十九日晚利用夜间袭入站内，与驻守该处之敌伪两军约二千余名，激战二昼夜，至三十一日下午敌势不支，沿铁路向江省溃退，遂将该站占领。是役毙敌伪二百余名，我军伤亡官九员，兵三百五十二名，得获步骑枪八十四支，子弹六箱、大车二十四辆。八月五日晨，敌伪两军步炮连合约三千余名，向安达站反攻，我军当即努力抵抗，激战二日一夜。至六日晚，因子弹用罄，恐陷围中，乃利用天昏，将该站放弃，向肇东县方向退却。是役我军伤亡官兵七十一员名。

据焦旅长景彬报称：敌舰于五月十六日长驱下驶，同时依兰、汤原等处相继失守。职急率部沿江尾追，借图牵制，驰抵二道河子，与敌舰遇，截击四小时之久，乃以敌炮火剧烈，因诱敌登岸，行到稻田公司地方，即饬步兵五团第一营攻敌正面，职率骑兵由两翼夹兜，敌势不支，回舰急去。是役计毙敌官兵六十余名，我骑兵伤亡三十二名，五团伤亡十一名。职部现在汤原西北沟停止，因电报不通，以致消息停顿。六月十九日，刘斌奉命前来，接任第五团团长，与之计议防务。职部及刘团第一营迫击炮一排，驻守汤原以东、鹤立冈砾山；刘团长率二、三营迫击连防守萝北、绥滨、梧桐镇一带，并相援应，确定联络。据探报称：依兰、富锦等处，现驻于逆险舟部约二千余人，内有日军若干，其数未详，炮舰十余艘，时上时下，职部正在严防中。

九月五日，据徐旅长景德转萝北步五团团长刘斌报称：绥滨保安中队长信玉山附逆，协同日军向我肇兴镇进攻，职率部迎击，该逆不支，向绥滨方向退却。是役毙敌数十名。又于敬夜率队追至绥东，转战绥滨。适日军自富锦开来军舰两艘，停泊绥滨，当令徐营长勋率队占领阵地，极力抵抗，敌军数次进攻，均被我军击退。嗣复接近，演成白刃战，我大刀队殷队长，杀日兵五名，夺枪三支，至晚六时敌舰炮火益烈。我军后援不继，暂退至中兴镇，重整队伍，再图反攻。是役共毙敌六十余名，内有炮兵少佐副司令一员；我军阵亡连排长各一员，士兵二十七名，负伤排长一员，士兵五十七名，各等情。

得情报后，摘要转报，并统筹全局，集合群力，以图恢复省垣。又通令各部队悬赏二十万元，以为首入省垣之犒赏。其原电如左：

占山自将军政两署移驻黑河，于本年五月誓师出发，曾以文寒各电呈报政府，通告国人，旋即驰赴东荒转战数月，与敌接触，互有胜负，双方损失相当，一切战况情形业经电呈中央与北平方面在案。近闻敌方拟于“九·一八”承认满洲伪国，我政府即将颁令讨伐，正式出兵，收复东北失地。辽吉义勇军积极进行，多方扰乱，正在分途激战之中。敌人应付难周，大有疲于奔命之势，谅已时有所闻。我袍泽同人负有报国救亡之旨，貌离神合，异地同心，前此隐忍待时，曾有夙约，现在事机既熟，自应即日群策群力，收复省垣，以张国威，而寒敌胆。兹特悬赏二十万元以为首入省垣之犒劳，其余出力各军亦必有相当之酬庸办法，以为敌忾同仇，深明大义者劝除率部克期进攻并分电讷河各旅及通令遵照外，伫盼义旗会师痛饮。即希见覆，无任钦迟。再数月来，各军薪饷维艰，时殷念虑，现已请准中央充分接济，应俟汇兑一通，即行拨付，并望查照，以慰军心。马占山歌。

九月十日，将龙镇县警保编二百名，暨义勇军编成四百名，统归该县县长温铭德统率之。

十七日，以接各路游动攻击部队报告颇占优势，因拟乘机攻取江垣，图恢复。故决定即日由龙镇出发，赴嫩江转道讷河督师，当时给各部队之命令要旨如左：

一、南总指挥廷芳速率所部进攻克山县，将该县攻下后，即向卜奎转进与各路会师。

二、宋旅长喜和率部，仍相机攻取泰安镇及破坏齐克路线。

三、张总指挥希武着相机破坏中东路沿线，并协同邓、李各部进攻卜奎。

四、邓旅长文率部将呼海线敌人肃清后，即向卜奎进攻。

五、李司令忠义率部会同邓、张各部协攻卜奎。

六、郑团长万春、田团长永富两部，须极力破坏呼海线，并驱逐该线之敌。

七、李总指挥天宝迅率所部向绥化进攻。

八、李支队长天德率部将望奎之敌驱逐后，即随邓旅长进攻卜奎。

九、才旅长鸿猷由巴彦向呼兰进攻，并阻止哈埠日军东进，以利我攻卜奎之师。

十、予即日赴嫩江，此后报告即向该方向送达。

二十日，率行营及卫队旅，全部由龙镇向嫩江出发。

二十二日，因日本强缴民间武器，并捕工筑路，以图军运便捷，当即电报北平转电中央，转报国联设法制止。

二十七日，行抵嫩江县。

十月一日，据龙镇县温县长铭德报称：三十日晨六时，职率山林营进攻北安镇，激战五时，敌势不支，向西败退，即将该镇占领。是役毙敌五十余名，内有警备司令一员，获枪二十一支。我军阵亡二十三名，伤四十九名，等情。

十月三日，据我派往江省密探报称：日军近感于我军各路进攻，应付颇形困难，故江省及驻拉哈站各处日军皆甚慌恐。近闻日方已将前派往榆关及图攻热河之部队撤调来江，以便增厚实力，消灭我军。爰召开军事会议，拟乘日军未齐集以前，开始总攻，并鉴于分路攻击，使敌军应付不暇，疲于奔命，因拟定新作战计划，通令各部队遵照。其纲要如左：

甲　作战方针

一、本军以继续铲除东北敌军，收复失地之目的，用军民一致奋斗之精神，以行作战。

二、第一步先将本省之敌人彻底肃清；第二步向南发展我军势力，以援助辽吉军作战。

三、于本省敌人肃清后，向南发展时，则我军之攻击以右翼由龙江趋洮南，左翼由滨江抵长春为第一步；第二步由洮南利用打通线，夺取北宁路，由长春直捣辽宁省垣，若无情势之必要，则新民、沈阳即为最后之到达线。

四、如因战斗不利，至不得已时，则守内兴安岭以北地区，纵使如何困难亦不放弃。

乙 指导要领

一、按本计划分全省为东、西二战场，由泰来—龙江—布西之线（含）以西为西战场，以东为东战场。

二、西战场为步兵主战场，不分战斗地区，以龙江为主攻击目标；东战场分为六个战斗地区，以第一、第二地区队，与西战场步兵部队策应攻击龙江为主要任务；第三、第四地区队，于扫荡本地区敌人后，亦须会师龙江；惟第六、第五地区队，以肃清呼海线之敌为主要任务。

三、使各地区队独立作战，极力增大其活动力，各负其本地区敌人扫荡之责任。且将本地区敌人扫灭后，须进其他地区，援助友军，施行扫荡，扩张战果。

四、各防御地区队以掩护黑河安全为主任务。须按永久防御之要领，构筑工事。惟必要时须转入攻势，以之推进各当前之作战部队，或增加前方，扩张战果。

作战指挥系统表

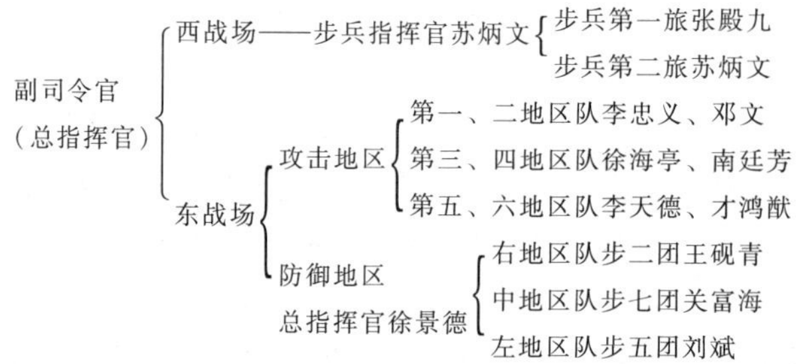

当时所下命令如左：

命令 十月七日上午十七时于嫩江行署

一、据探报，现在卜奎敌人仅残余千余名，其沿齐克路线泰安镇、克山等处共有五百余名，势极衰颓。拉哈站敌人昨有撤退之说，我辽、吉各友军连日均有激战，时来捷报。敌人已有应付不暇之势。

二、本军以收复省城之目的，决向卜奎攻击前进。

我步兵第一、二旅于本日誓师，刻沿中东路线向卜奎进攻中。

我骑兵李忠义部先头，已抵小蒿子，刻沿哈昂路线，向卜奎进攻中。

骑兵第一军代理长邓文部，于本月一日午前十一时，先头已抵拜泉西二十井附近，现正向卜奎进攻。

三、南总指挥廷芳速率所部进取克山，将该处占领后，即转向泰安镇进攻，以便与各军会师省垣。

四、骑兵徐海亭部，刻由红花集渡河，经讷河东方地区，向拉哈站南侧前进，到达后以右翼与骑兵第二旅及步兵第二团联系，由拉哈站南侧向该站之敌攻击，该站攻下后即经宁年向卜奎攻击前进。

五、骑兵第二旅协同步兵第八团（改编十六旅）速率所部向拉哈站前进，左翼与徐海亭部联系，由拉哈站东侧向该站施行攻击，攻下后，即经宁年向卜奎攻击前进。

六、限于本月十一日各部队须达到相当地点，于十二日拂晓各向所指定之目标施行攻击。

七、予现在嫩江，将随战斗进展，进出于讷河。

注意情况，务须随时报告。副司令官马占山

当时向平京军委会电报最近作战计划如左：

（衔略）自倭寇启衅，山猥以轮材辱，承长官重托，为恢复领土计，已转战经年矣。所历战况均已随时报告，兹谨将江省最近作战计划及兵力部署略报于后：（一）共分全省为六个战斗地区，以义勇军第三军李忠义全部为第一地区队，在五福码一带，向卜奎进攻；（二）骑兵第一军邓文部为第二地区队，与李忠义部取得联络后，在卜奎东八里岗一带，与第一区队协同向卜奎攻击；（三）义勇军第四军徐海亭部，暂编步兵第二旅、骑兵第二旅为第三地区队，占山亲自指挥，自讷河、嫩江一带，向拉哈、宁年站进攻；（四）骑兵第六、第十一、第十二旅为第四地区队，在泰安镇周围，以泰安镇为攻击之重点；（五）义勇军第二军南廷芳部及第九旅为第五地区队，在德都、龙镇一带，向克山、北安镇进攻。以上各地区队均以卜奎为攻击到达点；（六）义勇军第五军才鸿猷全部，及李天德、李天宝两旅并郑万春、田永富两独立团，为第六地区队，在呼海路沿线，对该路之敌施行攻击。以上各部队前经部署妥协，当即下达全般命令，限于鱼日一齐开始活动，各向所指定之目标施行攻击，以决最后之胜负。顷接前方报告，各地区队已均与敌接触。惟李、邓两部已接近省垣，连日均有激战。又据苏、张两司令来电，该两旅已沿中东线东上，指日当可会师省垣。除进攻情形随时续报外，谨电禀闻。职马占山叩佳。

十月六日，据黑河第三旅徐旅长景德电称，近接无线电消息，暨派赴江省密探报告：我吉林义勇军冯占海、王德林部取得联络后，实力约三万余人，现占长春附近之兴隆山、一间堡、饮马河、米沙子等处，刻向伪都取大包围形式，俟布置完备，定期进攻。又冯部攻入吉长路之下九台车站，将该站焚毁，现已数日不通车运。并以我邓、才及各路义勇军之攻扰，乱人已形应付不暇。江省日人皆甚慌恐，小部队已不敢出城，等情。

十月十日，据邓代军长文报告：职受令进攻，于九月十五日率部围攻依安县，与守该城伪军霍刚部激战二日一夜，将伪军日本监军二人击毙，伪军百余名［作者注：疑有漏字］。霍刚因见我军四面包围，外援隔断，婉词（辞）请降，情愿反正。职以该部原系国军，虽一时附逆，为敌效力，但现既势绌矢誓反正，亦觉情有可宥，因即准予收编，以冀逆军闻风来归，当任为前敌总指挥，以观后效。再职部除原编之骑兵三团外，复陆续收编本省反正各部队六千余名，加以现收霍部三团共一万四千余名，共编四支队，等情。当即任该旅长为本省骑兵第一军军长，用资鼓励。又称：于十月一日职率部迫近拜泉近郊，朴旅长炳珊鉴于我军势大，知难抵御，因即反正，与我合作，决定尔后进攻办法，并由朴旅长借用野炮二门，约同沿中东路进取卜奎。朴旅亦定于十五日先取泰安镇，再沿齐克线进攻卜奎。计议既定，当令霍总指挥刚，率兵六团于六日拂晓，进攻安达站。当与驻守该站之伪军周作霖部激战一日，至晚将该站占领。翌晨敌军铁甲车四辆来援，亦被击退，除一面防守安站，一面派队追击周逆作霖部，至升平镇附近，将该部包围，剧战半日，虽日军来援，亦被我军击退。至八日上午九时，因日军三千余名，附野炮八门，由昂、哈两方来援，并有空军四架协同掷弹。我军因伤亡官兵三百二十六名，损失颇重，弹药又缺，不得已向明水、依安分路背进。

十月十一日，接黑河军署电称：据焦旅党团长奎武电称：本旅上月二十八日拂晓，在鹤立岗地方被步兵二千余名、野炮八门之敌围攻，抗战至午，又来敌机四架，向我军阵地掷弹轰炸，激战至暮，我军伤亡殆尽。焦旅长景彬左臂及腰部亦被弹炸伤，势极沉重，乘天黑率残余一百六十余名撤退。因旅长伤势过剧，遂雇农民密送哈埠医院治疗，以期全（痊）愈。职刻退至绥滨附近整顿队伍。惟焦旅长到哈后，因负伤过重，医治无效，于齐日因伤身死，等情。

二十八日，据黑河电台报告：顷接呼伦贝尔电，苏司令炳文已通电反正，组织民众救国军，苏任总司令，张旅长殿九副之，于感晨缴收日伪军警枪械，正午完全占领满洲里，铁路车辆均归掌握，现正向富拉尔基进攻中。

据探报：拉哈之敌近来调换频繁，时增时减，约计步兵三百余名，炮四门，机枪二架，该站东北两方均构筑极坚固之阵地，其炮兵阵地，似在车站附近之高地上。

据以上情报：知各军开始攻击动作，以与各军协同进攻省城之目的，决先进至讷河，并击破拉哈站之敌，而后进迫省城。但讷河尚有伪军第四旅驻防，该旅原为黑龙江卫队团改编，江桥作战异常出力，其装备亦较他军为优越，实为黑省军之最有力者。必使该旅反正，协同进攻，方易成功。占山于十六日晚七时，亲带卫士十余人，推进讷河县城，幸该旅变节。

附逆之旅长徐宝珍，前因联合日军抵抗我第四军而阵亡。其余官兵见占山到讷，即时反正，表示绝对服从。

十月二十日，将第四旅及保卫游击［作者注：此处原件似有遗漏］，改编为步兵第十六、七两旅及第一、第二两独立团，与骑兵第二旅共改为步兵第一军，占山兼任军长，以收指挥统一之效，并通令各军旅知照。是日据五旅高参谋报称：我军攻击拉哈站之敌，现已迫进敌垒，将其包围，约定今晚十二时，乘夜猛攻。

二十二日，令义勇军第四军长徐海亭，用白兵战猛攻拉哈站之敌，以期速为解决，又令李忠义、邓文、霍刚等军各扫除当前之敌，赶紧会攻省垣，并令邓军如攻克山计划业已妥善，则占领克山之后，再行攻省，否则直攻省垣。

二十三日，据密探报称：邓军将克山之敌攻出，追至泰安镇，毙六十余名，擒二百余名，将其械弹完全解除。又据五团刘团长斌电称：该团于十三日，将绥滨之敌伪击毙二十余名，擒一百余名，枪械马匹完全解除。

即将两处捷报通行各部队，借资激励。其通报如左：

通报　十月二十三日午后十一时于讷河行署

一、据探报，我邓军长、南总指挥、霍总指挥等曾将克山之敌尽数击出，向西败退。惟该敌于本月二十一日午前五时，退至泰安镇附近，复与该镇敌人合并一处，死力抵抗，嗣被我军猛烈攻击，敌势不支，遂即登车，意欲逃走。但我军于其登车后尚未开驶之际，即将其机车击碎，所有敌人二百余名，除击毙六十余名外，其余尽被拿获，并将其所带械弹，完全缴下，现在克山、泰安镇俱被我军占领，各部队正向西推进中。

二、据萝北步五团团长刘斌报称：该团徐营长率部进攻绥滨，于本月十三日拂晓进迫绥滨，与敌激战，敌势不支，我军一拥入城，拿获附敌首逆郭梯盛，击毙敌方官兵二十余名，余均缴械，并阵获各色枪械一百二十余支，子弹马匹甚多，遂将绥滨完全占领，各等情。据此相应通报，此致。

是晚，据徐军长报称，敌人正向我杨家屯之掩护队攻击，并拟积极修复我所破坏之铁道，预备运来大炮增援拉哈站，等情。当即令其详探，迅报备夺。

二十四日，据张竞渡电话报称，职部猛攻拉哈站，损失甚重，当即函令徐、张两部，对于拉哈之敌，不必过事猛攻，徒受巨创，可留小部围困该敌，俟其出逃再图歼灭。其余大部兵力向前推进，以便会师省垣。是晚八时，命第十五旅及独立第一团增援拉哈，归张竞渡旅长统一指挥。

二十五日，据龙镇温县长巧电称：率部围攻北安镇之敌，入而复出，互有损伤，现退苑家整顿队伍，请补充械弹，以图再攻，当即复电嘉奖，并由黑河发给大洋三千元，子弹若干，着其派员往领。是晚所下命令要旨如左：

命令　十月二十五日下午十一时于讷河行署

一、据于总指挥百禄由省返称：现卜奎仅余残敌三百名，前在富拉尔基之敌千余名，被苏、张军歼灭殆尽。又探报，克山、泰安之敌被邓、南、朴各军击毙甚多，所余无多，拉哈敌情如贵官所知。

二、本军以收复省垣之目的，决先击破拉哈站之敌。

三、第十旅速率所部，向杨家屯之敌攻击前进，并将哈宁铁路加以破坏，尔后归第二路总指挥张竞渡指挥。

四、第五旅、第十二旅归义勇军第四军徐军长指挥，协同作战。

五、第四军军长徐海亭为第一路总指挥，副军长程德俊为第一路前方指挥兼副指挥，速率所部及骑兵第五旅（宋喜和）、第十二旅（卢明谦）为左翼队，务与右翼队协同动作，以一部控制拉哈之敌，主力沿拉宁路东侧地区向宁年塔哈镇方向攻击前进。

六、骑兵第二旅旅长张竞渡为第二路总指挥，第十六旅旅长张宏勋为副指挥，率所部第二旅、第十五旅、第十六旅为右翼队，务与左翼队联系，先将拉哈站敌人歼灭，以后沿拉宁路西侧地区，向宁年塔哈镇方向攻击前进。

七、步兵第一军（欠两旅）为总预备队，位置于讷河城内，随战况之进展，向拉哈站推进。

副司令官马占山

注意：1. 严令士兵节省子弹；2. 指挥官不准擅回后方；3. 前方务须确实联络、协同动作，并将情况随时报告。

各军奉令后，即开始动作，攻击前进，与敌正在激战中。

二十六日，据南军长报称：与吴天石旅围攻克山，毙敌四十余名，因炮火不利暂退整理，请补充大炮及弹药，以图反攻。该敌兵力约四百余名，野炮十门，机枪四十挺，并云泰安镇之敌，于本月二十日被邓军消灭大半。

二十七日，任命荣福为讷布剿匪司令，当即通知讷布两县政府知照，并援助一切。同时接苏司令电报，其部属情形，请早会师龙沙，恢复省垣。当即复电赞许，并通知各方情况。

二十八日午后三时，敌机一架飞翔空际，散布传单即去。据前方报告，拉哈敌人原占四处，本日下午七时以前，经我军消灭两处，其余两处仍在激战中。

二十九日，电询苏旅近日战况如何，富拉尔基是否占领，又令邓军向西猛进，以期早日会师省垣。并电报战况如左：

（衔略）谨将最近战况略报于下：现在各路部队纷纷激战。才部在呼海线战况胜利，克山敖隆沟、拉哈站各役毙敌甚众。我军伤亡已达四百三十余名。计阵亡团长四、营长五、连长四，战斗极为惨烈。各处残敌均抱困兽死斗主义，据垒顽抗，死守不退。无如我官兵奋勇，以冲锋夺其堡垒，致彼我伤亡俱重。现拉哈站街内之敌完全歼灭，仅剩小部据守车站野堡内，宁死不弃。现邓、李各部均连成一气。职拟以一部解决拉哈站之敌，以主力进迫省垣，现正督率各军在杨家屯与敌激战中。谨此电闻，并请转报中央为祷。职马占山叩，艳。

三十日，据龙镇温县长电称：已将折铁河敌军所修桥梁焚毁，并扰害其修路工作，现在敌人停止修路工作，当即复电奖誉，令其继续攻击北安镇，并为转报中央。本日因克山等处之敌，往往诈着我军服装，乘我不意以行奇袭。特规定记号旗灯，以便识别，并令各军一体遵照。上午十时来敌机一架，于讷河南投弹数枚，毙我十旅马十余匹而去。据前方报告，布西亲日蒙兵，现有蠢动模样。又因前方战事激烈，敌军增援。我军第二旅、第十六旅由拉哈站退至二道沟、大孤堆一带。当即命令第一路徐总指挥速率所部向杨家屯进迫，一面派队星夜破坏拉宁铁路，一面速将杨家屯夺取，阻止敌军之续援。

三十一日，命第二、第十六两旅，相机进攻拉哈站之敌；第十旅即向杨家屯北修路之敌背后抄袭，施行扰乱及破坏，并注意与我军左翼队联络。是晚据龙镇温县长电报，该部于三十日将北安镇克复，毙敌十余名，获枪五支，敌向西撤退。当即复电奖慰，并拨给慰款二千元。

十一月一日，据苏司令电称：富拉尔基现有日军三百余名，炮六门。本军与之激战，伤亡二百余，毙敌少佐一，大尉、少尉各一，兵百余名。我军因无野炮，故伤亡较多。并云，省城仅有日军三四百名。是晚，据程副军长报告：敌已向拉哈增兵二三百名，机枪若干及蒙骑兵百名。晚三时命卫队旅第三团，向甘南出动，掩护我军之右侧。

二日，因各军旅作战报告迟滞，多设传骑，且前方将领往往无故擅返后方，故特下令严禁。又因拉哈增援蒙兵数百名，恐其不时出击，特将战略变更，下命令如左：

命令　十一月二日上午十一时于讷河总指挥部

一、拉哈现有敌人约二百名，炮四门，机关枪两架，与我对峙中。

二、本司令官拟以第二路军主力，暂取守势，相机进攻，第一路全部及第二路一部施行侧攻，以期歼灭当前之敌。

三、第一路徐总指挥，限即刻前进，率第一路各部队以主力袭击拉哈站敌人背后，以期与第二路军主力协同，夹攻歼灭该敌，以一部阻止杨家屯之敌北来，最小限须将拉宁路确实破坏，不使敌人自由行动为要。

四、骑兵第二旅、第十六旅速占领西河以南高地之线，构筑防御阵地，对当前之敌，施行防御，相机进攻。凡讷河至拉宁重要道路及村落，并其正前方与两翼，均构筑坚固工事，防止敌人。务于阵地前方，酌派相当骑兵，施行警戒，且与敌人保持接触，无论昼夜，对于敌之动作发觉，均须特别迅速，确密为要。

五、任命第十七旅旅长田春荣为讷河警备司令，负维持城内治安之责。

六、予现在原位置，必要时进出靠山屯附近。

副司令官马占山

各军奉命后，即按照任务开始动作，并将其战斗经过报告如次。

据徐军长海亭报称：于十月九日督率全部出动，十六日到达距拉哈站三十里之五六家子附近，准备进攻拉哈站之敌，即以第九旅担任正面，直攻车站之敌，以第十二旅为左翼队，第十三旅为右翼队，协同进攻，并命卫队团破坏拉宁铁路以防省城敌人来援。准备完了即开始攻击前进，与敌激战数日，将敌阵地破坏数处，而敌人仍顽强抵抗，死守不退。旋即奉命协同第五旅、第十二旅，以一部控制拉哈站之敌，主力进攻杨家屯之敌，与敌连日激战，双方损失甚巨，俘日兵三名，旋即枪决。毙其少佐一员，中、少尉各二员，伤大佐一员，伤亡士兵一百八十余名，夺获机关枪两架，大枪七支，子弹九百八十四粒，指挥刀两把，钢帽三十八顶。我阵亡团长田永升、姜耀三二员，团附及营长、连长、排长十一员，参谋一员，上、中尉副官各一员，士兵四百三十八名。受伤团长张文江、樊玉福二员及官兵二百二十三名。

据张旅长竞渡报称：十九日晚八时，与张旅长宏勋在头道沟会商攻击计划后，即命第二旅展开于东房子至拉哈西方村落之间，担任拉哈北方面之攻击，第十六旅（欠两营）展开于拉哈东方高地上，担任东方面之攻击，主攻击方面为第二旅之正面，预备队位置于獾子洞。二十日夜十一时，展开完了，即下攻击开始之命令，各官兵排除万难，逐渐前进。至二十一日早七时，我已接近距敌阵地四五百米之遥。敌炮兵在我散兵线前，构成浓密之烟幕，守备拉哈东方阵地之敌人，突然出击，机关枪火与炮火均向我第十六旅右翼与第二旅接连之处集中射击。我十六旅之右翼队损失甚重，已渐不支。至九时势将波及全线，乃亲率预备队向出击之敌冲锋二次，将敌击退，我军得以仍保持原线。此后前进益行迟滞，而陷于极困难之苦况。至二十三日十二时，由省城方面飞来敌机六架，向我第二旅正面轰炸，官兵因阴（隐）蔽，以免损害，不得前进，但仍坚忍，无退志，待敌机弹尽再行前进。而敌机以三架为一队，互相返省，补充弹药，直至日落始止。各旅整顿战线，抽编敢死队，决乘夜间突入敌阵地，以免明日敌机之阻碍。是夜，突入敌阵，以自动手枪及大刀与敌肉搏。至二十四日早一时，敌势不支，退入东南、西南两角之家屋中。以敌凭恃坚垒，无法接近，因赶制木炮，向敌垒抛药燃烧，始将敌人迫至一处，而围攻之。我军仍占领敌阵地。是日，我第十五旅，亦推进至二道沟附近增援。上午八时，敌机复来掷弹，炮火亦向我阵地集中射击。因有阵地掩蔽，故损失颇小。我军决昼间修养体力，以避飞机炮火之损害，俟夜间再行攻击。敌据家屋顽强抵抗，至二十八日晚，我军又向敌攻击，逐渐将敌压迫于车站野堡内，而天又明矣。至三十日，突来蒙兵千余名，由后方向我袭击；又来飞机十二架，专向我所占之房屋上投掷炸弹及燃烧弹，敌炮火似又增加。延至午后六时，凡我所占之房屋，均被炸起火，不能立足，不得已向二道沟方向背进。敌军出而追击，被我收容队拒止而退。总计我军各旅伤亡，团长高云生、周玉栋、王文祺、赵福成、李玉春等五员，团附张庭栋、李芳廷、王正民等三员，营、连、排长四十八员，兵七百八十五名。不得已始退至西河以南高地之线，构筑阵地，拒止敌人。

据邓军长文报称：十月十五日职率全军于上午八时攻入克山，虏获重机枪二挺，子弹九箱，毙敌连队长一员，士兵百余名。因敌机六架来援，我军伤亡官兵二百六十员名，顾虑商民损失撤出。十七日，我军留置克山附近之王团，复攻克山，未得攻入，二十三日在中东路之宋站附近，与日军黑田支队约六七百名相遇，激战数时，我军因弹药不足，遂向傅家围子撤退，敌借飞机协助，节节进逼。我军被炸伤亡官兵六十四员名，当晚渡过二十余里水沟，淹没冻伤士兵七十一名。

十月二十九日为急于会攻江省，收复失地计，必须亲赴西路与苏、张两司令面议方策，以期计出万全，以出发在迩，及为集中兵力向江省会攻起见，给予各部之命令如左：

一、徐军长海亭、张旅长竞渡、张旅长宏勋，各须坚守现阵地，将敌人围困，并须断其外援。

二、宋旅长喜和、韩总指挥玉禄，须极力破坏齐克路线，并须阻止由江省增援拉哈站之敌人。

三、邓军长文、李司令忠义，各率全部向江省前进，俟到达附近时，听候命令会师进攻。

四、才旅长鸿猷率部极力破坏呼海路线，并相机攻取呼兰，及阻止由哈北进之敌人。

五、张总指挥希武率部向中东路线前进，会同李支队长天德进攻安达县，攻下后即向江省援应我军。

六、讷河县治安着责成田旅长春荣担任之。

七、予准于二日出发，赴扎兰屯，尔后报告即向该方向送达。

十一月十三日，据邓军长文报称：于七日探悉，伪军支队长檀自新率兵一千五百名，在拜泉县境三道镇一带驻守。职即率全部驰往该村，于当晚将该村包围，四方猛攻。及至十三日天晓，檀自新知我军势大，难以脱围，乃派员请降，情甘反正。职以其词意恳切，并不愿自残，因准收编，委为副军长以昭激劝，而示宽大。迨收编竣事，行至拜属赖马沟地方，适敌军步炮空联合五千余名，向我分四路进攻，飞机十二架各处掷弹，剧战四日三夜，虽毙敌约五百余名，但我军除十七旅及武术团全部覆灭外，其他各部复伤亡官兵二千一百四十三员名，霍前敌总指挥尚且失踪，至二十夜因弹尽援绝，遂收容部队与敌脱离，向泰来县方向背进。此后作战计划，伏乞迅示施行。

十四日，据讷河警备司令田春荣报称：自钧座赴扎兰屯出发后，敌人即来大部援军，增援于拉哈站。我军徐军及张旅与之激战两日一夜，以敌陆空连合，又有蒙匪助战，致我军伤亡殆尽。张旅长竟渡已被俘虏，闻遭戕害。徐军长亦以残余无几，难期收容，业赴黑河。职刻退出讷河县城，虽极力收容各军残余，奈以械窳弹尽，难期再战，等情。据报后，以该军等业受大挫，诚难再抵强寇，为保存实力计，当授以密令，相机应付，以图遇机再起。

十五日，抵扎兰屯，十八日即邀集苏、张两司令会商协攻江省方略。当即决定，一俟东路邓、李各部到达江省附近后，即督同各军，协同攻击。乃迟至二十四日，各方报告杳然。盖缘雨水连绵，沟渠泛滥，我方通信设备既附缺如，所恃人马耳，现值天气方冷，冰冻未坚，以致通信梗阻，所下攻击命令均未克如限到达，故致预拟计划，尽成泡影。比至二十七日，以西路前方朱家坎敌力日增，几不克支，乃令第三旅旅长邰斌山率一部驰往李三店扼守右翼，李团长率部赴甘南扼守左翼，以免被敌奇袭。布置毕，于二十八日亲率卫队营，赴呼伦贝尔，以与苏司令等商固防之计。拟议定后即行返扎，即使西路失利，亦可间道回讷；尤可俟结冰后，集中各部企图大举，否则亦可扼守大岭，固守黑边，即均失败，尤可亲率全部，撤退热河。固未料及，甫抵呼伦贝尔，而前方交通完全阻绝。

十二月二日，敌人用装甲汽车数十辆，由甘南直取扎兰屯。我李团虽行迎击，未能阻止。于午后冲入市内，其时敌机六架亦到，陆空夹击，致被占领。而前方朱家坎，及李三店之守兵，以后方已失，亦即动摇。在呼伦贝尔接电后，以大势已去，无路可回。且以敌集重兵，积极西进，苏部既无力抵抗，苏司令出国偕行时深虑，各军闻悉瓦解。原拟至十八里小站时，变装潜返黑河，再图恢复，讵到后，不得自由，乃密派卫士九人化装出险，授以如左之命令：

一、敌情如各军所见。

二、西路军事已陷不利，为保全实力，冀图再举计，拟将我军全数撤退热河边境开鲁、林西、赤锋（峰）一带。

三、行营全部由容参谋长聿肃率领，同部旅长斌山即日开始向热河背进。

四、予即日出国，设法返国。

注意：各部队所取道路，由各该军旅长总指挥决定之。

以上命令发出后，因传令使多有被敌人拿捕，及因交通梗阻，或部队位置未能寻得，以致各部队多有未能接受，计划未行，其后乃被敌人逐渐消灭，良可慨也。

十二月四日晚，行营在靰鞡刚岔地方接奉司令官命令，由参谋长容聿肃、三旅旅长郃斌山率领即时出发，已探悉泰来县方向之道路已被敌人设卡防守，因取道索伦山内，沿途经过无人烟之处。八昼夜各人虽备携行粮秣，但以路远粮少，时正严冬，故因冻饥致死者七百余人。迨行至乌兰河，又被敌军截击，激战五小时，我军以饿疲之余，尚奋勇与抗，虽死亡枕籍（藉）达一千四百余名，而亦毙敌约五百余名，直至天昏始行撤退。迨至二十九日，行抵林西县境之温德火烧（距县三十里），即在该处停止。当用电报告司令官出国及我军奉令撤退情形。旋奉中央电令暂在林西县休养。邓军长文亦系奉令后，取道辽宁沿边，于同月二十五日到达开鲁县，电报中央请示地点，奉复电亦令暂在该处休养云。

其他各项

一、弹药之缺乏。我军抗日一年有余，所用弹药仅为黑省军械厂库存，及各部队原有之弹药，当出省时将库存弹药运出，分存于黑河及东荒各县，并发给各部队，此外无处补充。虽如此困难，当在伦时接济丁超、李杜部子弹四十万粒，又由通河吴团长处拨二十万粒，到黑河又送依兰十五万粒，共计七十五万粒。义勇军用之枪弹，多系民间私有之自卫枪弹，此种枪弹愈用愈少，无处补充，盖因辽宁兵工厂被日人占据，关内远隔，交通不便，来源断绝故也。

二、天候之关系。东省夏季较热，阴雨连绵，道路泥泞，交通不便，草木畅茂，青纱幛起，处处荫蔽，颇利于义勇军之活动。冬季寒，河川封冻，能通汽车之处交通尚便，但非皮衣不足以御寒，［作者注：此处似缺字］温饱不能作战。试观江桥之役，日军因防寒设备稍差，致士兵伤数百名之多。自日军占据卜奎、哈尔滨后，我军即退守边圻瘠寒之地，粮食、布皮等项均感缺乏，致我前线官兵于十一月严冬之际，尚服夹衣，不能温饱，与敌作战困难万分。

三、关于通信交通。通信机关均操敌手，且淫雨为灾，交通梗塞，所有通信方法倍感困难。黑河虽有有线电报局，但仅通嫩江、龙镇两处，且无线电台既因设置无多，不敷分配，复以机件缺乏，时生障碍，不得已时，惟有派干员用传骑或徒步递送，至辗转迟延有误时效，此所以各军间往来协商每感困难，而一切进行不能按预定计划实施也。

四、关于武器。日军武器精良，空军协助，交通便利。我军反是除步枪外，若飞机、大炮、唐克车、高射炮等新式武器概付缺如。

五、关于汉奸。我方失意军人及无识游民，多被日人威胁利诱，甘心附逆，如张海鹏之侵黑，程志远之背叛，徐宝珍及其他各旅长之骑墙，被迫始动，王树常等之附逆，刘宏宣之通敌，朱凤阳之事仇，周作霖、李荫棠为虎作伥，赵仲仁、韩云阶等之效忠日伪，均其尤著者也，其余汉奸等之充敌间谍者，尚不一而足，东省之沦亡有由来矣。

六、关于训练。义勇军及骑兵因缺乏训练，战斗能力薄弱，且不能发挥其性能。

七、关于防空。我军以无防空能力，故利用夜间袭击，昼则避，敌机爆炸，不易奏功。

八、关于经济。爱民与救国并重，军费一项虽万分支绌，断不愿扰及民生，而国内虽有援助，究难充分接济，因之饷糈不济，诸感困难。

九、关于士气。日军深入，每守一地，因无退却之路，致有死守之心，故拉哈站战役日军以少数人坚壁固守，虽伤亡极多，终不稍退。我军敌忾同仇，誓死杀敌，本以武器不良，结果失败。差幸抵抗精神始终不屈，而义军之毁家赴难，各界之捐款抗日，尤足以鼓励士气，振我军声，所以能支持年余之久，多由于斯。

一〇、战后感想。总观此次抗日战役，细审敌我各战，互有胜负之经过，考其原因，证以事实，以判双方优劣之点，好备将来商讨之资。日本官兵无不受有相当教育，且富具爱国观念，以故人人有独立作战精神，人人有爱国思想，一经对外作战，即能本其国家所持之主义，所定之计划，前进不顾。况此次黑省之战，远在敌国，先以势如破竹，其气已壮，凡战斗地点，均属中国，异言异服，无容相混。日军遇战之宁死不退，此亦其操胜处，加之训练有素，器械精良，装备整齐，饷糈倍增，各连均有无线电随行，消息灵通，赴机迅速，此其优点。日军作战既在异国，军队集合利于固守一处，列阵应战，不敢以少数散布各处。我军以游击方式来袭，彼即穷于应付，加之北地天寒，敌亦不惯，此其劣点。我军兵单饷绌，器窳装敝，官兵虽有牺牲精神，实力终虑不逮，既无整个计划，复不能一致动作。此起彼觑，互相观望，不遇利害关头，不肯轻于一试，爱身重于爱国，既无团结可言，畏缩苟安，以致各个击破。幸有少数爱国之士，激于义愤，誓死抵抗，利用游击战术，多方肆扰，屡胜屡负，前仆后继，弹尽援绝，尚能白刃相搏，亦足以使敌不敢轻侮，此我军优劣之大略。惟是，东北失地待复，强邻之侵蚀未已，此后我国军人须各存爱国观念，各具独立精神，坚忍团结，努力奋斗，庶外侮御而内治安也。

黑龙江省抗日军阵亡将校名录与黑省抗日军作战计划变更

黑龙江省抗日军阵亡将校衔名列

行营总司令部　少将参议	韩家麟
上校参议	王庭兰
参谋处上校参谋	佟玉衡
第一科中校科长	张树藩
第二科中校科长	崔捷三
第四科中校科长	黄承绪
少校参谋	李文范、孙绍棠、赵震亚、张守光、张文圃、沈鸿铣
上尉参谋	宋锡武等十一员
副官处中校科长	周丕显、刘振东
少校副官	程绍文、李桂林、曲长发、董濂、岳嵩山、吴景德
上尉副官	王振邦等十三员
军务处中校科长	洪国栋
少校处员	王永昌、郭福禄、李广义
上尉处员	翟锡五等九员
军需处中校科长	王家骧
少校军需	傅书春、杨希龄
上尉军需	崔宝华等九员
军医处少校科员	黄玉兰
上尉科员	高维范等五员

续表

秘书处秘书	李文藻
科员	钱大钧、于长春
执法处上尉处员	张之佩、张宏儒、杨玉庭
中尉卫士	赵连城、赵振东等七员
无线电台台长	柱联发
报员	赵玉堂等三员
宣传处少校宣传员	关永和
上尉宣传员	冯庆有等五员
卫队骑兵第二团中校团附	傅殿发
少校团附	张宝森
第二营少校营长	王福堂
第五连上尉连长	姜永福
第六连上尉连长	李子青
第五连中尉排长	曲振江
少尉排长	李振林
第六连中尉排长	郭福青
少尉排长	李顺和
步三旅第五团上校团长	吴凌汉
中校团附	张兴华
第七团第三营第十一连上尉连长	纪长春
少尉排长	郭文墨
骑兵第一团第三连少校连长	于俊海
第一连中尉排长	苑长福、王绍先
第二连中尉排长	王起凤
机关枪连中尉排长	高万祥、徐中玉
少尉排长	张自修
义勇军第四路卫队团中校团附	王德山
第一团第二营少校营长	张广泰
第一营第一连上尉连长	张连科
骑兵第九旅上尉参谋	胡万春、何连璧
上尉副官	方仲元
中尉副官	于文治、吴连林、陈德升
上尉教官	张　俊

续表

第三团第二营第二连中尉排长	王德胜
第二团第三营少校营长	白文玉
第三团第三营少校营长	李国栋
第二营第二连上尉连长	徐元良
第十一团上校团长	姜耀三
第二营少校营长	张武军
第四团第三营少校营长	佟国璋
第十一团第一营第三连上尉□长	张兴汉
第三团第三营第二连少尉排长	周　泰
第十二旅第二团少校团附	王兴武
第八团第一营少校营长	常景春
第二团中校团附	陈景奎
第十三旅第十三团第一营□连上尉连长	褚宗良
第一营第三连上尉连长	张奎元
第三团上校团长	田永升
义勇军第五路第六团第一连少校连长	常铭新
上尉排长	何士奇、周祥嘉
中尉排长	钱作舟
少校团附	张和一
上尉副官	孙吉昌
第十一团上校团长	邓德山
卫队团上校团长	刘少华
上尉排长	盖永山
中尉排长	薛振国、刘殿臣、李向阳
第十二团上校团长	沈占鳌
少校团附	孙汉章
少校连长	李少春
第八团上校团长	柴汉臣
第七团上校团长	赵名武
义勇军第二路卫队营上尉营附	赵子声
上尉连长	张怀之
第一团上校团长	曹德盛
第二团上校团长	王德禄

续表

第四连连长	胡俊声
第五团中校团附	韩国英
第一营少校营长	王永升
第五连连长	揣文荣
第九团上校团长	吴香九
少校团附	吴文波
第四连连长	李长海
第六团第二连连长	傅　良
第八团第五连连长	孙敬文
第三支队上校队长	管正恩
第六团第一营营长	彭绍武
第三连连长	张镜湖
第二营营长	王振中
第八连连长	张鸿云
第五团上校团长	李永山
第八团第三营营长	白青林
第十团第五连连长	赵风桐
第七连连长	李玉林
第四团上校团长	张锡三
炮兵第二十团第一连上尉连长	聂贵三
第五连上尉连长	刘培生
第六连上尉连长	牛殿邦
中尉排长	徐文彬、吕文彬
少尉排长	魏广发
义勇军第三支队第一团中尉排长	董永珍、王金生
武术队中尉排长	王青山、李永祥、于得海
卫队上尉连长	马凤林
中尉排长	张守长
少尉排长	李春祥
中尉排长	马凤山

黑龙江省抗日军在嫩江桥、大兴及三间房附近战斗死伤表

单位：人

区分 部队号	死		伤		生死不明		备考
	军官	士兵	军官	士兵	军官	士兵	
总指挥部	7	4	6	9			
步兵第二旅	13	138	27	249			
步兵第三旅	5	252	8	283			
暂编步兵第一旅	24	590	39	473			
卫队团	31	674	48	216			
骑兵第一旅	17	252	9	326			
骑兵第八旅	21	257	16	321			
炮兵第二十团	9	125	11	163			
工兵营	3	39	5	76			
总计	130	2331	169	2116			

黑龙江省抗日军在东荒下江嫩讷各县战斗死伤表

单位：人

区分 部队号	死		伤		生死不明		备考
	军官	士兵	军官	士兵	军官	士兵	
行营总司令部	98	34	101	53	12	6	
骑兵卫队第二团	30	185	41	76	27	59	
步兵第三旅	24	80	17	37	6	19	
步兵第四旅	62	97	26	64			
暂编步兵第一旅	45	126	15	83		204	
骑兵第一军	27	101	9	74			
骑兵第一旅	31	114	18	91			
义勇军第一路	586	2888	204	497	8	97	
义勇军第二路	6	41	8	21			
义勇军第三路	57	357	41	209			
义勇军第四路	126	1114	78	687	15	65	
骑兵第五旅	64	185	2	123			
骑兵第九旅	5	59	6	62			
骑兵第十二旅	7	54	4	46			
工兵营	4	12	3	8			

续表

区分 部队号	死		伤		生死不明		备考
	军官	士兵	军官	士兵	军官	士兵	
义勇军第五路	43	358	21	109			
骑兵独立第一团	1	9	2	7			
骑兵独立第二团	3	13	3	6			
义勇军第三支队	56	211	32	107			
总计	1275	6038	631	2360	68	450	

黑龙江军抗日作战计划变更附表

场别	区别	境 队 别 地区	境域	地区队	指挥官
东战场	攻击地区	第一战斗地区	小蒿子—安达—兰西； 对青山—肇州—大赉； 泰来龙江境内之地域，含洮昂、哈昂两路线	救国义勇军骑兵第三军（李忠义部）全部(约15000人)	救国义勇军骑兵第三军军长李忠义
		第二战斗地区	南接第一战斗地区，东亘青岗—明水—拜泉，北界泰安镇—宁年，西至龙江，含齐克路线	骑兵第一军（邓文）全部（约15000人）	骑兵第一军军长邓文
		第三战斗地区	第二战斗地区以北，东至德都亘泰安镇，北至嫩江，西至布西亘境以内之地域	骑兵第四军，骑兵第二、第五、第十、第十一旅，暂编步兵二旅（约10000人）	骑兵第四军军长徐海亭
		第四战斗地区	西（南）与第三（二）战斗地区连接，东北以通北—龙镇—德都为境界	骑兵第二军及骑兵第九旅（约3000人）	骑兵第二军军长南廷芳
		第五战斗地区	西与第一、二战斗地区接连，北由通北迤东亘绥楞—庆城，南绕石人城子迤西亘境以内之地域，含石人城子至海伦一段路线	救国义勇军骑兵六旅，骑兵第一、第二支队及第一、第二独立团（约7000人）	骑兵第一支队司令李天德
		第六战斗地区	南沿松花江西北与第一、第五战斗地区连接，东北亘铁骊迤南至怀驭山—通河亘境以内之地域	骑兵第五军全部(约12000人)	骑兵第五军军长才鸿猷

续表

场别	区别	地区	境域	地区队	指挥官
主战场	防御地区	第一防御地区（右地区）	嫩江亘德都为第一防御线（前进阵地），四站为要隘防御重点（步兵主抵抗阵地）	骑兵第四军，步兵第三旅补充团及独立营为第一防线守兵，步兵第三旅第二团为（要隘主兵）主阵地守兵（约6500人）	第一防线徐海亭 主阵地步二团团长王砚青
		第二防御地区（中地区）	德都亘龙镇为第一防线（前进阵地），奇克为步兵主抵抗阵地	骑兵第二军及骑兵第九旅为第一防线守兵，步兵第三旅第七团（欠一营）为主阵地守兵（约5000人）	第一防线南廷芳 主阵地步兵七团团长关富海
		第三防御地区（左地区）	萝北亘梧桐河为第一防御线（前进阵地），太平沟扼黑龙江下游为步炮兵防御主阵地	步兵第三旅第五团及第七团第三营，炮兵连平射炮排（约4000人）	步五团团长刘斌
西战场（支战场）	攻击地区	步兵主作战地区（特别地区）	泰来—龙江—布西之线（含）以西亘海满一带地区	步兵第一、第二旅（约15000人）	步兵第二旅旅长苏炳文

二 马占山抗日文献*

前年在重庆时，经世社同志数人，拟组织一战史组，专写此次中国抗日战争史。因余在东北多年，嘱写九一八至七七一段。但黑龙江马占山将军江桥之役，是抗战之开始，当时交通阻塞，材料多不完备，且经过多年事变频发，已得之材料复多散轶。适马将军因公到重庆，约同北上，遂欣然于二十八年八月随赴蒙旗军次，趁公余□暇，与马将军及参加战役诸官佐，谈当时事实，随时笔记，并搜集各种文件，仿照□编之中美、中英、中日条约汇纂书例，依年月之序，并就所知，略加按语，写成马占山将军抗战史料一册，因鉴于以稿件之散轶，及同志需要，付印数百册，以备不患再失及同志参考。但此种文件，当时多已发表，载在国内外各报，均系

---

* 1939年8月，根据马占山将军及有关官佐的口述笔记与各种文件辑成。为了使资料保持完整，照录如下。

史实，可以覆按。并□其他作用，阅者谅之。

民国三十年八月袖风写于伊盟准噶尔旗军次

马占山将军抗战史料目录

一、拒绝满铁代修江桥复日领事照会　民国二十年十月二十五日

附　清水日领事照会

二、声明日军如侵入我防地即以武力抵抗复日关东军文　民国二十年十一月三日

附　日本关东军司令部通告

三、报告日军进攻我军坚守三间房电　民国二十年十一月七日

四、通电宣告江桥抗战开始及经过情形文　民国二十年十一月十日

五、在军署对记者谈话　民国二十年十一月十日

六、在省府对外国参观团谈话　民国二十年十一月十日

七、通电声明并无俄人加入我军作战文　民国二十年十一月十一日

八、驳复日本政府要求三项之最后通牒文　民国二十年十一月十六日

附　日本（南次郎）陆相最后通牒

九、通电俯顺舆情暂行退至相当地带文　民国二十年十一月十八日

附　《大公报》社论马占山之教忠

《申报》记者海伦访马记

一〇、电谢各界优加奖勉感愧不遑文　民国二十年十一月二十三日

一一、上海《申报》抗日苦战记　民国二十年十一月二十六日

一二、江桥抗战日记　民国二十年十月十九日至十一月二十日

一三、退出省垣后之抗战计划　民国二十年十一月

一四、复广州国民党请消弭党见一致对外电　民国二十年十二月一日

一五、在海伦与板垣谈话　民国二十年十二月七日

一六、劝阻学生远道投军通电　民国二十年十二月八日

附　论如何领会马将军之教训（陈彬龢）

一七、通电忠告日本国民并宣誓抗日决心文　民国二十年十二月九日

一八、江省军官团结一致抗战之通电　民国二十一年二月一日

一九、哈尔滨沦陷之经过　民国二十一年二月十三日

二〇、冒险赴哈晤多门之经过　民国二十一年二月八日

二一、赴沈阳晤本庄之经过　民国二十一年二月十六日

二二、拒绝补签呼海路合同之谈判　民国二十一年二月二十一日

二三、通电一面应付事机一面力谋瓜代文　民国二十一年二月二十一日

二四、马将军回省后四十日工作简述　民国二十一年二月二十二日至四月二日

二五、召集省党部恢复工作电　民国二十一年四月八日

附　省党部恢复工作电

二六、报告已返黑河组织军政机关办公电　民国二十一年四月九日

二七、通电详陈忍辱应付情形誓再抗战文　民国二十一年四月十二日

附　《大公报》社论马占山通电之意义

二八、揭发日本阴谋致国联调查团电　民国二十一年四月十二日

二九、再致国联调查团附强迫未签字合同电　民国二十一年四月十七日

附一　黑龙江省官银号复业资金借款合同

附二　呼海铁路经营合同

附三　中日合办航空运输营业契约

附四　顾问权限公函

三〇、在黑河欢迎席上讲虚与委蛇之原因　民国二十一年四月二十一日

三一、在黑河讲长期抗战最后胜利必属于我　民国二十一年四月二十一日

三二、宴黑河各界讲先治其国后齐其家　民国二十一年四月二十三日

三三、通电声明未与苏联联合文　民国二十一年五月四日

三四、告绅商要重视八件大事书　民国二十一年五月十五日

三五、告农民要紧记七件大事书　民国二十一年五月十五日

三六、抗日救国义勇军司令姓名表　民国二十一年五月

三七、通电由黑河誓师出发文　民国二十一年五月十五日

三八、姜代表在哈会见国联调查团之谈话　民国二十一年五月

三九、两度猛攻哈尔滨之战况　民国二十一年五月二十三日

四〇、松浦抗战记　民国二十一年五月二十六日

四一、呼海路抗战记　民国二十一年六月

四二、劝某伪军官反正函　民国二十一年五月二十九日

1. 拒绝满铁代修江桥复日领事照会

民国二十年十月二十五日

（按）江桥系洮昂铁路通过嫩江之铁桥，在黑龙江省境内，南岸距辽宁边界不远，当辽黑交通之冲。九一八事变后，日军以黑龙江主席饴洮南镇守使张海鹏，使为前驱，正向黑省进行中，我守桥部队将桥梁折断数处，阻止叛军入黑。民国二十年十月十九日，马占山将军遵中央命令，在省政府接任主席，兼任东北边防军驻江省副司令官，二十五日，驻江省日本领事清水，送致江省府照会一件，要求南满铁道会社代修江桥，马将军据理驳复之，二十八日又送来照会一件，词意较强，我置之未复。兹将两次照会，均附载本文之后，以供参考。

为照复事，查洮昂铁路江桥，损坏轻微，已饬该路局从速修理，我国铁路，自有主权，且中国工人亦能修理如初，不烦越俎代庖，特此照复。

附 清水日领事照会（民国二十年十月二十五日收到）

洮昂路，为满铁借款而修，此刻交通断阻，与满铁有利害关系，满铁将派工前往修复江桥。

附 清水日领事照会（民国二十年十月二十八日收到）

洮昂系满铁借款铁道，于交通运输经济上有重大关系。如长此放任，华方自行修理桥梁，认为绝对不可能。故与满铁有密切利害关系之满铁，决即派人着手修理工事。如加以防（妨）害，则日本方面，将予以适当之措置。

2. 声明日军如侵入我防地即以武力抵抗复日关东军文

民国二十年十一月三日

（按）十月二十八日夜，日本多门师团及满铁守备队，先头部队约一千余人，乘兵车开抵洮南，通知路局转知黑龙江省政府，令我驻在洮昂路各军，速退出路线外。十一月二日，驻江省日武官林义秀少佐，送来关东军司令最后通告一件，限期令我军撤距桥梁十公里。查我军驻在大兴站，原距桥梁十八华里，实际上无须移动，故声明允之。当将声明书交林少佐转交。四日战争即爆发。

黑龙江省政府正式声明：满铁修桥，暨日军出动，本省政府根本不能承认。惟尊重国联议决案，与维持国际和平，对于日军开到江桥暂取避免冲突办法，自动离开江桥十公里。日军如对我有敌意或侵入我军阵地，则采取正当防御，即以武力抵抗。特此声明。

附 日本关东军司令部通告（民国二十年十一月二日林少佐送致）

一、嫩江桥梁，不得为战术的使用。

二、至十一月三日正午，南北两军由桥梁撤退十公里距离之地点。在修理完竣前，不许两军侵入其地域内。一俟预定完成之日期，当即通报两军。

三、上项要求若不应允，或防（妨）害修理时，认为对于日军有敌意，即行使武力。

3. 报告日军进攻我军坚守三间房电

民国二十年十一月七日

（按）省政府对于日本关东军之通告，于三日声明省府之态度后，四日拂晓，日军一个大队，渡河向我左翼进攻，经我军迎头痛击，惨败后残敌退回南岸，午后三时敌十六联队长滨本大佐率步兵三大队及南满铁道守备队并附属炮兵，共约六千余人，复向我进攻，经我军痛击，血战至午后八时，敌伤亡甚重，退回南岸，五日敌复增兵大举反攻，血战至六日下午，敌我损失均重。我为争取战略先机之利，将大兴兵力，集中于距江桥三十六华里之三间房车站一带。战斗详情，见《江桥抗战日记》。但抗战之初，适在国联议决不扩大及我政府发表顾维钧等为接收东北事宜委员之际，通电词句，多被拘束，故未能将战争实况详细发表，兹将七日报告电文，辑载如下：

（衔略）日本图谋北满，野心暴露，举世睽睽，无庸讳言。两次借口修理江桥，大举进攻，只可相与周旋，连日激战，昼攻夜袭，恣意残杀，致我死伤枕籍（藉），卒以相迫过甚，退保三间房大小新庄一带，筑垒坚守。顾日军武器精良，胜我百倍，明知江省联络断绝，呼援不应，仅以一隅之兵力，焉能抵日人一国之大军。所差堪自慰者，凡我前方将士，莫不深明大义，慷慨激昂，大有气吞河岳，敌忾同仇之势。占山受国家倚畀之深，人民寄托之重，目睹辽吉沦胥，江省危如垒（累）卵，与其坐失国土，委诸父老于不顾，毋宁牺牲一切，奋斗到底，如蒙天佑，或可保持一时，而获最后之侥幸。本日日军迭派飞机，向我连续掷炸，一面调集全力，逐渐推进。观测情况，恐于最后短期间，必将大肆图攻。占山守土有责，一息尚存，决不使尺寸之地，沦于异族。惟有本我初衷，誓与周旋，始终坚持，绝不屈让，惟望海内明达，共谅察焉。除已誓率前方将士，一致决死相拼，并将最近情况电向国联声请设法制止，静候世界各国公理之解决外，务恳全国父老，努力振作，以救危亡，不胜愤慨之至。代理黑龙江省主席马占山叩虞印。（二十年十一月七日）

4. 通电宣告江桥抗战开始及经过情形文

民国二十年十一月十日

（按）四日拂晓，日军一面向我进攻，一面令清水领事，向我要求双方派员，赴江桥制止撤兵。我方派遣石兰斌上校、韩树业秘书、那连宿副官，日方派遣林义秀少佐、早崎书记官，午前八时驰抵江桥时，适向我左翼进攻之日军，惨败向南岸溃退，林义秀要求正面我军向后撤退。午后二时，林义秀再赴前方视察，专车甫过大兴站，即被日飞机纷纷投弹，轨道被毁，专车震翻，韩树业、林义秀等震出车外，移时始苏，那副官受伤，林等遂回省垣。三时许日军六千余人，配以空军，又向我左翼及正面进攻，经我迎头痛击，敌死伤奇重，是日血战至午后八时，敌遗尸遍野，退回南岸。五日敌增援万余来攻。双方火拼战至六日午后六时，敌人伤亡甚多，我亦有相当损失，且连战三日两夜，无援军替换，大兴阵地已毁，将军始令我军主力集中三间房一带，从新布置阵地。七日至十日敌主力多门师团，因损失惨重，无力来攻。战斗详情，见《江桥抗战日记》。此通电系十日由省垣发出，各报均已登载，兹辑载如下：

（衔略）均鉴，慨自辽吉事变，日军对于江省，必欲取而甘心，百计千方，思遂其所谓计划。初则鼓惑张海鹏北犯，充其傀儡，我军未令阻止变军，不得已将洮昂路江桥折断数处，所谋因未得逞。继而派其少佐林义秀来江，以洮昂路江桥，日本有债权关系为理由，引日领向我交涉，拟由满铁代为修理，并要求我军退出江桥十五华里，张军亦然。查我军原驻距江桥十八华里之大兴车站，与所要求并不冲突，该少佐同时声明，日军除掩护工人修桥外，决不作军事行动。我为尊重国联议决，避免日军口实计，隐忍曲全，勉循所请，不意该军于三日夜突向我大兴驻兵炮击，四日拂晓向我进攻。我为和平计，曾与清水领事求双方避免冲突，遂于支（四日）上午八时派石上校兰斌偕同林义秀少佐赴江桥察勘，及促双方撤退，俾便动工。林等到达江桥时，适进攻我左翼之日军惨败溃退，林等当令正面我军向后移动，讵意林义秀甫离江桥，日军竟乘隙将我警戒哨兵掳去三名，并发现挑战行为。下午三时，该少佐偕领事馆书记官早崎，由我方韩秘书树业、那副官连宿陪同乘专车再赴江桥视察。乃专车甫过大兴车站，即被日飞机数架迎头纷纷投弹，那副官当被炸伤，专车不能前进，林等遂回省城。盖前方日军正向我猛烈攻击中也。我军将士悲愤填胸，莫可自止，不得不施以正当自卫，稍抑敌锋，以保我疆土，以存我民族人格，誓抛热血头颅，弗顾敌我强弱。占山等于无可如何之余，犹竭力保持和平之旨，严令将士，只准防御，不得攻击。该林少佐目睹日军此等行为，不仅不加制止，反更要胁我军退让江省，一切由其宰割，呜呼，耻矣！此次攻击大兴，日军六千余人，黄衣铜帽，大炮四十余门，飞机十六七架，铁甲车三列，此役张海鹏觉悟，并未参加，日军自支（四日）拂晓以来，开始向我军攻击，下面炮火猛攻，上面飞机猛炸，陆空交施，凶暴至极。我将士拼死抵抗不为所屈，碧血横流，再接再厉，鏖战三日两夜，敌人伤亡大半，我亦损失奇重，因地势难守，增援不及，未忍将将士孤注一掷，因于麻（六日）下令左右互相掩护，再撤退距江桥三十六华里之三间房车站一带，严秘（密）布防。八日该林少佐持本庄司令通告，令占山速将江省政权授予张海鹏，否则日本军即进占黑龙江省城，现尚在交涉中。是役也，我军因无防空设备，致官兵伤亡千余人之多，虽然士气仍未稍馁，依然振奋异常，现在雪地冰天，防御横暴，不惟当地各界共见共闻，即各友邦人士，亦所目睹。然恐日方颠倒责任，欺人自欺，并以举国同胞，殷殷企注，此次日军侵入北满之事实，与其宣言，大相反背，爰将经过本末情形宣告中外，以明真相，而定是非。占山等守土有责，爱国心同，早知沙塞孤军，难抗强日，顾以存亡所系，公理悠（攸）关，岂能不与周旋，坐以待毙，援田横五百之义，本少康一旅之诚，谨先我同胞而赴国难焉。特电奉达，敬希垂察。马占山叩灰印。（民国二十年十一月十日）

5. 在军署对记者谈话*

民国二十年十一月十日

日本欺负中国太甚，简直逼得无路可走，起初我们步步退让，以为希望国联能有办法，即可解决，不料日本又借口修桥，欺压我们，本来我们已修桥两天，彼竟百般挠阻，驱逐工人，我们仍旧退让，不料彼竟向江桥方面进兵，迭次寻衅，我们实已忍无可忍，乃拍电政府及张副司令，如再进逼，余守土有责，决以死相拼，引起祸端，我宁愿为国家罪人，个人一切牺牲，在所不惜，但彼不来侵我，我仍不动。四日日兵竟在桥头捕我哨兵，并将其活活打死。前方来电话向我报告，我仍令忍受，彼不来攻，则仍取守势，最后又有电话报告，谓有六千余日军大举袭来，至是我认为实在不能再挺着被打了，所以下令俟彼开枪射击后，进至一百米时，我方即行还击。

五日正在激战中，余亲赴前线视察，士气稍振，六日又赴前方视察，因损失过重，阵地难守，乃下令部队撤到三间房布置第二道防线，适苑崇谷带一团人增援到达三间房，于是召集旅团长训话，勉以雪耻复仇，誓将敌寇歼灭，各军官愤慨异常，极受感动，当晚严密布防。翌（七）日晨敌

* 此谈话载于《北平晨报》1931年11月10日。

大军向我三间房新阵地进攻，我将士奋勇争先，猛勇异常，敌受重创，不支而退。其实我们自知不行，但因被逼无路可走，实无办法，故余已下决心，只要我一口气存在，必与敌抵抗到底，为中华民族存正义，为国家争光荣，即军队完了，再到东荒去练民团，继续和他奋斗，至于让主席与张海鹏，那本无不可，惟须有中央命令。（民国二十年十一月八日）

6. 在省府对外国参观团谈话

民国二十年十一月十日

（按）自江桥抗战后，日军迭次受创，损失甚大，遂造谣谓有苏联军人参加作战。以掩其失败之丑，外国人亦多惊异。哈尔滨美国领事汉森、英国参赞及新闻记者等，组织参观团来战地视察以明真相。十日将军在省政府接见谈话如左：

英参赞：听说有苏联军人参加贵军作战，并代做战壕，有此事否？

将　军：这是日本宣传，以掩盖他战败之丑，实在并无一位苏联军人，即白俄人亦无一位。等一会诸君到前线参观，即可明了。

中国人的民族性爱好和平，已有五千年历史，日本人此次侵略中国领土，扰乱中国和平，亦即撕毁国际和平公约，扰乱世界和平，此种罪恶，当然要予以教训。诸君不要错误认为，如无外国人帮助，中国人即不敢打日本。

日军自开始战争后，迭次惨败，故意宣传，我与苏联结合，苏联派有军官参加作战，一方面系掩盖他失败之丑，一方面系侮蔑我中国民族人格。诸君到前线视察，如有一个俄国人参加作战，就算是中国民族之耻。

英参赞：子弹如用尽，将如何补充？

将　军：民众藏有子弹甚多，尚可源源取用。

英赞参：民众子弹用完，又将如何？

将　军：还有刺刀大刀，最后还有头颅与血。

说此话时，将军有气忿之色。

汉　森：马主席真是铁血将军。

记　者：北平有百万大军，何以不来增援？

将　军：正在电请增援中，屯垦军苑崇谷部，是张副司令派的，已在前线。

记　者：吉林军队，似系中立，这是何故？

将　军：哈尔滨的吉林军，他的责任是保护中东路，现正商请丁超、李杜部援助，尚未到来。

记　者：日本军源源增加，如果北平军不来援助，吉林军又中立，仅是黑龙江一省兵力，与日本一国兵力抵抗前途可危。

将　军：我与部下皆抱抗战到底决心，将来军队纵然牺牲完了，亦必率民团与日人拼命到底，我相信正气足能克服敌人。

谈话至此，将军领赴前方视察，并未见有一俄人，英参赞在昂昂溪秘密侦查，亦未见有俄人，至此始证明日本宣传是捏造的，视察后均称，我们看马将军部下，英勇无敌，士气旺盛，团结如铁，为世界最能战之军队。同返省垣，握手道别。惟美领事汉森一人，来访将军，情颇殷切，秘密谈话如下：

汉　森：你的军队太少，兵器又不好，子弹又无法补充，前途可虑。

将　军：那些事我都不顾虑，抗战到我一人战死而后已，惟目前最感困难者，黑龙江省纸币在哈尔滨市场日日跌落，极感困难。

汉　森：我回哈尔滨以后，必设法帮忙。

将　军：谢谢。

汉　森：祝抗战胜利，祝将军健康。握手而别。

旋闻汉森领事回哈后，召集外侨会商，维持江省纸币信用，中国银行界及商界亦会议，提高价格，尽力维持，因此江省纸币价格稳定，多系汉森领事提倡之力，情殊可感。

7. 通电声明并无俄人加入我军作战文

民国二十年十一月十一日

（按）自开战后，日军屡次失败，遂宣传我军已赤化，有苏联军人加入作战，各国领事及新闻记者，纷向马将军询问，除领同赴前线视察外，并发出通电声明。

（衔略）据日方一再宣传，谓我黑龙江军有与苏俄密结，并有用俄教官等情，业经郑重声明，绝非事实，谅蒙中外明达，洞鉴无遗，最近又复捏词谓俄人加入我军作战，阵亡多人云云。闻之尤深惊骇，查我方尊重国联决议案，极力避免军事扩大，故曾一再退让，绝未与日军作战。嗣因日军着着（招招）进逼，大有非直捣省垣不可之势，占山守土有责，不忍将我江省父老兄弟弃而不顾，大好山河沦于异族，乃为自卫计，激励士气，坚决支持，所有布置前方者，仅我数千人共患难之将士，为国捐躯，亦正我军人应尽之天职，并无求援外人之事。占山素以人格战胜一切为本旨，特再郑重声明，统望友邦贤豪，海内明达，共鉴此情，无任盼切之至。马占山叩真印。（民国二十年十一月十一日）

8. 驳复日本政府要求三项之最后通牒文

民国二十年十一月十六日

（按）日军自十月四日向我进攻后，经我军猛烈痛击，屡次败退，尤以四、五、六三日伤亡惨重，多门师团凶气已馁，不堪再战。本庄繁叠向国内乞援，经日政府南次郎陆相决定，令广崎混成旅团，于十五日下午自东京出发，弘前朝鲜驻军第八混成旅团十四日动员，开赴东北应援，十六日南满铁路沈阳长春间，停止客运，专运军队，其先头部队行将开到时，日陆相南次郎向马将军提出要求三项之最后通牒，令本庄转发。本庄奉令后，十六日晨八时三十分自沈阳将最后通牒发出，马将军接到通牒，当日午前即驳复于下：

（一）齐齐哈尔、昂昂溪等乃完全为中国领土，马占山军队又为中国政府军队，其在本国领土以内驻扎，日本政府根据何种理由，横加干涉。

（二）中东路南北同为中国领土，中国军队固可随时择地驻扎，日军又何得强迫撤退，改屯驻地。

（三）洮昂路虽系借日款修成，但借款合同内，明明规定该路主权属于我国，所有管理支配均非债权者单方所能擅专。此乃世界各国所公认，来牒实属毫无理由之要求，碍难予以接受。

附　日本（南次郎）陆相最后通牒（民国二十年十一月十六日晨八时三十分，本庄繁自沈阳发）

顷奉陆相电令，向马占山提出要求三项：

（一）马军向北撤至齐齐哈尔，凡此次集中于齐齐哈尔及昂昂溪之军队，须归还原地。（二）马军不得驻扎中东路以南。（三）洮昂路局管理，马军不得妨碍，否则日军即时采取必要而有效之手段。

关于以上三条，限自十一月十四日起十日以内实行，俟各条件实行后，日军在嫩江支队始可酌量撤退。限于即日（十六日）正午答复，由哈尔滨日本特务机关代发。

9. 通电俯顺舆情暂行退至相当地带文

民国二十年十一月十八日

（按）十七日晚十时，日军长谷旅团，旅顺重炮兵联队，约四千余众，攻我三间房大兴站、小三家子、达官屯第一道防线，自正面压迫，迫我军不得移动。一方以新开到之朝鲜混成旅团骑兵两联队，益以多门师团步炮兵一部，天野旅团骑步兵全部，约七千余，外附坦克车四辆，自江桥北端绕过，袭取我第三道防线，汤池蘑菇溪骑兵右翼。守该方者我军不过二千人，众寡悬殊，优劣早判，自十时开火，战事异常激烈，敌骑兵猛扑十余次之多，均被击退，至十八日晨二时后，敌坦克车已驶近我阵地，掩护步兵，及手提机关枪队弹发如雨，我壕外木桩铁网悉为所毁，防御壕亦被冲塌。我军为坦克车猛冲炮火所逼，断为数十处，不能互相援应。四时以后，出壕应战，但队伍已星散，马匹半遭炸伤，我军犹冲陷敌阵者五次之多，相持至拂晓，日机十七架投弹数百枚，我军沐血抵抗，且战且退。十时许退至昂昂溪，扼铁道东抗拒，午刻马将军自省垣驰到，率手枪队亲居阵前，猛力反攻，出敌军意外，坦克车亦无用，一阵力击，于午后二时击退敌军。二时半仍回守原防，此一战我军伤亡一千三四百名以上，此为第三道防线之战况也。第一道防线，敌自十七日夜十时以四千之众来攻，初时意在牵制我军不得援应汤池方面，攻击尚不猛烈，至十八日晨一时后，乃增加队伍，以坦克车八辆，炮三十余门，肆力猛攻，三时二十分我新立屯阵线被敌击破，四时许复将阵地夺回。十时后日飞机十二架，坦克车十二辆，战至午后二时，战壕全毁，伤亡过半，四时三十分，我忠勇残部退至红旗营子，此为三间房而正面之战况也。十八日下午六时下总退却命令，当即通电报告如下：

北平张副司令、万副司令官、南京中央党部蒋总司令、各院部钧鉴，各省市党部并转各机关各报馆均鉴，日人前以军队掩护修我嫩江江桥为名，压迫我军迭经通电在案，十一月六日，本省防军为避免冲突，力求和缓计，曾退至三间房一带，乃日军并不履行声明，防止军事扩大，每日袭击不已。兹于十六日国联开会之际，加派大部兵力并坦克车多辆，飞机十余架，重炮八门，昼以继夜，向我猛攻，直至十八日晨我军援尽兵单，加以器械不利，被将阵线一部冲破，我军誓死反攻，肉搏多时，始行恢复原防。又于午后二时日人以坦克车重炮猛攻急扑，以至全线动摇，几不能支，幸我军心振奋，以一当百，尚在撑持期间。彼复骑兵四出，到处扰乱，并以飞机两架向省城投弹示威。商民惊恐万分，环乞暂避相当地带，以免人民涂炭。查日军不顾国联合理处置，恃强夺占，一意孤行，不但目无国联，直将世界和平国际道德，破坏无遗。兹为俯顺舆情，尊重国联，暂行退避相当地带静候公理之解决。临电涕泣，不知所云。代理黑龙江主席马占山叩巧印。(民国二十年十一月十八日)

附 《大公报》社论马占山之教忠（见民国二十年十一月二十日《大公报》）

马占山将军与所部诸将士，孤军守土，援绝弹尽，竟已于十八日撤退，昨夜日军占齐齐哈尔。计自九月十八日沈变，迄此正两月，三省沦陷，全国震动，而马将军与所部将士之苦节忠心，则已永共民族生命以不朽！

马将军与所部将士之守黑龙江，其事本为绝对牺牲，无久支时日之可能性。中国久无国防，势成积弱，军队之组织与武制，未具备国防条件，而九一八暴日侵辽之时，东北军实，一旦丧失，辽吉形胜之地，不数日而沦陷。黑龙江孤立北徼，地瘠财微，兵额亦少，远逊辽吉，又遭张海鹏叛部之侵犯，消耗军力，与关内之交通，等于断绝，故马将军之力既微薄，而黑龙江地位，则孤而且危，其状□不可一日居者也。政府于辽变之后，声诉国联，期和平解决，而来两月矣。中国尊国联决议，努力避冲，且限于环境事实，未能为派援赴黑之计，此全国所共知，亦马将军与部下之所共知也。当此之时，日军于马将军威胁诱迫，无所不用其极，初时张海鹏北犯，马奋力击破之，日军乃假修桥进兵嫩江，同时掩护张海鹏叛部，以取龙江。其于马将军也，遣使数次，胁其让政，或迫其宣告脱离国民政府，限期答复之通牒，前后凡四次。嫩江战事之发生，迄今达两周，夫马将军及其部下将士，非不知远道援兵之不易达，亦非不知日军之增援也，然而重守土之职责，宁战而亡，不为所屈，当零度下数十度之严寒，率疲弱之孤军竭其最后之力，以拒敌守土，前仆后继苦战恶斗，以迄最后之一弹为止，今日黑垣之不守，为国民全体之咎责，马将军可以告无罪矣。

近世以来，道德衰颓，教化不行，忠节大义，不彰于官吏间，统兵军官之不肖者，仿佛其职业专在作威福，弄政权，搜民财，享逸乐，此辈遇外患则逃耳。夫忠节之义，为任何时代，任何政体下立国图存所必需，不守此义之民族必衰以亡，中国之坐受侵凌污辱，使国家人格横遭蹂躏者，在忠节之大义不彰，故人得玩弄轻视之，尚不全因国力之弱。忠节之义非他，重职守，尽责任，虽牺牲生命而不辞，职在守土，则惟知守土，不但一己之利害在所不计，即结果之成败亦所不问，如此方为忠，方为牺牲，自古以来，忠臣烈士之行动，皆如是也。中国今日，处最危险之境遇，任何人当政府之任，绝无以策万全。然有一绝对前提焉，则外患必御，国土必守。历史上亡国多矣，断无拱手揖盗以亡者，中国在艰难建国之始，委屈含忍，自不能免，然有限度焉，逾限度则成绝对的问题矣。此次日本侵占东三者，暴露吞并之大欲，而其胁迫中国官吏叛离中国政府，尤为蹂躏人格之举动。马占山将军及其部下，明知危殆，独不屈从，当其决心拒战之时，宁不知援兵赶到之无望哉。屏除一切之顾虑打算，惟竭尽其能力以尽其应尽之职守，如是者，尤符于忠节之义矣。夫不特马将军为可钦也，其所部将士，舍身卫国，死伤接踵，此皆忠勇之士，宜为同胞所永念。今者马军力竭而退，黑垣失陷，国民读马将军通电，当俱如置身于炮火炸弹血肉横飞之中，此一页悲壮之痛史，将永印四万万同胞之脑海。使中国忠节之大义，由此复兴，四万万人皆能忠于职守，忠于国家，则中国必有大兴之一日，马将军此役，其裨益于世道人心者，功不在小也。黑军不负国家，国家有负黑军，故救援与抚恤，更为切迫问题，前者政府宜速筹，后者社会宜共任，奖忠劝节共勉前途，则祖国必能获救也。（二〇、十一、二〇、《大公报》）

附　《申报》记者海伦访马记（民国二十年十一月二十七日，见十二月八日《申报》）

愚于十一月二十七日晚八时，访马占山主席于广信涌内，承启处启达后，即延入马氏所居东跨院内，时外室坐满军政要人。马氏犹在室内会客，少顷客去，承启禀白，遂逊愚入。马氏着灰湖绉羊裘，青花缎棉履，面颊瘦削，躯干中人，蓄八字须，衬以有光之两目，威棱逼人，盖一神采奕奕短小精悍之丈夫也。见愚入，起立中堂，微笑让坐，不待叩问，却谓此次未能打好，劳君远道存问，愧甚。我军之退此，不过避难一时，一俟计划妥定，将迁往他处。询以此次致败之主因，马氏蹙额而言曰：我军之所以败退，三间房无地形，非用武之区，平原一片，无险可守。当初日军逼我时我军稍退，致失大兴江桥之险要，余于十一月六日至前方督师反攻，因援应不继，未能一鼓过江，收复江桥，不得已乃以三间房为阵地，明知不易扼守，顾犹冀支持至十一月十六日以为国联决议案能发生效力，则日军或稍存顾忌不来侵逼，孰意敌军悍然不顾一切，大举进攻，致我军难以固守，此失利之原因一。三间房汤池等地为沙碛区域，我军战壕，难筑坚固，敌军以坦克车重炮环攻，战壕遂为毁平，我军遂不能固守壕内，此失利之原因二。我军作战骑兵为多，顾黑省精锐，均调往关内，所余悉老弱之军，无大战经验，复不能团成一片，致敌炮火得以发挥其威力，专择队伍密集处轰击，于是骑兵既失却联络，阵线乃致动摇，此失利之原因三。自作战以来，无援无弹，我军炮火器械，本来不如敌之犀利，尤以敌军以重炮排比来攻，自三十里距离处，即可轰射我阵线，我军所备之野炮，射力最远不过十五里，敌发重炮，我之野炮遂觉无用，兵士苦战十余日，伏处战壕内，昼夜不敢阖目，敌军又以我军既无援军替换，遂时以小队来扰，疲我士卒，且敌人又专向我军单薄处攻击，此为失利之原因四。余在十七日晚战事激烈时，拟悉调哈满线其他步兵两团加入前方，讵两团尚未开到，敌军即用坦克车掩护，击破我之右翼，此为失利之原因五。如果余有相当兵力，早已反攻，不待敌军之猛击，我军之死守也。兵士中有畏敌者，余语诫之，以日兵亦系一人，吾亦系一人，人与人何畏惧之有。飞机来投炸弹，宜散卧仰射，勿惶骇，勿走避，既在战线，何得有安全地带，故士兵遵余训诲，方同仇敌忾。抗战多日，当前方紧急时，张长官（景惠）来电话数次，谓无论如何，兵士先退，秀芳（马将军字）你可不退留在省城，与日方晤面，谈一办法。余答以四爷（景惠）为东北之老长官，命令焉敢不听，惟马占山自信系一好男儿，绝不降日本，四爷如降日本，则人各有志，不必相强，如四爷受日本委托来黑主政，吾在原则上不反对，但须左右无日人，如仍用日本人充顾问等，或日兵仍驻省城，则四爷等于投降日本，占山亦以敌人一律对付，尽我力量，以相周旋。其后我军退至此处，张长官（景惠）派代表二人（按：为张兰钧、李含川）来见余，求余谅解，并述不得已赴黑之原因。余仍答覆如前，且告以四爷如不受日人支配，则吾等甘听受一切命令，否则为亡国奴支配下之亡国奴，吾绝不干，吾惟有拼命到底。两代表赧然而去，闻在呼海车中，遭尽旅客之唾骂，是可见民气未尽消沉也。谈至此以时已晏，马氏属员候命请承者复多，乃道别归寓。（民国二十年十二月八日《申报》）

10. 电谢各界优加奖勉感愧不遑文

民国二十年十一月二十三日

（衔略）占山奉命警备黑河，夙夜兢兢，惟总司令及万主席之命是听，日军肇衅，万主席以修途梗阻，不克返省主持，占山奉命代理江省主席，遵率所部抵省布防，副司令复调兴安屯垦军及其他部队，俾归节制，占山奉命惟谨，惟有竭尽心力，尽守土之责任。不图敌焰日张，节节进逼，仓卒（促）之间，已达江桥，占山为国土计，为人民计，不得不出于正当防卫之途。其所以转战兼旬，能克支持者，上赖我总副司令之指示，旁籍（藉）我友军之匡扶，非占山区区所能为力也。自是迄今，举凡设防作战接济应援，一一仰承总副司令之筹维，占山惟有率循而弗越，总副司令知敌我之势力悬殊也，可供应援之部队，均经一一调集，不待占山之请求，卒以力尽计穷，死亡枕籍（藉），敛残退却，言之痛心，此以海人外贤达，优加奖勉，抚躬循省，感愧不遑，然非总副司令爱护指示，诸友军之协力应援，纵欲与强敌作数日之周旋，亦恐力有未逮。至此后行动，仍当为总副司令之命令是听，辱荷关注，用敢缕陈，尚冀鉴其悃忱，时颁训示为祷。马占山漾。（民国二十年十一月二十三日）

11. 上海《申报》抗日苦战记

民国二十年十一月二十六日

黑军自十一月四日来，屡攘强敌，关东日军，悉众八千，来攻数次，均被击退。于是本庄繁怒，向其政府秘密请训，其上金谷参谋总长之呈文云，“对黑龙江军事，已达险恶之境，关东驻军，已认为到达应取最后决意击破之时期，为战略之方便，应占据××地点，庶几我军可得以寡击众，若事事秉承中央意旨，常使机会失去，请此后予关东军司令官之临机独断擅行之权，请即承认此意”云云。攻黑之计划既定，乃有十六日晨八时三十分，本庄名义致马占山之最后通牒，（因已另文登载故略）当日方通牒未到前，朝鲜第八混成旅团已编成出动，满铁沈阳长春间，本月十六日曾停车半日，外传为匪扰范家屯铁路，致交通发生阻碍，实则日方欲腾出空间，专送第八混成旅团军队，该部骑炮兵两联队，于十七日晚到达洮南，于是当夜十时许，战事即起。

日军准备充实，乃分为正面侧面两股攻击，长谷旅团，旅顺军炮联队约四千余众，攻我大兴站三间房、小三家子、达官屯等处第一道防线，自正面压迫，逼住我军不得移动。一方以新开到之朝鲜混成旅团骑兵两联队，益以多门师团步炮兵一团，天野旅团骑步兵全部，人数达七千余，外附坦克车两辆，自江桥北绕过，袭取我第三道汤池蘑菇溪防线之骑兵左翼。守该地者，为我骑兵第二旅程志远部一团，马占山部卫队一团，及骑兵第一旅吴松林部萨力布团，总共三团，但历次伤亡，所余不过二千，敌军以数倍之众来攻，炮火猛烈万分，我军众寡悬殊，惟士兵卫国矢忠，不以人少而自馁。自十时开战，军事即激烈异常，我军极力抵御，据壕以抗，敌骑兵大队猛扑十余次之多，皆以我迫击炮机、关枪捍卫得法，将敌击退。十八日晨三时后，敌之坦克车已驶近我战壕，掩护步兵机关枪队弹发如雨，壕外木桩铁网悉为所毁，战壕多为冲塌，各团营队为机枪炮火所逼，断为数十处。同时日骑兵自左后方包围而至，我军已不能再立足战壕，四时后乃出壕迎战，但队伍业已散乱，马匹泰半炸死，而涂全胜团长，犹奋勇喊杀，率所部骑兵两连、步兵一队，冲锋陷阵者五次之多，敌骑为避遁者数次。相持至早五时许，我军既无援应，弹药且将告罄，炮管均已发热，不复可用；日军飞机七架，又复自空间助攻，投重量炸弹数百余枚。我士兵至此殆无一完肤者，顾仍浴血对抗，且战且向红旗营子退却，以期得该方之援应协力反攻，不意该方步兵亦以正面紧迫，驰往应援，至是不得已由涂全胜率残部七百余，冲出火线，于十时许退却昂昂溪，扼铁道以拒敌，日飞机及炮骑兵仍来猛攻，弹落东铁路轨者极多。相持至午刻，马占山主席自省垣驰到，激励将士，亲率手枪队前导，猛力反攻，一阵力击，竟于午后二时许，击退敌军，二时半仍回原防，侧面战事至是告毕。正面之大兴站、新立屯、三间房间战事，系夜十时四十分发生，日军即以四千众来扑，先以骑兵扰我左右翼，以步炮兵攻我三间房正面，初时意在牵制，使我不得赴援侧面，故攻击尚不猛烈。至十八日晨二时后，乃增加队伍，以坦克车八辆，炮三十余门，肆力猛击，我军平射炮仅三门，分别向其坦克车抵御，敌之利器稍为之却，但枪炮纷施，压迫渐紧，我炮兵不能胜远，士兵仅以步枪迎拒，抗拒之力，自然薄弱。三时二十分，新立屯阵线首先被击破，该方军队退集大兴站，由炮兵协助，猛攻两次，于四时许，复夺回阵地，但未久达官屯防线又遭敌军包围，骑兵张旅被困壕内，势已频（濒）危，由吴松林部协同苑旅一部往救，五时解围。自是以还，已入危境，阵地旋失旋夺回者数次之多，支拒至十时后，日飞机十二架，坦克车二辆来攻，同时朝鲜新军一联队复至，合力猛攻，其攻我汤池蘑菇溪日军，挟战胜余威自我后方兜来，第三防线我军兵力不满二千，原为一二道防线之联络，为敌军所冲，难以立脚，遂集合于第一道防线。敌军环围之势既成，乃施空陆两军之威力，上下前后夹攻。我军自十七日夜战起，弹药既断，人马一昼夜均未得食，山炮、平射炮亦以发弹过多，竟至绝弹，乃改以迫击炮轰射敌密集队，但敌借坦克车之力，丝毫不惧。午后二时战壕完全毁平，苑、吴两旅死亡过半，张殿九部一营，以弹药将罄，首先突围退却，其他各部受牵动，愈不能固守，将士纷纷出壕，向后方杀出路，以绝弹故，驯至持枪柄混战，敌军以刺刀冲锋，我军力战而死者不可胜计，至四时三十分，无力再御敌，遂退至红旗营子。当战事最激烈时，骑一旅四团一迫击炮士兵名庞振海者，发八十余炮，忽枪条断折，尚徒手奋呼杀杀不已，为其同伴牵救出壕，竟至气急成疯，跳足裸体奔赴敌阵，得其他兵士死拖，方得退出。

当事急时，马占山主席迭电各方乞援，吉林军队观望不动，北平方面，亦无一确切指示。自洮昂路战事发生，所用子弹均黑省旧存，且多潮湿不堪用，一昼夜之激战，已用去十之九，士卒虽有斗志，其奈徒手不能应战何。马主席因前方业已绝望，于是于十八日下午六时下总退却令，所有大部队沿齐昂铁路退至省垣，留骑兵设防于距城十八里之乌黑马地方（齐昂路车站）。其时省垣内外已乱，日军别动队四五百骑兵为一支，自景星绕过东铁，经甘井子、吉心河、林甸等处来袭省城。马主席分兵往堵，晚十时后，情形愈紧，日军自红旗营子向省垣推进，省城无险可守，马主席于是又下令，省府迁克山县，所有省府职员愿随行者，由苑崇谷旅掩护退却，马氏本人仍率所部卫队五百余，骑兵七百余，扼守龙沙。是日夜间，马主席以长途电话与哈埠张景惠、丁超谈话，嘱转致日军勿残害黑民。十九日上午九时，日军大部自洮昂路天桥横越东铁路线，进于黑垣十五里外之榆树屯，九时二十分向乌黑马我军进攻，马占山倾城出战，援应该地防军。日军仍以飞机投弹，并以两机飞城内投弹二十余枚，炸毁军民署房屋各一所，起火甚炽，一部日军骑兵，出现于齐克路车站，附我军之背。马主席见大势已去，遂入城捆携各机关重要文件，保护一部商民，沿齐克退却，商民老幼及各机关人员随行者数千，情形极惨。退却时为阻日军追击，将齐齐哈尔泰安镇间路轨折毁一段，克山距省垣二百华里，泰安镇距省垣一百五十里，闻马氏计划拟在克山集合民团，再图反攻，如日军仍往压迫，或时间不许，则退至拜泉编练民团。（二十年十一月二十六日《申报》哈尔滨通信）

（按）此项记载，与当时情况略有出入，请参阅《江桥抗战日记》。

12. 江桥抗战日记

民国二十年十月十九日至十一月二十日

（按）江桥战役，战斗详报，及公文书均已遗失。兹就省党委王宪章当时记载之日记，及军需处长田庆功、交际主任张庆禄存有片段的记载，证之参与战役官佐之谈话，编辑此日记如下。

民国二十年十月十九日

马占山将军，在黑龙江省政府接任代理黑龙江省主席，兼代东北边防军驻江省副司令官。

先是本月十日，将军在黑河警备司令，兼步兵第三旅中将旅长任内，奉到中央政府电令，任命代理主席，兼副司令官。此时距九·一八未满一月，辽、吉两省已沦陷，正向江省策动中，将军以为趋势如此，决不能令江省独存，反思我兵力单薄，兵器不良，抵抗决难持久。最后决定为国家争国格，为民族争人格，到省后，不管如何困难，必与日本一拼。遂于十一月十一日乘大兴轮船由黑河起航，并令将军兼任之步兵第三旅徐景德团长，率队直赴省城。十八日船将到哈尔滨时，驻哈外交办公处主任王鼎三乘小汽船往迎，密告将军，有特区长官张景惠等亲日分子多人，被日人利用，拟包围将军说降，现均在码头欢迎。将军遂秘密下船，在对青山车站，乘入三等车内，车开始换乘头等车，十八日晚抵齐齐哈尔省城，十九日接任时状况如左：

敌情：日军自占领辽吉后，诱惑洮南镇守使张海鹏，许以黑龙江省主席，令作前躯（驱），张海鹏昏庸无知，甘为傀儡。十月十一、十二两日，日军运军火数列车交张使用，省垣劣绅赵作人等赴洮迎接。十五日守桥之工兵营长刘润川将江桥折毁两段，阻其入黑，辽宁兴安屯垦军苑崇谷部，与张部发生冲突，苑即向江省撤退中，张之部下，亦多反对，张遂气馁，不敢前来，日本遂调兵遣将自行出马矣。

财政：仅接收省政府存款八万余元，并有未发行之黑龙江省纸币二百万元，押在哈尔滨各银行内。

公务员：多自动离职。

市面：钱法毛荒，江省纸币哈尔滨已不通用，商户多闭门迁避。

兵力：江省全部兵力，约两万余人，另有精锐之国防军两旅，开往关内未回。目前可用者，仅驻在省城之卫队团、炮兵团、工兵营，约二千五百余人。兹将江省全部兵力番号主官姓名列表如左：

番号及主官	驻地	团长姓名
步一旅长张殿九	扎兰屯	团长孙鸿裕
步二旅长苏炳文	海拉尔	团长吴德霖（字玉书）
步三旅长将军兼	黑　河	团长徐景德、李少峰（字青山）
骑一旅长吴松林	拜　泉	团长刘斌、王克镇、萨力布
骑二旅长程志远	满洲里	团长涂全胜、朱凤阳、周作霖
骑兵五十五团长	拜　泉	石兰斌
卫队团长徐宝珍	省　城	营长张竞渡、张鸿勋、王××

续表

番号及主官	驻地	团长姓名
炮兵团长朴大同	省　城	
工兵营长刘润川	省　城	

（按步兵一旅二团，团三营，营四连，连一百二十八人，共三千零七十二人。）

骑兵一旅三团，团四连，连百八十二人，共二千一百二十四人。

炮兵团三营，营三连，连两排，排炮二门，共野炮小炮三十六门。

卫队团三营，另有一骑兵连，兵器较精良。

步兵一二旅护将军，每旅仅一团参战。

另有辽宁兴安屯垦军苑崇谷统带部，由辽宁退至江省参战，旋改编为黑龙江新编步兵第一旅。

二十至二十三日

商号均渐开市，公务员源源返省，人心逐渐安定。

劣绅赵作人，字仲仁，黑龙江省满洲旗人，法政学生，民初被选为众议院议员，曾任市政筹备处长，系黑龙江巨绅，性贪，无国家思想。前数日纠合劣绅多人，赴洮南欢迎张海鹏，继闻政府任命将军为主席，返回省垣，向将军建议，兵力不够，兵器不良，决不能抵抗日军，并鼓惑绅商多人，环恳将军顾全地方，不要抵抗。各厅处长多以力量不够，不能抵抗为词，尤以曾任军职之某处长，知将军抗战之志甚坚，劝不抵抗尤力。环境异常恶劣。

张海鹏来函，要求将军与之合作，将军复函大意："日本人之目的，在亡我国家，奴隶我民族。凡我同胞，在此存亡关头，均应大家合力抵抗，勿受日人欺骗。如你希望主黑，我愿将黑龙江主席及军权让与，但必须待你表明抗日态度之后，始能实行。"

二十四日

日军自四洮路运抵洮南军械四列车，交张海鹏，并交日币十万元，以为买收匪军之用。

张海鹏一面招匪，一面电北平张学良、张作相、万福麟伪称，前次拟率部入黑，系万不得已之事，此后决闭门思过，避居辽宁，所部交其子张质明，听凭黑龙江省改编。将军亦接张海鹏同样电报，当令吴松林旅长，就近派员点验，讵吴尚未派员前往时，张忽命人前来，谓官兵名册尚未造竣，请缓点验。

二十五日

驻江省日本领事清水，送来照会一件，谓南满铁道将派工人修复江桥，将军当即照复，已饬洮昂路局自行修理，不烦越俎代庖。（原文见史料一）

清水领事带日本军官二人，见将军，谓系奉本庄司令官之命，请将军将江省政权和平让与张海鹏，并谓奉吉两省已与日本合作，谅黑龙江一省之力，决难抵抗，如不愿合作，张海鹏曾托本庄代说愿出美金五百万元请将军出国游历。将军斥之曰，张海鹏和日本人都认识不清楚，马占山决不能出卖黑龙江，你回去告诉本庄，他如想得黑龙江，可拿血来换，不要看不起中国人，拿钱来诱惑我。言毕即起去，清水等面红耳赤而退。

二十八日

日领事又送来照会一件，驳复我二十五日之照复，并加以恐吓语句，将军置之不理。（见史料一）

午后日本驻江省日武官林义秀代表本庄繁，提出限十一月三日正午修理完竣之要求，并宣称如届时不能修理完竣，日本将派军队保护南满铁路工程师担任此项工作。将军要求宽展时限，林义秀未允。

晚洮昂路局报告：谓日本多门第二师团，及满铁守备队约一千余，乘兵车现已开到洮南。多门通知路局转知黑龙江省政府及张海鹏，将驻在洮昂路线之军队，速退出铁路线外。

二十九日

自昨日日军开抵洮南后，人心不安，赵作人等诸劣绅率商民二百余人到省政府，要求主席顾全地方，和平对待。将军初告之曰："我有守土保民之责，决不能坐视人民之涂炭，土地之沦陷，如果打不过人家，虽丧失土地，尚可保全我中华民族之人格，我才可以对得起民众，对得起国家，望诸位详思之"。众仍争辩哓哓不已，甚至有哭而失声者。将军转而慰之曰："日本如不逼我太甚，一切问题当然由外交解决，万一至不得已要用武力抵抗时，我必召集大家讨论，开会决定之"。众始散。

将军因各厅处文官凡留省无裨军事者，均令离省赴哈尔滨，密令卫队团长徐宝珍秘密在江桥布防。

三十日

清晨将军带同团长徐宝珍、徐景德、吴德霖三人，赴江桥视察并指示布防，此时江水初退，江岸及沿铁路两旁多泥沼，桥旁沿江岸多芦苇，如能连用地形，于我有利，遂面谕徐宝珍等曰，敌众我寡，当利用地形，以奇取胜，现值江水初退，江岸及铁道两旁多泥沼，须诱敌深入突起攻击。见敌势挫，或败退时，须拚死猛追，追至桥梁时，即坚守。但我子弹缺乏，枪械又不良，非俟敌进至百米射程以内，绝对不准开始射击，战事开始时，我必亲来火线，与弟兄同生死。

三十一日

总合各处情报，清水领事报告本庄繁，大致谓马占山系吴俊升督军最信崇之猛将，个性甚强，决非武力所能屈服，压迫过急，必起战事，黑龙江事，应以政治手腕慢慢解决之。林义秀少佐报告，马占山兵力单薄，器械不良，决无抵抗之力，如以大军压迫必能屈服，两人意见不同。

将军自十月十日在黑河奉到中央电命后，每夜仅安眠一二小时，深夜常绕室行走，有时行走极快，地毯被足卷起，灰尘满室，有两次告诉左右曰，我梦见吴大帅两次，衣服整洁，均对我含笑不言。此时左右疑将军多日睡眠不足，精神失常，其后有询将军者，方知幕僚甚少，且环境恶劣，自十月十日决定抗战后，无人可与商量，不得已深夜绕室筹划。吴俊升督军是知遇长官，被日本在皇姑屯炸害，梦见时，似系已知将军抗战决心，国仇私仇，不久即可报复。故满面笑容，此事虽近迷信，但借梦想起吴督军之惨死，精神上亦多感触，故抗战之志更决。

十一月二日

日本驻江省武官林义秀少佐代表本庄繁，送达最后通牒，限十一月三日正午，我军须撤退距桥梁十公里，声明如不应允，日军即以敌人视之。将军因我军均在大兴站阵地，原距江桥十八华里，实际上无须移动，固复函允之。（见史料二）

自接最后通牒，情势突然紧张，遂召集党政军绅商各界，在省府开会讨论大计。劣绅赵作人李维周等，咸以库空如洗，兵力不够，请顾全地方，和平应付，附和此说者甚多。辩论多时，意见不能一致，将军拍案言曰："我是一省长官，守土有责，决不能将黑龙江寸土尺地，让与敌人，我的力量固然不够，他来欺负我，我已决定与日本拼命，保护我领土，保护我人民，如果我打错了，给国家惹出乱子来了，请你们把我的头割下，送到中央去领罪"。将军言毕，卫队团长徐宝珍，拔出手枪，向众言曰："在座如有敢言投降者，我即毙此汉奸"。至此主张投降者遂不敢发言，旋即决议，如果日军侵入我阵地，即行抵抗，决定大计后即散会。

散会后，将军即令徐宝珍团长，前往大兴站阵地。并令步三旅徐景德（青山）团长带队前往增防。

三日

本日夜，日军用探照灯向我阵地照射，炮击大兴站阵地，我无损失。敌彻夜向南岸增兵。

江桥北岸，正面除铁道线外，均系泥沼，右翼有水泡子及泥沼，左翼距江岸不远地方，有高地数处，判断敌人必向左翼高地进攻。我卫队团第一营张鸿勋部，位置在正面扼守桥梁及铁道，第三营张竞渡部，第二营王〇〇部位置在左翼高地。骑兵连张鼎新部，及步二旅吴德霖团步兵两营位置在大兴站。本日天气尚暖，江水未结冰，江岸因大水后，积泥水甚深，人马如陷入，不易拔出，气候及地形，均有利于我。

四日

拂晓敌小部队袭入我左翼步哨线，乘机将陈家窝堡一组三人哨兵捕去，大部队旋即前进。将军用电话令卫队团长徐宝珍，步二旅吴德霖团长云："务要保持镇静，诱敌前进，候敌到百米极有效射程内，给以严重之打击，务将敌军全部歼灭，如无我的命令，擅自退却，致失一寸土地者，即以军法从事"。旋见敌进至百米，我军异常愤慨，一齐射击，战至七时左右，战事异常激烈，将军手握电话，随时指示。鏖战至近午，敌伤亡甚重，纷纷溃退南岸。

清晨清水日领事来省府见将军，商谈两军避免冲突办法，商定双方合组一委员会，赴桥梁所在地，劝令两军撤退，以免冲突，裨便修复桥梁。中国方面派上校石兰斌，秘书韩树业，副官那连宿（景申），日本方面派林义秀少佐，早崎书记官，一同乘专车八时到达江桥。此时左翼战事正激烈，桥梁正面尚未发生战事，林义秀令我军撤退，我漫应之，专车遂回省垣。

午后三时，林义秀要求再赴前方劝告，专车甫过大兴站，敌飞机多架，纷向专车投弹，车翻，双方委员均震出车外，多时始苏，那副官受伤，经我军护送回省。

午后三时许，敌又向我进攻，以步兵五百余，附以野炮，执太阳旗，密集向大兴站四五里我阵地左翼进攻，牵制我侧防。其大部队密集向我大兴主阵地猛攻，期以中央突破之战术，击破我军，战事重行紧张，将军又令徐宝珍、吴德霖等："敌人以密集队形前进，轻敌之弱点已暴露，我应利用敌之弱点，一鼓歼灭之，仍照上午所下之命令，候敌到百米内发射，并以猛烈枪声为全线攻击之联络信号，一闻枪声，悉起猛攻，要特别注意。"

此时敌军先头部队，交互前进，姿势极低，并以猛烈火力向我压制，后续之大部队，亦密集蜂拥而至。我军严守命令，不空发一弹，以设井擒虎之姿态，凝视当面敌人，见敌已入我极有效射程后，齐起猛攻，并发扬侧防机能，只见敌人精神顿挫，锐气全消，我乘好机，全线出壕冲入敌队内，展开白刃战。短兵相接，混战多时，敌虽附有飞机十余架，大炮四十余门，铁甲车三列，均无所施其技，即向江桥溃退。我拼命追击，江岸芦苇内我预设之伏兵，亦齐起堵截，前后左右鼓勇围歼，血肉横飞，遗尸遍野，残敌狼奔豕突乱撞奔命，有陷入泥沼中，有跳江中。正在残敌乱窜时，敌又增加生力军应援，过桥立足未稳，又被我骑兵夹击，将敌冲破，一股向南岸逃回，一股被迫逃至我左翼高地小土山，被我四面包围，歼灭殆尽，血战至午后八时，江北岸已无敌踪，惟见血肉模糊，遗尸四百余具，遗弃武器，几无隙地。八时以后我清扫战场后，仍回大兴阵地，仅留少数隐伏在江岸铁道两旁芦苇丛中，江桥复被我炸毁。

敌逃回南岸，八时后用探照灯向北岸照射侦查，以重炮向我阵地猛烈发射，旋有船百只，满载敌兵暗渡，将近岸我军突起集中火力扫射，敌死伤及落水者甚多，狼狈退回。此后以猛烈炮火向我压制，彻夜不息。

此役敌参加者为多门第二师团之步兵十六联队三个大队，及南满铁道守备队之数个大队，配属飞机及轻重炮兵，共约六千数百人，伤亡一千以上。我军参加此役者，仅卫队团步兵三营，骑兵一连，省防军步二旅步兵两营，共二千七百余人，战斗结果，伤亡三百余人。双方火战正剧烈时，将军亲临阵前，从容指挥，士气异常旺盛，并善于运用地形，及攻敌弱点，故获惊人战果也。

（按）此役据日本向国联调查团报告称："双方开火后，步兵十六联队长滨本大佐见所部所处之地位，极形困难，乃将其所有可用的军队，开往增援。经过一番迅速侦查后，彼即深信在此低湿之地面上，正面攻击实不可能，日军乃欲脱离所处之困难地位，舍向左翼采取包围形势外，几无他法。于是彼即调集其预备队，向中国左翼进攻，但因人数过少，且无法使大炮进至较近距离之故，直至午后八时半，始将该山占领，而使日无法再向前进。"（见国联调查团报告书嫩江桥之役）

五日

拂晓三时，敌又增加生力军，共约八千余，向我江岸猛攻，并有炮百余门，飞机二十余架，空中大量投弹，陆地猛烈火力，齐向我阵地制压，掩护渡江。经我江岸军队猛烈抵抗，敌半渡落水淹死者甚众，因敌炮火猛烈，江岸我军亦有相当损失，退伏两翼，近午敌大部队冲进我大兴阵地，我步二旅苏炳文部吴德霖团，骑一旅吴松林部萨力布团赶赴增援。将军在前方正紧急时于十一时偕同驻江边防军参谋处长金奎壁（璧），并带卫士十余人，分乘小汽车及载重车驰赴江桥火线督战途中，飞机三架紧在上空，随走随投弹及用机枪扫射，炸片横飞，弹落若雨，将所乘之指挥车车篷贯穿多孔，幸无一人受伤，车始终未停，直进至大兴阵地，情势甚险。将军亲到火线后，指挥正面部队反攻，令骑兵自两翼包围，血战至傍晚，敌始溃退。我追击至江岸，敌落水死者不计其数，战斗结果查检敌遗尸七百余具，我得获战利品无算，入夜江北岸无敌踪。此役我卫队团骑兵连中校连长张鼎新、第一营桑排长均殉国，士兵伤亡二百余人。

（按）此役据日本向国联调查团报告："关东军司令部接得关于此项情势（即四日战役之情势）之报告后，立派大批军队前往增加。是日（四日）晚间有步兵一营开到，日军得援，乃于十一月五日拂晓重取攻势，经二小时后，到达中国军队第一道阵地。据滨本大佐本人致调查团报告，称中国军队在该地拥有极坚固之战壕，并有自动机枪七十架，日军之攻势，至此完全停顿。中国军队用步兵及骑兵实行包围式之反攻，日军蒙受极大之损失，而不得不向后撤退。"（见国联调查团报告书嫩江桥之役）

六日

晨二时许，敌大举来犯，内有敌新增援之铃木旅团连同残余已至万余人，配属飞机野炮，自四时冲过江桥，向我全线猛攻，飞机川流不息在我阵地上空轮流轰炸，炮兵以最强烈射击，陆空火力猛烈，弹下如雨。我步三旅二团增加两营参加作战，赖我将士用命，士气振奋，虽战事异常猛烈，再接再厉，无稍逡巡。延至近午我全线阵地，几全被排炮摧毁，补修不及，我忠勇之将士出壕肉搏，短兵相接，拼命冲杀，敌气竭不支，狼狈逃窜。此役计毙敌六七百人，我亦损失奇重，团长萨力布少校、连长邓文均负伤。

午后六时，将军因大兴阵地已被摧毁，士兵连战三日两夜，无援军替换，异常疲困，遂下令我军变换阵地，将主力撤至距大兴站十八里之三间房第二道阵地。

七日

昨夜敌用重炮向我阵地乱射，至今晨一时稍缓，五时敌骑兵由达官屯、小新屯，绕攻我三间房、蘑菇溪、红旗营子阵地，我伏兵张殿九旅孙鸿裕团突起猛击，同时我骑一旅吴松林部向正面大兴站反攻，毙敌甚众，战至午刻始停止。

因历次战役，我步兵损失极重，正在补充，以屯垦军苑崇谷部步三旅李少峰团，驻守三间房阵地。

是日敌机七八架向我阵地投弹，我因无高射炮，以二十人为一组，仰卧地上，用步枪向上射击，今日击落敌飞机一架，检查两翼有二十六个子弹洞。

将军到阵地视察两次，晚在三间房布置新三道阵地如左：

第一道　大兴站及大兴站以北，大兴站至江桥为前进阵地。

第二道　三间房。

第三道　小新屯、蘑菇溪。

本日发出虞电，向中央及北平报告连日激战及退守三间房之经过。（见

史料三）

八日

本日无大战斗，仅有飞机在我阵地上空侦察，并抛掷炸弹数枚，但飞行甚高，或因昨日击落之故不敢低飞。

林义秀少佐，送来本庄繁限期通牒一件，要求将军辞职，速将黑龙江省政权让与张海鹏，否则日本军即进占黑龙江省城，并限本日夜十二时答复。将军阅函后置之不理，派员监视日领事馆，不准收发电报。

十日

昨今两日，仅有小接触，并无大战事，敌机在上空侦察。

将军在省府接见中国新闻记者谈话，接见外国参观团谈话，并领导参观我军阵地。（见史料五、六）

通电宣告江桥抗战开始及经过情形。（见史料四）

十一日

本庄繁，自沈阳直接电致将军，要求下列三项：

一、马主席下野。

二、撤退在齐齐哈尔之黑龙江军队。

三、要求日本军有进驻昂昂溪之权。

上项要求限当夜十二时答复。

将军接到此电后置之不理。因昨日外宾质问，疑有苏联军人加入我军作战，发通电声明，并无外人加入我军作战。（见史料七）

十二日

本日午后一时许，敌先以骑炮兵约五百人，向我兵力最单薄之乌诺头、张花园（三间房附近）等处进攻，我左翼频（濒）于危殆，幸我军坚强抵抗，激战四十分钟，敌不得逞始退。战事稍停约一小时，敌大队约七千余人，分为三路，天野、长谷、铃木三旅团长，指挥左右翼，满铁守备队司令森连则指挥中路，同时猛向我军进攻，并有飞机十余架，向我阵地投弹，我战壕多处被毁。正在危急时，将军赶到阵地督战，我张殿九、吴松林、苑崇谷部均异常出力，血战至午后六时，敌发炮百余发，掩护退却，至八时后始完全停战，我阵地未丝毫移动，此役敌我伤亡均重。本日晚我总指挥部，进驻昂昂溪车站。（距三间房三十余里）

十三日

拂晓五时，敌步兵五百余，攻我乌诺阵地，飞机两架投弹二十余枚，战至十时许不逞而退。

晚，敌天野旅团长指挥步兵一联队，骑兵一联队，配以炮兵，野炮三十余门，重炮八门，共约三千余人，由正面向我进攻。长谷旅团长，指挥步骑混合两联队，约二千余，自正面绕往景星镇向我进攻。自午后八时战至十二时，不逞败退。江桥在炮火掩护下完全修复。

林义秀使人秘密出馆，送致本庄繁提出三项要求之通牒：一、马占山立即下野。二、黑龙江军撤退齐齐哈尔。三、日军自由进出于洮昂路线各地。

将军接阅通牒后，非常忿怒，因自八日起，已派人监视日领事馆禁止收发电报，除将监视人严办外，下令将日领馆人员一律驱逐出境，因保持外交道义，派员护送该馆人员赴哈尔滨，自此后省垣无日人矣。

十四日

拂晓五时，敌先以小部队来扰我汤池蘑菇溪间骑兵第二道阵地，六时后敌机两架，掩护骑步炮兵七百余名，猛扑我阵地，用重炮向我射击。同时大兴站附近之敌，以十余门大炮向我射击，坦克车一辆，向我阵地压迫，我阵地频（濒）于危殆，我军猛烈抵抗，出壕肉搏，敌伤亡甚多，至八时溃退。我军重整防线，由徐、萨两团扼守，另调卫队两营加入蘑菇溪方面。布置甫竣，十时许敌步骑大队二千余，分两股取包围势，分左右来抄我汤池等处侧面，并有飞机六架在上空轰炸，长谷旅团长指挥，猛向我攻击。我军用迫击炮击敌密集队，将敌连络截断，至十一时四十分，敌不支退却。

十五日

今日无大部敌军来扰，正午敌机一架飞省城侦查，我绥化县保安大队李云吉率民团一千余增援，该部向为黑东剿匪劲旅，改编为一独立团，调来加入正面阵地。

据报，敌因战事失败，日本政府令驻朝鲜弘前第八混成旅团，十四日由朝鲜开拔增援；又令广崎混成旅团，本日下午由东京出发，赴满洲增援。

十六日

晨八时三十分，本庄繁，由沈阳直接致将军电报一件，限即日正午答复，内称奉陆相电令，向马占山提出要求三项，将军当即据理驳复，并报告中央及北平。（见史料八）

本日无战事，惟南满铁道沈阳长春一段，午后停开客货车半日，专为运送由朝鲜开赴江桥之援军，晚由四洮路，均抵洮南，转赴前线应援。

近日天气剧冷，今日已至华氏零下三十度，嫩江及附近泥淖均结冰甚厚，便敌机械化部队之行动，前数日我占优势地形，近忽转变，兼之敌源源增援，我无援军，情势异常严重。

十七日

拂晓，敌进攻我三间房阵地，战事非常激烈，将军知敌朝鲜援军已到，江水结冻甚厚，机械化部队可以自由行动，判断敌必猛烈来攻。晨八时即赴三间房阵地，令涂全胜团长率骑兵攻敌后路，一度占领大兴站，并进至江桥，因骑兵不能守，旋即退回，是日敌增至万余，由多门亲任指挥，分三路向我三间房主阵地进攻。

一路以长谷旅团、旅顺炮兵联队，约四千余人，攻我阵地正面，我守军为苑崇谷全部及三旅二团李少峰部，共约三千人，敌以骑兵扰我左右翼，以步兵主力攻我三间房正面，猛扑十余次，均被击退，自拂晓至深夜，战事未停。

一路以朝鲜混成旅团骑兵两联队，攻我右翼英老爷坟汤池一带，我守该地者为骑二旅程志远全部。

一路以天野旅团全部，附坦克车四辆，攻我左翼韭菜沟前后官地新立屯一带，我守该地者为骑一旅吴松林部两个团（计刘斌、萨力布二团）。激战极猛烈，我团长萨力布在新立屯阵地负伤。

我军因历次损失，总共步骑兵只有四千余，敌以数倍之众来攻，战事异常激烈。敌猛扑十余次，我以迫击炮、机关枪，竭力抵抗，均将敌击退，自应战至深夜，我军未得片刻休息，尤以不得饮食，疲饿过甚。缘粮秣储存处所，被敌机炸毁，后方运送，一时尚难到达，枵腹抗战，义愤填胸，眼若血红，人人同仇敌忾，愤勇异常，喊杀之声，惊天动地，斯已壮矣！

本日中央电台广播：国民党四全大会议决，黑龙江省代理主席兼边防司令官马占山守土尽职，功在国家，实任为黑龙江主席，兼东北边防军驻江省副司令官，以陆军上将待遇。传谕前方将士，异常兴奋。

日本首相若槻礼次郎直接致电将军，谓中日两国事件，俟由外交解决，日政府已令日军遵照，希望将军停战，勿再扩大等语。将军当复一电，谓日军如撤出江省疆域以外，一切事愿由外交解决，否则惟有实行我守土之责等语。

十八日

三间房阵地，全夜战事未停，今晨二时，敌之坦克车已冲进我阵地，掩护步兵及敌特编之轻机枪队，弹如雨下。我壕外障碍物如木桩铁丝网，悉被摧毁，防御阵地，亦被冲塌，我各团营队，被机枪炮火所逼，断为十数处，不能互相援应。同时敌骑兵，自大小新屯左后方包围而至，我军不能立足壕内，三时许出壕肉搏，但队伍星散，马匹半遭炸伤，骑兵已不能整列拒敌。相持至拂晓，我军既无援应，弹药将尽，炮身发射过多，热度增高，时生障碍。闻敌机十七架低飞，大量投弹，并以机枪扫射，我浴血抵抗，且战且向蘑菇溪第三道阵地退却。我涂全胜团长率部掩护到蘑菇溪进入新阵地，布置妥善后，敌追击部队已到，即行激战，相持至十二时，我涂全胜团长奉令迂回得手，敌人有动摇模样。将军率手枪队亲立弹雨中，督率反攻，异常猛烈，士气振奋，将敌击退，我乘势于下午三时恢复三间房阵地，血战中我步二旅三团团长吴德霖受重伤。

是役也因我涂全胜团奉令迂回大兴，于午十二时绕至敌后，将敌司令部包围，出敌不意，毙敌军官三十余，掳获多门所乘之汽车，车内有金票十余万元，敌兵少数防守壕内，被我英勇将士以刺刀枪柄砍杀，全被歼灭，收获极大，所以达成此伟大任务者，皆出奇计之效，所获金票，全数赏给。

自夺回三间房后，我士气极旺盛，复向大兴方面反攻数次，因我军连日浴血抗战，疲惫过甚，并兼损失过重，实在无力支持，不得已于午后，又反向蘑菇溪阵地背进。

上午五时将军在蘑菇溪阵地，见我军激战两天一夜，未得饮食，疲饿不堪，伤亡奇重，不忍将忠勇将士作无谓牺牲，遂令向省城附近第四道阵地乌黑马之线占领阵地，该地距省城十余里。命令下达后，于五时半将军乘指挥汽车由蘑菇溪返回城垣途中，仅有随从十数名，行至大麦屯地方，忽发现敌骑兵百余，向我前进，侦知该敌迂回我后方，通过此地与我军遭遇。将军下车，进入小高地，利用地形优势，发扬机枪效能，以猛烈火力，向敌扫射，将敌击溃，我少校副官魏道五饮弹阵亡，敌退，将军始脱险，返回省垣。

将军返省后，因人民环恳，暂避相当地带，以免人民涂炭。将军爱惜民命，不忍闭城一战，又因火线上我军已激战两天一夜，未得饮食与休息，疲饿过甚，不忍将卫国杀敌之将士冒敌炮火，于晚八时下总退却命令，其要旨如左。

一、敌人正在陆续增加兵力，已达万余之众，其航空队、战车队正向我阵地正面及两翼猛扑。

二、我军为避免重大牺牲，并取战略优势，暂与敌避免决战，于本（十八）日应脱离第三道阵地，向有利地带退却。

三、骑五十五团，应位置于距卜奎十八里之乌黑马方面，阻止敌人追击，警戒我军之退却路，任务完成后向泰安镇退却。

四、退却时，各旅作战地点及退却终点，规定如左：

骑第一旅向泰安镇退却，步一旅向拜泉退却，骑二旅向克山退却。

五、副司令官公署，省政府公务人员，即刻自海伦退却，重要文卷，由汽车大队派车装运。

六、补充团、卫队团保护军政人员及文卷任务，随同向海伦退却。

七、各部队于本（十八）晚八时，以主力脱离战线，向指定退却地点占领阵地。

八、余（将军）率步三旅第一团及手枪队，在省城阻止敌人，掩护各旅退却后，即率部转海伦。

十九日

晨九时，敌大部自洮昂路横越东铁路线，在榆树屯集合，九时二十分向乌黑马我军进攻。将军率部应战，敌飞机掷弹二十余枚，炸毁边署房屋一所，火起甚炽，并散布华俄文传单。又敌骑兵一部，出现于齐克路车站，附我军之背，情势已无可挽回。十一时许将军退回省城，誓与城共存亡。商民泣恳退避，以免人民涂炭，正午左右将将军送至齐克路火车上。将军临行时，面谕徐景德团长曰：敌人不进城门，不准稍退，即有多大牺牲，甚至只剩一人，亦须抵抗，至省城若有一点秩序紊乱，或强抢事发生，均唯该团长是问。如实在不得已时，杨家屯民团杨桂堂早有准备，利用苇塘有利地形，俟敌追击到时，将敌痛击等语。徐团长守至午后三时许，敌军入城，不得已退出，省垣遂陷。

午后敌骑兵三支队，向我退却部队追击，多门大佐联队长（多门师团长之胞弟）率骑兵四百余人，追击至省城东六十里杨家屯九道沟子我伏兵包围圈内，徐景德率部返回痛击，该团由苇塘内突起围击，当将多门联队长击毙，并将敌骑四百余全部歼灭。先是将军接任时，严令各县编练民团，因杨家屯近在省域，地当冲要，当令大户杨桂堂及李广和二人负责率领，发给步枪三百支，子弹五万粒，迨省城吃紧时，将军谕令杨桂堂在附近苇塘内设伏，故临行时，告知徐景德团长，致敌最终遭此打击，敌因此追击部队之损失，其他追击部队均退回。江桥之战至此告一段落。

江桥战役经过之评判

江桥战役，自民国二十年十一月四日起，至十九日止，计十六天，距九·一八只一个月十六天，此为中华民国抗日战争开始之第一次。

兵力之比较。敌军兵力，计多门第二师团全部（长谷，天野两旅团），铃木旅团，朝鲜混成旅团，南满铁道守备队，旅顺炮兵队，空军等，共三万余人，同时参战者，多至一万余人。

我军兵力，计卫队徐宝珍团，步一旅张殿九部孙鸿裕团，步二旅苏炳文部吴德霖团，步三旅将军直属部徐景德团，李少峰团，共步兵五团。骑一旅吴松林部萨力布团，王克镇团，刘斌团，骑二旅程志远部涂全胜团，朱凤阳团，周作霖团，共骑兵六团。炮兵团朴大同团，炮三十六门。以上均黑龙江省防军。另有辽宁省兴安屯垦军苑崇谷部步炮兵，（旋改编为江省新编兵步一旅）计共一万三千余人。同时参战者，最多不过三千余人。以兵力比较，我军不及敌军之半数。其间时参战之兵力，我不及敌四分之一。且我孤军无援，最后绥化民团亦参加作战，其兵力之单薄，可以想见。

兵器之比较。敌有坦克车、飞机、重炮、装甲车。我均无之，我之步枪有百米射程外无效者，更不成比例，尤为痛心。

战争之经过。当战争开始前，本庄繁误信林义秀之报告，马占山兵力单薄，不敢抗战，本庄遂遣不废一弹而得吉林之多门第二师团，仍欲依样葫芦而得江省。多门到达洮南后，本庄即致最后通牒，限三日正午答复，四日摆出所谓皇军架子，长驱直入，如入无人之境，迨我军乘其轻敌之弱点，迎头痛击，遗尸遍地，残部逃回南岸。五日敌增加兵力四倍于我，配以飞机大炮，猛向我进攻，想挽回昨日战败之耻，不意死伤更重，自曰“受极大之损失，而不得不向后撤退”。六日增加铃木旅团生力军，倾巢来犯，拼死争得距江桥十八里之大兴站，自开战二日来，领受我军教训后，不敢盲动者计五日。而十二、十三、十四三日，多门复行最后之争斗，又受重大之教训，因此次战役，损失奇重，多门师团及现有兵力，无力再战，乃向国内乞援，迨朝鲜生力军到，十七、十八两日一夜，恃众向我总攻。我忠勇之军士战斗已半月，苦无援军之替换，疲困不堪，始转移阵地。十九日敌多门联队追击我军，在杨家屯被我全数歼灭，知我退却系有计划与准备，不敢再追，江桥战役遂告一段落。

损失之比较。敌之损失，在四、五、六三日，及最后多门联队之歼灭，有尸体可数者，计二千一百余具，伤者及落水身死者无所统计，七至十八日之伤亡数目，依情况之判断，至少亦在二千人以上，统共伤亡必在六千人以上。我军殉国者仅二千余人，约三与一之比。故战争之结果，敌公认为皇军之耻辱，而我第一次抗战成绩如此，民族英雄马占山将军之名，腾播中外矣。

13. 退出省垣后之抗战计划

民国二十年十一月

（按）印维廉、管举先合编之《东北血痕》（二十二年五月出版）载有退出黑垣后军事布置之情况与计划一段，证之参与战役之官佐所述，大致相同，兹摘载如下。

一、退出黑垣后之军事布置：我黑军骑兵主力，均布置于齐克路沿线，马主席委程志远为总指挥，吴松林为副总指挥，总指挥部设克山县。在齐克路沿线黑省骑兵，划分三道防线：第一道防线在塔哈尔河，此处距黑垣仅四十五里，为齐克路上小站，驻有程志远旅第五十四团涂全胜部。第二道防线在宁年站与富海站之间，距第一道防线七十里，驻有程志远旅第五十二团朱凤阳部。第三道防线在泰安镇与熬龙沟之间，距克山县城四十五里，驻有程志远旅五十三团周作霖部，吴松林旅第三团王克镇部。总预备队均在克山，驻有吴松林第四团萨力布及第二团刘斌两部。我骑兵作战，纯采游击战法，不挖战壕，不拘防线，无事则相互连络，有事则一举而前，盖因齐克镇多平原，宜于骑兵作战故也。

至于步兵，自熬龙沟以下，斜出拜泉，由步兵苑旅担任，其第一团刘宏萱部，驻熬龙沟附近，与骑兵联络，第二、第三两团，赵、李两部驻拜泉。步兵三旅与骑兵第一团徐青山（景德）部，为海伦拜泉克山间之联络队，驻双阳镇，并作预备队。补充团周兴祺部、卫队团徐宝珍部驻海伦。自黑垣陷落后，军政联合办事处、省政府即移至此处（海伦）办公，此为军事布置之大概情形。

二、军队之损失与补充：黑军以一隅之众，与日寇肉搏十余日，损失极多，尤以步兵为最。盖我步兵以毫无防御工具，大队往往为日寇之坦克车、飞机冲散，其能寻觅本管团队者固多，不能觅得本管团队者则纷纷投其他旅团，请求改编。所以当时各旅团之面目犹昔，而实质甚弱。总计各部尽量收容，尚不足一万一千人，较抗战前差五分之二，而器械马匹之损失尤多。欲谋补充，惟有加紧训练民团之一法。

马主席抵海伦后，即计划征收民械，训练民团之办法。黑省东部各县，如绥棱，绥化，肇东，肇州，海伦，望奎，拜泉，青岗，克山等县，每三县委一上校民团总队长，每总队分四中队，每中队分三小队，每一中队骑兵一百二十六名，限十二月十五日编成。届时由马主席亲往检阅。各地人民，激于爱国心之鼓励，奋起参加，成效异常美满。

三、省政府状况：黑军自退出省垣后，省政府即移至海伦办公。为统一事权起见，设军政联合办事处，执行军政大权，军政联合办事处，设于海伦广信涌油坊内。该号为黑省官办，院宇尚属宽敞，所有边署军法，承启，参谋，军需等处，均设在内，副官处设于东大街顺记杂货店内。军政联合办事处，办公无规定时间，每早六时，各工作人员，一律到处，终日埋首工作，直至午夜方散值。马氏本人，亦住在广信涌内，宵旰忧勤，不眠不休，事到立即处决，故工作人员反忙碌异常。各厅处长及省委到此者，有民政厅长刘廷选，建设厅长马景桂，教育厅长郑林皋，省委潘景武，省党部委员到此者有王宾清（宪章）、吴焕章、王化南等，及其他各机关重要职员百余人。布满紧张热烈之空气。

四、抗日之方针：黑军在准备大举反攻之外，对于日寇，不攻硬，不坚守，纯采游击性质。遇有机会到来时，即竭力以赴之。盖齐克路沿线多属平原，我军缺乏炮火，惟有此方法可操胜算。当时侧重于骑兵之训练。省府亦无固定地址，何处方便，即迁至何处。马主席更坚决表示曰："黑东为我第二故乡，余阖目亦能寻得进退路，敌即全力来逼，余亦不惧。"壮哉！吾人对此忠贞勇毅之马主席及其统帅下之全体将士，应如何致其敬爱钦佩之诚意乎。

14. 复广州国民党请消弭党见一致对外电

民国二十年十二月一日

（按）自九一八后，国民不谅政府之苦衷，反对不抵抗，敦促政府立时抗战，惟广东别立政府，以不抵抗为借口，反对尤力。广东来电，正蒋委员长被攻击忿而离京归里之时。将军以为国家分裂，永无抗战之日，接到电报，极端痛心，故复此电表明本人态度，并请消弭党见，一致对外。原文如下：

广州中国国民党第四次全国代表大会勋鉴：顷奉号电辱承藻饰，愧感交萦。此次暴日恃强逞凶，蹂躏我国，蔑视列强，置和平条约国际信义于不顾，实人类之公敌，和平之魔障。但物必先腐而后虫生，国必自伐而后人伐，自彼枭雄窥视江省，友邦人士，络绎视察，其殷殷表示好感于我者，咸以我国精神未能团结，遇事难期一致为可惜耳。大会为党国先进，对于此种弱点，谅能尽□去之。东北若失，国将不国，万恳积极设法消弭党见，唤起民众，一致对外，为民族争生存，为国家争地位，党国庶有豸乎。占山一介武夫，以身许国，防守之外，不知其他，惟以首当其冲，刺激最深，逢承奖饰，用真刍言，希赐鉴焉。马占山叩东印。（民国二十年十二月一日）

15. 在海伦与板垣谈话

民国二十年十二月七日

（按）十一月十七日江桥战争最激烈时，日本若槻首相致马将军电报，大致谓中日两国事件，俟由外交解决，日政府已令日军遵照，希望贵主席停战，勿再扩大等语。将军当复一电，谓日军如撤出江省疆域以外，一切事愿由外交解决，否则惟有实行我守土之责。迨退出省垣后，十一月三十日日军多门师团长，致马将军函提出和议四条：一、马占山对于克山、泰安中国军队，如能劝说使之降服，可以通知驹井顾问。二、黑龙江省允许自治，马占山如确定回省日期，亦可通知驹井顾问或林少佐，亲往迎至泰安亦可。（按当时各报发表者无黑龙江省允许自治八字）三、马占山生命，林少佐担保，绝无意外情事。四、马占山准许带卫队八十名入城等语。马将军接到函后，置之不理。

本月六日，本庄派参谋长板垣大佐偕部附驹井嘱托、福岛主计、染宫及驻辽日记者一行五人，到哈尔滨住北满旅馆，午刻与张景惠及黑省劣绅赵作人会见，当日晚张景惠、赵作人以电话通知马将军，谓板垣等将往海伦晤谈。马将军答云黑东民气甚盛，日军官切勿前来，否则发生意外，不负责任，且本人已离省垣，已与日人无直接交涉之必要，故尤无须会谈。正电话中，板垣即接电筒向马将军云“日军欲请马主席仍回黑龙江省城”。马将军不答，挂上听筒而去。

次日（七日）晨八时，板垣不待马将军之许可，率驹井、福岛、染宫及领事馆员杉山冈野并大阪《朝日新闻》和东京《日日新闻》记者，由赵作人陪同过江到呼海路马家船口车站。赵作人以电话代板垣要求准许会见，马将军初不允，嗣赵一再说项，谓板垣前去决无恶意，始允许在绥化车站相晤。午后一时抵绥化，赵复电请示，得复绥化无方便地点，改在海伦。晚一时抵海伦，住广信当商号。九时赵作人偕板垣访参谋长谢珂略谈来意。十时许马将军先邀见中国新闻记者谈本人宗旨，日人前来无论如何利诱威胁，决不投降，或与日方妥协。十一时半接见与板垣同来之日新闻记者表示云，此次中日事件实属不幸，不过本人守土有责，不能不谋自卫，今后希望中日舆论界，不分界限，共同努力，使此类不幸事件永不发生，则世界真正和平方能实现。

是日（七日）夜十二时，赵作人偕板垣、驹井、福岛、染宫等六人访马将军于所居之广信公司。马将军偕参谋长谢珂及翻译二人，谈至八日午前二时半退去，其上列会见情形及谈话，当时各报多已发表，惟关于自治及撤兵两点，当时未完全公布，兹补布全文如下。

板垣：首致寒暄，并出关东军司令官本庄繁名刺，谓此来系代表本庄司令官，向贵主席提出两项要求：

第一，保护东亚之和平。关东军对于东北决不许抗日举动继续存在，实有整个计划，最大决心，为将来彻底之改造。对于呼海齐克两路，因佩贵主席之英勇，故不即实行军事计划，以保东亚之和平。

第二，东北地方，中日彻底合作，如贵主席变更抗日举动，立刻停止一切军事行动，则日本无领土和政治野心，愿划江省为自治特区，由贵主席治理，日本决不干涉，只要求设日本顾问两三人。

（按）合作下一段，当时未发表。

将军：第一项保持东亚和平，向为本席所祈求，极端同意。但黑龙江省此次所采军事行动，均属自卫，对于中日间一切纠纷，希望早获正当之解决。

第二项亦同意，但必须尊重中国主权，先撤退日本在黑龙江省军队，始为诚意的亲善表示。

板垣：必须贵主席变更抗日举动，立时停止一切军事行动，日本始能考虑撤兵。

将军：不撤兵即是无诚意。

板垣：候回去商量再答复。

（按）关于撤兵一节，当时未发表。

将军：一切问题须待研讨，惟日本撤兵为先决条件。

板垣：复问马主席，

一、此次冲突系一时误会，能否即此谅解？

二、对此次战争观感如何？

三、今后作何态度，对日军是否仍保持反抗行动，请明白答复。

将军：本人态度，早已为日本所明了，今后日军如不相迫，或可保持和平。

谈至八日午前二时半板垣等辞去，下午四时离海伦返哈。

16. 劝阻学生远道投军通电

民国二十年十二月八日

各报馆勋鉴：据报各省市青年有自动赴东北组织援马抗日团之举，占山何德何能，过蒙厚爱，抚衷循省，感愧交萦。窃维婢织奴耕，各专其责，开来继往，省得乃彰。冲锋陷阵，责在军人，驱市人而战之，徒为无益之牺牲，靡挫敌人之毫末。我可敬可爱之青年，固占山所极钦佩者也。若令之捍御敌锋，则质诸天良，万万不忍出此。诸青年前途无限，将来为国干城者，自必大有其人。要当积学砥行，期诸大成，然后张我国威，复仇雪耻，万钧重任，全在诸君，若未及其时，而出于烹雏霍鹤之举，不惟于人才为不经济，断丧国本实多。况龙沙穷北，时值严冬，寒威惨烈，所谓堕指裂肤者曾不足拟其百一。其生长斯土之人，犹难禁受，诸君习于温和之气候，其何能堪？且自关而北，历二三千里，乃入江境，其间铁道，现则均不能通。于此积雪没胫之期间，岂胜跋涉？诸君之志，占山敢不拜嘉？

如欲见诸实行，则期期以为不可！用敢掬诚奉达，务请鉴察，取消此项组织，不胜盼祈之至。马占山齐印。（民国二十年十二月八日）

附　论如何领会马将军之教训（陈彬龢）

今日我全国人民之对于马占山将军，无论老稚，无分贤愚，无不一致推崇钦敬，万众遥维此擐甲策马于冰天雪地与暴军作艰苦抗持之健者，同视为我民族精神之所寄托。即暴军本庄司令亦不敢正眼相看，卑辞推崇为中华之惟一英雄。伟矣将军，疾风劲草，操守严肃，廉顽立懦，振起颓风。其获膺受全国舆论上之天爵，诚为分所应然。

吾人对于马将军艰苦卓绝之行为，应具有一正确之观念，换言之，即应有一正确之认识。此正确之观念如何，即吾人不应以世俗之眼光，崇拜偶像之心理，认将军为英雄，为男儿，为民族之伟人，为天纵之英杰，非常人所能望其项背，其所行者为非常人所可追慕。盖此一观念，最足以混淆正确之舆论，蒙蔽国人正确之视听也。

吾人兹就事实观察，而予以平情之判断，则马将军今日守土抗暴，特亦负责之官吏，忠于职守之军人所应有之行为耳。擐甲执兵，身膺疆寄，守土卫民，负有专责。寇来而不御，弃地而不守，置人民于暴军蹂躏之下而不顾，是为忝职，是为不负责，是为负国，是为负民。我国家何贵乎有此怯弱之疆吏，我人民亦何贵乎有此木偶式之军人。故将军之守土抗暴实为其分所应然。惟以举国都持镇静与无抵抗，而将军乃独艰苦鏖战，再破强敌。故如鹤立鸡群，独博得国人之推崇爱戴耳。吾人但当视为一克（恪）尽职守之好官吏，视为一负责之好军人。若视为英雄，为天纵之俊杰，为非常人所可追慕，则偌大中国而仅有一马占山英雄，应不仅为将军所不愿听，亦将为将军所不忍听。将军八日通电有云“婢织奴耕各专其责”，又云“冲锋陷阵，责在军人”，此即将军之所以自言其志，亦即吾人衡量将军之准绳也。吾人但应接受将军尽责之教训，人人忠于职守，忠其所事，以求不负国家，无忝国民一份（分）子之义务，绝不应视将军之所为，为崇高不可效法，此其一。

次之，自甲午一战而后，国人对于日本即常存畏怯，九一八之望风退却，即畏怯心理之具体表现也。马将军以绝域孤军，粮尽援绝，而与暴如虎狼之日军相坚持，再接再厉，卒使敌人不敢正眼相看。十一月十八日一役，在零度以下三十度之严寒中，与暴军作一昼夜之苦战，战后日军宣称此次苦战，足以显示“皇师之忠勇”，同时吾人盖亦可觇知马将军威武不屈之精神。此种事实，无异教训吾人以师直为壮曲为老。但使人拼必死之心，亦足以敌虎狼之众，暴日虽强，毫无足畏。同时其更重要者，为教训吾人惟武力乃能答复武力，惟奋斗乃能求得生存，齿还齿，目还目，乃能抗横暴，充其极，亦必能守而后有和之余地。镇静即为待死，退让即为苟安，此种教训，在目前吾人尤应切实体认，此其二。

复次，将军不作虚言，但以屹然不拔之事实，艰苦卓绝之苦行，与国人以真诚之认识。言守土则坚据龙江，言抗暴则率孤军作持久之鏖战，再克强敌。目前日人利诱威胁，勾引其左右，煽惑其部下，极为阴毒奸险之手段，务使其移操易节。于此令人深感喟于与恶势力奋斗之艰难。据日前消息，将军且正积极作反攻之准备，彼之所行，即其所言，彼之所言，皆为事实。而此种信言，则正为我国家我国人所共同要求，吾人极应接受将军此种实践奋斗不尚虚声之教训，以剑及履及之精神，共赴国难，此其三。

抑尤有进者，吾人但视国人今日一致对于马将军之热烈崇拜，即可以觇知国人今兹既已觉醒，可以觇知民情之慷慨激昂。此激昂之民气，实为国家之生命，亦即为我民族精神之所寄托。吾人深盼我政府能善为利用此种激昂之民气，导之入于有效奋斗之途，以求得我国家与民族之生路。（民国二十年十二月十日《申报》）

17. 通电忠告日本国民并宣誓抗日决心文

民国二十年十二月九日

（按）自板垣到海伦后，马将军恐国人被日本宣传所误，故发此电宣誓已具抗日决心，决不屈服，并忠告日本国民，须知使非中国全亡，决不任东省独亡，宜速以合乎理智之观察，有以自处。电文如下：

（衔略）均鉴：溯自欧战以还，各国先觉，痛人类之相残，阐武力之非计，乃倡议非战公约，国联盟约等公理信条，以为解决国际争执之原则，而求世界人类之生趣，相与共存共荣。大势所趋，天演进境，决不容有十八纪之武力政策，以灭种亡国侵地占城为能事者，再横行于宇宙。盖凡遇有不平等之争执问题发生，由公理解决，信可获得好果。暴力终必为公理所屈服，欧战结局，即其显例也。奈何时至二十世纪，日本军阀犹徒知军权之万能，竟忘却人类之公理。彼主战之军人，于无可借口而强所措词

（辞），谓华军破坏满铁，日军出于自卫，置一切和平公约于不顾，悍然兴兵袭我沈阳、长春。我当局鉴于日军之非可理喻，诚恐引起东方大战，重入于人类相残之局，因而避战，以求公理之裁决。日军得寸进尺，于是占我沈阳、长春，并陷我吉垣，利用宵小，乱我政治，荒谬手段，层出不穷，而犹未已，进而节外生枝，复于无可借口，强所措词（辞）之下，举兵犯我江省。我军不得已而出以正当自卫，从而周旋，所有遇敌经过，迭电宣告，当荷共闻。兹尤有不能已于言于中外人士之前，进忠告于日本国民明达之士者，日本与我中华民国同位于东亚，所谓同种同文，唇齿相依，此不惟世界之所公认，亦彼邦明达之士所自认者也。中国具四千年文明历史，以言文化之悠远，以言幅员之大小，以言人口之多少，较之日本为如何？日本自明治维新六七十年来，胜中国者，乃只科学之进步，器械之发达，然若以为凭恃于此，便可亡有文化有主义民族之万里大国，匪特古今断无此理，抑且事实所不能。矧中国国势纵弱，而民众热血犹存，东三省为完整中国版图中之一部领土，使非中国全亡，中国国民决不任东省独亡。为日本当局计，应从远大着想，能否确亡东省，须以能否确亡中国为断。如果未必能全亡中国，则中日之事，亦不过为我民族作他日之报复根据而已。为日本国民计，宜速以合乎理智之视察，有以自处，庶免恶因恶果，致大和民族为世界所敌视，缘军权横行，终非国福，威廉第二亡误日耳曼民族，其殷鉴固不远也。占山一介武夫，谬主省政，上感国家倚畀之殷，下懔同胞责望之切，守土系属天职，自卫斯为神圣，前以不忍省垣惨遭兵灾未能与城偕亡，对我国民方觉惭愧不胜，乃重荷海内外同胞钟爱弗已，既承谆谆训勉鼓励，复蒙纷纷助款接济，大义如此，虽死难辞。惟有谨率我江省民众，从事自救，此身存在，誓不屈服，此中去从，已具决心，敬以此对我中华四万万同胞掬诚宣誓，乞垂察焉。黑龙江省政府主席马占山叩佳印。（民国二十年十二月九日）

18. 江省军官团结一致抗战之通电

民国二十一年二月一日

各报馆、全国、海内外同胞均鉴：本军抗日，前以力尽援绝，暂退海伦，一以图整理部曲，联合友军，俾作最后奋斗，一以冀外交有效，日方觉悟，而得相当解决，枕戈待时，誓死御侮，区区微忱，业于佳电通告奉闻。讵意日本军阀，倒行逆施，既侵我领土，摧残政权之完整，复强占东铁，破坏欧亚之交通，近更变本加厉，肆其凶焰，予东北之毒流正涌，对东南之爪牙又张，其以浪人策略解决东北善后，以海陆淫威，开辟东南新局者，同恶相济，无所不用其极。苟彼武力足恃，则世界从此绝无公理之存留，倘我人心不死，应全国一致，共作奋斗之牺牲，国如丧亡，家于何有，古训昭垂，无或侥幸。国难益急矣，责任愈重矣，占山等谨率部曲，效死杀敌，念兹在兹，义无所顾。惟望我海内外同胞，共凛匹夫有责之义，群起力抗，毋任个个击破，而保我子孙，还我山河，在此一举，彼有良械，我有热血，精神终胜于物质，胜算贵在决心，祸燃眉急，切共图之，并盼各友邦人士，一致主持公道，勒马陈词，不胜引领之至。马占山、谢珂、苏炳文、程志远、张殿九、苑崇谷、吴松林、王尔瞻、崔伯山、徐景德、朴炳珊、徐宝珍、石兰斌、周兴岐、陈海胜等同叩东。（民国二十一年二月一日）

19. 哈尔滨沦陷之经过

民国二十一年二月十三日

东北事变后，九一八沈阳陷落，二十一吉林纳降，十二月十九日黑龙江亡，哈埠叨天之幸，得处于阴险政治下者，四越月矣，今终不免于亡矣。李杜、丁超，率众抗日，即联络马占山巩固防线，马初拟先返黑垣，骗得省城，扫荡黑垣内日军，再沿洮昂路出兵，进袭洮辽，旁及打通线，与热河义勇军呼应。讵计划尚未妥定，吉林自卫军方面，受哈长线日军之压迫断呈不支之概。于是马乃于东日发出通电，决定效死，并派程志远旅骑兵，沿齐克路开向黑垣，蹑铃木旅团之后，以牵制其向哈开进。另派步兵苑崇谷旅，自呼海路开向哈埠近郊，为吉军声援，其通电于二日夜间发出，塞外民众闻讯，莫不为之欢庆。驻黑垣日军铃木旅团千余人，二日早本已开至东铁昂昂溪车站，扣留车辆，开至烟筒屯拟驶哈攻击吉军之后，俾闻马氏通电及黑军张殿九旅折毁安达以上轨道，准备抵抗，遂中止前进，连夜返黑垣，其洮昂线骑兵千余，亦与黑垣日军联成一线。黑军驻黑垣者，原有徐全胜、朱凤阳两骑兵团，以势孤恐遭包围，退于齐克路塔哈尔桥，程志远旅闻讯，亦遂停止前进。但马占山恐日军自齐克路来攻，遂饬吴松林、徐宝珍诸部，沿铁路线布防兵力用以分散。自哈长线北进之日军，在双城堡站，为自卫军包围痛击，日军溃逃者无几。其后多门师团自锦西一带调来，前后达六千余众，滨本联队二千余，先闯进东铁，至蔡家沟站，因有自卫军陈德才团之阻路，止于该方，未即进攻。嗣因陈团调至双城堡，与二十四、五旅联合防线，日军复续到三千余，乃乘兵车九列，开向双城，沿途折毁路轨，均由满铁工人修复，故车行无阻。

三日午后三时至双城堡，第二十五旅张广喜团闻敌至未战先溃，二十六旅二团为牵动亦溃退。李杜在哈急电五家站之预备队马宪章旅往御，马于四时后动员，至三间堡地方（距哈七十里）发现敌装甲汽车三部，驶近双井子铁桥，欲修复该桥，当为击退，军队即止于该方。夜间日军以轻骑来扰，但无正式接触。

四日早五时，日军乃分两路猛攻，一支沿铁路前进，以飞机四架掩护，炮火猛烈，一支沿铁路旁以装甲汽车为利器，掩护骑兵，取我侧面，李杜、丁超，以战事紧急，均亲往前线指挥，持令督战，士兵后退者，即于阵地枪决，故战事极烈。日军坦克车两辆，均为我平射炮所毁。丁超部之二十八旅，宋文俊之二十六旅，马宪章之二十四旅，宫长海、冯占海之两混成旅，人数共三万五千人以上，皆在火线上，死命抵抗。惟因日军以空军威胁，致骑兵炮兵失却联络，至午后二时节节后退。后防撤至哈西顾乡屯，前线退至三姓屯，距市内不过二十里，情势已届万分紧迫，惟丁、李仍不怯馁，连夜电商马占山增派援队，马即饬停驻哈北庙台子站（距哈十五里）之苑旅相机援助。

五日早间七时许，日军开始猛攻，主力集中于顾乡屯、偏脸子、何家沟、新正阳河四处，我军分别抵御。日空军复来助攻，投弹多至数百枚，凡我军队密集处均遭轰炸，骑兵以无掩蔽，首受重大损害。黑军苑旅在何家沟遭敌包围，死伤尤重。至十时许炮声愈密，市内即可闻枪炮隆隆之声，一时交通全停，商家咸皆闭门，街衢间除少数警察外，几无行人。下午二时半，日军若松联队，由哈西南上号香坊懒河屯攻入，占据无线电台，二十六旅兵营，大部队侵入西马家沟。午后三时已抵南岗八乍市及铁路局，我军因飞机在空追击，弗能立脚，遂纷向埠东北撤退。至午后四时后，大队除乘车退却者外，其余均步行退往江北马家船口。四时四十分日军滨本联队则沿东铁入据哈埠总站，各部队同时停攻，是日适废历除夕，哈尔滨沦陷。日军则恐马占山攻黑，连日自长春方面，运送军队赴黑者已有六列车。逆料不久呼海路必有战事。（下略）（民国二十一年二月十三日《益世报》哈尔滨通信）

20. 冒险赴哈晤多门之经过

民国二十一年二月八日

（按）二月五日哈尔滨失守后，敌军均集于哈尔滨，与呼海路仅一江之隔，并探报敌由长春向黑垣源源增兵，计划一面渡江攻呼海路，一面由齐克路攻海伦，正在进行中。我军在呼海路兵力单薄，且闻部将中有不愿再战者。马将军预料战事发动后，不但呼海路及海伦不保，且散在各处军队有瓦解之虞，从此失去抗战能力，黑龙江永无恢复之望。不得已惟有牺牲个人名誉或生命，伪与言和以为缓兵之计，遂决定只身冒险赴哈相机应付。

先是上年十一月三十日日本第二师团长多门曾有函说和，十二月七日板垣、驹井到海伦谈话，希望和平，最近张景惠常传达日军允许黑龙江省自治言和。将军趁此机会，遂于二月八日（旧正月初三）清晨由海伦赴哈，仅带副官杜海、汽车夫张某两人，秘密过江到黑省驻哈外交办公室主任王鼎三家。因与谢介石有一面之识，故令速找谢介石（后为伪国外交大臣）告以因板垣、驹井前往海伦，表示黑龙江省自治，希望和平，此来欲见多门面谈此问题，请转达多门，约期会见。旋定午前十时，在哈南满铁道会社晤谈，届时将军着便衣，内藏手枪二支，杜副官佩匣枪一支，内藏手枪一支，车内藏有德枪一支，谢劝杜将佩枪留下，将军许之。密嘱杜副官车停门外须常燃着，车门开着，以备出走，如见内有动静，即将守卫击死。车到会社时见院中仅有卫兵二十余人，胆益壮，下车后，多门出迎握手寒暄后，导入客室，见有军官七人按枪雄视，土肥原亦在室。将军觅坐室隅（因室隅便于动作），将军自思我有十六粒子弹，如多门有可疑之动作，即先出枪尽毙之，将军目力过人，枪术百发百中，故云。彼此谈话二小时，此一段谈话，系将军回海伦后，在军官会议席上，发表如下：

多门：马先生来此，事先未得通知，然来此之意见，请告知。

将军：因为板垣先生上次到海伦表示希望和平，并表示黑龙江省自治日本无政治和领土野心，所以此来系欲商谈江省自治。本照贵军无政治领土野心之光明诺言，以求和平，从古至今能战则战，不能战则和。但我只身来此，其诚意及决心，当能明了，希望贵军方面依照诺言，彼此推诚商谈，如果用胁迫手段，我至死不能屈服。

多门：你敢只身来此，真是英雄，我皇军决不小器扣留你或加害你。

将军：我既只身前来，生死早置之度外，愿闻贵军对于江省自治问题的办法。

多门：江省可以自治，惟须设日本顾问数人。

将军：江省既可自治，希望不设顾问，以符自治名实。

多门：马先生既来此，各事都好办，江省有马先生，一切事当然不能与奉天吉林同样办法。我想本庄司令官亦无异议。

此时哈尔滨特务机关长土肥原在座，多门即嘱土肥原以电话请示奉天本庄的意见。

多门：本庄司令官已来回电云，只要不打仗，诸事都好办。

此时多门说毕，与土肥原两人均现喜悦之色，多门嘱电告马迭尔饭店，令备餐令将军同往进餐，将军因多门答应太快，恐被骗出去要加害，离开多门等无对命之机会，白白牺牲太不值。故发言以试之，再看动静。

将军：不必去吃饭了，如有怀疑之处，我愿留在此地解决，如果贵军没有异议，我吃过饭后就不回此地，即立时回去，因为时间太多，恐怕我的部下发生误会，惹起变化。

将军发此言后，注视多门等的颜色，很坦白并无怀疑之处。

多门、土肥原：不要紧，吃过饭再回去。日军决无怀疑，亦决不作此卑鄙无耻事。

将军：可以。

十二时遂同到马迭尔饭店进餐，多门、土肥原态度甚客气，一时许餐毕，与多门、土肥原握别后，复至外交办公处，此时王鼎三正愁思无措手处，见将军来始安定，三时许将军遂渡江改乘火车回海伦。

将军回海伦后，即召集营长以上军官，二月九日在海伦会议。

将军首先说明敌情，继述预备在呼海路作最后之一拼，来询列席各军官之意见。将军言毕，各军官相顾无语，惟苑崇谷旅长云，因整理未备，不能再战，不如暂和，俟机再举，多数均赞同。将军至此，始将昨日冒险赴哈会见多门之谈话，向大家发表后，大家意见一致，表示接受江省自治条件与之言和。将军最后云，抗战主义，是始终不能变更，现在因敌我之情势，一时变更方策，伪与言和，以图争取时间，整顿军队，准备继续再战，不得因此而变更主义。你们回队后迅速训练，外交方面由我随机应付。各军官均签字于会议簿上，遂散会。

21. 赴沈阳晤本庄之经过

民国二十一年二月十六日

（按）二月八日，马将军在哈晤多门后，劣绅赵作人奔走于多门及伪省长张景惠之间，商议张景惠让出政权之方法。结果张景惠于十四日赴马家船口，晤马主席，表示已向日军辞职，江省政权即行交与。赵作人复传达多门嘱转达本庄之意，黑龙江自治问题，必须马先生赴沈阳与本庄面商，倘疑有他意，即以土肥原作质。马将军允之，不用土肥原作质，遂于二月十六日午前十时由哈乘日军所备迎接之飞机，午后一时抵沈阳机场。本庄、板垣及张景惠、赵欣伯等二十余人，均在机场候迎。握手寒暄后，本庄云

“马先生可先到张景惠家休息，明日上午十时会晤，并请午餐”。并嘱板垣送马将军同往张宅。晚探询臧式毅、张景惠等欲与熙洽联合，主张东三省自治，不脱离中国版图，对于日本悬案，可让步解决。臧、张答云，日本劫持宣统，制造“满洲国”势在必行，无法可以挽回。马将军闻言惊愕，遂改变主张，仅谈黑龙江一省自治问题，先保留一部分土地再说。

次日（十七日），马将军着便服，暗藏两枪于衣内，由臧式毅、张景惠陪同往关东军司令部，见大门二门各有卫兵十二人，防卫森严。入室后，见本庄已变昨日机场态度，高坐沙发上，不起立，亦不让坐，面目狰狞，座后站立参谋副官卫士多人。马将军一见此种状况，即决心与本庄对命，决不受侮辱，反镇定静观其动态，忽闻本庄发言：

本庄：马先生你有重大嫌疑。

将军：我有什么嫌疑。（将军预料，今日会见必无好结果，拼着一死，胆气俱壮，故作此反问）

本庄：你帮同丁超、李杜抵抗我皇军并通电骂我皇军，那不是重大嫌疑么。

将军：那时候是敌对行动，彼此还在那儿打仗呢，那算什么嫌疑？（先笑后答）

本庄：那么你现在为什么不打呢。

将军：我现在因为打不过你，所以来说和。

言毕，即自觅室隅椅子坐下，此时已怒不可遏，左手已暗入衣内握枪后，注视本庄如再出言不逊或向座后耳语时，即先下手将本庄打死。正在危急之时，本庄突然面露笑容，起立，趋将军前，以手拍将军之肩。

本庄：你真是英雄，说实话，我非常佩服你，决不威胁你。

将军：我只身来此，生死早置之度外，你威胁也好，不威胁也好。

本庄：东三省大部，已被日军占领，仅余黑龙江及吉林一小部分，谅难反抗。

将军：我来的目的，是希望你履行黑龙江省自治问题之诺言，多门所谈的话，谅你已决定了。

本庄：此事还须容我考虑。

将军：多门身份是你们中将，且系奉你的命令，他所答应的事，希望要保持军人的人格及信义。本庄大笑后云：可以照办。

说至此，即陪至另一室，同餐后，即辞出，仍回张宅。

是日晚，赵欣伯约在赵宅晚餐，适春节秧歌拥入院内，赵宅灯火辉煌，不知亡国仇恨，将军含泪欲滴，急制止之。饭毕，关东军参谋长板垣大佐，装着醉态，手拿“满洲国”旗样子数幅，请众选择，首及将军。

将军：我对任何旗样，都不喜爱，只爱青天白日旗。你前次往海伦时，一再向我表示，并无侵略东北领土野心，同情黑龙江省自治，何以今天又拿这个旗样子来令我选择，即使“满洲国”成立，自有负责者选择。我此来只知江省自治的事，不知其他，没有资格选择旗样子。

板垣：马先生你说这些话，你不是诚心合作。

将军：我如不诚心，哪能来奉天。

板垣：既诚心合作，为什么不选择旗样子呢？

将军：我不喜欢这个。

此时板垣纠缠多时无结果，乃装醉卧在赵欣伯床上，夜深始去，将军亦回张宅。

嗣经敌伪多人，留住奉天一日，决定二十日（正月十七日）回海伦。届时张景惠、臧式毅陪同往本庄处辞行。

本庄：马先生回省后，日军即撤退，黑龙江省自治，日本只派顾问一人。但江省军队太多，马先生可以不可以将军队裁编，留足维持治安即可？

将军：可以裁减，但须要经过相当时间，并筹出遣散费用。

此时将军闻本庄这段话，其重要点是裁撤军队，解除我的武装，然后再收拾我，统一东三省。答以需时间及款项借图延缓。

本庄：钱是不成问题，你既同意，我即令多门并当地驻军照办。马先生回去后，可与他们接洽办理。

谈至此，将军辞行赴车站，本庄、板垣及司令部上级官佐并伪官多人，随行送至车站，站上有预置军乐队候送，抵站分别握手登车。上车后翻译云：“本庄司令官自来东省，对于任何方面向不接送，今因敬佩将军是英雄，为破例的第一次。”将军托向本庄致谢。车开时将军点首谢别，车向哈尔滨进行。

事后有询将军对于此行之感想。据云：赴沈目的，是欲由外交路线，希望保全东三省不脱离中国版图，迨闻张景惠、臧式毅之言，大失所望，遂另转方向专说黑龙江省事，敷衍下台，他拿自治之美名，来欺骗裁兵，然后再收拾我统一三省，太欺负中国人都是傻子。又我不要土肥原作质，表示我不是没有胆子，又一见本庄那副神气，我的气都上来了，拼着一死，胆子立时壮了，那时惟一的念头，我死也不让本庄活着，本庄如不速转，顷刻间必血流满地。事后忆及，那时真险，但本庄那时何以不收拾我呢，我想本庄把我部下估量太高了，怕把我收拾后，我的部下群起报仇，把他已得到的辽吉两省都扰乱了，所以忍气吞声，与我周旋，事后想起之真好笑。

22. 拒绝补签呼海路合同之谈判

民国二十一年二月二十一日

（按）马将军二十日晚由奉天回抵哈尔滨之次日，南满铁路所长宇佐美宽尔，请马将军午宴，宴后要求在已缮好之呼海铁路经营合同上补行签字（见再致国联调查团电附件），合同上写明满铁借日金三百万元与省政府，省政府委托满铁经营呼海路。直言之即是以三百万之款出卖呼海路。马将军一见即生气，由韩云阶翻译，双方谈话如下：

宇佐美拿出已缮好之呼海路经营合同，要求马主席签字。

将军：呼海路，是黑龙江民众公有之物，不是省政府私有，省主席无权让与。

宇佐美：张景惠已答应借款三百万元委托满铁经营。

将军：那么可向张景惠去办。

宇佐美：你是黑龙江省主席，当然有权，今天马主席应立即解决此事。

宇佐美仍哓哓不休，将军忽想起部下正需款用，乃转云。

将军：如果你们立刻拿出现款一千五百万元，我即转回江省，向民众购买。

宇佐美：现在没有现款。

将军：那么你们可以抢去吧。

宇佐美：我们不能抢，希望以三百万元购买。

纠缠三小时之久，将军大怒，以拳击桌大声曰：你们如此压迫，我不能忍受，即把你们多门部队全部调来我也不怕，你们买路不给钱，可拿血来换。

韩云阶闻言惊骇失措，汗流满面，不敢翻译，恐惹起大祸。将军立迫韩翻译，韩嚅嚅不敢出口。宇佐美见此情形已明了大半，乃笑着说：请你不要气，少一点行不行。

将军：给一千三百万吧。

宇佐美：用朝鲜银行汇票行不行。

将军：不行，要现款，我好发给民众。

宇佐美：现款一时办不到，只好等你回省再说吧。

将军：好吧。

彼此谈判无结果，不欢而散。

赵作人、刘钧衡闻知此事，力劝将军在敌人势力范围内，要忍耐敷衍，以免危险。

将军答曰："明知与敌硬抗，迟早必遭杀害。但天性刚强，不能忍辱，目前精神痛苦已极，生不如死，倘将来或遭不测，诸君为我收尸可耳。"赵等遂无言再劝。

23. 通电一面应付事机一面力谋瓜代文

民国二十一年二月二十一日

中央党部国民政府林主席、各委员、蒋总司令、各院院长钧鉴，各部处会勋鉴，北平张副司令万督办钧鉴，各省市党部钧鉴，各省市政府海外华侨诸同胞均鉴：溯自江省事变，于兹四月，环境情形，日益复杂，现既进不能以救国难，退不足以全地方，真所谓力竭声嘶，莫可为计也。占山不才，谬蒙国人所期许，几欲绝然舍去，以图自爱自好，惟为部曲所不容，人民所挽阻。伏念个人之虚誉，无足轻重，人民之实审，如水益深，且自江军东移以后，土匪逞起，动辄千数百人，烧杀抢掠，十室九空，几经痛剿，现始稍稍敛迹。若再陷入无政府状态，转瞬春耕逾时，则人民之灾歉流离，益属无所底止，此占山日夜萦怀而不能恝然置之者也。现在惟有一面应付事机，一面力谋瓜代，于最短期间，接替有人，应即负咎引退，以谢国人，希鉴察焉。马占山叩个印。（民国二十一年二月二十一日）

24. 马将军回省后四十日工作简述

民国二十一年二月二十二日至四月二日

（按）马将军回省后四十日工作之内幕，除参与工作极少数之人员稍知片段的秘密外，外间绝少知之，编者常与将军谈话，及参与人员之所述，分段编成此工作简述如下：

一、二月二十二日，将军同旅长程志远、团长李少峰，带卫队一营由海伦抵省，日本铃木旅团长及林少佐清水领事，并我各机关均赴城外迎接，市民开提灯会欢迎。将军住省政府，卫队住城内北部营盘，城西北与城东距城四十里即我驻军，日军驻城南营房，成对峙形势。将军因此系暂局，密令以前退出之各厅处长及重要公务员勿来省，恐将来退出时不易脱险。

二、以清乡及裁减军队为名，召开军政会议，开会之结果，是训练壮丁编制民团，积极训练部队并布置将来发动。行政会议，各县长及士绅均出席，议决：（一）充实保甲，训练壮丁，以资防匪。（二）调查民有枪支子弹及马匹，严加取缔，以免济匪。（三）春耕要多种谷麦，以备剿匪时供给军队人马给养。军务会议，各部队长均出席，议决：1. 训练各部队，以备裁弱留强。2. 分配各部队防地。3. 令徐景德赴边疆，委为黑河警备司令。4. 第一军开拜泉，将军兼军长派吴松林代理，委邓文为旅长。5. 义勇军民团责成各县长统领训练，以资防匪。

闭会后，将军密派军官多人，分驻各县，帮同县长训练民团，大县一人，小县两县或三县一人，以备发动时，便于编制及指挥。

密派王静修赴拜泉，将所存之枪支子弹，运赴黑河、龙门、通北各县。又省城外，有弹药库一所，存有枪千支，子弹四十余万发，事变时日军未发觉，将军亲督李军械官，秘密以汽车运往龙门、通北各大村庄民户家存储。

三、本庄令林义秀代表，要求将军裁减军队，将军要求本庄借给五百万元作为裁军费用，本庄允许分四期交与，第一期交到五十万元，将军亲自保管，以便秘密支用，汇黑河十万元，令军需处长田庆功购买军粮，款用尽来电续汇。田处长知黑河非产粮之区，知不久必发动，又将军预计发动后，各部队薪饷恐不能发放，秘密授意各部队长，预借接济，有借五万或十万者，亦不令军需处记账，左右有疑将军精神失常，劝将军不要亲自处理，将军漫应之。

四、我忠勇士兵，对于敌兵仍旧仇视，见敌兵即殴打，铃木要求将军管束。双方协议，以城内东西大街为界，日军不得过大街以北，我军不得过大街以南。省府及边署均在大街以北，与我工作毫无妨碍。

五、日顾问村田懿磨，三月一日送来公函一件，详列顾问权限，要求履行（见致国联调查团电）。举凡一切政务，必须事先得顾问同意，始能实行。将军阅函后置之不理，当即严禁顾问进入省政府，有一次村田闯入办公室，将军斥之曰，未得我许可，何故擅入，斥令退出。此后门警阻止入内，村田来电话要求，将军许之，村田称若每次来电话太不方便，要求另设他法，将军允制大银牌一方，上刊顾问两字挂在胸前，门警即不阻止，村田以为太不雅观，不愿佩带。

六、三月七日，土肥原来省，邀将军同赴长春，迎接宣统，将军答云：江省系自治区域不管外事，不能前往。土肥原云外国大典，友帮均派使节观礼，我特来约，务请同往。将军窥土肥原之意甚坚决，不去恐生他变，三月八日遂偕前往。九日溥仪抵长，受贺为“满洲国执政”。是日本庄亦到长，日军官迫令溥仪到车站迎接，经熙洽等再三要求，始改派郑孝胥代表往迎。十日晨驹井、臧式毅、张景惠，来约将军出席会议。

驹井：今日关东军命令，开第一次国务会议，拟将东三省脱离中国统治，成立“满洲帝国”，我们来约马先生出席。

将军：黑龙江省是自治特区，与我无关，我不能参与。

驹井：成立“满洲国”之必要及经过，马先生不知道，张景惠、张海鹏、熙洽他们知道。

将军：那么，他们知道，算他们的，不必要我参与。（此时翻译韩云阶恐发生意外，不敢直译，改译曰，马先生病了，可派代表出席）

将军：代表列席旁听是可以的，如有涉及黑龙江省自治，我决不承认。（此时驹井面色已变，有立时加害之险，臧式毅急为解释云）

臧式毅：马先生他是军人，只有一个脑子，认定一条路，一时不易更改，请原谅他，最好他不参加此会，派人代表才好。（驹井赞同派赵作人代表）

旋据赵作人报告会议情形，各省用日本人为总务警务厅长，但黑龙江省展缓三个月实行（详致国联调查团电）。十一日将军往见溥仪，见身旁未有日人，谈话如下：

将军：日人把你骗来做“满洲国”执政，简直是亡国的高丽王，照昨天今天开会的情形，“满洲国”成立后，一切均由日本人操纵，而成为关东军的“满洲国”，已将我们老家断送完了，先生对此作何感想？

溥仪：我赤手空拳，有什么办法。

将军：（略）

溥仪：（上略）听郑孝胥说你要回去，你不要太急，我们老乡只有你一个人有血性，真爱国，我如有力，必帮助你完成你的人格。我很爱你，我今天见你如此英雄，我极欢喜。（下略）

将军：十二日回省。

七、将军自长春回省后，知日本野心毕露，江省决难保存，异常苦闷，忽接通知本庄已到哈尔滨，即来江省亲察，将军似有大事待决，苦思焦虑坐立不安。警务处长刘君恒窥其状，秘密询问将军有杀本庄之意否，谓有铃木军队在省，非我所能敌，杀一本庄决不能牵动军事，使日本变更国策，况文官眷属在省者甚多，日军必迁怒滥杀我人民以雪忿，务要顾全民命不可为此。将军答云：拟向本庄要求撤兵，并无他意。

本庄繁到省之次日，林义秀来要求将军陪赴江桥视察阵地，将军初拒绝之，复来要求，将军告以视察时余言毫无顾忌，如能谅解即前往，遂同乘专车到达战地后，见我阵亡将士墓，下车敬礼。先看日军攻击我第三道阵地之路线，将军指示我军集中之所在，当时因骑兵牵动，以致动摇，如果增加步兵一团早十分钟开到，至少还能战三日。次到三间房大兴站，谈及我失败之原因，因日方重武器将我战壕摧毁，我无重武器抵御，因此败退。最后将军云：战事最激烈时，余接贵国若槻首相电报，请余让步，一切事将由外交解决，当复一电，倘令本庄停止进攻，余即停止。本庄云：已接本国政府电令制止，果如君言，再隔数小时即不能战，此乃天意，非人力也。本庄回省，将军设宴于龙江饭店，并约参谋旅行团，及居留民会长列席，将军致词（辞），略谓黑龙江省系自治区域，希望本庄履行不干涉自治及无领土野心，及撤退军队之诺言，居留民在此安分守业，自应加以保护。本庄答词，略谓：马先生所云，均极赞同，军队必撤出黑龙江省，居留民须守法，否则由马先生法办等语。宴毕本庄即回长春。

八、计划劫持溥仪赴北满摧毁满洲国。先有李忠义者，率众为匪，将军爱其猛勇，收编为营长，旋因事犯罪判处死刑，羁押省城监狱，尚未执行，又有张希五刚勇善战，亦犯罪羁押监狱。将军上年接任主席时，均释放，令组织义勇军杀敌，李在三间房及第一次反攻省城时，均建奇功，张在肇东、肇州间，迭次冲杀，毙敌甚多，两人均因功升旅长职。将军自长春归后，即密令率部哗变，逃往长春，投降日本，拉拢熙洽，遇机将宣统劫出。两人均愿效死，计议既定，将军借词李、张不听命令，当众将其驱逐，彼等回队后即哗变，率部三千余人向南逃窜。将军令吴松林邓文追击，李、张至长春附近后，日本不肯收容，监视溥仪更严，似系有人泄露计划，未能达其目的。

九、将军回省之初，本打算秋收后，老百姓把粮食收到家里，他才发动，及到省后，见环境恶劣，决不容许有长时间的预备，改拟春耕以后即发动。三月中旬自长春回来，知日本阴谋，并得北平电报，知国联调查团，行将北来视察，日本捏称满洲伪组织，是东北民意，并以将军证之，如再迁延，恐国联昧于真相，为势所迫，不得不提前发动，因此决定，在调查团未到北平前，即离省。

一〇、电令黑河警备司令部军需处长田庆功晋省，宣称将委为边署军需处长，田到省后表面令与前处长接洽交代，深夜在省府密令田庆功，将公款七十万元，及省府边署印信，送至黑河，如有人问，即说回黑河交代警备司令部事务。并密嘱到黑河时，告诉将军长子马奎，托言眷属有病，延缓来省，因日本屡次表示，希望将军将眷属接住省城，将军知其意，即派副官长李显臣到黑河接眷，以免日人生疑。

深夜将军在省府看视田庆功将公款装入箱内，箱外标明某某县税票，装车毕开至府外。有日本特务机关二人及新委黑河市政筹备处长郎官普、县长韩树业同行，车过南大街大旅社日军岗位时，经日兵检查，幸未发觉，安抵黑河。

一一、派少将参议韩家麟（述彭），赴拜泉海伦，授意各县长及部队长，向省报告军队有不稳消息，将军得报，即一一通知日军，微露必须亲自前往镇（震）慑。

一二、为避免日人生疑，与日人及汉奸计划，本庄生辰，定制银质包金寿星一座，银质金花两盆，搁在客室任人观看，将军离省之前一日，送与林少佐转交。

一三、四月二日午前零时，将军密令卫队步兵一营，骑兵一营，先行开出省垣，步兵乘汽车二十辆，骑兵营长张凯文携带将军之乘马，声称赴马场牧放。午前二时，将军带随从数人，乘坐汽车出省府不远，车陷入泥沟内不能动转，将军下车督令随从多方拉动，至天微明车始拉出，即出城开抵拜泉。将军因日人在省城有汽车百余辆，飞机十余架，恐其发觉来追，故以电话告知赵作人，谓接报告拜泉军队不稳，故亲来镇慑，明日即回，望转告日人，以乱其猜疑。翌拜泉向部队训话后，深夜密告朴大同，将来作战计划。三日晨由拜泉赴克山，到克山后，又以电话告诉赵作人，本打算今日由拜泉回省，在拜泉接报告，克山军队亦不稳，故来克山镇慑，公毕后或由海伦经哈尔滨回省，望转告日人，并电令程志远搬进省政府代行。深夜密告邓文将来作战计划，四日晨由克山赴讷河，又以电话告诉赵作人，谓在克山闻讷河军队亦有不稳消息，故来讷河，公毕即回省，望告日人。深夜密告徐宝珍将来作战计划，五日晨由讷河直赴黑河，七日到达。省城各处电报如雪片飞来，大致均劝回省。本庄、铃木、板垣、土肥原、驹井均来电，本庄来电大意，铃木延缓撤兵，殊属非是，已令申斥，望回省，定撤退等语。将军复电斥之曰，允许撤兵，违延不撤，兹复诿过部下，狼子野心毫无信义，誓必灭此丑类，复我疆土，特复等语。

25. 召集省党部恢复工作电

民国二十一年四月八日

（按）马将军四月七日回抵黑河后，八日电请省党部常务委员王宪章等速来黑河组织党部，恢复党务工作。王同志接电后，因党务工作同志多散在各县，延至四月二十四日仅偕同书记长董学舒二人，乘大轮车赴黑。沿途匪多，并泥泞难行，历尽风餐露宿之苦，至五月十七日始抵黑河，恢复工作。兹将马主席电文照录如下：

海伦一带探投省党部常务委员王宪章同志并转各同志勋鉴：辛密省府迁黑，为积极抗日工作，党部即应恢复工作，望就近召集同志，设法早日来黑，共维残局。何日起程盼先电复。马占山庚印。（民国二十一年四月八日黑河发）

附　省党部恢复工作电（民国二十一年五月十七日）

（衔略）自暴日铁蹄踏破东北，本会偕同马主席，共谋御侮之策，我黑省地处一隅，孤立无援，迫不得已，乃与马主席商筹妥善办法，以应付恶劣环境。马主席以不入虎穴焉得虎子为志，故忍辱负诟，在所不计，深入狰狞队中，以探其真相。本会于形式方面，则于二月养日电告暂停工作，以避暴日疑忌，而于实质方面，则秘密工作未敢或息，与马主席早具整个计划，分头进行。马主席于文电回揭穿暴日阴谋，本会亦即正式继续工作，务使黑水白山，光复有日。更望全国同胞，即下决心，勿再彷徨，实所至胜。黑龙江省党委王宪章等同叩。（五月十七日）

26. 报告已返黑河组织军政机关办公电

民国二十一年四月九日

（衔略）占山前由海伦忍痛应付，暂返省垣，本拟忍至春耕后再行发动。兹以国联调查团行抵东北，日人强奸民意，谓我东北人民，自愿脱离中央，以遂其侵略政策，而欺骗国联调查团。时机急迫，故事先暗将军队分布东边一带，于月之七日，急来黑河，所有军政各机关，即时成立，照常办公，并将日人强制满洲伪政府种种阴谋，整理清楚，俾得宣诸国联调查团，以揭穿侵我阴谋。占山一息尚存，誓本以身许国之初衷，决不负期许之至意。马占山叩佳印。（民国二十一年四月九日）

（附）军政机关主官姓名表

东北边防军驻江副司令官公署

少将参议	韩家麟
少将参谋长	张麟绥
上校参谋处长	沈聿肃
上校副官长	吴元坦
上校军务处长	范禹三

一等军需正处长	田庆功
上校军法处长	虞域民
上校秘书处长	路之淦
上校军医处长	刘云普
上校卫队团长	李之山
上校炮兵团长	朴大同
少校工兵营长	刘润川
少校汽车队长	韩亚民
黑龙江省政府	
省委兼民政厅长	韩树业
省委兼财政厅长	郎官普
省委兼教育厅长	邹邦杰
省委兼实业厅长	周维泰
秘书长	周晓垣
参议	姜松年
参议	王子馨

27. 通电详陈忍辱应付情形誓再抗战文

民国二十一年四月十二日

（按）自二月二十一日发出应付事机负咎引退通电后，四十余日不知真确消息，日方扩大宣传，并向国联调查团提出说帖，谓伪组织系东北全部民意，并以马将军参加以证之。调查团方到北平，突见此通电，国人始恍然，只身冒险，忍辱受谤，为此四十余日之工作，揭破日军阴谋，诚属智勇兼备，人格尤为伟大，异常欣慰。电文如下：

上海朱子桥将军，恳速转南京中央党部林主席、蒋委员长、汪院长、北平张绥靖主任、万总参议、吴子玉先生、太原阎绥靖主任、上海陈卫戍司令、蒋总指挥、蔡军长、泰安冯焕章先生钧鉴，中央各院部会处、各军事长官、各法团、各学校、各报馆、北平抗日救国会、全国父老兄弟姊妹、海外各领馆、各党部、各华侨会均鉴：溯自暴日以武力侵占辽吉后，虽其代表芳泽，屡向国际间声明决不破坏中华领土之完整，但其事实，积极进行其并吞江省之志，日益迫切。初则利用张海鹏部进攻，继则竟公然以修护江桥为名，调集大队日军，进迫省垣。我方尊重国际联合会决议案及非战公约，竭力避免冲突，冀以保持世界和平，而免地方糜烂，并屡电我施代表，提出国联，促其反省。乃封豕长蛇，得寸进尺，狼子野心，贪而无厌。占山守土有责，遂不得不实行我国家自卫权，以兵戎相见。当时我军义愤填胸，人怀死志，昼夜战守，气薄云霄，卒以军械不敌，益以敌方飞机，日向省城内外居民抛掷炸弹。占山因重人民之吁请，并尊重国联之公决，始将所部撤退海伦一带。此以往与敌战争经过之事实，业经迭电宣布，谅邀公鉴。迨撤退海伦后，正在积极补充军实，作最后之奋斗，而哈尔滨战事继起。遂一面派队堵截驻江日军攻哈，一面以主力军队援助丁、李，计从此两军衔接，东北声援，庶使暴寇军力，或不得逞。不意我军甫抵松花江北岸之马家船口，而丁、李各军已不支而退却，日方侦知我援哈举动，决计由齐克、呼海两路，用重兵夹击，以期消灭我军实力。当是时也，前有强敌进逼，后无要险可守，内而械窳弹缺，外而孤悬援绝，危急存亡，间不容发。占山自幼从戎，历经战阵，生死二字，久已置之度外，顾念死或重于泰山，或轻于鸿毛，若驱一军忠义以与强寇锐利无情之炮火相搏，结果徒供一时之牺牲，恢复之机，益将绝望。反复思维，欲解决目前难关，惟有相机应付，缓敌进击，庶可保存我军现有实力，俟时机一到，再图反攻，并可借探日人侵略我方之真确计划。故不惜冒险赴哈，会晤日本多门中将，本虚与委蛇之宗旨，搪塞其间，而东北一线之生机，庶得保留，此占山应付日人经过之曲折苦衷也。

夫国际间最重信义道德，未有徒恃暴力欺诈，而可得世界文明各国之同情者，乃日本不顾一切，甘冒不韪，其计划之毒，出人意表。兹者国联调查团不日东来，若不将四十余日亲见亲闻之日人种种阴谋，揭破宣告世界，谁复知日人之鬼蜮伎俩，更谁知我东三省三千万民众处此万劫不复之地狱耶？当二月十六日占山为明了日本制造满洲伪政府之真相起见，又因日方邀请，复冒险赴辽宁会议。翌日晤日本关东军司令本庄，据称东三省大部，已被日军占领，仅吉黑一小部分，谅难抵抗，希与日方合作等语。是晚又强迫在赵欣伯宅会议，凡占山所提取消伪国家产出方案，咸被日方拒绝，十八日托疾返回海伦。旋据赵仲仁报告，十九日日军部竟强迫张景惠成立伪国筹备委员会，并令张景惠、赵仲仁率日方所收买辽吉黑三省之伪代表十二人，同赴旅顺，敦请溥仪为伪国执政，三次推辞，代表三次敦请，始完使命。三月九日为伪政府成立之期，占山本拟托故不往，后为避免日方狐疑计，不得不去长春一行，十日日方现充伪国务院总务厅长之驹井及伪高等顾问板垣，照军部命令开国务会议，发表伪政府，设总务厅，掌管各部一切实权，凡有政令，不经该厅签字盖章，即不能施行。十一日板垣、驹井又开国务会议，发表日本军部将来拟由日人占充伪政府官吏之半数，及各伪省府官吏十分之四，现已经减少，仅派新政府百数十名。旋经议及日人入籍问题，熙洽曾有审慎之提议，当被驹井、板垣严词申斥。并谓凡留居东省之日人均由铁血换来，自愿确属新国国籍，无审慎之必要，至于是否脱离日籍，日本自有权衡，毋容（庸）他人过问。复又发表辽吉黑三省各设总务厅并警务厅，均由日人充任，总揽各省全权。惟江省总务警务两厅，以占山极力反对，故暂允缓二月后再由日人接充。迨至十七日本庄来江视察阵地曾谓“日本已具决心，无论如何牺牲决不放弃东三省，如有反对新国家者，即由日本军队完全担任扫灭责任，纵有第三国出面干涉，亦必与之宣战，至于政令，自可按步进行，惟须经驻在日军之许可乃可”。驻哈特务机关长土肥原，及驻江铃木旅团长声称：“日本得东三省后，种种军事材料充足，将北侵苏联，东抗美国，胥于此树立基础。”又复于土地、交通、金融、教育为积极之侵略，伪国务院议决：（一）凡东北土地，已经出放者，若地主为官吏旧军阀，则全数没收，若民户亩数较多者，则以官价收买其半数，其未经出放者，悉数收归伪国所有，以备日政府实行移民之用。（二）呼海铁路为我江省运粮之枢纽，日人与张景惠立约，以十分之一代价三百万元，强迫抵押，虽订期五十年，实无异于永久占领，又恐占山不能承认，商补签字，当被严词拒绝，近闻又向伪国交通部进行矣。（三）筹设满洲伪国家银行，仿朝鲜银行办法，以为操纵金融，吸我脂膏之企图。（四）摧残我学校，侵略我文化，凡学校除驻兵外，将我原有部定各级启发爱国之教科书，悉数删改，参以亲日意旨，以尽消灭我民族性之能事。而于言论淆惑视听，抑且残杀我智识阶级，凡曾受教育具有爱国心者，屠杀活埋，如前财政总长阎廷瑞、洮索路局长张魁恩等，均遭惨害。

综观以上事实是，日人兼并东三省之野心、破坏世界和平公约，已露骨表现，乃对国际间犹谬称满洲新国之成立，为东北民众自决之行为，而实则迫勒威胁，无所不用其极，所谓民意，纯由日人伪造而已。语云一手掩尽天下人之耳目，此之谓也。占山一介武夫，愧乏学问，惟上承国家倚畀之重，下受人民付托之殷，于近月以来，不惜只身冒险，忍辱受谤。以与汉贼不两立之国仇，虚相周旋，所以然者，不过欲俟农民春耕之时，所部稍事苏息，再图大举，以竟全功。现在日方假造之伪国，真相已明，调查团不日东来，乘机策动，此正其时，爰将所部军队，暗中分布要隘，于四月七日急来黑河，所有黑龙江省军政两署重要人员，先已密遣到黑，关防印信，一并携来，即日照常工作，进图恢复。虽明知势孤力薄，难支大厦，然救国情殷，义无反顾，济河焚舟，早具决心，成则为少康之一旅，败则效田横之五百，一息尚存，誓与倭奴周旋到底，成败利钝在所不计。

呜呼！国家不造，祸起强邻，白山松沪，同罹浩劫，此后不斩楼兰，誓不生还，惟委曲求全之苦衷，恐不为国人所见谅，故将中间经过之详细情形，电达左右。昔日壮缪归曹，志在汉室，子房辅刘，心切存韩，占山庸愚，心窃慕焉，知我罪我，惟在邦人君子，临电悲愤，不知所云。黑龙江省主席马占山叩文印。（二十一年，四月十二日）

附 《大公报》社论马占山通电之意义

马占山十二日自黑河所发之通电，对日本制造伪国真相要点，宣布无遗。马为亲自参与其事之人，故此电重量，超过一切情报。世界舆论因此对东三省现状更得到鲜明确切之认识，构成日本侵吞满洲之铁案。当此国联调查团行将出关之时，此电发表尤有重大意义也。因马电证明数要点。

第一，一般公认伪国为傀儡国，傀儡者，有人操纵其行动之谓也。然证明马电，则傀儡之名称，殊不适当，盖并非操纵傀儡行动，乃直接以日本官吏掌伪政府之实权。试读马电三月十日伪政府第一次会议，由日本军部召开，当即发表伪国务院设总务厅，厅长以日人驹井任之。该厅掌管各部，所有命令不经该厅长签字盖章，不能执行。是即总务厅长者，为实际之国务总理。而厅长则日本军部所派之日人，此长春伪府直接受日国管辖指挥之铁证也。且不第长春也，各省伪政府，亦同样组织，其尚未实行者只龙江。而驹井在伪国务会议发表，日本军部将来拟以日人充伪政府官吏半数，及各省府十分之四。夫伪中央及伪省府实权，既在日人之总务厅长，而其他半数官吏，复为日人，是当然成为日本直接组织指挥之政府。更无所谓傀儡政府，郑孝胥等，虽求为傀儡而不可得，因日人所需彼等者，只一名字，并无需彼等有何行动矣。

第二，证以马电，足知所谓伪政府领袖，无丝毫政权，凡日人所决定者，彼等不能稍持异议，如电中所云，当议日人入籍问题时，熙洽仅主张审慎，而即受严厉之申斥。如此关系重大之事，以熙洽之地位，而不能稍拂其意，其他可知。盖所谓入籍问题，其凡属日人，可任伪国任何官职，充其量得为执政，然其日本国籍仍在。试翻尽各国历史，焉有如此矛盾而自由之国籍法，更焉有如此独立国家，以熙洽之卑鄙，尚有应加审慎之语，则其难堪可想矣。

第三，就马电观之，证明日本之占满洲，全为侵俄抗美之大军事计划。自世界和平言，关系甚大。马电述土肥原及驻黑日本旅团长之言，日本得东三省后，种种军事材料充足，将北侵苏俄，东抗美国，胥于此树立基础，按日本此种计划，本为世界周知。今马占山揭穿其军界要人之谈话，更可证明其确实。观其准备大规模之屯垦移民，及其他一切积极计划，则知感受重大威胁者，绝不止中国已也。

马占山及其所部将士，在现在形势下，仍将受惨烈之牺牲，然有此一电，以参预伪国成立之人，揭破所谓人民自决之假宣传，使世界舆论重新得一明确认识，即此一点，已有重大意义。夫中国国民之意见无他，拥护中国完整，贡献世界和平，对日绝无根本不两立之心，且有随时恢复友好常轨之准备。然无奈日本军事家所指导之该国政策，适背道而驰，破坏中国完整而促进世界战祸。此诚非仅中国一国之问题，凡各国国民，皆有深切之利害关系。马占山此电既表示东三省官民之不甘屈服，更揭破日本吞并东三省酝酿大战之政策内容。当此调查团行将出关，此诚最好之参考资料。世界舆论，其熟察深考，当知远东危机，日益重大，非共同努力，促日本觉悟，则数年之后，世界必因远东问题而更受奇祸。至我东三省官民之苦痛，更不待论矣。马占山一电，不啻代表东三省官民呼吁陈述于世界舆论之前。绝塞孤军，数行血泪，三千万民众，与伪国之关系皎然矣。在平之调查团诸公，想能首先注意及之也。（民国二一年四月一五日《大公报》）

28. 揭发日本阴谋致国联调查团电

民国二十一年四月十二日

上海中国电报局转洛阳国民政府、北平绥靖主任钧鉴：兹拟通告国联调查团一电，谨恳译转。查自满洲人民与我汉族混合，三百年来，居处满洲，相安无事，政治、文化、习俗、语言、宗教，莫不相同，故一九一〇年之政治革命，虽将清政府推倒，改制共和，而汉人与满人之间，不特无丝毫仇恨之表现，且满人汉人名词上之分别，亦随之而消灭于无形，此固世界人士略明中国形势者所共见共闻，当非占山一人之私见也。故所谓满人与满洲者，已成为历史上之名词，绝无引用于今日之价值。而日人必欲据为奇货，窃用此字典上陈旧名词，分裂我民族，割据我土地，不图于二十世纪之文明世界，尚有藐视国际正义，惨无人道之行为，诚为破坏东亚和平之导火线也。查国联盟约第十条，有“联合会会员担任尊重并保持所有联合各会员国之领土完全”之规定，又一九二二年华盛顿九国条约，有

“保证中国领土行政之完整，及东三省门户开放之机会均等”各规定，此皆不便于日本并吞东三省之企图，乃假借民众自决之名义，用绑匪手段，强劫逊帝溥仪，自天津赴旅顺，又威迫利诱原有东三省之官吏，演成一幕滑稽剧。溥仪尝于途中屡次欲自杀，均为监视之日人所发觉而阻止，欲死不得，足见其所处之境遇，亦云苦矣。占山奉国民政府命令充任黑龙江省主席，兼任东北边防军驻江副司令官，凡黑龙江省防，占山责无旁贷。乃至去岁九一八事起，日军先后占领辽吉两省，又蓄意图黑，以修复江桥为名，偷袭我军，占山当即身列前线，力图自卫，互以炮火周旋者，计越二周，以器败弹尽，困守海伦。而日本军司令部，屡次遣人来，谓辽吉两省军政当局，现已预定组织两省新政权办法，俟新政权成立，日本即当撤兵，决无干涉行政之意，惟黑龙江一省为梗，致陷全部于不安，如重三省治安，即日回省，黑龙江政权无条件交还，至省后日军自可立时撤退等语。同时并有辽吉两省伪长官，由日本授意，派人来谓新政权确系独立性质。因即允予回省，借以察看情形，再行定夺。讵进省后，日人以堂堂国家，不顾信义，顿时食言，不但一兵未撤，转盗用三省一致为名，成立一伪国家，以为实行侵略之梯阶。于是政务委员也，黑龙江省长也，陆军总长也，伪名稠叠而至。占山得借此窥暴日之肺腑，伪国之真相，以贡献于吾维持世界和平主张国际公道，当世惟一机关之贵会，是我不幸中之大幸也。兹将一月以来，占山实地经历之日记，择要披露于贵调查团之前，以资参考，幸垂览焉。

二月十六日，勉徇日人要求，乘飞机赴辽会议，三［作者注：二］月十七日晤本庄繁，据称日军已占东三省大部，仅黑龙江及吉林之一小部分，绝难抵抗，请与日人合作。是晚在赵欣伯宅开会，凡占山所提取消伪国家产生之方案，竟被日方板垣严词拒绝，是日会议无结果而散。二月十八日，托疾乘车返海伦，旋据赵仲仁报告，十九日日军司令部令张景惠成立新国家筹备委员会，又迫令张景惠、赵仲仁率同辽吉黑三省，由日贿买之伪代表十二人，同赴大连，敦请溥仪为伪执政，并授意溥仪三次推辞，代表三次敦请，始完其使命。

三月八日，日人复再三邀赴长春，占山本拟托疾推诿，又恐转生猜疑，不得已赴长春迎接溥仪。九日溥仪就伪执政职，一切仪节皆由日人主持，傀儡登场，此之谓也。最可恨者，是日本庄繁来长，监视溥仪就职，预令溥仪必须恭往车站迎迓，经一再恳请，稍留体面，当允由伪国务总理郑孝胥代表。足见本庄直以总监自居，其所谓共存共荣者，完全欺骗伎俩也。

三月十日，日方由驹井、板垣持日军部命令，开伪国务会议，同时并发授满洲伪国政府设总务厅长，由日人充任，掌理各部一切实权，凡不经该伪厅长签字盖章，一切政令不得进行。三月十一日大佐参谋板垣、伪总务厅长驹井，在伪国务会议席上声称，日政府原拟在新政府及各伪省旧官员中参加半数，现经竭力减少，又在长春新政府加入日人百数十名。又称日人居住东三省者，即属新国家国籍，凡一切公权□与满人一律享受，至是否脱离日本国籍，自有权衡，他人不得过问。当派定辽吉两省应由日人充任之总务厅及警务厅厅长，掌管各厅省一切实权，凡不经其签字盖章，一切政令不得施行，并拟定黑龙江省展缓三月，再行派定。

三月十六日，本庄繁来齐齐哈尔，并视察大兴地方，于途次谈话云：（一）日本全国已具决心，宁拼任何牺牲，决不放弃东三省。（二）无论何人有反对新政府者，当由日本军队负完全剿灭责任。（三）如有任何第三国出面干涉，已下与之宣战最后之决心。（四）关于一切政令，自可按步进行，惟须经过驻在地之日本军部及特务机关许可，方能实行。又伪国务院议决：1. 凡东北之土地，已经出放者，若地主为官吏或军阀，则全数没收，若民户亩数较多者，则以官价收买其半数，其未经出放者，悉数收归伪国所有，以备日政府移民之用。2. 呼海铁道为黑龙江运粮之枢纽，日人与张景惠定约，以十分之一代价三百万元，强迫抵押，订期五十年，实不异于永久占领，恐占山不承认，商补签字，虽经严词拒绝，近又向伪国交通部强迫进行矣。3. 筹设伪国家满洲银行，如朝鲜银行之办法，以为操纵金融吸收脂膏之企图。4. 摧残我学校，侵略文化。凡学校除驻兵外，将我原有部定各级启发爱国之教科书，悉加删改，参以亲日意旨，以尽其消灭我民族之能事。又驻哈特务机关长土肥原及铃木旅团长曾声称日本既得东三省，一俟资源充实，将凭之以为抗战之策源地，始能北侵苏俄，东抗美国，间及其他各国。

以上为占山所亲历事实之经历情形。

现辽吉二省各县，均派有日人两名，办理特务事宜，凡事不经其许可者，不能进行。所有东三省各报馆电报电话，均由日人背后主控，而报纸除顺从日本意旨外，实无真正之舆论。顾因贵调查团行将东来，日人对于知识阶级分子均予警告，凡有不利于日本之言论者，即予以断然之处置。凡有反对日本之人，均被日人在黑夜闯入家中，逮捕杀戮，并警告其家，如将消息泄露，同样对付。阎廷瑞、张魁恩等悉遭杀戮，所谓东三省庆贺伪国成立之民意，均系日人伪造，现又收买无赖奸民，宣传□德政。

以上为占山调查所得之事实。

兹闻贵调查团惠临吾国，占山为救国计，遂决然冒最大之危险，设计自日军严密监视下之齐齐哈尔，潜来黑河，执行黑龙江省政府职权，一切政务，秉承中央，照常进行。用将满洲伪国组织之实情颠末，供献于特奉使命来华之贵调查团，及世界欲明此事真相人士之前。兹敢以十二万分之诚意，立誓宣告曰：吾东三省实无一人甘愿脱离本国。自外生存者，即令从事于伪政府之官吏，均被日军严重监视，已失却自由。务请贵调查团对于所此层特别注意，加以实地之调查，以作诚实之报告，则世界人类和平之前途，方得保障，贵调查团之有功于全世界人道，亦永垂不朽焉。

再占山尤有□者，客岁秋间，吾华侨在朝鲜被杀死者数百人，财产损失数百万，吾国政府何常借口于保侨遣一兵一将入朝鲜？近年以来，日侨在吾国境内，并未发生若何危险，而该国政府竟借口保护生命财产，悍然出兵，侵占我东三省，攻据我浙沪，两相比较，世界主持公道者自有公论。且日本侨民遍于五洲各国，倘该国政府有时亦借口保护侨民，派兵遣将，侵略其侨民所在地，则吾实为世界和平危焉。尚祈贵调查团三思之。除径电日内瓦敝国颜代表外，特此通告，顺颂公祺。黑龙江省政府主席马占山文发自黑河。（民国二十一年四月十二日）

29. 再致国联调查团附强迫未签字合同电

民国二十一年四月十七日

北平张绥靖主任钧鉴，请转致国联调查团莱顿委员长及各委员勋鉴：文电计邀澄誉，电文简略，词意未详，兹再为贵团陈之。查日本侵占东北自知强暴侵掠，不容于二十世纪之文明国际，强词夺理，以朦世人，观其一再宣言，不曰出兵保卫侨民，则曰中国无遏制苏俄赤化之能力，不得不出为防止，以遏世界乱萌。而按之实际，日侨之在我中国者，各地方官对于保护侨民不遗余力，纵民众心理，以日人种种横暴无理，仇视至深，时有抵货运动，实以官厅随时遏止，防其稍逾范围，因之未闻杀一日侨。即去年九一八辽宁事变以后，对于非战斗日人，亦仍保护如常，可见中国向以正义人道为礼，不怀报复主义，能忍人所不能忍。此种事实，国际远在日内瓦，或未能详悉，而英美各国派遣使馆参赞及驻哈领团实际调查，使节所至西及满洲里等处，当有秉公之报告。反观日人对我华民，如济南惨案及万宝山朝鲜等案，杀戮我无辜华民，动辙数以千计。去年辽宁之屠杀，与夫本年上海江湾闸北等处之杀及平民，种种惨无人道之举，当为国际间所共见共闻。至对于赤化，我中国政府向取积极防止之宗旨。东北地邻苏联，尤以黑龙江省边界在在接壤，以防范之密，对于赤化书籍印刷品等检查甚严，不任流入。通商一节，亦复考虑至今，仍取封锁政策。占山治军沿边多年，对于赤化，既严厉禁止，即沿边人民，亦以赤化为可畏，莫不避之若蛇蝎。即□江桥战役，日方宣传我军得苏联之协助，其实全军中不但无苏联军官参加，即白俄人亦无一加入者，苏联方面亦觉自顾之不暇，极力避免与我方携手之嫌疑。可见日人之宣传，纯系欺骗世人之谈，而防止赤化，我国具有真实之把握，不劳日人越俎代谋。此次占山窥破日人阴谋，为救国计，统率军队，急来黑河，作正义之抵抗，日人又复宣传，谓与某国有关。藐视我民族直无敢抵抗者，有出面抵抗，则谓必有外力，以堂堂大国竟出此无赖宣传，且朦（蒙）蔽世人，侵扰和平。不知中国近年以来，民众之世界观念，国家思想，迥非三十年前拳匪扰乱时可比，凡列国人士，苟稍明中国形势者当能详悉。日人饰词狡辩，当非借以为侵略之工具，不攻自破。国联为维持世界和平惟一之仲裁机会，贵团负重大之使命来华调查，无非欲详悉内容真相，而望以最真确之观察，为最公正之报告，使野心国家不得逞其狡展，则不仅中日问题可得解决，世界永久和平亦实行赖之。兹将日人强迫而未予以签字之各项契约合同分列于左，并请鉴察。黑龙江省政府主席马占山，四月十七日。

附一 黑龙江省官银号复业资金借款合同

黑龙江省政府与南满洲铁道株式会社，兹关于黑龙江省官银号复业资金借款订立合同如左：

第一条 会社借与省政府日金三百万元，以为官银号复业资金。

第二条 借款期限为五十年。

第三条 借款利率定为年利七分五厘，即每一百元一年为七元五十钱利。自本合同签字之日起，由呼海路收入项下，每半年交付一次。对于不能按期支付之利息，不付利息，但该延滞利息以交付该年度利息之余款，尽先交付。

第四条 借款元本按另定偿还表，由呼海铁路收入项下按年摊还一次，但未满期限以前，不得全部还清。

第五条 现在及将来属于呼海铁路一切动产不动产及一切收入，为本借款本利之担保。

前项担保，不得为本合同以外债务之担保。

第六条 省政府将呼海铁路一切经营委托会社。

第七条 本合同于签字时发生效力。

第八条 本合同缮写中日文各二份。省政府及会社各存一份为证。关于本合同之解释如有疑义时，据日文决定之。

中华民国二十一年　月　日

昭和七年　月　日

黑龙江省政府省长　〇〇〇

南满铁道株式会社　总裁内田康哉

附二　呼海铁路经营合同

黑龙江省政府与南满洲铁道株式会社，依据黑龙江省官银号复业资金借款合同之规定，缔结经营呼海铁路合同如左：

第一条　省政府将经营呼海铁路一切事宜委托会社。

第二条　省政府应派局长一名，担任本铁路监督之任务。

第三条　会社应派代表一名，担任经营本铁路之一切事务。

第四条　局长及会社代表之薪俸，由省政府与会社协定之。

第五条　局长随员之薪俸及其任免黜陟，由局长决定之。但所需之该经费额数，由局长与会社代表协定之。

第六条　本铁路之总收入倘不敷该年度之营业支款时，由会社无偿补填之。但对于因事变及其他不可抗力之特别支出，届时协定之。

第七条　本铁路之利益金以其一百分之五十为事业费，即保存既成设备以外之新设备及改良等用费。一百分之三十分配省政府，一百分之二十分配会社。各项利益金即指该收入内之赢利，支出当该年之利息及该年度延滞利息及当该年度应付之本金之余款而云。

第一项所定之省政府收得金不满黑龙江省官银号复业资金借款合同之债款总额之一千分之六时，会社填付省政府，差额至一千分之六为止。

第八条　本铁路须连接齐克铁路及将来以哈尔滨为起点或为终点而新设之铁路，将该两路合并经营之。

第九条　建设本铁路接续线及其支线或延长线时，应由会社选派总工程师一名担任其建设事务，所需要之资金，由会社借与之。

第十条　右定之事业费，不敷时，可由会社借与之，前二项之借款作为另外借款，其利息按黑龙江省官银号复业资金借款合同之借款利率，同一办理。

第十一条　关于本合同成立时，呼海铁路既有之债权债务，另协议办理之。

第十二条　本合同于黑龙江省官银号复业资金借款合同成立之时发生其效力。

第十三条　本合同缮写中日文各二份，省政府及会社各存一份为证。关于本合同解释如有疑义时，据日文决定之。

中华民国二十一年　月　日

昭和七年　月　日

黑龙江省政府省长　〇〇〇

南满洲铁道株式会社　总裁内田康哉

附三　中日合办航空运输营业契约

（子）中日合办航空运输营业契约，马占山为甲，林义秀为乙，甲乙之间，关于以飞行机运输旅客及货物，缔结以下之营业契约：

一、本航空运输营业依中日商民之合资办理之。

二、由支那方面关于本航空营业须供给凡必要之一切设备及航空机。

三、关于本航空事业之经营方法，以甲乙两者之合议决定之，至于业务实行，则由甲乙担任之。

四、因本航空营业所生之损益，由甲乙两者折半分担之。

五、本契约之存续期间，自大同元年三月一日起算，先定为五年，至期满时，经过甲乙两方之协议，得继续增定之。

六、本契约以中日两国文记载之，各保存一份，本契约于双方署名盖章后即作试验飞行。

大同元年三月一日　〇〇〇　林义秀

（丑）航空契约说明书

一、中日合办航空运输契约第二项所规定之须供给凡必要之一切设备及航空机者，其意即甲方供给飞行场。

二、营业所生之损益虽为两国者分办云云，但一切损害由乙方负担，不使甲方担负。

三、协定路途，开始哈尔滨，经过齐齐哈尔至满洲里线，故哈尔滨及满洲里即设飞机场，再相机在齐齐哈尔经嫩江至黑河线，及哈尔滨经海伦至黑河线建设之。现在先于嫩江黑河及海伦设飞行场。

右说明书交换。

大同元年三月一日　〇〇〇　精义万　林义秀

附四　顾问权限公函（江顾问总第一号）

昭和七年三月一日省政府顾问村田咨磨（章）

黑龙江省长官马占山阁下：拜启者，今后当于政务执行时，必须实行左记各事项，并盼加以注意，左记事项事前必须得顾问之承认：

一、关于重要法令规则之制度［作者注：定］改废事项。

二、关于重要政务事项。

三、关于用人事项。

四、关于预算决算事项。

五、关于预算以外支出事项。

六、关于他省及外国交涉事项。

七、关于各厅间权限事务分掌之疑义事项。

八、其他重要事项，急速应作事项。

关于财政厅者：

一、由奉天因借款所得资金之使用，预定明细表，须即提出。

二、民国二十年度实行预算之编成，须即为之。

30. 在黑河欢迎席上讲虚与委蛇之原因

民国二十一年四月二十一日

我（马将军自称）上年秋间到省城时，辽吉均已失陷，即省垣一隅亦危如垒（累）卵，刹那间，前线防哨来电话报告："敌已来攻，是否抵抗？"因念辽吉均未抵抗而丧失，余即告以"抵抗"，江桥一役最为激烈！幸赖士卒用命，奋力拼杀，结果日军伤亡六千余名，我军伤亡二千余人。嗣以久战无援，弹尽力竭，不得已退据海伦，意欲与丁（超）李（杜）联络，以图再举。当丁、李与日军接触时，余派兵两团，雇乘大汽车往助，援军前至马家船口，而丁、李之军已后退江北。并据探报，日军计划，拟沿呼海路与张海鹏军沿齐克路双方联络，夹攻海伦，彼时若不变更应付方策，非特海伦立即失陷，而军队散在各处，即亦瓦解，地方糜烂更不堪问矣。余即星夜赴哈晤多门（日本师团长）于马迭尔饭店。多门见余大吃一惊，多门曰："我料马将军必不敢来此，今竟光临，实出意料之外。"余答以："大丈夫做事光明磊落，何惧之有！"嗣又乘航机赴沈阳及长春，意在观察伪国家之组织，及日人谋占东省之真相，乃外间竟谓我已接受伪职，与日人合作；殊不知我回省城虚与委蛇者何在，闻之实深遗憾！如我有功名富贵之心，则当退据海伦时，名已完□。手中拥有数百万之巨款，满可通电下野，效军阀之故技，隐居海外，以享安乐，又何必如此劳心力哉——但念侨居异国，深召外人窃笑，且日人既得东北，数年之后，山东河北，亦难保全，华北更非我有！而后世子子孙孙，永为日人之奴矣！不为个人计，独不为子孙计乎？现趁日寇在我东省尚未根深蒂固之时，国人诚能同心团结，努力抵抗，东北失地，或有收复之希望，愿我同胞共相勉□！（民国二十一年四月二十一日载天津《益世报》）

31. 在黑河讲长期抗战最后胜利必属于我*

民国二十一年四月二十一日

自九一八事变以来，东三省人最没出息，而东三省军人尤其是没出息！先就人民一方面而论，误听日本之宣传，假借同文同种共存共荣之谬论，以欺我东北同胞，又倡日军打倒东三省之军阀，以解除人民之痛苦，裁废中国军队，以减轻人民之负担，免除苛捐杂税，以解商民之艰困。凡此种种宣传，均系日本阴谋之手段，乃我东省同胞知识短浅，闻而不察，顾惜小利，不忍牺牲，误入窍中，及至亡国灭种，彼时觉悟后悔恐已晚矣！东三省军官向有恶习，腰中略有几个钱，自觉即是有了身份，于是亦就怕死，所有人格廉耻四字，完全抛弃不顾。岳武穆公云："武官不怕死，文官不爱钱"，东北武官犯此相反的病。即事变以来而论，一般人均称我们的炮不行，枪不行，兵更不行，可耻孰甚。但日本固有新奇的武器，我当以热血应付，日本固有猛烈的枪炮火，我当以头颅拼挡，果能人人坚持此心，与日寇周旋三年二载，则最后胜利必属于我，甚愿同胞群起努力，挽救危局！（民国二十一年四月二十二日载天津《益世报》）

32. 宴黑河各界讲先治其国后齐其家

民国二十一年四月二十三日

我（马将军自称）自事变来，历数月的光景，留心考查人人爱国之心，大约可分两种：

一种为诚实的爱国，本诸天良以救中国，牺牲个人之生命财产，及一切利益而与倭寇奋斗，如各处有组织的义勇军是也。但此种爱国之士，如在辽吉哈长及省城（齐齐哈尔）等处，已不能见，因偶发一语或作一事，而近于爱国行为者，或有反日举动者，倘被亲日派或卖国贼所觉察，即为

---

* 原题为《在黑河中外俱乐部讲演》。

彼辈所陷害，因此之故爱国之士敛迹。

一种为敷衍的爱国，即是有爱国之名而无爱国之实，所有一切行动完全为落伍的，他们的工作，亦不过贴几张标语，喊几个口号而已，既无补于国家，反遗外人以口实。深愿同胞此后要作忠诚的爱国，不要作那敷衍的爱国，因为敷衍的爱国是无滋味的，是无效果的，昔圣人云："欲治其国先齐其家"，余谓："先治其国后齐其家"，并望诸君本"国家兴亡，匹夫有责"之语共相勖勉！群策群力共赴国难。譬如家有男丁五口，应当一人看家，四人出赴国难，家有男丁六口应当五人赴国难，余此类推。趁这时候，东省人民自卫枪械尚未被日寇抢尽，若此时仍不抵抗，恐一年半载之后，倭寇在我东省实行清乡，所有民间枪械均被敛去，到那时候我们变成了绵羊一般，任日人宰杀，必为朝鲜之续了，欲不作亡奴恐不可能也，深盼同胞及早猛醒，力挽狂澜！

又现在最无耻者为东省之一般官吏，国难如此紧急，彼等满不在意，仍是蝇营狗苟钻谋发财。只要不丢官，认贼作父亦所甘心，名节廉耻概不懂的。即就伪国政府阁员而论，如臧式毅、熙洽、郑孝胥一流，受那驹井的唾骂侮辱，不一而足，然彼等竟处之泰然，真可谓寡廉鲜耻已极。彼等既已甘心为奴，则已不足挂齿矣，所希望者，今日在座诸位，务望各尽所长，各竭其能，或有消息随时报告，或有意见尽可陈述，凡有益于我东省用途，无不言听计从，尽量采纳，愿我同胞幸共勉旃！（二十一年四月二十三日天津《益世报》）

33. 通电声明未与苏联联合文

民国二十一年五月四日

北平东北民众抗日救国会转全国各报馆各机关均鉴：顷阅报载，日方宣传占山有联合苏联之说，固知日人所利用淆乱事实之反宣传矣。去年江桥战役，日人因屡次败北，遂以中国无防赤能力之口实，混淆世界各国视听，诬中国军队无战斗力，必有苏俄军官指挥及供给器械，俾国际同情于彼。迨各国派员实地调查，真相遂以大白。占山现以时势上之关系，来黑河为积极抗日工作，日人又以黑河地邻苏俄，复肆其宣传惯技以朦（蒙）世人，实则占山与苏俄向无联合，况我中华民族具有悠久文化独立之精神，岂以四千年堂堂国家依赖外人，以求生存者耶？日人阴险变诈，以己度人，可耻亦可哂矣。兹为破除日人信口雌黄之宣传，特此声明，想世界各国光明正大，当不致受其欺骗也。黑龙江省政府主席马占山支印。（民国二十一

年五月四日）

34. 告绅商要重视八件大事书

民国二十一年五月十五日

亲爱的爱国绅商们：国家不幸，遭受了日本军阀的横蛮压迫，五千里的国土被暴日强占，三千万的人民为倭奴蹂躏，是可忍孰不可忍？本主席与日军周旋半载以上的工夫，经过了数场血战，用尽了外交的折冲，都未能收回国土，解救人民，真是坐不安席。几经筹划，认为只有暂来黑河调集部属，团结全民，联络各方，用满腔热血和军民威力，与敌人作最长期的抵抗，这种决心是与日俱在，丝毫不能稍移的！诸位绅商是本主席依赖的阶层，是人民信赖的领袖，更是具备着觉悟的思想和爱国的热诚，尤其是居于国家生产的中枢地位，救国护民的责任，是要很负责的担当起来，这是不用说的，因为本主席要很诚恳地向诸位相约有几件很重要的事：

一、发展中国民族工商各业，用以开拓富源，抵制仇货。

二、维持金融，稳定市面。

三、援助省县政府，肃清腐政，福国利民。

四、接济国家军队，用抗日寇。

五、培养民气，以作持久抗战后盾。

六、铲除汉奸，使日军无恃。

七、拥护国权，恢复领土。

八、提倡道德，挽救民风。

本主席为国的苦心，看过我的通电宣言是都可觉得的，我的救国策划与步骤，一观我的一切布置也都可以一目了然，这里我也不必再详细申说。本主席所切望给你们的，就是以上所举的八件大事，希望你们能特别加以重视，认真办理。如有正当的建议和改善的方略，都可随时随地向本主席提出，无不尽量采纳，本主席也就可以放心去策动实力，以期他日达到我们共同的救国目的，雪此国耻，共享太平，国家幸甚，民众幸甚！黑龙江省政府主席马占山。（民国二十一年五月十五日）

35. 告农民要紧记七件大事书

民国二十一年五月十五日

亲爱的农民们：日本万恶的军阀，用武力强占我们东三省已经八个多月了，在八个多月的工夫，日本军人的枪炮，实在说是打过了我们东三省各地，日本兵所到的地方，大概你们都亲眼看见了，他们那些凶暴的行为，杀人啦，放火啦，奸淫啦，抢夺啦，逼迫啦，也许亲身受过。被日军害的，有房不能住，有饭不能吃，有衣不得穿，有路不敢行，有地不能种，有亲不敢投，这种被害的情形，真是言之痛心，思之落泪，只有本主席现在防守的地方，还算没被日本军人祸害，可是也已经吓得东奔西逃，不得安生了。本主席的责任，就是保卫国土，爱护人民，本主席的能力，就是领导爱国的军民人等去打倒外力的压迫，保安地面。现在日本军人在中国境内竟这样横行霸道，人民遭受这样的痛苦，说起来真是痛恨万分，恨不得一下子把日本野蛮凶狠的军人，立刻打出中国境外，叫你们快快地安居乐业，好好地种地养家，我的心才能得安。但是打出日本军队，不是一句话一天内就能办得到的事情，所以本主席自从日本军队强占东三省后，都是天天打算怎样办法，直到今天才把军队调好，预备机会一到，就和敌人开仗。本主席已经决心，要在很快的几个月里，把日本军队打出去。可是我的军队无论如何的爱国爱民，如何能打仗，然而没有粮食吃是不成的，本主席深知你们是安分的好百姓，爱国的好人民，打出日本军队的心，是和我一样的，所以在没和日本开仗之先，我要恳切地嘱咐你们大家几件应当办的事：

一、你们要养家求活，军队要和日本开仗，少了粮食吃都是不行的，所以春天的地要好好地种，种地下种是要钱，你们要保全自己和帮助国家的军队，都应当赶快想尽方法去张罗钱，不要灰心，不要觉着为难不好办，就不愿去种，耽误了救国大事，种地要多种可吃的粮食，是为至要，请你们放心，赶快地好好种地吧！

二、本主席既决心要打日本，各地方都得安排军队，这些军队都是不害人民的，全是要打日本的，你们都一点不要怕他们，军队如果有求着你们的时候，能办到的就帮助他们，因为他们是拿着性命去打日本军队的呀！

三、自从日本强占东三省，一切事日本都要管管，中国官军都不甘心给日本办事，所以地方的事也就不愿意负责多管，因为这个原因，就有一般不安分的人以为有机可乘，就抢起你们来了，这是太不好的事情。你们要明白，日本把我们欺负够受了，要再加上土匪的自己抢自己的祸患，不是更糟了吗？所以你们都应当劝说和防范他们这些不安分的人，叫他们卖力气去打日本，不可自相残害，这不但救了国家也救了他个人。如果还有不听劝说的人，可以报告邻近的军警去剿灭他们。

四、在你们家中为自卫打算，收藏了枪支弹药，这种东西，日本军阀是最注意的，如果收藏不好一旦被日本发觉，是有身家性命的危险，本主席对这件事非常的担心，希望你们好好地收藏，至为要紧！

五、现在人民受了日本军的压迫，不甘心去当亡国奴，就纠合同志组织抵抗日本军阀的义勇军。这是非常好的现象，但是这种义勇军差不多都是没有受过军事训练，缺少军队纪律的，他们的行动往往有很不当的地方，甚至听说常有抢劫的行为。本主席对于他们的爱国热心是非常赞成的，对于他们的时有不法的行为是不能同意的，望你们明白这种道理，制止他们的越轨行为，援助他们爱国的事业。

六、为日本军阀强占东三省的事情，国际联盟曾派来一个调查团，专门调查日本在东三省的不守国际联盟盟约的行为和日本军阀在东三省八个月来的种种侵略国土压迫军民的实在情形，他们这一来，日本军阀一定又要收买些汉奸走狗，作他们欺骗国际联盟的工具。本主席早已看见了日本这种办法，所以现在要特别告诉你们，如果有日本人或给日本做事的中国人来用金钱运动你们，或用力压迫你们，叫你们对国联调查团说伪满洲国是民意造成的，伪国头脑都是你们选举或赞成的，你们要是爱中国的人民，就要决不承认，因为你们只贪图目前的一点小恩惠，承认伪满洲国是民意立的国家，就在你们这一句话上，即可以把中国的东三省白白地送给日本了。所以我要实实在在地告诉你们，千万不可贪眼前的小便宜，叫东三省的中国人都作永久的亡国奴！

七、本主席听说日本常常来到各县各乡来探听我们的情形，这件事是非常危险的，我已经通令所属，一律严禁日人入境，但是日本人诡计多端，他一定是想尽法子来打听的，所以特别要你们帮助来严防，遇有日人入境，你们就要立刻拒绝他，因为咱们是这块土地的主人，是有权不叫他走的，虽有护照也一样不能放行。紧记！紧记！

这七件大事，都是很重要的，你们不要随便听听就算了，因为地不种就要没粮吃，没粮吃，军队就不能打仗，不能打日本你们就没法得平安。本主席已经舍出死来去打日本军队，你们就应当好好多种庄稼，来养活国家军队，等打跑了日本军队，咱们大家一块安心地享受幸福。事关救国大计，本主席深望你们明白这事关系特别重要，务要努力春耕，预备快快救国，就是救你们百姓的自己身家啦。黑龙江省政府主席马占山。（民国二十一年五月十五日）

36. 抗日救国义勇军司令姓名表

民国二十一年五月

（按）将军自江桥抗战转进海伦后，即唤起全省民众，化民为兵始能达到长期抗战之目的，此为将军最重要之政策，因江省系富庶之区，民藏枪支子弹甚多，不需经费可成劲旅。且民存枪弹如被敌搜去反以资敌。初则借词防匪训练民团，逐渐将国家思想输入民众脑中，各县均派有军官教练，及政工人员之讲演。将军每到一地，即召集民众训话，凡力之所能无不用其极，迨此次返黑河后，成立抗日救国义勇军总司令部，自兼总司令，统一指挥，并派员及亲到各县点验。江省东北二十余县曾经训练之民团，已达六万余名，枪马约半数，将军就其额数成立一单位者，即就该县民众所信仰或曾任军官在乡者，即委一人为第几路抗日救国义勇军司令，其不足一单位即归并于正式军队，委部队长兼司令，且有绿林豪杰，招抚之令其改过自新，亦委为司令。在黑河时初委有十路司令，到达海伦时又委数人，兹为便于检阅将先后所委各司令姓名列表如左：

番号	姓名	指挥区域	备考
司令	梁振铎（省议员）	海伦	积劳病故
副司令	陈景扬		
司令	卢明谦（绅士）	布西甘南	
司令	徐子英（省议员）	泰来	
司令	张品三（绅士）	通北拜泉	
司令	张墨林（绅士）	克山克东	积劳病故
副司令	陈景瑞（团长）		
司令	南廷芳（在乡军人）	德都安北	阵亡
副司令	王甫钧		
司令	李天德（民团）	兰西望奎	
副司令	魏大五		
司令	李云集（团长兼）	绥化庆城	
副司令	李天保		
司令	才鸿猷（团长兼）	呼兰兰西	
司令	焦景斌（旅长兼）	汤原通河穆兰	阵亡
副司令	吴凌汉（团长兼）		阵亡
司令	张殿九（旅长兼）	景星甘南	
司令	李忠义（旅长兼）	安达	积劳病故
副司令	张希五（团长兼）	肇东肇州	
司令	徐海亭（在乡军人）	嫩江讷河	
副司令	程德峻		

续表

番号	姓名	指挥区域	备考
司令	张庆禄（县长兼）	巴彦	
司令	陈大凡（县长兼）	绥滨	受伤
司令	温瑞廷（县长兼）	龙门	
司令	韩玉禄（营长）	铁犁	积劳病故
副司令	于庆余		
山林游击司令	吴索伦	东山里索伦人	

（备考）前列梁振铎司令之父，梁声德先生字子明，满洲旗人，江省巨富，曾任黑龙江省议长，与将军最契，当满洲伪组织成立时，因同族关系，许以大官令投降，梁先生斥之曰："我投降即是江省全省民众投降，誓死不为"，命其子梁振铎曰："你如不当义勇军荷枪杀敌，非我梁氏子系。倘能死在疆场即是我们祖先有德。"旋闻将军由黑河誓师出发，促其子欢迎于嫩江途中，迨海伦沦陷后，移居乡村，督令其子夜袭海伦数次，并在附近游击，不令稍息，其后弹尽力竭，父子均退回北平，因积劳及忧国，父子均病故。又卢明谦、徐子英、张品三、张墨林各司令，家财均百万以上，均毁家纾难以身报国。张庆禄、陈大凡、温瑞廷三县长，均投笔从戎。张、陈两司令转战数月，战功卓著，李忠义、韩玉禄两司令系绿林豪杰，屡建奇功，两人均死而后已。南廷芳、徐海亭在乡军人，一以身殉，一力尽而已。民众热烈参加，全省动员。以上均为江省抗战中中华民族精神之个性表现，其他军官兼司令者，其战绩均详史料，再司令上均有第几路番号，因年久记忆不清，故略。

37. 通电由黑河誓师出发文

民国二十一年五月十五日

（按）将军在誓师前，军事计划拟有三种：第一，由西南方面出其不意，迅赴四洮路之四平街，截断南满路，与辽宁义勇军联合攻沈阳或长春，直捣其巢穴，成为展开之局势。因洮昌道属十数县，系将军多年驻防剿匪之地，且系家乡，人地均熟，兵员枪弹易于补充，热河在后，退可以守，占领四洮路向敌进攻，进退均能如意。第二，亲赴下江与李杜、丁超两司令切实联合攻哈尔滨，先肃清北满再图南下，并在吉林长白山里择一根据地，如夹皮沟形势险要之深山，为长期之抵抗。第三，顾本省，围攻省城，并于出发之先解决个人家产以免后累，将地契分交各佃户，（将军有已垦熟地三万余亩，每亩值五十元至二十元）令各更名改为各佃户之私有，商店产业电灯厂、水磨、烧锅、粮栈等，均交与各经理，令改为各经理私人营业，最爱惜之牧群（改良洋马三百余匹，牛三百余头，羊七百余只）令亲友分去。将家产处分后，对于眷属每人给予用费三千元，令各逃生路，并令速走，眷属哭泣不忍离，将军出手枪欲杀之，左右泣劝乃止。旋即率卫队一百余人由黑河出发，发表誓师文如下：

> 南京中央党部林主席、蒋委员长、汪院长、北平张绥靖主任、万总参议、吴子玉先生、朱子桥将军、太原阎绥靖主任、上海陈卫戍司令、蒋总指挥、蔡军长、泰安冯焕章先生钧鉴，各报馆均鉴：窃占山自潜离龙江，振旅黑水，瞬忽匝月，远念国人［作者注：此处原件缺字若干］，桑梓隅溺之惨，国恨私仇，椎心刻骨，规复之责，朝夕不敢忘怀。现幸所部军队布置悉已就绪，业于本月十五日统率全体将士，由海兰泡出发，三军敌忾，志复河山，在昔韩亡子房奋，秦帝鲁连耻，少康以一旅而兴复，田单以即墨而复齐，后之视今，亦犹今之视昔也，谨将誓师之词摄要布闻，幸辱教焉。日本山田武吉氏尝著论满蒙根本大策，其中有言“满蒙为清室发祥之地，而拥立废帝宣统，日本则掌握其政治、财政、军事及其他一切实权”。读此而知今日伪国组织，悉基于彼方数十年来研究之结果，而非一朝一夕偶然之故也。顾彼亦知今日之三省，并非满人世有之满洲乎？曩昔汉武帝时，已设辽东都尉，下逮朱元璋灭元以后，当置辽东之兵，采屯田制以防胡人，厥后爱新觉罗氏崛起于浑河流域，由是假道以入主中原。是知东三省者实为我数千年先民栉风沐雨，胼手胝足，驱猛兽，辟草莱，勠力开发以遗吾后代子孙之世产。苟吾子孙堂构不绍，□薪弗负，或竟为日本揭箧担囊负之而去，生则无所容于当世，死亦何面目见列祖列宗于地下乎？彼日阀者，性嗜残杀，畏强侮弱，见利忘义，尤其鼠窃狗盗为彼□固有之天性，是以有明一带，吾山东江浙沿海一带，最苦倭患，其来也如乌合，其去也如兽走，择肥而噬，饱飏以去，幸赖戚继光用浙兵之力，加以重创，其氛始息，及至光绪甲午，乘清室陵夷之际，构衅高丽，图吞辽东，虽阻于俄德法三国干涉，而我台湾朝鲜因以割弃，复经战胜强俄，攘得中东路及旅大租借权，更观辽东为彼禁脔。自是以后，日本违约驻兵置警，三省残杀之案，日有所闻，最重者如民五郑家屯事件，九年扰乱延吉事件，十八年日警格杀新民屯人民事件，以及最近万宝山朝鲜事件，二十年间血迹遍于全境，盖其目前无非挑拨

衅端，以图实行占领。吾政府不愿破坏和平，事事隐忍退让，彼见计不得售，乃不惜倒行逆施，冒天下之大不韪，而有客岁九一八事变之发生，诬吾折断南满路为口实，举而夺我兵工厂，夺我飞机场，以数十小时之时间，占据辽吉两省之重要都邑，财产供其抢掠，人民遭其屠戮。于是扶持废帝，创立伪国，执政尸其朝［作者注：此处原件有漏字若干］备为走狗，大权所寄，悉在军部，蹄缴充蹊，坑阱塞路，举手挂网罗，动足□机陷。群谈者显戳于市，腹诽者暗杀于室，至于强淫妇女，活埋无辜，霸占民产，尤彼所引以为快举者。最近复下令于铁道两旁二十里以内，不得私种高粱，不顾民食，惟彼戎军之是利，较夫晋之辽东齐亩其强暴尤逾百倍，推其用心，岂不欲吾三省民众自洗其颈，尽伏于刀俎而后快耶？夫我国民受日之辱深矣，忍之可谓久矣。顾佛经有言：天下惟忍辱之力最大。电不蓄则不猛，风不蕴则不烈。今吾全体将士，务当善用最大之力，以扫尽丑类，还我河山。吾今日为复吾故土而战，为雪我国耻而战，亦为争吾民族存生而战，认定目标，锲而弗舍，师直为壮，何敌不摧。呜呼，吾三省土地虽广，安容木屐儿之越步，山林虽秀，岂许八字腿之彳亍！若□草已枯，或□彼膏血以润，要知沟壑深邃，愿假其尸以填。马占山叩删印。（民国二十一年五月十五日）

38. 姜代表在哈会见国联调查团之谈话

民国二十一年五月

（按）国联调查团将到哈尔滨时，将军派省政府参议姜松年赴哈尔滨，参议王子馨（廷兰）赴齐齐哈尔，代表马将军见调查团，要求到海伦晤谈，如调查团肯来，即速通知，将军即随时赶到。王参议到齐齐哈尔时，不幸被日军查觉，严刑逼问，遍体鳞伤，搜出马将军致调查团函件后，被日人装入麻袋内由楼上掷下殉国。姜参议到哈，幸达使命。兹将姜参议在哈尔滨会见情形，分列于下：

时间：民国二十一年五月　日下午四时至八时

地点：哈尔滨美国领事馆三楼。

会见情形：姜代表首述马将军感谢贵调查团来此，并欢迎之意，并要求各委员到海伦晤谈，及观察所属各部队状况，及义勇军游击情形，民众抗敌情绪，军民共期待调查团真正明了东北情形，作将来公正的报告。

李顿委员长答：感谢马将军之欢迎，并述及来此之任务，及会见马将军为到东北最大之目的，将来必尽全力完成我们的使命，满足马将军之希望与民众竭诚之要求。

继由美国委员麦考益、专家勃来克斯雷（美国克拉克大学教授）及美国领事汉斯，相继发出许多问题，请姜代表答复。调查团以勃来克斯雷为代表发问中心，其问答如下：

问：马将军现在什么地方？

答：海伦。

问：祝马将军平安，永久平安。

答：代马将军谢谢，祝诸位平安。

问：马将军对敝团最大的希望是什么？

答：马将军对贵团最大的希望，是将东北非武装的民众真正意见，及已武装民众抗战实况宣传到世界，使世界各国人士明了东三省人一致反对伪满洲国，不致被日本以一手掩盖天下人之耳目之骗。希望国联实行规约，制裁侵略国之日本，达世界和平之目的。

问：马将军对今后抗战之态度如何？

答：马将军常对所属官兵讲话：海可枯，石可烂，国土未复，抗战永不变，即剩最后一滴血，亦要洒在抗日战场上。

问：马将军既坚决抗战，对于武器的补充是怎么办？

答：马将军的办法：

A. 以前对弹药有相当数量的存储。

B. 从敌人的商人手中，可以买到轻重机枪、步枪及子弹。

C. 由伪满军手中买来，同伪满军作战时，伪满官兵每人将子弹放在地上即后退，我军前进拾起子弹，将钱放在地上即后退，类此种办法很多。

问：马将军曾接受世界上其他国家帮助没有？

答：从抗战之始直到现在，并未接受过任何一个国家及一个外国人之帮助。

问：听说马将军的队伍所带的臂章全是红色，那是什么意思？

答：红色臂章有几种意义如下：

A. 有铁血的意思，即以我之血同敌人的铁去拼。

B. 灰色的军衣佩以红色臂章，自远视之容易识别。

C. 中国习惯红色为吉祥，凡喜庆事均用红色。马将军率部抗战，保卫国土，自然是吉祥事，所以必用红色。但是诸位知道，日军戴红帽子，他是什么意义呢？（调查团全笑了）

问：听说马将军有七架飞机，是从什么地方来的呢？

答：黑龙江省从来就没有一架飞机，假如马将军有飞机，现正在呼海路马家船口松浦站一带作战，还不用飞机来炸他们阵地吗？

问：谁同谁作战？

答：马将军的军队，同日本军队在江北作战。

问：我们听说日本军队在江北剿匪呢？

答：马将军的军队在江北已同日军打过两天了，（调查团相视而笑）并无匪人。

问：那我们很愿听听你们的炮打到哈尔滨的声音。

答：大约最近几天，总可以听到的（第三天真听到了）。

问：东北民众意见究竟如何？

答：民众反对日本侵略我国土，及日本以侵略手段一手制造的伪满洲国，如果民众真信任日本人，拥护伪组织，为什么还起来组织义勇军，牺牲他们的性命和财产呢？

问：我们到海沦的问题，我们虽愿意同马将军见面谈话，听说江北土匪很多，食宿也不方便，故不能去了。

答：大约又是日本人造谣，江北没有一个土匪，路上的安全问题马将军当负全责。呼海路沿线是马将军的队伍，沿途均有步哨，决无危险，马将军既欢迎诸位到海沦，如果路上发生危险而与马将军抗战前途必受最大打击，无疑的绝对的尽力保护。至于食宿问题早已预备好了，都很安适，仍希望能去才好。

问：容我们再商量一下，明天这个时候答复你。

答：很好。

问：你同顾博士（顾维钧）见面没有？

答：没有见面。

问：为什么没同他见面呢？

答：顾博士住的房子外边，诸位看见有几个人了吧，（有一位眼睛翻一翻，接着说大约四五个人吧）共有四个人：一个伪满警察，一个穿伪满宪兵制服的日本人，两个会说英、苏话的便衣侦探，除日本人嗾使的人能进去说话之外，别人是不能进去的，所以没有见面。

问：不是那样严重吧？

答：不仅顾博士被监视，即各位所坐汽车开车人旁边坐的那位，就是至少会说两国话的侦探。（他们都笑了，但口里不承认有此事）

（日本驻哈特务机关长土肥原，用特务机关信纸亲笔写给哈尔滨特警处的监视调查团各代表的名单，由友人从特警处督察长口袋里拿出来交与姜代表，第三日姜代表在美国副领事家交予麦考益，麦交予勃来克斯雷，勃一面向口袋里放，一面说："这是一件很好的材料。"）

问：我们给你的名片你千万不要带在腰里，如被日本人搜出那可危险呢。

答：谢谢，我是不拿的。

问：你同我们见面，不怕日本人知道吗？

答：在我未同诸位见着面的时候，我是怕的，现在马将军派我来的使命已达，如果日本人知道有了危险，也没有关系的。

（谈至此即结束，调查团遂下楼回寓，汉森仍在客厅陪姜代表约半小时，见美领事馆四周侦探已散，派人引导姜代表从楼下地窖后门进一杂货店，始由此出去）

第二天姜代表赴呼兰见邓文军长，第三天回哈，复在美副领事李连青家晤麦考益、勃来克斯雷，交与土肥原所写的监视调查团的名单，麦考益云："我们已不能去见马将军了，实在是我们来东北最大的一件憾事。"复经姜代表要求，答以："我们再商议一下，明天下午你同汉森在电话上确定。"到第二天，汉森在［作者注：此处有漏字］诉姜代表，谓调查团已定明早七时离哈南下，故未见面。

39. 两度猛攻哈尔滨之战况

民国二十一年五月二十三日

（按）印维廉、管举先合编之《东北血痕》（二十一年出版）[①] 载有再度猛攻哈埠之战迹。摘录如后，以资□接。

日寇因我黑吉义勇军联合抵抗，颇感惶惧，连夜将重兵开至哈埠后，对义军完全用重兵采取各个击破之方法。先用主力猛扑丁、李部队，溯松花江而上直至依兰，谋摧毁吉自卫军之根据地。寇以全力扑自卫军，自卫军以形势悬殊放弃依兰，退至富锦同江一带。因此义军联合战线为之击破，黑军见形势严重，乃不顾一切，谋袭取哈埠以断日军归路，遂将大队由呼海路向南推进，马氏本人亦亲赴绥化指挥军事，前线以呼兰为中心，分两路进展，一路由呼兰出马家船口渡江，协助自卫军夺取滨县，于四月二十九日占领县城；另一路则由呼兰沿铁路南下，直攻哈埠，于二十七日进抵

① 本节第13条载为民国二十二年出版。

松浦镇，与日寇廉［作者注：广］濑师团部激战一昼夜，后以战略关系，仍退至呼兰。

马占山以哈埠关系黑吉两省全局之安危，日寇既以死力扼守，我若不妥拟军事计划，恐难操胜算，且龙江日寇不时沿齐克路袭我克山、海伦等地，尤不能不分兵夹击，是以马于五月初召集黑省全体将领开一军事会议，决定长期抵抗之方策后，乃于五月十五日亲率三军由黑河出发，并发表誓师电。（略）

自马占山黑河誓师后，即下令黑省军队全体动员，再度猛攻哈埠，五月二十三日在呼兰与日寇血战至晚，寇败退松花江边，我黑军跟踪追击，大炮直射哈埠傅家甸寇军之大本营。哈埠形势万分紧张，本可一举而占哈埠，不意程逆志远背友、卖国，不独不响应黑军收复黑垣，乃反出兵齐克路，袭击海伦、绥化。而吉省自卫军李、丁部队，亦以寇首本庄亲自率领众寇，全力猛攻，敌放弃依兰，退守富锦同江一带，致黑军完全失去联络形势。本庄乘自卫军新败之后，即调所有部队以全力应付黑军，并将辽省空军全数调至应战，在呼兰对青山一带之日寇逾三万人，皆由本庄亲自指挥，与黑军血战。另有日寇一旅与熙洽、张海鹏逆部万余人，专门对付□乐扶余等处之黑省救国军（李忠义、李海青部队等）。二十四日晨，本庄下各路总攻击令，我军虽明知众寡悬殊，但仍拼命抵抗，直至二十六日，因正面侧面均被日寇优势炮火所压迫，为保全实力计，不得已忍痛退却。

40. 松浦抗战记

民国二十一年五月二十六日

（按）此文系骑兵第四旅参谋长李世勋笔记。

三月下旬，将军令骑一旅第二团团长邓文移驻海伦，密秘[①]授意编练民团收编义勇军，扩充军队，知邓文猛勇忠实，将为抗战干部，四月初旬，将军回至黑河，即委邓文为骑兵第四旅旅长，将所部编为五个团，委李世勋为参谋长，并委骑兵第一旅旅长吴松林为骑兵总指挥，移驻海伦，统率呼海路沿线各军，相机进攻哈尔滨。

将军密秘离省后，四月中旬，哈尔滨敌令呼海路备车五列谓运兵北上剿匪。邓旅长传报即星夜派队赴松浦车站，将所有车辆扫数开至海伦。敌派飞机沿途轰炸，略有损失，敌平贺旅团之一联队附炮数门，进至松浦车

① 应为“秘密”，下同。

站。我驻呼兰之才鸿猷部首当其冲，屡电告急，转军令吴总指挥及邓文部驰往应援，由吴率该部第四团之一部在海坐镇指挥，邓率所部劲旅三个团，由火车输送，赴呼增援。邓过绥化时，邀集绥化义勇军司令李云集，兰西义勇军司令李天德，及绥化县长段中藩，会议作战计划。在绥化筹设粮秣处，由段中藩负责筹备给养，事先并密派员赴哈埠购买弹药，就海伦电灯厂机器技工造手榴弹，改装废迫击炮弹。哈埠中东路警局爱国人士，供给情报，呼海铁路员工暗中协助。该□□□□金声亦率部反正，海伦站长陈大凡尤异常出力，军民团结一致，士气异□□盛。敌自平贺部队占据松浦站后，邓旅长部及才鸿猷、李天德、李云集各部，在呼兰河南岸亘黑小屯东西之线占领阵地，敌不断用炮向我射击。敌机更番向我阵地轰炸。我仅有步枪及刀矛，白昼惟有任其肆虐，一到夜间我即向敌袭击，时有斩获。如此战斗十余日，至四月下旬将军即电令吴总指挥及邓旅长，谓国联调查团已抵哈埠，应迅速进攻哈尔滨，表示我军抗战，系反对满洲伪组织之意义。如调查团离哈来海伦时，着派队妥为保护等语。邓旅长即下令于四月三十日夜间进攻，令才鸿猷及李天德两部，袭攻松浦之敌，邓率所部袭击哈埠北岸马家船口之敌，李云集部留守呼兰，至夜十时许，才、李两部已将松浦之敌压迫至松浦路局院内，及车站票房两据点，坚守不出，我亦无法攻入，遂将机车房等处放火焚毁，火光照耀数十里。邓旅长率部攻马家船口，已将该处之敌歼灭过半，俘获敌兵十五名，得枪八十余支，残敌乘船逃回哈埠。邓部正拟设法渡江，乃敌派炮轮多艘，向北岸发炮轰击，我步枪还击无效，且以松浦之敌未能驱逐而马家船口实背腹受敌，不得已仍令各部退守原阵地，并由邓部调派骑兵一团在对青山庙台子一带梭巡。吴总指挥派骑兵第三团驻守呼兰河口，以任迎护国联调查团兼掩护我阵地左右翼。平贺旅团因遭我袭击损失甚重后，敌十四师团长松木直亮即大量增援，其步兵借飞机炮火掩护，不断向我阵地攻击，均经我击退。

五月中旬将军电告邓旅长，谓本人已由黑河出发，即到海伦督战，着与敌保持接触，相机再向哈埠进攻，斯时国联调查团已派代表二人绕道前来，由邓旅长派队护送赴海伦会晤将军。我军在黑小屯与敌战斗月余，敌我伤亡均重，敌知正面难攻，遂由哈埠派队乘轮在呼兰河口，借飞机协助强行登陆。我守该处之第三团，被敌压迫节节后退。五月二十六日敌竟占领呼兰及以北马家两车站，另由哈埠派队越江桥向我对青山附近之骑兵进攻，我骑兵不支向北转移。敌遂向我阵地侧背迂回，正面松浦之敌亦大举进犯，敌酋平贺旅团长严督步兵，借炮火飞机掩护向我阵地猛扑，我迄未动摇，毙敌六七百名，我以伤亡甚重，且两侧受敌威胁，不得已于二十六日夜全线转移，因为呼兰车站已先为敌占据，不能沿铁道退却，乃转赴兰西集结各部，□配备于绥化以南地区阻敌北进，电令留海伦之一团星夜乘车开往绥化，即在绥化城南沿泥河北岸占领阵地迎击敌人，松浦□战月余，至此告一段落。

当四月三十日我军进攻松浦车站时，敌调兵由依兰乘轮上驶，将军得通河驻军步五团长吴凌汉（字耀东）报告后，当令吴团长截击，并令汤原义勇军司令焦景斌往援。五月七日拂晓，敌舰到通河江□□县城猛攻，其步兵登陆，借炮火掩护两次攻入县城，均经我军于夜间夺回。吴凌汉团长于七日夜在第二次反攻时，身先士卒，壮烈牺牲。中校团附张兴华亦同时殉国，当由参谋长刘斌指挥，协同焦司令激战至九日晨。敌卒不支，登舰逃退。计此役敌遗尸七十余具，我亦伤亡八十余名。将军当委刘斌为步五团长，并令焦司令移驻通河。

41. 呼海路抗战记

民国二十一年六月

（按）此文系骑兵第一军参谋长李世勣笔记

六月初邓旅长回至海伦，向将军报告松浦战斗之经过，略称：我军多系民团改编，枪支不足，子弹亦缺乏，李云集、李天德两部全系民团，人数不足一团、枪支尤少，多用刀矛，部队实力大不如前。敌借飞机炮火轰炸，我无武器抵抗，任其肆虐，白日不能作战，所幸士气旺盛，人人抱必死决心与敌拼命，遇有机会即一涌（拥）而前，李天德部手持刀矛不怕炮火，勇猛异常，敌人见之畏惧，称之为“铁孩儿”。我军能在松浦呼兰河一带支持月余者，全因士气旺盛之故，此役我忠勇官兵牺牲甚巨，现在撤至兰西绥化一带，兵器弹药不易补充，敌人源源增加，难以持久抵抗，请示尔后作战方略等语。经将军决定采取游击战方法，示以原则，即不死守，不攻坚，处处设伏，步步为营，以灵活机动之态势，争取主动；以明敏秘密之手段施行袭击，或行扰乱，或行破坏，或断其连络，或截其辎重，以旺盛之士气，牺牲之精神，配以地理之熟悉与人民协助，时时打击敌人，使敌毫无所获，并不得安息。我即以空间换时间，积小胜为大胜。俟敌于疲敝之时，集结全力反攻，或俟全国动员，驱逐倭寇，收复失地。但必须鼓励士气，养成百折不挠之精神，严守纪律，达成军民合作之地步，倘与总指挥部失去联络时，可单独作战，自由动作，不必请命，讲举战术，应依据原则，参酌当时情况，而适宜运用之。将军因邓旅长在嫩江桥抗战时曾因伤小退，而松浦抗战又异常忠勇，使国联调查团耳闻目睹，我反对伪组织之表态，勋劳卓著，因此升委为第一军军长，委李世勣为军参谋长，将所部扩编为七个旅（第一旅旅长陈国玺，第二旅旅长林喜奎，第三旅旅长刘义，第四旅旅长高昆山，第五旅旅长于百涛，第六旅旅长吴振铎，第七旅旅长郭凤荣），并委李云集为第三支队司令，委李天德为第四支队司令，统归邓军长指挥，改委吴松林为第二军军长，指挥骑兵第一旅及才鸿猷部。

我军自呼兰撤退后，邓部由海伦派出之一团，已在绥化南十八里之泥河北岸占领阵地，并由兰西集结之各部，除才鸿猷部仍留该处拒敌外，余均先后到达绥化附近。五月二十九日，敌机猛烈轰炸绥化及我阵地，其步炮兵亦沿铁路进犯；三十日晨，敌步兵即借飞机炮火掩护，向我阵地猛攻，鏖战至晚，敌我损失均重。其骑兵一部乘黄昏时候由我左翼迂回，袭攻绥化，被我驱逐，我以不愿受无谓牺牲，于三十日夜半向绥化以北转进。三十一日到达四方台车站，即在该处停止，拒止敌人。将军以各部连战两月有余，未得休息，遂另派由黑河带来之骑兵第五十五团石兰斌部，驰赴四方台布防，时敌已接近该处，石团即于六月二日与敌接触。激战两日，互有胜负，惟敌机七八架连日狂炸，石团马匹损失甚大，将军令石团避开铁路线与敌施行运动战，以免为敌机轰炸。五日，石团至距海伦西南三十里之强家店地方，敌步炮兵赶至。将军即率卫队及手枪队亲往指挥。邓军长亦以一部参加作战，官兵振奋，将敌军击退。敌知将军在海伦，乃以飞机十余架轰炸海伦，市内多处起火，尽成焦土。将军目睹心伤，即令石团向海伦以北撤退，邓部在时泉镇（五道沟子）一带暂时休息。总指挥部及吴军长各部于六日晚离开海伦向海北镇前进，将及该镇，敌机又来轰炸，并用机枪扫射，军民死伤甚多，遂退出镇外，于是海伦及海北镇乃相继陷落。

将军以占据海伦及海北镇之敌，仍有出犯模样，而才军长所部亦到达海伦县境，遂令才、邓两部分攻海伦及海北镇，其命令要旨如下：

一、敌平贺旅团，自占据海伦及海北镇后，仍有向我进犯模样。

二、我军为先发制人起见，即向海伦及海北镇进攻。

三、着邓军全部于六月十五日（即旧历端午节）向海北镇进攻。并由本属卫队团张中校团附云亭率第二营王营长德龙部前往协助。

四、着才鸿猷部于六月十五日向海伦进攻，如不能攻入，亦须牵制敌人不能向海北镇增援。

五、余现在孙家油房行署。

邓军长于受命后，即率部于十五日晚进至海北镇附近，令官兵各持谷草一束，填平城壕，潜入城内，向敌猛扑。毙敌甚多，残敌退据天兴泉烧锅院内，凭墙垣坚固，死守不退。翌晨敌机六架飞来助战，并由海伦增援千余名，互战至晚。我恐子弹消耗过巨，难以补充，仍退回时泉镇。是役毙敌大队长一名，士兵百数十人，得枪二十余支，军马三十余匹，我卫队团张团附云亭阵亡，王营长德龙负伤。邓部伤亡官兵七十余员名，敌□海北镇商民与我联络，遂惨杀商民百余人，借以泄愤。才部于六月十五日向海伦西南隅进攻，未能攻入，而敌反将该部击退。六月二十二日，敌派步炮兵七八百名，向时泉镇邓部进攻。我军利用通肯河岸柳丛遮蔽，处处隐伏，迨敌接近猝然出击，毙敌二百余名，敌狼狈窜逃。得获大枪六十余支，钢盔一百余顶，自此以后，敌即不敢向邓部进犯。后敌每次出发遇有村落树林，即先向之发炮，盖恐再遭我之暗算也。

42. 劝某伪军官反正函

民国二十一年五月二十九日

某某老弟鉴：国家不幸，倭人肆虐，兄与老弟分手瞬忽数月于兹矣，兄不揣力薄德浅，起而与倭人周旋，以期复我山河，还我主权。惟彼此格于环境关系，有不能不详为老弟申明者。

一、兄处长官，处同人，处朋友，处部下，向以忠诚待人。此次与日人虚与委蛇四十余日，已深知其底蕴，即万不容东北军队存在，以增其侵略主义之强敌。

二、兄关于应付日人，自信尚未糊涂，日人于三五月内万不容我军队存留，如不我信，彼此有生之日必可收不幸而言中之痛心结果也！

三、日人利速战，忌延宕，本庄繁侵略政策已不见容于国人，更不见容于世界，只要我军取游动战法，长期扰乱，日人必疲于奔命，国际关系上有变化之可能，日本国内有分崩之预测。

四、中国民族，自历史观察向未受制于任何种族。现在全国人心激奋，纵器械较不精良，然铁与血，乃造国魂救民族之惟一要具，万不可长他人威风，视自己太轻。

五、国联虽不能专事依赖，然证诸世界舆论，人类正义，万不容开此侵人国家之恶例，然人必自助而后得邻邦之赞助，未有不自强而能得他人之援助者。

六、掌军权者，动辄谓时机不到，试问何年何月何时始为时机，兄以为□□□□□人布置益固，即我恢复益难，况日人着着进行，我则苟且偷安。言之痛心，有令人哭不成声者也。

兄现抱最后抵抗决心，战而胜，则国家之幸，民族之光；不幸而败，亦可争东北军人面目，上可以对国家，中可以对朋友，下可以对人民。至于成败利钝在所不计，老弟素具报国赤诚，自不能同流合污，何故亦效他人苟安一时，转瞬自取覆灭。究竟抱志如何，幸祈见复是盼。纸短意深，欲言不尽，诸维心照并候勋绥。兄马占山鞠躬。二十一年五月廿九日。

43.《晨报》通信：退守海伦之经过

民国二十一年六月一日

在此孤军抗战之马占山将军，近已进至哈埠对岸之松浦镇，第以实力不足未敢再进。日军亦震于江桥战役，未敢轻于撄锋。上海停战协定签字，日军精锐悉运来东北，于是马军累月之训练几已不堪一击，五月二十五日，松浦镇马军之才鸿猷团，为日军大批陆军袭击，不支，向绥化退却。二十八日，日机赴绥化掷弹，城内损失甚巨，才团无法立足，遂又向望奎退却。

马占山本人鉴于时势已迫，在德都闻松花江沿岸驻军，已为日军击破，呼兰松浦绥化兰西黑小屯诸重镇已完全失守，闻报后即召集部下会议，马痛哭陨涕，谓孤军无援，终非久计，个人已矢志许国，生死早置之度外，君等（指部下）各有老母妻子可以归里奉养，勿与马占山同归于尽也。部下皆掩面而泣，（略）咸谓愿与主席同生死，誓为厉以杀贼。在德都住两日，日军某师团海陆空三面齐进，渡呼兰河浩浩荡荡向德都而来，马见众寡不敌，弃德都向通北退却，后以通北无险可守，复率部下整军归海伦，于是呼海路线各镇遂尽入日军之手。

五月三十日，日飞机六七架于午前七时，由哈飞往海伦，在海伦上空投掷重量爆炸弹百余枚。海伦全市起火，时南风正紧，风趁火势大助威风，顷刻之间海伦全市已成火海。火起时马率僚属退往城外，急檄吴松林旅率精锐三千冒火由城中冲出，沿铁道线南下，截住日军，一面电令望奎之才鸿猷军向庆城移动，协助吴旅。日军见有备，遂未向前再进。马见形势再紧，遂召集旧日将领会议，结果决定，如有一线生机，抱不屈降之宗旨，仍抵抗到底，由马占山自任总指挥，吴松林任副总指挥，石兰斌任前敌总指挥，□□□为根据地对日抵抗到底。三十一日，日机再赴海伦掷弹，海伦全城已成一片瓦砾。马氏仅率所部一千骑兵，深夜中退往海伦东北方，挖筑坚固阵地以备策战。

本月（六月一日），日军平贺师团长沿铁路向北进发，已占领红旗营子，距马军阵地仅百余里。马军所部现仅余一万六千人，是否能与日军一个师团实力相抗，殊堪忧虑，海伦不守即将仍归黑河，深藏丛山之内，而东北三省亦即从此全失。未识国内人士对此作何感想，前在江桥与马氏同甘苦之程志远，最近居然充伪国之黑龙江省长，近更出兵袭击救国军李海青之后路，李已为其所败，刻已退往对青山云。（二十一年六月一日上海《晨报》哈尔滨通信）

44.《申报》通信：海伦苦战记

民国二十一年六月

（按）上海《申报》二十一年九月一日海伦通信，记载海伦战役甚详，惟日期错误，如马主席五月一日到海伦，三日海伦被炸均不符，故依次代为改正，余均照录如下：

马主席于五月二十九日到海伦，次日即率队出城作战，三十日上午六时由哈尔滨方面飞来日机六架，在海伦上空投掷炸弹五十余枚，并用机关枪扫射城内居民，在大十字街及西市场投硫磺（黄）弹数十枚，立时起火。烧毁大小商号二十余家，妓馆三十余家，民居十余家，死伤人民约在三十名左右，损失约在一百万元之谱。投弹时马主席正在海伦东大街广信涌商号内居住，所带卫队四百余名，分住商号及旅店中，并未受伤，马主席见街中起火，即只身冒险在炸弹如雨下之时，督饬民众救火，高声呼喊齐来救火，惟当时炸弹机枪如雨，人民逃命尚恐不及，岂敢救火。马主席目睹惨状，不禁悲痛流泪，自语云："这是我给海伦送来的灾祸"，等语，正在悲哀之际，马主席之卫兵及其左右即劝马主席回屋内躲避，免有危险。马主席对左右云："不怕，死生有命。"俟日飞机去后，始回至屋内，飞机在海伦上空盘旋计四十分钟，所带炸弹已投掷罄净，马主席所带之队伍二千人同时在海伦城南与日寇作战，因武器不良失去战斗能力，于是败退城内。□□□□□□马主席率队北退，行四十五里至海北镇（又名天主堂）宿下，即日又来飞机一架投弹数枚。六月一日，马主席由天主堂向通北县界退去，大队向正北，马主席向海北镇西南方面退走，马主席离镇一点钟前复来飞机一架，在镇街上空侦查，旋即赶至镇北十里向队伍中投弹二枚后南飞。当日，马主席即到黑字井地方某民户家，与国联调查团代表会见。当将暴日侵略东北及呼海路沿线之战役情形详细报告，马主席与各代表分别之后，亲率部二千名向南方进发，于二日午后二点钟，由哈来日机二架，行至海北镇上空投弹二十余枚，并用机枪扫射，死男女良民十九名，负伤者四名。飞机盘旋半句钟飞去。三日又来飞机两架至海北镇四十里择家镇（通北县境）投弹，被炸死及负伤者六名，因该镇居民共三十余家，故死伤不多，五日又来日机二架，至通北县城上空投弹，计死伤居民三四名。亦因县城地旷人稀，全城户口不过百家，未伤多人。日机炸完海通各县及各镇后，即往龙镇县南北安镇地方轰炸，又向克山、克东、德都等县投弹。伤人多寡未详，谅亦不在少数。总而言之，全江省除边疆远路各县外，均遭炸弹之害，距哈尔滨海伦绥化卜奎千里之内各县□□幸免，因此四处均有日飞机场，已被日军占领之地情形尤惨。

日兵五百名抵海伦之初住各商号，对我旧有军营并不去住，旋陆续增兵二千名，先后共到三千余名，在大街小巷设置各种障碍物以防我军攻击，并用铁丝在小巷中间织成障碍网，中间留门，昼开夜闭，凡十字街及大街均用麻袋装土垒成炮台，昼夜严防。其后日军步骑三百名又开到海北镇驻防，设备与海伦同，步兵少校队长白川茂氏入镇之始，公买公卖。不料六月十日夜间，马主席所属邓文旅长派某团骑兵二百余名，偷越镇壕，入镇向日本守卫兵开枪射击，双方当即开战，约战五句钟之久，天明我军退出，击毙日军十余名，负伤六七名，活捉四名，我方战死士兵五六名。不意我军退后，日人诬诋海北镇居民里应外合，当将镇内居民及早晨赶集之乡民，刺杀及活埋一百零八人，遇见壮丁男子即以刺刀杀之，秘密埋葬，不问街心巷内遍地营葬。该石川队长遂报告旅团长平贺贞藏，谓："海北镇居民均通马，无有好人，请用炮火将全城毁灭。"十二日，日军即派遣炮兵支队携带山炮数尊，由海伦向海北镇进发，行至七里泡地方，炮车陷落泥沟中，百拉不出，嗣后又经海伦征收局长商会长向平贺求情，灭亡惨劫殆得幸免，海北八千生灵几乎□□□□，自此以后，日军对于商民食宿买卖任意掠夺。又复暗纵鲜民强抢敲诈，种种情形笔难罄述。日方在海伦城内每日接到密信甚多，如有人挟嫌密告某人，任为马主席之侦探者，即被逮捕立时枪杀活埋，海伦每日下午八点钟净街，如逾钟点即杀不容。自五月三十一日以来，海伦、海北商号完全闭门停业，后虽强制复业，因无农人赶集，开门等于闭门。海北镇之浩劫较海伦为尤甚，因海北乃赴通北、克山等处必经之路，日军北行定必经过。嗣后，日军又复抓人背负子弹给养等物，如果潜逃即被枪杀。镇内车马牛均已逃避一空，最后镇内居民仅剩十分之一。（民国二十一年九月一日《申报》海伦通信）

45. 将军与国联调查团代表之谈话

民国二十一年六月

（按）国联调查团李顿委员长到哈尔滨后，本欲与马将军晤谈，因日本极力阻挠未能达到目的。乃密秘改派美国新闻记者海米斯君、瑞士记者某君冒险绕越火线，由我军邓文军长派员引导，六月一日抵海伦西乡村三门谢家，会谈如下：

海米斯：首述代表调查团慰问及祝将军健康，继询伪满洲国成立内幕与抗战之经过及意义。

将军：首答感谢调查团诸君远道来此之辛苦并祝健康，继感谢两君来此及钦佩冒险精神，并祝健康后，答复云：

日本制造伪满洲国之内幕，我已于四月十二日、十七日由黑河两次致北平贵调查团之电报业已略述，近又派代表王子馨、姜松年两人赴哈见贵团面陈，最近得报王子馨在齐齐哈尔事泄被杀，姜松年达到使命，兹略陈之。

伪满洲国成立之内幕，我因曾赴沈阳及长春知之甚详，在长春时我曾密秘质问溥仪："何以甘作亡国的傀儡?"他说："他在天津被日寇绑票来的，在长春如同坐监狱一样，言行均不自由，只要你们有办法，回到黑龙江好好的干，我死也愿意"，言毕流泪不止，郑孝胥年老昏庸，到长春后始知被骗。臧式毅被暴力迫胁，其他的中国伪官不是被迫就是被骗，做日本人的傀儡，叫他干什么他就干什么，叫他说什么他就说什么，如稍违抗，先拘禁加以侮辱，不屈服即被杀。日本人说是满洲人独立东三省人自治，这是挂羊头卖狗肉，这是欺骗国联的，我可发誓，东三省三千五百万人，找不出一个人来□□伪满洲国的。

至于抗战的经过，上年江桥之役，敌有多门师团，铁道守备队，旅顺炮兵队配以飞机约二万余人。我军在前线上仅二三千人，自十一月四日开战至十六日敌军迭次惨败，十七日朝鲜混成旅团增援，自十七战至十八午后，我军因作战时间过久，补充困难始移防。此种战况两位先生谅已明了，其后敌改用欺骗手段来骗我，我想借此整理我的军队，虚与周旋。至三月底民团已编好，军队亦整理就绪，故潜出省垣，现在呼海路一带与敌作战中，誓必打走敌人，非将敌人一手造成伪满洲国消灭了决不甘休!

至于抗战的意义：我是中国人，又是江省主席，我有守土保民的责任，日寇来侵略我疆土，杀害我人民，我当然要打，这是我的天职。至于子弹来源并无外国人接济，或者有由日本商人手中买来的，如子弹尽了，我还有刀棒，最后还有我的血，我现在毫无顾虑，惟一的志愿，就是把敌人打走，消灭伪组织，恢复我人民安居的乐土。

将军说时，海米斯等一一记录，谈话毕，将军托向李顿委员长全体慰劳并致敬意，派员送至安达站回哈。

46. 促各县人民奋起组织义勇军函

民国二十一年六月十日

各团总、各保董、各乡士绅民户均鉴：自暴日侵占我东北以来，种种残杀无道之行为尽人皆知之。近据报告，日军于占据海伦及天主堂后，奸淫残杀，无所不用其极，并勒令警察保卫团以及居户之枪械，均须全数缴出。若使日人此种阴毒手段彻底施行，则我全省之武器既被缴尽，尚何自卫之可言。而我民族前途之危亡将更不堪设想矣！本主席依奉中央政府命令及北平张副司令之意旨，决取长期抵抗游动作战策略，本诸天理良心誓与日人周旋到底，一息尚存，此志不渝，并曾亲与日虚与委蛇四十余日，尽悉日人亡我种种毒辣阴谋，如缴索民枪之办法即其一端。盖武力为捍国要图，枪械乃军民命脉，苟有武器在手，日军将到处受敌，无以施其侵略计划。是以今后凡我民团及各乡居户所存之枪械，均应全数带出，组成民众抗日救国义勇军，或自卫军，既可保全自己枪械，更可用以抵抗日军，自卫救国，实为上策。并与本主席军民联合抗日救国之计划相符，深望各团总、保董以及各乡士绅，切体此意，随时急速奋起，切勿稍存敷衍之念、观望之心，以致日军临境缴尽枪械，彼时虽有抗日救国之心，而无临阵应用之械，敌志得逞，为所欲为，亡国灭种，子孙万代永无脱离奴隶地位之一日矣。至于乡民中素有国家观念者固多，惟□□□□被日人贿为汉奸走狗者亦复不少，此种丧尽天良无耻之徒，甘心附敌□□日寇一律对待，尽数削除，其有造谣恐吓之处可勿置信。本主席已设有全国抗日救国义勇军总司令部，近据报告，各乡民众，多有自愿组织民众抗日救国义勇军，民心不死，国事可为，以民众百姓竟能如此存心救国，以较败类附敌之军人，实令人太息痛恨。仰我民众闻风速起，推举代表作速前来，本主席当加委指导受以方略，俾我军民一致精诚团结，努力杀敌，复我山河，本主席有厚望焉！主席马占山启，民国二十一年六月十日。

47. 《申报》通信：讷河克山巴彦义勇军之战斗

民国二十一年七月十一日

（按）原标题系创敌于大荒台，大荒台在东兴县巴彦县之间。

驻扎黑省讷河县之徐宝珍旅，原为嫩江战前之黑龙江边防司令长官署之卫队团，洮昂路一役，马占山曾亲率该部，歼日军于大兴三间房，部卒忠勇为黑军冠。马占山诈降时，编为步兵第三旅开驻讷河，预为黑河方面之屏蔽，马氏出走后，密饬该旅待机而动，当呼海齐克两路鏖战时，徐率部拟出而策应，未即举事，日军天野旅团即开驻该县监视，于是徐旅即未敢轻动。近来马氏率部向松花江下游及黑东方面转战，日军乃向嫩江齐克路集中，平松旅团之小泉联队开入讷河，拟乘机对徐旅解决，七月八日小泉伪称宴会，张宴于商务会内，邀徐过饮，徐预闻悉，一方称病却之，一方则于当晚集中所部主力，开出城外，屯军于讷护尔河干，骑兵连则乘夜向日兵营猛攻，因日军先已戒备，战未久即撤出。九日早双方于城内外激战，日军凭借城垣高厚，架野炮轰射，联队长小泉率骑炮兵潜出城后，欲渡河夹击。徐旅早已于该方置有炮兵，乘日军半渡时，开炮轰击，日军毙于水中者数十，残部退集城内固守，同时发电求援，至十日早间在宁年车站之日军大队闻讯，即日驰往应援，当夜为徐旅轰击于河岸，日军以数倍优势猛力压迫，徐旅遂不支，退向嫩江附近，与徐子鹤之骑兵及自黑河开到之民勇四千余会合，声势浩大，已舍却讷河嫩江，沿齐克路旁向黑龙江省城推进。（按：此役徐宝珍旅长殉国）

齐克路之日军大部已调回龙沙，在四郊设防，黑军邓文旅约二千余名及大刀会、红枪会千名，自九日始，由拜泉攻克山。日军以平松旅团主力扼守克山县城，及齐克路鳌龙沟。两军九日午开火，邓旅主力攻县城，红枪会、大刀会攻鳌龙沟，傍晚攻城之邓旅已攻至距城三里之崔家店，日军死命抵拒，恃其轻重机枪扫射力量，邓旅乃不得不退，至下午七时后遂向克山东北退却，此一支兵力为马占山氏安排于该方，专以牵制齐克路之日军，故其退却也并不退远。日军因畏热畏蚊，不敢远离交通路线，两方犹在遥峙中也。

由马占山本人指挥之大队，自七日以来向黑东沿江巴彦木兰通河汤源一带退却。盖欲远引日军离开铁路线而包围，日军则计划由平贺旅团联络第六师团兵力，取大包围之势，欲于庆城望奎中间，一举而击破黑军。马氏为破日军此项计划，乃以才鸿猷、李天德部出没于呼海路兴隆镇、绥化之四方台、海伦之北兴镇各处，多方诱敌。各部出没无常，兴隆镇于九日晚，曾一度为李天德部折毁路轨、交通断绝，且歼灭日军一小部，击毙日军四十余。北兴镇日来亦迭有战事，风闻日军不利，后由海伦派去援军及飞机往救。详情此间尚不甚悉。日军因欲击破黑军主力，对马占山之□引苦追不已。其大队骑步兵分数支互相呼应追近。马占山因恐日飞机之袭击，并避暑热之行军，乃改于夜间移动，并因地理甚熟，致使日军屡迷去向。

七月九日，马部大队抵巴彦县附近之大荒台方面，已为日军平贺旅团追及，当日午前七时开火，日军以山炮重炮八门左右夹击，飞机四架投弹，马占山令骑步兵分头抵抗，至午前十一时战事最酣。飞机一架因低空飞行，以机关枪向下扫射，为黑军迫击炮击中，于空中发火，堕于日军阵后，其他飞机遂不复低空射投。至下午三时许，才鸿猷旅骑兵七百出呼海线前来会合，由后方抄击，日军阵势大乱，马率部乘机猛攻，日军死者无算，向姜家店仓皇溃退。黑军乃从容退出巴彦。

十日早，有日军人见支队，乘江轮驶松花江下游乌河登岸后，欲呼应平贺部队夹击巴彦。为黑军闻悉，于该军登陆后包围于江岸，施以迎头痛击，毙敌约三百余，溺于江内者甚众。当日江航遂断，上下游船只均不通。人见支队被围历一昼夜，至十一日午前，方由哈埠开去日军二千及伪吉军一旅，由飞机五架之联络，将残部救出，顷两军对峙于巴彦木兰间，日军续向该处集中兵力，马占山亦调汤源通河民团前往援应，在依兰之日军一部队，本拟开回，溯江上驶，由水路击黑军。讵当十日晚因兵士在娼窑中与伪吉军争风闹事，为伪吉军刘树之第七旅堵击，杀毙者六十名，伪吉军因惧祸，特邀李杜军来攻，愿为内应。李军路永才部已到依兰南三十里处，与日军发生激战。刘树旅虽未响应，但坐观不动，日军因大受牵制，故不得移动，以援应巴彦方面也。（民国二十一年七月十一日《申报》哈尔滨通信）

48. 巴彦县长张庆禄游击战斗记

民国二十一年五月至九月

巴彦县长张庆禄，奉到兼任义勇军司令后，即将巴彦全县保卫团、警察、商团等二千八百余人，改编为义勇军，士气异常旺盛。五月初旬吉林冯占海部二万余人，由松花江南退至巴彦整理，敌兵追至，张司令率部协同冯部，抗战于巴彦南二十五里松花江岸滴塔嘴子地方，继续战斗半月之久，均被我击退，敌我伤亡均重。五月中旬冯部退还江南，仅张司令部保守滴塔嘴子江岸之线，与敌激战，该阵地旋失旋复者有五次之多，拉锯式之战斗，已坚持九日之久，敌我伤亡均重。至五月二十五日敌增加生力军一千五百余人，配以飞机十八架向我进攻，我部被迫逐渐向城郊撤退，是时敌机在城内狂炸，城内大火，县政府房屋炸毁十分之七，王承审魏科长及公务员十余人，均被炸殉国，士兵损失严重，是夜城陷。张司令转进县属之五顶山，收容部队有二千一百余人，复在五顶山收编大刀队四百名。六月初旬呼海路战事激烈，奉主席令在敌后方游击，阻止敌人□兵。当率部往攻庆城，毙敌十数人，当将庆城克复，在庆城与李忠义晤商，李攻绥化，张攻绥棱。复率部进攻绥棱，激战两日夜，毙敌数十人，并俘伪金县□等。占据该城两日后，敌大部向我反攻，不得已退□城外。此时海伦已失陷，探报主席已退通北，又奉主席令在呼海路东侧□击。遂率部北进，将聂家窑天主堂各据点，相继克复。六月二十八日拂晓围攻通北县城，毙敌数十人，残敌由海伦溃退。迨我军入城后，敌机七八架向我轰炸。傍晚敌由海伦增援千余，将我包围，激战一夜，我部伤亡五百余名。次日□□始率团冲出，转进东山里之乌鱼镇，收容部队尚有一千八百余人，该镇仅有房屋二处，人口甚少。适连日大雨，我士兵均卧于树林中，山外均被敌人封锁，粮食无法购得，不得已杀马食肉，张司令之夫人倪兰芳（哈尔滨女师学生）及四岁幼子张国良亦同在军中，因被困半月之久，饥饿露宿，困苦不堪，如不冒险冲出，有全军覆灭之虞。当选出敢死队五百余人，由张司令督率向外冲杀，其夫人倪兰芳率卫队随同冲杀，忽见弹药车被右翼敌人包围，倪兰芳率部往救，激战三四小时，始将车辆夺出。冲出该镇后，到达董画匠村，仍未脱离敌人包围，复在该村苦战两日，突围转进龙门稍事休息。在此始悉主席已转进东山，七月底敌兵三百余，杂以伪军向龙门我军进攻，断续战斗七日，终将敌击退。因城内房屋多被敌炮火击毁，粮食亦断绝，不能居住，张司令率部于八月二日克复德都，仅休息一日，敌兵六七百向德都反攻，张司令因子弹无多，士兵过于疲劳，遂转近山林内八大连池。该处在万山之中，地势险要，易守难攻，在此休息多日，探悉主席已入山林，判断主席必北行出山，遂在此附近守候。九月初旬在龙门六马架迎接主席，报告巴彦失守后作战之经过。奉主席奖谕文官投笔从戎，转战千里，越时四月，雪耻复仇，已尽职责，其忠勇之部下，爱护长官，历经艰苦，相依为命，足见好官爱民，民亦爱之。倪女士随夫杀敌，智勇兼备，诚属女中丈夫，抗战如此，中国必有复兴之一日，惟身体过于疲劳，改委为前敌执法处长，借资休息，所部留五百人编为执法队一营，归该处长指挥，其余一千二百人拨归部队荣少申团，随同本主席赴嫩江作战。

49. 将军东行时沿途之战斗

民国二十一年七月

将军自黑河出发，沿途检阅部队，知子弹甚少，战斗力甚薄，且民团多不愿远离家乡，加以近日多雨，道路泥湿，远行军极端困难，遂放弃誓师前所拟南下四洮路，截断南满铁道之计划，采用第二种亲赴下江与李杜、丁超两司令联合会攻哈尔滨之计划。此时敌由哈尔滨向北增兵，兵车络绎不绝，将军遂在三门谢家，密谕邓文，告以本人行将东下，与丁、李两司令切实面商吉黑两军联合会攻哈尔滨肃清北满敌人之计划。但本人一越铁道东行时，敌或取包围作战计划，并图消灭我军主力。对于其他方面必不甚重视，故本人仅带少数卫队随行，所有基干部队七个旅均交与你，你可潜伏在呼海路两侧，海伦通北拜泉克山一带。俟敌大部向我包围时，即在包围圈外发动攻势，使敌腹背受敌，以资牵制，才鸿猷部分驻呼兰巴彦接近哈尔滨一带，攻敌后路。李忠义部分驻中东路两侧，破坏中东路之交通，遇有机会即攻省城，我将到兰西面示。再四月初我秘密离省，经过拜泉时朴大同表示候我到黑河即反正，至今未见动作，谅必有种种困难，你速与联络，催速反正。我无炮兵，是我军缺点，俾我军增加炮兵，以增实力，此事极为重要。其他各伪军，要劝令反正，倘再犹豫不决，可以具力压迫之。

将军面示邓文后，即向南行，六月二十八日到达兰西，检阅李忠义旅，实有八千余人，枪支七八成，遂委李忠义为第三军长，委张希五为副军长。告以本人将东下，□□丁、李两司令，会攻哈尔滨，令李部分驻中东路两侧，破坏中东洮昂两路交通，遇有机会即攻省城，在兰西住两日，即出发东行。随行官兵计卫队旅长郃斌山率卫一团长张广文团附佟永光，卫二团长李之山，骑兵第一旅长吴松林率团长刘德霖，团长王凤山，工兵营长刘润川，计四团一营共士兵二千余人，少将参议韩家麟，参谋处长容聿肃，少校参谋佟玉衡，民政厅长韩树业，省府参议李丕祖，秘书李煦尧，第一军卫队营长徐国华，随同出发。敌跟踪追击，时有飞机侦察投炸及扫射。越过呼海路张维站时，有敌百余伏铁道旁截袭，自晨至暮与敌激战，毙敌五十余人，俘十二人，得机枪一挺，我阵亡士兵两名，我乘夜越过铁道，过庆城时，上午十时敌机五架，低飞投弹十余枚，伤我士兵四人。将军因劳苦过甚，身体不适，在此休息一日。过铁犁四合成，遇敌四十余人，我义勇军李天德部与敌战三小时，将敌全部歼灭。至东兴镇，因大雨道路泥湿，行军极端困难，并据报告，敌由伊兰乘轮上驶，已将沿江封锁，才鸿猷等部与敌战于通河巴彦一带。东行之路已塞，遂改派省府参议李丕祖代表往见丁、李两司令，转达吉黑两军联合会攻哈尔滨，先肃清北满敌人，再图南下之计划，并告以本人中途改变，不能亲往晤商之原因，将赴东山一带敬候两司令之意见。至此遂放弃东行计划，转进省北，如丁、李赞同会攻哈尔滨，即联合围攻，否则即以本部兵力进攻省垣。又因无线电台已损坏不使用，即寄存农户家，从此遂与各方失却联络。七月七日北行至东兴西北五顶山，遇敌步兵九百余，飞机六架，激战至晚，敌始退去。七月九日才鸿猷联合义勇军，与敌战于巴彦木兰间（见史料四七），因避飞机之侦察，改于夜行军，至庆城七道沟子，因雨大休息三日，有海伦拜泉中等学生二百余人，投军报国，将军反复劝阻，谓敌人包围之势已成，武人牺牲是乃天职，诸生青年是国家基干，这样牺牲太不值，报国之日长，回家读书，勿伤国本。该生等意志坚决，誓死不离，不得已编为学生营，委少校参谋吴锡凯为营长。二十二日行至七马架，遇敌步兵六百余，附迫击炮四门，将我工兵营第七连包围，自上午十时激战至下午二时未能冲出，将军督卫队往援，始将敌击退，敌遗尸二十余具，我工兵因枪少损失亦重，连长杜海青阵亡。二十五日我军在杨老永河口渡河之际，敌飞机二架，步骑炮兵五百余，由后方骤至袭击，我军背河抗战，自午后一时战至暮，射落敌机一架，敌我损失均重，最痛心者，学生营损失亦重。二十七日至王荣庙，遇敌四百余，我吴松林旅长率部与敌激战七小时，毙敌四十余人，敌始溃退，二十八日午后一时，行至十七井子，遇敌步骑六百余人，我张广文团长与工兵营刘润川营长，与敌激战至夜，将敌击退，敌遗尸四十余具，我伤亡百人。自东兴县北行后，连日阴雨，各河流均洪水爆发，我工兵刘润川营长沿河搭桥，出力甚大。翌日即在罗圈甸子被围，容另述之。

50. 将军被围各部队外线之战斗

民国二十一年七月

将军东行后，邓军长发动攻势，以资牵制。探报敌平贺旅团长司令部，驻在海伦主席公馆，随员及卫兵两中队分驻公馆左右广信当商号，与余部分驻各商店，司令部前大街，有麻袋装土堵塞，中留一门，日夜均有哨兵，其他各街道巷口，均堵塞不通，防范异常严密。七月一日夜，邓军长由卫队中选拔精于武术士兵八十余人，各携大刀手枪，令夜袭海伦的司令部，梁振铎部多海伦城内人，派队协助。我军到达县城后，因敌防范太严，多数人不能混入，遂留一部分在城外接应，有四十人越民房潜入。接近敌司令部，见墙垣高厚，上有铁丝网，通有电流，警戒兵围墙巡逻，川流不息，无法进内，知广信当商号驻有司令部官佐及卫兵一中队，当即潜入广信当院内，趁寇官兵熟睡时，用大刀砍毙一百余人，将该商号敌官兵全部歼灭。迨他处敌发觉，我士兵全部退出，毫无损失。旋据谍报，被毙之百余人中，有中队长恩田大尉、平贺中尉、小林少尉及士兵七十余人，又平贺司令之干部官佐三十余人，内有将领一名，均密不宣布姓名。平贺及部队长自此役后，恐惧异常，夜必数易寝处。七月九日，邓率部由拜泉攻克山县城，自晨至午已冲近城郊，敌借机枪火力，拼死抗拒，敌我伤亡均重，战至午后七时，我向东北退却。同日徐宝珍与敌战于讷河，混战于城内外，并往河岸截击，毙敌数十人，敌退守城内，十日早敌得宁年车站，寇兵来援，我始退却。

七月初旬，敌以呼海齐克两路尚未衔接，派工兵建筑克山至通北铁道，邓派部队，在通北之□家镇，克山之张火屯，歼灭敌工兵甚众，修路因之中止。七月十四日夜，邓率部攻入通北县城，毙敌七八十人，残敌退守据点，借机枪掩护，天明亦不敢出外应战，翌日午刻，敌海伦援军到时，我始退出。二十日南廷芳司令率部攻入德都，毙敌数十人。

邓军长自发动攻势后，并遵将军面谕，策动伪军反正以增实力。时驻拜城伪军朴大同旅，辖炮兵一团，步兵三团，子弹充足，实力甚厚。邓军长密赴拜泉，劝朴反正，朴以待机发动为词，似系有人走露消息，敌调朴炮兵一连赴省城，朴示意邓军长中途截获。邓军长因依安伪军霍刚支队，辖骑兵三团，遂带队转至依安，劝霍反正，霍于八月十五日反正，杀敌监军中部少佐等多人，随即进攻安达站，截断中东路交通，激战三昼夜，敌我伤亡均重，不得已退至肇东。邓军长自截获朴部炮兵一连，炮弹五百余发，及霍刚部增加后，声势日大，渐为敌人所注意。

第三军长李忠义，自将军东行后，在省城南部破坏敌之交通，中东路轨一度破坏，中东路轨，多日不能通行，副军长张希五联络大赉之陈得胜部破坏洮昂路嫩江桥，多时未能修复。八月初旬，见敌宣传马占山阵亡，悲愤填胸，拼命报仇，以报恩遇，亲率所部进攻昂昂溪，猛烈异常，当日即攻入，敌损失甚大，向省城溃退，李军占领车站三日，敌由省垣纠集敌伪六千余众，又飞机四架助战，向我反攻，苦战三日夜，李因子弹将绝，退出该站。当因久雨之后，遍地沼泽，仅有一路可以通行，敌以重机枪封锁，并飞机投弹扫射，以后我部损失甚大，退回肇东一带。

义勇军才鸿猷、张庆禄、李天德等部，发动于沿松花江沿江各县，七月九日，李天德部破坏呼海路兴隆镇铁轨，毙敌四十余名，敌旋修我旋破坏，火车时时中断。才鸿猷、张庆禄等部，自九日午前七时起，至十一日晚，鏖战于巴彦及江岸（见史料四七）。张庆禄司令于巴彦陷落后，率民团四千七百余人，北向庆城、绥棱、通北、德都等县游击，因连日阴雨，行军困难，历时两月，与敌接战十余次，并克复绥棱德都，毙敌甚多，在德都闻将军出山，前往龙门迎接。焦景斌、陈大凡部，发动于绥滨、汤源、通河、各县，围击敌□□□。梁振铎、南廷芳部，发动于海伦、通北、克山、德都各县，常常夜袭，出没无常，使敌不能稍安。此两月间，黑东已成为混战状态，敌人之在各交通线点，昼夜不敢外出，强迫民夫构筑工事。最可恨者，每被袭击即诬该城镇之良民，指为通马，任意杀害，殊属惨无人道。

省北方面，义勇军司令卢明谦，八月初旬，见敌宣传马占山阵亡，异常悲愤，红枪会尤气不可扼，遂率所部一千余人，布西甘南红枪会二千余人，夜袭齐黑路之拉哈站。该站驻有敌兵三百余人，红枪会潜入敌驻之院内，用刀矛砍刺，毙敌约二百人，天明时逃散各处之残敌，均退入天丰号院内，用机枪掩护，死守该处，我军包围两夜一天，寇兵在院内号泣，我均闻知。但我军冲近院前，即被敌机枪压迫退回，我红枪会伤亡甚重。第三天敌由省城开来兵车一列，约五百余，将我包围，我军乘夜退出，转至德都龙门。此后毙敌二百余人，我红枪会因还信神拳，用刀矛与敌拼命，故伤亡五百余人。将军出山后，因本军作战甚力，改为骑兵第十二旅，委卢明谦为旅长。

旋据海伦谍报，七月初系敌十四师团之平贺旅团，负追击将军之任务，旋又增加第十师团涉谷部之饭塚勇夫旅团、沼田旅团，共一师团又一旅团。沼田旅团位置在沿江一带，饭塚旅团参加封锁山林。自松花江岸起向北封锁至龙门县属之北安镇，长数百里，因李忠义攻回省垣，邓文声势日大，各义勇军纷纷起义。八月中旬，敌将封锁部队撤回呼海路沿线，总计此七八两月，敌官兵伤亡约五六千人。

51. 罗圈甸子突围战

民国二十一年七月三十一日

少校副官刘景芳、少校连长于睿海率卫士赵连城等二十余人，押运饷款及衣服用具驮子，少将参议韩家麟（述彭）少校参谋佟玉衡均随行。二十八日，十七井子战役后，与将军失却联络，行至罗圈甸南部七八道林子地方，见山旁有民宅，因疲劳过甚，是夜遂在此民宅休息。二十九日清晨，被敌包围，将刘景芳等全部杀害，饷款等均被劫，敌见韩家麟蓄有短须并带有将军名章，认系将军，绑在树上，用刀乱刺。旋据海伦谍报，敌在海伦宣传马占山阵亡，通电各地，庆祝三日，将将军像片、名章、饷款、衣服、用具均陈列任人观览，并照像登载报纸，大肆宣传，并报告天皇邀功。正在兴高采烈丑态百出时，有人密报，像片不似马占山，复将少校参谋佟玉衡首级割下，令人辨认，均称不是，至此敌恼羞成怒，硬指韩家麟即是马占山，只顾目前邀功，不顾后来之笑柄，真恬不知耻。

二十九日，将军率部约千人，行至罗圈甸子，先头部队被敌阻击折回。罗圈甸子系海伦东山里，在东兴安岭大山西侧，东面系大山，南北三四十里，东西三十余里，一片平洼地。平时常积水不干，土人呼为臭水甸子。近当连日阴雨，泥水尤深，但有三分之一高地，北西南均有断续不连之山口。此时敌人约七八个联队近万人，将北西南三面层层包围，将军知陷重围，情□严重，派队在各山口与敌对峙。三十日晨，各山口发生激烈战斗，时起时息，午后三时，卫队营王青龙营长率部一百七十余人，由西山口冲出，因逾远敌逾众，以致全部殉国。省府秘书李煦尧亦同时殉国（王青龙营长，本年四月收抚之土匪，每战必猛勇先驱，建功甚多）。三十一日自晨起，各山口战斗异常激烈，将军□□□夜，部下未得休息，兼无粮食，势必今日冲出，始有生路。午后四时至北山口正拟冲出时，被敌猛烈炮火所阻，当留张广文团长把守此口，将军转向东南山口，令机关枪连长张喜春用机枪掩护，午后五时，由东南山口冲出，行不远陷入泥沼内，泥水没肩，身旁仅剩旅长部斌山，副官杜海山、张凤岐、张玉、卫士赵凤阁、张永发、孙守谦等八人，均隐藏在泥沼内。时天已微黑，见有寇兵十二人前来搜索，将军率七人同时由泥沼内跃起，将寇兵十二人击毙，夺得大枪子弹，终冲出包围线，进入山林地。是夜张广文、张喜春等亦由北山口冲出，在山林中与将军集合。翌晨（八月一日）将军向东南深山前行中，正在渡过水不甚深之山河时，敌人追至，将军令张广文、张喜春数人，携带重机枪两挺，隐伏在山坡小路上，见敌人密集队，半过伏卡时，张等发枪猛烈射击，敌被我击毙之尸体，将河填平，续到之敌纷向后退，此时我子弹已尽，枪筒已发红，不能再用。张广文等遂将机枪在石头上击毁，进入山林，敌受此打击以后，即不敢再追，将军始脱险入山，向预先指定之集合地进行矣。此役计三日夜，我军阵亡及失踪者约五百人。将军脸上稍受微伤，敌人损失数倍于我。

旋据海伦谍报，敌官兵阵亡遗下之钢盔运回海伦者，有八大车之多，至少亦在二千人以上。受伤官兵乘火车运回哈尔滨者络绎不绝，均不令中国人近前观看，数目之众，便可想见。参加战役者，为平贺旅团之全部及饭塚旅团之一部，共一万数千人。

52. 山林中四十日之困苦生活

民国二十一年八月一日至九月七日

张家湾：八月一日，将军突围后，遂向预先指定集合地张家湾子进行，深林内并无居民，行两日未得饮食，兼又下雨，衣服尽湿，过河亦无舟楫，饥饿困疲之状，不可言喻。两日计行百七八十里，到达张家湾子，吴松林、张喜春等亦至，集合五百余人，在张家湾民户家住一日，吴松林率部四百余人，在木营子堵击，将军率韩树业、郎斌山、容聿肃、佟永光、刘芷兰、徐国华、杜海山、张凤岐、张玉及卫士赵凤阁等一百余人，北行一日至刘占一店。

刘占一店：此时将军除随身衣服及枪支外，仅有绒大衣一件，名章一方，眼镜一副，其他毫无所有，不意卫士赵凤阁携有皮包一个，无论如何危险时，死不松手，至此忽□于将军，检查内有款三万余元，赵凤阁如此忠实，将军非常欣慰。附近居民闻主席至，自动的纷纷送来食饭，将军发给粮价，坚不肯受。又本年四月收编之土匪北霸天即韩玉禄初委为卫队营长，旋委为义勇军司令及副司令。于庆余率部一百七十余人，追寻将军至此，愿随将军护卫。将军许之，随行时，每人分米二升，盐少许，在此住一日，再北行一日至二道河子，此地无民居，再行三日至八道河子。因离刘占一店沿途均无民居，二升米已食尽，不得已杀马充饥。

八道河子：八月五日，忽有飞机五架追至轰炸，投弹十余枚，将军身旁落四弹，□□□受破片微伤，韩营长部伤亡十余人，马匹炸死十数匹。将军向部下训话，我是黑龙江省主席，黑龙江省被日本鬼子占了，人民被日本鬼子杀害，我有守土保民之责，要把日本鬼子打出去，吃苦挨饿是我应该的，你们都是老百姓，家有父母妻子，可以回去各安生业，不必随我受苦。如果你们爱国，随地随时都可杀日本鬼子，我愿意你们都回去。部下齐声答曰，主席走到哪儿，我们跟到哪儿，要死也死在一块，言毕均痛哭失声。将军复安慰之，八道河子无民居，全靠马肉充饥，遂将炸死马肉，用火烤食之，剩下马肉大家分带之。再行二日至吴索伦棚子。

吴索伦棚子：索伦人语言风俗，与满汉人不同，住大山深林中，履山如平地，熟悉深林道路，以打猎为生，打得皮张到街市交换食粮布匹。吴索伦系东山里索伦人之酋长，常到海伦交易，均呼为吴索伦，海伦商人多与往还，遇有与索伦人发生纠葛，求为解决。本年六月将军委为山林游击司令，以为入山之预备，吴索伦棚子，即吴索伦之家，仅有树皮搭盖之小屋一间，有米二斗，盐半斤，正拟动身时，见吴松林部少校连长徐子卫率部五十七人，跟踪追至，带有米两驮子，约石余。据称由张家湾随同吴松林旅长到木营子后，吴旅长离队化装走了，卫队团长李之山亦走了，本旅团长刘德霖、王凤川见旅长走了，亦带队他去，团长张广文未见着，我率本连士兵五十七人，并有受伤弟兄两人，徒步追寻将军，仅差一日，至此始赶到，我愿意跟主席抗日，□一炮打死而后已。将军嘉慰之。据吴索伦云：北行无人烟，恐怕找不着食粮，将军颇忧之，令韩营长转劝部下，分出一部分出山，等候再行集合，韩部分出约百人出山，韩树业亦随同出山。吴索伦随带二人为将军引导，行六日至樟树河子，沿途不见居民及行人，粮食行三日已尽，全以马肉充饥，杜、张两副官，烤马肉劝食时，常云这块肉好，请主席尝尝，将军一闻此语，即肠胃翻动要吐，不食又饥饿难受。且连日大雨，无处可蔽，每夜剥树皮盖一小棚，有一夜棚顶四处均露，将军又患感冒，睡在棚角，任雨落滴，因白日疲困，昏昏睡着，醒时见棚不露，以为雨止，探首外视，仍大雨未息，见团附佟永光蹲在树下，雨□□□□□□□问卫士当知系佟永光脱下雨衣盖在棚上。天偶晴时，蚊虫太多，大者近寸，能将马咬死，人被咬周身疼痛，且时有敌机轰炸，此种痛苦，均不及饿之难忍。屡令吴索伦寻找粮食，吴云，过樟河三十里太平山有金厂，去年冬季有人到此采金，运有粮食，不知现在还有人有粮否。将军催即前行，计行六日至樟树河子。

樟树河：土人呼为樟河顶子，言在山上系樟河河源，大雨之后，山水陡发，水已淹灭树梢，流急且深，人马皆不能过。时大雨不止，将军同部下，遂在河旁休息，遍视部下均饥饿困乏，面无人色，膝以下均红肿粗大，皮破血流，徒步人更甚。参谋处长容聿肃，身体向弱，因饥饿堕马，濒于死者数次，副官孙本诰，背负□□，背腿均肿。将军目睹此种惨状，流泪不止，叹曰：如天佑我，令我过去，死在炮火之下，我才甘心。默祝毕，注视河水，似向下降，二三小时水退丈余，令人探试，勉强可渡，将军率部急速渡河，后有四人尚在河中，见河水丈高奔腾而下，将马冲去，人幸遇救，过河后□□□食希望，颇觉快慰。行三十余里，至太平山金厂。

金厂：将军行近金厂时，有一人出迎，近视之乃旧识之海伦商人王老头，急问曰："有米面否？"答曰："有米十余石，面四五百斤。"将军同部下遂在此休息，令速量米造饭，大家饱食一餐。各人均喜形于色，将军尤欢喜，拟在此休息三日，令王老头将米量好，给予厚价购买，并令部下炒成干粮，计日分带。吴索伦云："由此至龙门半月可出山口，计粮食尚可敷用"，将军甚为欣慰。旋与王老头闲谈，听云"上年大仙常说此地有金子，叫我来采，可获巨利。我于冬季运来粮食，搭盖小房三间，春天雇把头（寻金工头）在山寻找，不见金子，屡次欲回海伦。大仙云：我的任务来了，叫我等等，屡次问仙，均如所答，前三日大仙说快了，不久贵人到了，你就可走。今见主席来了，必是大仙叫我替你看粮，我要同主席一阵出山回去"等语。江省自事变前数年，发生胡仙附人说话，或在空中说话，替人治病及算命，指示未来吉凶，常有武人不迷信者，用枪击之，枪机不下，枪不走火，预言未来，事多奇验，人多信之。海伦东山一带尤甚，各处建有大仙庙甚多，家庭亦多供俸牌位。李天德部信徒即甚多，一遇战斗均不怕死，常用大刀将敌歼灭，敌畏之称为“铁孩儿”。王老头亦信仙最笃者。将军同部下二百余人，在金厂休息三日，饱食之后精神均旺盛，第四天上午由金厂动身，甫行一二里，有敌机七八架向金厂投弹二十余枚，将房屋炸成平地。复向将军一行轰炸，因已散蔽并□□□□□西北行十四日至龙门县境，九月七日至山旁董画匠家（距县城十八里）。董见将军一□□发胡须深长，衣服破烂不整，疑似土匪，闭门不令进院，将军自述经过，先让他一人进院，必能认识。迨将军进入院内，辨认确是主席，董老人忽大哭，合家亦随之大哭，将军问其故？董老人答曰：“主席为国为民，受苦到如此样子，我们看见不忍，因此大哭。”将军亦感触流泪，并思山边人民，向不读书识字，尚知爱护国家，爱护官长，此数人之泪，不但洗尽山中之苦，且中国前途，必有希望，非常快慰。董老人招待备至，将军一行二百余人，遂宿于此。旧历八月九日即国历九月九日至龙门县城，完全脱离山林。计在山中共四十日。

附　省党委王宪章报告困苦作战文

南京国民党中央执行委员会钧鉴：今春马主席因海伦大敌当前，单骑回省，深入虎穴，日人以为有机可乘，便从各方面下手。马主席既探知日人之阴谋毒计，恐旷日持久，贻误时机，遂毅然潜出省垣，脱离虎口，曾在黑河组织军事行政各机关，高举抗日义旗，以为号召，采用游击战术，避实击虚，昼伏夜作，扰乱日军，使敌疲于奔命。师行所至，极力鼓励民众合力抗日，因此日伪两方，以全力压迫我方，举凡马主席行踪所至之地，飞机即尾追其后，使之毫无躲闪余地，不得已退出交通便利县区，移至林深丛密较为笃远处所。于是饷糈被服，更为困难，往往数日不得一饱，饥则杀□马而食其肉，渴则就泥潭而饮其汁，赤炎长夏，毒草没人，终朝淫雨，水深过膝，蚊虫之刺筋吮血，蛇蝎之噬肤啮肢，更不遑恤，前有饥渴虫蝎之困，后复迫于飞机炸弹，此种苦况，远非局外人所能想象者。而马主席毅然处之，其不屈不挠再接再厉之精神，深入一般兵士心坎，故虽饷弹两缺，衣食无着，犹能左提右挈，奋斗到底，卒使各地义军蜂起杀敌，形势一变。黑龙江省党委王宪章呈，民国二十一年十一月一日。（《见王宪章日记》）

53. 报告六月后战争状况电*

民国二十一年八月三十日

（衔略）窃自六月中起过呼海路后，职即率部向绥棱、东兴、庆城等县前进，同时并令邓旅长文，义勇军南司令廷芳，率部分袭北部克山、通北、德都等县。兹将战况分陈如后：（一）虞（七月七日）我军向东兴县西北河遇敌步兵约九百余名，飞机六架，激战至晚，敌军与飞机相继退去。（二）养（二十二日）敌以步兵六百余名，迫击炮四门，在七马架将我工兵第七连包围，抗战数小时，职闻报亲督卫队往援，始将敌击退，敌人遗尸三十余具。（三）有（二十五日）下午四时，我军在杨永河口渡河之际，敌以飞机两架，步骑炮兵约五百余名，由后方骤至袭击，我军背河抗战，射落敌机一架，鏖战至暮，敌始不支而退，敌人损失颇重。（四）沁（二十七日）我骑兵第一旅吴旅长松林，率第四团于王荣庙与敌四百余名相遇，激战七小时，敌始撤退，毙敌数十名。（五）勘（二十八日）下午一时，我骑兵第一团张团长、工兵刘营长，在十七井与步骑兵联合之敌六百余名相遇，激战至晚，将敌击退，敌军遗尸四十余具。（六）艳（二十九日）上午十时，职率所部行至罗圈甸子（原文误罗为游）南方森林附近，遇敌步骑炮兵千余名四面包围而至，职当激励官兵，奋勇还击，始将西南方面敌人击退，此次敌人死伤尤巨，战事以此次为烈，我□□□□□□职之面部，亦于此役被流弹所伤，刻已痊愈。乃于本月（八）五日行至八道河子，复被敌机六架，骑兵五百余名袭击，幸我官兵用命，以一当十，激战半日，毙敌百余名，我方亦伤亡官兵十余员名。又于十四日将通北县城占领。（七）据南司令廷芳报告，于七月号（二十）日将德都县城攻下。总计以上数役，虽未尽数歼除顽敌，但迭次巨战，足警敌胆，况飞机为敌方独有，我军乏防空制空能力，较为不利，否则虽我火器不逮敌人精良，而官兵精神固极振奋也。职现在□□□一带，并令邓南各部分头策动，拟即大举反攻。黑龙江省主席马占山叩世。（民国二十一年九月三日《申报》）

54. 将军出山后围攻省城之筹备

民国二十一年九月

将军出山后，在龙门附近乡村六马架一带，即以电话通知黑河令报告

* 该电发自黑河。

中央及北平。并派员与邓文、李忠义、才鸿猷各军长取得联络。适巴彦县长张庆禄率部来迎，与龙镇县长温瑞廷向将军报称：

自七月初旬将军越呼海路东行后，敌第十四师团松木直亮部平贺旅团，负追击将军任务，跟踪追击，并以十六师团涩谷部，沼田旅团封锁沿江，饭塚旅团一部封锁自江岸向北至龙门县属之北安镇各出口。此时邓文部攻入海伦安达，李忠义部攻入昂昂溪车站，才鸿猷、李天德及庆禄等截击巴彦及江岸（详史料四五、四六），各路义勇军纷起杀敌，敌腹背受敌，将南段部队渐向呼海路及哈尔滨撤退。追罗圈甸子之役，敌人损失甚大（详史料四七）。八月中旬遂将大部队撤回呼海路，现在我部队活跃异常，敌人困守交通路线，用麻袋装土，及铁丝网封锁交通，日夜均不出营。司令官每到夜间，必易寝地，江省北部，齐克路以北不见敌人。现在敌人兵力，呼海路及哈尔滨驻三个旅团，省城驻一旅团，省北齐克路拉哈站、宁年站、安达站，均驻有兵，惟拉哈站驻兵较多，司令部设在该站等语。

将军听得报告后，即着手筹备围攻省城，举邓文所领之将军基干部队位置在省城以东，呼海路以西，阻击呼海路哈尔滨方面敌兵之援助。并以才鸿猷部，在敌后牵制，自率部攻哈拉站，直下省垣。以李忠义部在南策应。因邓所率之部队，系将军精锐干部，非常重要，当令卫队营长徐国华，回第一军传谕邓文，此次抗战，胜则为国家保全□□，败则为国家民族争光荣，无论胜败，在所不计，但必须把我们的力量用尽而后已。这是我的紧要的命令，叫他（指邓文）要常记着，我深知他是忠实爱国军人，武力又好，所以把我的基干部队都交与他，我的部队是专为抗日的，只要是打日本鬼子，就是打光了也不要紧，叫他好自为之。我现在筹备围攻省城，将来另有命令，他的任务，一面进攻省城，一面阻击呼海路，哈尔滨敌兵使其不能援应，他与才鸿猷、李忠义常取联络，以资援应。现在电话电报不通，传达命令，恐误时机，他可相机为之，便宜行事。并嘉奖近两月战斗功劳。告以本人即日将赴嫩江讷河一带。

将军到达嫩江后，义勇军司令徐海亭部，已有六千余人，将军令赴讷河候命，□□省党委王宪章同志，组织义勇军总指挥部，令财政厅长郎官普，筹备军饷，稍资接济，令营长高登瀛、于斌举等，赴各乡村提取寄存子弹，略为布置，即进驻讷河。驻县团长李振华、县长崔泽生有附逆嫌疑，当将斥革，所部改编。将军因讷河距敌甚近，遂设总司令部于此，财政厅长郎官普，军需厅长田庆功，将后方存款，搜穷罄尽，仅得江币三十二万元，送来讷河，立即支付各部队，稍资接济。遂着手将部队改编。

将部斌山卫队旅，改编三团，委佟永光为第一团长，张喜春、陈达三为营长，委荣少申为第二团长，陈志汉、徐子衡为营长，委陈景瑞为第三团长（此团在扎兰屯改编），因卢明谦、南廷芳两司令，战功卓著，各有士兵三四千人，均改为旅，委卢明谦、南廷芳为旅长，当时计划，拟分四路围攻省城。将第九旅陈明九部，十二旅李绍臣部，十三旅张云阁部及徐海亭部编为第四军，委徐海亭为第四军长，程德峻为副军长。委张竞渡为暂骑一旅长，韩玉禄为骑十旅长，李广和为第一团长，委宋喜和为骑五旅长，卢明谦为骑第十二旅长，均归第四军指挥。委才鸿猷为第五军长，委邰斌山兼第六军长。将南廷芳部改编为旅，委南廷芳为第×旅长。将军计划，亲督徐海亭军攻北路，邓文攻东路，李忠义攻南路，张殿九旅攻西路，邰斌山部应援，才鸿猷攻哈尔滨牵制敌应援。南廷芳攻克山截断敌呼海、齐克两路之联络。计划已定，忽见护路军司令苏炳文十月二日通电，就任东北民众救国军总司令，张殿九就副司令，誓师抗日，已由扎兰屯率部东下，多一友军，异常欣慰，遂发出命令十月二十日开始总攻矣。

附　省党委王宪章报告组织义勇军指导部电

南京国民党中央执行委员会钧鉴：马主席由黑河誓师出发，时及半载，给养困难，子弹缺乏，风餐露宿，甚至饥咽马肉，渴饮泥浆，一种坚苦卓绝不屈不挠之精神，实属难能可贵。现马主席又派遣会中同志，组三路义勇军，近更派同志多人，组织义勇军总指挥部，将漫无统系之义勇军加以组织训练。会内只留同志数人，昼夜工作，不敢或懈。黑龙江省党委王宪章叩冬印。民国二十一年十月二日。（见《王宪章日记》）

55. 围攻省城之战斗

民国二十一年十月二十日

北路之进攻：齐克铁路拉哈站，为省城北部最重要之据点，驻有敌军小泉联队，下辖冈田、日向、石川三个大队，共二千六百余人，此据点如攻破，即可进至城郊，附省城之背。将军亲督徐海亭军长，十月二十日将部队布置于拉哈站附近一带。二十一日清晨，将杨大屯以西铁路破坏三十华里，断绝敌之后路交通，随即向该站进攻，将敌包围于车站以内，激战八昼夜，敌我伤亡均重。二十八日我将部队撤出一部分，休息二日，三十一日又复猛攻，敌退入车站楼房及地窖内据守，我军无炮，每进至楼房，即被敌机枪压迫退回，损失甚重。将军在大街见有大车木轴，略似炮形，遂令工人将木轴锯成两破，将中间凿似炮腔，复又合起，用铁皮包紧，后留火线孔，内装土制火药破铁片铁球等，以两炮排列，用绳向后牵引，不使移动，同时点火，竟将楼房轰塌，只能放两次，已不能使用。此举出敌意外，毙敌甚多，残敌均退入地窖内，此时我士兵已进至站台，距地窖不远，将军令将煤油用抽水机（救火用的）注射窖内，拟放火焚烧。正在注射煤油时，敌由省垣增援四五千人，并伪军一旅开到，将我包围反攻，我军因已激战二十一昼夜，疲劳过甚，兼子弹无多，十一月十日不得已撤退五十华里湖北新村一带，再图反攻。

此役我伤亡九百余人，团长田俊峰、孟子君均殉国，旅长张竞渡被俘后，被敌杀害，旅长南廷芳三次攻入克山，因受重伤，被敌杀害，旋据谍报，毙敌六百余人。□□□本、山南、可喜、藤田四大尉，佐藤、竹三等六中尉，小石川等三少尉，田冈少佐大队长自杀。

将军回至讷河，此时最感困难者，第一子弹缺乏，第二司令部与各部队电报电话不通，不能指挥各部队互相援应，单独作战，缺点最多。而敌有铁道及电信之联络，调动如意，可以将我各个击破。此时得报西路张殿九旅，已由富拉尔基退守朱家冈，必须前往与苏炳文司令联络进攻，遂令徐海亭军长、程德峻副军长，将部队整理休息再攻，本人将赴扎兰屯晤商苏、张两司令，约十日即可回部，十一月十三日遂赴扎兰屯。

东路之进攻：军长邓文奉到将军围攻省城之命令，即与朴大同聚议，朴大同率部攻泰安镇，巩固拜泉根据地，邓率部攻安达站，沿中东路进至昂昂溪与李忠义会师进攻省垣；另派一部由依安攻林甸。邓率所部于十月下旬南下，向中东路进攻，到达安达县，敌顽强抵抗，激战二昼夜，毙敌百余人，当将安达县克复。敌军六百余人，联合伪军檀自新、周作霖两支队，由安达站迎头进攻，檀自新为先头部队，已达安达县城郊。邓文与檀自新私交甚厚，当派参谋长李世勋劝檀反正，当杀敌监军北部邦雄少佐一名，鲜人翻译崔□一名，邓、檀联合向敌进攻。敌与周逆退守安达站，邓、檀、霍率部追至安达站，激战五昼夜，毙敌三百余名，俘伪军两连，敌不支，借铁甲车掩护，向北退去。邓占领安达站后，率部沿中东路向省城进攻，刚达小蒿子车站时，探报李忠义已退出昂昂溪，损失甚重，并接报告，退出安达站之敌，现又向安达站进攻，朴大同部退出泰安镇，所部将敌截为两段，呼海路哈尔滨敌有进攻拜泉之企图，邓恐拜泉根据地被敌占领，十一月中旬率部回拜，过安达站时，将部撤退，据守安达县城，另一部已攻进林甸县城，因雨后泥沼太深，不能前进，邓令驻守林甸候命，自率部返至拜泉，迅速派兵将乌鱼河之朴部炮兵运回拜泉。

拜泉原驻有伪军炮兵旅朴大同部，步兵三团，炮兵一团，十月一日朴大同通电反正杀敌，将敌监军少枝少佐等拘押，借免敌机轰炸，邓文与朴私交甚厚，当与联络，两军即以拜泉为根据地。迨邓文奉到将军围攻省城命令，朴大同率部进攻泰安镇，巩固后方，朴部系生力军，子弹充足，激战一日，毙敌二百余人，敌不支溃退，朴率部占领泰安镇。十一月中旬，敌大部队反攻，朴率部退出，途中被敌截为两段，一退讷河，一退至为乌鱼河，道路泥湿炮车不能动转，朴率少数部队回至拜泉。不意留守拜泉之团长刘甲三将敌监军少枝少佐等释放，显有通敌嫌疑，当将刘甲三处死，朴因所部星散，遂离拜泉回至关内，残部由邓文收编。

军长才鸿猷，奉到将军命令后，协同旅长兼司令焦景斌，县长兼司令陈大凡，通河驻军团长刘斌，同时发动于绥滨、汤河沿江各县，向哈尔滨进攻。十一月初旬，与敌沼田旅团，激战于通河，战三昼夜，通河两得两失，敌我伤亡均重，司令焦景斌壮烈牺牲，团长刘斌、县长陈大凡受伤，均退入苏联。

南路之进攻：军长李忠义，十月下旬，奉到将军命令后，即率部向昂昂溪进攻，张殿九司令此时已攻至富拉尔基，与昂昂溪仅一江之隔，李因八月初旬进攻昂昂溪时，损失甚大，尚未补充完备，尤以缺乏子弹，不能攻下，当经张司令派张玉廷团长，送给子弹补充。十一月初猛攻两昼夜，敌我伤亡均重，敌始溃退城内，李率部进占车站，与张司令联络，正拟联合向省城进攻时，敌松本部队，倾巢出城，杂以伪军，约近万人，向昂昂溪反扑。李部据站战斗，敌我伤亡均重，不意敌人兵力雄厚，乃将车站包围，李部因子弹无多，突围冲出，致伤亡四五百人之多。旋据谍报，敌将尸体中，有似李军长者之首级割下，送至省城示众，乱我军心，实不知耻。

西路之进攻：自苏、张两司令十月一日发出抗日通电后，张殿九司令即率本旅孙鸿裕、张玉廷、唐中信步兵三团，傅耀武骑兵一团，沿中路东下，十月下旬进占富拉尔基，距省城仅四十里。此时李忠义进攻昂昂溪车站，彼此互应，极为顺利，不意李忠义攻入昂昂溪后，敌倾巢出城反扑，迨李军退出车站后，十一月初，即渡江向我迎击，激战三昼夜，我部伤亡过重，兼有包围之虞，不得已退至朱家冈。十一月中旬，适将军抵扎兰屯司令部，与张、苏两司令晤商未定，同赴海拉尔，此时朱家冈敌增至一旅团之众，张部尽力支持，双方对峙，至十二月一日清晨，敌约三四百人，乘汽车二十余辆，由甘南袭击扎兰屯司令部，并有飞机四架，先在市空投弹及扫射，午后四时敌攻入市内，张部伤亡二百余人，前线因后方被截，不能支持，遂向铁道南侧撤退，而海拉尔苏司令部□□向满洲里撤退。

56. 将军干部最后之壮烈战斗

民国二十一年十一月二十日

（按）此文系军参谋长李世勋笔记。

敌人进攻之态势：军长邓文，十一月二十日由小蒿子车站回抵拜泉后，敌第十四师团长松木直亮，联合哈尔滨之敌，会犯拜泉。计省城之敌分四路，一路由克东进攻，一路由泰安镇进犯，一路由省城攻我林甸、依安，向拜泉进犯，主力由克山直犯拜泉，计步炮兵六千余名，山野炮二十余门，装甲车十数辆，附以伪军周作霖、萨力布二千余名，哈尔滨之敌，约步炮兵二千余名，分三路，一由安达站进攻安达县，向明水进攻，一路攻我青冈，主力由海伦越通肯河犯我拜泉。

我军内线应战之布置：十一月二十一日前后，我驻林甸、依安、安达、青冈各军，先后与敌接触，均以兵力单薄，向拜泉方面转进。各县遂陷敌手，邓军长即采取内线作战，以拜泉为中心，迎击来犯之敌，其兵力布置如下：

（一）派韩卓卿旅长，率部扼守拜泉东北周二先生街基，拒止克东方面之敌。（二）邓军长亲率精锐干部及檀自新、高昆山、阎惠波各旅，附野炮十二门，扼守拜泉北癞马沟一带进击克山敌之主力。（三）派刘义旅长率所部，附野炮四门，驻拜泉西北刘家大柜附近，阻止依安方面之敌。（四）派陈国玺旅长，率部驻守双阳镇，阻止依安方面之敌。（五）派李云集旅长、附李天保部，驻守明水县，迎击安达方面之敌。（六）派李天德旅长率部扼守拜泉南之六大屯，阻止青冈方面之敌。（七）派霍刚总指挥率所部两千□□□□吴振铎旅，附山炮四门，扼守三道镇沿通肯河布防，迎击海伦方面之敌。（八）以郭凤来旅徐国华团为总预备队，位置于拜泉附近。以朴部剩余之一营警备拜泉县城，留参谋长李世勋在县城以电话指挥各军。

战斗情况：克山方面之敌二千余名，附炮数门，装甲车五六辆，十一月二十五日上午，出现于癞马沟以北地区，邓军长指挥炮兵卒然猛射，立毁敌炮二门，装甲车三辆。敌初未料及我配属炮兵，遭此挫折，步兵迟疑不进，邓军长督率各部，勇敢出击，我官兵借炮火威势，拼死前进，毙敌七八百名，残敌不支，向克山退去。邓军长因顾虑他路战事，未便深追，仍守癞马沟阵地。

二十六日晨，克山之敌，复扫数东犯，进攻亦极审慎，与我军战至傍午，我炮兵对敌进行压制射击，颇著效果，邓派骑兵两团，由右翼迂回敌后，正面步兵向敌猛攻。敌惊惶失措，夺路奔逃，毙敌四百余名，得获步枪二百余支，我亦伤亡五六百名。

克东方面之敌，于二十五日午，与我守周二先生街基之韩卓卿旅接触，韩旅应战一昼夜，死伤甚重，遂急电乞援，当派徐国华团驰往应援时，周二先生街基已失，遂在以南地区作战。

泰安镇方面之敌，于二十六日进攻我刘家大柜之阵地，我刘义旅奋勇迎击，激战一日，敌我炮火均猛烈，损失均大。当以癞马沟方面敌已退去，不敢复至，遂留一部驻守阵地，大部着檀自新率赴刘家大柜应援，敌机六七架到处助战，我炮兵白昼不易更换阵地，至晚始将炮兵调至。二十八日敌陆空联合，向我进攻，当被敌机炸毁我野炮三门，余炮不敢发射，我守兵与敌鏖战至晚，卒能阻止敌之前进。惟驻双阳镇及明水我军，与敌连战三昼夜，被敌压迫，向拜泉附近转进。

海伦方面之敌，二十四日午，与我驻三道镇之霍刚部隔通肯河激战，连战四昼夜，我阵地被敌炮毁甚重。二十八日早，敌步兵借飞机掩护，强渡通肯河，我官兵牺牲颇众，吴振铎旅长负伤，而敌被击落水中者二三百名。后派预备队郭旅驰往增援，而三道镇已失守，向拜泉转进。

最后之壮烈战斗：二十八日晚，我各路部队纷集于拜泉附近，遂作保卫拜泉之战斗，邓军长书召集干部官长训话，大致谓奉主席命令，江省抗战，胜则保全国土，败则为国家民族争光荣，无论胜败在所不计，但必须把我们的力量用尽而后已。斯时各官长均呼服从主席命令，驱逐丑虏，当令檀自新率部占领拜泉县北十五里之田家园子东西之线，迎击克东、泰安、依安方面之敌。霍刚率部占领拜泉东南二十里堡阵地，迎击海伦方面之敌，李云集部占领拜泉西南姜家堡阵地，拒止明水方面之敌。

二十九日早，敌挟其精锐武器，节节进迫，即与我全线接触，敌机十余架，各处轰炸，并低飞扫射，拜泉县城内被炸，各处起火，我官兵咸抱必死之心，与敌激战两日夜，炮弹用尽，子弹亦余无几，最后与敌肉搏，彼此伤亡均重，敌赖后方补给，供应无缺，我则弹尽力竭，即负伤官兵亦无法安置。虽有悲壮之气，而无挽救之方，与其徒受牺牲，反以枪炮资敌，莫若暂时趋避，尚可再举，乃于三十日夜间，冲围向拜泉南六大屯方向转进。

敌我之损失：邓军长十二月一日早到达六大屯集结所部，尚余官兵九千余名，军马九千余匹，野炮八门，炮弹全无，子弹每枪不足十粒，此壮烈之战斗六昼夜，我军伤亡三千余人，离队回家者三千余人（因系附近民团)，敌人阵亡至少亦在二千五百至三千之间，伤者必倍。但据敌尖兵伪军萨力布部士兵刘云五、张甲之等不愿附逆，逃至六大屯投入我军，据称二十五日癞马沟之役，敌令伪军押民夫抢运敌尸七百七八十具，二十六日又在癞马沟运回尸体四百三十余具。受伤者令民夫担架送至海伦克山者络绎不绝，此外我等未参加，敌伤亡状况不详，但二十九日、三十日见拜泉附近敌尸垒垒，不知其数，由此判断，敌之损失更大。

电自江桥抗战始于二十年十一月四日，至此恰一年又一月，其首尾两役之壮烈，可以表现中华民族反侵略之精神，马占山将军民族英雄之名，可永垂不朽矣。

57. 将军出国部队转进热河

民国二十一年十二月四日

将军于十一月十八日到达扎兰屯晤张殿九司令，知张部已由富拉尔基退至朱家冈，与敌对峙，李忠义部亦同时退出昂昂溪，损失甚众，邓文因敌出击后方，率部由小蒿子车站退回安达。情势严重，在扎兰屯与张司令布置后，即同赴海拉尔，晤苏炳文司令，商议进攻计划。此时敌使汉奸向苏言和，币重言甘，以为缓兵及分化之计，苏司令忧虑实力不够，海拉尔空气异常恶劣。苏司令约将军同赴满洲里，到达仅一二日，得前方报告，敌袭扎兰屯张司令之司令部，朱家冈部队，因后路被截不能支持，向南撤退。将军因火车不通，买汽车一辆，拟□返嫩江，因无车夫，不能行动。二日晚忽得某铁路员报告，邓文在拜泉苦战六七日，弹尽力竭，已放弃拜泉，向南退却。将军得此恶（噩）耗，几乎昏倒。以为干部已失战斗力，大势颇难挽回，正在苦闷中，三日晚忽见苏司令本旅官兵及眷属四千余人，由海拉尔退至满洲里，苏司令乃向苏联交涉预备出国，约将军同行。四日敌机即在满洲里市空轰炸，秩序已乱，部队难民纷纷乘入苏联列车，将军被迫，亦决计出国。当派员传令部斌山，谓本人行将出国，将出苏联转至热河，并迅速传令邓文、李忠义、徐海亭、才鸿猷各军长，仍努力进攻省城，如果弹尽力竭，不得已时，各率部队转至热河集合，再图反攻。但枪马系军人命脉，必须随带，不得遗弃，军队两署人员，由部斌山沿途保护赴热。黑河后□人员，请权领事照料，退苏联经海参崴返国等语。四日将军化名乘入难民铁蓬（棚）车内，民政厅长韩树业、副官杜海山、张凤歧、赵凤阁随行。

卫队旅长部斌山在扎兰屯附近，奉到将军出国时所发命令，当即得知邓文等四军长（才军长防地较远未能达到）并转知黑河军政两署后，即率卫一团长佟永光、营长陈达山、张喜春，卫二团长荣少申、营长陈志汉、徐子衡，卫三团长陈景瑞、营长马××、刘××、单××率士兵一千六百余人。旅长韩玉禄率部五百余人，又张殿九旅唐中信团长率部千余人，总共三千余人，枪马均齐全，军署参谋处长容聿肃、执法处长张庆禄携眷随行。十二月中旬由扎兰屯附近开拔，经关门山进入索伦山里，在深山密林中行九日不见人烟，时已严寒，饮雪卧冰，备尝艰苦，出山后到达巴林王府，休息一日，二十二年一月中旬抵热河林西县，将军长子马奎到林西慰问。始知将军退入苏联后无消息，当即电报中央，因旧历年近，遂在此休息，韩玉禄旅长因积劳过甚，在林西病故。北平军分会派员慰问，并传达命令开往沽源，抗敌后援会朱将军派员慰劳，并给慰劳金七千元。参谋处长容聿肃、执法处长张庆禄赴北平报告。此时邓军长已到林东，二月初旬，开赴多伦与邓军会合。

邓文军长，十二月一日退出拜泉后，敌复纠众南犯，邓军因子弹缺乏，无力应战，率部越中东路向肇东前进，与李忠义军长集合。十二月中旬，在肇东接奉部军长转到将军命令，知将军已出国，因力已用尽，遵令转进热河，再图反攻。遂率部九千余人，枪马均齐全，并有野炮八门，李忠义军长，率部约三千人，枪马亦齐全，十二月十八日在大赉附近渡过嫩江，进入辽宁省境，经安广洮南附近，沿途屡遭敌机轰炸，改为夜行。至四洮路附近，敌沿站堵截，廿四日下午我官兵奋勇向鸿兴车站进攻，一拥攻入，毙敌十数人，敌向北溃逃，洮南之敌乘铁甲车来援，我一面迎击，一面掩护各部队越铁路向瞻榆方向前进，到达热河开鲁，即电陈中央，奉令开察省沽源，再前行至林东。适旧历年，休息数日，复经林西至多伦与郜斌山部会合。始知将军进入苏联，后无消息，两军同时开至沽源，北平军分会委员传达中央命令。李忠义部调察哈尔宋哲元收编，邓、郜两部编为骑兵第十师，委邓文为师长，郜斌山为二十三旅长兼副师长，郭凤来为二十一旅长，檀自新为二十二旅长，共骑兵六个团，又炮兵一团，步兵一团，李忠义部□为骑兵第二十四旅，委李忠义为旅长，在沽源改编后，即驻防于此。此时将军已抵上海，派李世勣□□□□，将军令回队传令邓文，现在国内有借抗日之名，攻击政府，国土未复，先起内乱，殊非国家之福，我军只知抗日，不知其他，令邓文注意。邓文刚直，声明只知抗日，不知其他，六月下旬（旧历五月二十八日）被不同情者暗杀于张家口，国家失此忠良，将军如断右臂，李忠义亦积劳病故，诚为国家最大之损失。

徐海亭军长，因将军离讷河后，即返黑河筹备补充，所部交副军长程德峻、旅长卢明谦指挥，适朴大同部五百余人，携带子弹甚多，由泰安镇退至讷河，归并在程、卢两部内，迨部军长转到将军出国时所发命令，程德峻、卢明谦率部四千余人，十二月下旬，拟由甘南越中东路，沿索伦山转进热河，经布西到达甘南时，被敌堵击，并在中东路沿线防范甚严，决难通过，不得已程德峻退回德都，卢明谦退回讷河。时讷河已被敌伪□守，卢率部往攻一昼夜，毙敌百余，将县城克复。敌派汉奸伪参议朱俊卿向卢说和，被卢申斥去后，敌兵即源源而至，将卢包围，乘夜退出，转进德都龙门一带与程德峻会合，因不能达到转进热河之目的，遂在德都克山一带游击。至二十二年六月，卢明谦、程德峻化装回至上海，所部交旅长张云阁指挥。张系绿林豪杰，乃以德都东山里为根据地，屡建奇功，是年底卒以身殉国。

黑河警备司令兼步三旅旅长徐景德，奉到将军命令后，即将军政各机关结束，请我驻大黑河权领事，办理护照手续，旋于十二月底，由黑河退苏联。经海参崴回上海者，计有黑河警备司令徐景德、军长徐海亭，军署参谋长张麟绥，副官长吴元坦，军需处长田庆功、省府财政厅长郎官普、秘书张伯铭、孙安岭。（徐景德因积劳过甚，病故于北平）

58. 将军退入苏联经欧洲返国

民国二十一年十二月四日

满洲里：苏炳文司令，以中东路护路资格，要求苏联备车运送兵员及难民经苏联返国，苏联备四列车，除优待苏司令备有头二等及饭车数辆外，余均铁棚车，难民约千余人。兵员及眷属二千余人，均登车，将军化名乘入难民车内，民政厅长韩树业、副官杜海山、张凤岐、赵凤阁随行。十二月四日车由满洲里开行，入苏联国境，再西行二十余日，十二月底车抵托木斯克。

苏联：托木斯克系苏联省会，距满洲里约五千公里，在赤塔之西北，地属寒带极冷，为苏联政府看押白俄人犯之地，省会外数百里无人烟，如有人脱逃，必冻死与饿死。该处有驻防军中将司令官，中国设有领事馆，时有周领事在职，车抵托木斯克时，苏联即令我兵员难民下车，住在木板房内，房内无火，寒冷异常，窗户上结冰有三指厚，大门有兵看守，如有人外出，必须取得许可证始能出外，每日每人发黑面包六十格兰姆，待遇如同囚犯，越二月余，每人每日忽减发面包二十格兰姆，仅能度命不死，殊属惨无人道。此种虐待已经过约一个月。将军气极，并知已无法□出，遂亲赴驻军司令部，自述我是马占山，向某中将质问，大致谓此次退入友邦者，均系我爱国军人及义民，中苏两国系友好的国家，且饮食及车费均由我政府照价付款，苏联政府不应加以惨无人道之待遇。某司令理屈词穷，答称粮食缺乏，留将军住在司令部。将军拒绝，仍回板房，与难民同甘苦。

将军因真实姓名已露，当即电报中央及颜大使。旋奉委员长复电慰问，并云已令颜惠庆大使交涉，食费车费由中央支付，并奉颜大使复电，已与苏联交涉，官兵送至新疆。眷属及难民送至海参崴，将官乘专车经欧洲返国，一切费用俟苏联结算后，由我政府付给等语。计官兵往新疆者三千余人，眷属难民往海参崴者二十［作者注：疑为千］余人。将军及韩树业、杜海山、张凤岐四员，苏炳文、张殿九、李杜、王德霖各司令十余员，共二十余人赴欧。四月四日（记忆日期不甚准确，或相差两三日）由托木斯克乘入专车向莫斯科西行。

莫斯科：苏联送将军一行二十余人赴欧，备专车一列挂有头二等包车饭车，并派中将一员随车照料，士兵一排保护，由托木斯克西行八九日，（约四月十二日）上午九时车抵莫斯科，我驻苏联颜惠庆大使到站欢迎。告以奉政府训令向苏联交涉，分途回国及车费伙食费等，将由我政府付给等经过概略，并云你冒险赴沈阳长春一行，将日本制造伪组织之内幕揭开，最近国联议决，不承认满洲伪组织，并令日本撤兵及十九国委员会向日本发出类似哀的美敦书性质之文书，国际情况甚好，你那一行之价值，功在江桥战争以上。说毕以手拍将军之肩曰官司算打赢了，看看国联最后的办法吧。专车仅停三四小时，正午开车西行，十三日上午抵波兰国境，苏联兵士对于出国人检查极严，谓系防止白俄出境，计在苏联滞延共四个月零十天。

波兰：将军进入波兰国境，税关未检查，军警均敬礼，我领事在此照料，换乘德波国际列车，正午车抵波京华沙。新闻记者争欲登车晤谈及拍照，人数太多，车门玻璃被挤破，我留学生及侨胞亦在站欢迎，车停不久，即开赴柏林。

柏林：车抵柏林时，刘文岛公使与学生侨胞二百余人，在车站热烈欢迎，德政府派有警察及便衣多人保护，关税不检查，军警均敬礼，新闻记者争相拍照。下车后住旅馆内，德政府派警察□便衣多人，在旅馆保护，往访人非经过盘查许可后，不能进入，保护非常严密。到柏林之翌日，各报纸均登载将军相片，欢迎反侵略之民族英雄马占山将军及崇敬等词句。刘公使照料□周到，留学生常来谈话，并引导参观，全体学生公赠将军手枪一支，以为抗日纪念。参观西门子工厂，规模宏大，工人近十万人，妇女占十分之九，颇为惊异，有某大工厂□访问将军，并向将军建议，谓中国无海军，且海岸线甚长，抗日之先，要多设工厂，自己制造多数潜航艇水雷等，封锁海岸，并制造多数飞机及新式武器始能与日本一战。我德国剩余的机器甚多，中国可用借款的方法把机器运到中国，建设工厂，此为战前最要办的。将军致谢，并允回国后必向政府建议。五月一日适劳工节，市民参加庆祝，全市若狂，军警在街行列，市民老幼男女均随后行列。步伍异常整齐，市民皆军人化，希特勒阅兵，用无线电指挥，军警约十万人，整齐严肃，令人钦佩，演讲均用无线电放送，到处都可闻知。将军见此种状况，知第二次雪耻大战必不能免。将军在此住月余，闻张学良副司令将到罗马，并得莫抑忱先生电约，遂由柏林赴意大利。

意大利：将军由柏林先到意大利之威尼斯，住约一星期，即赴罗马与张副司令晤谈，劝令休养，再图收复失地。教皇派于斌主教欢迎，并赠十字勋章两座，在罗马住两日，仍回威尼斯，五月十一日乘康多罗斯轮船返国。

孟买：船过印度孟买时，侨胞欢迎者约千余人，将军下船，赴招待宴会，见侨胞此种爱国热忱，极端欣慰。领导将军游览市街，见房屋街道均不整齐，尤不清洁，服装有贵族平民之分。据侨胞云，因贵族压迫平民，故文化落后。船停半日即向新加坡开行。

新加坡：船进新加坡埠头时，见侨胞在码头欢迎者有四五千人之多，将军下船随到胡文虎先生家休息，侨胞赠将军川资二十万元。将军辞谢，谓现在不抗战，不要钱用，将来抗战需款时再行领受可也。见侨胞爱国热忱，知中国必有复兴之望，异常快慰，船停一日，即向香港开行。

香港：六月五日船过香港，欢迎者约万人，胡汉民先生派胡木兰女公子持胡先生函，代表欢迎，坚请到广州领导抗日。将军初以婉言谢之，代表等复坚请下船赴欢迎棚内与欢迎人一见，将军恐下船后，不再令上船，托病不肯下船。其后代表等向将军质问，将军答云：西南无日寇，抗日要到东北，要政府领导，全国一致精诚团结，始有胜利之望。现在西南另立一政府，攻击中央不抵抗，未对外而先对内，非国家之福，余不愿为。我在江省领导我忠勇部下抗战，殉国者鲜血未干，生存者流离失所，我马占山一人之行为，总要对得起他们，并望原谅。代表等不欢而散，船向上海开行。

上海：六月十二日船抵上海，江岸人山人海，多手执小旗欢迎。吴铁城市长登轮，乃劝将军暂勿下船，初谓人多乱杂，恐有日本人行刺。将军答云：生死早置之度外，同胞这样的欢迎，虽死亦愿一见。有新闻记者多人与吴市长辩论，将军始明了欢迎均系爱国最激烈主张抗战最力之同胞，政府恐惹起事变。将军始允暂不下船，眼见欢迎人久候不散，痛心异常，傍晚人渐散，始随吴市长登岸，休息一日即赴中央，并赴南昌见委员长报告抗战经过。委员长令出任某省主席，将军辞谢，俟将来中央抗战时，即一小卒亦甘愿为之，现在精力已疲，愿稍休息，仍回上海，将在江省抗战一年来收到国内外同胞捐助军费总共一百八十三万余元，在上海各报登载启事致谢，并启事声明不加入任何政党。上海民众二百余团体，在商会大厅，开欢迎宴会，即席将军将抗战经过向同胞报告后（见史料五九），遂回天津休养。

59. 将军在上海市欢迎席上报告抗战之经过

民国二十二年七月

（按）将军由欧洲返国，二十二年六月十二日航抵上海。七月初旬，上海市二百余团体在市商会议事厅开欢迎马占山将军大会，将军即席报告抗战之经过，新闻记者记录登载各报，兹录中国自强学社出版之《还我山河》载有此说演稿如下：

占山一介武夫，未尝学问，侧身军界二十余年，从前各处驻防，专任剿匪保民之责，循份供职，洊至警备一方，而戎马半生，碌碌无所表现。东省剧变，事出非常，分属军人，责无旁贷，况受疆符之命，益当感激驰驱，年余以来，所以奋万死不顾一生，坚持到底者，盖欲报政府倚畀之重，慰国人期望之殷，且救国即□救家，□欲为桑梓免切肤之痛也！天不祚汉，无力挥戈，亡命他邦，羁留数月，而所支柱经年之一切干净土，早已沦为异域，占山何心，能不悲哉！占山之罪，又安可赎哉！今当归国伊始，乃辱承各界人士，矜其素志，念其前劳，奖勉之词有加无已。今日复开此盛大之会，受万众欢迎，占山何人膺此荣遇，抚躬自问，益切惭惶，窃念各界诸君，以爱国之心爱及占山，而占山以往之自效殊不足以负诸君之望，既承招待殷殷，不能不将年余以来，经过战事，撮述概要，以答各界诸君之盛情，惟是往事重提，不免增人忉怛耳！

我国对于国防，向无相当之准备，强邻逼威，险象环生，边地皆然，东北尤甚，一旦爆发，虽悔何追。九一八事变以来，诚属仓促，然海内明哲，固早忧之，即以占山之愚，平日所见所闻，足以警心怵目者，鉴往知来，亦时虑国亡之无日也。日人既下辽吉，曾有不侵北满之宣言，而包藏祸心，显非真意，盖以中东路有苏俄关系，若由正面进兵，难免别生枝节，不如利用张海鹏由洮昂线往取黑垣，黑垣入手，则哈尔滨□□四面包围之中。复有张景惠供其驱策，于攫取该处之政权路权可以事半功倍，而祸遂及于黑省矣。黑省万主席远在北平，二十九、三十两独立旅为黑省之精锐，亦开往关内，防务异常空虚，张海鹏知之，日人亦知之，以为振以积威，垂手可得，而不虞不抵抗主义，非中华民族心理之所同也。

惟时占山警备黑河，整饬队伍，正拟通电请缨，适奉代理主席之命，比以事势危迫万分，刻不容缓，乃不舍昼夜，卷甲急驱，于十月十九日驰抵黑垣。黑省军队无多，器械又极穷败，远非辽吉之比。辽吉两省尚不能抵抗，黑省又何能为？此就敌我强弱异势言之也。占山以为不抵抗主义，无异拱手让人，若积极抵抗，尽我全力，尚有几希挽回之望，敌以谲我以正，敌以暴我以忠，如此相持，或能得最后之胜利，博列国之同情也。且此际敌势凭凌，战事爆发，已到间不容发之时，战亦亡不战亦亡，与其不战而亡，何如誓死一拼，以尽天职。由是而首挫张海鹏，而江桥，而大兴，与敌以炮火周旋者二周有余，虽终以实力悬殊，退守海伦，而日人于此数次战争亦颇受重创，深知我民气军心固不可轻侮也。战事初起，猥承海内外各界同胞，函电慰勉并予以充分之接济。占山与全军将士，膺此隆施，感奋曷已。顾未能除灭强寇，始愿终乖，至今思之，犹愧有辜厚意耳！

日人侵略手段，因人因地随时变更，既占黑垣并困追我军于克山，一度中伏，后忽以图黑省转而图哈，而对于占山转取和缓态度，非和缓也，盖欲用手腕，以施于辽吉等处者，施之占山，而使之屈服，俾黑省之土地人民可不劳而获也。于是日人板垣等迳至海伦，强求晤会。而张景惠、赵仲仁等复秉其意旨，日以不入耳之言来相劝勉，张、赵二人明明附逆，占山□□似，何至甘与此辈□，更何至听□毫无价值之说词，遽为所动。故后时迭次通电，无不沥胆披肝，坦然表示，国人当共见之。惟处境愈困，应付亦愈难，而望中央有办法并望国联有办法，则延颈跂踵，夜以继日，未尝须臾忘也。哈尔滨虽画为特别区，仍系吉林之属地，中东路护路军丁司令超，依兰李镇守使杜，及吉林各将领感于哈埠之被陷，积极为自卫军救国军之组织力□恢复，声势甚盛，并函占山协攻。占山得信立派所部，分为两部出发，一堵截黑垣日军增援哈埠，一往哈埠，以当一路□□共同作战，不意援吉之军甫抵哈埠之北马家船口，而哈埠军情已经变化矣。哈埠军情既变，于占山之身陷重围几难自拔，遂生莫大之关系。盖日人自闻占山援吉之举，忽又由和缓态度一变而为积极态度，取道呼海消灭我之实力，万一此举实现，则黑省全境之亡，必不待诸□阅月以后。占山痛心切齿，以为一身之名誉固重，而视一省之存亡则甚轻，牺牲毕生之名，而终无补于危亡则不可。若因有预定计划，而牺牲一时之名誉则无防，当此之时，倘仍守硁硁之见，竟将大好河山等于一掷，在占山死绥之后，固可博得微名，其如大局将随之以去何，此占山万不得已，虚与敌方委蛇四十日之由来，已于上年四月文日，通电详叙原委，报告国人，谅早经公鉴也。

占山本意拟俟春耕竣事，民力稍纾，并将一切军事计划，于日人视线外严密筹妥，然后设法脱离黑垣。庶于继续抗日，多所凭借。乃因闻国联调查团即日东来，必须将东北民意，及□四十日所刺得日人之种种阴谋，全盘托出，不可失此良机。遂于四月二日假视察军队为名，轻骑出省，转赴黑河，致国联调查团之函，及□各种重要抄件，于黑河办理完后，委派委员，专送至哈，由我国代表转交，其次则以部署军事为先务之急。在未出黑垣以前，固以略有布置，但继续抗日之宗旨，未能显然通知，至是始以面电说明，俾得敌忾同仇，借收群策群力之效。所难者占山原辖军队，仅有骑步兵各一旅，此外驻防各处者，虽同属省军，而性质极为复杂，敌人之勾结又甚力，故应付之方，亦颇非一致。于旨趣纯正者则嘉与之，于意志不坚者则规勉之，于态度不明或逆迹渐著者，则欲免为渊殴鱼计，亦申明大义启其天良，而姑予优容之。于是旬日之间，各将领函电纷来，愿隶属抗日旗帜之下者，竟居多数，复从事编练警察，编练保安队，并招收义勇军，以厚实力。所有军械子弹，与军粮军草等项，虽非充足，亦均在可能范围内加以准备，此整顿军事之情形也。

占山系以省府主席兼任驻黑龙江省副司令官之职，既须移治，亟应正名，自抵黑河，即着手组织军署省府两机关，于四月九日开始办公，并电京平报告成立。

是时与吉军虽失联络，而尚有遥相策应之可能。故四五月间双方皆派代表，□□□来，以便商洽一切。而丁、李两司令又拟出兵再攻哈埠，颇有发展之势。同时并奉中央任命，以丁、李两司令分任吉省军民两政，名分既正。军民一致倾向，号召之力□□之愈增，后□双方皆以无线电互通消息，此外一切厉行计划之事。历时月余均已大致就绪，誓师之日，万众激昂，而于五月十五日由黑河出发，进驻东荒□国恢复失地。占山此次出兵，深知器械不利，未能正面交绥，故采用游动战法，声东击西，使敌人疲于奔命，以便长期抗战，而待时局之推移。不图甫至东荒，日方即以飞机时来侦察，并以大部军队追踪压迫。凡有措施多感困难，综计全军前后大小数十战，杀伤尚属相当。七月一日夜袭海伦之役，毙敌百余，并歼其将领一名，尤为快意。其各路部队皆令分驻四方，攻取□县，如克山、青冈、绥棱、铁骊、庆城等县，得而复失失而复得者，均若干次，敌人嫉恨愈深，其欲甘心于我者，乃愈急矣。七月二十八日行至海伦东罗圈店地方，被敌所侦，预伏数倍兵力，四面袭击，此经发觉，形势已极严重，当即激励所部，作殊死战，以一当百，突出重围。而敌兵竟伤亡数百名之众，一切辎重损失□尽，此役激战历三昼夜，占山亦于此役面部受伤。此后转战东山一带，敌我两军相距不远，适值阴雨连绵，月余不止，未生重大冲突，而交通因雨梗阻，军用电台又复损坏，以致与内地及黑河后方，未能互通消息者，几及两月之久。其地并无人民村落，一切米粮食盐均尽所出，到处觅购，所得甚微，并日而食者有之，三四日不得一食者有之，杀及战马，又苦不得均沾，兼之积草没胫，蚊蛇丛集，露宿既久，士兵患病者甚多，此时未全军成饿殍者，盖几希矣。

占山由黑河出发也，前后共有三种计划，初则拟率师由西南方面，出其不意，径趋四平街（辽宁梨树县），截断南满路，与辽宁义勇军打成一片，庶可壮我声威，成为展开之局势。继则拟由联合吉军，取得哈尔滨，肃清北满，亦有得半之效，无□□□□□，皆未成功。其三则由龙门至嫩江集合兵力，会攻黑垣，先顾本省者是也。九月七日返至龙门收合部伍，由嫩江至讷河，召开军事会议，派队进攻拉哈站。而西路苏、张两司令，久待时机，适于此际同树抗日旗帜。占山窃自思维，此次会攻黑垣，实为最后之努力，万一再遭蹉跌，将无再举之机，此项计划，虽与西路本有成言，而相距过远，必须会商方略，始能计出万全，乃以往返十日为期，径赴扎兰屯、海拉尔，与苏、张两司令作切实之计议。至于甫经达到，忽得占山干部邓文率部在拜泉苦战六七日，弹尽力竭，向南转进。此时我干部兵力已尽，痛不欲生。兼之日方即以重兵压迫西路，占山进退两难，欲归不得，仅有出国一途，而讷嫩军中无主，亦遂□□支持，皆非始料之所能及也。

至于黑河后方，自移治以来，成为根本重地，占山以率师出发，不能兼顾，曾派各僚属，协力维持。无如黑河地处边陲，商业凋敝，军兴后水陆两路，均被敌封锁其间，为交通之梗塞，财政之苦窘，食粮物质之缺乏，局促一方，异常棘手，皆从无可设法之中。为勉强支持之计，历时九月，尚无内顾之忧。迨至军事变化，各军政人员，以弹尽援穷，假道归国，实势事所必然，而万非获已者也。

总之，占山抗日年余，固由于将士之用命，僚属之同心，然非迭承海内外各界同胞拨助军费，勖以大义，则赤手空拳，安能济事。是非占山一人之抗日，而实为各爱国同志共同之抗日，以多数人之齐心努力，而使少数人居其名，此又占山之所未安者也。今日与诸君会聚一堂，所有占山经过情形，即以陈其概略，而忧虑处及，更有不能□于言者，敢再为诸君述之。东三省为我国东北屏藩，带海襟山，气势雄厚，以农业言，则土地肥饶，物产丰富，尤以黄豆为出口大宗；以矿产而言，则已往开采及已经调查而未开采者，几于无所不有；以森林言，则向作燃料，取之无穷；以交通言，则水陆畅行，绾毂欧亚。南满路素号黄金，不过东北之一部耳。如语其全曷可胜道。日本以区区三岛，尚能定霸称雄，侵占东三省以求达其大陆政策之目的，更如虎附翼，经营开辟势所必至。□假数年，其实力之澎（膨）涨（胀），安知不什百倍于今日，是我失地一日不收复，即增加一层之困难。况极其野心所致，更将有不忍言者乎。言念及此，我国人应如何觉悟，如何团结，如何共救国难，如何共图生存，此等重大问题，则非空言所能解决，亦非空言所能达到。而今不图，必更生异日之悔，茫茫前路，焉有津涯。占山患难余生，性命久置度外，分所应尽，不敢后人，披沥真诚，愿闻明教，俾无负今日之荣□，是所切祷。

附载　马占山将军经略

马占山将军字秀芳，辽宁省怀德县人，前清光绪十一年（1885 年）十月二十四日，生于怀德县西北七十里之毛家城子农村中，该村昔系蒙地，开荒仅百余年，民风朴厚，故多爽直好义之士。将军幼好骑马打猎，马术射击，具有神技。十四五岁时，如击飞雁，枪举雁必落，乡里誉为神枪。

庚子事变，将军年十六岁，时俄军占据县城，我官吏均撤退，地方秩序无人维持，土匪蠢起，民不安居，将军率乡里健儿，组织乡团以自卫，乡里借以稍安。其后日俄战起，此种无政府状态，延长四五年之久，人民苦不堪言，将军此时即知，国家如无强大兵力，决不能保护国家与民族之安全，从军志愿，即基于此。

光绪三十一年，日俄战争结束，俄军撤退后，怀德县政府收编民团为游击队，委将军为游击队哨官，三十四年提督张勋驻昌图，派马瑞禄统领，至怀德改编为中央直属部队，委将军为哨官，调驻昌图。宣统三年经后路巡防营统领吴俊升调充马四营中哨哨长，将军与吴统领交最厚，故愿弃哨官为哨长，旋升哨官。

民国二年，吴俊升部改为中央骑兵第二旅，将军任第三团少校连长，三年驻防怀德。军纪严肃，军民和洽，重视责任，有匪必剿，凡出一言，行必践之，不知虚伪，性虽刚直，心实慈善，仇人如失意，不但不趁机报复，反暗中帮助之，处朋友侠义的故事极多。常云：“朋友有困难，候他来找始帮忙，那不是朋友。”其侠义可知，编者时为怀德知事，初识将军，见其一言一行，均非常人所能及。

民国五年秋，日本勾引蒙匪八宝加卜率领匪众六千余人，向内地窜扰。吴俊升旅长率部在洮南截击，吴旅长受伤，将军跟踪追至梨树县属郭家店南满车站。驻在车站内之日本兵均加入，号称勤王军，复兴清室，与在大连日本蓄养之土匪宗社党等，互相勾结，南满铁道火车代运军火，以郭家店为匪巢，企图大举。我当局调集军队，在站外包围。此时，日本忽向我当局提出抗议，谓系政治犯，要求护送回旗，沿途不能截击。不得已我当局许之。

日本派佐藤旅团长，带一混成支队，护送蒙匪回旗，入怀德境之朝阳坡镇，民团稍加阻止，日军用大炮将该镇击毁，沿途烧杀强掠，民户房屋被焚烧，火光触天，睹状极惨。将近怀德县城时，日兵引向城内窜扰，将军督队在南门外防堵，坚决不令入城，城内得保安全。其后窜至将军生长之乡里毛家城子，商户世合泉，闭门不令匪入，日军遂将此商号击毁，死商民数十人。此为将军痛恨日本之最甚者，抗日之志种于此矣。

蒙匪离开怀德入蒙古后，日军仍盘踞杨大城子、毛家城子多日，人民受害甚大，其后佐藤由杨大城子，移驻城内，限令我军队，于二十四小时内，退出于杨大城子至公主岭之线，及四平街至辽源线路二十里路以外，如至时不撤，即以武力从事。并奉当局电令，星夜移防，将军含泪出城，沿途目睹乡里焚烧之迹，及故归死伤之惨，誓死必与日本一战，将军此时抗日之志坚定矣。

民国七年因剿蒙匪有功升营长，九年随吴俊升督军赴黑龙江，升任团长，十四年升任陆军第十七师第五旅旅长，驻防黑龙江。是年奉直战争，奉令至河南新乡，回防时目睹民众当兵燹之余，饥饿死者甚多，遂截马粮一半，分赠民众，并告民众曰，此皆军阀害了你们，自此痛恨军阀争夺政权，蹂躏民众，极端反对内乱。

民国十四年冬郭松林之变，将军反对内乱，率部攻白旗堡，一战平之，十五年升任陆军骑兵第十七师师长，十六年升任骑兵第二军军长。

民国十七年六月四日，吴俊升督军，赞助中国统一，一致对外，欢迎张大元帅回奉，行至皇姑屯车站，被日本预埋之地雷炸害殉国。将军誓曰，国仇私仇，必报复之。抗日之志愈坚。

吴俊升督军，前任巡防统领时，与将军交最厚，宣统三年将军即改隶部下，民国元年日本参谋本部，派遣青年军官四十余人，化装蒙古人，携带枪支子弹四十大车，送至蒙古，勾引蒙匪，反对民国。时吴统领驻防洮南，闻报截击，将此四十余人全部歼灭。日本政府因为此四十余员之军官，均受有十年以上之特殊教育，系侵略蒙古之干部，此次被灭，以为损失重大，从此即以吴俊升为反日派。民国五年，日政府继续行前定计划，领导蒙匪五六千人，号称勤王军，经洮南向内地窜扰，时吴任洮辽镇守使，兼中央骑兵旅长，驻防郑家屯。吴俊升督队在洮南拜泉一带堵击，受重伤，将左锁骨锯去□卧床塌，医治尚未痊愈，郑家屯事件忽起，日本提出最后通牒，迫令吴部所驻之怀德、梨树、辽源、昌图，四县防地，限令二十四小时内退出，否则即以武力从事。吴因受伤后复又受辱，誓必拼死与日本一战，本年五月日本一面出兵济南，一面将关东军司令部由旅顺迁至奉天，阻止中国统一，干涉我内政。时吴俊升系黑龙江督军，坐镇奉天，力劝张大元帅退回关外，促成国民政府统一，一致对外。日本恨之，在被炸前数日，日政府派驻奉天总领事，威胁吴督军，劝吴在奉天独立，阻止张大元帅回奉，与日本合作，日本以全力协助之，否则将与吴不利。吴斥之曰，吴俊升不是李完用，你不要错认人了，日领事面红耳赤而去，不数日即六月四日，吴督军与张大元帅同时在皇姑屯被炸殉国。吴督军深沉持重，重大事每存于内而不发于外，外间鲜知此无名抗日英雄，将军与吴相处近二十年，名为长官，实系抗日同志。吴殉国时，将军赴奉天办理善后，因国家强弱关系，不敢宣布日本暴行，日本田中义一内阁，反派代表林权助来吊唁，将军目睹此欺骗与压迫之状态，忍泪吞声，誓曰国仇私仇，誓必报复，尚为抗战前，早有坚决抗日之志愿也。

是年冬将军改任全省剿匪司令，十八年改任黑龙江省骑兵总指挥，十九年□□□□□黑河镇守使，兼哈边剿匪司令，步兵第三旅旅长。二十年夏，赴国境沿边视察，见邻国炮台垒垒，固若金汤，我边防毫无建设，数百年来任人侵略，回顾内地，盖洋房修马路，置边防于不顾，东三省处两强之间，国防如此，前途可危。归即重病，上书于张总司令，吉江两副司令，大致先述沿边彼我边防之状况，次请以建设市政之款，移作建设边防之用，与其建设一大楼，不如建设一炮台等语。将军此时恐病不起，因上此书以警告之。九一八事变，将军病尚未痊愈。

民国二十年，将军年四十七岁，十月十日，奉中央电令，代理黑龙江主席，兼东北边防军驻江省副司令。十月十九日在省府接任视事。

十一月四日，与日军战于江桥，此为九一八后，中华民国抗战之开始。身受多年之侵凌污辱，一旦雪耻，虽在枪林弹雨之中，精神异常兴奋。激战半月，全国民众欢腾，募捐助饷，以为后盾，战斗虽在一隅，动员已遍全国。马占山将军民族英雄之荣誉，广播中外（美国学者谓马占山将军，是一八九五年以来，敢与日本正式作战的第一个中国人）（见亚洲内幕）。十九日弹尽力竭，退守海伦，整军再战，十二月中央任命为黑龙江省政府主席，上将待遇，兼东北边防军驻江省副司令。（见史料一至一七）

民国二十一年二月，哈尔滨沦陷，将军部队均分驻于呼海路沿线。大敌当前，并纷纷由齐克路进兵来攻，意在消灭将军部队，而部下因上年损失过重，补充尚未完备，抗战意不坚，内外交逼，舍和缓敌军进攻，有立时消减之虞。遂决计牺牲一时之荣誉，冒险赴哈，一方面和缓进攻，一方面借探内幕。主意拿定后，不令任何人知之，突然单身赴哈赴奉赴长春，乘日本武士道粗暴之弱点，以强硬之态度，表示爽直，以粗莽之言语，表示真诚。并时时注视敌酋之动作，如加害即与对命（即先下手将敌酋打死，自身亦死）。每到要对命的关头，胆益大，气益壮，言更粗莽，本庄繁等鄙视将军系脑筋简单粗鲁之军人，反被粗鲁者所玩弄。然将军语言动作始终强硬，不失为英雄本色，诚属难能。

将军回省后四十日工作之趋向，本庄繁等又渐知之，然此时国联调查团经过东京，日政府提交说帖，谓“满洲国”之成立，系东三省三千万人全部民意，并举马占山抗日，而不反对“满洲国”以证明之。此时本庄繁等肯忍辱屈就□，是欲蒙蔽调查团报告东三省人民，一致拥护“满洲国”后，再行处置。不料将军早已重视此点，先期逸去，□□□□域伎俩，并使日政府所举之证人，得一相反的结果。

将军到达黑河，星夜整理所得之日本制造“满洲国”证件，当即电致北平之国联调查团，及日内瓦颜惠庆代表，揭破日本制造隶属于关东军下之“满洲国”，并宣誓告曰，东三省实无一人脱离本国，向外生存者，使该团明瞭真相，勿被在东京时日本先入之言所误。迨国联调查团到达哈尔滨时，一面派代表会见莱顿委员长全体委员，送致各种说帖函件，并声明江省军民反对日本制的“满洲国”，现在江北与日军作战，要求前往视察；一面令部队猛攻江北岸马家船口、松浦站之日军，炮声隆隆，火光触天，均经调查团所亲见亲闻，调查团因得真相，满意离哈回平。十月二日发表之报告书，将将军提交之证件，及人民反对伪组织战争状况，均叙列于报告书内，日本全国大哗，本庄繁因之撤职。此一幕政治斗争，完全失败，故我首席代表颜惠庆博士，在莫斯科晤见将军时，批评此幕内之价值，功任江桥战争以上，外交官之论断，可为定评矣。

调查团离哈后，日本恼羞成怒，七八两月纠集三个旅团，围攻将军。我江省军民亦全体动员，双方成为混战状态，罗圈甸子之役，日本损失甚大。捏报马占山阵亡，只顾掩盖其失败之耻，反遗书于造谣之讥。将军出山后，围攻省城，因子弹缺乏，未达目的，十一月下旬，将军干部在拜泉恶战旬日，壮烈状况，不亚于江桥。十二月一日因弹尽力竭，退出拜泉，转进热河，将军亦于十二月四日退入苏联，拟到热河补充再战。计抗战一年又一月，其江桥、拜泉首尾两役之壮烈，足以表现中华民族之精神，马占山将军民族英雄之名，可永垂于不朽矣。（见史料一八至五七）

民国二十二年春，中国尚未派遣驻苏大使，苏联正要求日本承认苏联在北满之权益，及中东路所有权，外交路线，正在歧途，对于将军一行之退入，异常□难与虐待，拟由苏联转进热河之计划已不能实行。迨颜惠庆大使到任后，始获分途回国，计在苏联勾留四个月之久，过荷兰、德、意等国，待遇均优，沿途我留学生、侨胞欢迎异常热烈，六月十二日抵上海，国内同胞欢迎若狂。将军在上海欢迎席上，报告抗战经过，登报□□□□，共收到国内外同胞捐款一百八十三万余元，谓即停止捐助，旋赴京及南昌谒委员长报告抗战经过。委员长拟令出任某省主席，将军辞谢，答以将来政府抗战，即一小兵亦愿为之，现在精力已疲，拟稍修养，遂回天津。

民国二十三年春，天津日本特务机关，派人暗杀，内有雇用之中国人不忍加害，密报保安队协同英工部局破获。是年夏赴庐山，时有设计委员会请将军演讲，大致谓中国必须与日本一战始能图存，诸君设计应以对日作战为目的。当时政府政策先安内而后攘外，有某设计委员略为辩论，并因居住不适，乃回天津。是年冬将军长子马奎，又被日本特务机关绑去，经天津张市长传达，日本要求将军与日本司令官一见即可释放。将军斥之曰，马占山一人屈服，即是中华民国四万万五千万人之屈服，日本人如将马奎杀死，马奎可因此得名，我父子都是抗日先进，那是我祖先有德，日本人是我的敌人，除在战场上，无见面之必要，旋即登报脱离父子关系。美国新闻记者传播此种消息于美国各报纸，斥责日人之无耻。二十四年春因时间久，无人过问，被随从夺回。

民国二十五年，双十二事变前，因绥远事变，民众主张抵抗，议论沸腾。十二月初旬，将军因冯焕章先生之约，赴洛阳，委员长征询将军对于绥变意见，将军建议绥变日本站在后边，尚未出面，我政府应援助宋哲元，必为应付，提取时间以便赶快预备，宋哲元忠实决不危害国家，我可担保，我政府对日作战的预备，如未至相当程度，宜暂时忍耐不动。现在中央已将汤恩伯部派赴绥远，日本已知我政府不能再让，国人对于绥变之不抵抗之怀疑，当已谅解。如果我预备未好，不但此时不要急于收回察东及冀东，亦只好忍耐，一俟中央预备好了，不但要收回察东、冀东，即东北四省亦要收回。委员长频频点首，颇蒙嘉纳，促将军赴西安劝张汉卿，忍耐三个月，即有办法。将军因与张汉卿私交不深，恐不能达使命，辞不愿往，经委员长一再劝促始赴西安，见张汉卿每一谈到国事，张汉卿即托故改日再谈，不令毕其词。双十二事变爆发之夜，张约将军等多人谈话，当众直告临潼事变概略，声明这是兵谏，要求委员长领导抗日，并无他意，并声明事已做了，大家不要劝我。将军建议勿乱开枪，见人勿伤。并警告□□领袖，□国必亡，张汉卿当令刘多荃速赴临潼，令部下勿乱开枪，倘伤害委员长，即惟刘多荃是问。迨委员长到城内时，外边大乱，大家不要外出，名为保护，实同监视。窥测张汉卿之语言举动，并无危害委员长之意。遇有机会即力劝张速设法送委员长出险。大致谓此时，委员长如回京，威信尚能维持大局，倘再迁延，各省有表示后，必成分裂割据状态，到那时，委员长回去亦无办法，内乱已起，更谈不到抗日，中国必亡。在委员长回京前一两日，张委将军为骑兵总指挥，将军答以如果真正的到抗日那天，给我一兵我亦干，如果内乱，杀了我我也不干。委员长离西安后，越数日王以哲被杀，城内已成恐怖状态，人人自危，将军个人亦危险，中央工作人员多逃至将军处避难。将军为安全计，组织总指挥部以自卫，并借词（辞）赴城外劝慰军队，驰至渭南刘多荃司令部，告刘多荃曰，王以哲被杀，是有人主使把高级将官杀了，好检东北军，现在城内已混乱，速令部队撤退，让中央军进来接防，维持地方秩序。并以电话告知顾祝同军长，赶快前进接防，将军担保东北军服从中央命令，中央军不仇视东北军，并介绍刘多荃与顾祝同以电话接谈，双方均欣从，将军在渭南候中央军一师开到，介绍某师长与刘多荃为友谊的交接防地后即东行。顾祝同军长迎至华阴晤谈，深佩将军和平接防之努力，彼此均欣慰，同乘火车东行，劝将军赴京谒委员长，将军因京内正在纷忙中，遂回天津。

民国二十六年将军年五十三岁，七七事变之初，日本伪言和平，暗中增兵，宋哲元由乐陵回平，路过天津时，将军告以日本增兵情形，战事已不可免，力劝遵委员长电令速赴保定，指挥部队，先发制人，先将滦州铁桥炸毁，阻止日本运兵，旋即消灭平津滦东日本军队，并愿帮助，誓同生死，万勿回至北平，被日本缓兵之计所欺骗。宋哲元均全部接受，将军甚为欣慰，翌晨忽闻宋已回平，将军知平津已无能为力，遂微服乘津浦车赴京。

将军到京谒委员长，报告平津情势，请协助宋哲元，先与一战，深知宋哲元忠于国家，决不降敌，可以生命担保。奉中央命令将军为挺进军司令，兼东北四省招抚事宜，拨骑兵第六师为将军指挥，并准自成立一特务营，令将军速赴晋北组织。八月十一日在大同正式成立司令部，照部定编制，内设八处。组织尚未□□□□同失守，转移丰镇，骑六师刘桂五部已到达，招抚伪军张海涛部，编为特务营，委张喜春为营长。招抚伪军吕存义部，改编为暂骑第一旅，委吕存义为少将旅长。招抚伪军井得泉部，改编为新骑三师，委井得泉为少将师长，朱子文为上校副师长，并收抚伪蒙军一部，委程德峻为支队长。

九月下旬南口战事激烈，绥远部队调守山西，绥远省政府各机关均撤退晋南。迨九月二十九日南口失陷，敌即进据大同，我骑六师据守旗下营，与敌对峙，将军率暂骑一旅吕存义部，蒙古独一旅白海峰部，国民兵李大超部，联合布防绥远城东十数里大□□之线，以保绥远。十月六日敌进攻我旗下营，刘师抗战一日夜，毙敌甚多，十二日敌酒井旅团步兵千余，伪蒙军三百余装甲车百余辆，大炮十余门，向我大黑河之线进攻，激战一昼夜，敌我伤亡均重，防线毫未移动。十三日晨敌骑兵千余猛攻旗下营，全部防线同时发生激战，敌兵源源增加，至正午吕存义部伤亡甚众，几不能支，将军在炮火猛烈下，视察全线严令防守，此时我军已在敌三面包围中，苦战至下午五时，始放弃绥远。午后六时军司令部及井得泉部顺序由大道向毕克齐转进，将军率特务营晚七时行抵城北坝口，与敌伪蒙九师遭遇，激战三小时几至肉搏，敌不支退去，遂率部至察素齐车站，由铁道退至包头。井师在萨县掩护，刘师转进至磴口布防。十六日晨敌伪骑兵两师，装甲车百余辆，附炮二十余门，飞机四架，进攻我磴口防地，激战一昼夜，至十七日晨我军向包头西山嘴一带转进，此为本军成立之初，即为绥远最后之战斗。

绥包沦陷时，伊盟并无国军驻防，敌公然向伊克昭盟策动，蒙古王公均降敌，敌将伊盟七旗亦列入伪组织领域之内，达□特旗王府已悬日本旗，为策动伊盟总机关。准格（噶）尔旗王公已赴归化参加会议，扎萨克、鄂托克、杭锦旗各王府均驻有敌特务机关，敌人口号辅助蒙人成立大蒙帝国，驱逐汉人，夺回垦地，无知蒙人均津津（扬扬）得意，以为不日可得汉人财产，汉人逃奔无路，坐以待毙。榆神府各县人心不安，榆林商人纷纷撤退，将军在五原接得以上情报，以为伊盟如失，陕北及宁夏均可危，关系西北大局□□□□□，一面电陈中央，一面急行军进驻伊盟，甫到东胜，十二月中旬，本军到达东胜之日，敌内田、盘井等在伊金霍洛，召集伊盟各旗王公开会，沙王、图王、阿王均参加，乌、鄂两旗亦派代表参加，会毕盘井等挟持沙王等乘汽车赴包头，车到东胜，见有本军，内田、盘井、阿王潜逃包头，沙王逃回王府，图王被本军截获，送回王府，鄂、扎两旗敌特务机关及电台，均一时解散。十二月十六日伪蒙军第四师及达旗森盖部，企图袭取东胜，十七日与本军战于达旗之厂羊壕，激战一昼夜。十八日拂晓将军率部，将敌包围于黑洞沟，激战甚烈，十一时敌机数架飞来助战，战至午后四时，将敌歼灭大半，敌向康王府溃退，我军跟踪追至康王府，俘虏康王以下一百余名，毙敌二百余人，我连长吕存礼、团附吕德光阵亡。我军集结于沙□附近宿营，敌机多架每日在东胜轰炸，毙我军马数十匹。因准格（噶）尔旗已附敌二十三日，将军进至准旗沙克都，当即电致沙宣抚使，康王附逆，罪有应得，其余均不究既往，望代宣布，以安人心。并约准旗东协理奇文英到沙克都，晓以大义，令随同国军作战，并允许西协理奇凤鸣改过自新，宽宥既往，将部队分驻于沿黄河一带，与敌对峙，伊盟纷乱一时粗定，汉人转危为安，喜出望外，马将军之德政，有口皆碑。

民国廿七年二月奉委员长电令将康王送西安行营办□。五月迁司令部于哈拉寨，八月奉中央任命将军为东北挺进军总司令，仍兼东北四省招抚事宜。二月收抚伪保安队刘金山部，编入先遣支队，同月收抚伪游击队刘盛五部，编为暂骑二旅，委刘盛五为少将旅长。四月收抚伪蒙军白玉昆部，编为独骑一团，委白玉昆为上校团长。五月收抚伪军慕新亚部，编为新骑五师，委慕新亚为少将师长。同月收抚伪蒙军韩宇春部、伪军杨毓青部，合编为暂骑三旅，委韩宇春为旅长，杨毓青为团长，七月奉令将热河先遣军白凤翔部，拨归本军指挥，八月将先遣支队程德峻部及刘金山部并编为独骑二团，委程德峻为团长。

一月下旬谍报，去冬敌派内田永四郎，用多数骆驼、汽车载运枪支子弹及黄呢军服料子贿鄂托克旗章文轩打通包宁大道，成立大回帝国，因本军进驻伊盟，一时中止，近又派多数人向阿拉善旗策动，并拟在东胜成立陕北自治政府，情势异常紧张。二月二十日敌伪进犯准格（噶）尔旗王府大营盘，企图组织伪旗政府，被我击退。二十二日晨敌由托县南犯步骑炮联合之敌，千五百余，附装甲车二十余辆，复攻大营盘。我军迎击相峙两昼夜，乃经我策动之伪军刘盛五部七百余人，反正内应，二十五日残敌后退河北。

三月初旬敌大部队分三路大举包围来犯，一由包头渡河南犯，包围东胜县，我□□军高双成军长部坚守抗拒，一由偏关攻陷河曲，与何柱国军长部隔河对峙，另一股攻陷府谷县城。中路敌冈本部队配合伪蒙军三师，炮十余门，装甲车二十余辆，由日寇唐重冈本指挥，直攻准旗王府大营盘，及十里长滩一带，我军已在敌三面包围中。各旗王公虽一时安定，敌人仍不断策动，内顾堪忧，且防地内给养困难，马匹饿死者甚多，此种环境，非常险恶，将军以为非展开局势，打破敌人之全盘计划，颇难转危为安。其展开局势之方法，惟有进击敌人后方，使彼发生内顾之忧，始可变更其全盘计划。决定进击后，三月十六日夜，将军亲率所部以夜袭方式进占河口镇，当令骑六师师长刘桂五率部并指挥程德峻、刘金山部进攻萨县车站，截断绥包交通，将军率新三师暂骑一二旅特务营，于拂晓进攻托县，激战一日，十七日晚克复克托县城，市民争悬青天白日旗，欢呼若狂，毙敌伪百余，俘伪团长门树槐一人，刘师同时攻入萨县车站，焚毁仓库及交通器材甚多。敌因我军出击后方，纷纷调兵堵截，何军长乘机反攻，克复河曲，高军长克复府谷，东胜高军苦守多日，现亦乘势反攻，敌退包头，东胜之围亦解。我军因深入敌区，未便驻守，十八日晨撤回河南岸万和堂一带，控制绥包铁路之交通。旋据谍报，敌仍在绥远开会，成立蒙古帝国，业将伊盟七旗，均划入伪组织领域之内，势必占领伊盟，完成领域。其大回帝国，陕北政府，各种计划，伪策动不已。将军以为此次进攻托县，并非深入，且时间不久，故不能将敌计划打破，一面报告中央，一面预备深入。

四月一日，将军率骑六师、暂骑一二旅、特务营、程支队，由□隆渡口渡河，分两路向归化及□川敌之后方前进。十日夜进攻平绥路察索齐车站，一战克之，毙敌百余，焚毁交通器材及辎重仓库，俘虏伪蒙军官兵，给资释放，令在沦陷区杀敌，要紧记“中国人不打中国人”。因车站交通便利不能守，当即进至绥北。凡绥远各地潜伏之爱国分子，所组织之义勇军、自卫军以及各杂牌军队，均被称系马将军部下，纷纷起义。敌酋在沙家口会议，判断马占山亲率十万大军来攻，异常恐慌，由大同、绥远、包头、□□□各地，调集酒井师团，冈田部队，计二万余人，杂以伪军四面包围于大青山，鏖战七八昼夜，即后松树背之役。敌汽车十二辆满载寇兵，经我击毁九辆，歼灭寇兵二百余，二十〔日〕夜我突围而出，北行至固阳黄油干子，二十二日与敌遭遇，血战竟日，我骑六师长刘桂五、特务营长张喜春、军需正刘廉芳均殉国，士兵伤亡二百余人，将军身旁仅存数人，异常危险，冒险冲□卒将日寇击退，转进□北，五月中旬回沙克都，旋迁□部于哈拉寨。

当绥西敌军包围将军战事最激烈时，而驻防绥东凉城伪第三师团长幕新亚，系辽宁锦州人，东北讲武堂学生青年爱国分子。自移防凉城后，即与挺进军取得联络，乘机□敌，乃于四月二十六日晨率本团及联合地方军警二千余人反正，将敌顾问□包围，敌顾问有田等三十余人全部歼灭，全部归来，经将军报告中央，收编为新编骑兵第五师，伪蒙军韩宇春、杨毓青、白玉昆，亦均反正收编，仍令在绥东游击。六月底慕师渡河在丰凉一带游击，七月十一日在凉城、厂汉营及上下六号村一带，与敌军二千余，飞机八架激战三昼夜，敌我伤亡均惨重，慕师退回沙梁整训。

三　苏炳文起义与民众救国军*

张殿九等致南京中央党部电

（1932.9.30）

南京，中央党部、国民政府林主席、各院部、蒋委员长、北平张委员长钧鉴，各省政府、各省党部、各报馆、各军师旅团长、全国父老兄弟姊妹、海外侨胞钧鉴：顷致苏总司令一电文曰：暴寇毒辣肆虐经年，挟亡清之逊帝，施吞并之阴谋，焚杀淫掳，惨不忍闻。罗掘既穷，凶焰正炽。嗟我东北人入版图，三千万民众处于水深火热之中，凡属国人宁能忍受！爱

* 此节以下资料均由吉林省社会科学院藏；为了使资料保持完整，照录如下。

本东北民情，兼得将士公意，恭推我公为东北民众救国军总司令，并恳即日就职，指挥出师，吊民我罪，涣汗大号，簿海同兴，遗大投艰，非公莫属。殿九等边防待罪，涕泣枕戈。窃以东北陆沉，用敢矢诚，请命运筹决胜，能建不拔之勋威，仗义兴师，应作同心之拥戴。凡我袍泽咸愿追随，各地义军均归节制。军声雷动，扬黑水以涤羞，铙吹风雄登白山而痛饮，返主权于祖国，慰父老于梓乡。挥涕陈词，伏维垂鉴。张殿九、谢珂、金奎璧、朴炳珊、吴德林、王尔盅、孙麟、张玉珈、李振华、张竞渡、李海青、邓文、徐沉亮、张希武、焦景彬、杨仁寿、高峻岭、钮玉庭、刘鸿宣、白喜禄、霍刚、陈海胜、才鸿猷、李云集、南廷芳、李天德、刘绍复、安云阁、赵景昆、贺圣达、陈韬、关阶平、董书鸿、许庆麟、郎国琛、王蓝田、张培绂、张凤梧、王丕承、李鸿頫、包维新叩，艳，等语。特电奉闻，三十印。

苏炳文张殿九等致中央党部国民政府等电

（1932. 10. 5）

南京，中央党部、国民政府林主席、各院部、蒋委员长、北平张副委员长钧鉴，各省政府、各省党部、各报馆、各军师旅团长、全国父老兄弟姊妹、海外侨胞均鉴：天祸中国，劫甚红羊。内乱未清，外侮骤至。遂致我东北三千万民众惨遭蹂躏于暴寇铁蹄下，求死不得，偷生不能，处于水深火热之中，已达一载矣。凭恃武力，恣意贪暴，摧残民命，狠逾豺狼，攫取主权，行同魑魅。浪人散居，助桀为虐，暴军到处，村镇成墟。举凡满洲开放之伪宣传，民众自决之假面具，早已不揭自破，暴露无余。顾人心不心，国未可亡，卧榻之旁，岂容鼾睡。文等待罪边陲，惨逢国难，苦心应付，寰土幸存。兹承民众付托之重，受将领推戴之殷，统率义师，共申天讨，捐躯报国，不惮牺牲，泣泪卧薪经年，饮恨芒艾俱尽，欲忍何能，罄南山之竹不足以载其奸，倾北海之流不足以涤其暴，爰就其年来罪恶为中外人士概略陈之。夫国联公约同盟，共守和平保障，举世同心，凡隶盟约之国家，尤有尊重之义务。追想客岁“九一八”，暴寇以莫须有之事，出无名之师，乘我天灾，陡起构衅，炮击我兵营，驱逐我军警，逮捕我官吏，占据我沈阳，惨杀我学生，掳掠我财产，利用我蟊贼，迫组伪政府，乃至我三省之名城重镇同陷于暴寇旗帜下。公约已破，公理何存。犹复强言自饰，谓无占我领土之野心，以蒙蔽世界人之耳目。事实俱在，谁复听信。此犹仅据东北一隅而言。上海为我国第一商埠，与满洲何干，乃举全国兵力以摧残之，使商务繁盛之区化为焦土，损失之巨，至骇观听。不宣而战，实开恶例，虽工粉饰，难掩世人。破坏公约，实居戎首，稍具常识，皆所公认。近更以武力压迫我爱国健儿，无日不战，无时不杀，俘者活埋，死者肢解，其惨酷有不忍言者。此暴寇破坏公约，为世公敌者一，制造伪国政权，属于日人，饰言民决设施，皆系庖代，木偶戏剧，有目共睹，且伪国官吏，有不由压迫而来者乎？民意有一由民众自愿者乎。奉吉长春在暴力威逼下姑不俱论，即以江省言之，省府重要各厅皆由日人长之，其他要津悉委浪人，政令不经批准永无施行之日，财政不经签字难望动用分文。而特务机关长复绾军政权而操纵之。江省远在边徼，原为暴寇消极试进之区，其攫夺情况将复若此，长春奉吉不问可知。是关东军部不啻为伪国之太上皇，而特务机关已成一省之主人翁。伪国官吏一马寒蝉，无敢发言论政者。以事实证之，东北舆图已无形变色矣。何有于伪国，更何待于承认？国联调查团莅满调查，个中真相闻见最悉，事实昭然，足资铁证。今复以民众自决，共存共荣，揭诸于世，亦见其欺人自欺耳。此假名伪国实行侵略者又一。国于大地，首重道德，绥辑人心，尤资信义。自东北沦陷以来，公帑已空，遂及私产，凡夙称素封之户，皆罪成不赦之人。供应既穷，取携难餍俄豺之喙；一尺黔狐之幻，百方事必馈遗。人方良善货贿，不至灾害丛生。一宪兵耳，积资巨万，整诈之富，触目惊心。毒逾蚊蝎，行同盗贼，信义道德，荡然无存，必欲置我东北三千万民众于死地而后快，世界惨毒事尚有过于此者乎？人生痛心事尚有逾于此者乎？此暴寇朘我脂膏肆彼务残者又一。人道主义中外所崇，见厄则矜，今昔同从，国非化外，宁独不然。而暴寇则残酷性成，炮焚心辣，笞榜凄楚，视人命若鸿毛，呼号满室，置是非于不问。故入人罪，每乱黑白。知识阶级被祸尤烈。视金钱之多寡，定罪过之有无。秦狱非残，赵坑可恕。官吏既尽，旋及编氓，军士悉歼，并搜鸡犬。血肉糜于水草，髑髅积为邱山。桀纣之酷不足奇，轩燧以来无此惨。人神共愤，举世同悲。凡我边民已无噍类，更复授意伪国，以王道相号召，以开放为钓饵，心劳日拙，鼯鼠技穷，适形其涛张为幻之丑耳。此暴寇惨无人道荼毒生灵者又一。综此四端，已置东北于万劫不复之地，其他残暴，不忍卒陈。现复违反公约，不顾一切，公然于九月十五日承认伪国。呜呼，皮之不存，毛将焉附，覆巢之祸，瞬屈周年，苟有人心宁能忍此。文等不敏，热血满腔，一息尚存，敢忘奋斗；兹则承认公传，忍无可忍，爰本东北三千万民众及各将领之拥戴，于十月一日就任东北民众救国军总、副司令职，并联络奉吉黑各义勇军及被迫附逆情非得已之各军将士，克日会师，共扫妖孽。就民心之所趋向，以正义为依归，博国际之同情，维公约于不坠，务使我东北三千万民众之真正心理大白于环球。

消灭伪国，铲除汉奸，揭破暴寇鬼蜮之伎俩，恢复中国固有之土地。家亡国破，早决原轸之心，力尽势穷，必洗李陵之耻。灭国灭种，泽吻磨牙，彼汉奸之取麟沫国士之前车殷鉴，非遥噬脐，奚补所愿。我东北子弟袍泽故人，敌忾同仇，共纾国难，乡居者锄耰皆兵，胁从者毅然归汉，复我国土，还我山河，凭黄帝之威灵，存正气于两大，成败利钝，非所顾及。挥泪陈词，诸希公鉴。东北民众救国军总司令苏炳文、副司令张殿九、总参谋长谢珂、副参谋长金奎壁、旅长朴炳珊、吴德林、张玉庭、李振华、张竞渡、总指挥李海青、邓文、司令王尔瞿、张希武、徐朘哑、焦景彬、才鸿猷、陈海胜、李宏颀叩，东印。

编者注：此电文末尾所示姓名与前 1932 年 9 月 30 日张殿九等致中央党部电，因译电关系，两者有出入。

苏炳文张殿九致中央党部国民政府等电

（1932. 10. 10）

南京，中央党部、国民政府林主席、各院部、蒋委员长、北平张副委员长钧鉴，各省政府、各省党部、各报馆、各法团、各军师旅团长，分转全国父老兄弟姊妹、海外侨胞均鉴：顷致国际联盟一电文曰：本总、副司令受东北各地方民众代表之付托，及各军将领之推戴，于中国民国二十一年十月一日在海拉尔就任东北民众救国军总、副司令职，谨于兴师除暴之前，特将年来日本违约暴行，及我三千万民众真正意旨，为全世界各友邦陈之。日本以侵略主义强行占据中国东北，假借民意，威迫挟持溥仪，组织满洲伪国，迄今已逾一年。中国民众既全体反对，而东北全境更陷于永无止息之纷乱状态中。日本虽驻重兵，毫无维持治安能力，而变本加厉，倒行逆施，焚杀淫掠，种种残暴，无一不出公理仁道恒轨以外。现在东北居民四分之三已不能生活，此种行动损害中国领土主权之完整，已违反九国公约第一条。其不用和平方法解决争端，而擅动武力，破坏和平，则违反非战公约第二条。又侵及国联会员间之政治独立，不顾忠告，蔑视盟约，同时违反国联盟约第十条、第十二条、第十三条等规定。而国际间迁延至今，毫无约束制止日本暴行之能力，中国民众实不能不取紧急有救之自卫手段。最近日本军阀更悍然与满洲伪国缔结承认条约，独占东北利源，封锁国际商务，东亚局势将触绝大危机，我东北民众万难忍受。至日本迫令伪国以民众自决，王道治国，开放均等，共存共荣之假面相号召，用以蒙蔽世界人之耳目，借以掩饰其强占东北之形迹，更作永久占据之根基，此种威胁强迫卑劣举动，我民众自始至终未曾承认。文等职在军人，义当救国，爰本我三千万民众之嘱望，振旅东征，打倒日本之野蛮，军团必期解放全民，恢复领土，消灭伪国，建树和平。凡我友邦应知，日本军阀不独损害中国，即外籍侨民亦同被其祸，倘不将其驱逐，中外咸感威胁。日本暴军及其收买之华籍匪团既均显然不能保持各城市安宁，东北地方自今日起，惟有我民众救国军为惟一之负责权力，凡我军所至，中外居民一律保护，倘有阻碍我军行动，为日本侵略主义作工具者，无论任何国籍，概在碍难保护之列。又日本民众对东北事变并未获益，而负担增重经济恐慌，失业日多，同受压迫，若是则我军直接为中国民族求自由，间接亦即为日本民众除暴政，更为世界一切民族求永久之和平。庶使我东北三千万民众之真正意旨得揭扬于世界，不致为暴力所诬蔑。更希望与一切有觉悟争解放者联合战线，前后夹攻。此为东亚民众求生路而战，昭告世界。谨此宣言。东北民众救国军总司令苏炳文副司令张殿九叩，蒸印。谨电奉闻。印。

蒙藏委员会委员长石青阳致行政院呈文

(1932.10.12)

行政院钧鉴：顷据本会派赴呼伦贝尔慰问专员春德阳电称，此次东北民众及呼区汉蒙各界、江省各军将领不堪残暴，共谋救国，公推苏公炳文为东北民众救国军总司令，张公殿九为副司令，于十月一日在海拉尔宣誓就职。贵公福亦于同日恢复都统原职。现在蒙汉联合，民气军心极为壮盛。东日通电计达钧鉴，收复失土指日可期。德莅呼经年，努力工作，惟时局多故，音候久疏，幸预戌谋，得参义举，誓竭绵薄，用副厚望，满海安谧，并以奉闻，等情。据此理合转呈察核。蒙藏委员会委员长石青阳叩，文印。

东省铁路护路军哈满总司令苏炳文致中央党部国民政府等电

(1932.10.22)

南京，中央党部、国民政府林主席、各院部、蒋委员长、张副委员长钧鉴，各省省政府、各省党部、各报馆、各法团、各军师旅团长，分转全国父老兄弟姊妹、海外侨胞均鉴：顷致国际联盟一电文曰：日本军阀以暴力占据满洲后，凡属完善区域，无不被其侵袭，即以黑龙江省一省言之，江桥战后遂集其全力于东荒各县，军队咸被屠杀，地方均遭蹂躏，民不堪命，村镇丘墟。中东铁路哈长、哈绥两线肆意破坏，不能通车，近更集结全力压迫我哈满线之护路军，并派遣爆炸机六架于阳佳两日将富拉尔基铁桥破坏，残害路员多人，复以大炮四门，步骑兵约千余名，向我富拉尔基站护路军猛攻，陆空并进，凶暴异常。我护路军为护路及自卫计，决与周旋，现已激战数日，士气振奋，公理所在，胜券可操。查东铁满哈线本为欧亚旅行孔道，关系世界人士之福利，此次日军无端构衅，任情爆炸，桥身全毁，将来恢复困难，此项责任应由日军负之。又日军在昂昂溪、富拉尔基一带，对于显明标揭红十字旗之救护人员特加射击，毫不遵守国际红十字公约，实属大悖人道。罔顾信义，甘冒全世界之不韪，不能不宣告世人，俾知曲直所在也。除饬前方将士力维正义，竭尽职责外，合并电闻，诸希公鉴。东省铁路护路军哈满总司令苏炳文叩印，谨电奉闻，文。

北平军委分会致国民政府等电

（1932.11.2）

南京，国民政府、中央党部、军委会、行政院、汉口蒋委员长钧鉴，南京参谋本部、军政部、外交部勋鉴：用密，据海拉尔苏炳文无线电报称，日松木师团前参沪战，残暴异常，中外人士有目共睹，此次到江，军纪尤坏，焚杀奸淫，无恶不作。宥午派爆炸机一架到海，抛掷重量炸弹，散放松木师团长署名传单，声言将派攻城重炮、大股军队、多数爆炸机，实行粉碎扎兰屯、博克图、海拉尔、满洲里等处，不成灰烬不罢，等语。查上列各地均非战斗区域，竟有此等残暴宣传，其毒辣阴狠，足以危害中外商民生命财产，视屠杀如儿戏，非特有损日本军队之价值，实以大伤国际人道之信条。事实俱在，不容缄默。请将上述情形速向中外及国际联盟会报告，借申正义，而维人道。不胜屏营待命之至，等情。谨电奉闻。军委会北平分会叩，冬酉代谍印。

日军镇压苏炳文张殿九起义

在黑龙江省雄据一方的苏炳文，依靠远在嫩江之西的西大兴安岭天险，蟠（盘）踞在呼伦贝尔。昭和6年11月，马占山被我第二师团打得一败涂地，由大兴和省城退走，他坐观形势的发展，不轻蠢动。昭和7年5月，由于马占山背叛，我第十四师团将军追赶到呼海线方面时，他甚至默视马军的被歼，也不采取行动。但是，随着满洲国基础的逐渐巩固，他对新国家则采取了服从的态度。

然而，程志远代替马占山任黑龙江省长后，由于程原系苏炳文的副司令，不仅内心不服，而且以满军军费支付问题为由与中央关系疏远，不去省城。表面服从，暗中多方联系，促使兵变频发，扰乱江省治安，污损皇军的威武。

在这种空气下，程省长认为苏炳文、张殿九势将离反，乃于 8 月 17 日任命张殿九为江省军参议，招至省城，夺其实权。继而 18 日又免去苏炳文所兼哈满护路军司令、呼伦贝尔警备司令、呼伦贝尔市政筹备处长等职，以杀其威风。

然而，苏炳文是呼伦贝尔拥有地位握有文武实权的独裁者，只是市政筹备处一职，收入即可达 5 万元。不管将来在中央逐鹿结果如何，这一地位不能被取代，所以他极力不在省城出头。如前所述，秋初张殿九被免职，他也被夺去兼职之后，极为不安和不满。他缺乏洞察大局的眼光，受北平的宣传而一度准备起事。他自信苏联会积极支持张学良，江省中部的各匪首也将望风而与之策应，所以与其坐以待灭，莫如进而玉碎，他下了决心。

可是，九月初旬由于韩云阶取代程出任省长，又兼韩省长采取各种手段进行说服，苏的情绪有所缓和。但苏在军费支付问题上仍坚持其要求。在此期间，驻在最前线富拉尔基的张玉廷，一再加强对我军的防备，断绝交通。9 月 24 日，李海青袭击昂昂溪，呈现出为进行策应而准备攻击省城的形势。

另一方面，9 月 26 日，在满洲里的英司令官在其司令部设宴，招待我特务机关小原大尉、山崎领事、宇野警备队长等人。第二天，又以开会之名召请小原大尉和宇野队长，然后突将二人监禁。与此同时，封锁了领事馆，缴了国境警察队的械，并把满洲国税关官吏拘押。因此，山崎领事就日人避难问题向苏联领事进行了交涉，虽已基本达成协议，但未实行。27 日至 29 日，男女老少全被监禁，财产被夺，抵抗者遭到若干杀伤。另外，富拉尔基以西各地车站被反军占领。

10 月 1 日，叛军在海拉尔举行宣告呼伦贝尔独立典礼，苏就任总司令，张殿九任副司令，富拉尔基以西至满洲里挂起了青天白日旗。

原来以为呼伦贝尔事件不过是局部兵变，后来逐渐了解了真相，乃是苏炳文、张殿九有计划的行动，其富拉尔基以西全军参加，驻富拉尔基的张玉廷积极构筑工事，进行备战。我军拟将其歼灭，于 10 月 5 日开始行动，使其撤退至碾子山以北。之后，一部警备富拉尔基，主力于 9 日返回齐齐哈尔。

关于在满洲里被监禁的日人释放问题，经采取各种手段进行交涉，幸有一部分妇女儿童获释，但对其余百余名，左右推托，无意释放。而叛军却在嫩江右岸地区集结，继续断绝交通，积极备战，采取敌对行动，形势日趋恶化。于是，我军基于《日满议定书》的精神，准备痛击叛军，以期首先确保兴安岭以东的治安。

昭和 7 年 11 月 28 日，从齐齐哈尔、索伦和甘南等方面开始行动。

编者注：此件摘译自满铁铁道部《满洲事变记录》第 3 卷。

第二章　吉林自卫军

一　吉林自卫军抗日纪实*

吉林自卫军之缘起

溯自民国二十年九月十八日午夜，日关东军司令官本庄繁率日军攻击沈阳之北大营，占领兵工厂，搜索各机关，而劫取我辽宁省垣。依次占领长春、吉林省垣等地，时代理吉林省政府主席并东北边防军驻吉副司令官熙洽，惑于满清复辟思想，且因日军多门中将为其留东时之业师，遂甘心卖国，礼迎敌师，款之上座。复自动缴械所部军警，以坚其信于日方，乃受命日军部为吉林省政府长官，代日军收抚吉林全省各县。熙乃先结好于东省特别区行政长官张景惠，日人并为张景惠拨给新式枪支三千支，弹药四十万发，组织警备队，以图镇压当地防军之反日行动。一方伪吉林省长官熙洽，辄积极采用政治手段，分别派遣代表赴各驻军将领及各县政府，卖送委任，接济日金，借作收买利用之诱惑。先是北平前吉林省主席张作相鉴于中日问题之扩大，一时不能归伍，尤痛恨熙洽素受豢养，一日反噬，势须加以制止，俾挽救末运于未来，乃密令丁超就滨江道区旧属各县，筹饷自卫；李杜就依兰道区旧属各县，并吉东延边各县境，筹饷自卫，静以待机。李氏遂即积极开始准备自卫，赶编保卫团，以固后方，筹设地方银行，以裕经济。不逾两月，大体就绪，更加紧军队训练，整顿服械，预备

* 此节资料为抄件，由吉林省社会科学院收藏；为了保持资料的完整，照录如下。

随时可以出发。熙洽先曾派李氏旧任参谋长，而现任伪省府参议、省垣木税局局长翟景儒往依立劝李附逆，当经李氏转嘱翟规劝熙洽，省识大体，名节是重，而返。至是熙洽在省探知李氏大有企图，又急令翟景儒再度游说，此见李氏则已知其来意，因为置酒筵款之，曰："彼此故交也，今夜只可谈风月，幸无及其他，否则足资烦恼。"翟惧不敢言，筵罢辞去。寻日本军队有进攻黑龙江省城附近嫩江桥之举，李氏知吉林省境亦难苟安，对所部督饬益勤，同时亦密遣得力人员赴哈尔滨联络丁超、邢占清，赴阿城联络冯占海，赴榆树联络张作舟，赴双城联络苏德臣，赴舒兰联络宫长海，赴敦化联络王德林，更进而联合邻省各友军首领，如屯垦军统带苑崇谷、哈满军司令苏炳文等。均信使往还，倍极敦睦。以此军事上之大联合成功，始有进攻哈尔滨之大举，吉林自卫军之基础亦遂由是而定矣。

白俄之暴动

日军既占辽吉，亟欲扩张势力至东铁路线，以遂其囊括北满之野心。去年除夕，日方蛊惑蹩居哈埠之白俄开始暴动，自当晚至一月四日为极度之骚扰。四日早在新安埠捕获暴徒五名，搜出日领馆支领日金二十五元之单据，其背景已不问可知。当日晚，东省铁路护路军总司令丁超出席张景惠召集之会议，对日方鼓动白俄倡乱，莫名愤慨，并谓白俄欺我太甚，愿以两旅军队与之一拼，等语。张于散会后即往质询驻哈日领大桥，日领否认，仅允取缔日人主办之俄报慎重记载。五日当地领事团召集会议，列席各国领事均信任当地警察有充分维持治安之能力。闭会后日领复派人至特警处声称，对白俄决不袒护，意图掩饰。一月八日晚，俄暴徒数十名曾一度袭击道里石头道，幸被警察击退。一月中旬，更唆使熙洽逆部进犯东路南段之榆树县。原驻该县之东北步兵第三旅张作舟，以熙洽不惜为虎作伥，愤慨万分，遂决以全力抵抗。十六日晨两军正在激战，日军飞机忽向榆树五常张军阵地掷弹，附近村落多被炸毁。同时，吉林日军陆续北上，作逆军之声援。二十三日，暂编第一旅旅长冯占海等部与于琛澂逆部激战于拉林站，不幸失败。二十四日，于逆前锋已薄阿城，大部则进至距阿城十八里之白城，是时逃难赴哈之阿城人民不下数万，分推代表谒丁超，请调护路军暂维该城治安。

李将军率部入哈

一月二十五日，冯占海部自阿城间道至哈东，翌晨八时半入哈。是日午前九时，二十四旅李杜部进抵哈道外，李与丁超当即发出会衔通告，宣传于琛澂扰乱地方罪状，一致讨贼。午后日飞机一架在道外散发于琛澂劝李冯军退出市外之传单，望外侨各安生业，勿相惊扰。二十七日早九时起，冯占海部复与逆军在子药库方面接触，李杜军由左翼夹攻，时有日机四架加入作战，掷弹射枪，经李杜部分道协攻，逆军始败退。适李杜部克服哈埠后，日方竟提出严重抗议，并威胁张景惠限于二十九日令哈埠全市悬日旗。李氏乃下令有撤换青天白日旗者，以军法从事，而哈埠商民对于李丁各军极表同情。

日方强迫东铁运兵

一月二十八日，日军占中东路宽城子车站，当日晚九时余有日兵车二列先后离宽城子开哈，翌晨一时十五分又一列离长春开哈。同日有铁甲车及拖车二十辆，载运日军六百五十名由大路进逼哈埠，占领窑门以南各站。当日军在宽城子登车后十二小时，东省路局始得日方正式通知，当晚日领大桥访东路俄局长鲁德义多方要挟，同日驻哈俄总领事司氏访土肥原及大桥，提出维持东路行车秩序之警告。东路俄副局长库司尼卓夫氏事先亦坚拒日方由该路运兵赴哈之请求，乃日领大桥向库氏声称，俄方拒绝为不友谊之行动，并谓日方进兵之目的，仅在保侨，绝无攫取东路之意向。驻俄日使广田并访俄代外长加拉罕亦作同样之声请，其实木已成舟，俄方亦无可如何也。二十九日晨，该路俄方职员三千人以日军重大压迫，不得已乃实行以武装保护东路管理局、苏俄领事馆及其他俄方机关。东路护路军总司令丁超为声明职责起见，特于一月二十九日自哈发出通电如次：

（衔略）均鉴：查此次东北事变日本出兵满洲之际，曾由日本方面一再声明，决不侵略中东铁路，同时苏俄亦表示严守中立，谅为世界各国所洞悉。乃日本军队突于本月二十八日占领中东路宽城子车站，拘禁站长，枪杀路员，扣留客货车辆，并强迫该站路员开车，输送军队。似此违背信约，显然侵略中东铁路，本总司令负护路专责，不得不急为制止。此种办法，纯系自卫，并非与日本有敌对行为。深恐传闻失实，莫明真相，谨此电闻，敬祈察照。护路军总司令丁超，艳（二十九日）印。

李、丁联络抗日

一月三十日，东路南段已入日军之手，由南满路调员四百名，为该段服务。是日即与护路军一度接触，占领陶赖昭站。时李杜军已进达老少沟以南，适遇由长春满载日军之铁甲车两列行抵该地，被李部迎头痛击，翻其铁甲车一列，歼敌六百余名。北满民气为之大振，各地义勇军遂纷起响应，愿听李氏指挥，誓死救国。一月三十一日拂晓，日方以陆空两军进逼哈尔滨，丁超部护路军三千人在哈埠西南之双城堡站与日军发生激战，继以肉搏，双方伤亡颇重。时熙洽逆军大部均集中阿城，为敌声援，牵制丁部。幸冯占海部在榆树林子，缴逆械一团，足寒贼胆。复得二十二旅赵毅部、二十六旅宋文俊部，及前在榆树拒逆之张作舟旧部张广玺支队等各路援军均已赶到。三十一日早六时开始反攻，合力夺回车站。惟日军如多门、铃木等部亦由长春、沈阳及齐齐哈尔等处纷向东路积极增援。是日丁氏特发宣言，声明战争责任应由日方负之，原电录后：

（衔略）均鉴：概自东北事变以来，日本朝野以南满既得权力为口实，迭于国联议席上郑重声明，决无侵略中国之野心。何况我北满有中苏共管之东省铁路，欧亚交通之哈尔滨商场，关系国际，何等重大，更非南满可比。乃日人蚕食不已，始则勾引我国不肖军阀，蒙头盖面，肆其改造之阴谋；今因逆军击退，竟敢明目张胆，遣派大部日本军队夺取东省铁路，拘禁苏俄站长，扣留客货列车，沿宽城子站节节北进，现已压迫至双城车站，蔑视中苏协定，破坏欧亚交通，丧心病狂，至于此极。本总司令职司护路，责无旁贷，惟有严饬该站护路军极力抵御；一面增设路防，阻其前进，悉索敝赋，力与周旋，成败利钝，在所不计。须知本总司令系为护路而战，系为救国而战。当此国际严重，我不自谋，恐人将代为我谋。为此，通电全国，并昭告各友邦，若因日本军队破坏东省铁路惹起世界战争，日本国家当负完全责任。谨此宣言，敬希亮察。东省铁路护路军总司令丁超，世（三十一日）印。

吉自卫军成立之经过

当李杜率部入哈后，曾语往访记者云，自九一八事变以来，所部奔驰，未遑宁处，刻均分散各方，实力薄弱，急须补充；本拟再俟月余而动，兹以事发，不容再缓，此来非为地盘，非争私利，能为国家保全一尺土地，即算尽我军人一分天职，牺牲一切，皆所不惜，云云。李氏既抱抗日救国之决心，遂纠合志士组织自卫军，并于一月三十一日发出宣言如次：

（衔略）均鉴：辽吉事变迄今四月，杜以本旅僻守依兰，枕戈待命，原意东北一隅之地得与外交大局随同解决。日人入据吉垣，欲以亡韩故智，首倡改变行政权，脱离中央关系造成独立局面，利用熙洽，积极进行。近又收买不肖军人于琛澂辈，招纳土匪，为虎作伥；更欲囊括国疆，包藏祸心，而对中俄共管之东路，欧亚交通之商场，亦欲全部纳彼范围，归其支配，以求完成新政权之策划，我人身命财产所借为缓冲少延喘息者，将随新政权而完全丧失，东北国疆乃亦荡复无余。杜等分属军人，职在捍国，处此情形危急似亡非亡之际，正思有以图存，适据报于逆琛澂将扰哈埠，破坏一切行政建设，改组新特市，当即躬率全旅星夜驰援，于一月二十七日会同护路军总司令及赵、宋、冯、王各军，毅然奋起，出临近郊，迎头痛击，立将于军击退，连日负隅阿城、同宾、双城各境，跟从进兜，方期扫荡顽逆，务绝根株。讵料日人悍然助乱，仍复夺取路车，毁伤路员，进兵长哈，实属藐视国际，恣逞强权。当经严集各军，合力抵御。在此形势严重之日，正我军人效命疆场之时，赖我各友军深明大义，一致团结，共负国难，爰组织自卫军，阐明本军卫国卫民之宗旨，不分侨商，一体保护，凡有侵略疆圻、扰乱治安者，愿共击之。敌忾同仇，义无反顾，成败利钝，非可逆期。兹以军部成立，承各友军共推杜权摄总司令，勉荷艰巨，克日就职，望我父老子弟，念国土之垂危，痛沦胥之将及，互相救危，共策进行。谨此宣言，伫候明教。吉林自卫军总司令李杜、中东铁路护路军总司令丁超，前敌总指挥王之佑，总参谋长杨耀（躍）钧，第二十二旅旅长赵毅，二十五旅旅长马宪章，二十六旅旅长宋文俊，二十九旅旅长王瑞华，暂编第一旅旅长冯占海，骑兵旅旅长宫长海、姚殿臣，团长陈德才、张琦、张春霖、路永才、陈宗岱、王孝之、于德一、赵秋航、孙广甲、朱春田、刘作宾、赵维斌、张广喜、徐俊武、李辅臣、张桂林，山林游击队统领宋希曾等同叩，世（三十一日）印。

吉林自卫军成立之后，复有吉林治安维持会之组织，以丁超为委员长。二月一日发出通电云：

（衔略）均鉴：国家当军事时期，地方政治失其重心，则必有执行治安之机关，随军事而产生，古今各国，不乏先例。吉林自日军入境，熙洽纳款，久已太阿倒持，政非其政。宾县政府，草创未久，仅赖二三同志竭蹶支撑，僻于局促，亦虑号召为难。当此军事严重之时，凡百政务，所关重要，治安所系，当与军事相提携，有一不备，实不足保持秩序，维系军心。

哈尔滨地居冲要，五方辐辏，事务纷繁。现自卫军树立以来，义声所播，中外俱瞻。关于军事期间，地方一切行政不可无总揽负责之机关，以期集中人才，共挽国难。兹经共同议决，设立吉林治安委员会，公推护路军总司令丁超为委员长，所有军事、行政及外交、财政等项，胥归辖理。本会章制及委员名单，俟组织成立另行公布。此次治安会之设，关系吉林地方，变出非常，为适应时事之需求起见，一俟大局安定，吉省合法政府完成，即行撤销，合并声明。除电呈国民政府备案外，谨先电闻，伏希公鉴。吉林治安委员会，东（一日）印。

日军攻哈与李、丁两军之应战

一［作者注：二］月一日晚，日军司令本庄繁通知李杜、丁超两军称，苏俄政府并不反对日军使用东路运输军队，劝李丁等对局势眼光放大，暗示抵抗无益。二月二日晚，日军抵哈埠近郊，一面准备进攻，一面等候龙江之日军来援。时李丁兵力达万四千人，大多数配置在哈市两侧，其余则在市东马家沟、道外等处，磨砺以须，备作最后之战斗。四日早八时许，日侦察机二架来哈散放传单，午后三时复来战斗机四架，至道里、道外及长官公署低飞示威，并以机枪扫射炮兵阵地，同时以坦克车携钢炮四尊，步骑二千余人，绕道袭五家站。李杜督队抗战极烈，并布防顾乡屯，四时起南岗一带闻枪炮声，流弹多落货车站。薄暮日军向西南溃退。时日军多门师团已于当日下午五时抵哈埠郊外，五日晨敌空陆两军向丁超部队开始猛攻。因日军器械精良，炮火猛烈，卒将丁军阵地突破，而于下午二时半由其左翼部队占领哈埠道外，更续向前进攻，其主力部队则于下午四时开入哈市，司令部设于新市街。李杜、丁超等率部退宾县、巴彦一带，待机反攻。是役李、丁军伤亡奇重，而日军亦受相当之损失。二月八日，吉林自卫军总司令李杜发出通电，报告由哈埠退守宾县经过，并谓已在宾县组织联合军司令部，徐图恢复失地。原电如次：

（衔略）均鉴：日人鲸食无餍，既占辽吉，复窥哈埠。杜分属军人，痛外患之日亟，凛东北之濒亡，爰率所部星夜驰援，联合护路军及友军各部队，共赴国难，业于三十日电陈，谅邀鉴及，双方交绥以后，哈长路线北进日军及双城、阿城一带逆军，自上月二十七日起，分路抵抗。截至三十一日，曾将逆军三千之众全部击溃，俘获颇多。日军行至老少沟及双城车站，经我护路军截击，受创极巨，旋即退却。迨至本月冬（二日）日，日军由长春增加长谷旅团，由多门指挥，节节进逼。我军五家站三姓屯前进部队迎头痛击。敌以铁甲车冲锋。我军遂固守顾乡屯无线电台上号一带。支（四日）日晨，日军全部进攻，利用飞机坦克车猛力压迫。我联合军奋勇抵抗，血肉相搏，进攻数次，双方伤亡甚巨，薄暮已将日军击退。入夜敌以少数扰乱，枪声彻夜不绝。微（五日）日晨，敌复增加兵车三列、炮数门反攻，战况激烈，至下午一时，我联合军经以转战经旬，伤亡盈千，兵力过疲，呼救无援，乃退守宾州、巴彦一带，与护路军同力合作，组织联合军司令部，整饬部属，再图规复。总之，为国牺牲，士皆用命，成败利钝，在所不计。区区愚忱，伏祈鉴察。吉林自卫军总司令李杜叩，庚（八日）印。

李杜、丁超两部由哈尔滨退守宾县、巴彦一带后，经整饬结果，两部共八千余人。二月十九日，日军派轻爆机、侦察机、战斗机飞巴彦轰击丁军，丁军受相当损伤。二十日，各机复至宾县东方附近地方与丁军作战，经丁部迎击，日机逃去。时吉林伪长官公署招（召）集政治会议，当由吉垣指定各县代表出席，以便伪造民意。自卫军掌握之依兰等十二县遂通电声明不承认。李、丁联军并派兵出动珠河及一面坡两处，剿灭熙洽之逆军。二十日晚十一时自卫军占领乌珠河，并将当地逆军缴械。同时即以自卫军二千名向一面坡开始行动，二十七日将一面坡至绥芬河间之中东路一段占领。一面坡之日本侨民已于二十五日退往哈尔滨。自卫军击破珠河、一面坡之熙洽逆军后，逆军刘作宾团当即投附自卫军，哈绥线伪护路军司令刘玉书则不知下落。自卫军连日收抚敌方溃兵两营，士气颇旺。时马占山因环境关系按兵不动，惟李、丁联军乃继续奋斗，誓为国家保守一隅干净土。自卫军前锋于三月初进抵哈埠老山头地方，哈市内商家闭市，秩序紊乱。而日军调兵增防，形势紧急。在延寿一带之自卫军因得附近十余县民众踊跃输将，醵资助饷，士气益奋。

我军抗日之激战

日军滨本联队于三月五日拂晓进攻一面坡，与王德林部激战。王部因后援不济，向后暂退。日军天野旅团则进至海林并向宁安开拔，同时在海林及宁安设立飞机场。至宾县方面之自卫军，经两日之激烈战事，因熙洽逆军得日军助力，竟占领该县。时李杜部尚在郊外与日军激战二小时，卒以孤军奋斗，势亦不支，不得已退守方正待机反攻。六日及八日王德林、刘万魁两部分攻宁安及海林之日军，斩获无算。日军退出海林站，溃守宁安城内。三月十一日，黑军第三旅在黑河树自卫军旗帜，抗逆反日，十一日占黑龙江沿岸六县。敌因自卫军声势日壮，大有疲于奔命之势。三月中旬，熙洽派代表赴东路东段与丁超接洽和议。时丁部已退宝清、密山，屯军训练，对熙诱惑迄不为动。和平谈判遂无结果，丁复率部进攻，自一面坡至横道河子止，遂一度再入丁部之手。十六日晚，距哈六十里之石头河子有二小时之激战。十九日晚至二十日晨丁部向哈尔滨两次反攻，均未得手，所部退向方正集中，与李杜部会合。截至三月二十五日止自卫军已两度攻克宾县，二十七日晨，自卫军宫长海部与日军在哈东老山头激战。同时，冯占海部与熙洽逆部及日军在宾县附近高力帽子激战，李杜亲在该方面指挥，驻哈日军分别驰援。一部在熙洽后方督战，时哈绥线之石头河子已被自卫军包围，下城子亦经收复。二十八日距长春三十五里之农安县城，亦被义勇军收复。敦化、扶余、一面坡等处义勇军皆集中齐克线，拟渡河进攻黑垣。驻长春、沈阳之日军仍纷纷北调，日方并急调回开往宾县之长谷部，开往珠河之天野两旅团，反攻农安。

农安、方正等地之肉搏

自卫军克复农安后，长春宣布戒严。时于逆琛澂率李文炳、刘宝麟、李毓九各旅附骑兵三千人，重炮八门，并混杂大队日兵，进迫方正以西之会发恒一带，与自卫军冯占海部及骑兵宫、姚、杨各旅，激战两昼夜，结果于部惨败，多半投降。在黑东泰来之救国军及前归马占山之义勇军均闻风转至三姓投顺李、丁，经改编为骑兵旅。日军以农安得失关系重要，复因于琛澂部在方正惨败，尤为震惊，急将调归朝鲜之日军混成旅团折回，俾与天野、长谷部两旅团协攻农安义勇军，并决以三个旅团兵力连同张海鹏、熙洽等逆部分路进攻。其阵容，以熙洽所部及吉林铁路守备队担任右翼，攻农安东方；日军清水、黑石两部队及奉天守备队野炮队任正面，攻农安东南方；张海鹏部任左翼，协攻农安东南方，某逆部攻农安北方，采取包围形势。日方委满铁守备队司令森连为总指挥，于四月一日拂晓开始总攻击，同时日军飞机亦全体出动助战。自卫军李海青部集中主力于六间房以北，出于要击形势。自一日晨至三日早五时，农安南方之六间房、长安堡、牛罗屯一带均有剧烈战争，血肉相搏，日军死伤奇重。嗣因日逆两军左右包抄，一面以飞机多架掷弹轰炸，一面以装甲车五辆冲锋，义勇军被炮火压迫，损失过大，并因后路为逆军截断，不得已于三日上午八时后，向扶余方面退却。日军遂于三日午间入城，农安又告陷落。于琛澂逆军于一日晨得日军协助反攻方正，同时自卫军亦得后援，声势大壮，在高力帽子与敌激战，于部卒不得逞，退向宾县。冯占海军跟踪追击，于部多数投降；李文炳逆军为自卫军宫长海部击溃，俘虏亦过半，余退黑东木兰县。时救国军王德林部千名与局子街龙井村附近之民众自卫军会合进攻延吉。日军此时大有疲于应付之势，一面调天野旅团应援高力帽子，一面调朝鲜咸境北道驻军开赴延吉抵御。

日军以于琛澂部屡攻方正县不下，转调陆空两军前往助战。四月三日，上田联队行至哈绥线山市站，中自卫军埋伏，死伤甚众。自卫军扼筒子沟、夹信子、高力帽子之要隘抗御日军，同时王德林部攻克宁安，入城时商民均悬青天白日旗欢迎。五日晨，日军以飞机、重炮及坦克车向方正猛攻，高力帽子及夹信子两要隘为敌重炮所毁。午前九时敌薄南门，自卫军肉搏应战，日飞机在城内投弹百余枚，各街均起火。至午后三时，日军复协同于琛澂逆部绕出后方，自卫军以腹背受敌威胁，不得已遂总退却，大部撤赴依兰。五日午后四时，日军若松联队入占方正，于琛澂之伪剿匪司令部亦于是时移设方正城内。日军既占方正，复于七日派轰炸机往依兰投弹，落镇署旁，炸毁民房，旋为高射炮击退。自卫军自方正退集江滨大罗勒密后，重行布置巩固防线，李杜、丁超仍誓死抵抗到底。时日军移师团部于宾州，第九飞行队驻珠河。六日驻守哈江桥之熙洽军一排哗变投自卫军。七日驻哈绥线之熙洽军两连亦变，投顺自卫军，同日王德林部占领和龙、汪清等处。延边四县已全入该军掌握，日军大部均退集清津港，是役日军死亡达八百余名。

王德林部四月五日攻占三道沟后，即将吉会路山城子、烟筒山铁桥炸毁。该路原定七日试行通车，因是未能举行。时王部集结各地义勇军达万余人，于八日大举进攻延吉百草沟。同日刘振邦部九千名亦进抵哈绥线之横道河子，熙洽军三旅与日军协防珠河。一面坡、穆棱、宁安、密山各地之民众壮丁纷组大刀会，援助自卫军。九日拂晓，刘部占领横道河子，驻该处之叛逆军队败退石头河子，反正加入自卫军，因此中东路东段悉入自卫军之手，王德林尝语人云："有王德林在，决不令吉会路落成。"盖由吉林至会宁间，为牡丹江发源地，其东有天宝山，西有牡丹岭，峰矗涧横，林深树密，数百里中均为险境。日人之修吉会路也，东起会宁，西迄吉林，由两头施工，会接于敦化。今王派队扼要抵抗，此路不易联接，日人恨之刺（入）骨，屡派军往击，王则出没无常，以奇制胜，日军昧于地势，屡次败北，受创颇深。

李、丁两将军对调查团之报告

当国联调查团到平准备出发前往东北时，李杜、丁超特致电该团，申述日军北犯经过及自卫军奋斗之情形。原电于次：

窃自九一八事变发生，中国政府因尊重国联，保守盟约，望日人之悔祸，期国际之仲裁及国联决议，日方迄未履行，且更扩大事态，造成今日之险恶局面。中国领土与主权之完整，已为日本破坏无余，保障世界和平之信条，日本且公然违背矣。然吾人仍信赖国联之权威，可解决不平之纠纷，虽日人尽欺蒙之能事，而事实俱在，中外人士所共见也。兹者贵团诸公不辞辛劳，东来调查，盖为促进实行国联决议，以防止暴力之摧毁世界组织，其主持公道与维护和平之本意，凡属人类，同深感佩。矧在吾人为当事国之一方，能不感谢？杜、超守土护路，镇守吉江，谨将日军北犯及我军为自卫而作正当防御之经过，略陈诸君之前，以资参证。

（一）吉林自卫军之组织：日军既占锦州，东北最后之壁垒已失，仅有吉林省政府统治下宾县等二十八县为一块干净土。而哈尔滨一埠为三省北部重心，日欲取之以北窥，乃嗾使熙洽派于琛澂等出兵，于一月十六日攻榆树、阿城等县。张作舟、冯占海各部力与敌抗。同日土肥原赴哈任日方特务机关长，密谋北侵。时冯占海军因众寡不敌，于二十五日自阿城绕道至哈东，二十六日攻入哈埠，杜部高团同时开到，遂据哈尔滨以拒于琛澂军。二十七日与于部在距哈十五里之上号交战，于军败溃阿城。同时日机三架飞哈，向王兆屯二十六旅旅部掷三弹，被骑兵击落一架。杜等以日军北犯，违背中日条约，破坏国际交通，职责所在，必作正当之防卫。杜所率二十四旅、超所率二十八旅、与二十二旅旅长赵毅、二十五旅旅长马宪章、二十六旅旅长宋文俊、二十九旅旅长王瑞华，暂编第一旅旅长冯占海、骑兵旅旅长宫长海、姚殿臣等成立吉林自卫军，推杜为自卫军总司令，超为东铁护路军总司令，同时合杜、超所部组织联合军，设总部于宾县，遂于一月三十一日电告中外，说明护路抗日卫国卫民之宗旨。

（二）日军破坏东铁与我军防卫之情形：日军为进占哈埠，谋假道东铁，为东铁所拒，遂取直接行动，于一月二十八日强占东铁宽城子站，拘禁站长，枪杀路工，扣留货物车辆，强迫路员开车，输送军队，晚九时，日军铁甲车两列及拖车二十辆，载满日兵，离长赴哈，占领窑门以南各站。至蔡家沟站有自卫军陈德才团扼守。日军仍欲前进，即向我军压迫。我军为护路计，遂采取正当防卫，自一月二十六日起，至二月四日止，与敌激战于双城堡、三间堡、三姓屯、顾乡屯一带。直至五日，日空军复来掩护陆军前进，投弹多至数百枚。我军遭受轰炸，损害重大，日军长谷旅团、多门师团仍继续攻击，几至发生巷战。我军因虑中外侨民生命财产濒于危险，退出哈埠，至四时四十分日军滨本联队入据哈车站，杜等率部分退宾县、阿城、依兰、巴彦等处，徐图恢复失地。

（三）义军蜂起与自卫军协力抗日：杜等率部撤退后，日方复于二月十八、十九日等，由长春派出日机六架，轰炸宾县、巴彦，自卫军总部因移方正。时日军迫同熙洽军四出攻击自卫军，民众愤激，义军蜂起。王德林部首先加入我军，二十日与日军在延吉、敦化激战。杜等率部收复东铁哈绥线，二十二日克乌珠河，进展至一面坡，二十四日占苇沙河，二十六日杜复率部向哈推进。时日方正酝酿伪组织，恐为击破，又派天野旅团开回一面坡、海林一带，杜等不得不前进痛剿，三月一日，王德林部袭宁安、海林，击败日军。三月二十一日，杜等率部击破熙洽、日军，围攻下城子。时扶余各地义军蜂起来投，声势大振。乃日军欲消灭国军实力，掩饰中外耳目，又由宾县、珠河两路猛进。我军复作正当防卫，自三月二十六日至四月三日止，以全力抵抗，将日军击退。日复以飞机二十架掩护作战，并在方正、延寿、依兰各县与夹板站、高力帽子、会发恒、夹信子各村镇轰炸，投掷重二百五十磅炸弹多枚，烧毁房屋，炸毙多人，损失极重。本军总部因由方正移依兰。四月五、六、七等日，日飞机又飞依兰轰炸，我方损失尤重。

（四）暴力下之伪组织：日本铁骑纵横，蹂躏三省，其目的在树立新政权，与中国脱离关系，以实行其并吞之步骤。溥仪原居天津日界，早在恶势力包围之下，此次日方挟之以出，利用为傀儡，表演作双簧。三月九日日人摆布就绪，代溥仪发表荒谬宣言，关于伪国之组织及人员之指定，均系日人之伪造于强制。溥仪乃前清皇帝，中国革命时已自行退位，东三省虽系清室肇基之地，三百年来已为纯汉族之所居，此举不特三千万民众所不愿，即溥仪本人亦非出乎自由意志。日本因愿借溥仪以遮世界人之耳目，为其完全吞并东三省之准备行为，绝对不能以民族自决欺骗国际。当溥仪在长春就职之日，各地民众皆有反对表示，三月十日吉林各法团即通电否认伪国，请出师讨伐。又本庄于返沈途中，复遭便衣队三百人之袭击，此种日本人之所谓匪，实即愤恨日本侵略，不惜铤而走险，拼其生命以为中国民族表现正义之志士也。此中真相，尤望贵团诸公有切实之认识。至于伪政府行政院中有所谓总务厅者，行政院主权集中于总务厅，而总务厅主权则操之日本官，一切伪政均日员指挥之，各省政府之各机关亦然。三月三十日吉林伪省署增设总务厅，日人原武为厅长，降至各县，情形亦然。县之权在地方自治指导部，而指导部之权在日人，所有军警行政各权均直接为日人所操，三千万人民之生杀予夺，属于关东军之自由，此诚可痛心也。

（五）东北民众之痛苦：自日军进占东北之后，强收各交通机关，施行严厉之检查，行旅困难，消息隔绝，稍涉嫌疑，即遭捕杀。四月二日，在吉林九龙口枪杀之商农会长盖文华等十三人，即均被诬为匪者也。至于随地捕杀不知姓名者，更时有所闻。其不幸而居战地者，则庐舍为墟，妻子离散，辗转沟壑，血殷原野。年来世界经济已极臻恐慌，其能维持远东之经济而不致破产者，实惟东三省是赖。乃自九一八以还，东北各地受日暴力之扰乱，农村经济已实行破产，商业为之凋敝，财源因之枯竭，经济为社会之动力，经济告窘，社会愈呈不安，此皆日本使之然也。况今春耕期至，而暴力之压迫未除，农者不得耕其田，贾者不得营其业，一切停顿，危机立至，则此危机必由东北而波及远东以至全世界，故此，尚不仅为东北民众之痛苦与不幸也。

（六）自卫军之决心：东三省为我汉族胼手胝足所开发，人口三千万，纯粹汉人占其十分九五焉。又为中国过剩人口之消纳地，且为华北物质建设一切原料之取材地。杜等为保存中华领地之完整，与夫中华民族之生命财产计，日本以强力夺去，如不遵国联决议，即予退还，我必以强力取回之，不拘年限，不得不止，此应向贵团诸公声明者也。东北三千万人民未入日本势力范围尚得自由者，现只依兰、勃力、方正、桦川、富锦、穆棱、密山、宝清、同江、抚远、饶河、虎林等十二县，仍悬中华民国国旗；其余各县则遍插伪帜，人民已丧失意志之自由，倘贵团尚欲于其中搜求民意，借资研究，则直成一滑稽的悲剧矣。现可断言，贵团一旦出关，必所至遇欢迎，而欢迎队中，必有我丧失保护的同胞，持日本直接间接所颁发之标语，倘问其人曰，君等愿独立乎？脱离中国为本心乎？则其人者必将嗫嚅以答曰，愿。在日军组织之下，凡在公式机会上晤见之中国人将一致的答复曰，愿脱离中国，何则，苟一语违犯，灭家亡身之祸立至矣，焉能窥得真正之民意。今日本包办伪国，垄断政权，盐税关税均已宣言独立，归并各路，接收邮电，举凡一切均入其掌握，侵略事实，已大暴露。诸公出关之后，即见九一八事变真相陈列于前，就此真实之情形，为研究之对象，于促进实行国联决议上必有最大之补益，则东北三千万人民之所切望，而诸公将告使命之成功矣。杜等率部对日作正当之防卫，军事紧急，未能亲谒诸公，详陈一是，谨电陈述我军自卫经过，兼致欢迎之意也。吉林自卫军总司令李杜、东铁护路军总司令丁超同叩。

吉林自卫军之近况

自卫军以战略关系放弃保守哈尔滨计划后，即沿中东铁路哈绥线活动，复分别收编各义军，以图集中抗日兵力，规复吉林省垣。故命宫长海部于哈尔滨附近，不时进攻日军占领区域以为牵制；更连续分遣精锐进攻农安以压迫伪都，规复方正而利江运，进击延吉以破坏其吉会路工事。讵料初秋，松花江、黑龙江两江同时泛滥，灾区甚大，且兼淫雨连绵，积月不晴，军事运输殊为不便；尤因我军装备不完，于此时期，转战千里，倍尝艰苦。交通既不便利，给养复难征发，不得已，乃又变更战略。由李总司令督饬直辖之第二十四旅、邢占清之第二十六旅、杨躍钧之第二十八旅，及马宪章、路永才、陈宗岱、关永禄、杨子彬、王永等六个混成旅，活跃于吉林东北省境绥芬、东宁、穆棱、宝清、密山、虎林、同江、饶河、富锦、桦川、方正、勃利、抚远、依兰等十四县境内，不时以守势与日军接触，余各王德林、孔宪荣、姚殿臣、刘万魁各部，则由吉敦路线，向吉垣活动，以期会攻伪都。更有大刀会三万人分处各县，秘密工作，扰乱日军占领区域，甚为得力。刻下所有在吉林自卫军占领地带内之政务，悉由代理吉林省主席丁超主持。对于各县田赋，凡经兵灾者，概免征收，百姓群心倾服，对军事每得民众之赞助。于军事大计，则李氏必与丁氏协议决之。李本人辄夙兴夜寐，不忘国难，勤于治事，清晨检点军队，监视操练；午间批阅文件，每遇要事，则终夜深思，不能就寝；午后则与地方领袖、政治当局协议筹济事宜；且对国际形势及外交情形尤甚搜求，而不时加以研究。抗日十数月之积劳，日处此清苦生活中，艰难奋斗，丁、李二氏心力俱瘁。李氏已患呕血病，惟经军医调理，谅不致有生命危险也。所难者，凡自卫军占领区域，不被兵灾，即蒙水患。百姓生计已感飘摇；商业经济自然凋敝；且加以日军施行经济封锁政策，民食虽尚未臻恐慌，而军队冬季服装则殊堪踌躇矣。此点关系自卫军今冬抗日战略甚重，其关系东北军事前途、长期抵战之策划亦甚重。深愿国内志士与救国团体一致协力救济，急为打开此一大难关，则攻守之策于是可决。

李、丁两将军九一八纪念宣言*

全国同胞均鉴：倭奴内犯已经年矣，被嗾使奸宄，利用傀儡，实行伪组织，劫夺关税盐款，封锁邮电交通，我领土主权之完整，已为其破坏无余。国联盟约、九国条约，在日人固早已视同弁髦，然犹饰词曲解，以欺世界。近且正式承认伪国，成立议定书，是明白破坏九国条约，蔑视国联，已达极点。傀儡组织本为日人制造操纵，把持掌握，日人之承认傀儡，即被自承认其侵略行为，依照日伪所订议定书，则日有担任伪组织国防之权，直攫东北为己有，对中国及世界之威胁，愈加严重。杜等对伪组织已早宣誓中外，必扑灭之，则因伪组织而发生之一切事态与条约，杜等自一并予以否认，且必率领士卒力摧毁之。东北数十年来，一切建设与开发均前进无已，中外人士视为乐土，来徙者众；乃自九一八以还，日军肆其凶威，破坏城镇，轰炸乡村，戕杀奸淫，逃避无从。商业停顿，农村破产，此三千万同胞精神之痛苦无以复加；物质之损失难以数计。横逆之来，动魄惊心。我苟隐忍暂时，则敌威迫愈甚，即我屈服，亦难停止其进攻。往事可鉴，足证明也。且彼于调查团报告书缮就之日，竟悍然承认伪组织，是拒绝国联之调解与公判，而表示其狼吞虎噬之决心矣。内田之答复议会曰：中国本土较比满蒙问题，更为重要，可知其计划不止侵略东北、扰乱津沪，已昭示世界，欲囊括我全国以去，是我已处于退必死亡，进可图存之局势中。凡吾黄炎世胄，具有血性，只有奋身而起，作生死之搏击。杜等率部血战经年，所有将士均誓为国牺牲，含酸忍泣，别其父母妻子，冲突弹雨枪林，今得保吉林之大半者，亦惟虞中华民族之没落，求此一线之生存。杜等郑重宣告于国人曰：宁杀敌而死，不苟且全生；民族之生存与光荣，必自奋斗与牺牲中求之。望全国同胞共鉴此意。李杜、丁超率各路司令旅长冯占海、王德林、宫长海、姚殿臣、马宪章、孔宪荣、杨耀（躍）钧、邢占清、杨子彬、路永才、陈宗岱、王永、关永禄叩寒。

李、丁两将军双十节之通电

中央党部、国民政府林主席、汪院长、蒋委员长、北平东北政务委员会军事委员会分会张副司令钧鉴，各省市政府、各救国团体、华侨联

* 该件上报南京参谋本部。

合会、各报馆均鉴：日人蹂躏东北，瞬屈一年，凡我同胞莫不痛心，三省民众义勇军自卫军乘时而起，坚强抵抗，劳苦卓绝，未稍屈服，苦战情形，谅蒙洞鉴，士气之激昂，可见一斑矣。国联大会主持公道，远涉重洋实地调查，是非曲直，当有公论。乃日人既用武力威胁，造成满洲伪国，竟于国联调查报告书完成回欧之际，悍然承认伪国，似此强占我领土，侵害我主权，屠戮我人民，种种阴谋，惨无人道；不但污蔑中华，其破坏公约，蒙蔽列强，至此已极。此而可忍，孰不可忍。消息传来，群情愤恨，将士怒发上冲，民众痛切危亡。东北人民素性强悍，乡野壮丁，有枪者则入伍义勇军，无枪者则练习大刀队，行见三省各地处处抗敌，三省人民个个效命，敌竟恃其火器精良，我仗铁血与正义及不灭之精神，军民团结，一德一心，于械弹之外，举凡民间锨镐镰锄，皆堪作杀敌利器。自古以武力侵略他人土地，断难屠尽其人民。我三省人民不死，即可保持我三省不亡；况日本现在之人心，不是明治时代之人心，我国民气已非庚子以前之民气。将来胜负谁属，可以立判。杜等起义之前，早抱牺牲决心，今既普天同愤，更当荷戈前驰；惟冀中央早颁讨逆明令，用张讨伐，尤盼国内同志共伸正义，力挽狂澜，以雪国耻，忍泪陈词，伏维垂鉴。李杜、丁超佳叩印。

（以下附伪满洲国政府组织等，略）

二　吉林军哈尔滨保卫战*

日军占领哈尔滨与吉林抗日军

昭和6年9月满洲事变爆发当时，吉林省主席兼东北边防军副司令长官张作相代理张学良，作为东北四省留守司令官驻奉天，参谋长熙洽代理吉林省主席，省政主要由民政厅诚允掌管。

9月21日第二师团进入吉林后，熙洽较他省率先建立吉林省新政权［伪政权］，与张学良、张作相断绝，但因各种情势，其威力仅止于吉、长附近，很难统一。特别是张作相系统军阀利用哈尔滨附近国际的和地理的有利点，

* 摘译自〔日〕《现代史资料》（11），“续满洲事变”，东京，みすず书房，1965，第491～520页；此件原为日本参谋本部《满洲事变史》第六卷（案）的一部分，题目为《满洲事变中的军的统帅》（中）。标题系编者所加。

秘密设立政权，显示出反熙洽的态度，并与学良及作相不断联络。10月下旬，经东省特别区长官张景惠斡旋，据观察其活动似已停止，但于11月11日在宾县（哈尔滨东北约60公里）由诚允代理主席，成立了吉林省临时政权。之后，经大兴战斗，军［指关东军］一时停止进攻齐齐哈尔，马占山作为当代中国英雄，受到中国上下的极大支持。宾县政权也开始了活动。接着，11月中旬军占据齐齐哈尔后，随之带来相当大的动摇，但因马占山据海伦，北满的形势无法阴云一扫，宾县政权与此相关联，亦未归服。

学良、作相也极力操纵宾县政权，尽量保存、扩张自己的势力，阻止满洲新独立政权［伪满政权］的建立。

军体会中央的意旨，步入了稳妥的北满经略之途，由于熙洽与他们［指抗日的宾县政府等］的原来关系和战备不足等关系，与他们尽量试行和平妥协，但未成功，双方关系愈益恶化，成为满蒙统一新政权建立的一大癌症。

于是，吉林新政权认为最后除武力解决外而无他，在吉林省顾问、步兵中佐大迫通贞指挥下，努力编成新军，随之其兵力达步兵约9000人，拥有炮8门。昭和6年12月以后，按旧例使之聘任日本军官。到昭和7年1月上旬为止，其主力已在吉林及其以北地区集结完了。于琛澂（原吉林军旅长，中村事件时辞职返乡到双城县）为总司令，1月5日踏上向北讨伐之途。

对此，宾县政权的诸部队，张作舟的第二十五旅（事变前驻吉林附近，第二师团入城时，退避至北部。其后，其约半部与团长刘宝麟一起归服吉林新政权［伪政权］成为吉林警备第一旅的基干队［伪军］。故张作舟当时拥有3000兵力，有兵器者约2000人，素质不良）集结在榆树附近；驻中东路东部沿线的第二十二旅及在五常、一面坡、阿城附近的邢占清的第二十六旅，以及冯占海的部队（原吉林卫队团）等部队，都被命令进行战备。

然而，恰在此时，我军占领锦州，给北满形势带来重大变化。马占山向我归服并与张景惠合作，黑龙江省的稳定显现，宾县政权也出现很大动摇。李振声（原吉林军训练总监、中将，宾县政权在哈尔滨时是首脑）于1月6日向张作相呈上如下要旨的报告，以诉其衷：

> 马占山6日来哈尔滨，与张景惠密议后，张赴齐齐哈尔；张将要求我等取消宾县政权。

总之，吉林、黑龙江、哈尔滨既已一致亲日，吉林将以马锡麟（警备第三旅）、于琛澂的各部队掀起北伐战。因此各部队时常出现小叛乱，如张作舟的第二十五旅，战斗时并不足惧。锦州陷落后人气大变，故其他方向加以压迫时，不遑临时接受指示，请先秘密给予指示为盼。

而且，李杜的第二十四旅远离，在宁安附近的第二十一旅长赵芷香大约也始终试图保存自己，第二十六旅本身和第二十六旅因中东路护路关系，也处于很难作为主力来使用的状态。况且，护路军司令兼第二十八旅旅长丁超，据判断，恐怕也是反熙洽态度很积极。因此，吉林新政权的北伐行动，如在我军无形支援和飞行队部分协助下进行，与哈尔滨特务机关的内部活动相伴随，将宾县系统压倒使之归服，据判断并不困难。

附记：以下将吉林新政权（军）改称吉林政权，宾县政权改称为反吉林政权（军）。

吉林军的北伐开始后，果然反吉林政权日益动摇，向作相发出悲观的电报，第一线部队暂先后撤到中东路沿线。此时，以张景惠、马占山为中介，努力缓和吉林军的北进，以有利的条件，谋求与熙洽妥协。

张景惠也判断，由于吉林军的北伐进展，恐怕自己的地盘被熙洽所夺走，以致危及东省特别区长官的地位，故通过哈尔滨特务机关或直接派使者到吉林进行斡旋。可是，熙洽的决心始终如一，与张景惠等人的主张，甚为悬隔，无望妥协。

当时哈尔滨特务机关亦在和平中为北满的经略而奔走。丁超既已向我表示诚意，反吉林政权通过张景惠、马占山等人的活动，而能使之归顺的话，吉林军北伐停止，特别是哈尔滨的攻略可以避免。哈尔滨特务机关向军提出了以上意见，因为哈尔滨特务机关从过去的关系上对张景惠、丁超怀有好意，故必然如此。然而，军却宁可支援熙洽的政策（是吉林省顾问步兵中佐大迫通贞的意见），希望趁反吉政权动摇，迅速北伐吉林省，至少也速即进入哈尔滨南郊，以使他们屈服。但吉林军的行动，却有牛步之感，不副军的意图。可反吉林政权要人与熙洽不能达成妥协，继续其北伐看来愈益困惑。另外，1月18日榆树附近，稍经战斗即被夺取的第二十五旅旅长张作舟欲乘汽车逃跑之际，与部下约600人共同被俘，他们决议取消反吉林政权，所属军队服从熙洽，并向张作相做了报告（于琛澂虽俘虏了张作舟的一部，但当日午后8时，附以护卫兵，以汽车送还哈尔滨，其真意虽然不明，但据观察，还是想利用他们欲促进反吉林军降服。总之是证明对吉林军缺乏坚决的战意）。

张作相也无策可施，但发出训电，不想同意取消反吉林政权和使军队隶属于熙洽，如果不得不全受张景惠的指挥，尚可退避北部，进入在海伦的马占山的指挥之下。

当时张作相在平津地区，得到所谓我们一部分策士的支持（军鉴于该运动对满洲特别是北满的形势有恶劣影响，而坚决将其排出），代学良掌握华北兵权，只不过是他还在梦想，靠时运归还满洲，故与反吉林政权要人联络，特别苦心于贮存其兵力。

继而1月24日有报告称，护路军司令丁超、第二十六旅旅长邢占清及其他反吉林政权要人自动辞职，吉林军也忧于使哈尔滨陷入巷战之灾，认为武力性的胜算并不确实。于是要求丁超将哈尔滨附近军队撤退到一面坡，对此丁超的部下大部分同意，但丁超本人不愿甘拜在熙洽的下风，而予拒绝。为此，吉林军将26日的入城预定，改为翌日27日，以图圆满的解决。

而在依兰的第二十四旅旅长李杜于26日午前5时率部下两个营，进入哈尔滨与丁超部下军队一部共同占领了中国街付家甸，开始掠夺。哈尔滨特别区依靠警备队（约500名）严重警戒，市民（在哈尔滨日侨约4000人，朝鲜人约1500人）大为不安。

正如想象，反吉林军表面上装作服从熙洽，以钝其锐锋，此时已得到第二十四旅等的增援而努力备战，不管和、战任何场合，都争取使其立场有利，真是奸计。

暂停入哈的吉林军已察知反吉林军方面缺乏诚意，坚持期望武力解决。从26日夜半起开始行动，27日在哈尔滨东南侧地区，两军主力开始冲突。

关东军从北满经略上强烈期望熙洽的快速实现吉林北部统一，但在黑龙江及锦州方面旧军阀凋落的今天，已勿须借用日军之力，况且苏联国家的势力中枢业已形成，列国的利害关系亦相当错综复杂，出兵哈尔滨会给苏联及列国以很大刺激，同时从熙洽、张景惠与关东军的微妙关系上，亦欲争取作为吉林省的内政问题，使他们自身圆满解决，所以自吉林军北伐开始以来，军秘密地令驻长春的飞行第八大队第一中队（该中队在占领锦州后，由奉天转移长春，1月7日集结完了）进行协助，不希望地面部队陷入涡漩之中。

关东军向哈尔滨派兵

军于1月上旬吉林军北伐开始后，指示驻长春的步兵第三旅团长少将长谷部照俉，依据情况，并不一定谋求向哈尔滨出兵。但1月25日接到该旅团副官（大尉滝本一麿）报告称，在宽城子列车有向北部移动之疑，传称正研究某种稳妥、合法的扣留手段。在当时，如前所述，反吉林军甚为动摇；关于吉林军，当日午后3时30分收到吉林军指导军官步兵大尉滨田弘的如下报告，被判断，吉林军大致能按预期顺利作战（吉林军大迫顾问判断吉林军的哈尔滨入城大致能顺利进行，为与哈尔滨特务机关联络，25日赴哈尔滨）。

据剿匪军［指于琛澂的伪军］报告，军昨天24日没有进入阿城，而是在小房身（阿城西南约20公里）附近宿营，25日从该地出发，成为两个纵队，向大房身、白家窝棚（都在哈尔滨以南）一线前进，决定26日占领哈尔滨。

1月26日哈尔滨特务机关来电请示："考虑到哈尔滨的部分兵变，且丁超不服从于琛澂，鉴于如有数十名日军来哈可使其服从，请急派三四十名宪兵，并以飞机进行威吓性飞行。"但军考虑，派遣微薄力量反倒有使状况恶化之虞，判断并无效果，故还是静观状况发展。

翌27日中午许，军综合各方面情报得知，从当日上午9时30分许起，以哈尔滨为中心，部分战斗业已开始。午后1时30分步兵第三旅团滝本副官打来如下电话：

> 今日，为侦察哈尔滨附近状况赴哈尔滨，驻长春飞行队的一架飞机遭反吉林军的射击，在哈尔滨南郊意外着陆。
>
> 飞行队要求派遣所需修理员，为对其进行掩护，附以若干部队如何？

军基于努力在稳妥的北满经略道路上前行的根本方针，认为派遣兵力还为时过早，派出小部队不利，结果未同意上述意见。但在午后2时30分（午后1时30分发，午后1时31分收）接到哈尔滨特务机关致参谋长的如下电报：

> 在哈尔滨市内，除丁超、邢占清军外，张作舟的残败兵（第六七一团）、冯占海的残败兵（第六八二团）混在各处，目前以日俄协会学校东南方飞机场及日本人墓地附近为中心，与吉林军战斗中，完全失去统辖。
>
> 午后一时遭中国军射击发生故障而意外着陆的我军飞机第五七〇号搭乘者清水大尉被中国军击毙。
>
> 状况如上，故认为有必要断然出兵。

如上所述，哈尔滨方面吉林军与反吉林军之间胜算尚不确定之际而即引起决战，万一吉林军败退，军的北满经略即将从根本上倾覆，原来的努力将毁于一旦，事关重大，但也虑及我侨民受害情况，故军下达如下命令，准备对哈尔滨出动。

> 关东军命令
>
> 1月27日午后3时
>
> 于奉天，军司令部

一、在哈尔滨，1 月 27 日晨起，丁、熙两军间引起战斗。

二、吉长警备司令应速即集结兵力，准备随时出动到哈尔滨附近，但敦化守备部队得按原状留置。

三、独立守备队司令官准备随时将野炮兵一中队、战车［坦克］2 转属吉长警备队。

关东军司令官　本庄中将　昭和 7 年 1 月 27 日

关东军司令部致大臣、总长电关参第 355 号

随着吉林省的北伐，原丁超军掠夺了付家甸。今日，以哈尔滨日本人墓地飞机场附近为中心战斗开始，我飞行军官亦被击毙，以致哈尔滨统辖陷入混乱。

军鉴于如上情况，考虑到战乱已波及哈尔滨市内，派步兵两个大队以内为基干，完成侨民的保护，望请认可。

关东军从派兵一部到转用军的主力

1 月 28 日午后 4 时收到电报：

参谋次长致关东军司令官

关参 355 号收悉。

考虑到北满“兵匪”跳梁，以增加北满兵力为宗旨的将电报所示兵力派至哈尔滨一事，总长同意。

据此，军司令官决定将以步兵第三旅团长长谷部少将指挥的步兵约两个大队、炮兵一个中队为基干的部队派向哈尔滨，以防止哈尔滨混乱，落实北满经略，并担任内外侨民的保护，而下达了如下命令（但表面上是保护内外侨民。当然，不欲介入两军战斗的旋涡之中，努力严守中立，希望在无言威力之下沿经略之路前进）。

关东军命令

1 月 28 日　上午 4 时 10 分

于奉天　军司令部

一、吉林剿匪军目前在哈尔滨东郊与反吉林军战斗中，其战乱已及于哈尔滨，我侨民已有被杀害者。

二、军将部分部队派至哈尔滨，担任该地的侨民保护。

三、步兵第三旅团长长谷部少将令下记诸队急进哈尔滨担任该地的侨民保护。

步兵第三旅团（缺步兵第二十九联队）

野炮兵第八联队第一大队（缺一中队）

战车 2 台

四、独立守备队司令官速将野炮第八联队第一大队（缺第一中队）及战车 2 台运往长春，进入步兵第三旅团长的指挥之下。又，驻长春部队出发后，担任该地的警备。

五、关于运输，要求中东铁路当局及临时铁道线区司令部实施。

关东军司令官　本庄中将

当时，吉林军与反吉林军的兵力，如表：

<table>
<tr><th colspan="4">反吉林军</th><th colspan="3">吉林军</th></tr>
<tr><td rowspan="5">哈尔滨附近集结部队可增加部队</td><td>682 团　冯占海</td><td>1000 人</td><td rowspan="5">计
野炮 6，
山炮 4，
8500 人</td><td>剿“匪”军　于琛澂</td><td>2500 人</td><td rowspan="5">计炮 8，
8500 人</td></tr>
<tr><td>24 旅主力　李杜</td><td>2000 人</td><td>3 旅　马锡麟</td><td>2000 人</td></tr>
<tr><td>26 旅 673 团　邢占清</td><td>1500 人</td><td>27 旅 2 营</td><td>1000 人</td></tr>
<tr><td>28 旅 679 团、681 团　丁超</td><td>3000 人</td><td>2 旅 1 团　途中（李文炳）</td><td>1000 人</td></tr>
<tr><td>25 旅（残兵）　张作舟</td><td>1000 人</td><td>1 旅　刘宝麟　警备炮兵团</td><td>2000 人</td></tr>
<tr><td rowspan="6">可增加部队</td><td>22 旅　赵毅（双城）</td><td>2500 人</td><td rowspan="6"></td><td>铁路守备队 1 营　途中　金壁东</td><td>2000 人</td><td rowspan="6">计
10500
人</td></tr>
<tr><td>24 旅 2 营　停在宾县</td><td>1200 人</td><td>2 旅 21 团　吉林</td><td>1000 人</td></tr>
<tr><td>26 旅主力　一面坡</td><td>3000 人</td><td>铁路守备队 1 营　吉林</td><td>1000 人</td></tr>
<tr><td>24 旅半部　依兰</td><td>2000 人</td><td>吉林卫戍部队　吉林</td><td>1500 人</td></tr>
<tr><td colspan="2" rowspan="2"></td><td>23 旅主力　李桂林（伊通）</td><td>2000 人</td></tr>
<tr><td>27 旅主力　吉兴（延边）</td><td>3000 人</td></tr>
<tr><td>中立</td><td>21 旅　赵芷香
（绥芬）</td><td>4000 人</td><td>4000 人</td><td></td><td></td><td></td></tr>
</table>

说明：本表数字概均为估计数值。

吉林军昨27日起开始攻击，战况尚不激烈，决战恐将在28日进行。而如反吉林军决心抗战时，战况原难逆睹，但从他们原来的态度和我军决定出动的情况来看，即使在战况不利的场合，到今日晚间前，吉林军存在于哈尔滨附近，并无困难。

丁超从来不愿归顺于吉林军，但曾言明将绝对服从日军。前天26日哈尔滨特务机关判断，如使三四十名宪兵入哈，即可将哈尔滨从战祸中解救出来。因此，纵然尔后状况恶化，到28日晚夕前如能见到长谷部支队入哈，局面将自行打开，可期在和平中实现北满的统一；万一长谷部支队入哈迟延，吉林军败退，北满的纠纷即有愈益扩大之惧。故我军入哈时间，28日几乎是绝对条件，而据判断这大体是可能的。

对苏联的形势判断是，在我军确保东北满的今天，与进击齐齐哈尔当时相比，观察起来是稍感乐观的。我军虽出兵哈尔滨，他们也不会有积极阻挠之举，不过哈尔滨是其北满势力的中枢，失掉它便在根基上导致覆灭的后果。因此，他们也将与我们同样，借口保护侨民而断然出兵。为应对这种场合，28日上午10时向哈尔滨及齐齐哈尔特务机关发出如下电报：

> 在看到我军出兵哈尔滨的今日，考虑到苏联万一也借口保护侨民而出兵，在努力抑止的同时，应预先依靠利用中国军队、马贼、白俄等，尽量在国境附近采取妨碍阻止等手段，并讲求防止运输材料逸散的方法。

关于军原想经由中东铁路从事我军运输一事，鉴于苏联向来表示表面上的绝对中立态度和中东铁路系营利公司，只要支付相当的赁金，大致能够承诺运输，故持着比较乐观的态度。而且在万一的场合，亦可谋求扣留宽城子附近的运输材料之途，并及时使满铁员工集结在长春待机，据判断这样做基本能实施圆满的运输。

成为吉长警备司令官的长谷部少将，因为当时敦化方面稍稍呈现不稳状态，而在视察吉敦方面部队的27日晚上接到准备派兵哈尔滨的命令，当即认为有必要扣留宽城子附近的运转材料，但为不给将来的日苏纷争以口实，与吉林省当局策谋，由吉林军的吉长铁路守备队的（约500名）以救援哈尔滨的名义，扣留了在宽城站的机车4辆、客货车约400辆。

关于长谷部支队的运输，因为上述状况及已下达准备命令，所以判断28日上午8时许能够开始运输。但至上午9时亦未开始，询问支队亦不清楚，苦于知其理由，在当天晚间前我军到达哈尔滨的可能性逐渐渺茫，因而贻误战机（长春哈尔滨间旅客列车需要8小时）。上午［翌日］10时30分以后，关于迟延原因，才陆续接到报告。

驻奉天临时铁道线区司令部长步兵中佐佐伯文郎午前10时30分电话称：

现由长春打来电话，宽城子中东铁路员工今晨逃亡，目前正争取由长春站使满铁员工在宽城子转送快车。

但运输开始时间尚无法预计。

根据以上状况，虽有意见认为，暂先将第二师团主力集结在长春（当时，第二师团已完成对辽中、牛庄的第一次讨伐，作为第二次讨伐的主力——以步兵第十五旅团为主力，今夜出发，预定实施奉天至辽阳的中间地区讨伐），但时机尚早，且因中东线运输能力关系和不忍立即停止南满的扫“匪”行动，决定将奉天独立飞行第九中队（侦察）增派至长春，此外暂时观察情况。

［28日］下午9时乃至10时许，哈尔滨特务机关报告：反吉林军占领了从顾乡屯经“伊特但斯基”到老哈尔滨一线，他们对日感情愈益不良。据丁超部下所言，冯占海今晨令便衣队乘十数台汽车沿中东路南下，其目的似为防备日军及吉林省的增援。对此，昨晚吉林军停止攻击，向老哈尔滨以南方向退却，之后并未前进。关于利用中东路问题，昨27日虽向管理局长正式申请，但未回答，代理理事长李绍庚声称，苏联方面严守中立，不能同意日军的军输，其意见是，光是中国方面无论如何亦无办法。

这样，经由中东路进行我方的运输并不容易，而且反吉林军态度逐渐硬化，对日感情不良，有鉴于此，决定先将一部队集结长春，以随时增援长谷部支队。午后10时军下达命令。

关东军命令

1月28日午后10时

于奉天　军司令部

一、反吉林军似欲在哈尔滨附近与吉林军决战，步兵第二十四旅之一部，从依兰方向来增援中。

步兵第三旅团长指挥的哈尔滨派遣队遭中东铁路的阻碍，今日午后4时才从长春出发。

风传松花江铁桥已被敌破坏。

二、军速将一部集结长春，采取随时得以增援哈尔滨方面的态势。

三、第二师团长速将下列诸队运往长春，以准备得以随时增援哈尔滨方面。

步兵第二十九联队（缺辽中派遣队）

野炮一中队

工兵一中队

战车队

但步兵第二十九联队与步兵第五联队第二大队将在奉天附近的警备交接后出发。

四、步兵第五联队到达奉天，尽快使奉天的警备进入第二师团的指挥之下。

五、关于运输，直接与临时铁道线区司令部或满铁当局协商实施。

当时上海方面的日中风云日趋险恶，加以苏联方面阻碍我方的运送，军期望极为稳妥地进入哈尔滨，不放弃对丁超进行怀柔的企图，特致电哈尔滨特务机关（关参第372号），努力使其谅解我方真意。

出兵哈尔滨的目的始终在于保护侨民，其旨使丁超军能够理解，同时如有可能，派适任者到第一线，努力不要因为误解长谷部旅团之到哈尔滨而交战。

军司令官估计，长谷部支队按预定，午后4时陆续出发，可是在午后10时30分却接到长谷部少将及临时铁道线区司令部的内容如下报告：

在哈尔滨的大迫中佐报告28日午后9时10分收，9时36分到。

一、吉林军昨27日回避战斗，向阿城东部地区撤退，但因有日军出动报告，士气大振，午后5时起重又行动起来，开始向哈尔滨前进。

今夜接近哈尔滨东20华里附近，整顿队伍，策应日军出动，预定进入哈尔滨。

二、丁超等不服从马占山的调停，拟在日军到达前击溃吉林军，并欲于今日向南追击。

对此，有必要使刘旅等至急到达阿城东北地区，将其区处。请将以上亦传达给熙省长。

哈尔滨特务机关报告，28日午后9时50分发，10时10分到。

据确实之俄人方面情报，哈尔滨的苏联方面昨夜已武装3000人，采取保护上级及要人的配置。再有，来自中东路西部线的200人武装，今晚到达哈尔滨，当然应以自卫为目的，但因苏联方面相当兴奋，故有与日军冲突之虞。

哈尔滨特务机关报告，28日午后10时50分发，29日零时15分到。

今日午后6时会见张景惠时得知，丁超、李杜等受苏方援助的刺激，今晨起突然态度变化，对日军虽无抵抗之意，但难保不给哈尔滨方面带来动摇性的后果；再日军并不攻击我们，声称我们将南下攻击吉林军，毫无诚意。另外，今晚百武与丁会见时，也表示出不能避免与我军冲突。

从一般情况判断，反吉林军与苏联相通，使我军的前进迟滞，并欲击败吉林军，似至少欲与我一战；果然如此，我军的北上将很困难，特别是昨天以来的苏方态度最值得注意，说不定会有意外的大事来临。

相信此时充分准备兵力以及其他极其必要。

这样，反吉林军依赖苏联的援助，一方面阻止日军北上，另一方面恐怕欲对此时在阿城附近的吉林军各部采取各个击破，因此，应准备在万一之时对之以铁础相击。不过，长谷部支队刚从长春出发，敌之抵抗程度等全然不明，而第二师团主力集结长春及出发尚需时日，况且以保护侨民之名过早地让大兵团进入哈尔滨，能否引起国际纠纷等都是问题。为了首先将第二师团集结在长春，1月29日午前3时下达命令如下。

当时第二师团正以主力出动讨伐，一部配置在辽中、营口及安奉铁路沿线，担任警备，故主力集结预计将在31日左右。

关东军命令

1月29日午前3时　于奉天　　军司令部

一、据哈尔滨机关报告。

丁超军欲阻止日军前进，苏联的态度亦可疑。

二、军拟速使第三混成旅团赴援。

三、第二师团停止讨伐，速将兵力集结于长春。

四、第二十师团将尽量多的战车和汽车输送至长春，纳入第二师团长的指挥之下。

五、独立守备队将尽量多的战车和汽车输送至长春，纳入第二师团长的指挥之下。

六、输送由各部队处理。

关东军司令官　　本庄中将

同时，对长谷部旅团长也发出关作命第196号，以表达军的决心，并命其抵挡敌之真正抵抗时，除非状况特别有利，要慎重动作，应等待后续部队，列车迅速送还长春等。

当时，在奉天以南的第二师团守备区域内，经过第二师团的讨伐，主要“匪贼”或者四散，或者已有意归顺，在这种情况下，军的压力减缓，彻底的剿“匪”中止，军司令官深感遗憾。只是在警备上，将属于第二十师团长指挥的担任打虎山方面讨伐的王殿忠军，立刻配属到营口、牛庄方面，受独立守备队司令官的区处，营口是王殿忠的老地盘。准备参加2月中旬实施的辽河畔大讨伐的于芷山率领的4000名，转向第二十师团长指挥下的最不安定的台安、盘山方面，台安是于芷山的故乡。将驻洮南附近的张海鹏军守备区域交由独立守备队司令官区处，据以向通辽、康平、法库、彰武县内扩张，其约3000名兵队正开始南下，大致能够消除南满的不稳。

之后，到29日午前9时为止，军所得的主要状况如下。

哈尔滨特务机关报告，午前2时发，2时25分到。

28日夜12时会见张景惠及丁超，通告关参372号内容。关于丁超的真意，他声称，我所指挥的军队，绝不妨碍日军，但其他杂军不敢保证。再有，南部线处处都经苏联员工破坏之说不确。结果认为有诚意之处很少，似要迟滞日军前进，并欲其间击败吉林军。故因在顾乡约屯“伊特但斯基”附近有丁超军，哈尔滨入城之际，特请在该地附近留意。至于日军入哈之际派人避免冲突一事，以双城以北铁路被破坏和没有货车问题做借口是困难的。

29日正午接到长谷部旅团长内容如下的报告：

一、前卫列车29日午前8时40分到达小沟南部地区，在该地北部地区将步骑各约五六百之敌击退，午前11时主力到达松花江站。前卫列车通过松花江继续北进。

二、中东铁路员工与一切铁路业务全然无关，不仅如此，因消极地妨碍运行，我自行开拓近路和给水前进。

三、铁路到处都有小破坏，但无大破坏。再有，松花江南抵抗我方之敌已向北部撤退，但铁路近旁，到处有残败兵，窥伺路线。

四、第三列车尚未到达。

关作命第169号收到。

这样，军得知松花江铁路桥并未破坏，其他方面亦无大障碍，感到心安。

午后1时接到哈尔滨特务机关的如下电报：

丁超军似有苏联的武器弹药及金钱支持，拖延时日，吉林军的形势有主客颠倒的趋势，事态有更加扩大之惧。军不以吉林军来担当，也停止逐步的兵力增加，认为需要使用一个师团，或者两个师团。

军根据以上各种情况判断，难以避免与反吉林军真正的战斗，于是于午后1时30分下达如下命令，令第二师团主力前进到哈尔滨。但考虑到，其进入哈尔滨附近所使用的只有4个列车，还要受所在之敌的妨碍，必须2月5、6日才能到达，故观察此间的变化后，决定必要时还要增加驻齐齐哈尔部队和第八混成旅团。

关东军命令

1月29日午后1时30分

于奉天　　军司令部

一、丁超军似受到苏联的武器弹药等支持，吉林军现处于被动的立场。

长谷部旅团午前11时在松花江南岸驱除约千余之敌，并排除线路上之故障，正午进入松花江北岸。

二、第二师团向哈尔滨前进，担任该地侨民的保护，到达长春后，长谷部旅团长及在长军飞行队以及一号无线电机2（含所需人员）属其指挥。

三、独立守备队随着第二师团的前进，担任中东路南部线的守备。

四、驻奉天飞行中队在军飞行队主力转属第二师团后，由余直辖。

关东军司令官　　本庄中将

同时，军司令官就第二师团主力增派一事向中央提出报告如下：

军为极力避免与敌冲突，顺利进入哈尔滨，已付出努力。但从丁超军当前态度判断，最终不得不战斗的概率很大。故以长谷部旅团的步兵二大队为基干部队孤立前进，极为危险。所以今日军已命令第二师团长令该师团主力向哈尔滨前进，担任该地侨民保护之责。但其得以使用的列车只有4列，运输能力甚小，且受敌人妨碍，师团主力进入哈尔滨，至少需要一周时间。

第二师团长接到派兵到哈尔滨的命令后，立即派作战主任参谋（步兵少佐西山福太郎）于29日午后3时30分到军司令部，与石原军参谋联络以后作战问题，并自行伴同幕僚踏上急赴长春之途，同日午后6时与军司官、参谋长及其他人会见，接受关于作战的指示。

军司令官之向第二师团长及石原参谋之向西山参谋联系的各项，可归纳如下：

一、此次派兵目的在于，保护侨民，稳定政情。

二、对丁超等反吉林军，目前军方绝无敌意，然而如果妨碍军的哈尔滨入城，或对我不表诚意时，断然进行攻击。

丁超等对我军进入哈尔滨不予阻止时，使师团的一部入城，主力置于后方进行控制是适宜的。

三、万一对哈尔滨进行攻略之际，望注意尽量不使市街陷入战乱之中。

四、师团占领哈尔滨后，按原来状况，尽快集结兵力，以严正态度，担任侨民保护，此为原则。又反吉林军的追击，军并不期待。关于其宿营，由哈尔滨特务机关准备并计划，与其联络，负责宿营设备，利用兵营、学校，不得利用当地人民特别是俄人所有的房屋。另外进入哈尔滨后，如警备上需要，需将吉林军纳入军的指挥之下。

日军警备区可为车站、码头、日本人集团住地、新市街等要点地方，其区域望力求狭小。

五、对中东铁路，以使其保持中立态度，特别是不妨碍运行为原则。

六、占领哈尔滨后，对技术性房屋的占领，除用兵宿营不得已情况外，不得占用；维持行政治安，以由中国方面进行为原则。

哈尔滨特务机关将极力防止公安队等的逃散。

七、师团为谋求安定民心，利用飞机或由哈尔滨特务机关撒布传单，且应及时声明，对各国人特别是俄人，不分赤系白系，一视同仁，帝国侨民亦应同样保护。

八、军对苏联的出兵特别顾虑，苏联在我出兵哈尔滨之机，同样以保护侨民为名进入哈尔滨的可能性相当之大，万一出现此种情况，军如何处理事关重大，实际上势将遇到颇为微妙的问题，特需慎重。

九、中东铁路南部线可由军自由使用。

中东铁路员工目前消极妨碍我军运输，处于怠工状态。军的运输按普通旅客运输进行，中东铁路方面无任何拒止的理由，如果拒止，则负有人道上的责任。因此，此时日军以自力从事运行，他们无任何进行妨碍的理由，不仅如此，在这样做的时候，由于结局给我军提供了自行运行以口实的机会，我军如态度强硬起来，预计很快会得到解决。

目前哈尔滨机关正在交涉中，恐怕在明日［30日］前难以解决。

当天［29日］午后接到参谋次长［参谋本部］关于军的对苏及对反吉林军态度的指示。

帝国对故意阻碍我满蒙政策的第三国断然予以排击的根本方针没有任何改变，但对哈尔滨方面的行动，以下列要点为准据：

一、对丁超等极力怀柔，以不得已时加以排除为宗旨。

二、对于苏联，为使北满经略顺利，努力不给其插嘴的机会，因此，我们不要采取挑衅性行为（保护中东铁路或援助白俄等）。

又，对于中东铁路的拒绝运输，作为报复手段，避免实行保护占领，只止于必要的自卫手段。

继而同夜又接到陆军大臣的电训："改筑轨距，鉴于国际关系，并不适宜，故应停止进行。"因而军作为第二种处理，立即着手改造满铁机车的车幅。［满铁铁路轨距与中东路不同，满铁车辆无法通行；既然军中央不同意关东军的强行改筑中东路南部线的计划，关东军便按第二套计划改造满铁机车的车幅，以使其能在中东铁路上运行。］

本来，苏联为极力阻止日军进入哈尔滨，如前所述，利用中国方面，靠姑息手段妨碍我方军运，中国方面职员亦受控于丁超等的武力，采取消极态度。但因判断由于我军的坚决态度和军自行运输，实质上无法阻止，中东铁路理事会遂同意我方的军事运输，30日午后6时向南部线各站长下达了开始列车运行的命令。基于我方要求，哈尔滨的列车南下运行，孕育着对苏关系有了缓和。

第二师团长于30日午前7时到达长春，直接实施对长谷部支队的指挥。

当天，哈尔滨附近反吉林军的配备概如下图［缺］。另从飞机的侦察结果来看，双城堡午前9时许，城内运货马车往来频繁，但该地及其以南不见敌兵，哈尔滨新市街平静，与特务机关联络也被告知并无异状。

翌1月31日午前6时收到哈尔滨特务机关关于长谷部支队前夜状况的电报，要点如下：

昨30日晚9时双城细木参谋打来如下电话（用双城公共电话）。

一、午后5时支队到达双城，目前正在下车，支队在车站附近宿营。

二、空列车因乘务员疲惫及技术原因，明天拂晓出发。

窑门附近电话被切断，与长春无法联络，无线电亦不能通信。

继而于午前8时收到在双城的长谷部支队长的如下电报：

拥有大炮的一个联队［相当于团］，至少一千五六百名之敌，晨5时许，前来夜袭我宿营地，接近到我阵地前约20米，交战约两小时后，将之击退。

接着，至午前9时前，综合在长春之第二师团长的报告，可知如下情况：

一、从本日天亮前起，在双城堡的长谷部支队，受敌攻击，从晨6时起，兵力进一步增加，步兵达2000人，炮3门。敌在约一小时前虽已向东部退去，但约在相距2000米处停止，并无退却模样，对我呈包围态势。

战死者不详，估计约30名（据报告，至午后1时30分为战死13，负伤35。敌在战场上遗弃的尸体不下300）。

二、飞行队从早晨起，协助支队中。

三、列车因满铁员工负伤，且后方路上有敌兵，目前正处于无法送还的状态。

基于上述情况，军考虑到，按中国军的特性，如果哈尔滨附近的敌主力乘机转而大举攻击长谷部支队，说不定有不测之灾，故欲增援。

当时第二师团主力刚刚在长春集结完了，而送还列车的状况如上所述，难以估计运送的开始时间，因而师团长除立刻命令出动飞行队外，也只能坐视部下的危急。

在此之前，1 月 27 日晨收到齐齐哈尔混成第四旅团长的电报如下：

> 据中国方面报告，哈尔滨今晨突发事变，与哈尔滨机关联络亦未得确报。同时，地方通信断绝，真相不明。如事态重大需要派兵，暂先无妨从齐齐哈尔派去一个大队。此刻中东铁路的使用，依据军的指示，由哈尔滨特务机关与中东铁路当局交涉，运输材料需要从哈尔滨向昂昂溪回送。

然而，当时哈尔滨方面的状况还比较乐观，故未采取特别措施。之后，长谷部支队北进发生困难，也考虑到使用齐齐哈尔部队的问题。可是，如前所述，认为在一般情势下特别避免给苏联感情以刺激的行动是适宜的，而判断在中东南线无法运行的情况下，经由西线的运输亦必很难，因而不得不静观形势的发展。

然而，昨日［30 日］苏联方面态度稍稍软化，原则上同意我在中东路南部线运输，而此时最能救急长谷部支队的只有齐齐哈尔部队的增援。但是只要哈尔滨附近敌主力不进而转为攻势，仅步兵一个大队从齐齐哈尔前进到哈尔滨，反可能发生不测之惨祸，以致陷入兵力的使用不当之惧。故军下达如下命令，令混成第四旅团准备出动。

> 关东军命令
>
> 1 月 31 日正午
>
> 于奉天　　军司令部
>
> 一、长谷部旅团今晨在双城附近与拥有步兵约 2000 名，炮数门之敌冲突，午前 10 时半许将其击退。
>
> 第二师团主力虽已集中长春，但因运输机关上的问题，处于难以增援的状态。
>
> 二、混成第四旅团缜密准备，得以随时增援哈尔滨方面。

三、独立守备队司令官向奉天的警备与步兵第五联队第二大队下令，且将骑兵第八联队第二中队及炮兵第八联队的一中队迅速运送至齐齐哈尔，使其归复混成第四旅团的指挥之下。

又，步兵第三十二联队第二大队主力准备归复混成第四旅团长之下。

四、步兵第五联队第二大队将奉天的警备交待（代）后，迅速复归到混成第四旅团的指挥之下。

五、第二师团长将混成第四旅团的无线二分队运送至齐齐哈尔，使其复归至混成第四旅团长的指挥之下。

六、第二十师团长将大队长指挥之步兵二中队迅速运送至奉天，将之列入独立守备队司令官的指挥之下。

七、关于运输由各队处理。

关东军司令官 本庄中将

当天据报，张景惠已被丁超军的一部所监视，剥夺实权，处境亦险。关于长谷部支队状况，午后1时30分接到第二师团报告称，“双城附近目前趋于平静，敌在该地西北约4公里至8公里的村落，长谷部支队对其扫荡中，飞机协助。”该方面已呈小康状态。

继而，军观察，像这样在反吉林军特别是丁超部下采取攻势的强暴态度下，已全然没有妥协之余地，他们暗中仿马占山的故伎（技），梦想暂时抵抗以博得一般中国人的民心，然后再被起用。所以，决定对丁超、李杜等采取坚决态度，通过哈尔滨特务机关向他交付如下通告：

军惟恐因吉林军与反吉林政权的内争，使动乱波及哈尔滨市街，根据驻哈外务官宪、侨民等之恳请，坚决出兵。

此前屡次令特务机关长说明军的出动目的，以遏止不测之事端。不料，今晨贵军赵毅的部队向我射击，辜负对其期待，很明显是对我采取敌对行为。贵官等如欲表示恭顺之意，立即下台，披沥诚意。

否则，军断然膺惩一切反吉林政府军。

苏联已了解我方出动的目的，加拉罕通过广田大使已声明不妨碍日军输送之旨。军亦谅解中东铁路之诚意，将采取公正的态度进入哈尔滨市。劝告贵官等对有关大局给以充分的注意。

吉林军昨天［30日］主力尚在阿城附近，尔后便全然断绝消息，用飞机确认其所在，亦不明位置。据哈尔滨特务机关报告，传称冯占海将以阿城附近部队冲击吉林军的背后，其状况并未判明。

2 月 1 日，综合各方面情报，得知双城附近归于平稳，该县长已对长谷部少将表示敬意，我主计招（召）集苦力，着手整顿双城飞机场。

而据哈尔滨特务机关的报告，在双城附近与长谷部支队交战之敌，是第二十二旅主力，其中一个团全歼，其余也已支离破碎。昨天［31 日］已向“伊特但斯基”附近退却，但在哈尔滨附近的反吉林军却日趋增加，约达 12000 人，士气高涨，决定可能时对我进行攻击，进一步加强战备。了解到冯占海军约 1500 人为从背后冲击吉林军，已向阿城前进，但晚 8 时反吉林军却呈现退却迹象。

半夜再次收到哈尔滨特务机关关于敌兵退却迹象的如下报告：

> 昨 31 日在双城附近战斗中遭我重大打击而恐惧我军威力之敌，目前已经动摇。故我军第二师团主力，不必等待集结，速即谋图占领哈尔滨，十分紧要。

然而，昨日［31 日］吉林军的位置全然不明，哈尔滨特务机关报告，疑有一部吉林军内应反吉林军。但在正午经我飞机侦察结果，报告在双城东部约 30 公里团山子西南正白旗屯，有司令部，附近有相当多的部队。但据当晚第二师团报告，其主力退避到上述地点，已几乎没有战意。又据吉林电报，吉林军在最右翼，刘宝麟的警备第一旅退却到远处五常方面，位置不明。

这一天［2 月 2 日］依然有反吉林军退却迹象之报告。但综合各方面情报，其主力占领了哈尔滨南侧地区，尚且等待远处部队的集结。而在第二师团的后方，今天 2 日，有约 2000 人之敌在蔡家沟攻击了独立守备队步兵第一大队第三中队，还有约 400 人之敌攻击了窑门的第四中队，企图扰乱我后方，或者将松花江西侧阵地占领，以防备哈尔滨方面的攻击等，相当积极；相反，如前所述，吉林军缺乏战意，不足信赖，加以上海方面战况愈益不容乐观，此夜中央应急动员第九师团，并从第十二师团编成混成第二十四旅团，紧急派往上海方面。接此通报后，鉴于事态重大，为一举粉碎反吉林军并不给苏联出兵以空隙，军决定，将可能集结的兵力集结于北方，给混成第四旅团增加部分兵力，令其进入中东路西线方面，并决定将新的混成第八旅团及其他部队增加给第二师团，拟于 3 日发令。但此刻却收到混成第四旅团长关于中东路西部线状况的报告：

一、2日傍晚，在昂昂溪站只有客货车11辆和小型停车站内的机车1辆，而安达西部及烟筒屯附近，钢轨遭到破坏，今天即2日夜，哈尔滨、齐齐哈尔及满洲里方面运行的列车不能到达。

二、2日午后3时，哈尔滨发的列车停在安达。当地通信所由中国兵监督，哈尔滨昂昂溪间电话不通，烟筒屯小蒿子间还有两处被破坏，3日午前零时可到达昂昂溪，列车在扎兰屯被扣留，在海拉尔的苏炳文将满洲里以东的运转材料似集中到了该地。

据此，决定将混成第八旅团及其他部队增加给第二师团。在下记命令下达的同时，根据情况，制定了将驻齐齐哈尔的混成第四旅团主力，经由洮昂线由中东路南部线向哈尔滨集中的计划。此前哈尔滨方面的局势更加严峻，前在1月25日发令归还内地的野战重炮兵大队、独立野战重炮兵中队、军卫生队、患者运输部班等，有申请延期归还之议。但石原参谋表示，一旦奉敕令即是决定归还内地。中央也了解哈尔滨形势，中央将适当处理，因此军的请求可保留。但1月31日接到参谋次长的电报，表示上述部队是否不要归还。军表示高兴，申请暂时保留。

当时辽西方面的形势是，由于第二十师团的积极讨伐，终于趋向平静，虽已预想及此，但亦不容乐观。不仅如此，因为担心学良亦利用哈尔滨及上海方面有利的时机积极行动，军乃就第二十师团及混成第八旅团的转用问题进行了联络，结果接该师团回电称，“鉴于北满方面形势，由师团抽调兵力，实属无奈之举，师团十分了解，故以后不管情况如何，请勿过虑使用。”于是军感到安心，得以将该师团使用于北方。

关东军命令

2月3日午后2时30分

于奉天　军司令部

一、哈尔滨附近之敌依然与我抵抗。

二、野战重炮兵第六联队第二大队、独立野战重炮兵第四联队第四中队、关东军卫生队、关东军患者输送部班到长春，列入第二师团长的指挥之下。

三、第二十师团长于5日前将混成第八旅团主力运送到长春，列入第二师团长的指挥之下。

四、独立守备队司令官将步兵第三十二联队第二大队（缺一中队及机枪一小队）运送到长春，列入第二师团长的指挥之下。

关东军司令官　　本庄中将

第二师团占领哈尔滨

军司令官鉴于哈尔滨方面及吉林军的状况，第二师团已在前方不失时机地站稳脚跟，以应敌之两种可能行动。同时吉林军的士气逐渐恢复，内心感到大有希望。2月3日傍晚5时接到第二师团长的报告："师团以集结在双城附近的步兵5个大队和炮兵3个中队为基干的部队，今晨从双城出发，正在沿苇塘沟河一线前进。"

第二师团的余留部队（步兵第十五旅团司令部、步兵第十六联队、步兵第三十联队第二大队、野炮第二联队第二大队为基干）以满铁改造的机车2、双城回送的列车1及汽车约70辆（奉天、大连附近征用的）3日至4日由长春出发，追赶师团主力。

关于马占山的态度，军持续关注。从电报中得知，2月2日他向通河县保卫总队长，向与吉林省境邻近的木兰、通河、汤原、绥滨四县保卫团致电：发给步枪弹药100发，必要时还可补给100发。由此可以判断，黑龙江军是消极协助我方，准备阻止反吉林军的败兵进入。

军判断，纵使马占山以海伦附近的主力直接进击，进入到齐齐哈尔（或哈尔滨）方面，也还有相当时日，混成第四旅团可以保持住齐齐哈尔，第二师也能在黑龙江军进入前占领哈尔滨，为防止黑龙江省的混乱于未然，祈能尽早由第二师团占领哈尔滨。军司令官匆忙将飞机派至齐齐哈尔，直接与铃木混成第四旅团长联络。

1［2］月4日晨据哈尔滨特务机关及其他方面的报告得知：反吉林军主力仍在阵地，抽出右翼"伊德但斯基"方面的兵力，集中在左翼老哈尔滨方面；约有2000名之敌在团山子附近压迫吉林军。但午后2时以后，接到驻长春第二师团参谋的报告，称反吉林军已开始撤退。午后4时许接到哈尔滨特务机关报告称："据特别区警察管理局长王瑞密报，第一线的动摇很大，命令已行不通，今4日夜将不得不退却。再有，丁超的参谋长对美国领事馆称，日军开始前进，有许多炮兵和坦克，我们如此装备，难以对抗敌人。"又称"据了（瞭）望哨报告，午后3时医院街附近之敌，大集团地经马家沟向付家甸退却中。"

关于第二师团的行动，昨天3日傍晚以来未接到任何报告。午后2时过后飞行队报告，午前11时师团的第一线达白家窝棚一线，师团司令部设在永发屯，部队正在北进。哈尔滨附近，新市街方面其南部阵地未见有敌兵，付家甸混乱。又，得到临时铁道线区司令的情报，估计第二师午后3时进入哈尔滨。在此前后，从午后3时起，接到师团长关于4日的决心和昨3日行动的报告：

师团明日晨从庙黄旗三屯出发，向薛［?］家屯杨马架一线前进，根据情况将继续攻击敌阵地。

今天3日正午以后在庙黄旗三屯及庙黄旗五屯，致约千余敌人以很大损伤，将其击退。我战死5，负伤47名。

关于以上状况的第二师团长报告，因各种关系，未能及时到达，但从一般状况看，单是第二师团今日将进入哈尔滨一事，大致是确实的。因此下达如下命令，令混成第八旅团将其主力停止在奉天，各一部停止在四平街及打虎山，等待命令。［命令略］

当日夜11时，从第二师团的报告中得知，今日4日午后3时30分发起攻击，虽接近敌阵但未成功，已入夜。

此日根据齐齐哈尔方面的如下报告，可知黑龙江军主力夺回齐齐哈尔的行动已开始。

齐齐哈尔特务机关发，午后2时收到

一、王参谋长、韩云阶随同副官及全部政府委员撤退到海伦。

二、齐齐哈尔电话局被马军副官监视，不受理日本人的通话。

三、齐齐哈尔满洲里间电报，3日晨起不通。

四、有报告称，塔哈尔骑兵一团，今晨出发，方向齐齐哈尔；宁年骑兵一团向塔哈尔移动中。

五、据刘警察署长报告，驻秦安镇的吴松林，3日晨起向齐齐哈尔前进。

混成第四旅团长发，午后7时30分收到

一、海拉尔苏旅的步兵一个团（1200名），3日以来向扎兰屯运送中。

二、在拜泉的苑旅向省城前进中。

三、在望奎的步兵2个营向省城前进中。

四、关于吴松林旅塔哈尔及宁年部队的移动，如前电。

五、驻省城的骑兵两团中，徐团的主力无通告地去向北方，现在只有朱团之一部。

另据其他电报，马占山的态度如下：

学良于3日命令马占山，应与反吉林军密切联络、协同。马占山于3日午后命令黑龙江省各县，军队要随时给日军以痛击，各县保卫团及全体民众在日军进入时，亦须随时予以包围歼灭，但对无敌意之日鲜侨民应注意保护。同时，马占山与各将领联名通电，呼吁全国各界，率领部队，巩固团结，竭力击毁日军。

据此可以判断，黑龙江省军乘反吉林军对吉林军的捷报和上海方面日军不利等时机，策应反吉林军，企图夺回齐齐哈尔。但其主力到达齐齐哈尔附近，尚需六七天的时间。现在反吉林军的命运迫在眉睫，因为在解决了反吉林军时，黑龙江军的起事自然消失，故军暂时静观情况的进展。

军司令官自2月5日晨起，就等待占领哈尔滨的捷报到来，但到上午9时30分却收到第二师团参谋长的如下报告：

一、昨天3日以来哈尔滨市内外状况不明，乞通报判明之敌情。

二、目前师团所有的兵力为，步兵6个大队，野炮12门。

从中可以想到，昨夜师团状况不容乐观。继而收到新闻特派员被托送来的第二师的笔记报告，得知敌之第一线，与过去的情报不同，他们利用一部分市街及围墙等正在顽强抵抗中。

师团变更了配置，重点移向右翼，决心今晨起重启攻击，困难重重。得知此情后，军于上午11时许向待机中的混成第八旅团下达继续前进的命令，其主力午后1时从奉天站发车时。又据哈尔滨特务机关的报告：今日5日晨“伊特但斯基”及医院街之敌已支离破碎，向东面败退中；又据了（瞭）望哨报告，老哈尔滨方面之敌也自今晨起极为动摇，午前10时起向东南撤退。于是再次命令其［混成第八旅团］停止前行。之后，下午4时许，综合各方面情报，可知敌之第一线自午前10时许起开始逐渐退却；第二师团于午前11时占领敌阵地，正全力追击中。于是下达如下的关东军命令：

关东军命令

2月5日午后4时

于奉天　　军司令部

一、经第二师团的果敢攻击，哈尔滨附近之敌，午前10时许起，向宾县方向败走。

二、第二师团对败走之敌须尽可能给予打击。

三、混成第八旅团的对哈尔滨增援停止，主力置于奉天，各一部置于四平街及辽阳。

四、混成第四旅驻齐齐哈尔，继续执行原来任务。

五、独立野战重炮兵第八联队第四中队，暂时位于四平街。

关东军司令官　　本庄中将

放弃哈尔滨的反吉林军，主力退却到宾县和方正方面，一部退却到哈尔滨以北的呼兰、巴彦方面，遭我飞行队的连续轰炸，至2月8日左右，几乎全都溃乱四散，但无法随之给予毁灭性打击。而且由于南满方面的情势，军令飞行队主力返回南满，以应彻底扫“匪”之需。留在哈尔滨的飞行中队，随着解冰期的到来，将进行预定建设的拉哈［拉法至哈尔滨］线的空中照像和测量，遂停止急追。他们逐渐集结于方正附近，尚未遽然悔改反吉林的决心，伺机再图举事。

黑龙江军日前策应反吉林军而采取企图夺回齐齐哈尔的态度，形成一时不稳事端。但在5日我军占领哈尔滨后，马占山于当夜匆忙派韩云阶到哈尔滨特务机关表示：“此次以马占山之名所发通电，系参谋长及一旅长擅自所为，他全然不知，还对苏炳文再三电命，其亦未听从，因而曾拟断然加以解决，可是周围环境不容遽然如此，故将直辖军队派至省城的中间地区，进行监视，还向呼海线中间区派兵，以防反吉林军的侵入。马占山深恐日军误解，云云。”还说“反吉林军的一部已逃入黑龙江省内，故将解除其武装，其他也将于二三日内退避，否则黑龙江军将其歼灭之。”并向吉林省发出通牒，极力辩白。王静修参谋长于6日午后抵齐齐哈尔车站，下车后直接往访混成第四旅团长铃木少将及特务机关长林少佐，做了种种泣述并致谢。翌7日马占山本人来哈，会见第二师团长，申述他对大兴至此次战斗的立场，说明除与日本彻底合作，再无他意。

原来黑龙江军的总兵力约14000人，炮20门，其中除万福麟系的马占山系步兵第三旅外，新编步兵第一旅（主要由原屯垦军改编）及骑兵第八旅，只不过约5000人。因而万福麟系甚为跋扈，依马占山意图的行动颇多［难］，自无疑义。至于吉林军虽经军的激励，仍一时沮丧、消沉，但在第二师团占领哈尔滨时共同前进，并逐步令骑兵第二旅（原于琛澂直辖剿

“匪”军）进入宾县、阿城附近；将警备第二旅配置在付家甸，以应对反吉林军；用警备第一旅作为一面坡哈尔滨间的吉长铁路守备队，担当中东路南线的铁路守备。

军鉴于奉天省的彻底肃清和出兵哈尔滨的目的，采取占领哈尔滨后争取迅速使第二师团返回南满地区的方针。但是，如前所述，由于对反吉林军无法给予彻底的打击，对完全暴露无力的吉林军，毋宁说处于优势的他们，集结在接近中东铁路的北部地区，处于伺机夺回哈尔滨的状态，故应妥善对处。而且，在黑龙江省须直接监视马占山行动，且需以劣势的马占山系军威压万福麟系军，迅速稳定北满政情。

也就是军的以后配置，基于北满经略和恢复奉天省治安两大着眼点，使第二师团留驻哈尔滨；混成第四旅团主力留驻齐齐哈尔，并决定将第二十师团放在辽西；混成第八旅团及独立守备队放在满铁沿线上。就此 2 月 8 日军下达了命令。

三　李杜等抗战报告*

李杜丁超等致国民政府等电

（1932. 1. 31）

南京国民政府、中央党部、蒋总司令、各院部会、北平绥靖张主任钧鉴，天津王主席、哈尔滨马主席、热河汤主席、绥远刘主席、青岛探投海军沈司令、宾州诚代主席、各省市政府、各军长官、东北各师旅长、各法团、各报馆均鉴：辽吉事变迄今四月，本［杜］以本旅僻孤，同誓枕戈待命，原冀东北一隅之地，得与外交大局随同解决。乃日人入踞吉垣，欲以亡韩故智，高倡改建新政权，脱离中央关系，造成独立局面，利用熙洽积极进行。近且收买不肖军人，勾结若辈，招纳土匪，为虎作伥，更欲囊括吉江，包藏祸心。而苏共管之东路，欧亚交通之商舰，全部纳彼范围，归其支配，以求完成新政权之策划。我人生命财产，所藉为缓冲稍延喘息者，将随新政权而完全丧失，东北国疆乃益荡然无遗。本［杜］等分属军人，责在捍国，值此埠势危急，似亡非亡之际，正思有以图存，适据报，于逆琛澂将扰哈埠，铲除一切行政建制，改组新特市。当即躬率全旅，星夜驰援，于一月二十七日会同护路军总司令及赵、宋、冯、王各军，毅然奋起，

* 此节资料均为复印件，由吉林省社会科学院收藏；为保持资料完整，特照录如下。

出哈近郊，迎头痛击，立将于军击退，连日复于阿城、同宾、双城各境，跟剿进兜，方期扫濯顽逆，务绝根除。讵料日人悍然助乱，仍复夺取路车，殴伤路员，进兵长哈，实属藐视国际，恣逞强权。当经严集各军，合力抵御。在此军事严重之日，正我军人效命疆场之时，赖我各友军深明大义，一致团结，共赴国难。爰组织自卫军，标明本军卫国卫民之宗旨，安分侨商一体保护；凡有侵略疆土扰乱治安者，违则击之，敌忾同仇，义无反顾，成败利钝，非所预期。兹以军部成立，承各友军共推本［杜］权摄总司令，勉荷艰巨，克日就职。望我父老子弟，念国土之垂危，痛沦胥之将及，互相救危，共策进行。谨此宣言，伫候明教。吉林自卫军总司令李杜、中东铁路护路军总司令丁超、前敌总指挥王之佑、总参谋长杨耀（躍）钧、第二十二旅旅长赵毅、第二十五旅旅长马宪章、第二十六旅旅长宋文俊、第二十八旅旅长王瑞华、暂编第一旅旅长冯占海、骑兵旅长宫长海、姚殿臣，团长陈德才、张琦、张春霖、路永才、陈宗岱、王孝之、于德一、赵秋航、孙广甲、朱春田、刘作宾、赵绰斌、张广喜、徐俊武、李辅臣、张桂林，山林游击队统领宋希曾等同叩，世印。

丁超致北平张学良及国民政府电

（1932. 2. 3）

北平张主任、南京国民政府各院部长钧鉴，各省政府各市政府各报馆均鉴：概自东北事变以来，日本朝野以南满既得权利为口实，迭于国联席上郑重声明，决无侵略中国土地之野心，何况我北满地方有中苏共营之东省铁路、欧亚交通之哈尔滨商场［埠］，关系国际何等重大，非南满地带之可比。乃敌人蚕食不已，始则勾引我国不肖军阀，蒙头盖面，肆其改造之阴谋；今因逆军击退，竟敢明目张胆，遣派大批日本军队夺取东省铁路，拘禁苏俄站长，扣留客货列车，沿宽城子站节节北进，现已压迫至双城车站，蔑视中苏协约，破坏欧亚交通，丧心病狂，至于此极。本总司令职司护路，责无旁贷，惟有饬该站护路军极力抵卫，一面增设路防，阻其前进，悉索敝赋，力与周旋，成败利钝，在所不计。须知本总司令系为护路而战，系为救国而战。当此国际严重，我不自谋，恐人将代为我谋。为此通电全国，并昭告各友邦，倘因日本军队破坏东省铁路，惹起世界战争，日本国家当负完全责任。谨此宣言，敬希亮察。东省铁路护路军总司令丁超世印。

国民政府外交部致汪院长蒋委员电

（1932. 2. 7）

洛阳汪院长、蒋委员钧鉴：统密据驻伯利管总领事五日电称，据绥芬河京息，本日下午二时，日军进占哈埠，中东路西线仍不通，传闻俄方对于日军东路行动有谅解之说，等语。又据驻日使馆五日电称，闻英美对于日军以租界为攻击华军根据地，昨复向日本提出抗议云云。再日本海军大臣对路透社访员谈话时称，满洲国系日本生死问题，上海不过瞬息即过之事变，吾人极望该事变从速结束，可撤退军队；海军大臣并表示，深信蒋将军如能将直属军队与广州第十九路军队换防，则时局将较有起色云，可否请蒋先生发表谈话，乞酌裁。外交部叩，阳印。

丁超致国民政府蒋介石张学良电

(1932.2.7)

南京国民政府及各院部长、蒋总司令、北平张主任钧鉴，各省省政府、各法团勋鉴：日人进窥哈埠，破坏东路，前曾通电以武力制止。自感奔走苦战经旬，官兵伤亡实以千数。迄五日晨，敌以生力军，附有飞机、坦克，猛力来扑，血肉相持。卒以火器不敌，暂退呼兰，收容所有，护路责任已分电哈满护路苏司令、长绥赵副司令负责护守。超率各部队伍与吉林自卫军力事团结，积极整理，暂守宾帘［州］、巴彦，进窥吉垣哈埠。救国情殷，不计利钝，区区愚诚，合电奉闻。中东铁路护路军总司令丁超叩巧。

李杜致国民政府等电

(1932.2.8)

南京国民政府、中央党部、各院部会、蒋总司令、北平张绥靖主任钧鉴，各省主席、各军事长官、各旅旅长、各法团、各报馆均鉴：日人鲸贪无厌，既占辽吉，复窥哈埠。杜分属军人，痛外患之日迫，凛东北之沦亡，爰率所部，星夜驰援，联合护路军及友军各部队，共赴国难，业于世日［31日］电陈，谅邀鉴及。双方交绥以后，哈长路线北进日军，及双城、阿城一带逆军，自上月感日起，分路抵抗，至三十一日曾将逆军三旅之众，全部击溃，俘获颇多。日军行至老少沟及双城车站，经我护路军截击，受创更巨，旋即退却。迨至本月冬日日军由长春增加长谷旅团，由多门指挥节节进迫。我军五家站、三姓屯前进部队迎头痛击。敌以铁甲车冲锋，我军遂固守顾乡屯毡绥电台上号一带。支日晨，日军全部进攻，利用飞机、坦克车猛力进逼。我联合军奋勇抵卫，血肉相搏，进退数次，双方伤亡甚巨，傍暮已将日军击退。入夜，敌以少数扰乱，枪声彻夜不绝。微日晨，敌复增加兵车三列、炮数门反攻，战况极激烈。至下午一时我联合军终以转战经旬，伤亡盈千，兵力过疲，呼救无援，乃退守宾州、巴彦一带，与护路军同力合作，组织联合军司令部，整饬部属，再图规复。总之，为国牺牲，士皆所愿，成败利钝，亦所不计，区区愚忱，伏乞鉴察。吉林自卫军总司令李杜叩，庚印。

上海总商会致国民政府电

(1932. 2. 17)

国民政府行政院军事委员会：抗日要图，固在力保沪防及加紧海防务，一面仍须从规复东北下手，否则日所卵翼之伪国成立，彼得以逸待劳；我如誓不签约，而事实上已为外蒙之续，纵不订约承认，又有何益。吉省丁、李各军现尚扼守宾县，与马部相倚，吉黑半壁未尽沦陷；若于此时由密云出兵热河，进袭辽西，兼窥洮南，则吉黑军心一振，而义军亦有依附，并可牵制在沪日兵。若战数仗之后，东事或可得以外交解决，否则丁、李终必不支，三省尽陷，沪防纵完，于本计何补。伏乞当机立断，勿再犹豫。上海总商会叩，篠。

张学良致国民政府电

(1932. 4. 27)

洛阳，国民政府钧鉴：密，顷接吉林三姓确报称，自卫军总司令李杜基本部队陈团收复方正，节节前进，敌不支逐日溃退。王团现又开赴前方助战，残敌不难肃清。自卫军刘万魁部夹袭敌飞机场，当焚飞机四架。虞日日重爆炸机八架掷重炸弹、燃烧弹，一日四次轰炸街市镇署及电台，损害甚重，电台幸未遭受重创，业于文日修复照常通信。佳真日机两架又行来侦，轰炸，等语。谨闻。张学良，叩马戌秘，叩。

编者注：当时蒋介石在洛阳故电致洛阳。

李杜、丁超致国民政府电

(1932. 10. 17)

南京电台，密，速转国民政府钧鉴：吉林联合军武术旅旅长江有际报称，于十月十五日带队进攻桦川县，当将该县完全占领，阵毙敌军百余名；我军伤亡多名，并得获山炮两门，炮弹百余发，步枪百架，轻机关枪一架，子弹万余粒，骑马百余匹，等情。除仍饬该旅相机攻尾外，谨此电闻。吉林联合军总司令丁超、李杜叩，艳印。

编者注：当时的吉林自卫军包括中东铁路护路军（丁超任总司令），故系联合部队，亦谓吉林联合军。

丁超、李杜经王子耀致国民政府电

(1933.1.5)

王干事子耀，吉密，转南京国民政府中央党部军事委员会蒋委员长、军政部、参谋本部、北平张副司令、政务委员会、军事委员会钧鉴：近来日军分三路进犯：一由珠河、方正窥勃利；一由中东线海林站犯八面通；一由铁岭河攻磨刀石。于岁前卅日，我左路应郭两旅在磨刀石与敌接触，日伪两军约二千余人，激战两昼夜，获得山炮两尊，机枪数挺，毙敌百余人，当将该路线山洞破坏，截敌人来路。卒因敌由两翼抄袭，包围我军，炮火极为激烈，更用飞机五架轰炸。我军子弹告竭。年末军需艰窘，服装多未完备，值此严寒，士兵昼夜应战，冻伤大半，遂无力久持。敌于冬日正冲过我左路防地，经下城子，同时八面通已不守。现调生力部队，在梨树镇布防，拟与坚决抵抗。闻敌方此举系有全盘计划，消灭各路抗日军队，期其侵略政策。职等誓与抗衡，以保存东北民气。除有何情形随时电报外，谨电奉闻。吉林省主席丁超，东北边防军驻吉副司令官李杜叩，歌印。

编者注：王子耀系李杜丁超的代表，曾任吉林自卫军司令部总参议兼中路总指挥。该电系由苏联的伯力拍发，当时吉林自卫军已将主力转进苏联，但丁超在宝清已受敌谋略投降，并未入苏。

李杜自伯力致蒋介石张学良电

(1933.2.11)

南京外交部，密转，国民政府主席蒋委员长、北平张委员长钧鉴：岁初日军进占宝清，闻丁代主席超被虏，当即去哈；二十一旅旅长关庆禄率部降敌，初级官长及士兵愤激不服，全部被日人缴械。其他各路队伍，因限于区域及时间，未能退入俄境者甚多，现均散驻各地，仍继续抗日。各县商民痛亡国之惨，均极愤慨，虽受暴日强迫，一时屈服，犹不忘祖国，人心士气依然不死。顷俄方传来电令，所示奉悉，于本月八日陆续登车西发。谨电奉闻，伏乞垂察。代理吉林副司令长官李杜叩，灰。

编者注：1932年12月，关东军第十师团饭塚支队经佳木斯、富锦包围宝清，并在七里泡击溃了丁超的孙展旅。丁超乃撤离宝清，退至宝清北部林区据守。此时退至密山的李杜率部入苏。而侵入宝清的日军开始对丁超进行策反劝降，主要是派吉林的丁文凯（丁超之侄）持汉奸熙洽和第十师团长广濑寿助的信件进行策动。丁超投降时所率两团和民团共1500人被缴械。丁超后被任命为伪通化、伪安东省省长。

李杜、丁超代表王子耀、刘丕光致国民政府行政院呈文

（1933.2.24）

呈为呈报吉林自卫军撤退经过及现在情形并今后工作计划，敬乞筹拨款项俾积极推动事。窃吉林自事变之后，经李杜、丁超两总司令组织自卫军，积极抗日，所部混成旅九、独立支队四、独立营四、保卫队二十团，合计八万二千人，分驻绥芬河至阿城以东十二县，前方防线长约二千余里，配置部队约五万人。载半以还，与日伪各军激战百余次，以哈尔滨、方正、依兰诸役为最惨烈，我军苦守吉东，日寇终未得逞。惟自去夏松花江流域大水，田禾湮没，居民失所，为数十年来所未有之浩劫，军民之损失甚重，而余存粮谷又被日人以高价收买，军糈并感恐慌。幸经李、丁两总司令坚苦支撑，得存实力。乃至十月间，我左路刘万魁旅，与日军人见部队激战于海林一带，人见为刘俘虏时，我方军气大盛，正拟乘胜前进，刘忽为人见贿买，得日金十七万元，释人见以去，即率该旅降日，并将我军事秘密，尽告日方。旋日军即开来海林一师团，诱杀刘旅团营长五人，刘愤而反正，又联合孔宪荣会攻宁安。但我方军情，刘既密告日人于前，故宁安之役，即遭失败。孔、刘败归之后，复向李总司令要求补充，并划拨驻守地点。李氏因刘反复无常，未即允其要求。值丁总司令由宝清抵密山，约李总司令前往会议。李氏遂自梨树镇往时，我左路总指挥兼第二混成旅长马宪章因疾赴绥芬河就医，下城子、梨树镇两地无高级将领驻守，刘以有机可乘，又与日人阴谋铲除自卫军领袖，遂将救国军千余人更换自卫军臂章，开入梨树镇。时总司令部佟参谋长以为刘或觉悟，未加阻止。马总指挥在绥芬河闻讯，即于十一月二十九日返下城子，欲即赴梨镇检阅刘部。马氏左右以刘不可信，劝阻马氏，而马氏以刘或无他，即于十二月一日早率同赵国安团长前往梨镇，至则均为执缚。刘并假借名义，请李总司令返梨，欲一网打尽。幸李氏已有所闻，未即前往。阅日孔宪荣到梨树镇，即与刘将马总指挥、赵团长惨害。自卫军各部闻讯，均愤慨异常，欲歼除刘等，以清内患。时日寇进犯愈急，李总司令告诫部属以大局为重，即派徐总参议亚民接任第二混成旅旅长，此事遂寝。然自此变之后，自卫军除抗拒日军外，尚须严防刘辈叛逆，左路失败之机中于斯时矣。在十二月中旬，日军在一面坡筑成大飞机场，同时马苏两将军已退入俄境，日方调其西进之军大举东犯，以第十师团广濑为主力，分为三路：第一路为竹本支队，由海林站进攻绥芬河；第二路为园部联队，由一面坡进犯下城子；第三路为人见联队，由陆路向密山前进。斯时我左路各军，因刘、孔两部之态度不明，颇

受牵制，故竹本部队由飞机掩护，连陷我马桥河、磨刀石、穆棱站各地。其驻在绥芬河之关庆禄旅，因与梨树镇之联络断绝，又无他方援助，日军遂得长驱直入，占据绥芬。自绥芬陷后，日军分其攻绥芬河之旅，胁我左方，至一月七日竹本、人见、园部三部会攻我梨树镇，并绕取密山，断我后路。我军遂于一月八日撤退密山，缩短战线，扼守调援，再图反攻。乃各路援军未待开到，日陆空两军即至，我军拼命抵抗，支持半日，因机轰弹炸，四处火起，士兵复大半未着棉衣，披搭被褥，与敌对抗，直至深夜。李总司令以弹尽援绝，物罄粮殚，无以为守，遂率部退入虎林。日军复继续前进，我军无力支撑。李总司令因于一月九日午率卫队一旅渡江入俄，其余各部队则均散处各县。至我右路各军情况，刻因电报不通，通信专员未到，容另呈报。至现在吉东各部，计尚有军长邢占清在饶河县属挠力沟子；杨耀（躍）钧在宝清县东大岭；李福廷在阿城一带；孙广甲在宝清七星河；骑兵旅长陈宗岱在方正龙爪沟；马春德、周万昌二旅在依兰县东沟黑背；步兵旅长路永才在同江抚远团山子；王勇、梁相忱二旅在桦川县东金沟；张耀五在富锦南五区等地，合计尚有七万之众。耀等前已派苏淳、萧仪昌、杨文麟、李世英等四人前往整理，再逾一月，松花江、牡丹江解冻，敌人铁甲车、坦克车失其活动，其进驻吉东各军必仍开往铁路沿线（去岁即如是），彼时我军之活动又可恢复原状。惟年余以来，吉东商务几完全停顿，物质之缺乏已达极点，现各军所有枪械，均尚完整，惟子弹缺乏，衣服不暖，活动费用更无所出，于策划进行甚感困难。钧院关心东北，主持抗日大计，东北军民极端感戴，敬恳筹拨款项，俾继续派人东归，积极活动，则原有实力可以保存，以从事扰乱之工作，将来大举反攻，实收复失地之一大力量。且欲解华北之危，须先接济北满各军，以为牵制也。如何之处理呈请钧院裁夺施行，实为德便。谨呈。

李杜、丁超代表王子耀、刘丕光

吉林自卫军总参议兼中路总指挥杨耀（躍）钧由新疆塔城致国民政府报告

（1933.7.24）

报告　　四月二十五日上午自新疆塔城县上

一、吉林自卫军退入苏联后，曾由李总司令电报在案。

二、吉江各军在苏联奉命经新疆回国。其第一批于二月二十一日入境，至第六批，全为江省军，共约两千七百余人，现在均到迪化；由第七批至第十八批，全为吉军，共约六千余人，半驻伊犁，现已到达，其分赴迪化者尚在途中。

三、苏联政府对我军招待之意义颇好，惟其经理人员良莠不齐，官兵多感困难。

四、新疆由金主席之倡导，入境官兵颇承热烈招待。

五、回国各军颇得饱食，惟冬衣未换，接济毫无，士兵生活尚以为虑。

六、中日之事件未完，本军之志愿未了，但甘陕途中粮食缺乏，盗匪充斥，非各省当局竭力维持，不易通过。请钧府设法将本军官兵输送入关，加入抗日工作，俾伸素愿，实为盼祷。

第三章　辽宁义勇军

一　辽宁抗日军在锦州沦陷前后*

锦州失陷前后的日军与抗日军

［1931］12 月上旬，满洲特别是锦州方面的状况如下：

一、正规军的状况

1. 在辽西地区，据判断有 3 万兵力，除原来的步兵第十二旅、第十九旅、骑兵第三旅、重炮一旅、野炮一团外，还有步兵第七旅（王以哲军）、第九旅（何柱国军）各一部。

日军进入辽西地区之际，增援的步兵第十二旅和炮兵一团，从 12 月 5、6 日起撤退到锦州附近，努力进一步加强大凌河右岸阵地。

大凌河以东地区，按原状步兵第二十旅主力，位于沟帮子、打虎山附近，以各一部巩固盘山、白旗堡一线，还以一部进入田庄台及大洼附近。

骑兵第三旅在打通沿线。还有报称，有飞机两架由北平飞到锦州，但不确切。

据驻锦州的荣臻 11 月 30 日给学良的电报称："在锦州附近，如令张廷枢的步兵第十二旅坚固防守，不必担心。世上所传将锦州作为中立地区方案是否确实？我反对。锦州的军队尚能抵抗日军，故请尽速撤销方案。"又

---

* 摘译自〔日〕《现代史资料》（11）"续满洲事变"，东京，みすず书房，1965，第 432 ~ 476 页；此件原为日本参谋本部《满洲事变史》第五卷（案）的一部分，题目为《满洲事变中的军的统帅》（上）；标题系编者所加。

据12月1日学良致蒋介石电称："巷间传称锦州军撤退到山海关，但绝无此情，锦州军正准备对抗日军，请勿担心。"可见，学良、荣臻等保护锦州之决心相当坚定。

2. 有热河军一部出动到辽西的报道，但真伪不明，恐怕是向奉天与热河省境增兵，以防败残兵"匪"入境。

二、兵"匪"的状况

张学良已将黄显声派往通辽，命令附近各官宪招抚"匪贼"，组织别动义勇军。因此，目前四洮路方面"匪贼"正在大举改编中，以郑家屯、通辽及康平、法库、通江口为根据，势力逐渐扩大，向远处梨树（四平街北）、怀德（长春以西）进展，其影响更及于洮南方面。

其次，以盘山、沙岭、辽中附近为根据地的"兵匪"，再次进入辽河以东地区，窥视满铁沿线；或新民附近的别动队义勇军组织，为逐步进展，增加了奉天西部地区的不安。满铁沿线以东奉沿线的"匪贼"亦受其影响，以致拟开始政治性的活动。

1. 在梨树的王永清（原奉军骑兵第七旅旅长）11月下旬与张学良的密使会见，之后在怀德附近招"匪"中，其势力约有2000人，受怀德商务会长补给，疑与怀德县长通谋。

2. 头目压东洋（说是事变前的公安队长）11月下旬从黄显声处领到2万元，在怀德、梨树附近招抚"匪贼"，现有势力1600人，似有意归属王英［永］清。

3. 在昌图县西部地区的靠山等"匪贼"，向黄显声投降，戴上"铁血团"的臂章，在附近掠夺。

4. 在通辽附近，从天下好开始，被张学仁招抚，匪贼约达4000人，在钱家店及其东部大林附近，破坏郑通线。

5. 新民附近，耿继舟指挥的别动队约3000人，窥视着辽河以东地区。

6. 日前进入辽阳、海城西部地区的青山、老北风等别动队，由于11月24日独立守备队的讨伐，退避到辽西西部地区，但又逐渐进入辽河以东地区。

7. 安奉沿线地区事变以来极为平稳，但最近锦州军政权伸出魔手，凤凰城北部地区的徐文海（原凤凰城公安局长）指挥的"匪贼"逐渐得势，人员达四五百人，其一部向安奉线西侧地区移动，有向辽阳、海城附近的满铁线东部地区前进的迹象。据观察，或者也有与辽西"兵匪"联络、推进扰乱满铁沿线的计划。

另外，安奉线西侧地区的邓铁梅"匪"亦在蠢动。

当时安奉铁路沿线的军的守备极为薄弱，即担任苏家屯、安东间安奉线守备的独立守备步兵第四大队，11 月中旬约有一个中队抽调到昂昂溪方面参加战斗，继而 11 月 30 日混成第四旅团主力被派到齐齐哈尔时，担任郑家屯附近的守备。步兵第十七联队第三大队被抽出后，又有一中队被抽出，受该大队附铃木喜芳少佐指挥，担任郑家屯附近的守备。

如前所述，锦州附近中国军，战备森严，它所操纵的“兵匪”更为活跃，如照此状况存在下去，到结冰期，无法谋求辽河的自由通过。而且关于锦州附近中国军队撤退交涉进展情况，之后并未接到中央方面的任何通报，拖延时间甚为不利。军部也认为直接与锦州军政权接触折冲是得策的，故于 12 月 3 日，就军使派遣问题呈请中央，但未被允许。

12 月 4 日，南京政府电训国际联盟中国代表施肇基，反对设立锦州中立地区。且在同日国联发表其主张，日本应停止其攻击，如不停止，中国不得不为自卫而抗战。南京政府推翻前言，通过各机关报，开始如下宣传。学良保卫锦州的决心，基本上是可以确认的。

一、锦州附近绝对不能成为中立地区，锦州受到攻击时，实行正当防卫。

二、设立中立地区问题，毋宁说是日本方面提出的。

[中略]

此时盘山、营口、台安附近盘踞的义勇军别动队，从锦州军政权获得迫击炮和机关枪各 4 架，步枪实弹 20 万发，传称企图待辽河结冰时夺回奉天。再有，新民附近的耿继周别动队，亦从锦州获得弹药 6 万发，因而逐渐活跃起来。奉天附近人心动摇，奉天市长及海城日侨等频频要求讨伐。

[中略]

军方忧虑随着辽河结冰“兵匪”积极策划进军满铁沿线的情况，进入 12 月中旬，满洲气温急剧下降，13 日巨流河附近就已结冰到处处均可通行的程度。

而对于辽西的“兵匪”，如不绝断其策源，便难以维持满铁沿线的治安。但据判断，如占领辽河河畔重地，可在某种程度上将其抑制。第二师团尚未从昂昂溪附近的战斗损失中恢复过来，便进入锦州攻击战的准备之中。因而 12 月 13 日首先向独立守备队下达军的命令：“为了警备，得随时将所有部队配置在辽河一线”。

然而，此时锦州方面的正规军旅数并未增加，可各旅兵员数却显著增加，其兵力达 35000 人、重炮 32 门、野炮 36 门。义勇军别动队也基本完成编制，分成第一至第五路，各路兵员约近 10000 人，尚未发给武器。由于锦州军政权的满铁沿线扰乱计划的实行，和随着辽河结冰便衣队及“兵匪”活动区扩大，到处呈现不安的情势，各部队急于讨伐此等“兵匪”，再无余力在辽河一线，分派兵力，且如以一部占领辽河一线，防止其侵入，是完全不符合实情的。

1. 铁岭东北地区出现中国正规军混入的“兵匪”。

驻铁岭独立守备第五大队第三中队得报，有数百“兵匪”似欲袭击铁岭东北约10公里的山头堡后，于12月10日拂晓从铁岭出发，自上午10时起，在马家寨（山头堡东）附近，与六七百名敌人遭遇，交战及夜。我战死5名，负伤8名。当时驻四平街的第五大队长田所定右卫门率第四中队增援。但敌乃乘夜黑在中固附近切断满铁线，然后向西面退却。据被俘者称：该敌约千人，由锦州军政权派出的正规军为主，为扰乱沈海沿线治安正前行中。

2. 从11月初旬起，学良在通辽附近着手编成别动队辽北蒙边骑兵第一路、第二路，已达8000人。张学仁（据说是学良的堂弟）于12月9日任第二路司令，伺机攻击郑家屯。14日夜，他以夺回郑家屯为目的，率兵2000人，从大林（通辽东约10公里）出发，又向郑家屯县长及商务会发出密函，内称，日军在郑家屯横征暴敛，我军前往救助，应从内部协应。

当时在郑家屯附近，由安奉线独立守备兵第四大队的混成第二中队及机关枪一小队担任八面城（不含）、太平川间的守备，人力薄弱，于是独立守备队司令官匆忙派出驻四平街的独立守备兵第五大队第一中队为基干的部队。军部还用飞行队的一部确认情况。且由担任吉长方面守备的混成第三十九旅团派出步兵第七联队第三大队、野炮兵第二十六联队第五中队等部队。

张学仁因得知我方增兵状况，未来袭击。

3. 石佛寺南奉天西部地区，亦有辽西“兵匪”入侵，驻奉天独立守备兵第二大队主力，一再对其进行讨伐。

4. 怀德附近“匪贼”的讨伐

公主岭北怀德附近，11月下旬以来成为该方面的“匪贼”根据地，随之该县县长、公安局长等与锦州军政权联络，其公安队自警团等约700人采取抗日态度。县内农民因进入特产上市期但交易却断绝而处于不安状态。因此，驻公主岭独立守备兵第一大队（配属长春野炮兵第二十六联队第四中队及独立飞行第八中队）12月16日由公主岭出发，经战斗后，18日解除公安队等大部分武装（县长与部分公安队逃走），之后留下部分部队，维持治安。

军方因为如上的朝着辽河以东地区“兵匪”活跃与扩大，独立守备队司令官亦提出意见，决定在攻击锦州前，先在满铁沿线最近地区，覆灭他们的策源地，即法库、昌图县内的他们的根据地，消除后方不安，并准备进攻锦州。军的命令下达如下：

关东军命令

12 月 17 日午前 9 时

于奉天　军司令部

一、在通辽方面拥有根据地之敌，来自郑家屯或彰武、盘山附近之敌，分别从法库门、田庄台方面逼近满铁沿线，密切窥视机会。

二、军首先歼灭此等前进部队，使尔后的锦州攻击更加方便。

三、独立守备队司令官须速扫昌图、法库门附近之敌，扫荡期间混成第三十九旅团归其指挥。

四、步兵第三旅团长在混成第三十九旅团出动后，担任长春、吉林的警备。

五、关东军飞行队长在扫荡期间，将其一部配属给独立守备队。

六、第二师团长适时将一部分部队派至辽中、牛庄、田庄台附近，师团主力须准备向盘山方面前进。

七、12 月 19 日前，下记通信部队及卡车派至四平街及辽阳，配属给独立守备队和第二师团。

无线电通信所	2 所	给独立守备队
货运汽车	30 辆	
无线电通信所	2 所	给第二师团
货运汽车	10 辆	

关东军司令官　本庄中将

在做出以上决定同时，军司令官还向中央提出报告如下：

12 月 15 日在铁岭东北部与我守备队交战之“兵匪”约千人，很明显系锦州所派，持有扰乱沈海沿线的目的，现在各方面敌便衣队的活动区域扩大，所到之处均感不安。

依此，军令独立守备队及混成第三十九旅团扫荡昌图、法库方面之敌，令第二师团之一部出辽中、田庄台一线，准备对台安、盘山方面之敌发动攻击，已下达命令。

以上部队的运动开始，从各种关系考虑，必须在12月20日左右。

到继续以上的积极讨伐开始，如顺利时，得于年末着手攻击锦州阵地。

故预定给军增加的诸队，请速决定其运输，并给予指示。

对昌图、法库附近进行讨伐的诸部队，从21日起一同开始前进，独步五［指大队］主力从满井、昌图方面，独步三主力从开原附近协助，扫荡昌图县内之敌。对通江口附近的辽河一线，混成第三十九旅团主力从铁岭附近，独步主力从奉天出发，经石佛寺附近，向法库附近前进。

然而，敌已知悉我军前进情况，稍稍战后便向康平方面后撤。因而各讨伐队，22日到达所命的通江口及法库，讨伐行动就此结束。混成第三十九旅团以主力放在奉天，以各一部置于铁岭、辽阳；其他部队归还满铁沿线原驻地，采取攻击锦州的前进态势。

［中略］

因日军夺取锦州而进退两难且失去统辖的“兵匪”，一时在各地蜂起，由于逐渐缺少粮食，他们从腹地寒村向物资丰富的铁路沿线接近。因此属下各队一刻也不得苟安。

这就是，我军在占领锦州的翌日4日夜，就在新民急袭了破坏柳河沟、白旗堡间及新民东面铁道桥梁而又兵力不明的“匪贼”。我方若干日人房屋被烧，负伤兵4名，日侨民死亡3名，负伤3名。当时步兵第四十联队第一大队（此前在安奉沿线的讨伐终结，1月2日到奉天，4日午前9时许到新民），与原来的守备队步兵第五联队第二大队交接，为白旗堡附近以东至巨流河间的守备，步兵第五联队第二大队在新民站的列车中宿营。接着，7日拂晓“匪贼”约200人，突然袭击铁岭公安局及监狱，我守备队出动将其击退，但公安局长负伤，公安局警员多名去向不明，囚人逃亡者达224名，警察重伤者2名。此外公安队及监狱的所有兵器，步枪约90支，弹药约15000发被夺走。9日，在锦西，骑兵第二十七联队（缺第二中队）与约2000名“兵匪”交战，联队长古贺传太郎中佐等12名战死，负伤军官19名。同日，在红螺岘附近，第一运输监视队主力，辎重兵松尾秀治以下26名（含翻译1名）被全歼。继而骑兵第十联队第二中队，于新立屯附近与优势的敌“匪”交战，中队长不破直治大尉及以下15名战死，军官6名负伤。这些事件相继发生，特别是锦西骑兵联队的苦战及第一运输监视队被全歼的情况，几乎没有通信方法联系，直到连山守备队用锦西至连山的不完备的中国电话联络，锦州的第二十师团讨伐队到达，即1月11日以后才判明情况。而运输监视队的状况到16日才得知部分真相。此时锦州方面的状况是，锦州至奉天间主要是无线通信，此外则使用极不完备的奉天铁路电话，军与第二十师团不可能及时通话。故谣言四起。

基于以上状况，军将新民附近的守备做了交替，须纳入独立守备队司令官指挥下的第五联队第二大队员依然残留在新民，维持治安，但鉴于锦州方面的状况，10日夜又将之运送到锦州纳入第二十师团长的指挥之下，并以参谋长的名义发出通牒称："军以恢复锦州以北治安为第一要务，因而锦州以南为第二要务，不得已时亦不辞放弃。"

［中略］

到1月中旬为止的状况即如上述。随着我军讨伐进行，弹药补充和粮道断绝的"匪贼"，逐渐向我军提出归顺。但是，他们欲在原武装不动的状态下改编为公安队等的好条件下归顺者较多，原本诚意即很可疑。根据前述治安恢复要领，欲以100万元的费用，按每支步枪20元的标准，收买50万支的计划。可上述"匪贼"是不愿交出武器的，因而是失败的计划。同时，像奉天省长臧式毅他不愿招抚"匪贼"，其理由在于，收纳"匪贼"为公安队，出去即"匪贼"化，或再转为军队，此为常情，三者间并无明显区别，其间的循环时常成为恶行而毒害人民。现时中国之所以匪贼跋扈，应了解其中因果关系，应彻底膺惩，招抚政策只是暂时糊涂之策，是使他们成长的因素。

军司令官原即同意臧省长的意见，在属下部队中，极力戒惕动辄倾向于招抚者，始终期望以一贯的武力根绝"匪贼"。故与奉天省方面联络，关于"匪贼"的归顺，决定如下，1月15日通知各部队。

关于对归顺"匪贼"的处理

一、允许归顺时，解除其武器发给若干解散费。

解除武装后的失业者，尽量给予职业，为此得时常收容一二千名，在军中准备。

二、非职业"匪贼"，系因时局关系采取抗日态度者，对痛改前非的头目，根据其人物分量给予职业。

三、对带着武装的归顺者，以不准归顺为原则，但因地方状况而不得已时，尽量事前将其情况向军司令部提出。

军司令官征求省当局及其他方面意见后，决定可否利用及利用方法。

继而于1月下旬第二师团被转用到哈尔滨方面，申请招抚“匪贼”者增多。于是军于2月上旬再次对属下各部队下达如下指示：

关于对表示归顺“匪贼”的态度

最近，在满铁沿线及其他地方的“匪贼”，屡有向我方提出归顺者，这是对他们施压终于显出其威的明证。但从全局观察时，目前时期，实为使满蒙获得和平之良机；同时亦须看到，如一步有误，也有陷入最终不得收拾的状态中之危险。这与我军对他们的处理是否适宜有关，故再次阐述我军对“匪贼”的态度。

特请各部队注意的是：军并非努力使“匪贼”归顺，到任何时候也都期其彻底荡灭。因此，此前关于处理“匪贼”的军所示，不能称为是如此地劝告归顺，而应理解为对归顺者，指示这样的方针。

○“匪贼”实际欲归顺时，恰恰不是像要提出交战军休战那样堂堂正正前来表示其意思，而常常是深夜头目单独前来投降。

像目前处处可以见到的几个头目一齐来者，向来是多为侦察对手的情况，故要特别注意。

○归顺“匪贼”的处理，责在省政府。

因此，当有“匪贼”登我军门申请归顺时，军队避免直接将其作为对手或介入其中，可使之自行前往省政府。

军对“匪贼”的压迫不能松弛。

○过去确有对我屡屡表示好意的“匪贼”，但这只不过是局地之观。虽在部队附近无不逞行为，但在其他地方必定有不逞行为，乃是常情。

在旧满铁附属地的小地域受到拘束不敢放纵的时代，为了附属地内的安宁，时有所谓“御用匪贼”存在之疑。但是今天，态势完全改变，要摆脱旧思想，深刻注意，必须扫荡满蒙的“匪贼”。

○“匪贼”一时归顺的情况是有，但都是“匪贼”不利时表面装作恭顺，即使已成为公安队，一旦“匪贼”行为有利，便有忽然豹变之前例，此点特应注意。

另外，军与奉天当局秘密联络，选定各地有名者等适任中国人，配属到各兵团，以期通过政治工作恢复治安。

当时依靠飞机轰击“匪贼”，效果很大，军在偏远地区紧急需要时，尽量加以利用。但“匪贼”逐渐积累了我轰击的经验，因此当我飞机空袭时，他们四散，留在村庄里，呈现蒙受轰炸惨祸者多系良民的奇观，这在维持治安上是不适当的。因此，对“匪贼”特别是在村屯内的“匪贼”，轰炸要慎重。当时听到有人声称，“匪贼”掠夺的只是财物，可日本兵不仅财物，还要夺去人的生命。一般地面部队讨伐之际，“匪贼”大部分逃走，残留的当地良民被误认为“匪贼”而被杀伤者不在少数。这样，为实现奉天省内治安的急速恢复，军准备以最后的辽河畔大讨伐，给以终结的铁锤，但1月下旬第二师团被派兵于哈尔滨，奉天省内的彻底扫荡未能进行，祸根被留到未来。

二　唐聚五辽宁民众自卫军

唐聚五救国史*

一、自序

余性不喜照像，平生一二次而已。伪国虽指名通缉，而无图影可据，兼之籍隶鲁省，识余者少，故退抚松后行动颇得自由。

唐公启节时，嘱余同秦秘书祥征由海道赴北平，报告经过。沿途虽小有波折，终能保全首领，达到任务，亦云幸矣。

留平半月，公事告竣，方拟转热返辽，继续工作，而何永贞先生索战斗详记之函忽来。唐公未在平，不能作正式报告，而南京参谋本部欲编抗日战史，又不可缺此一页。无已，乃以私人资格，于旅次中著成斯书。时间仓促，记忆薄弱，遗漏之处，当然不少；但大纲节目，绝无舛谬，读者谅之。

唐公救国事业，暂告一段落，将来发展，未可限量。此编曰卷上者，盖成功后，决定尚有卷下之出现也。东莱朱贡忱序于凌源旅次。

二、唐公聚五小传

唐公聚五，字甲洲，辽宁省锦县人，现年三十五岁。其先多务农，未有显者，然忠厚家风，已积德累世矣。及公曾祖始业□，父继之，渐播乡誉，颇著政声。公生而敏异，四五岁时，尝布士摇竿，为战阵戏。祖见之，辄抚摩其顶，喜谓人曰：“此吾家之宇文琛也”。九岁入塾，过目不忘，值科举停，遂入小学。课余之暇，即披史册，日能终卷，但观大意而已。惟

---

* 朱贡忱编《唐聚五救国史》，原报国民政府参谋本部，抄件藏于吉林省社会科学院。此件未注明日期，从其“自序”中所述判断，大概成稿于1933年某时，原件系油印件，由昌图秦喜麟校。

慕项羽之为人，不喜书法，先生遣之，则以足记姓名应。年十五毕业于乡立高等小学，乃毅然弃儒服，入二十七师当兵，历充下中上士、司务长、排连长等职。直奉战起，随军出征，每战身先士卒，敌人为之夺气。上峰睹其勇猛异常，欲使深造，俾成大口，民国十五年乃选送入奉天讲武堂肄业。时张汉卿将军志在培植军事人才，躬自讲授。因公能触类旁通，倍加赏识，及察其志虑忠纯，益为垂青。毕业而后，汉卿将军欲引作心腹，遂委公为卫队营中校营长；后又调充三四方面军团卫队旅第四团中校团附。满城战役，以少胜多，功绩上闻，升充第四团团长。民国十八年军队缩编，编余军官均赋闲居，独公仍调帅府服务，而信任愈专。是年秋，派充辽宁陆军第一团团附，热心教育，深得军心，办理士军连，成绩卓著，出其门者皆有法度可观，自足信仰公者，日多一日矣。日人既知其为汉卿将军之心腹，又为青年军人之翘楚，早思戕之。值九一八事变，正可从中取事。幸公于事前到山城镇会议，未在防地，得免于难。事后被委为第一团团长，驻防东边之桓仁县。

公睹河山破碎，长官蒙尘，于乌心伤。乃思所以恢复而迎还之者，惟以名微众寡，号召维艰，不敢轻举妄动，致重国忧。且既隶于镇守使部下，自当以服从为天职；况有家人父子之交，更不可擅专矣。言念及此，暂时容忍，并从中力劝于使所以反正救国者。于使以时机尚早，计划未熟为辞，公只有听之而已；继察于使毫无诚意，乃以收复失地为己任，秘密招集同志计划发难事，险象环生不之顾也。

自冬迄春，工作数月，部署方定，而国联调查团适抵东省。公曰："倭奴欲以亡高丽之故伎（技），亡我东省，故假口民族自决以建伪国，而作傀儡，调查团之任务即欲考查满洲建国是否出于民族自决，以为解决中、日纠纷之根据。我辈若不及时举义，则所以彻底反对伪国者将何由表现？"于是决于四月二十一日在桓仁誓师，并定名为辽宁民众自卫军。是日也，三军毕集，四民胪欢，群拥公为总司令。就职之后，登台演说，激昂慷慨，声泪俱下。在青白国旗飘扬之下，乃用佩刀削破右手中指，血书"救国爱民，杀敌讨逆"八字。精诚所感，金石为开。各县义士乃风起云涌，奔走来归。未及旬日，大军十万立集，而通、宽、新、柳等十四县均通电响应。倭奴闻讯，认为劲敌，乃简派军警，出兵通化，欲以疾雷不及掩耳之手段阻挠我军之发展。公谓十六路司令孙秀岩曰："义旗甫举，强敌忽来，非挫其锐，不足振士兵之气，得民众之心，此任非君莫属，君其勉之。"孙率所部即赴前方诱敌深入，遂奏肤功。日人驻通十余年之领馆，亦由此撤退矣。倭奴败退，老羞变怒，乃强迫于镇守使出兵新宾，使我自残骨肉，厥计毒甚。公谓众曰："于镇守使乃吾多年长官，感情甚笃，今以兵戎相见，实出万不得已。盖媚日者虽亲亦仇，救国者纵仇亦亲也。"宣言既毕，即飞令第六路司令李滨浦率部应战，以兵力单薄，致受重创。公闻之，急赴二户来与李计议，经三昼夜之探讨，始定用山地战之迂回法以施包围，交绥未及二时，敌即不支。公睹势有可乘，即飞骑阵前，大声疾呼曰："今日之战为我军生死关头，亦国家存亡机轴，汝辈共奋勇前进。"三军闻之，不啻一鼓作气，争先恐后，遂告大捷，乘胜直追，敌军纷纷归降，于使狼狈，仅以身免。声威所播，投诚者接踵沓来。而金、辉、安、抚与古边之濛、桦各县亦相继反正。成军在二十万以上，辖地逾数万里而遥。自卫军之根基愈巩固矣。

公以为苟欲御外，须先安内。况自卫军以民众为本，更当注意政治，使其安堵。于是，网罗政治人才，设政、财、实、教四厅，以收分工合作之效。历时未久均上轨道，变乱刁遗，乃享安居乐业之福。所以，爱戴公者真若子女之对父母。于是群请于公，速设省府就职主席，以慰民望，且欲新世界之观听，脱伪国之羁绊，亦非此不可。公固辞不获，遂勉为其难，因陋就简，于通化宣誓就职。自是军政大任丛集一身，乃谋所以长期抵抗者。设采金局以开铁矿，设兵工厂以造子弹。盖苦战数月，械弹告罄，非用人工制造，借勤补拙，则大敌再至，应付殊难也。狡哉汉奸，征知内情，急嗾倭奴，出兵包围。公恐生民涂炭，实力虚耗，遂撤退抚松，以资保全。现正化整为零，避锐击虚，以与日本奋斗到底，将来之成就未可限量也。

贡忱籍隶山东，宦游辽沈，适值国难，遂从唐公起义，以职司秘书厅长，常在左右，闻于公之一言一行，见闻较切，故撰为小传，较道听途说者为可信也。（朱贡忱志于北平）

三、唐夫人董淑媛小传

董淑媛，辽宁人，祖居新民，后迁锦县，现年三十岁，父业商，饶资财，无子，有女三，淑媛其仲也。姊妹均读书，淑媛最慧，十六岁，毕业于女子师范学校，品端学优，为侪辈冠，父雅爱之，听其自择配偶。同乡大学毕业生数人向之求婚，概被拒绝。淑媛谓其父曰："近世青年，务外表而少实学，非吾偶也，吾将于军人中求之，但旧军阀不得与焉"。

唐公甲洲，时为二十七师排长，驻防锦县，以恪守纪律，不欺商民，颇为县人所称羡。每值出操，淑媛尝往观，见唐公态度和蔼，精神焕发，心甚慕之，归告其父曰："待字期年，今得之矣；唐排长聚五，真吾婿也"。父谓之曰："唐排长少年英雄，余深知之；但家境贫寒，于归后将何以为生乎？"淑媛闻言，整容应之曰："吾慕其人，不慕其财，且唐排长终非久居人下者，岂能常为贫寒儿乎！吾誓嫁之。"父壮之，请媒往。唐公知其贤，慨然允诺。淑媛十七岁，与唐公结婚于锦县寓次。

唐公广交游，月薪三十元，常告罄，夫人每变卖妆奁而资助之。公入讲武堂肄业，博览群籍，夫人时由外家告贷供其买书之用，尝劝公曰："今后中国惟有学识者可以生存，草莽英雄，决难再起，君于研究军事外，宜潜心于政治之探讨。"公感其言，三致意焉。民国十年后之内战，公多从征，每值言别，夫人必送而劝之曰："昔李鸿章见德相毕士麦，毕氏诮之曰'吾国人以杀异族为功，中国人以杀同种升官'。今同室操戈，皆自戕手足，君以服从为天职，不能不往，但少杀人而已。"公于满城战役时，俘敌甚多，事平后，皆纵之，夫人规劝之力也。

满城战后，公以功晋团长，时夫人过门已六年矣，自知身有病，恐难生育，乃劝公纳妾。公谓之曰："一夫一妻，世界通例，吾辈爱情甚笃，不容有第三人之参杂，且均在壮年，安知其终不生育乎？"民国十六年公任第一团团附，驻凤城，韶华易逝，□璋未卜，夫人忧之，自己力劝外，兼请公之挚友玉成。公感其诚，乃纳凤城县立女师毕业生胡春藻为小妾。胡氏年幼，夫人待同姊妹，有不达处，常平心静气以劝导之，家庭和睦，中□无违言。

九一八事变后，唐公升任第一团团长，住桓仁。山河破碎，倭奴猾夏。唐公愤慨，夫人尤甚，频劝公曰："君自入伍，屡次参加内战，均以兄弟阋墙为非，迩者倭奴耀武，占我东省，捍患御侮，军人天职，为国杀贼，不同内战，时势造英雄，君其勉之。"言讫，即变卖金银首饰，典当绸缎衣服，己身赴北平，而留款以助军用，临行谓公曰："能抗日救国者是吾良人，勿见异思迁，勿畏难中辍，予所深希也。"现寓北平，闻唐公战胜之讯，则大喜；闻倭奴得利之耗，则大怒，大书特书，榜之壁曰："助夫救国，妇女不能救国么？"又曰："甲洲，你不要忘了张总司令的栽培呀！"又曰："甲洲，你也不要负了王老师、卢会长和王会长的希望啊！"

□□北平，寄居唐寓，公务之暇，常与夫人晤谈。夫人对于军政，均有深刻之研究，世界大势，了如指掌，巾帼英雄，当时有几？唐公事业，得力于内助者多矣。（贡忱附识）

四、辽宁民众自卫军总司令部重要人员姓名录

1　总司令　唐聚五

2　副司令　李春润

3　副司令　张宗周

4　副司令　□□□

5　参谋长　英若愚（任事三月去职，转充十五路司令）

张毅（先充三十五路副司令，后继英任）

6 秘书厅长 朱贡忱

7 总参议 李时薰（后转充警卫师参谋长）

8 参谋处长 张愚深

9 副官处长 徐受先

10 军需处长 李承恩（副处长二人：温东五、周树棠）

11 秘书处长 李 季（任事一月转充驻平办事处长）

杨国祯（任事一月转充秘书厅厅副）

12 军法处长 孔献双（任事二月，转充法院检察官）

张太仆（先充通化政治特派员，后继孔任，半月去职）

高树棠

13 军械处长 李常荫

14 军医处长 刘惠民（副处长：赵金禄）

15 兽医处长 张光烈

16 机要秘书 秦喜麟（先充救国会慰劳委员）

17 交际秘书 张太仆（任事半月去职）

李长嘉（先充第六师范教员，后继张任）

18 卫侍副官长王聚山

19 兵工厂长 顾平和

20 宣传部长 富光圭

21 上校参事 王宣垒

五、各方面总指挥姓名录

1 第一方面总指挥 李春润

2 第二方面总指挥 孙秀岩

3 第三方面总指挥 王凤阁

4 第四方面总指挥 邓铁梅

5 第五方面总指挥 张宗周

6 第六方面总指挥 徐达山（任事四月去职）

郭景珊（先充剿匪司令，后继徐任）

7 第七方面总指挥 刘景文

六、各路及各支队作战出力司令姓名录（共分五十路，二十支队）

1 第一路司令 唐玉振

2 第二路司令 常永林

3	第三路司令	康乐三
4	第四路司令	李子荣
5	第五路司令	张宗周
6	第六路司令	李春润
7	第七路司令	郭景珊
8	第八路司令	徐达三
9	第九路司令	包广宇
10	第十路司令	李先翘
11	第十一路司令	梁锡天
12	第十二路司令	王桐轩
13	第十三路司令	邓铁梅
14	第十四路司令	文　禄
15	第十五路司令	英若愚
16	第十六路司令	孙秀岩
17	第十七路司令	张鸿文
18	第十八路司令	林振青
19	第十九路司令	王凤阁
20	第二十一路司令	关向阳
21	第二十二路司令	夏福星
22	第二十三路司令	李同阁
23	第三十七路司令	丁育昌
24	第二支队司令	姜中天
25	骑兵司令	魏应楼

七、辽宁民众自卫军之解释

民国二十年九月十八日，日本以盗寇行为强抢东省。张学良副司令根据非战条约，宁忍奇辱，不予敌抗。蒋中正总司令服从国际联盟，维持和平，不肯宣战。职此之故，中国正式军队遂不能与日本取敌对行为，而听其任意妄为。谲哉日本，诡计层出，欲以一手掩天下耳目，遂假民族自决之名，而建设傀儡式之满洲国，以亡高丽之故伎（技），亡我东省，依样葫芦，令人捧腹。国联派调查团莅东，以调查民族自决之真伪，而据以解决中、日之纠纷。当此时也，国军不能出动；即云能之，亦不足表示民意；欲表示伪组织之非由民族自决，当有“民众”组织也明矣。

中华为酷好和平之民族，乃世界所共喻。日本虽不顾人道，万恶滔天，我同胞除收复失地外，绝不愿越雷池一步，此所以出于“自卫”之一途，而不涉及其他也。民众自卫，须有实力，武装起来，方可工作。此民众自卫军所由发起也。

黑龙江有救国军，吉林亦有救国军，名目均甚正大。但凡军队而愿救国者，皆可称救国军，不标以民众字样，则不足表示民意。以言救国则殊可钦，以言昭告世界而彻底反对日本，所谓民族自决者，则不若民众自卫军之更为名正言顺也。因民众自卫军工作地带在辽宁，以与黑、吉两省救国军呼应，故称辽宁民众自卫军。

贡忱谨按：唐公抗日救国，震骇世界，其伟大事业固不待宣传；即此辽宁民众自卫军之定名，其识见之超卓，已高出寻常万万矣。使调查团彻底认识日本之虚伪，使中国博得外交之胜利，皆名正言顺，言顺事成之效也。

八、秘密工作时期

九一八事变后，唐总司令任辽宁陆军第一团团长，驻防东边之桓仁县，伤山河之破碎，慨长官之蒙尘，饮食起居均感觉十二分之不安。其夫人董淑媛，巾帼英雄也，尝激之曰："君自入伍，屡次参加内战，均以兄弟阋墙为非。迩者倭奴耀武，占我东省，捍患御侮，军人天职，为国杀贼，不同内战，时势造英雄，君其勉之。"唐公一闻此言，唏嘘流涕，其毅然决然抗日救国者，于是乎启其端矣。董氏知公将有为，即变卖金银首饰，典当绸缎衣服，己身赴北平，而留款以助军用。临行谓公曰："能抗日救国者，是吾良人，勿见异思迁，勿畏难而中辍，予所深希也！"公本有救国赤诚，兼之受此激励，获此资助，而工作愈积极矣。

公以为一团之众，不足撄大敌，非以民众为后盾，更难图功，且令民众组织自卫团，可以免汉奸日本之嫉忌（妒），而从容布置。于是招（召）集同志商酌办法。中州黄宇宙爱国青年之杰出者也，呼号数月，未见大功，始感觉与实力派联络之必要。初说东边镇守使于芷山不允；继说第二团团长廖骧尘，未妥；后说唐公，一见倾心，深相结纳，如鱼得水。唐公以民众自卫为务，而黄氏则持有编印已成之《民众自卫法》（载于《自卫军详记》），英雄所见，大致略同，信不诬也。

自黄宇宙到桓仁，赞成举义者日多：通化王育文、张大仆、卢敬斋，宽甸王宣斋，桓仁富光圭、杨仲西、孟伯钧，此文人之风起者也。桓仁公安局长张宗周、公安大队长郭景珊，凤城公安局长邓铁梅，通化在野军人王凤阁、孙秀岩、姜中天，柳河包广宇，此武人之云从者也。人才既多，分头工作，两月之间，绿林豪客之投诚者约一万余人，红枪会徒之归服者约两万人，而各县公安大队之愿反正者约四五万人。唐公据报，均按人数之多寡，而分予以司令旅团长等名义，各在原地，积结待命。

唐公自以名微众寡，不足号召，且既隶于芷山部下，亦当瞻其马首，以定行止。微露其意向，竟遭于氏白眼，暗派第二团团长廖骧尘到桓仁，监视唐之行动；又密电通化公安局长孟瑞堂逮捕救国同志。王凤阁脱险而后，遂到大姑山一带活动。唐公本拟布置妥当，再行发难，而国际调查团适至东省，定于四月末旬到抚顺视察煤矿，若就近揭闻面目，正可与调查团以深刻之认识，而制止亲日分子之暴行。秘议既定，遂于四月二十一日在桓仁誓师。

九、桓仁誓师

届期，假桓仁县南关师范学校体育场，搭台扎彩，开市民大会。除各救国同志及各县代表亲莅会场外，桓仁之军警、学生、农工商贾以及老幼妇孺争先恐后参加盛典。行礼仪后，唐公首先登坛演说，略谓："日本逞凶，攫我东省，剥夺主权，残害生灵，凡我同胞，均当敌忾同仇，以靖国难。今当国际调查团东来之时，吾辈去满洲伪旗，悬青白国旗，正可明白表示满洲建国，绝非民族自决，而使国联深刻认识日本之虚伪。自今以往，惟以收复失地为务，抗日救国者，纵仇亦亲，媚日卖国者，虽亲亦仇。我本军人，学识缺欠，愿事追随，以供驱驰，不受利诱，不为势屈，有违斯言，鬼神殛之！"言至此，掌声如雷，欢呼莫名。唐公见民气旺盛，乃拔出佩刀，削破右手中指，折下腰束白绫一幅，疾书八字，揭示于众为"救国爱民，杀敌讨逆"。精诚所感，万众为动，乃群拥公为总司令，立逼宣誓就职。公以才疏学浅，不能任重致远力辞。众则以"我公不出，于苍生何"力请，至有跪哭会场，不能仰视者。公固辞不获，遂慨然许诺，登台就职，并宣言曰："聚五不才，蒙我父老兄弟诸姑姊妹及诸位同志谬举，只以国难家仇为急，总领群英，非有升官发财野心，希图大任。但凡作一事，须有系统，当督率所部，努力杀敌，后方父老，应惟力是视，解囊援助。军兴之时，供给频繁，已苦我民，若再事骚扰，民何以堪？凡我将领，务诫扰民，有不遵者，军法从事。至于父老，亦当格外体谅。须知苟安目前，虽得安居乐业，而十年之后，吾人无噍类矣。高丽亡国，仅三十年，人口已去三分之二，可为殷鉴！从吾救国，当然劳苦不堪，然自能驱除倭奴，打倒伪国，则一劳永逸，后世子孙皆蒙其泽，此不可不知也。"宣言甫毕，众呼万岁。余□继续演说，均博得许多掌声。摄影闭会，尽欢而散，青白国旗由是复飘摇于东边矣。

唐公设总部于团部旧址，从事组织，并传檄各县，促其反正，一时响应者有十四县之多。公以政治大权付之王育文，使组织辽宁救国分会，总理一切，己则专力于军事。因通化有日本领馆，新宾接近抚顺，敌既重视，必先被兵，即令第六路司令李春润驻新宾，第十六路司令孙秀岩驻通化，以资防堵。

[中略]

十、通化之战

初辽宁陆军第二团团长廖骧尘驻通化。孙秀岩不得入，欲以兵戎相见，则恐涂炭生灵，不得已，遂暂驻于离城四十里之热水河子，电唐请示办法。唐志在抗日，极力避免自戕手足，乃用政治手腕，解决通化问题，变更自卫军组织，遥拥于芷山为总指挥，廖骧尘为副指挥，以期合（和）衷共济。通化张太仆、吉敬垒等秉此意旨，与廖磋商。廖处于四面楚歌之下，遂勉强首肯，除通知各机关易帜外，并准欢迎孙秀岩部于四月二十九日进城。廖亦定于期日就副指挥职。

届期，商民及各机关出城十余里，迎接孙军，假第六师范操场开市民大会，廖到场演说，亦极慷慨，但口是心否，貌合神离，不足与有为也。孟瑞堂闻自卫军进城，即于前一日逃回山城镇。公安局无人主持，孙即设司令部于内。日本闻讯大为恐慌，即日选派军警三百余名，由山城镇下车，进迫通化，以保护领事侨民为名，实欲袭取城池，以垄断自卫军之发展。唐公窥破诡计，即电孙用诱敌深入之法，实行敌抗。并嘱之曰："此我自卫军与日本接触之第一次，战而胜，则士气必振，收威定功，可以预卜；战而败，则军威自挫，失人信仰，大事去矣！独当一面，责任重大，君其勉之。"孙阅电毕，即从事布置，用数百刀会为诱敌之兵，而以基本三团埋伏于离城二十里之过河道子。孙与副司令张钧绕出日军背后，到七区督师，而聘余［作者注：即朱贡忱］为秘书长，着与张太仆、吉敬斋［前为卢敬斋］留守。五月三日拂晓，两军接触，炮声隆隆，全城震惶。廖于孙出城时，自请担任卫戍事宜，初犹派兵监视领馆行动，继则扬言于众曰："孙军已弹尽援绝，向东南逃窜，予为保全实力计，即将率队出城，汝辈商民欢迎日军进城可也。"廖之行也，挟余与张太仆上车，心知其诈，暂与委蛇，过佟江后，乃由高粱地内逃归。时孙已获大捷，毙其军官二人，士兵七十余名，并将余众困于东山之上。旧军给养缺乏，子弹告罄，乃遣军使青田，赍书求和。声言只要将彼领事兴津送出，情愿撤兵，不再犯境。孙电唐请示，唐公谓之曰："取消领事裁判权，乃国民政府积极办理未见效果者。通化设领时，先大元帅曾再三反抗，未能阻止。今君一战之威，竟使其自请撤销，成绩大佳，可与言和也。”孙接电后，即率余与张、吉二人，假通化教育局与日使开始谈判。结果，我方送领事出境，但须将武器完全留下。得其同意，和议遂臧。日本十余年根深蒂固之领事馆，遂无条件而自行撤销。自五月十日起商民始熙皞皞，不受外人之拘束。

十一、新宾之战

唐公遥拥于芷山为自卫军总指挥时，于已早受伪国任命为奉天警备司令，认贼作父，丧心病狂。见唐拥护之电，勃然大怒，兼受日本之逼迫，遂亲率三团之众，假宣抚名义，出发新宾。新宾为第六路司令李春润防地，于以与李有故旧交，先派人以禄饵之。只要李能倒戈攻唐，即委以团长名义。李志虑忠纯，不为所动，一方面电唐报告外，即誓师应敌。此四月二十九日事也。

五月三日，于军进至陵街，李司令除命武术队司令王桐轩进攻兴开岭外，并亲率精锐，躬往指挥，激战一昼夜，双方互有死伤。五日于军复进攻，而李部子弹用尽，遂以不支。为保全实力计，乃退驻桓仁县之二户来地方，电唐报告。唐公闻讯，即率卫队前往，召李开紧急会议，苦心焦思，阅数昼夜，始决定用包围法反攻。唐公谓李部属曰：“汝辈父母妻子，尽在新宾，于军驻于其内，奸淫虏（掳）掠，无所不至，切肤之痛，固不容不努力作战。于受伪国任命，即日本走狗，今城池为其占领，即非中国版图，为不当亡国奴计，尤不容不努力作战。魑魅在堂，非一心一德不能靖乱，汝辈其勇往直前，杀敌致果。”又谓其卫队曰：“予于桓仁誓师时，已对众宣布‘媚日卖国者，纵亲亦仇；抗日救国者，虽仇亦亲’。于镇守使乃吾多年长官，名为门生故吏，恩同家人父子，遥拥之为总指挥，实愿供其驱使，以济国难；乃不惟不听忠言，遽而兴师犯顺，此吾仇也，不可不戢，且杀敌必先讨逆，系吾原定计划，予能牺牲交情，汝辈可不努力乎!”训话既毕，士气顿壮。由十八日起李司令饬属由南、西、北三面进攻；唐公则率卫队与郭司令景珊由东面进攻。于军机枪、迫击炮密布山巅，猛烈扫射，几乎无隙可入。然于军以纪律欠佳，失民众心，于开战之前已将其阵地布置、主官住所报告唐公，以此之故，我军射击，多能命中。敌之指挥邵本良、孟瑞堂等均负重伤。敌气既夺，我遂告捷，毙敌二百余名，获其山、迫击炮各一门，步枪百余支，子弹万余发。敌向清源败退，我军乘胜追击，沿路降者，络绎不绝。于氏虽免，狼狈不堪。

十二、移驻通化后之政绩

新宾战事告终，唐公稍事勾留，遂率队返桓仁。以通化为东边重镇、政治中心，非设总部于该地，则军事指挥，百政施设，均将发生困难。且廖骧尘狼仓出城，未尝忘情；日领馆被迫撤退，岂能甘心？为防未然之患，亦当移驻通化。议定，遂下令于六月一日全部由桓出发。

初通化人士对于唐公并无深刻之认识，对于军政大计，尤为茫然，以为总部所至，负担必重。兼有宵小从中鼓惑，致使人心不稳，而婉言谢绝总部移防之电，竟而发出。唐公一面复电，谓来通之议已寝；一面兼道而进，翌午即到距通四十里之快大茂子。此讯一传，人惊神速。在孙司令指导之下，地方法团及各校学生即排队出迎。唐公之卫队军纪大佳，公买公卖，秋毫无犯，沿途居民口碑载道。唐公之仪表，和霭（蔼）可亲，军人野蛮恶习，无丝毫之发现；当谓通化人士曰："辽西义勇军为救国计，不计小节，故对于人民往往有爱护不周之处。余于起义之始，即标出'救国爱民'四字，盖救国以爱民为先，爱民实重于救国。凡吾所以来，为指挥便利，可以早日收复失地；为父老谋幸福，可使耕者不变，归市者不止耳，众其无恐！"言次，欢呼之声，不绝于途，咸以为重见天日；即此前主张电阻者亦因愧生喜，亲自请罪。唐公曰："既往不咎，我之素性，改过自新，尔其知勉。"凡请罪者，翌日皆委为咨议。反侧自安，人心大悦。

莅通之初，设总司令部于第二团旧址，后移至日本领事馆。命孙司令移驻一九饭店，即日恢复公安，以张钧为局长。军队有占校舍者咸为移出，着即日召集上课。大兵云集，闾阎不惊，国难当头，弦歌不辍。唐公下车伊始，首重警察教育，诚卓见也。在桓仁时，以军政纷繁，不能兼顾，故以政权付之王育文。通、新两次大捷，军事已告一段落，以政治之不可放松，遂商诸王氏，而收归总部，仍留救国会专办宣传事宜。因军政丛集，公牍庞杂，遂改秘书处为秘书厅，由十六路将余调归总部，任秘书厅长之职。余与唐公素昧平生，仅有一席谈话，彼此心心相印，不以余为卑鄙，委以要职，可谓破除情面知人善任者矣。次第简任裴焕星为政务厅长，苏显杨为财务厅长，高昌智为实业厅长，杜明宣为教育厅长，东边一时人望，咸为罗致，各出所能，甘供驰驱，凡百庶政，皆上轨道矣。兼以各县县长，经公委任者，如周建勋、张太仆、吉敬垒、赵少卿之流亦皆能切实尽其亲民之责，以宣扬德化，四民益得享安居乐业之福矣。

唐公以东边各县金融紊乱，所出流通券，皆无基金，且不能越界为用，乃思整理而划一之。前桓仁县长刘铮达善于理财，被委为民众银行总办，发行军用债券，以资流通。以前辽宁省政府发出之农商贷款为基金，人民咸以为稳固，而乐于使用。于是按各县财政之富绌，继续发放贷款，完租纳粮，咸利赖之。当大乱之后，民得不困，唐公之功伟矣。

东边各县因受战事影响，民多乏食，哀鸿遍野，状殊可怜。唐公以民为邦本，食为民天，非先足食，莫由足兵。于是委王育文、张太仆为放赈专员，以高价购买富家粮食而周济窘困，鳏寡孤独，格外注意。老翁逾七十者各予棺敛费百元，以防不测，其关心民瘼可谓至矣。

自卫军人之受伤者，多送入野战病院为之调养，医药费从优发给；其阵亡者之家，则按月予以抚恤。更设甲洲中学，以通化教育局长朱惠风为主任，凡阵亡者及贫家子弟皆得入校读书，衣服书籍及食粮咸由校中供给。于注重普通教育之外，又有此义务教育，即在平时犹不多得，况戎马倥偬之际乎？

自青纱帐起，日本常以飞机数十架到各县爆炸。唐公除饬兵为民掘坑，并特制防空箭以资抵御外，并通令各县政府：凡房舍被烧毁者，咸据实呈报总部，依房屋之高下，发予金钱，为之修葺。民虽倍（备）受惊恐，皆能效死弗去。

通化城西二十里，旧有提台岭，为通桓仁、新宾之要道，山路崎岖，仅能容人，车马往来均感困难。唐公为便利运输及行旅计，遂委通邑绅士战广仁督工，凿山开路，以化险境为坦途。战召集贫民，以工代赈，半月之中，厥工告竣。斐焕星为咏七律一首以镌诸石牌而作纪念，云："险境自今化坦途，军与民众庆来苏，提台岭作唐公岭，大好河山入壮图。"

十三、宽甸之战

七月初旬，伪鸭江剿匪司令姜全我驻安东，闻新宾败绩之耗，自告奋勇，率所属三千余人，并利诱义勇军徐文海部由宽甸牛毛坞进攻我军。唐公命第一路司令唐玉振与第五路司令张宗周合力防堵，并相机进攻。一经交绥，我方不利，牛毛坞遂被姜部占领。唐公以该地为西南屏藩若不设法夺回，则桓仁与通化将均为动摇。于是，命第七路司令郭景珊率生力军参加，分三路反攻。两军相持旬余，以敌顽强据守，我军急切不能得利，唐公遂由通化亲往督师。时郭任中路，欲猛扑敌人阵地，与之肉搏。唐公之曰："冲锋陷阵，固勇者之所尚；然纵获大胜，死亡必多，智者不为也。君宜引兵稍却，使敌进攻，俟左右两翼拢合逼近，然后竭力反攻，敌四面受创，必至全师覆没，此万全之策也。"郭如公言，张、唐二司令亦得其密令。七月十五日，两军开火，翌日晚遂将敌完全包围，击毙其营、连长各三人，生俘其副官、军需各一人，士兵伤亡不计其数；得其轻、重机关枪各二架，平射炮一门，子弹三万发，步枪、手枪各五十余支。我军伤亡各十余名。姜逆逃回安东，不敢复来。徐文海未知确信，前来应援。唐公以所俘敌人为前驱，仍着伪军臂章，蔽我精锐于后以迎之。徐部未备，大败以窜，宽甸遂入自卫军掌握。唐公于二十日返通化，沿路商民，悉相率欢迎，以颂其公。唐公曰："此群策群力之效，非一手一足之劳，杀敌之功，于我何有？且姜氏乃予当年长官，予曾去信数千言劝之，顽梗不化，致以兵戎相见，中国人打中国人，非吾本愿也。"言毕唏嘘，众皆为之叹息！

十四、柳河、金川、辉南、朝阳之战

于桓仁誓师前，王凤阁受孟瑞堂之逼，到大姑山一带活动，先称远东军总司令，继改辽东军总司令，后闻唐起义，遂输款来归。时值新宾战役，唐公委以第二支队名义，着攻柳河而袭山城镇，以分于芷山之兵力。王氏奉命，即率所部星夜攻柳河。该县公安队内应之，王遂占领柳河县城。由柳河至山城镇仅百里，王率军疾走，从山僻小路，一日迳达。于氏主力军队已开往新宾，闻王部至，大惊欲遁；赖日本铁甲车及战斗机之助，始克保全。于氏闻讯，急欲驰归，以保全巢穴，唐公新宾之捷，得力于王氏者不少也。总部移通化，王氏来谒唐公。唐嘉其功，委为第十九路司令，并授以方略，使恢复金、辉各县。王回防后，即依计活动。金川县魏县长、辉南高县长均是亲日分子，闻王部至，知力不敌，遂伪为投诚者，诱其进城。当即派人暗告日本，嗾其先用飞机轰炸县城，然后用兵围之。日本如约，于八月初旬派飞机五六架到金、辉两县轰炸，魏、高两逆乘机出城，另设县治于朝阳镇，临行扬言曰："自卫军欲尽屠两县商民，故派飞机施虐。"商民受其鼓惑，颇生怨心，故日军一至，即开城纳之。王氏立脚不住，遂率军退出，欲回大姑山，而被敌冲断，已失联络。唐公闻讯，急电告之曰："伐魏所以救赵，古人称为良策，君欲解大姑山之围，可力攻朝阳镇，日军往救时，君再率部回攻金、辉，敌疲于奔命，必不支矣！公于此时并命予［作者注：即朱贡忱］作告金、辉两县民众书，以宣布魏、高之罪状，而收拾人心。商民既知底蕴，即以怨自卫军者怨日本，竭力援助，王氏遂得克复两县。王氏为人好胜心重，因有以前失败，愈加努力，不待唐公下令，即由金川派兵破坏沈海路之交通，并率选精锐再攻朝阳。是时，金、辉各公安队、各民团、各红会及绿林豪客数万人，均解带输诚于王氏部下。军威既振，进攻愈力。日本不守大街，而分守院落，依墙靠壁，负隅自固。我无平射炮，攻开不易，敌用轻机关枪扫射，极为得力。王氏搜得民用大车数百辆，上装沙袋□□使兵倒推前进，距远时，以作掩护；距近时，则上车攀墙以登。用此方法，破其院落甚多。朝阳镇遂被占领。王得唐公密令，与第二路司令常永林联络，东、西丰均被攻下。

十五、临江、辑安之战

日警攻通化时，廖骧尘率队退出，即驻于临江县老岭之西，与临江县长董敏舒勾（沟）通，以作反自卫军之运动。时我第八路司令徐达三驻老岭之东，以监视廖、董之行动。廖以势孤，未敢动手，遂率队开往柳河。董睹廖去，乃谋勾结日本以自固。阴谋败露，徐氏电唐报告后，即攻开临江。董逆不得已，复与徐合。及日军渡江来袭，董竟大开城门，迎敌入城。嗾日本大施焚掠后，便携款随其过江。临江县城既成一片焦土，且与日属下马磴隔江相望，仅距十里，即有日本之飞机场在焉。唐公知临江难守，遂电徐移防八道江，并设县政府于斯。扼老岭之险以拒之，日军竟不敢窥。

辑安之地势与临江同，近在鸭绿江畔，日军可以隔江施射。商民日夜恐慌，诚然难守。举义之初，我第十八路司令林振青驻斯，激战三昼夜，卒为敌人占领。自六月初旬至七月末旬，林氏十余次反攻，均未得手。商民受创过重，乃跪请日本驻军和平解决，使林氏退回二十里，不加追击，日本亦须无条件撤兵过江，不再留恋，辑安永为中立地带，以救此一方生灵。林氏电唐公请示，得复电曰："兵不厌诈，自古已然。商民所请，可伪与接受，俟日本撤退时，半江击之可也。"林氏依计，于八月初旬，与日和议，敌撤退时，林氏亦伪作退势，敌已半江，林乃饬用迫击炮轰击。日本落江死者约三百余名。日本受欺，必痛恨辑安商民，林氏用移民计划，而墟其城，沿江布防，备其偷渡，日军终未得逞。

十六、辽宁省政府之建设

由四月二十一日起至八月二十一日止，各路激战，统计不下百次；追奔逐北，诸将领之丰功，而发纵指示，则总司令之深谋也。东边各县，除安东、凤城两县街在日本手内，其余均归自卫军范围。七月初旬，唐公以通化为四面受敌之地，秋收后必受制于日本，乃派参谋长英若愚为十五路司令，往抚松、安图、濛江、桦甸、辽吉交界处宣扬德化，预备营房，以防万一失利为退驻之所。统辖地方，至此已有二十五县，较诸内地各省，大小似可仿佛。且于政、教、财、实四厅之外，陆续因民众之要求而添设者，有警务处，以前通化公安局长顾平和兼任处长；有高等法院，以前桓仁县长刘铮达兼任院长；宪兵司令部，以郭景珊兼任司令，除无省主席外，因俨然一省政府之组织也。

数月之内，政治之施设无美不备，应有尽有，前方战事无论若何激烈，后方则安居乐业，聊无恐慌。各县民众，群以为当东省陆沉之时，所以能保此一片干净土，仍如九一八以前之状态者，厥维唐公爱民心切之功。言念及此，乃环请各该县长，具文呈请唐公就辽宁省主席职，以系民望，而安民心。唐公泣谓之曰："吾于起义伊始，已声明在先，除'救国爱民，杀敌讨逆'外，绝不稍存升官发财思想。所以设政治上应有之机关者，纯本爱民之旨，而然非有其他希冀也。吾之总司令职乃辽宁民众所拥戴，既为民众组织，当然受之无愧。省政府乃国家正式机关，省主席须政府正式任命，汝辈不能私授于（予）我，我亦不能私受之于汝辈也。况大敌未退，国难方殷，军事倥偬，何暇及此。汝辈宜诚心竭力，援助我军之成功，此无关国家存亡，徒增我个人罪责之事，不必汲汲也。”公既力辞，民亦力请，群环公而泣诉曰：“自九一八后，倭奴猾夏，鞑虏专权，吾辈所处之地位，在古时为无告民，在现代为亡国奴，赖我公之力始获重睹天日，而享我中华民族应得之幸福。若公不就省主席职，则吾辈虽享中华民族之幸福，而仍蒙满洲国民之恶谥。公苟垂怜吾辈，此不当固辞者一也。且东三省同被大难，而吉、黑两省则省政府与省主席久已恢复，其所辖地盘，尚不若我军之多，犹然如此，况我公成军二十万以上，辖地逾万里而遥者乎。为与吉、黑两省取得同一待遇计，此不当固辞者二也。今古时代虽殊，而民意之尊重，则过于往昔。汉末大乱，曹操专权，朝廷命令，不能直达西川。玄德进位汉中王全系部下与人民意思。玄德受之，后世不以为非。此在专制尚可行之，况处民国，何可不尔？为尊重民意计，此不当固辞者三也。”万口一音，义正辞（词）严，公被迫不过，遂勉强应允。召集重要人员会议三度，乃定于九月一日就职于通化，改县政府为省政府，可谓因陋就简之至矣。

唐公就省主席职时，余以病重未能躬与其盛，其重要宣言，亦未闻而不能录，拚而不传，诚可惜也。至于省政府委员，共有十七人，兹录之于次：

1. 唐聚五，2. 李春润，3. 孙秀岩，4. 王凤阁，5. 张宗周，6. 邓铁梅，7. 郭景珊，8. 裴焕星，9. 苏显扬，10. 高昌智，11. 杜明宣，12. 顾平和，13. 刘铮达，14. 王育文，15. 卢乃庚，16. 王化一，17. 黄宇宙。

十七、方面军之分配及其计划

省政府成立后，各项政治均有专人负责，唐公后顾无忧，欲规复辽宁之心愈决。因于九月中旬召各路司令及各支队司令，开高级干部会议，以商酌进攻方略。安、凤一带之邓铁梅氏既早已受自卫军委，而岫岩、海城一带之刘景文氏亦于军事会议前派代表前来愿听指挥。唐公委刘为第五十路司令，并将五十路及二十个支队分配为第七方面。各方面委一总指挥以统率之。以第六路司令李春润为第一方面总指挥，率其所辖各路队，由新宾取千金寨沿安、奉支路攻辽宁。以第十六路司令孙秀岩为第二方面总指挥，率所辖各路队进攻山城镇，实则以攻为守，防止于、廖之窥通化。以第十九路司令王凤阁为第三方面总指挥，率所辖各路队，由朝阳镇沿沈海路，进攻山城镇，与孙秀岩会师后，仍向辽宁挺进。以第十三路司令邓铁梅为第四方面总指挥，率所辖各路队，由凤城沿安奉路进攻辽宁。以第五路司令张宗周为第五方面总指挥，率所辖各路队，由宽甸进攻安东，以牵制日军，不能蹑邓之后。以第八路司令徐达三为第六方面总指挥，率所辖各路队，防堵临江所派之日军。以第五十路司令刘景文为第七方面总指挥，率所辖各路队，由盖平沿南满路，进攻辽宁。会议闭幕，各回原防。唐令即拟下令总攻，以期会师辽宁。此九月末旬事也。

十八、我方子弹缺乏及日军之猛攻

唐公于下总攻击令前，即谓人曰："此次计划，十分周密，足以制日本而复辽宁。但我军地处东边，四面皆敌，外方应援完全断绝，而苦战数月，原有之子弹，早已告罄。巧妇无米，犹难为炊，军无子弹，何以攻人？吾其开采铁矿，设兵工厂，以借勤而补拙呼！"于是，委派妥员，以军需处长李承恩兼矿务局总办，以顾平和兼兵工厂总办。人工开采，人工制造。唐公以为，苟能假以时日，亦可积少成多，而得攻人之利器，虽无应援，亦可成功。汉奸有以此种计划偷告日本者，日人乃派飞机十余架，专炸矿务局及兵工厂，工人倍（备）受惊恐，仅夜间能稍事工作而已。唐公睹此，大为忧虑；最后乃就山开洞，置工人其中，以昼夜从事。日机既不得逞，乃于子弹所造无多之时，简派四师团之兵力，各方进攻，以破坏唐公之计划。总攻击令未下，而大敌骤至，唐公乃飞电各总指挥曰："我军苦战数月，始拥有二十余万之兵力，二十余县之地域，忠实同志，岂容日本一网打尽？光复河山，岂可再沦为犬羊窟宅？我方子弹未充，而日本重兵忽至。物质方面虽相形见绌，精神方面则有进无退。诸君其分头严饬部属，以鲜血与大炮抗，以头颅与飞机抵，当我自卫军生死关头决不可再事观望也。"各总指挥接电均奋勇应敌，沉着接战，以王凤阁、李春润两部进展较速。李部与第三路司令康乐三及第三十七路司令丁育昌少年英雄，挺进尤力。康攻茔盘，丁攻上浃河，均为牵制日军不能往援山城镇，并可相机进窥辽宁省城。康师初出，众仅三千，沿路宣传，民多归之，俾至茔盘已有四旅。乃佯攻东南北三面，而亲率精锐，夜渡浑河。敌未及备，遂为攻下，乘胜进迫张党。日军用飞机十余架、铁甲车两列助战。丁司令已获大捷，康得其声援，作战愈勇，拆断沈海路三十余里，击毁其铁甲车一列，毙敌三百余名，所得辎重无算，而张党之敌遂大溃。时则抚顺不守，辽垣震动，一日之间，金票跌落至七毛，此一战之关系大矣。康与丁约攻辽宁，而命其转攻安东之密令忽下，功亏一篑，良可惜也。每次战役，日本均以伪国军队居前，高丽军队居中，自己军队居后督催。此次既抱最后决心，遂变更次序，以自己军队列最前线，远用大炮轰击，近以机枪扫射，且于阵地前遍埋地雷；我军急进，则地雷为阻，缓进则步枪力量不济，而惟受其大炮之威胁。由十月十日起至十四日止，各方均不利，八道江遂失守。初第八路司令徐达三驻八道江，与日军隔老岭对峙。信使往还颇频，态度实为不明。徐尝谓唐公曰：“日本频使人劝余倒戈，尝伪应之，近与磋商条件，可骗得其多数金钱与子弹，而为我军之用；我公倘能谅解，余决无二心也。”唐公应之曰：“日军骄黠，世界共闻，已受马占山之欺于前，决不能再受尔欺于后，此彼缓兵之计，欲从此攻君无备而迫进通化，摇动我之根据地，不可不谨防也。”徐当时虽唯唯，而返防之后，仍与日军磋商。条件未妥，徐亦不为备。至是，日军遂偷过老岭，而袭得八道江。敌既得过老岭之险，遂与徐反颜，猛烈进攻。十二日晚迫六道江，通化震动。唐公因派第七路司令郭景珊往代徐职，密令押解徐氏来通，以正军法。郭甫起行，六道江复失，唐公复继派骑兵司令魏荫楼前往助战，并派大队长李秀珊随从督战。当此时也，各路催发械弹之电，一刻数起。唐公无以应付，甚感拮据，乃流泪谓通化民众曰：“予发难以来，于兹数月，赖父老竭诚援助，将士奋勇杀敌，始得有今日之局势。现在强邻压境，而我子弹缺乏，欲背城借一，则通化成粉碎矣。生民涂炭，心良不忍，而实力空耗，势亦不可，吾其依原定计划退往抚松，集结整顿，以作长期抵抗呼！”众感公德，完全涕泗交流，曰：“处于今日，徒死无益，暂时屈服，保全实力，后得应援，再图发展，诚为上策。吾辈在此为亡国奴，亦复无生人之趣。公退，吾辈皆愿从之。”众意既决，公于十五日乃携民东退，老幼妇孺，相沿于途，刘玄德携民渡江，情景仿佛。

十九、退往抚松后之布置

撤退时，唐公则让民众先行，自率卫队为殿。日本派骑兵追击，并用飞机沿路掷弹。公且战且走，辎重均未损失，其自己乘马被飞机弹炸死两匹，危险概可知矣。

二十二日到达抚松，先安置民众于四乡，后分配军队于山林中。公乃派人往吉边，与王德林部联络以便打成一片，再行反攻。不幸，濛江一路被日军截断，而军使不得通。时日本飞机常到抚松爆炸，人心大为不稳。公泣谓部属曰：“今坐此失彼，皆因道路不通，外援断绝，此次若不设法打开道路，各方求援虽能勉强支持，终究必归失败。其受压迫过重之部队，可秘（密）令与倭奴以有条件之妥协，自允其收编，不允其缴械；未受压迫之部队可化整为零，出没无常，以保持自卫军本来面目，而与民众切实联络。以俟予求援回来，一齐反正，一齐集合，誓与日本奋斗到底。吾忠实之同志乎！相聚数月，分袂一旦，功亏一篑，良可惜也！”言别既毕，大雪纷飞。余□皮袍赠之，公即化装启程。部属相送，均为沾襟。时□手无分文，仅由抚松县长送与路费百元，顾平和、朱□□等送与二百元，可谓廉矣。

［中略］

二十、附录《从军救国记》

我是山东掖县（今莱州市）人，曾毕业于山东大学和东北陆军第三讲武堂速成班，也曾充过山东督办公署和胶东防卫总指挥部的机要秘书。在民国十五年，张宗昌和孙传芳作战的时候，我被俘虏过一次；在民国十六年，张宗昌和冯玉祥作战的时候，我被俘虏过一次；在民国十七年，刘珍年倒方永昌的戈时候，我又被俘虏过一次。从军三年被俘三次，所以对于从军并不觉着稀奇，对于当俘虏更是平常事。北伐成功，全国统一，我感觉到内战的没有滋味和当俘虏的没有价值，就决定今生今世不再从军。

十七年秋天，我就收拾行李和书籍，往东省去作教员的生活。在安东商科高中当了一年英文教员，在凤城第二师范当了一年国文教员，最后在通化第六师范当了不满九个月的教务主任。方过着有兴趣、有规则的生活，而九一八事变就突然发生。扩大的范围说，我是中国纯粹的一个国民，对于国土的沉沦，是不能袖手旁观；缩小范围说，我受了辽宁三年的供给和赡养，对于省垣的陷落，更不能毫不关心。坐着呐喊，用口头来救国，是不能发生效力的；武装起来，用实力来救国，又免不了从军。从军是我最厌烦的，但是为救国从军，还很有滋味，很有价值，就说不幸而当了俘虏，也可以死报国，得了男儿大好的收场。

在我决定了从军救国的第二天，有一个辽宁的同事很郑重地对我说道："我们都是东省人，卷入漩涡，首当其冲，加入救国工作，是迫于万不得已；你是山东人，现在回家还可过太平日子，又何苦来冒危险呢!"我听了他的话，便很看不起他，面带着冷笑回答说道："我固然是山东人，然而不能说不是中国人。东省是四万万同胞的东省，其中有我一份，岂有漠不关心、坐视不救的道理。我回家固然可过太平日子，但是倭奴的野心不能仅限于东省，东省果然亡了，马上华北就保不住。到那步田地的时候，我还能过太平日子吗？古语说得好：'人无远虑，必有近忧'。你的眼光也太小了，畛域之见太深了，燕雀岂知鸿鹄之志，请你歇歇吧!"我在通化结交了一个如同手足的朋友，名叫赵殿礼，字唯民，他是东北大学的肄业生，有高深的学识，有热烈的勇气，并且抱着救国的决心。九一八以后，他便暗中鼓吹，秘密工作，一连好几个月的工夫，并没有告诉，因为他知道我对从军厌烦，这一次未必能再干的缘故。大概是在三月间吧，我在他家里吃饭，他很恳切地对我说道："二哥，昔人结交，不能同年同月同日生，而愿同年同月同日死。你和我的感情，是最深的了，也能那样吗？"我很自然地答道："我能，我一定能。"他欢喜了，他对我说实话了，最后说道："一同死，要死的有价值，咱们一同救国一同死吧！"他的这几句话，把我的救国心越发感动起来了。绝对救国，绝对不回家，绝对从军。当时就口占七绝一首：

戎马关山四五年，
从征书记几人全。
我犹留得头颅在，
又学祖生复着鞭。

四月二十一日，唐总司令聚五，在桓仁誓师，各县纷纷响应。第六师范停课之后，学生和同事，都很恐慌地回家去了。二十九日，第十六路司令孙秀岩进了通化，便着手组织司令部，很郑重地给了我一封聘书，请我去当秘书长。我应聘之后，就加入工作。当时通化人士俱存观望，所以各处处长的人选，极其困难。孙司令进城的第三天，日本军警进迫通化的消息，就嚣然尘上了。一切人士从观望一变而为恐惧，越发没人敢干了。孙司令是一个沉着而勇敢的将领，听说日本兵来了，便不慌不忙地从容布置。结果用"诱敌深入"的战术，来抵抗日军。日军率兵径进，不加提防，到距城二十里的过河道才停止前进。那时，我军的大队已经抄到他们的后边去了。一经开火，首尾夹击，三天血战，打死他们七十六个兵士，两个军官，并且把他们的残部包围在山顶上，既没有水喝，也没有饭吃，困难到极点，就派了一个军使青田到我方求和。他们要求的条件，只要我军放他们一条活路，甘愿把设在通化十余年的领事馆无条件地撤退。孙司令抱杀敌决心，不愿和他们讲和，我就劝他道："取消领事裁判权是国民政府所最注意的事情，办了数年，毫无结果，司令一战之威，竟将领馆驱逐，这倒很值得讲和呀。"孙司令听到这里也觉着有理，同时，并接到唐总司令的电示，大意也是如此，就派我约同通化政治特派员吉秉虔、张太仆与日本驻通领事兴津良郎议和，解除他们的武装，保送他们出境。咳！日本对中国外交的大失败，这大概是第一次吧！当时，我曾作了七绝四首，来咏孙司令战胜之功，其第三首：

孙子知兵自古称，

祖宗家法合恢宏。
过河道似马陵道，
勋业巍巍夸继承。

经过这一次的战胜，通化人士不观望了，也不恐惧了，愿意参加救国工作的一天比一天的踊跃了，第十六路司令部的组织，从此就日臻完固。赵唯民原先在政治方面工作，这一次他见到非武力不能救国，也就毅然到十六路充当秘书。在这个期间，我们两个做了很多的安民布告、劝人救国的宣传品、劝汉奸反正的函件。

唐总司令新宾大捷以后，东边二十余县都继续反正，为指挥便利起见，就从桓仁移到通化。六月一日，孙司令就把我荐到总部。我和唐总司令以前并不认识，一经谈话，情投意合，就任命我为秘书厅长。自古道："英雄识英雄"，我不是英雄，竟为大英雄所赏识，真是自觉惭愧。唐总司令聪明仁慈，豁达大度，亲民爱兵，礼贤下士，没有半点嗜好，没有半点习气，真算得是少年军人中出类拔萃的伟人了。我自从到了总部，优礼相加，言听计从，所以一知半解，都能不负所学，而一一地施展出来，总部的范围大，公文当然多，半年的工夫，单就出自我手的也不下五十万言。唐总司令叫我按类分编成一部《救国公牍》，现在埋在东省一个紧要的所在，以后果然能够出版，我的丑陋文字，要借着唐公伟大的事业而传流人间了。这是一部分有形的工作。我常对人说："常事笔砚间，乃大丈夫所深耻，仅以笔墨佐人，庸懦如我，亦复耻之，必须参与机要。对于军国大计，有所谏议与建议，方不负读书一世。"本着这种主张，关于唐公一切治军治民的方策，最少都有我的一点意见。譬如：兵住商号，就惹得商人不耐烦；兵入民宅，就惹得农家不耐烦。民众自卫军是以民众为根本的，失了商民的信仰，必然不得好结果。唐公本有爱民之心，不过这些小事有时检点不到，我从旁边一提，就能立刻下令禁止。一句话救了好多的商民，无形中给自卫军立下了很稳固的根基。

唐公的机警颇似汉高祖，我也有时学了点张良的本事——依样画葫芦而已。王司令东山是一个很粗野的人，胆大妄为的事情很多，最教（叫）人可气的就是强奸民家妇女，劫持点验委员。这一种消息传到唐公的耳朵里，立刻当着稠人广座（坐）之中，就拍案大怒，要下令去枭他的首级。要教王东山听见这个消息，一定要倒戈附逆。我恐怕机关泄漏（露），就从旁捏了唐公一把，他觉察之后，立刻转怒为喜说道："做大事者不顾小节，更不能听信传言，只要王司令能打日本，这点事那算不了什么。"说完笑了一笑，就教我写信去嘉勉他。到了晚间，他把我叫到密室之中，就问用何法除治王东山，我就把汉高祖伪游云梦的故事，对他详述了一遍。唐公过了三天就去到桓仁一带检阅军队。王东山预先接着嘉勉他的信，竟丝毫不疑地出来迎接，唐公乘机施个眼色，就把他给绑了起来，枭首示众了。

自卫军完全是由民众集合成的，所以难用正式军法来调遣。一般绿林豪客也有愿意加入救国的，各路司令就可相机招抚，既然没有金钱的报酬，而阶级就得比平常高一些——譬如委一团长不干，委他一个旅长就能干。但各路司令都是少将，以少将而委少将，于理不合，且各路司令都是素不相识，而以义合的，要不叫他们委旅长，他们就不满意。这种难题，唯一解决的方法，就得从上边做起——总司令进（晋）级上将，各路司令进（晋）级中将。我看透这件事情，就暗地告诉唐公。唐公以为热心救国，不该妄自尊大，且以未得中央命令为辞。我因为他详细陈述玄德进位汉中王的故事道：“当日曹操专权，挟天子而令诸侯，所以汉帝的命令就不能到达西川。刘备占了成都之后，他的部下就劝他进位，玄德执意不允，并以不得汉帝命令为辞。诸葛亮说：‘诸将追随征战，皆欲乘时立功名，若主公不进位，诸将必因无希望而离心离德，大事去矣。且汉帝命令皆出曹手，曹系我之大敌，岂能许主公进位？今日之事，只有勉从众意，先行进位，然后以诸将名义，转奏汉帝。’刘备恐怕人心失散，所以说就听了诸葛亮的话，蜀汉四十年的基业，完全由诸葛亮这一片议论造成。总司令以救中国为己任，较诸刘备为子孙帝王万世业者，事体更大，若不进级，以维系人心，那如何能成呢？”唐公听罢，又翻出《三国演义》来看了一遍，就深以为是。当着军官学校开幕，各路司令和各机关领袖呈请晋级的时候，就不犹豫地照准了。从此以后，各路中将司令都能委任旅长，而绿林豪客之投诚者日多一日，二十万大军之造成，不能说我没有力量。

唐公撤退抚松的时候，其他重要人员，多数不能骑马，所以落后。我从军以来，专喜骑马，此次跟随唐公可以说寸步未离。十月二十日到抚松，（唐）公欲派人到吉林和王德林联络，以便打成一片，再行反攻。但是，濛江一路已被敌人截断，派的那人不能过去。唐公忧虑倍加，想着化装到各处求援。当时大雪纷飞，天气很冷，我就把我的皮袍脱下，给他穿上。公起身后，我到仙人洞的岫云观里当了几天道士，庙主刘老道给我一身道袍穿着，我才脱险到平。路上虽有危险，幸喜有秦秘书祥征帮助和赵副官鸿洲的扶持，终究保住了性命。

现在我又要到辽宁去工作了，拉杂写下这篇东西，留给国内的同胞看看吧！

辽宁义勇军最近战绩*

（1932.4.7）

四月二十一日，第三军区总指挥唐聚五在桓仁誓师，电桓仁、通化、宽甸、辑安、临江、长白、抚松、安图、金川、辉南、柳河、新宾、岫岩、庄河等十四县，一律悬青天白日旗，并张贴安民布告，通电全国。日本派警察二百六十四名，自山城镇赴通化，以保护领事侨民为名，实行进攻，甫抵横道河子，被孙秀岩部包围，一鼓击溃。自是屡欲前□，卒未得逞。住通化日领及韩侨经交涉结果，由义军护送出境。日方复派于芷山率兵三团，分三路进攻：一路出清源，一路出赵家沟，一路出营盘站，并以日本顾问大塚农昔策划一切，齐向新宾挺进。当由张维东、李春润、郭景珊、王彤轩各部义军出击，至永陵地方相遇，激战四昼夜，日顾问阵亡，于军纷纷反正，不支而退，夺获步枪二百十六支，机关枪二架。

五月二日，第三军区第六路司令李春润，统率所部于新开岭地方，与敌接触，沉着应战，相持三昼夜。后因敌大部援军开到，乃退至桓仁县二户来地方。是役计毙敌官员四名，兵士二百余名以上。

五月八日，第三军区第六路司令李春润部，将柳河县完全占领。由通化逃出之日侨及椓木台子警官队，因归路被截断，无法移动，同时山城镇亦陷于危境。日军会同于芷山逆部来袭，被我军击退。

五月十日，第四十八路司令郑桂林，率部由绥中县刘把屯出发，袭取前卫。行抵东艮庄子村，闻有炮声，据报日军在四方台、九门台等村搜索民枪，轰击白艮庄子村。郑司令乃命队伍进三山营村。乃至该村西北方，发现敌骑兵与炮兵三百余名。当将所部配置完毕，正午开火，敌全部被围。我将士奋不顾身，敌渐不能支持，乃退入村庄，借图掩蔽，复用机关枪扫射，大炮轰击。下午六时许，敌援军六百余名自前卫下车，由东南猛攻，始得解围。是役毙敌百余名，夺军旗一面，三八步枪九十一支，子弹万余发，马两匹，我军伤亡五十余名。

五月十三日，第三十八路司令吴宝峰，与辽南民团总指挥张海天部，于南满路鞍山车站，利用庙会机会，向日军进攻，由当地独立守备队偕同伪自卫团出而应敌。激战半日，敌不支而退。毙守备队长小泽一名及士兵十三名，俘虏七名，获步枪三十余支，子弹千余粒，马六匹。

五月十三日，第四十六路司令殷元民，率众千人，潜行至南满线他山

* 此件原存国民党参谋本部；复印件由吉林省社会科学院收藏。

车站，拟乘机袭取海城，将铁路桥梁炸毁数段，复锯倒电柱，毙日兵三名。住海城日军闻讯驰援，激战二小时，因敌方炮火过于猛烈，不得已乃退却。

五月十六日，第三军区第六路司令李春润，于新宾县吴家堡子与倭军接战。敌于事前掘有战壕，配置野炮，因是炮火甚为猛烈。我军冲锋数起，双方死亡甚众。后别动队王彤轩赶到，将敌包围，敌始退却。

五月十九日，第三军区第六路司令李春润，引圣贤会百余人，往桓仁布防。行抵东昌台，敌派骑兵一团鸣枪射击，该会遂尽力抵抗，擒其大尉一名，士兵二名。同时潜伏红庙子王彤轩所率之别动队五百人，闻讯赶到，相持四小时，我军猛烈攻击，敌不支而退。是役获步枪五十余支，子弹千余粒，敌死亡五十余名，伤三十余名，我军伤亡四十余名。

五月二十四日，第三军区第十三路司令邓铁梅与倭军五百名战于庄河青堆子一带。激战一日，倭军狼狈而归。此次计毙敌九十余名，俘虏十余名，获野炮七尊，炮弹十余发，捷克式机关枪三挺，步枪百余支，子弹数千粒。我军死七十余名，伤三十余名。

五月三十日，第二十支队长孙权东部、第二团长陈明，率众千五百人，由台安西桑林子向阜新出发，与敌五百名相遇。自早六时起至午后二时止，双方激战，炮火极为猛烈。惟以敌方地势不熟，我军未受重大损失。是役计毙敌兵六名，伤十余名，生擒三名，获步枪五支，子弹千余粒。我军伤十二名。

六月一日，第二十七路司令李宝连，派部下三百余名，袭击锦朝线义县车站，复亲率义军二千名，包围义县城。敌方中村警备队出而抵抗，演成市街战，秩序大乱。敌死伤过巨惨败，飞电锦州求援，驻锦铁甲车队即出动。不意义县南方五家子附近铁道，已被义军破坏，该队不得已徒步而往。因到达较迟，是以损失甚重。我义军毙敌二百余名，获步枪三百余支，机枪一架，伤亡士兵四十七名。

六月二日，第四十八路司令郑桂林，率部千人，由临榆向兴城前进，当晚抵永安堡。日方闻讯，派骑兵二百余名，携机枪野炮自四方台出动，实行堵击。及至高岭站，双方距离甚近，郑司令乃派第二旅第十七统带部，猛力进攻，夜十一时发生激战。我军将伪奉山路拆毁数段，割断电线数处，并将票房破坏，相持两小时，日军不支而退。是役我军负伤官长一名，毙敌七八名。

六月二日，第三路司令单桂山，率部将兴城县包围。至第三日，倭军用飞机重炮爆击，我军因器械窳劣，死亡甚众，不得已变更战略；另选决死队五百名，由距东门二百米突地方登城，不幸被敌方察觉，激战三小时。

后我方援军开到，将其包围，三百人中仅五人生还。

六月十日，第一路司令唐玉振，派骑兵第一旅旅长崔荣山，率部二千余人，将台安县占领，伪县长及倭指导员化装潜逃。崔入县政府，召集各法团首领会议，布告安民，并令揭扬青白旗。

六月十日，第四十八路司令郑桂林，派某支队将兴城附近铁轨拆毁数段，复以主力向日兵营袭击，日军四十余名被包围，战至二小时。毙敌二十一名，擒十名，并获机枪两挺，步枪十余支，子弹甚多。锦州日军闻报，急派铁甲车往援，我军不敌乃退。

六月十五日，第二十支队长孙权东所部第三团长刘汇川、第四团长冯文礼，率众二千六百人，在黑山金家岗子、孟家屯、柳条沟一带集合，准备点验。明日由新民开来日军三百余名，携炮六门，战斗机一架，复由新立屯开来装甲车十二辆，步兵七十余名，携迫击炮两门，机枪数架，在柳条沟双方接触，互有死伤。因敌方炮火甚烈，飞机追随爆炸，不得已乃退却。

六月十八日，日军百余名，潜击宽甸县之永甸河韭菜沟一带，第三军区第一路司令唐玉振部孙书田连与之接战；唐司令又以黑风山老爷岭为根据地，与日军血战四小时，毙其兵士五十余名。

六月十八日，第三军区第十六路司令孙秀岩，自三元浦、椽木台等处，将已反正复叛之逆部廖骧忱团击退，越碗口岭向山城镇退却，我军追击，将山城镇占领。

六月十八日，第三军区第一路及第五路唐玉振、张宗周等部，被敌突然暗袭，不得已退出宽甸县城。唐总指挥聚五闻讯，由通化调大刀会数百名偕同反攻，将敌击退七十里，宽甸乃收复。

六月十九日拂晓，辽南义军总指挥张海天，率部六百余名，由台安向打虎山出发，进击日军。被日侦察机发现，急报守备队田中部，途中相遇，大激战，双方伤亡甚众。

六月十九日午前四时，日军越鸭绿江袭击帽儿山，我第三军区第八路司令徐达三，率部八百余人，奋勇应战，敌损害甚大，死将校二名，士兵二十余名，伤八名。

六月二十日午后五时四十分，临江北三道岔附近，第三军区第八路司令徐达三，率部四百余名与敌军接触，毙其二等兵七名。

六月二十一日午前七时半，辽阳县笔管堡村，我义勇军八十名，与鞍山日本守备队接触，激战半日，敌死官兵四名，伤二名，我军死二名。

六月二十二日午前二时，辑安县第三军区第十八路林振青部，用迫击炮向日军猛烈攻击，命中吉江讨伐队，炸死宪兵、医师各一名，将校十三名，重伤二名。

六月二十三日，日军偕于芷山逆部向辑安我军驻区进攻，第三军区总指挥唐聚五电第十九路司令王凤阁应战。王探悉敌情，取包围形势，逆部四百人陷于重围，完全被缴械，收编二百人，余被遣散，毙日军三人。

六月二十四日，日军偕于芷山逆部突攻新宾县城，炮火猛烈，人民死伤甚众。第三军区第六路司令李春润，不得已退出城外与敌激战，并分兵截其后路，士气大振。日军见势不利，鸣枪三响，实行撤退，我军复得入城。日军行抵三棵榆树，突遭绿林英雄薛柏暗击，伤亡甚众。获敌步枪数百支，机枪二架，子弹三箱。

六月二十四日，日军向宽甸进迫，我第三军区第一路第一营营长李凯忱，率部秘密迎进。当将要寨占据，对敌取包围形势，自上午九时起至下午三时止，战斗激烈。我军奋勇，敌未得逞，卒向北退却，死亡三十余人。我获步枪三十余支，机枪两挺，子弹千余粒，死士兵二名。

六月二十四日，第三军区第十三路司令邓铁梅，与伪靖安队在岫岩三区接触。我军因刘景文参加实力充足，士气旺盛。激战一日，敌不支而退。是役计获步枪三四百支，给养车四十余辆，俘虏二百余人。

六月二十七日，第五十路司令方鲁部，在安奉线火连寨及石桥子两站中间，掠去日军六名。

六月二十七日，于芷山逆部受日方命令，进攻唐聚五部。在朝阳镇相遇，激战两日，双方损失甚众。

七月四日，午前十一时，日真崎参谋长由锦州乘列车赴沈阳，抵沟帮子及羊圈子中间，装甲车先行，俄然爆炸，该车完全脱轨。此为我第三十四路义勇军之计划，惜真崎无恙。然义军即将该车包围，日军以机枪扫射，双方激战。后锦州日军驰援，得免于难。

七月六日，第三军区总指挥唐聚五，命大刀队进击海龙，敌军三百应战。王家林子自卫团与义军取一致行动，声势甚壮，当将海龙县城包围，日人避难于领事馆。结果海龙被我军占领。

七月六日，北镇守备队曾原曹长等十二名，去沟帮子，行至北镇南方十六基罗米突［公里］地方，被我第四十五路陈喜才部二百名包围。激战二小时，毙敌四名，轻伤八名。北镇守备队闻讯赶至，始得解围。

七月七日，北镇县被我第十五路贾秉毅部包围，日本守备队尽力防御，激战良久。敌方大野少尉中弹，死士兵三十余名。后沟帮子守备队到，始得解围。

七月七日，濛江县被第三军区第八路司令徐达三部包围，敌军努力防守，激战六小时。我军二千名，奋勇战斗，将该县城占领，伪县长携印逃。

七月十日晨，绥中县境前卫北石门子村，发现日军二百余名，携炮四门，与我第十八路郑桂林部激战三小时。我军奋力抵抗，大获优胜，得步枪三支，子弹数百粒，毙敌二人，伤六人，敌炮自己炸毁二门。敌因战况不利，向后撤退，我因子弹缺乏，亦未追击。

七月十二日，第一独立支队长于百恩，于沟帮子北镇间长途汽车路上，对于日军加以袭击。伤敌五名，毁车一辆。旋来大部日军，遂发生激战，敌伤亡十余名，我伤亡七名。

七月十三日，第三十三路孙雨田部，在绥中与日军接触，将敌包围，发生激战。敌死伤三十八名，缴械者四十余名，余脱围，向绥中县城溃退。

于芷山致臧式毅函*

(1932.5.10)

弟于五月七日进驻新宾县街，该处叛乱兵匪均向桓仁、通化方向溃退，地方警团自发来归者甚多。适据报告，柳河县刀匪猖獗，当令靖安游击队与王殿忠两部，并本部卫队刘营约两千人，分三路进剿，定于今（十日）夹攻柳河之贼。想此跳梁，不难歼灭。俟将柳河治安恢复，弟即率队勘定桓仁之变乱，因此即无（毋）庸再由新宾方面拨派军队赴柳援助之必要。现正分派部队在新宾附近山里搜索刀匪及叛兵，俾期永清乱源。乞将此种情形转告菅野顾问为荷，馀容后告。

祁清黎、山崎健太郎、刘峻泽给臧式毅的报告**

(1932.7.4)

为禀陈匪情，俾资应付事。窃委员等连日与各方接洽，综合所得消息，关于匪之行动得如下之概略。

巨酋唐聚五，以通化为根据，初意分三路北犯：第一路徒众二千五百人，以勾、雷二酋督之，由新宾入柳河西南部碗口沟地方，以向清源；第二路众逾三千，孙秀岩为之渠率，由通化入柳河南部屯，聚三源浦（旧名

* 吉林省社会科学院藏复印件。于芷山，原为东边道镇守使，九一八事变后投敌，任伪奉天警备司令官，1934 年任伪军政部长，1937 年任伪参议府参议。臧式毅，原任辽宁省主席，1931 年 9 月被日军逮捕后投降，1932 年 3 月任伪满民政部总长兼奉天省省长，1934 年任伪满民政部大臣，1935 年任伪满参议府议长，直至伪满洲国垮台。

** 该件复印件，藏于吉林省社会科学院。

小城子)，以柳河县城为第一目的地；第三路王凤阁率羽党三千，由通化出柳河东南部孤山子，拟窥朝阳镇，与盘据（踞）柳河东北部圣水河子等处拥众千五百名之金川叛弁姜树魁相呼应，声势甚盛，前于五月八日曾一度侵入柳河县城者，即系此路之策动。

再者，友军二十九及三十二两联队及靖安队，由东西两路入柳河境，会师五道沟子，匪众先后出战不利，保众南遁。一二日来探得我方主客军撤回，又复蚁聚原地，幸为廖团所阻，未能遽前。据柳河县陈县长报称，匪人近改变初志，不急于北犯，以取守势，用游动扰乱，以疲我师，同时分遣黠慧之徒，或乔扮鲜民，或伪为贾竖，潜入东、西丰，煽惑该县公安队，以青纱帐为期，大举发难。

据以上各情，是各部匪众互通声气，行动颇有组织，暂虽不前，意有所待。东边各县实力最充者亦仅足自保，作局部之抵御。至若尽歼丑类，彻底澄清，必赖专责大员，握充分之实力，远其斥候，居中控制，酌量情形，剿抚兼施。此节量早已洞鉴之中，应付之方，自有成算，兹因探得贼情变更，我方兼顾并筹之策。

［后略］

伪柳河县长陈玉铭给伪省公署呈文*

（1932.8.2 呈字第47号）

呈为刀匪思逞，拟请痛剿，附具管见，伏祈鉴核示遵事：

窃县长自莅任以来，行将两月，地方渐见恢复，商民日有归来，小商店亦多开市，人心略觉安定，倘从此无大变动，前途殊多乐观。讵近据探报，刀匪近又思蠢，在通化会议，拟再祸柳。并闻拟定于八月一号举事，真伪虽不敢必，但考究其行动，亦确有作用。本月十七日，匪等结合七八百名，窜至县城东方驼腰岭左近，势将猛扑县街。县长闻讯，立即督带警队，会同驻军驻［驰］往迎击。匪等见势不佳，始行逃去，虽未接触，亦颇危险。现匪等探知官方防守严密，是以拟再大举，遂群集通化，约定八月一日破柳也。近日如距城较近地方之三源浦、柳树河子、钓鱼台、五道沟等处，各股匪节节前进，逼近县城，远者不过二十里，近者竟相距七八里，形势汹汹，未可忽视。县长守土有责，誓以死守，警队官兵，尚知效命，惟以武器不精，子弹缺乏，不无可虑。尤其匪众兵单，势力悬殊，据闻各股匪约共有三四千名，若非深受重创，决不能甘心而去。查柳河自受

* 该件复印件，藏于吉林省社会科学院。

刀匪后，已十室九空，而刀匪犹日夜筹划攻柳者，盖其意非在柳河也。据探各股匪大体计划，在扰乱东边全区，而柳河介于海龙、东丰、西丰、西安、金川等县之间，为山城镇之咽喉，居沈海路梅西线之要路，如各股匪欲在各处扰乱，深恐柳河出兵抚其背而受夹攻之危，是以柳河与各邻县形成畸角之势，匪人必得柳河而后方能肆行无忌，此其所以甘冒不韪，协力攻柳有由然也。

县长待罪此间，目睹以上情形，遂会同驻军协力防御，昼夜梭巡，但以兵力单薄，仅足防守，如匪势增加，并防守亦恐不足，兼之目前青纱帐起，匪人利此时机欲在各处扰乱，势必出全力以图柳，俾遂其祸乱东边全境之私欲。为保全东边计，不能不妥筹通盘之计划。

查目前治标办法，惟有调重兵驻柳，一面防守，一面驻剿，盖能剿然后能守，此治标办法也。至治本办法，对于通化匪巢，如能其根本覆灭，则其余各股匪不难迎刃而解。惟际此时机，能否抽调大军剿覆其巢穴，或须缓图，均待钧署详加筹划。而目前急务，但期于可能范围内，详筹所以保全柳邑者，藉存东边之屏藩，庶免日后全局糜烂，难于收拾也，是为切要。县长管见所及，是否有当，理合具文呈请鉴核示遵事。谨呈。

伪奉天警备司令部情报*

（1932.10.19　第366号）

十八日据行营参谋处通报情况如下：

一、十月十四日据鸭江地区廖司令弼宸、中校参谋周良宪报告情况如下：

日军东部高波兵团长率骑兵两联队（计六连）、步兵一营、炮兵一中队（野炮六门）、坦克车二辆（总计兵力约八百余名）于十二日下午五时到达柳河宿营。十三日晨，将集中柳河之兵力即行分进，命鸭江区司令部及所属各部队（欠第一营）附骑兵陶连，由东路经驼腰岭（柳河东十二公里）随日军兵团长向通化方向前进；其余鸭江区步兵第一营及骑兵第一团（欠陶连），由西路随日军骑兵第八联队，经五人班（柳河西南十三公里）、安口镇（柳河西南二十公里）向三源浦（柳河南二十五公里）方向前进。十三日午后三时，东路各部队将驼腰岭及五道沟（柳河东南二十三公里）等处之匪，均行驱除（得获枪炮甚多），至八时许到达三源浦附近，该处之匪已被击溃，遂将三源浦完全占领，其余残匪纷纷向通化方向逃窜（遗弃服

* 此件复印件藏于吉林省社会科学院。

装、炸弹、给养甚多)。西路战斗如何，尚未得详细报告，须俟该路到达平行线时即向通化追剿。

二、据日军侦察机所得情况如下：

日军东部兵团先头之独立骑兵于十五日上午十时已将通化县城完全占领，现仍在搜剿中。

三、盘踞山城镇附近之北斗、天宝股匪，屡经讨伐，经未歼灭。于十月十四日将该匪诱至头八旦（山城镇东一公里）地方，于该日夜间一时将匪包围，严密布置，迨天明，匪人察觉已无逃窜之可能，并晓以利害，允其收编，该匪即解除武装，听候点编，计人马各九百九十一员匹，步枪二百十七支，小枪六十三支，洋炮、抬枪五十余支，扎枪五百余支，子弹四千余粒。已将各种枪械、子弹全数缴收，所有匪人准其各带原马，有枪者每人发给现洋十元，无枪者每人二元，令其回家各安生业。

伪奉天警备司令部情报*

（1932. 10. 21 第370号）

十九日据友军通报情况如下：

一、唐聚五、孙秀岩率约千余名之卫兵，于十五日晨似已由热水河子（通化东北方五里）经北方山径向濛江方面遁走，途中遗弃车辆甚多。

二、东部步兵团之主力，十六日午前十一时已进入通化。

三、北部骑兵旅一面追击遁走之唐、孙，并将步兵之各一部及廖支队配置于通化，任剿附近之残匪；以一部配置于八道江、四道江、大荒沟、三间房，样子哨、孤山子等处，任剿败窜之匪。

四、濛江有日本军骑兵联队。

五、奉天军与日本军协力，于北山城子附近解除兵匪之武装。抚松匪军司令王永诚，于十六日请临江县长转请无条件归顺。

六、中部混成旅十六日已完全进入通化。

七、在巨流河河谷，似尚有相当之兵匪，日军飞行机对此已施行爆击矣。

八、南部骑兵旅主力，十六日由宽甸东部东进，十八日冒风雪向大虎子村（宽甸东北四十公里）前进。

九、姜支队于十六日午后已将沙尖子占领。

十、前在临江之越江部队，其主力进出于抚松要道，扼兵匪之退路。

---

* 此件复印件由吉林省社会科学院收藏。

［后略］

伪奉天警备司令部情报[*]

（1932.10.23　第379号）

二十一日据飞行第十大队通报情况如下：

有六百余名之匪团，侦其确为唐聚五之司令部，于十七日在大南岔地方（金川南四十余里）被我爆炸，毙二百余名，该匪团遂向恒道山（金川南三十余里）逃窜，于十八日又在该地被炸毙百余名。该匪团拟向金川、海龙方面逃窜，但以金川、海龙各处均有日军防堵，匪团未能前进，当即折回，复向濛江逃窜，遂于十九日在金川、濛江之间小腰岭、板庙子、榆树岔、濛江岭（金川东四十余里）一带之途中，三次被炸，匪团尽数歼灭。二十日复赴该地侦察，发现有新埋之坟墩甚多，判断唐聚五之尸体亦定在内。如有将唐聚五之首级得获，送至山城镇飞行第十八大队，赏洋一万元，少将以上，赏洋五千元等情。

周永福等六人控诉书[**]

（1954.7.18）

一九三一年九月十八日日本帝国主义侵占了沈阳，我通化人民为了不受日本帝国主义的惨杀和伤害，为了保卫祖国领土的安全，在唐聚五、孙秀岩等二人领导下，组织了自卫军和大刀会，进行抗日斗争。

一九三二年农历三月二十六日，日本关东州组织的警察部队三百余人，来进攻通化和消灭抗日自卫军、大刀会。当时，自卫军和大刀会在唐、孙二司令的领导下，在通化北二密河大横道河子，即我村附近，抵抗日本鬼子。当日本鬼子走到大横道河子鬼子桥时，开始用炮轰击我自卫军和大刀会，打死我战士一百二十至三十余人，打伤三十五名，烧毁房屋十四间，打死群众二名。同时，还抓我村老百姓修战壕，抢东西，杀人，如我村王洪、黄相元等人就是被日本鬼子杀死的。他们的家属悲痛难忍，无法维持生活。又将关永福、王尚武等四人家的房子连同财产、牲口全部烧成火灰，他们只好扶老携幼外出逃命。

---

* 此件复印件由吉林省社会科学院收藏。

** 此件由中央档案馆收藏，档案号：119－2－811，1，第6号。

北岛吉人笔供*

（1954. 8. 14）

一九三二年四月十七日至一九三二年五月三日间，我奉伪署长警视高山胜司之命，十七日和警部田上乾吉等二十九名，由安东站乘车出发，当日到达奉天，十八日在伪奉天警察署内，由伪关东州厅选拔来的伪警察官四百名，组成了“关东厅警察营救通化日侨部队”，进攻通化。该部队的干部有：大队长，关东厅警视酒井硕二，伪旅顺警察官练习所主事兼主任教官；第一中队长，关东厅警部田上乾吉，伪安东警察署司法主任；第二中队长，关东厅警部渡边政雄；第三中队长，关东厅警部岩井铁吉，伪奉天警察署执行主任；大队附关东厅警部平井秀吉；步兵炮队长，关东厅警部补后乡义雄，旅顺警察官练习所教官。并装备有步兵炮三门、捷克式轻机关枪七挺、步枪四百支、手枪四百支、手榴弹一千个、信鸽八只以及相当数量的弹药、卡车四辆等。部队编成后，原奉天日本总领事蜂谷某对全体队员训话说：“现在通化的冲津［兴津良郎，下同］副领事、外务省巡查部长长谷川某等十余名日本人和四百余名朝鲜人被叛乱军监禁，正处于危险之中。为了救出他们，你们就要出发了，我预祝大家战斗胜利……”（大意）。其次，由队长酒井硕二指示：“我们的部队为了救出通化的日侨，就要出发了，现在通化唐聚五叛乱军有两万，途中难免发生战斗，希望你们这些有三十年历史的关东厅警察官，务必尽全力完成这一光荣任务……”（大意）。十九日由沈阳出发，到山城镇下车，住一宿，徒步向通化进军，途中又住二宿，于二十二日午前九时三十分，到达通化东北七公里的二密河口时，受到抗日司令唐聚五所属抗日武装孙秀岩部队（一千二百名）的堵击，交战约四十分钟。

第二天，大队长酒井派遣部下警部平井秀吉、警部补山内俊信二人与唐司令交涉。二日后，冲津领事、长谷川巡查部长等十余名日本人，和朝鲜人二百八十名，在抗日部队一个连护送下回来了［5月9日，送至柞木台子］。

这样，部队于二十六日徒步由二密河出发，在途中住五宿，再由山城镇上车，回到奉天，五月二日本部队在伪奉天警察署解散。

在这次进攻期间，给予孙秀岩抗日武装部队和中国和平居民的损害如下：

打死抗日战士　　一百二十名

逮捕　　一名

* 此件由中央档案馆收藏，档案号：119－2－811，1，第4号。

掠夺步枪	五十支
掠夺步枪子弹	二千发
掠夺红缨枪	二十五支
强占房屋（用后返还）	二百五十户
掠夺燃料	十三吨
掠夺青菜类	四吨
掠夺猪	十五口
掠夺鸡	四百只
掠夺鸡蛋	一万个
抓民工	二十五名
征用大车	二十五辆
殴打和平居民	八百余名
烧毁民房	一座

我在田上乾吉的直接指挥下，任第一中队第一小队第一分队步枪射手，在四月二十日午前九时三十分，和孙秀岩部队所属抗日红枪会一百二十名，展开前哨战，打死红枪会一百二十名。其后在右面高地中，见到一名抗日战士（男，三十岁左右，衣着灰色上装，青色裤子）负重伤倒下，我跑过去用枪刺刺两刀，将其杀死，尸体弃于现场。

此外，我在四月二十一日进攻途中，在某村掠夺鸡蛋时，殴打了和平居民。

三 辽宁三角地区抗日义勇军*

编者按 所谓三角地带即沈阳至大连铁路线以东和沈阳至丹东铁路线以南地区。当时日伪军在这一地区主要围剿邓铁梅、刘景文等抗日义勇军。

日伪对三角地区的四次“讨伐”

第一次讨伐三角地带

岫岩县长刘景文和前凤城县警察大队长邓铁梅，共谋举起反满抗日旗帜，就任东北民众救国军第五十六路司令，拥有县警察队及匪贼数千，割据奉天省西［东］部三角地带，特别是邓铁梅在凤城县内，纠集股匪数千，

---

* 此件摘自伪满国务院总务厅情报处编《省政汇览》，“奉天省”篇；标题系编者所加。

以东部三角地带为根据地，自称东北民众自卫军司令，形成一个独立王国，致使满洲国的政令不能施行。故从大同元年十二月起至二年一月间，奉天省警备军紧密地配合日本军第二师团及独立守备队，编成了王、李、赫三个支队，对匪团加以扫荡。其结果是上述匪首仅以身免，而部下皆纷纷星散。

第二次讨伐三角地带

一度归于平静的三角地带，也趁着日、满军主力参加热河作战之隙，再次蠢动。从大同二年四月十五日起至五月下旬，对其进行讨伐。在以刘景文、邓铁梅为首的一千余名中，除于深海等十余匪首投降，虽未将刘、邓匪首打死，但已不见成百的匪军，治安大致已被肃清。

第三次讨伐三角地带

警备军以主力讨伐东边道，从而削弱了三角地带的警备力量，一度曾归于平静的邓铁梅、刘景文、李春润、任福祥等匪首，又纠集一千来人，将大批武器弹药由水路运往陆上，反满抗日的气势又抬头，所以从大同二年七月开始，进行了两个月的扫匪，遂使之四散、溃灭，治安趋于平定。

第四次讨伐三角地带

由于经过了数次的讨伐和分散部署的扫荡，匪团的根据地虽然覆灭，但邓铁梅、任福祥为首的许多大小匪团又开始蠢动，其潜在势力是不易于铲除的。然自大同三年一月至五月间，进行了勇猛坚决地讨伐，收到了效果，捕杀打死了大小匪首数十名，未被打死者便只身潜逃，使之不能再进行策动了。

伪凤城县长康济给臧式毅的报告*

(1932. 12. 31)

职县各路讨伐情形，历经随时电报在案，兹准独立第四讨伐队通告各种情报如下：

（一）独立四大队主力于二十七日午前七时三十分，由大营子出发，向周家堡子附近讨伐。为保卫由凤城至白旗堡间之电话修理，以援助其附近之政治工作计，派国境警察队向该方面出发，预定由二十八日三日间之工作；

（二）国境警察队深井队长以下一百零一名，奉独立四大队命令，二十

* 此件复印件由吉林省社会科学院收藏；以下各件同。

五日午后二时安抵凤城，川上中队亦归返凤城；

（三）独立第六、第三大队二十五日午前九时，入岫岩城。在岫岩城战斗之结果，敌匪遗弃尸体约三十余个，隈崎部队阵亡兵一名，负伤兵四名。又步兵三十团之渡边大队归至凤城，预定二十七日晚九时向奉天出发；

（四）闻匪首李子荣、顾润堂、于深海等，率部下三百余名，在拉古沟附近盘踞，但与邓铁梅有失联络。赵团长、李庆盛率部下三百余名，于前王家沟一带盘踞。又闻李子荣部下团长敖锡三于黄土坎附近被日军打死，团长陶乐三于龙王庙附近有被日军打死之风闻云云，各等因。再查四区各段长途电话早被匪人切断，现在白旗堡一带略见平静，为灵通消息起见，遂于本月二十八日饬令电话局派工先将白旗堡到县城一段电话赶速修理，并派职署政治工作员崔庆和随同前往，办理宣抚及政治工作。除仍与讨伐军密切联络并继续报告外，谨陈。

伪辽河地区警备司令王殿忠给臧式毅报告

（1932.12.24）

一、职于本月二十四日上午十时率所部骑兵一连、手枪队一排移驻海城，并饬骑兵即时出发析木城（海城东南四十里），以便防堵。

二、职部第一支队杨队长凤岐率所部仍驻原防，第二支队长李芳圃于本月二十三日率所部移防赶马河子，白羊沟仍驻公安队，原驻该地步兵一连移防石门岭，接官厅及汤池之部队仍驻原防。

三、据第二支队李队长芳圃报告，邓逆铁梅及刘逆景文已率众回岫岩，将在岫之友军完全包围，现状不明。

四、据辽阳县报告，杨县长率所属七百余名并日友军四十七名被刘景文匪帮包围，全军覆没，县长不知下落，日友军逃回四十二名，中队长一名，现驻析木城，等情。

伪奉天警备司令部情报

（1932.12.26　第387号）

一、二十二日午后二时四十分，友军S第十一号飞机（大浦飞行士及袁副官搭乘）由六道沟离水飞向邓铁梅匪之根据地大黄旗（大团之匪），投下炸弹八个，全部命中，与以甚大之损害，于四时二十五分已平安抵六道沟着水矣。

二、驻屯大孤山之剿匪军，于二十日午后在黄土坎（大孤山东六公里）东北方约二日里官家店附近，与邓铁梅部下匪首九乐所率七百名之匪接触，激战二小时，匪势不支，向东方退去。计虏匪十五名，毙匪五十余名，得获步枪四十二支。我军阵亡第二营少校营长李怀宸、少尉排长马相臣、少尉差遣李广田等三员及阵亡兵四名，负伤者三名。

三、邓铁梅与李子荣合帮之匪团三千名，潜入于龙王庙附近；岫岩公安队约三千名，潜入于大孤山西北方大洋河右岸附近。如将我军主力向龙王庙出动，则岫岩公安队有袭击大孤山之形势；如攻击岫岩公安队，则恐邓匪有遮断后方之虞云。

伪奉天警备司令部情报

（1933.1.25　第17号）

一、混成第二旅基于讨伐计划，除凤城留置一排、大李家堡子留置一连、北井子留置二排兵力警备外，其余部队及骑兵团两个连，均于二十二日开始行动。

1. 姚参谋率第一连、第九连（欠一排）、骑兵连向凤界四区葛藤峪前进。

2. 董营长率第二连（欠二排）由北井子，第三连由大李家堡子向沙里寨前进。

3. 驻大李家堡子任营（欠一连）及前往大李家堡子准备讨伐之第七连向大营子前进。

4. 教导队骑兵团之两连向四区沙金厂前进。

5. 以上部队预定二十三日到达任务地，旅部于二十三日进至大营子与辽东部队协力讨伐。

二、混成第二旅讨伐队的行动

1. 赫旅长于二十三日到达大营子。

2. 各部队于二十二、三两日先后到达预定之线。

3. 教导队骑兵第三连二十三日午刻到达凤城，预定于二十四日早自凤城向沙金厂集结。

4. 邓匪有在三、二道岭附近潜伏模样，赫旅正搜集情况，准备进剿中。

关东军独立守备队命令

（1933.4.21　独司作命第499号）

一、各部经数日包围，虽将邓匪总部覆灭，但匪首似已逃向北方。

守备庄河的饭塚小队在今二十日上午，于青堆子附近同刘景文匪六百名交战，给予重大损失后将其击退。刘匪停止在青堆子北三四里的地方，窥伺青堆子。

饭塚小队今夜将严密警戒青堆子。

二、独立守备队要搜索、扫荡邓、刘两匪。此计需在大营子及其他后方要地配置有力部队，搜索、攻击敌匪。

三、板津支队长须统一指挥羽山大队和无线电通讯班（配属羽山大队的两台，缺），彻底扫荡邓匪。此计需在大营子及其他后方要地配置有力部队，搜索、攻击敌匪。

四、兼石大队（配属无线电两台）须迅速向青堆子前进搜索并歼灭刘景文匪。

五、板津支队、兼石大队的行动区域，以东洋河、大洋河为线，线上归兼石大队。

六、指挥的满洲国军和区处部队如故。兼石大队尚须区处庄河守备队。

七、本官在凤凰城战斗司令所。

独立守备队司令官　井上中将

伪凤城县长康济给臧式毅报告

(1933. 5. 25)

［前略］

查邓匪自倡乱以来，即以县属四区尖山窑为根据地，其伪司令部、伪军官学校均在焉。其部下约计共有二三千人，均在各村散住，以尖山窑附近各村为最多，故受害亦以尖山窑附近各村为最烈。此次讨伐，各路军队取包围式，均以尖山窑为目的地。友军方面约出动千余人，由连山关第四守备队板津大队长统率；职县警察队出动四百人，由大队长何成猷统率，随同友军分路进剿；至各区自卫团均在本区，择要防堵，以防逸匪逃窜。自上月二十日实行讨伐以来，未出旬日，即先将其巢穴尖山窑占领，其他如三清观、沙金厂、二洋河各处，亦均次第收复。盖邓匪本乌合之众，并无抵抗之力，一开大军讨伐，早已事前逃逸，其部下伪旅、团长于深海、李福田、孙本和等三帮，共有二百余人，枪械不全，因见大势已去，无处逃窜，经板津大队长用剿抚兼施之方法，已将该三部收抚，暂在四区剿匪，带（戴）罪立功。又有六区陶景文一部，约五六百人，甘愿投诚，亦经板津大队长允准，现已收抚妥协，在六区听命。兹查大股匪团，尚有邓匪之伪旅长王雅轩，在凤岫毗连之地方潜藏，然人数不过一二百人，枪械多不完全。又在三区方面，有匪首海蛟者，约计部下二三百人，亦颇有意归顺，现正接洽中。至其他三五成群之小帮，固属不少，然我警察队与友军正在努力搜剿之间。预计在树叶封山之前，务必达到肃清之目的，以防死灰复燃。惟邓匪在四区尖山窑一带盘踞将近二年，所有该处附近各村之食粮，均被匪人消耗罄尽，十室九空。当此大难初平，疮痍满目之时，急应设法救济，以免流离失所。县长刻正与地方各法团首领筹办救济之方法，拟购买苞米若干石，运往该处分别赈济。但职县财力不足，诚恐杯水车薪，无济于事，拟俟将灾民调查明确，共需粮款若干，仍请由省方配予补助，以期遍普均沾。此讨伐经过大概情形也。

查县属四区地方，自事变后即被邓匪盘踞，人民对于新国家建设之宗旨多不明了。此次讨伐，县长特委教育局视学员吴双祺、王国风二人为宣抚员，携带宣传文字，随同讨伐军前往各村施行宣抚工作，并分令各区警察分所长，每区拣选地方有力之士绅六人，分为三班挨村讲演，又派实业、教育各局长科长，先后到四区宣抚，务使人民对新国家有深刻之认识。

［后略］

第四章　东北抗日游击战争广泛开展

一　抗日武装的消长变化

伪满初期伪军主要“讨伐”作战情况（1932～1933）

主要战役名称	参加部队及总司令官	参加兵力（人）	抗日部队	抗日部队兵力（人）	作战时间	摘要
讨伐吉林军之战	总司令于琛澂吉林军步兵第七旅、步兵第八旅、骑兵第二旅、骑兵第三旅、江防舰队（利绥、利济、江平、江清、江通）	7000	李杜 丁超 马宪章 李振声	20000	自大同元年3月至大同元年6月	和日本军配合作战，在吉林省北部地区，对反叛的吉林军施以压迫，俾确保松花江水路，收复依兰。
第一次东边道讨伐战	总司令于芷山奉天军第一支队、第二支队、直属部队、靖安游击队	4000	唐聚五（东北民众救国军） 王凤阁（大刀会）	20000	自大同元年5月至大同元年6月	驻通化的前团长唐聚五叛乱，包围了在通化日本领事馆，日本警察队从奉天出动。奉天军和日本警察队同时从两方面开始了对东边道的肃清作战。匪势很强，奉天军在各方面节节撤退。但靖安游击队则从事奋战，将其真正作用大为发挥。

续表

主要战役名称	参加部队及总司令官	参加兵力（人）	抗日部队	抗日部队兵力（人）	作战时间	摘要
讨伐马占山	总司令程志远黑龙江军第一支队、第二支队	5000	马占山第一路马占山第二路李海青第三路吴松林	主力6000李匪10000	自大同元年4月下旬至大同元年7月上旬	4月3日由齐齐哈尔脱逃的马占山，集合了旧部下，与满军对抗。江省军派出了两个支队向马占山的大本营——海伦方面进攻，和日本军配合追击马军。各处的江省军向背无常，各地发生动摇。
榆树附近讨伐冯占海	吉林军、吉林铁道守备队、骑兵团 吉林步兵第一旅	1600	冯占海宫长海	15000	自大同元年6月20日至大同元年6月25日	大川中尉所指挥的吉林军，打算把集结在哈尔滨东南方的3万吉林叛军加以扫荡，经由榆树向四河城前进的途中，与敌匪遭遇，交战一昼夜，敌我损失均巨，日军退至榆树。日军大川中尉以下战死者百50名，敌方死者据说约1000名。
讨伐李海青	黑龙江省军步兵第一旅、骑兵第一旅 吉林省军骑兵第一旅 洮辽军第一支队、第四支队、第七支队	6000	马占山军第二路李海青	10000	自大同元年5月上旬至大同元年5月下旬	李海青匪占领了江省南部肇东及吉林省扶余，匪势猖獗已极。江省军和吉洮军从三面对之进行攻击，日本空军也参加了这一战斗，奋力作战，遂使敌人四下溃散，收复该地。战斗中，吉林省警备司令官吉兴中将亲自指挥军队，还有江省军讨伐司令涂全胜亲临第一线奋战负了重伤。
讨伐李海青残匪	黑龙江省军第三支队（冯广友）	1500	李海青残匪	2000	大同元年7月中旬	对逃窜江省兰西县一带的李匪加以攻击，而使之溃乱，敌人死者达50名，逮捕了其头目2名。
第一次讨伐冯占海	洮辽军第四支队、第五支队、第八支队 吉林军刘旅	7000	冯占海宫长海	15000	自大同元年6月下旬至大同元年7月上旬	与日本军配合，肃清了双城、阿城、榆树、五常、舒兰一带地方。

续表

主要战役名称	参加部队及总司令官	参加兵力（人）	抗日部队	抗日部队兵力（人）	作战时间	摘要
讨伐蒙匪	洮辽军（唐豫森）第七支队、第一支队一部	2500	胡宝山 马炮头 李宝亨	2000	自大同元年8月20日至大同元年8月末	占领了榆树县，破坏了四洮沿线。洮辽军与日军守备队配合，四出讨伐，尔后11月1日夺回了榆树县城。
殿臣匪来袭	吉林军骑兵第一旅第三团	700	殿臣	3500	自大同元年8月25日至大同元年8月末	殿臣包围双阳县城数日，该地军警死守不退。以一个骑兵团对之进行了攻击，未经重大的战斗，殿臣匪即退却。
第二次讨伐冯占海	吉林军张支队、傅支队、郭支队	7000	冯占海 宫长海	10000	自大同元年9月2日	察知冯占海匪有向远方热河省移动的企图，便与日本军协力，将其包围在吉长地区之内，但冯匪穿过中东支线，经农安地区转移到热河省内。农安城虽被匪包围，但刘骑兵旅长很好地进行了防卫战。
讨伐苏炳文（满洲里事件）	黑龙江省军卫队团、骑兵第三营、第一支队兴安省南警备军一部	4500	苏炳文军 苏炳文 张殿九	20000	自大同元年9月30日至大同元年12月6日	苏炳文叛变，满洲里事件爆发，协助日本军对中东铁路西部沿线作战，参加了富拉尔基方面的作战。兴安军编成索伦支队，与日本军支队共同行动，由索伦向海拉尔前进。苏炳文于12月5日被打败，遁入俄境。
第二次东边道讨伐战	奉天省军鸭江地区部队、中央地区部队、沈海地区部队、卫队团、骑兵团、靖安游击队	8000	东北民众救国军 唐聚五	20000	自大同元年10月7日至大同元年10月末日	与日军协力，对东边道一带进行大讨伐，收伏唐玉振以下约1000名，击毙270余名。
讨伐李海青	黑龙江省军步兵第三旅、骑兵第三旅、卫队团	3500	李海青	3000	自大同元年10月初旬至大同元年10月末日	对于苏炳文相呼应于江省南部企图威胁日满军后方的李匪，在安达、肇东、肇州一带进行讨伐，将李匪远撵至热河方面。

续表

主要战役名称	参加部队及总司令官	参加兵力（人）	抗日部队	抗日部队兵力（人）	作战时间	摘要
吉奉龙地区讨伐	奉天省沈海地区部队、骑兵第二团、卫队团、吉林军靖安游击队、吉林骑兵支队	—	三江好 殿臣 宋国荣 红军 其他	5000	自大同元年11月6日至大同元年11月20日	日本独立守备军为了讨伐在吉、长、奉、龙间四角地带蠢动的贼团，使奉、吉军出动讨伐队协力。
第三次东边道讨伐战	奉天军鸭江地区部队、中央地区部队、沈海地区之一部队、卫队团	5000	在东边道一带蠢动的贼团	20000	自大同元年11月22日至大同元年12月5日	讨伐由于苏炳文事件的影响乘着南满警备力薄弱而跳梁的小股匪贼团，解除了1799名匪贼的武装。
热河作战	总司令官张景惠，总参谋长郭恩霖洮辽军七个支队、建国军三个支队、护国游击队、救国游击队、警备第一旅	42000	汤玉麟军、旧东北军、民国正规军、救国军	130000	自大同元年2月20日至大同2年3月28日	为肃清热河省，将作战军分为南北两兵团，与日军协力，进攻热河。在各地转战达一个月，将反军悉数驱往关外，恢复了热河省的治安。
吉林全省讨伐战	吉林省军全部、黑龙江省军骑兵第一旅、第三教导队、靖安军炮兵队、新京独立骑兵旅一团	35000	吉林全省匪贼	20000	自大同2年10月中旬至大同2年11月中旬	与日本军协力作战，对吉林全省匪贼，分别在各地区进行讨伐。绥宁地区、滨江地区、吉长地区的剿匪成绩尤为良好，击毙殿臣、逮捕孙朝阳、收降薛茂山，小股匪贼团或降、或散、或被击毙，减者甚多。
备考	一、本表列举的仅是建国后满洲国军参加的主要作战行动。 二、本表外的各地区部队对其所在地匪贼的讨伐，是不胜枚举的。 三、本表的数字，表示概数。					

说明：此表中的“大同元年”为伪年号；“建国”“满洲国”均应加引号。

资料来源：此表原载《满洲国现势》（1933年版），后收为中央档案馆资料。

关东军司令部《关于治安维持之一般指导方针》*

（1933.6）

方针

一、在关东军统辖与指导之下，日、满两国各机关共同协力剿灭匪贼，并巩固满洲国之治安维持机构，以免关东军的分散部署撤收后治安发生动摇，并采取特别对策，安定人心。

要领

二、剿灭匪贼以讨伐为主，因此，各村之自卫团得以自卫力量使已被削弱之小股胡匪无活动余地，期其自灭。

三、在降伏意义下，允许胡匪投降，但绝不允许按其原武装改编为满洲国之军警或自卫团。

四、努力调查收回散在民间之武器。

五、在剿匪的同时，要用宣传及政治工作善导思想，并给以生业，安定民心，以期王道政治之彻底实现。

六、满洲国军警之编制要适当，并改善薪金，改善素质。日本军在可能范围内对满洲国军队及警察队之训练须加以援助，以资警备力之提高。

七、随着剿匪工作之进展，需要临时改善各种施设。

八、在本期间治安维持上之必要经费，每月为一百万元，以重点使用为原则。以上经费之使用计划，根据委员会之决议，由满洲国政府供给。

关东军实施的“扫匪”手段概要**

（1933.6.13）

（昭和7·9·26参谋长会议上军参谋长讲话要点摘要）

一、恢复治安的手段，有讨伐，有招抚，有政治工作，但军队恢复治安的唯一无二的手段是讨伐。

招抚的成效是军队武力的反映，因而通常应与军队讨伐并行，但须由满洲国方面承担。

政治工作，军方基于即将制定的一贯方针指导地方机关，整备军警和地方统治机关，特别要采取办法保障供给。另外，通过各种手段确保治安维持。然而，军队如无上级指示绝对不得干预此种政治工作。

---

* 此件抄件由吉林省社会科学院收藏。

** 同上。

二、讨伐大体须按如下顺序、方法进行：

1. 讨伐前必须充分准备，尽量搜集、详查情报，以了解真实匪贼状况，并研究对策。讨伐后，须就治安问题与满洲国有关机关密切联系。

2. 讨伐方法因匪种而异，但多半以头目为目标彻底进行，因为这样讨伐的结果，对匪贼的影响甚大。

讨伐时各种兵种，特别是空、地部队须采长补短。但是，地面部队的讨伐和飞机轰炸，必须注意不给事后的政治工作造成恶劣影响。特别是各部队须领会对匪战法，注意不累及一般良民。

3. 讨伐后，按事先的准备，迅速通过满洲国官宪之手，实施维持治安之策。这时，军队应对其进行内部协助。

另外，必要时在一定时间内，于讨伐地区的重要地点驻兵。

三、招抚的成果，一般须通过对绝对无条件投降的匪贼保证其以后的生活，必要时将其头目处以极刑来取得，而绝不是与匪贼妥协或媾和。实施招抚的要领固然须按各种情况和匪种，随机应变，不可统一规定，但须经常注意的是：（一）必须是无条件的投降，使之提供武器、马匹等物品；（二）日本军宪进行内部活动，尽量使满洲国军宪成为表面的责任者；（三）关于招抚后的处理，须有确切方案。

为保障降服后的投降者的生活，必须事先与满洲国有关机关联系制定方案，降服后引渡给满洲国，由其处理。按匪种之不同，或使之归农，或从事其他事业，或编入公安队与军队，采取各种善后处理方法。但现地军队绝不能独断决定。

反满抗日团的首领自不待言，职业性匪徒的头目原则上予以消灭。

在伪中央治安维持会第一次委员会上委员长（关东军参谋长）的致词*

（1933. 6. 13）

满洲各项工作的基础，在于恢复维持治安，这是勿（毋）庸赘言的。

随着停战协定［《塘沽协定》］的签定（订），长城以南地区的作战，也告一段落，关东军得以用其主力，专事满洲国内的治安恢复，实堪同庆。

如上所述，鉴于治安工作的重要性，特别是考虑到，今年夏季满洲国内治安态势如何，将会对满洲国的未来产生重要影响，军部宁肯牺牲自身训练，也采取所谓分散配置，尽全力恢复治安。命令业已发布，部队目前

* 此件抄件藏于吉林省社会科学院。

正按命令移动。

然而，满洲国治安工作是大业中的基础性大业，绝非单以关东军之力所能做到。特别是内外各种形势不允许关东军永远地只埋头于治安工作。因此，眼下日满两国凡与满洲国治安工作有关系的各机关，在同心协力的统制方针下，最大限度地发挥其全力，达到所期目的。现在，有关治安维持的最高咨询机关和有关治安维持的主要事项起草审议机关——治安维持会成立了。

关于本会应从事的业务等拟另行研究决定。希望诸官根据本会设立宗旨，虚心坦怀，毫无顾忌地各抒己见。

不过，满洲国眼下的形势，已不是议论的时期，而是实行之秋；徒事捕捉法理，或争夺权力，夹杂感情进行争论，必将贻误实行之机，绝不可取。应弃小异求大同，和衷共济。一旦决定之事，必须舍弃自己，欣然为完成任务而努力。

关东军司令部《关于本年度夏季治安维持之统辖指导特别规程》*

(1933. 7)

一、为使今年夏季青纱帐起及其前后期间维持治安的共同行动顺利起见，本规程特就关东军、满洲国及其他有关机关之间的联络及统辖做出规定。

二、为了统辖、指导有关治安维持之主要事项（日本军队除外），在中央设中央治安维持会，各省设省治安维持会，各县设县治安维持会。

三、关东军司令官指挥中央治安维持会；关东军警备司令官的师团长（独立守备队的司令官、骑兵集团长、独立旅团长）指挥省治安维持会；地区警备队长之日本军队指挥官（主要为大队长或中队长）指挥县治安维持会。

四、关东军地区司令官之日本军队指挥官（主要是旅团长或联队长），得指挥其担当的警备地区内之有关机关，必要时可组织治安维持会。

五、对省或县治安维持会之组织，在该地区有指挥权之队长，得根据实际情况适当变更之。

附则：

一、关东军及满洲国政府，应按本规定之宗旨，迅速作必要之部署。

---

* 此件抄件藏于吉林省社会科学院。

二、中央治安维持会干事长及省或县治安维持会委员长，应迅速制定必要之规定，向有关机关通告，并同时着手业务之进行。

1935年前的治安维持会沿革*

一、设置治安维持会的宗旨。

在大同2年夏季高粱繁茂期之国内治安状况如何，足以影响满洲国未来前途，所以日军在同年10（6）月，进行了分散部署。

值此时刻，为使日满两国警备机关构成一体，同心协力，在统一方针指导下，最大限度地发挥其能力，于大同2年6月10日，在中央设立了治安维持会。它既是维持治安的最高咨询机关，又是主要事项的审议机关，继而在省、县也设立了省、县治安维持会。

二、治安维持会的一般指导方针［后面另有文件，故略］。

三、治安维持会的发展经过。

1. 治安维持会最初是为了和日本军的分散部置采取一致步骤，故其存在时间预定从大同2年6月至10月末。在此期间，由于满洲国警备机关及自卫团等进行彻底整顿和改善，日本军的分散部署延期到大同3年3月，因此，治安维持会也相应地继续存在。

2. 满洲国的治安状况虽然逐步好转，趋于肃清，但尚无长远保证，尤其在改革省制和高粱繁茂期间，治安上仍有忧虑之处。所以，按以下各项，治安维持会将继续存在：

（1）治安维持会预定自康德元年四月至秋季继续存在，按现行方针继续其工作，并力求改进。

（2）治安维持会的机构，一概继续原有制度。

（3）在特别规定中，关东军警备司令官改为防卫司令官。

（4）治安维持会的管区，按日本军的新防卫区设立。

（5）武器回收对策。对全满散在的武器，按有偿回收的原则，务须在治安维持会的存在期间收回之。

四、自康德元年11月以后至现在［1935年］，治安维持会继续存在，但根据下开要领有所变更。

康德元年11月以后治安维持会的改组要领：

方针：

1. 治安维持会为了能使有关治安维持（有关日本军统帅权之事项除外）

---

* 此件摘自《满洲帝国民政部　第二次政务年报》，后收为中央档案馆资料。

之各机关的共同行动顺利进行，担任关东军、满洲国及其他有关机关间的联络和计划统制。

但治安工作的实施，仍由原来机关进行。

2. 治安维持会的机构，虽仍依照现有制度，但为将该会业务逐渐移交于满洲国方面，做若干改变。

3. 关于治安维持，须更进一步完善满洲国方面的治安工作及其警备。

4. 满洲国的治安维持费，根据治安维持会的议决，再分配给各机关，以期统一治安工作。经费的收支，由满洲国方面各行政机关实施之。

5. 将治安维持会的机关作如下变动：

（1）中央治安维持会，设常任干事，由关东军、军政部、民政部各出一名干部充任之。

（2）在防卫地区治安维持会（东及东南防卫地区除外），准照中央，以该地的日本军幕僚为干事长，并设常任干事，以军政部（兴安总署）等系统干部各一名充任之。

（3）地区（县）治安维持会，原则上按原来县的行政机构组成。如有必要，可以由有关方面设顾问及其他委员（干事）。

备考：在东及东南防卫地区，暂时保留现有的机构。

经费：康德元年度预算400万元；治安费150万元，武器回收费250万元。

关东军关于昭和10年秋季治安肃正对满洲国方面的要求*

（1935.8.30）

满洲国方面（除去军政部）除使县警察队等武装团体直接参加讨伐外，应使各有关机关，特别是地方行政（自治）机关，进行必要之各项治安工作，积极协助与配合思想对策，借以继续扩大治安肃正之效果。

协力之重点置于滨江、吉林、间岛、奉天、安东五省。

实施纲要

第一期（讨伐开始前）：

讨伐开始前，务必迅速开始进行下列事项，以完成其讨伐、治安诸工作及思想对策等方面的准备工作。

一、使匪情的谍报侦察更加周密活跃，以便于日、满军警之讨伐，及

---

* 此件藏于中央档案馆，档案号：119-1，392。

思想对策之实施，同时要防止匪贼秘密运输武器弹药，以易于在讨伐开始后对匪贼之剿灭。

二、对县警察队、行政警察、森林警察队、自卫团等武装团体进行训练，以便在讨伐开始后，使其能直接参加或予以配合，以发挥其最有效的作用。

三、中央政府及各地方行政机关，对在日本军所组织之治安工作班应配属所需之人员，使其从事于治安诸工作。

四、有关交通、通信机关，应促进其整备，以易于讨伐行动及治安诸工作之实施。

五、更加积极地实施宣传、宣抚工作，以促进良民与匪贼之分离，但宣传之实施，另行规定。

六、督励保甲制度之确立，以图人民之自治自强，同时使其积极地协力于治安肃正。

七、严格调查回收民间散存武器，以防止其落于匪贼之手。

第二期（讨伐实施期间）：

在讨伐实施期间，各有关机关继续第一期之工作外，应实行下列事项，协力于讨伐及思想对策，使治安诸工作得以完成。

八、县警察队、省直辖警察队等治安警察，受军政部最高顾问之指导，使其直接参加日满军队之讨伐。尤其是不应将讨伐行动局限于县（省）之境界，以使讨伐之效果得以彻底。

九、各县行政警察、森林警察队、自卫团等，务必完成各自原来之任务，以间接的配合策应日满军警之讨伐，在必要时，可直接参加讨伐。

十、各地方行政机关，除与治安工作班密切联系受其指导外，要主动积极地进行治安诸工作，如实施对人民的救济义务医疗等，以继续扩大讨伐及治安诸工作之成果。

特别是对新获得的曾为匪贼势力范围之广袤地区，应迅速分驻警务机关，实施保甲制度，推行政令，使其沐浴王道政治之恩泽。

第三期（讨伐结束后）：

十一、于讨伐结束后，官民一致，要研究努力完成第二期之各项工作，并使之继续和扩大，使已经讨伐或已进行过治安工作的地区，勿使其再成为匪区，努力使其王道乐土化。

附记：

本治安工作之实施，不问民族之区别，皆一律适用，其他各项设施皆应本此精神进行。

关东军参谋部《关于昭和10年度秋季治安肃正工作概况》（摘录）*

盖维持治安是巩固和发展国家之基础，满洲国根据国内实情，采取治安第一主义。皇军为确保治安，连年奋斗，成为施策的骨干。国内治安状况，从逐年肃正的大体情况看，是顺利进行着的，但仍有军警未能到达的地方，如小股匪团尚且散存的僻地，特别是在贯通南北的铁路（大连—哈尔滨—北安线）以东地区，该地区从来是匪群之巢穴，根深蒂固。去秋曾进行大规模的讨伐，尔后又继续反复进行局部的小讨伐，虽收到了相当的成果，但仍未能轻易地达到消灭匪徒的目的。我军以今秋为期彻底消灭匪徒，自9月开始，日满各机关全部继续进行治安肃正工作，至11月末止，已完成第一阶段。虽然大体上收到了预期成果，但是为了继续扩大与巩固成果，冬季仍须进行讨匪工作。

以下概要记述秋季治安肃正工作情况。

第一、匪贼情况。

满洲事变以后，当时号称二三十万之匪军，由于数次的讨伐以及治安工作，逐渐被削弱，在近一二年中仍在活动之匪数估计为3万左右。大小匪团散在广大地区，巧妙地避开警戒网，威胁良民生活，阻碍王道乐土之建设，特别是共产思想之影响日益扩大和加深，实乃治安维持上极为忧虑之事。

为了说明以上情况，就匪贼与一般民众的关系、匪贼盘踞地区的地形、生活情况、第三国与匪贼之关系等，再分别加以阐述。

一、匪贼与一般民众的关系。

民众对匪贼的认识是极为良好的，并不像我们所认为有不共戴天之仇，甚至可说，三千万民众在精神上与匪贼无大差别者为数不少，大多数的民众还没有与匪贼完全分开，如果进行精神上争夺，假定匪数有3万，精神上的匪军之友军，不知有几倍或几十倍。这些匪贼精神上的友军，虽不敢持枪反抗我们，却是扶育匪贼之母体。历来讨伐效果不大的最大原因，就在于此。

二、匪贼盘踞地区。

匪贼主力所盘踞的南满铁路以东、大松花江以南的山区，地形险要，且有广阔密林，不仅最适于匪贼横行与逃避，且适于栽种鸦片作为匪群有

---

* 此件藏于中央档案馆，档案号：A2－30，二乙116。

力之资源，还具备栖息活动之良好条件，因而一向是匪贼的根据地。加之易于遭到讨伐追击的平原匪贼，大部逃入这些山区，因此除警备力强大之铁路沿线及县城附近外，山区僻地成为他们巢穴地区者，实为不少。

三、匪贼对其地盘的经营。

盘踞在上述环境内的有力匪贼，恰如战国时代之群雄，各有地盘，征收捐税，征用人夫，有时还采取救民的惠民策略，特别是共匪、思想匪，则以巧妙的宣传，掌握民心。他们补充武器弹药，虽主要依靠外部运入，但有力匪团在山区也设有工厂（在本季肃正工作中，曾发现了此种建筑物，当即予以烧毁）。另外，他们还有制造被服的材料，由妇女修补和制作，自给自足，因而匪团中有的竟穿用与日、满军相类似的服装。

四、第三国对匪贼的支援。

苏联及中国方面与共匪、群匪、政治匪等保持着相当的大量物资援助与思想指导关系。现用之武器弹药不少是由苏联运来的，有时中国也秘密送来款项或派指导员潜入，还以巧妙的宣传，扶植与巩固思想匪的势力。

第二、治安肃正工作一般要领。

在治安维持方面，有关机关处于日军统一指导之下。讨伐行动，则以日、满军警一体。其他各项政治工作，则以满洲国各机关为主体进行肃正工作，各有关机关保持密切联系，军民协调一致活动。军警主要担任讨伐，并指导援助进行治安工作的各机关；县随军宣传班，作为讨伐部队的单位之一进行活动；省县的治安工作班则应跟随讨伐部队，协助军之治安工作班及随军宣传班，调查户口、收回武器、医疗、贯彻保甲制度、加强自卫团的训练和集团部落、警备道路、通信网的建设，以期彻底肃清被匪贼污染的地区。

兹将本工作期间的概要情况说明如下：

一、军警的讨伐行动。

日、满军在日本军统一指挥之下，根据既定方针，将重点放在匪贼盘踞之安东、奉天、吉林、间岛、滨江、三江等六省。特别是对思想匪、政治匪，以军之主力进行剿灭，自9月下旬开始行动，以三毛部队为基干之部队，担任安东省及奉天省三角地带和东边道等方面的讨伐；以尾高部队为基干之部队，担任京图线沿线地区之吉林、间岛两省方面的讨伐；以岩越部队为基干之部队，担任滨绥线沿线地区以北至大松花江间之地区的讨伐；川岸部队向锦州方面；涩谷部队向齐北线沿线；儿玉部队向洮南西部及通辽西部地区，分别担任讨伐任务。总之，以日、满军之大部从事全满的肃清工作。

各部队大体上自9月中旬或下旬开始讨伐，扫荡各处匪徒，覆其巢穴，分裂匪团。其后即分驻于秋季肃正工作地区之要地，搜索残匪，并派遣游击部队到处追捕匪徒。在讨伐的3个月中，与匪军作战六百次，匪贼遗弃尸体4646具。

军队又是军的治安工作班，除进行直接的治安工作外，对省县宣传班、治安工作班、其他各种工作班还进行指导与支援。

二、自卫组织的巩固工作。

在警察力量尚不十分充足的满洲国，为确保各地治安，应普及和实行保甲制度，以巩固自卫和建设集团部落。保甲制度是以自警自卫为目的，以连坐责任防止匪患、搜查匪贼、矫正吸食鸦片，同时以自卫团担任直接防卫。但在治安还未完全确立的地方，还不能彻底实行，不仅匪民分离工作未能收到充分效果，即自卫之目的亦未能达到。

集团部落的建设过去虽已实行，但随着本季肃正工作的进展，增加的数量甚为显著。如磐石，除指导部落之外，积极自营集团部落已达二百余处，匪人已逐渐陷于孤立。

三、武器收回。

满洲国内散在民间的武器，不仅事变当时被兵匪携去一部分，即在旧军阀时代，由于自卫关系及养蚕上防止鸟害而使用之武器，很早就散在民间，其数甚多，现在常常成为援匪、投匪、通匪、扶养匪贼的材料。因此，早就开始回收，但是现在隐匿的枪支武器，估计仍为数甚巨。

本季肃正工作，配合宣传，促进了武器的调查、收回，加之由于保甲制度之普及，自动缴出者逐渐增加，收回之武器已达一万数千支（步枪）。然而估计隐匿之数字仍在百万件以上，如欲完全收回，今后仍须努力。

四、检举搜索。

匪民关系已如上述，但如不改变其形态，则难以识别，并易使匪贼伪装良民，潜入安全地区，谋求安身之计，或与妻子会面。由于厉行逮捕搜索的结果，在本期逮捕之总数已达3554人，其中政治匪50人、思想匪261人、土匪1986人、通匪227人、影响治安者2209人。

第三、秋季治安肃正工作之成果。

如前所述，由于日满军警及官民之一致努力，在治安维持上已收到很大成果：3个月间消灭匪徒约1万名，收回武器（步枪）一万数千支。更因与讨伐并进行了宣传、宣抚各种政治工作及施行了思想对策之结果，逐次使民众对匪认识上有了转变，匪民分离工作也有显著成果。再由于军警之讨伐及适当之分散配备武力，匪势逐渐困窘，残匪已被封锁在山中僻地，或潜乘警戒网之空隙暂时残喘，如再穷追，则投降者将日渐增加。所以说，饥寒交迫之匪贼已走上没落之途。

然而，现在尚有2万左右匪徒，所以在内地引起对讨匪成果的怀疑。但这并不奇怪，正如深渊之鱼难捕，浅濑之鱼易抓一样，现在要将肃正工作伸及僻地，只有减低水深，方知匪数。

匪情如上所述，故在今后更望军警民一致努力，进行剿灭，不使困窘之匪有片刻之暇为要。

伪军政部训令*

（1936.2.13　吉讨作命第11号）

一、国内土匪之势力最近虽有减少倾向，但共匪及反满抗日匪的活动仍很顽强，今后务必将重点置于此，继续进行彻底讨伐。

二、3月以后各管辖区内之警备问题，各军区司令官及兴安各警备军司令官，随着日满军之移动，特别是县旗治安队之新设，完善警备。与此同时，在部队移动后，以自己的部队及治安队，互相取长补短，努力配合日军，适当分散部署，以便继续剿匪。

三、第一军管区司令官仍将其重点置于东边道，适当使用新设之治安队，以期彻底消灭该方面的匪贼，特别是共匪。

四、第二军管区司令官继续协助日军第二独立守备队，在管区境界方面进行讨伐，同时亦应与第一、第四军管区司令官密切配合。

特别是3月以后，关于新设立之治安队及国军之分散配置，必须充分考虑。从第五军管区派遣之部队，待3月中旬以后新设立之治安队布置妥当后，再返回原防。

五、第四军管区司令官，除仍继续进行讨伐以外，特别是在严密加强东部国境警备的同时，将重点置于该方面的肃清工作上。

去年9月10日，根据吉讨作命第8号从第二军管区派遣来的部队，3月中旬以后返回原队。靖安军在3月中旬以后待接替部队到来，使其返回奉天。特别是在日满部队交替期间，有关警备、运输、联络及治安队的编成部署，务防疏忽。

六、第三军管区司令官在管区内进行讨伐时，须与日满军警配合，特别是要通过县警察队的改编，完善各县警备，相应地配置军队。

关于骑兵第四旅转属于第四军管区事宜，须按照2月11日军政部训令第62号进行。

七、第五军管区司令官仍继续其讨伐，在3月以后，关于旗治安队之新

---

* 此件藏于中央档案馆，档案号：119－2，1101，2，第3号。

设和配置以及县警察队之改编，在警备上期其完善。

八、兴安第一警备军务与日军骑兵集团密切配合，严密加强国境，特别是外蒙国境之警备。

九、兴安第二警备军通过部署和运用新设之旗治安队，消灭管区内之匪贼。

十、关于其他军管区移驻及返回原部之铁路运输，由各军管区自行处理，其经费暂行垫付，以后由军政部负担。

1931～1940 年抗日武装变动情况如下。

表 1　1932～1936 年抗日武装力量演变情况

年月	抗日武装人员数（人）	备考	年月	抗日武装人员数（人）	备考
1932 年 1 月	62000		4	23500	
2	75300		5	26500	
3	100000		6	28300	
4	115000		7	28600	
5	156000		8	33000	
6	178000		9	45000	东边道讨伐
7	183000		10	40000	吉林省大讨伐
8	137000		11	32000	
9	210000		12	25000	
10	135000	东边道讨伐	1935 年 1 月	21000	冬季讨伐
11	111000	吉京［长春］奉	2	22000	同上
3	-	境康平法库地区	3	21000	
		讨伐	4	27000	
12	86000	三角地带讨伐	5	27000	
		呼伦贝尔作战	6	27000	
1933 年 1 月	84000		7	28000	
2	73200		8	29000	
3	66000	热河作战	9	28000	秋季讨伐
4	63800		10	21700	同上
5	105000		11	20000	同上
6	105000		12	19000	
7	94000	东边道、三角	1936 年 1 月	13500	冬季讨伐

续表

年月	抗日武装人员数（人）	备考	年月	抗日武装人员数（人）	备考
		地带、奉吉省	2	15000	同上
		地区讨伐	3	17000	
8	95000	同上	4	20000	
9	95000		5	18930	
10	62000	吉林省秋季大讨伐	6	16000	
			7	16000	
11	66000	同上	8	19900	
12	56000		9	18000	
1934 年 1 月	35000		10	13000	秋季讨伐
2	24000		11	12000	同上
3	–		12	10000	

资料来源：此表系根据 1937 年 5 月关东军参谋部编《最近满洲国的治安》所制，原件为中央档案馆资料。

表 2　1931～1940 年东北抗日武装增减表

年度	“土匪”（人）	旧东北军残部及王德林、吴义成等部（人）	共产党领导的基干武装（人）
1931 年	46000		
1931 年	49500	170000	500
1932 年	69150	100000	850
1933 年	36080	25000	2220
1934 年	20800	12000	3200
1935 年	13650	7900	9200
1936 年	13550	5800	6800
1937 年	6400	2000	6500
1938 年	1350		4400
1939 年	640		2400
1940 年	450		1480

资料来源：此表系根据 1940 年关东宪兵司令部编《满洲共产主义运动概史》所制，原件由中央档案收藏。所谓“土匪”中，有相当多的数量参加了抗日武装斗争。

关于对间岛共匪认识之件*

（1933.11.20　吉林派遣员松岛嘱托）

［前略］

共匪清扫对策

1. 急速实施要领

（1）绝对讨伐主义

对共匪根据绝对讨伐主义，不断讨伐，使他们陷于不安、恐怖和悲观生活之中；同时，用我们的威力和不断的行动，威慑一般居民。

（2）村落自卫和取消不良村庄

在重要地点设自卫的村落，或组成集团部落，使其能自卫，将当地小村屯居民收容之；偏僻地方的小村屯有被共匪作为据点之虞，现在要烧毁，使他们冬季不能潜伏。

（3）重要地点驻兵

汪清县罗子沟、延吉县咸厂沟等重要地点，向来是匪贼集团根据地，有必要在该地驻兵。特别是罗子沟，它处于间岛与苏联远东交界，最有可能成为共匪根据地，肃清此地，对间岛共匪将产生很大的影响。

［下略］

二　抗日武装活动情况**

1933 年 9 月 2 日

《情报日报》8 第 126 号

奉天省

“开原地区”

1 日上午 1 时，开原县八棵树匪贼来袭，我守备队 20 名与其交战结果，战死 2，伤 7。开原援兵出动，向尚阳堡方面退却之匪死伤不明。

---

* 此件抄件藏于吉林省社会科学院。

** 此节是对满铁 1933 年 9 月《情报日报》的摘译。《情报日报》出自满铁总务部资料课，该课系 1932 年 12 月由调查课改组而成，是满铁情报中枢机构，阵营庞大，下属情报分支机关和情报人员分布在中国、日本、亚洲、世界各地。按规定《情报日报》之类的情报资料，大部分均须烧毁，批准留下者极少。本书因篇幅所限，只能选取该 1933 年 9 月份的《情报日报》以做例证。该“日报”中所载情况，当然均系站在侵略者的立场所编写，故将抗日武装均称“匪”“匪贼”，所列省份均为伪省，现均保持原貌。该《情报日报》原件存于吉林省社会科学院满铁资料馆。

“辽河下游地区”

8 月 25 日台安县第四区新开河镇警察分所所员被抓走，8 月 28 日，系统不明的 60 余人，将所员及附近村落 6 名抓走。另外，8 月 26 日台安县城东南村落出现土匪 50 人，投掷手榴弹 4 枚。

“辽河中游地区”

8 月 25 日，在新民县南部，县警察队在新民驻军支援下，对老梯子、金老疙瘩、老末好的 40 余人进行攻击，击毙刘副头目等 20 名，后越过奉山铁路向东北方面逃走。日军战死 1，重伤 1。

“东边道”

27 日大刀会匪由金川转移至辉南县，方司令、春生率领 150 人（长枪、短枪多支，迫击炮 2）。

“三角地带”

27 日，北来好的 10 余人，潜伏在辽阳县东南部。王殿忠军出动，北来好被打死。

28 日，刘相轩、任福祥的 300 ~ 400 人，在大孤山北一面山附近散在潜伏。

吉林省

“吉林地区”

安图以西 16 公里两江口附近，从抚松、临江方面来到集合起来的匪贼约 300 人。两江口讨伐队于 25 日从敦化出发，将于 27、28 日到达目的地。

“松花下游地区”

25 日同江被匪占领，县公署接确报后，讨伐队立即出发。

“北满东部线地区”

28 日，松田支队进入虎林，结果，高玉山部队向独木河、福山（高玉山部下）部队向饶河退却。

饶河附近的匪贼约 500 名，因受乌苏里江溯江江防舰队炮击，向该地西部溃败四散（28 日报）。

一面坡讨伐队，22 日在方正西南约 3 里，与红枪会匪 150 名交战，将其击退至东北部。23 日到达方正。

方正讨伐队及同宾讨伐队，23 日在夹信子，与约 150 名白枪会匪交战，将其击退。

兴安省

“西分省”

开鲁城外云集 2500 余名，各区自卫团团员均苦于弹药缺少，故集结城内。

开鲁、通辽间，有占中华、合好等 300 余人占据。

1933年9月4日

《情报日报》8第127号

“一般”

大同2年7月各县匪贼调查表

各县合计概要

一、次数　389次

二、匪总人数　21630

三、被害

杀人　68

妨碍　106

抓走　813

放火　163

枪械　252

弹药　3571

财务　17363.90元

马匹　271

四、讨伐

射杀　213

逮捕　54

“三角地带”

安奉线附近匪情

(1) 保国、北国、南洋、大地好、大西面等100余名，在林家台站东北15华里附近，纠集小股匪团，逐渐扩大势力。

(2) 头目不详的200余人（各持长枪，着灰色军服），27日从四台子站东北25华里向南面27里处移动。

(3) 海蛟的300余人在安东县第三区汤山城南部，扬言袭击该站。

(4) 赵文云、战东边、三省、新副的150余人在五龙背北30~50华里之处。

袭击高丽门附属地的匪团，新要、胜林、平东好、满天红、战东三、三省军约160人强抢枪器弹药后，投在李子荣部下，想当队长，因无缴获，发生内讧而分裂。

为讨伐赵团等约300名的川村支队主力，8月29日出动到一面山方面（岫岩），与一部匪团交战，给其各部以打击。

战鬼子、黑虎、远来的150人，在岫岩县境掠夺食物和鸦片。

邱良忱、刘希康、丁岐山的300人，在庄河县三道岭子一带抢夺食物和鸦片。

“辽河下游地区”

高鸣山与战胜、卢士杰、李纯华分离。

（1）高鸣山率部下30人，与爱国、帮海合流，共达约70人，袭击辽河左岸大石桥西约25华里村落，抓走人质，向大高坎方向逃走。

（2）战胜、卢士杰、李纯华的集团，在辽河右岸大石桥西北部100华里处逗留中。

8月29日，鞍山守备队及驻海城县接官堡的王殿忠军，接到鞍山西约4日里的辽阳县六家子遭袭的情报后，立即指挥自卫团及公安队出动。

“辽河上游地区”

警备军及公安队在付家屯站西南40华里处，将小五省、天乐等马匪200余名包围攻击，击毙10余名，抓捕8名。

“公主岭方面”

警察队在县西方与高山好、大德的200名（内蒙古人50名）交战7小时，击毙11名，使其向双山县方向逃走。（注：该匪自称救国军）

“东边道”

奉吉省境各匪团活跃，他们见省境方面日、满军移动，一部分返回，由濛江南下，呈复归辉南县内的态势。

辉南、金川县内各匪团

辉南：

（1）魏、郑两法师约200人。

（2）高司令、天下好、万山约300人。

（3）占北、外山好等的50人，在县北部。

（4）德胜军约150人在县东部。

（5）赵峨思、安国星、全局好等的50~60人。

金川县：

（1）赵明思、沈国军、全局好的180人，在县南部。

（2）方春生、平心的100人在县中部。

柳河县：

（1）双山、常胜军50余人，在县城西南50华里处。

（2）靠山红、双红等50余人，在县城东50余华里处。

（3）海蛟、打天下、靠山红、常红好、占九省等的70~80人，在县城西北20华里处。

（4）四海等的200人，在县城西60余华里处。

“沈海线”

8月26日，在山城镇东4里处奇袭海好的300余人，日军战死1。

8月27日，在山城镇东约12华里的地方，山城镇守备队出动，与匪首不明的约100名交战数小时，使之后退，守备队战死2。

“奉山线方面”

8月30日，老梯子、清乡、访友、六合的100人，被讨伐队击退，向黑山逃走（注：此次讨伐中，捕获副头目治国，原王以哲的副官）。

“吉林地区”

8月27日、28日，因吉海线有匪害，桦甸吉林军前往讨伐。

8月27日，日军在吉奉省境附近大浪柴河与救国军约150名交战，日军重轻伤下士官等30名。

“间岛地区”

最近浦潮［海参崴］红军司令部密令苏满国境珲春县共匪破坏图们江流域的上三峰、南阳、庆源等地的国际桥梁，一行20余人携炸药及其他物品，前往目的地。

“北满东部线地区”

江防舰队26日由虎林出发，27日抵团子山，27日及28日分别从该地出发，途中清除附近救国军及土匪在江上移动的可使用船艇。

“松花江下游地区”

8月26日，宝清县城被陈东山匪（约称5000人，但有些夸大）夺取，当地吉林军及县长和其他要人跟随，后退中。

“黑龙江省”

第十四师团警备区域内匪贼分布一览图，7月下旬部分。［缺］

“热河省”

8月7日各县长在省治安维持会上报告。

（1）由于6、7月份的讨伐，已看不到大匪团的活跃（特别是围场县全部变样，但平泉、凌源县匪势旺盛）。

（2）满洲国军甚为强暴。

（3）缺乏自卫团，经费难。

（4）人民极度贫穷，因薪柴米粮被征发，颇为痛苦。

2月日军进击时，热河军遗弃的武器弹药，全为盗匪所利用。

匪首个季度拥有13个大队，每大队70~80人，共有约2000人。

第一区、第三区、第四区、第五区均未受匪害，匪首征收鸦片税。

各地少数自卫团均集中于平泉，成立临时游击队，以进行对抗（数量有 80 多人，加上马警，共有 300 人）（注：凌源县与平泉县处于大致同样环境之下）。

1933 年 9 月 5 日

《情报日报》8 第 128 号

奉天省

“满铁干线”

不服劲儿与附近占据的天邦、第一军、九龙、绿林好、占北、南阳、西来好、蛮子等联络，派密探 12 名，8 月 30 日在公主岭东南约 20 华里的地点，商定袭击刘房子站，31 日接近公主岭东南 12 华里，再派密探。

“开原地区”

袭击开原八棵树日军分遣队宿舍的是栾法章，后向清原县逃去。据其他报告称，分遣所的一部被火烧。

开原县内被视为栾法章的一伙小匪频繁出没。

“三角地带”

川村支队主力在一面山附近攻击赵团、程司令、外山好、刘景文的 500 人，欲将其压迫到南部地区。

战鬼子、远来、黑虎的 150 余人，与天德、北国的 150 余人合流，分散在岫岩东部第二区。

8 月 27 日，驻隆昌州的辽东地区军孙连长等及辽阳县第五区自卫团，将北来好（部下 10 余名）击毙于隆昌州南部。

绿林好（部下数十名）在盖平县东部第八区，被部下所射杀。

李春润的军需处长刘雪三，8 月中旬由沈海线南杂木站前赴奉天。

“辽河下游地区”

战胜、卢士杰、李纯华将小头目黑龙射杀（似为压制部下的不满和解散要求）。

8 月 31 日，卢士杰的 100 余人包围并攻击了驻辽河右岸营口县第五区大房身的警察队约 40 名，9 月 1 日被击退。

森重中队为讨伐上述 100 人的匪团由大石桥出动。

盘山守备队及张警察大队在盘山县南部第四区捕获小青山。

“辽河上游地区”

青龙好、金蝴蝶、大五军的 150 名骑兵袭击了双山西南 40 华里关井子，抓走自卫团长及分队长 2 名（总数为 30 人）。

8 月 29 日，海龙（盘踞于通化县西部第四区），被自卫团击毙。

8 月 30 日，王殿阳等约 100 人反悔归顺，向通化县北部第八区逃去。（注：灭满洲、青狼的 170 人亦向第八区移动，是否与其合流？）

吉林省

“吉林地区”

两江口讨伐队于 8 月 28 日到达两江口，29 日与向两江口西北约 10 公里处移动的吴义成部队约 150 名交战，使之向南部败走，占领该地，当天回到两江口。

8 月 29 日，红军匪团四季好的 400 人（机关枪 6、迫击炮 4），驻于磐石西部约 27 公里处，召开匪首会议，策划攻击西安［辽源］县城。

其后，关于是否进攻西安问题，两派意见分岐（歧）而转移。

火车头的 600 余骑兵来袭磐石、伊通、东丰三县县界，扬言进攻西安。

田英匪残部 600 人出现于抚松县城西部。（注：残部约 200 人逃至金川县内，其后势力扩大）

匪首不详的 500 余人从濛江县城南部山上开枪，等待抚松警察队 150 人来援，9 月 1 日追击。

“北满东部线地区”

中谷讨伐队 8 月 29 日与盘踞在许家大屯（宁安东北约 10 公里）的占北、双占、双合等合流的约 250 人交战，将其击退。

江防舰队主力于 8 月 28 日由团山子出发，将乌苏里江上匪贼所有船只全部没收。

兴安省

“西分省”

在开鲁附近集结的约 2000 人，向开鲁警备队提出归顺，未被允许。头目 30 名，代表胡宝山，看样子是因为粮食极度困难。

热河省

（1）高椋部队在青龙县讨伐，8 月 31 日在木头橙击败 700 ~ 800 名。

（2）山崎部队在木头橙北达摩洞包围了 300 ~ 400 名，并进行攻击，逮捕马华臣。

1933 年 9 月 6 日

《情报日报》8 第 129 号

奉天省

“安东县”

9 月 4 日，新要、占东山、南洋、北国的约 100 人，与赵维纳、双合的约 70 人，策划袭击汤山城。

9 月 3 日夜，安东旧市街第二警察署新民街分所被 30 人袭击，虽将其击退，但警官 2 名负伤，长枪 1 支被夺取。

“东边道”

大刀会头目赵高吉被凤凰城警察抓捕。（注：去夏在凤凰城东北部第七区率部下 70 名袭击了草河口附属地）

奎首的 100 人在通化县西南部第五区。

爱国军在通化县西北部第六区。

“辽河下游地区”

占胜、卢士杰、李纯华的约 100 人，对在牛庄西八吉附近渡河中的森重中队猛烈射击，然后潜入苇塘和高粱地中。

海德匪在营口北部（河北）铁路至辽河之间有根据地，因恐营口日满军警讨伐和守备队装甲列车炮击，对所获人质要求之赎金，由大洋 1 万元减至 3300 元，回赎成立。他们似与小庄子村屯居民保持经常的紧密联系。

1933 年 9 月 7 日

《情报日报》8 第 130 号

奉天省

“开原”

栾法章与红枪会匪合流（200 余人）驻八棵树东李家台、新边附近。

富山守备队第六中队及开原县警察队、自卫团，在开原、西丰县境，使栾法章以下 70 名败走。

“辽河下游地区”

9 月 1 日，北局胜、北天虎的约 80 人，渡双台子河，似欲与卢士杰匪团合流。

“东边道”

9 月 5 日天亮前，苏子余的约 200 人与红枪会的约 100 人相呼应，袭击新宾县城。

（1）警察队 60 名及守备队残留兵十余名用山炮夜战，贼虽侵入新市街，但逃走。

（2）由通化向三棵树方面出动中的辉井中队及由山城镇来的应援队，正在出动中。

吉林省

“吉林地区”

两江口附近是反满军的巢穴，四岔子、汉窑沟、高丽崴子、小沙河都有共产匪，宫协讨伐队仍然驻在该地，拟先将汉窑沟之匪各个击破，继而扫荡其他之敌。

匪团欲袭击濛江县城

（1）殿臣、宋国荣、毛作斌的约 1000 人正包围县城（9 月 1 日）。

（2）在县城西北部 15 华里处，有方司令、英司令及其他数头目合流的匪团约 200 人。

对此，将驻临江的长抚军步兵第七团（缺一营）经抚松派往该地。

“北满东部线地区”

8 月 31 日以来，大肚川、佛爷沟附近的 400～500 名敌匪，企图袭击东宁，因此上野讨伐队向佛爷沟方面出动。

乌吉密河警察大队第二连，8 月 31 日向该地南部逃走。

松田支队第一梯队 9 月 1 日达密山、第二梯队达杨木岗（密山东 7 公里），支队暂驻窑山，继续执行任务。

“松河口下游地区”

9 月 1 日，鹿田支队归还富锦。

1933 年 9 月 8 日

《情报日报》8 第 131 号

奉天省

“安奉线”

敖喜三的约 100 人，由安东县第二区向高丽门东南四五华里的小东沟移动，声言袭击高丽门站。

独立营、老来好的约 80 名，分成 3 队，来袭安东商埠地、八道沟、干家沟，2 日夜虽被击退，但扬言还要袭击蛤蟆塘。

“三角地区”

抗日救国军西海、长局的约 70 人（均佩戴袖标）被大石桥警察署员等自卫团、警察队二百数十人，包围在大石桥东部约 20 华里处，激战 2 小时，副头目新来当及其他 2 名被击毙，而败走。

“东边道”

朝鲜革命党由于最近日军讨伐：

（1）将根据地由新宾县旺清门迁至长出岭及赵呵沟。

（2）武器有俄罗斯枪 200 支，毛瑟枪 130 支，中国枪 200 支，弹药似相当丰富。

（3）驻木奇的抚顺守备队后藤小队，8 月 25 日在关家堡子使匪约 130 名溃走。守备队于 28 日将佐藤中尉及兵 30 名派至木奇，又在 30 日将山田小队派往南章方面。

（4）革命党因日韩合并纪念日（8 月 29 日）不稳计划失败，此次计划以事变纪念日（9 月 18 日）为期，在满鲜各地进行破坏、暗杀，并密派鲜匪 5 队（每队 10 名）进行，警察当局目前正警戒中。

王殿阳的约 300 人在通化县北部第八区行动中。

吉林省

“袭击濛江县城的匪况”

濛江县城附近的匪团先头部队，逼近县城西北方 5 公里，总数有 1300 人；后续部队已达县城西北 20 公里的大北山，分散驻在，今后难免攻击县城。濛江县长前来恳请最后援助，但既已由抚顺县派出 250 名的应援队，不可能再派更多的救援。

1933 年 9 月 9 日

《情报日报》8 第 132 号

奉天省

“辽河下游地区”

北海的 70～80 人在分水南面横断铁路，在老边（营口线上）北部与警察队交战，被击退。（注：该匪要组织东北边区抗日救国军，为募集兵员由盘山县移动到该地，但未达目的却被击退）

关于东北边区救国军

振来当等 145 人是卢士杰部下（8 月中旬由河北省来此），向各匪团配属二、三名，担任指导联络。9 月 1 日总头目北海召集其他头目，商议前进到盖平县东北部第六区，募集东北区抗日救国军、宣传和袭击各村公所。两天来已开始行动，但通过各地时，遭自卫团射击，弹药也感到缺乏，不够顺利，故中止行动而返回。5 日又受到日满军警的攻击。

“三角地带”

5 日，川村支队长等日满军警向岫岩出动，讨伐周、赵团长（邓匪系统）的约 200 人。

金龙飞（部下约 50 人）在安东县西北部第四区长山子，与龙王庙警察队交战 2 小时后被击毙。

“东边道”

使朝鲜独立团及占东边的约 30 人溃乱（8 月 25 日）。

在石人沟——新宾县木奇西南方约5日里附近，抚顺守备队进行遭遇战2小时，贼遗弃尸体15。抚顺守备队是为扫灭他们而出动。

1933年9月10日

《情报日报》8第133号

奉天省

“安奉线”

满洲江（部下24人）在凤城县一区西南沟，被部下杀害（注：因人质之事而被杀害，部下四散）。

海蛟、老来好约150人被赤城支队包围攻击（3日），在五龙背站西南3日里地点，贼遗弃尸体约50具。

“三角地带”

李春润、邓铁梅的武器弹药运输通道。

日前7月下旬由大孤山东部海岸着陆，系李春润等秘密运输得到的武器。关于其运输通道，判明如下：

邓铁梅（虽系李春润所做，但在威海卫方面都宣传称是邓），以抗日反满为目的，窃赴南京，由南京政府获得武器、弹药及资金的供应，由威海卫惠通行（轮船公司）所有的海宁号装载送到威海卫，夜间着陆后，在该地雇用帆船五六只，每只3000元，向大孤山青堆子方向运输，乘警备的空隙，夜间着陆（该事实系海宁号火夫刘某来营口时向满军要人所说）。

“东边道”

以通化为中心的各县匪贼一般情势。

最近，通化、辑安、兴京、临江各县内匪贼稍显活跃，并且保持相当的联络。其原因似乎在于，各匪团察知东边道讨伐将很快告一段落。（一）表示一时归顺的王殿阳，已反悔其意，目前强烈活动；（二）据报，暂且处于四散状态的王凤阁出现在通化东北地区；（三）苏子余一伙袭击兴京县城；（四）原唐聚五麾下的民众自卫军干部马兴山，策划在临江县内再起；（五）其他小匪团呈现逐渐合流倾向，等等。征诸状况，应相当注意。

马兴山（300余人）的再起。

在临江县东北部与廖连长的一个连交战中（6日）（注：聚五民众自卫军徐达三部下旅长，去秋东边道讨伐之际归顺，与部下300人一同解散归农）。

田、英余党侵入辉南县内。

与九标、压省等合流，达600人，侵入辉南县东南部第二区进行活动。

新宾守备队留守队员 14 名，遭二百数十人的攻击，交战 5 小时，将之击退。

“辽河下游地区”

东胜（李殿方）、李宝田（北胜之父）两人在辽阳县第七区被自卫团逮捕。

“郑家屯地区”

郑家屯警备队在袭击双山县城老爷庙时逮捕了王海林（注：王海林于去年 9 月高荫周、于海川等袭击郑家屯时，是第一支队长）。

吉林省

8 月份吉长、吉敦损失情况：（1）站舍袭击 2 次；（2）列车袭击 1 次；（3）员工抓走次数 2，抓走人数 10；（4）抓走乘客次数 1，抓走人数 1。

“东部线地区”

东宁西南方的讨伐，给匪贼造成很大损失（注：吴义成、东山好、三侠等有 1000 余人含共产匪 50 ~ 60 人）。

兴安省

治安几乎完全保持，少数匪贼虽然横行，但已逐渐减少。

1933 年 9 月 12 日

《情报日报》8 第 134 号

奉天省

“一般状况”

三角地带高丽门东面白旗、大李家堡子地区一般状况

（1）对满洲国及日军认识肤浅；

（2）食物缺乏，以草根充饥，衣着破烂，妇女未曾出门。

沿辽河苇原地区一般状况

（1）尚不知满洲国成立者颇多。

（2）自卫团素质均不良，需要改编。

岫岩城外匪贼盘踞，通行均感危险，有心向匪贼者。

关于法库县下的匪情

在县界方面，特别是新民县界及沿辽河一带地区，有小股匪贼，但交通频繁的国道沿线，未受到全面影响（该地区系交通要道，教育尚未普及）。

营口海边警察队配备状况（注：前述“海边警备队”正式改为“海边警察队”）。

（1）黄海方面

陆上警备员		警备区域
大东沟分队	15	黄海东部沿岸一带
庄河分队	12	黄海西部沿岸一带

（2）渤海方面

复州分队	12	渤海东部沿岸一带
营口分队	22	渤海中部沿岸一带
西海口分队	11	渤海西部沿岸一带

“三角地带”

关于三角地带匪贼

（1）几乎均为当地出身者，故在讨伐缓和时，即再度合流。

（2）最近，小股匪贼有向安东沿线接近的倾向，需要注意。

9 日，川村部队向岫岩南约 12 公里附近出动，讨伐任团、于司令的约 150 人。

“开原附近”

栾法章在西丰南 20 公里附近，被日满军打散溃走，残党在开原县东北部西丰、清原邻接处出没。

“四郑线”

8 日，驻郑［郑家屯］日满军警及装甲列车，对青龙好的约 200 人出动，向卧虎屯东南方追击中。

“三间地带”

安广、瞻榆、洮安各县有数十匪团出没。

吉林省

“吉林地方”

濛江县城的一部分被占据，后匪团向西北方辉南县境移动，县城由该县警察 600 名及抚松县派出的警察队 250 名固守。

辉南县城东南濛江县境一带盘踞的匪团

吴团　约 200 名

压九省　约 200 名

西合　约 50 名

双胜、入山好、万山好　约 200 名

东丰、海龙县界东 60 ~ 70 公里的磐石县内盘踞的匪团

毛团、宋团、马团　约 3000 名

红军匪贼　约 500 名

天虎、黑虎、天下好　　约200名

曹团　　约300名

“北铁东部线地区”

哈尔滨近郊的匪团，自去年起出现增加的倾向，最近尤甚。

（1）进入6月开始活动，匪数达1500名，多者百名，少者数名，无政治色彩。

（2）只7、8两月间，就发生抓人事件46起，达23名，被杀者4名。

（3）因系湿地草原地区，讨伐无效。

绥芬河、东宁间电话线被切断，4日绥芬河守备队出动，进行修补及讨伐。

6日天亮前受到约2000人的攻击。7日晨安藤讨伐队被急派增援。

“热河省”

朝阳南部、锦西西北山地是残败兵匪的巢穴，有40多个或100多个集团，能密造小枪和弹药。

北票、朝阳间沿途及其附近，小匪团数个，近来通行者被害颇多。

1933年9月13日

《情报日报》8第135号

奉天省

以海宽匪团解散为契机，鞍山守备队与辽阳县合作，准备向辽阳、海城、台安各县派遣宣传队。

吉林省

“吉林地区”

10日，李寿山［伪军］部队到达濛江县城。

1933年9月14日

《情报日报》8第136号

“辽河下游地区”

关于西海、局长、长顺、东发等约200人匪团及其人质归来。

（1）在营口县第七区奉山支线大洼、田庄台间线路附近不断流动，均戴有东北边防区抗日救国军的袖标。

（2）松冈寿忠（昭和8年6月18日在大洼、田庄台间袭击列车时抓走）经盘山县中尾参事官的努力，用5000元赎回（9月1日）。

（注：袭击村屯时，各头目分别行动，与村屯居民有紧密联系，村民担

当物资筹措及谍报提供)

“郑洮线”

10日深夜，青龙好、北省、红胜的130骑，在玻璃山站南部15华里附近被击败。

在郑家屯守备队及辽源县警察大队50骑兵的攻击下，贼遗弃尸体20余（还有称为50余）、马30余，并缴获其他。

吉林省

“间岛地区”

孙华振一行7名，怀柔吴义臣，赴安图县方面。

注：(1) 孙华振企图与“九一八”纪念日为期，爆炸东满各国领事馆并暗杀日满重要高官，8月下旬令暗杀团8队（每队4名）、破坏团25队（每队5名）经密山县潜入新京、哈尔滨、奉天、吉林、间岛及其他城市；(2) 孙华振原为东北军王以哲旅长的参谋中校，6月下旬与24名部下共同在哈巴洛夫斯克与苏联军事侦探局员会合。

兴安省

“西分省”

开鲁城外的匪贼归顺问题

开鲁守备队不容许归顺，动员他们与李守信［伪蒙军头目］合并，但李无回电，忧虑此事无果而终。另外各头目所率兵员如下：

胡宝山	1800骑
北来好	400骑
占中华	300骑
黑鹰	300骑
康三点	200骑
活佛	200骑
其他	600骑
计	3800骑

1933年9月16日

《情报日报》8第137号

奉天省

“一般”

中共满洲省委对一般群众及匪贼的宣传工作

(1) 8月下旬宋治平、张秀信等13名分别潜入各县。

（2）宣传要点是：一、日俄开战的结果，将使满洲成为新的苏联区；二、各位同志不要相信日本的虚伪宣传。

（3）金川县的一般民众中，有相信以上宣传者。

“三角地带”

刘景文最近企图在岫岩县第五区龙潭沟（岫岩西南20乃至29公里）召集2700余人（内含徒手500、重迫击炮2、轻机2、其他武器装备）匪团，举行军事会议。主要议题有：一、匪团结合巩固，培养实力；二、匪团严行纪律；三、某国的武器野炮到来［此处数字不清］的攻击问题；在攻击岫岩同时袭击军队等。目前正在协商中。军事会议后，目前携行的匪团的人质，一律解放，准备在袭击县城时逆用。

“东边道”

关于老来好

（1）7月中旬经总司令李春润劝说，加盟该军，编成第一旅，成为旅长。

- 第一旅 旅长 老来好
  - 第一团 团长 杜锡五—第一营—
    - 第一连
    - 第二连
    - 第三连
  - 参谋处
  - 第二团 团长 徐金斗—第一营—
    - 第一连
    - 第二连
    - 第三连

（2）目前在清原西南部驻有汉阳（在该县第八区）。

（3）人员三百七八十名，枪器不足。

（4）部下朱广林（第一旅第一团附少校）去奉天购买枪器弹药，被捕。

“沈海线方面”

最近，毛团、宋团、红军等匪团将袭击西安［辽源］，县城传言四起，西安方面人心惶惶。驻南山城子日军田野小队决定移驻西安，以图安定人心。

“开原、四平街附近”

泉头站附近的匪贼，最近有将集团分散为10至20人的小团体以便潜入的倾向。

海风的100余人（亦称200余人）于11日袭击了朝阳坡（怀德县第四区怀德南部，公主岭西北约25华里），切断电话线并放火掠夺3小时，然后逃走。怀德县警务处据报出动120人（注：系从梨树县侵入，又返回梨树县）。

“郑洮线”

在玻璃山站东南15华里林木厂焚毁房屋，但无居民。

“三间地区”

天下好、占江红的120人与五省、把天、天荣等共同盘踞在洮安城东北10余华里的官银甲窝堡。

吉林省

“吉林方面”

桦甸部队出动的柳田小队跟踪扫荡孟、王、相三头目率领的90名，7日在宿营地遭射击，交战2小时，将其击退。贼遗弃20。日军兵重伤1，马夫日人死1，满人［中国人］重伤1。

“北铁东部线地区”

关于袭击东宁的匪贼

（1）朝鲜人共产军混入，撒布日、朝、汉语传单。

（2）因吴义成军干部督战，抵抗到最后。

（3）贼主力600名退却到东宁西南部地区。

贼之一部，9日天亮前接近东宁东北门附近，并开枪射击，守备队开始扫荡东宁北部地区。

黑龙江省

“通河东北地区的扫荡”

（1）通河守备队派出的野村部队，以预先在板子营南2公里高粱地内构筑的阵地为根据，与约300名匪贼进行遭遇战，经30分钟，将其击退（7日）。

（2）贼遗弃连长等尸体30。日军员伤2，警察队员死1，负伤1。

兴安省

“南分省”

兴安南分省达旗警务局编成政治工作班6个班（每班40名），预定以一个月为期进行派遣。

（1）目的：训练管内自卫团并取缔枪器。

（2）分担：分成各3个班，一在科尔沁左旗的三旗，一在科尔沁右旗的三旗。

热河省

李海山、占中央的约800人在平泉西南6日里处，与满军交战后败走。占中央战死。

1933 年 9 月 19 日

《情报日报》8 第 138 号

奉天省

“满铁干线”

鞍山大孤山采矿场，进行采矿作业的满铁社员品川遭匪贼狙击，即死（注：欲抓走而进行格斗，见无法抓走而将其击毙）。

“三角地带”

北国、天德、高飞等率部下 200 人，向来在辽阳第五区（县南部）及凤城、本溪交界处进行活动，数次遭日满军的讨伐，在高粱收割期，高飞与部下十余名共同潜入故乡辽阳县第五区。

“东边道”

共产党中国人张秀信、朝鲜人金英合谋，使金川县内全局好以从共产党处获得 300 元为条件，将部下 200 余名、大小枪器 140 挺、弹药 4000 枚让给二人。全局好被推荐为共产军的临时指导，该部在张的率领下向通化出发。

“沈海线方面”

得知南山城子防备薄弱的匪团，逐渐向该地区聚集。有金要的约 30 人，苏子余的 200 余人，仁义军、金山、九龙等的 70 余人，朝鲜独立党的 60 余人。

“公主岭地区”

因特产即将上市，公主岭腹地小股匪贼蠢动不止，公主岭特产商及其他机关正在研究对策中。

“四郑线”

辽源县警察队 80 人及日本守备兵 20 名，在郑家屯北 32 华里处，与青龙的 200 余人交战 1 小时，除留下敌尸体约 40 具外，还缴获枪支弹药。

将青龙好一伙的匪首远来逮捕（9 月 13 日）。

“三间地区”

洮安警备队 60 人，在洮安西第五区，与龙光纪、东来红、五省等的约 250 人激战 1 小时，将之击退。敌遗弃尸体 20，我方死 5，伤 8。

吉林省

“吉林地区”

袭击濛江县城之匪，其后大部分潜伏在县内，其主力在县城南 15 公里附近地方。

兴安省

“西分省”

胡宝山等约 3800 人将与李守信合并，由开鲁出发。

开鲁农商会向胡宝山提供谢金 1 万元。

黑龙江省

吴锁子的 100 余人，由苏联方面得到巨额资金，潜入江省，开始种种反日满运动。

1933 年 9 月 20 日

《情报日报》8 第 139 号

奉天省

“一般”

东边道、三角地带两地区残存相当多的匪贼，自警团受到压迫，时而出现通匪者，现在守备队各队都在谋求对其整顿、强化。

“东边道”

9 月 7 日，英司令、绿林好、双龙、五龙军、红山、压九省、陈均东（大刀会）的约 600 人，袭击了辉南县东南部第二区抚民屯镇。

（1）切断电线，采取包围形式来袭，并放火烧毁南、北门外的民家、学校、区公所等 143 间房屋。

（2）交战 5 小时后败退。

（3）掠夺拉走人质、骡马、各种货物甚多。

“沈海线方面”

九江好、占九河、中国军、占东、岳东等（共约 100 人），向清原县北部第四区内的两个村长强要军衣、军帽、金戒子（指）、大洋及其他物品（注：应是准备冬服）。

“三间地区”

东来顺的 300 余人盘踞在洮南西南 4、5 日里的太平川。攻击中。

东来红的约 70 人（武器完备）出现在洮安县第五区（洮安西部），被县警察队击败。

驻洮南骑兵二十五联队第二中队在洮安西南方 15 公里处与匪贼交战，将之击退。战死下士官及兵 5，负伤 8。

“奉山线方面”

老梯子的 50 余人，在白旗堡至绕阳河间，袭击了奉天发旅客列车第 111 次（9 月 16 日）。

（1）伤旅客日人 2、乘警 4、死守备兵 1。

（2）抢走旅客所带现金约 8 万元。

吉林省

“北铁东部线地区”

袭击东部线列车事件频发：

（1）9月14日6时，在高岭子东部驶向哈尔滨的国际列车，遭约100人的袭击。路线被破坏，机车1、客车2脱轨；乘警重伤1、轻伤1。

（2）9月14日8时，在上述高岭子东部地点向哈尔滨行货物列车受袭击。机车1、货车2脱轨颠覆。

9月12日，十多名匪贼在阿城南15公里处，袭击运行的中国国际公共汽车，抓走日人1、“满人”2。

13日，若林部队收容遇难者和车体，归还拉林。

东宁附近匪贼与苏联境内似有烟火信号联络。

北川中队等从绥芬河出发前往增援。

9月13日约100人侵入穆棱南街，被守备队击退（9月13日）。

“松花江下游地区”

今田支队于宝清击败陈东山并入城（9月12日），9月13、14日留驻两天，维持治安。

1933年9月21日

《情报日报》8第140号

奉天省

“三角地带”

川村支队驻扎于析木城东22公里南马峪，将附近满军分散配置，以讨伐在该地的天德、北国的约200人。

“沈海线方面”

毛团、东四季、天虎等“匪”团约500～600人，进入海龙县内，协商袭击西安［辽源］问题。

吉林省

“吉林地区”

磐石县内匪团缺乏粮食，今后生活困难，如不袭击物资丰富的城市，没有办法。奉天省内城市及县城遭袭的说法频传。

“北铁东部线地区”

宁安警备队在宁安周围30华里范围内游动，保护农民的收获。

黑龙江省

9月15日，齐齐哈尔自卫团成立，共700名。

热河省

凌源县内匪贼向长城线方向移动，似准备袭击沿途兵站线。

1933 年 9 月 25 日

《情报日报》8 第 142 号

奉天省

“三角地带”

三角地带的匪情：

（1）在安东县西部、凤凰城东部地区，有李子荣残部 150 名、王锡山的 100 名、敖锡山、新要的 100 名，以及老来好的 80 名，计 400 余名的匪团。

（2）在凤城县西北部及岫岩县北部关门口，有邓铁梅系统的 300～400 名散在。

（3）原来在岫岩北部的天德、北国、于老好、合字的约 400 人，9 月 18 日向岫岩、海城的南蕨峪、达道峪、东大岭、黑峪、花红峪一带的峪地移动。

（4）岫岩、庄河县境附近，有刘景文系统的数团约 1000 名。

以上三角地带的匪贼，因已开始收割高粱，为做最后的活动而集合。

鹏飞在岫岩东南方 14 公里地区活动，川村部队以在岫岩的主力部队出动讨伐。

千山附近的长胜、九江（部下约 40 人）毙命。

鞍山守备队大村中队 40 人及自卫团出动，与其交战 50 分钟。日军兵死 1，兵伤 1。

“东边道”

金川县内散存有土匪、大刀匪 2000 人以上，弹药一般都很充足，不可能彻底讨伐。

临江地区不存在大匪团。

（1）该地区人口极其稀少，没有足以养活匪贼的物资，匪团生存困难，但在其他地方受到讨伐的匪贼，会偶尔流窜至此。

（2）担任临江地区警备的李支队，在各县各有一部，主力位于临江。

“沈海线方面”

李某的约 400 人在抚顺东南 12 日里处，与兴京县方面的匪贼联络，策划袭击抚顺。

“辽河下游地区”

卢士杰、占胜的 200 余人，似逐渐接近盘山县城。

匪首不明的20人，在辽中县小新民屯附近袭击了乘客汽车（注：是奉天沈辽长途汽车公司经营的奉天至辽中客运汽车）。

“三间地区”

五省、天邦等的约50人（步匪）盘踞在洮安西27公里（第二区）处。19日满军出动一个连。

洮安原配置一个骑兵连，现增派一个连，9月18日到达。

在洮南东南方盘踞的东来胜匪，在洮南东南方太平山，被骑兵第十团长率领的一个骑兵连击败，遗弃尸体12、人质9名，逃走。

“奉山线方面”

9月16日白旗堡、绕阳河间旅客列车被袭击情况：

（1）双龙、清乡、八合的约60～70人。

（2）战死日军2、负伤“满”人旅客4、路警1、行踪不明线路工人1。

（3）损害铁路局9月份工资约十万零二百元；旅客携带的约1000元（现金及贵重品）；路警携带的兵器（狙击铁路局的工资现金送款，完全是有计划的行动，路上使用了红旗等危险信号）。

吉林省

中共汪清县委党势扩大，吸收吴义成。

（1）根据共产国际浦潮［海参崴］政治局的紧急指令（罗子沟救国军干部数名参加，8月21、22日召开的党势扩大会议）。

（2）决议事项：日俄开战之际，中韩革命红军作为先锋，以东宁县及罗子沟为中心，阻击日军北进；建设罗子沟苏维埃政府、组织红军特务队。

兴安省

“西分省”

郑家屯黑谷司令官增派以第一中队为中心的200人。

在札兰营子附近，头目一人周泰好毙命（21日），对贼追击中。

1933年9月26日

《情报日报》8第143号

“满铁干线”

不服劲儿（约160人）纠集小匪首伺机袭击附属地，但随着收割高粱，将解散。

“三间地区”

9月20日，驻洮安警备军在洮安县西部第五区，攻击五龙（部下约50人），使之四散，逮捕了五龙。

“东边道”

通化县的现状是，50～60 乃至 100 人的匪团在县内各区出没。

“辽河下游地区”

卢士杰强制绿林好、南海，向北镇县北部前行。

辽西地区警备军向盘山东北方面出动，与北镇县的警备队协（携）手，防止该匪向热河逃走，正在警戒中。

“吉林地区”

磐石县地区红军游击队近况：

（1）中共党和秘密结社的细胞组织走向没落（原因是变节、逃走者续出）。

（2）但红军第三十二军所属的南满游击队与各地有力匪团相提携，活动频繁。

“北铁东部线地区”

9 月 16 日，爱国的约 350 人袭击窑山县境，9 月 22 日掠夺县城西北半部，烧毁房屋 30 间，抓走人质 15 名。

1933 年 9 月 27 日

《情报日报》8 第 144 号

奉天省

“三角地带”

随着岫岩警备队以主力讨伐鹏飞，潜在各地的小匪团呈现或者集结、或者合流的迹象。

鹏飞去向不明。

“安奉线”

保国、北国、天日军、南洋、打的好召开头目会议，向凤城县长提出归顺。

（注：在凤城县东北部第七区盘踞中；北国、打的好的 50 人来到通远堡东南 25 华里，逗留中；平日好、北国正在刘家堡东北地区活动，扬言袭击祁家堡）

“沈海线方面”

东丰、西安［辽源］两县接壤地区的军警各部队，阻止匪团西进，并攻击匪团，使其损伤。

“辽河下游地区”

张殿臣势力衰落，隐居某家，但被某家告密，欲逃走时，被警察署员及自卫团包围击毙（注：系康平县出身）。

“奉山线方面”

9月16日袭击旅客列车者为卢士杰部下四海、长弓率领的一团人，现在盘山县马厂盘踞中。

卢士杰、战胜的约200人受北镇县第五区警察队及日军的攻击，向义县方向逃走。

“三间地区”

战胜的约40人（武器完备）侵入并盘踞在洮南县西北部那金河西北7公里处。

托人、天荣的约200人，与东来红共同出现在白城子站西南22华里处。

吉林省

“吉林地区”

在伊通县东山沟，自称为“抗日军”的匪团抬头，不许农民收割高粱。

伊通县内匪贼多数逐步南下，似以西安［辽源］煤矿为目标（注：磐石县内匪贼也企图袭击西安）。

兴安省

“西分省”

开鲁附近归顺匪9月11日从开鲁出发，但各匪首间在决定地位、待遇上意见不合，似已中止前往多伦。

1933年9月28日

《情报日报》8第145号

奉天省

“一般”

平海岛、长江的归顺处理：

（1）两头目被守备队采用为密探。

（2）由三个村长连保，部下全部归农。

（3）采取指纹，继续监视。

“三角地带”

鹏飞匪似逃到岫岩东10公里附近的北部，还有一伙似在哨子河南4公里处，都在追蹑中。

邱良沅、刘希康、丁岐山的300多人解散。

分得的钱少，生活穷困，提出抢掠不被允许，故解散、回家、逃走者续出。

“公主岭方面”

占北省、中侠、东洋胜、清合的合伙匪团约 74 名，全部解散。他们 9 月 19 日来到刘房子东南约 7 日里地点盘踞（注：因秋冷和逼近高粱收割期）。

“东边道”

下列头目的决议：

兴京县的李静千（大刀匪）、占东边、梁士凤（朝鲜独立团）、三省、九江好，本溪县东北部的青山好、放友（但向相原中队归顺）、保国省：

(1) 纠集本溪、桓仁、兴京三县的暂休“匪”2000 名，在高粱收割前，进行一次大决战。

(2) 如有进展与邓铁梅合流。

(3) 即使无进展，也要在桓仁县内过冬。

“四郑线”

青龙好的 100 余人在各地受到讨伐，士气沮丧，决意逃走，目前在三江口东北 25 华里处。

“三间地区”

关德昌、陈青山的约 40 人红枪会匪，在洮南县西北部第六区抬头，目前正练习夜间枪术。

天广的 50 人出现在洮索线平安镇站南 3 华里处。

兴安省

“西分省”

开鲁西部匪贼续报

(1) 获得 1 万元的胡宝山部下 30 余人逃走（注：按普通行程，两三天可到达多伦）。

(2) 天下好的部下小头目扫北等约 40 人，据称为获得金钱赴开鲁，正在开鲁西约 35 华里处掠夺。

(3) 通辽、开鲁间的大车队受少数自卫团护卫，同时因与匪贼相识，未被掠夺。

黑龙江省

在北铁西部线小蒿子站西 2 华里处，盘踞有匪首不明的约 100 名（满洲国军也混入其中）。

小蒿子护路军、泰康马巡队应援出动，将其击退。

居奎、武宋的反日满煽动

(1) 驻在甘南县四方山，招（召）集各地不良民众，组织“红枪会”，进行掠夺。

(2) 最近驻在大河湾附近，与该地自卫团长、乡长、天下红匪联络，煽动游民，进行反日满的宣传（注：居住在四方山的原来是匪首）。

谢辑五的策动：

(1) 引诱甘南县境阿荣旗管内自卫团长关海山和居住在李三店的张信等。

(2) 联络大国、双山、双龙、保国、太平等，纠集散在各地的原部下。

（注：谢原为苏炳文的后方运输司令）

双山的100余人，在兰西县冯炉律家店附近盘踞。讨伐中。

热河省

对热河省的归顺匪的方针是，尽量使之转移到“国”外。

三 抗日救国团体

部分东北抗日群众组织成立时间*

（1933～1936）

反日会：

第四军［人民革命军］游击区反日会筹备委员会发表，1936年3月5日。

反日会：

《中共满洲省委反日会规则》见1936年延吉地方警务委员长间濑勘八致中央警务统制委员长东条英机延警委第267号函。

东北反日总会：

东北反日总会筹备委员会《东北反日总会章程》，1936年。

南满反日会：

《南满反日会章程》，活动范围为：磐石、伊通、双阳、桦甸、西安［辽源］、辉南、濛江、金川、抚松、海龙、柳河、临江、清源、通化、桓仁、东丰、西丰等县。情况见1935年8月5日间岛领事致驻满大使南次郎机密第974号函。

东北抗日救国南满总会：

《东北抗日救国南满总会规定》，1936年。

---

* 此件是从关东宪兵队档案中抄出的，关东宪兵队档案藏于吉林省社会科学院。

东满中韩反日联合会：

《东满中韩反日联合会斗争纲领》，见1933年11月7日间岛宪兵队长西永彰致关东宪兵队司令官田代皖一郎，间派宪高第258号。

沿江协会：

由船舶乘务员、脚夫、造船工人组成，1933年5月1日实行《沿江协会纲领》，见1933年5月30日民政部警务司长致民政部总务司等函，民警侦情第70号。

东满中高反日联合会：

《东满中高反日联合会章程》见1935年5月21日间岛总领事致驻满大使南次郎机密第567号函。

宁安县反日总会：

《宁安县反日总会规则》，1935年1月20日。

中国民族武装自卫委员会：

日本陆军炮兵大佐《关于中国民族武装自卫委员会》，《哈市常报》1935年2月25日。

自卫队：

《自卫队工作大纲》，见1936年1月14日延吉地方警务联络委员长都间观三致中央警备联络委员长东条英机延地警委第7号函。

青年救国团：

《青年救国团纲领》，1936年。

哈尔滨青年反日同盟：

哈尔滨青年反日同盟临时委员会，1936年9月2日。

北满青年救国会：

《北满青年救国会章程》，1936年4月8日。

满洲反日青年大同盟：

《满洲反日青年大同盟纲领》，1933年10月9日。

中国工人“五一”俱乐部：

《中国工人“五一”俱乐部规则》，见1935年9月10日哈尔滨宪兵队长中井伝致关东宪兵队司令官岩佐录郎哈宪高第1665号函。

北满中国青年救国总会：

《北满中国青年救国总会规则》，1936年3月1日。

下江救国青年会：

《下江救国青年会规约及纲领》1936年6月。

农民协会：

《农民协会章程》(草案),1936 年 6 月 15 日。

编者注:该件所列东北人民抗日群众团体,只是从关东宪兵队档案中偶尔发现的部分情况,极不完全。此后与抗日武装联系或受抗日武装支援的群众团体不只一、二。例如 1938 年 11 月 29 日伪满治安部警务司长植田贡太郎致关东宪兵队司令官的治警特秘发第 2050 号报告载:通化省特别工作班自 1938 年 9 月 2 日起,经过大约一个月的时间,将东北抗日联军第二军支援的太平村救国会、二道坎子祖国光复会、榆树林子保国会破坏,逮捕了其领导人和骨干。这些团体基本实践纲领是:向红军提供粮食、衣被及其他必要物资;详细报告军警的配备、行动及企图、部落防卫实况;向一般村民宣传红军活动的目的;发展会员;反对建立集团部落,并进行怠工;反对赋役出劳;其他适应红军需要、密切与红军联络;等等。因本书以反映抗日义勇军抗日情况为主,故所收文献基本上截至 1936 年。

伪吉林省公署警务厅长致伪民政部警务司长函*

(1935. 3. 22　吉警特高秘收第 567 -2 号)

以磐石县为中心的思想犯罪检举情报。

要点:

1. 该案已报告在案,磐石宪兵分驻所仍在继续调查中,到 3 月 13 日止,检举[即逮捕]人员 89 名(外有烟筒山警务段 17 名)。在已检举者中,有极力否认犯罪事实者;下级打工者中,有相当数量的人是受红军甜言蜜语欺骗而无意识地入党、入会或随同别人而加入者。

2. 工会组织系统,在中国共产党磐石中心县委直接领导下,在每个保线丁场组成,受其牵连者,肯定包含铁路员工,就连铁路沿线矿山、农民和满军中,也有相当的人受牵连。满军部分现已查明。

3. 今后的搜查方针是:对已检举者继续进行严肃调查,同时对逃走者努力进行检举。

下记:

一、检举状况

(1)第一次检举状况:

3 月 5 日　　工会会员　　15 名

反日妇女会员　　4 名

(2)第二次检举状况

3 月 7 日　　43 名

* 此件为抄件,藏于吉林省社会科学院。

（3）第三次检举状况

工会会员　　27 名

外烟筒山警务段　　17 名

二、犯罪概况

甲、工会会员状况

在已检举者中，有相当多的人参加共产党及共青团。据其坦白交待：吉海工会在中国共产党磐石中心县委宣传部负责人陈万富领导下，自昭和 9 年 4 月，即在以烟筒山为中心的各丁场，开始组织，其标榜的是：

（一）工会称为中国共产党人民革命工会。

（二）工会的目的是，要求总局增加工资，改善其他待遇和优待方法。

（三）将工会置于人民革命军即红军领导之下 。

（四）红军的使命在于领导和夺还东三省。

（五）红军标榜反满抗日，打倒日本帝国主义。

（六）工会对红军须进行积极的群众援助。

（七）红军袭击列车时，工会会员从事铁路破坏和交通网破坏，以援助之。

（八）工会为东三省工作。

（九）工会会员努力发现“满人”走卒。

如上所述，关于阻碍铁路运行工作，系根据红军命令随时都可进行，但因满军不断讨伐，红军移向江［松花江］南，未达到目的，今夏将大力实行。因此，工会会员曾再次召开秘密会议，努力强化内部团结，获致会员，撒布煽动性文件。相当多的下级打工者受到红军欺瞒，在无意识中入会、入党，或附和别人而加入。

乙、反日妇女会状况

已检举的反日妇女会会员，是中国共产党及中国青年团团员。该会受磐石中心县委朴某（朝鲜族，女，21 岁，已检举）领导，于去年 4 月组成，其标榜是：

（1）反日妇女会受磐石中心县委领导。

（2）反日妇女会努力慰问武装部队，内查日满军行动，武装部队到达时，负责附近警戒。

从已检举之 4 人看，全系参加过各地召开的秘密会议者，且参加过募集会员和筹办维持费的实际行动者。

本案审查结果，判明烟筒山满军第十一团中潜伏着共产分子，一俟与地区顾问部取得联络后，即行检举。

编者注：文中所谓“丁场”系铁路沿线保线工作基层劳动作业组织。

日本驻满洲国大使南次郎致外务大臣广田弘毅函*

(1935.4.6　公机密第528号)

关于吉海铁路赤色工会关系检举状况

查本案已于本年3月26日由吉林总领事以机密第210号向本使报告在案。最近，在满洲省委领导下的满洲总工会，与中华全国总工会共同在浦潮［海参崴］太平洋职工秘书处的指导援助下，作为该处哈尔滨分会之一员，遵循国际的路线，努力于在满工人的赤色工会的组织工作，以便形成在党领导下的反日运动，同时扶持和扩大党的势力，努力发展赤色游击运动，大有以建设满洲苏维埃共和国为目标的赤色劳动运动之势。关于这一赤色工会运动，早在检举以哈市为中心的省委的时候，就已判明关于呼海铁路（呼海路支部）的部分情况，及北铁［中东铁路］东部线的关系（吉东局）。此外，如南满、特别是吉海路等虽从各种文献中可以预测其必有赤色工会组织存在，但不易弄清真相。此次由于磐石分署对吉海铁路工会施行了毁灭性检举，暴露了该工会广泛地分布在整个吉海线，并在磐石中心县委领导下，磐石人民支持与援助人民革命军，积极奔走于反日反满赤化运动的扩大等从来不易弄清的内部情况。由于此次检举的结果，曾使铁路运营一时陷入停顿状态，以致成为国铁［当时伪满铁路有伪满国有和满铁社线之分］最初的重大事件，给诸多方面都带来很大冲击，同时也引起了各方面对中共党的赤色工人运动的关注。

关于吉海路工会的组织状况，与所附报告记载无何出入。正如报告中所指出，该工会并非最近的组织，其发端乃是由于满洲事变结束后，磐石事变前的昭和7［6］年8月间磐石中心县委所派党员——朝鲜人李成五（时29岁）等三人，以该县小城子附近为根据地而组织起来的。获得的群众达300人左右，活跃于暗中破坏铁路等工作，但在磐石事变时曾一度陷于解消状态。其后，到昭和8年春，在磐石中心县委干部满人［中国人］陈子升（即陈质生），亦即陈文彬与田老疙瘩二人重建了该工会。这便是此次检举工会的基础。该资料可作为吉海工会发展过程研究上的资料。

该资料所附1935年3月26日吉林总领事赤冈正平致驻满大使南次郎机密第210号报告称，到3月21日，共逮捕8次，达109人。

编者注：另据1935年5月29日延吉宪兵队队长加藤泊治郎致关东宪兵司令官岩佐禄郎延宪警第224号报告称，1935年5月11日逮捕了与吉海铁路工会事件有关者伪满

* 此件为抄件，藏于吉林省社会科学院。

军混成第八旅步兵第十一团一营步兵少尉曹裕民。

伪民政部警务司长致中央警务联络委员长大使馆警务部长关东局警务部长等函*

（1936.3.17　民警思对发第34号）

关于检举革命军外围团体青年义勇军之件

康德2年3月中旬，红军所属马指导员，从柳河方面率领称为红军义勇军的十六七岁的青少年约60名，来到桓仁县第八区履康村仙人洞，与当地的红军共同行动，在此期间，在该地进行了青年义勇军的组织工作。同年8月，上述义勇军再去柳河之际，只马指导员一人留于仙人洞，选任王振铎（22岁）为队长着手组织义勇军，9月2日组成了如下青年义勇军第一队，9月15日组成青年义勇军第二队。

在各队组成同时，由红军胡部长向各队发给洋炮一支。9月以后，第一队第二队合并，编入桓仁反日农民自卫队（队长赵文喜）之下，在桓仁第八区阜康村、履康村一带活动。10月下旬，第一队队长王振铎等向柳河方面转移，现与红军马连长共同行动。第二队依然在第八区活动，10月14日在阜康村杉木厂，由红军胡部长发给防寒服20套，防寒帽20顶。

［下略］

四　东边道与三角地区的敌我斗争

1932～1935年伪军对东边道的历次“讨伐”

主要作战名	参加部队及总司令官	参加兵力（人）	抵抗部队及兵力	作战时间	要旨
第一次东边道肃清	奉天军于芷山	4000	唐聚五东北民众救国军王凤阁（大刀会）20000人	自大同元年5月至6月	
第二次东边道讨伐	奉天军于芷山	8000	唐聚五东北民众救国军20000人	自大同元年7月至10月末	与日军协力讨伐东边道一带，使唐玉振以下约1000名归顺，击毙270余名。

* 此件为抄件，藏于吉林省社会科学院。

续表

主要作战名	参加部队及总司令官	参加兵力（人）	抵抗部队及兵力	作战时间	要旨
第三次东边道讨伐	奉天军于芷山	5000	东边道蠢动贼团20000	自大同元年11月12日至12月5日	
第四次东边道大讨伐	奉天省警备军（第一军管区）混成第二、三、五、六旅教导队三营总司令官廖弼宸	5000	东边道一带兵匪；仁义、王殿阳、王凤阁、大善人、马兴山、长青、苏子余，鲜匪，其他4000人	自康德元年6月12日至8月下旬	
第五次东边道讨伐（特别工作）	混成第二、三、四、五、六旅　通讯队总司令官廖弼宸	6000	东边道一带兵、共匪：王殿阳、王凤阁、马兴山、大善人、杨司令、苏子余、占东边、救国军、保国、国海山、苏营长、赵营、马旅、天虎、东四季，鲜匪，其他4500	自康德元年9月下旬至10月下旬	
第六次冬季东边道讨伐	混成第二、三、四、五、六旅第一教导队步兵团总司令官王殿忠	6000	东边道一带兵、共匪（同第五次讨伐各匪团，但王殿阳已被讨灭）4000人	自康德2年2月上旬至3月上旬	
第七次东边道讨伐及奉吉省境讨伐	混成第二、三、四、五、六旅骑兵第七团混成第九旅步兵第十一团总司令官王殿忠（东边道）廖弼宸（奉吉）	6600	东边道一带兵、共匪（与第六次同）35000人	自康德2年3月上旬	

资料来源：此表原载伪国务院总务厅情报处编《满洲大系》第二十二辑“军政篇”；此件为抄件，藏于吉林省社会科学院。

关于第三次三角地带讨伐后警备的注意事项*

（1933.6.12）

独立守备步兵第四大队长　板津直纯

4月中旬起至6月中旬实施的第三次三角地带讨伐的结果，如邓铁梅、刘景文等反满色彩浓的匪团已溃灭四散。由于满洲国基础确立，不断追蹑，

* 此件为复印件，藏于吉林省社会科学院。

他们的抵抗意志消失，或者为自己危险之念所袭，陆续归顺，治安恢复。与前一年比，面目一新。

然而，小股匪贼还到处出没，使良民受苦，或窥讨伐空隙，重组集团。因此，大队进一步鼓舞勇气，指挥满洲国军宪，相互协作，在高粱繁茂期之前，进行彻底扫荡，以期剿灭残匪。

剿灭之事是极难的事业，只有有关军队官宪等密切协作和统制，不断活动，方能取得其实；共同采取积极的攻势，使敌匪无蠢动之余地才行。恰好近期将设立治安维持会，故特重申过去的指示事项，并陈述希望事项。

一、在主要地点完善防备设施，对突然袭击，不能失于防备。

二、周到适当地运用、统制满洲国方面的警备机关（警察队、警察署、自警团等），谋求完善其供给，努力勿使活动受到阻碍。

三、匪情的密切联络通报。

1. 日满官宪相互间，迅速将其得知的状况、对策以及关于协同事项，恰当地进行联络，同时使各分局长、区长不失时机地将附近“匪贼”情况，向相关满洲国上级和最邻近的日本军宪报告，全面彻底地实行故意隐瞒匪贼者与匪贼同罪。

2. 日满军队、警察队出动通过之际，各村长、自警团自发地提供便利，通报附近匪贼的有关状况。

3. 对搜集的情报，对照大局判断其价值，务必努力在判断后，抢占先机，妥善处理。

四、铁路线路的保护。

1. 区长命令管下各村，分配给他们铁路线路的警备担任区，并将情况向该当守备队报告。

2. 村长负责保护分担区域内铁路线路及附属之各属设备。其任务是：

不得在铁道线路上通行或踩踏，不得横行通过。

努力杜绝小孩等无意识行为。

发现线路出现故障时，速即通知有关单位。

察知有加害线路的企图时，极力加以制止，并及时地通知有关单位。

五、道路通信网的开设保护。

1. 各县实施警备上需要的道路、电话线的开设、补修，同时令各区长对各村修补担当区，与分局长共同负责管理。

2. 村长担任其担当区的保护修补，被破坏时，迅速使役村民进行修补。桥梁的破坏，需要相当大的工费者，速经区长报告县公署，请其修筑。县公署应经常了解这些方面情况，每月末将情况通知当地守备队。

六、厉行民间枪具的调查。

七、调查户口，明了残匪状况，并防止村民匪化。

八、确保禁种高粱区域，不给匪贼以活动余地。

九、匪贼的讨伐，紧密联系，排除万难，坚持实施，特别是县境附近的剿匪，与相关的县紧密联络。

十、在持续剿匪的同时，谋求促进归顺工作。

十一、在宣传王道政治的同时，实施贫民的救济医疗。

十二、时常召开村长会议，疏通意思，提高信赖日本人的程度。

十三、对成绩良好的满洲国军警、村长、区长、分局长、自警团等，适时给予表彰。

十四、鉴于投入“匪贼”群体的青少年很多，对之特留意教育指导。

十五、用悬赏办法，努力逮捕邓、苗等。

十六、努力发现没收被隐藏的兵器和其他军需品。

十七、严密警戒铁路沿线及河岸船场，防范头目的逃走、密使往来及武器弹药秘密运输等活动。

十八、警察队及自警团的弹药出纳，要特别注意。

十九、种植鸦片是为了养育匪贼，故须彻底禁止。

二十、由县长、局长等县里官员平易进行宣传，最有效果。希望内地警备队方便时常常巡视。

二十一、宣传资料应适应当地情况，故应努力搜集，适时通报。

二十二、宣传应积极进行，以使匪贼崩溃，调查扰乱治安的流言蜚语来源，严行处理。

二十三、努力圆满解决朝鲜人问题。

二十四、调查匪贼的出身地、系统及与其他人的联络等，以资判明全面情况。

二十五、观察警备队附近的既有自警团的素质、组织及其成绩等，提出将其改编整顿的资料；对于尚未组织自警团的地区，在日军撤退后亦应随时报告为维持治安所采取的措施。

二十六、注意各种思想团体，特别是共产党的秘密动作。

二十七、在各警备队都配属有宪兵，故警备队长将其作为部下处理，交给适当的任务。

编者注：该件报送守备队司令部、第四大队本部，各中队、各处宪兵机构、各警察部。守备队大队相当于营的编制，当时的所谓独立守备队有 6 个大队，分驻各地，是剿杀抗日军的专业武装集团。不久关东军的独立守备队扩编为 5 个独立守备队，每个独立守备队大体相当于旅团编制。在 1941 年对苏备战高峰时，关东军还特别设立了专门统辖各守备队的关东防卫军司令部。

文中所载邓、苗，即辽南义勇军重要领袖邓铁梅和苗可秀。邓曾任东北民众自卫军第二十八路司令，与日伪军作战达百余次，队伍发展到万人以上，主要活跃在安东、凤城、岫岩、庄河一带。1934 年邓铁梅在岫岩张家堡子患病期间被捕，同年 9 月 28 日被杀害于日伪奉天陆军监狱。苗可秀是邓铁梅的继承者，原为东北大学流亡学生，受北平东北民众抗日救国会派遣到辽东邓铁梅部工作，邓铁梅遇难时，苗可秀任少年铁血军总司令。这支抗日军是邓部的学生队，由几县大中小学生和教师及青年农民组成，1935 年 4 月 21 日还曾进行使日伪遭受很大震动的汤沟战役，同年 7 月苗可秀被日伪杀害。

伪奉天警备司令部情报*

（1933. 8. 1　第 328 号）

匪首李春润之动静

混二旅赫旅长世（31 日）电报告：今早据北井子苗连长报告，李春润确由窟窿山登岸，以三个帆船运来迫击炮四门、重机关枪五挺、手提式八支、手枪三百余支、步枪二千余支、子弹甚多。职率步兵五十名在外游击，于二十六日至高家堡子与运械弹千余名之匪遭遇，激战一时，以众寡关系，遂向北井子引避，匪向椓木山子窜去，等情。职据该报告，兼红旗沟被陷，足证李春润由海道窜来。

匪首李子荣之动静

1. 混三旅刘参谋长八月一日正午电话报告，李子荣匪现在龙王庙与日军交战中。

2. 刻下日军三个中队及飞机数架往龙王庙增援中。

混成第六旅参谋处八月一日电报情况如下：

1. 田残匪在南山城子西南三道岭子被教导队步四连击败，向兴京境内逃窜。职部骑兵第三连已向南山城子进剿，独立步三营分在向阳镇、大沙滩边缘等处各驻一连堵击。旅长率直辖部队昨午已回原防。

混二旅赫旅长世亥电报告情况如下：

姚参谋同村濑中尉于本日早九时到达红旗街，我第十连之一排因弹尽援绝，众寡不敌，于三十日上午十时许悉数被俘。李春润复于昨午后至红旗街，率众千余名，将龙王庙包围，友军今中部队正与苦战，姚参谋与村濑中尉率队已自红旗街向龙王庙增援。

日军通报情况如下：

---

* 此件为复印件，藏于吉林省社会科学院。

1. 由凤城派遣之日军已于昨晚进抵龙王庙附近。

2. 由安东派遣之日军，于今早八时攻击在龙王庙东方高地之匪贼。

[后略]

伪奉天警备司令部情报*

(1933. 8. 9 第334号)

一、混二旅赫旅长电报情况如下：

1. 麻亥电，大营子电话昨晚十时不通，顷得确报被邓匪破坏，当晚十一时有少数匪人扰乱，现沉寂。该匪大部约六七百人刻在老古拉子一带盘踞。又，我杨团长四日报告，当日午前五时同赤城支队在白家堡子与李匪接仗，激战七小时之久，匪势不支，向大李家堡子一带溃去。是役匪人伤亡约三四十名，我部伤兵三名，友军伤亡兵各一名。

2. 鱼午电，李匪已窜至伊家堡子后东大沟一带，友军伊藤中队及板屋、齐藤各小队，由高丽门、汤山城分头进剿；我杨团同赤城支队由大李家堡子，多村中队、于山中队及我四、九两连由小前东沟、大房身中线，高参谋率徐营由大油盘沟，统向该匪包围中。

3. 麋［麻或虞之误］申电，杨团长六日报告，李匪经该部与赤城支队痛击后，约有七八百名之匪，驰向大李家堡子、台沟一带窜去，当协同友军跟踪追剿。第一连在上午六时进至大李家堡子，与该匪激战二时，余匪向轧车岭方向逃去，当率所部尾追五里许，因周围均系友军，恐生误会，遂令集结于大李家堡子。台沟之匪同时亦被击退，向伊家堡子溃去。杨团长当晚宿营于大李家堡子。

二、混成第三旅八月三日报告情况如下：

[中略]

据驻小洋河第六连连长李恩普报告，本月二十八日早三时半，连长率全连及迫击炮一门，由小洋河子出发，赴第五区老古庙西北高地搜索前进，于八时半到达老古庙，该地并无匪情遂于午前十时返防。于十一时行至三岔口（距县西行二十四公里），在各山岭上发现匪人二百五十余名，匪首系刘景文部下伪副司令于显廷、云海清、姜护国等，向我射击，我军当即迎击，互战二小时，毙匪一名，伤匪数名，匪势不支，分三路向西南罗圈沟一带逃窜，搜获匪人委任一纸（系吴成仁大队长）。此役计我方迫击炮连伤兵一名，于午后七时归还小洋河子防地。

---

* 此件为复印件，藏于吉林省社会科学院。

［后略］

伪奉天警备司令部情报*

（1934.5.5　第42号）

一、任福祥帮匪之态度及讨伐部署

A. 任福祥股匪经连日痛剿后，分两部逃窜。

B. 为彻底肃清该匪计，决定如下之部署：

1. 混成第二旅各部队、教导队骑兵团、步兵团之第一营，于三日拂晓由红旗沟进至大洋河左岸，由厢白旗、正蓝旗堡子向大营子方向扫荡；

2. 混成第三旅步兵第三团长率第三营之第七连附机关枪两挺、迫击炮两门，位置于哨子河，以一连位于洪家堡子警戒一面山以北地区；

3. 独立第二营长率一连位于黑沟，以一连位于斗沟子，以一连位于隋家瓦房警戒一面山以南地区；

4. 步兵第三团第二营附迫击炮两门，于四日拂晓由哨子河西兰旗一带，沿哨子河左岸向其以北地区扫荡，尔后进至关门山、老爷庙一带待机；

5. 混成第三旅骑兵连于四日进至岫岩巴家堡子；

6. 总指挥部（混三旅司令部）于二日晚由土成子进至岫岩县城。

伪奉天警备司令部情报**

（1934.6.5　第59号）

一、赫旅长之行动

前偕第四守备大队板津大队长向北井子海岸一带视察之赫旅长，已于三十日经北井子、安东返凤城。

二、反满抗日巨魁邓铁梅被捕经过

久踞三角地带之反满抗日巨魁邓铁梅，于五月三十日夜在岫岩小张家堡子（岫岩东南二十公里）被混成旅（原第二旅）之暗杀队攫获，于三日晚至凤城，四日晚已由本部派员押解来省审讯中。

野崎茂作口供***

（1956.8.15）

问：你把参加三角地带讨伐活动的罪行事实讲一下。

---

* 此件为复印件，藏于吉林省社会科学院。

** 同上。

*** 此件由中央档案馆收藏，档案号：119-2，41，1，第4号。

答：对三角地带邓铁梅爱国军的讨伐，是根据我所获得的情报而实行的。在这次讨伐中，我以副官的身份作为岸宪兵长的部下。在一九三二年十二月六日，我事先参加了在复县公署召开的讨伐会议，会上决定从十二月十日开始，以多门师团为主，对奉天、安东、瓦房店三角地带进行讨伐。

同年十二月十六日，我奉岸宪兵长的命令，率领部下宪兵十六名、庄河县警察二十名、自卫团三十名，在庄河县城内外进行搜查，结果从城里逮捕了邓铁梅部下士兵五名，在附近村庄里逮捕十三名。我命令宪兵曹长以下十名，对爱国志士进行拷问，并在该日傍晚，奉岸宪兵长的命令，我亲自指挥宪兵十五名在庄河县城北的沙滩上，将这十八名抗日武装人员排成一横列，用马枪枪杀了，并将尸体弃在原处。

十九日，我率宪兵十二名，在大孤山西方二十公里的村庄中，进行了盘问搜查，我和渡边伍长各逮捕了邓铁梅部下一名，中国共产党员一名；式守上等兵也逮捕了中国共产党员一名。在该村村长家中，我对这五名爱国者进行了拷问，我用了棍子打脸，翻译使用了大弯腰、喷气式等酷刑。我肯定该二人是邓铁梅部下，三名是南方人，中国共产党员。当晚，我命令渡边伍长及部下十名，将这五名爱国者带到该村北方的田地里，用马枪杀害。

十二月十三或十四日，宪兵曹长等六名，在复县和庄河县境的村庄，以及庄河县内的村庄，共逮捕了邓铁梅的部下十名，枪杀了。因为我曾对曹长等六名宪兵传达了岸宪兵长的命令："如捉到邓铁梅的部下，就地枪决。"

另外，从安东来参加讨伐的宪兵，也严重处分［即就地处决］了三十余名邓铁梅的部下，我也有责任。

现在我讲关于土城子事件中的罪行。一九三二年十二月十六日晚，森靖安骑兵队长在庄河县城西北方十二公里的土城子，受到红枪会抗日武装的袭击，靖安军被打死十六名，红枪会爱国军方面牺牲了七名。我奉岸宪兵长的命令，自十七日从庄河县出发，到土城子调查此事。我从森靖安军阿部少佐处了解到，土城子村长曾引导该红枪会，袭击了靖安军本部。因此我对他进行审讯，知道他在十六日晚让十二名红枪会人员在他家吃饭，并将靖安军的宿舍驻地告诉他们。我遂命令部下将该村长绑起来，用汽车送交庄河县警备科，后来听说该村长被庄河县警务科枪杀了，并在城门上悬首示众。

在三角地带讨伐时间，曾搜集情报七十余件，内容全是关于邓铁梅抗日爱国军的行动，都报告了讨伐队。还协助侵略部队的军需人员，掠夺中国人民大量粮食和财务等。

1936年秋季关东局警察队讨伐概况*

一、绪言

原来，关东局鉴于安奉线沿线匪贼情况恶化，交通线及附属地受到威胁，乃于昭和11年1月末至2月中旬之间专门组织警察队，以本溪湖两侧为中心施行了讨伐。

其后，由于各方面形势，特别是国际形势的变化，匪贼情况再度恶化，自高粱繁茂的初夏以来，沿线的治安又陷入严重遭受威胁的状态。有鉴于此，当局乃再次组成警察队（约2000名）自10月9日至12月5日，积极配合关东军之肃正工作，参加了沿线一带的讨伐，收到了预期的效果。

二、第一次讨伐（自10月19日至11月16日）

10月19日至10月21日之间运输部队，设司令部于凤凰城，将主力部署于安奉线南部地区；安奉线北部、抚顺及辽阳方面各集中一部，配合皇军部队，对各地匪团施以彻底讨伐。其主要战斗如下：

1. 鹊鹤岭（本溪湖西北15公里）附近渡边部队的战斗。

10月21日，渡边部队长探知双合、卫国、仁义之合股匪约百名，占领本溪湖西北鹊鹤岭附近阵地，即令自新京集中输送中的各队于火连寨下车，由其统一指挥。正午即完成从各方面进行围攻的各种部署，各队随即直逼山岭。下午3时许即迫近敌前百公尺外，然而匪团依靠险峻山头顽守，加以地形山岩起伏，进攻至晚直未奏效。

下午8时，与皇军迫队及菊地队共同进行冲锋，结果射杀敌匪17，逮捕2，缴获步枪2，子弹94，并将其击退至东北方之红旗沟。

战斗中，巡查部长1名战死，警部以下6名负轻、重伤，皇军战死一名。

2. 龙凤沟（抚顺东南10公里）附近滩部队的战斗。

滩部队于10月23日午前6时，急袭潜伏于龙凤沟附近高地之海林、两林、陈国军之合股匪约70名。匪团从围墙及山上还击抵抗，但在警察队的英勇行动下，逐渐退却。途中又遭羽田中队阻击，向丁家沟方向溃退。

本战斗中夺回人质13，缴获步枪6，子弹45，匪遗弃尸体4，及许多粮食。

3. 荒沟（大堡东南约10公里）附近国武部队及藤岛部队的战斗。

---

* 此件由中央档案馆收藏，档案号：119－2，1002，2，第5号。

25 日晚以来，国武、今井、田上各部队主力和从辽阳方面调来之藤岛部队一部，前进至大堡东南地区，与皇军牛岛部队之北村队保持密切联系，致力搜索反抗匪王大姑娘。27 日午后 4 时，于荒沟附近发现该匪约百名，国武、藤岛两部队各一部立即围击，射杀匪贼 3，射伤 5，逮捕 2，并迫其溃退。

4. 五六四高地（大堡东南方 12 公里）附近田上及国武部队之战斗。

27 日于荒沟被国武部队等击溃之王大姑娘匪，于 28 日下午 2 时出现在五六四高地。国武部队探知后，即以该队主力，和田上部队之一部，与皇军牛岛部队之北村队共同进攻。交战一小时半，射杀敌匪 13，夺回人质 21（内朝鲜人 5），破坏其山寨，并缴获华北军之团体名簿及现金出纳簿等，给予严重打击。

此外，今井部队于刀窝铺子逮捕匪首春秋好的副头目及部下三人。

5. 士郎村（抚顺东南 10 公里）附近滩部队的战斗。

驻抚顺方面的滩部队主力，于 28 日午后在士郎村附近密林中发现潜伏的黑手、海林合股匪约 40，立即予以猛击。该匪偶然与在该地东南碾盘附近被满警击溃之匪贼约 30 名合流后，进行反攻。但在我方力攻之下，于下午 4 时半溃退，敌弃尸体 21，夺回人质 12，缴获步枪 2，手枪 2，军装 11 套及其他。

6. 在赫家堡子（凤凰城南 10 公里）逮捕匪首合义。

国武部队之本田队，于 11 月 4 日搜出并逮捕了潜伏在赫家堡子附近山林中养伤的匪首合义（10 月 21 日在金家沟被国武部队之山口、宇田队击伤）。该匪首曾屡次袭击国道局的汽车，并杀伤和绑架许多人。

7. 藤岛部队的郭家堡子战斗。

藤岛部队主力配合皇军片野部队之堤队，于 11 月 8 日下午 4 时，在郭家堡子与王大姑娘、春秋好之合股匪约 80 人交战 40 分钟，射杀匪贼 3，逮捕匪首东北侠，缴获步枪 1，子弹 49，手枪 1，子弹 12，夺回人质 5 名，匪向北方溃退。

8. 藤岛部队的苇山河落沟（凤凰城东 30 公里、汤山城东北 20 公里）战斗。

王大姑娘和春秋好的合股匪约 80 名，潜伏于苇山河落沟的村庄中。藤岛部队长于 11 月 9 日上午 2 时，根据日前逮捕之匪首东北侠（旧宽甸县第八区讨伐队长杨雨林）的供述，自岫岩县出发搜索王匪，并与长驱追踪之皇军片野部队之堤队密切配合，半夜开始行动，午前 6 时开始向敌急袭。敌匪虽用轻机关枪和依靠险地进行顽抗，企图死守，但在我友军果敢猛击下，激战二时余，溃走。在战斗中，匪遗弃副头目等尸体16，负伤多人，缴获机关枪（巴黎式十八号）1架，子弹50发，步枪6支，子弹165发，毛瑟手枪1支。我警察队无损伤，皇军堤队长指挥之治安队负伤1（大腿部被射穿）。

9. 匪首陶勒勒投降。

11月12日，国武部队长在大亮子沟（大堡东方2公里）接受匪首陶勒勒等32名投降，缴械没收步枪19，毛瑟手枪2，劳埃尔手枪1，子弹6。

10. 渡边部队与山口部队的联合战斗。

从11月5日起，渡边部队与皇军山口部队联合出动讨伐以来，转战于本溪县内各地，扫荡匪团，交战13次，射杀敌匪58名，获步枪35支，子弹96发，手枪3支，子弹10发。13日下午回本溪湖。

11. 滩部队的黄土沟（抚顺东南48公里）战斗。

滩部队主力之一部与皇军岩永部队一部配合，于11月12日午前5时30分，急袭潜伏黄土沟附近山地的匪团，将其击溃，射杀敌匪27名，逮捕11名，夺回人质11名。在战斗中，皇军惣路部队之神部上等兵战死。

12. 今井部队的西大岭（鸡寇山西南25公里）战斗。

今井部队主力一部，于11月15日午前10时45分，在西大岭与赵庆吉匪约40名交战一小时，射杀敌匪9名，缴获步枪2支，子弹43发，手枪1支，子弹13发，夺回人质8名。

第一次讨伐效果

交战70次，逮捕匪贼89名和通匪者254名，射杀匪贼274名，负伤匪103名，缴获轻机关枪1架，步枪123支，手枪28支，子弹2564发，夺回人质126名。

三、第二次讨伐（自11月16日至12月5日）

为了扩大第一次讨伐的肃正效果，留下警察部队一部，组成游击队3队，自16日晚开始行动，主要状况如下：

1. 讨伐王大姑娘匪状况。

藤岛部队于11月24日午前6时，急袭潜伏在栗家堡子（大堡东南20公里）之王大姑娘、春秋好之合股匪约30名，并长驱追入宽甸县，在房东沟、松树沟、土门子给予歼灭性打击。在连续的战斗中，射杀敌匪8名，夺回人质5名，缴获步枪5支，子弹181发，被服等20余套，其他物品甚多。

2. 松尾部队的刀窝堡子（大东堡东南12公里）战斗。

国武游击队的松尾队于11月26日拂晓，在刀窝堡子包围了潜伏中的华北军部下约15名，并进行搜索，逮捕华北军副头目国林天及部下1名，没收步枪1支，子弹45发，毛瑟手枪1支，子弹47发，子弹袋2。

3. 渡边游击队的扫荡战。

渡边游击队的各队，自11月23日至26日间，在本溪县之第七、八区一带进行扫荡，搜索逮捕出没该地的残匪，没收步枪28支。

4. 鹈本队的大李树村（凤凰城西南8公里）战斗。

国武游击队之鹈木队于11月28日午前3时，在大李树村包围了潜伏中之匪首王金芝等约14名，逮捕匪贼4名，缴获手枪2支，子弹38发。

5. 松尾队的大亮子沟（大堡东5公里）战斗。

国武游击队的松尾队于11月28日上午8时，在大亮子沟包围潜伏中之匪首保国部约10名，交战40分钟，毙匪3名，逮捕匪首保国以下3名，缴获毛瑟手枪1支，子弹24发，村田式手枪1支，子弹8发。

6. 田上游击队的大家沟（龙王庙东北10公里）战斗。

田上游击队的杉原队于11月30日拂晓，在大家沟急袭潜伏中之匪首阎生堂部约10名，交战40分钟，射杀匪贼1，逮捕1，缴获手枪1，子弹70。

7. 渡边游击队的老金厂（草河口东北13公里）战斗。

渡边游击队于12月1日拂晓，在老金厂村急袭潜伏中之匪占东洋、鹿鸣林之合股匪约30名，交战1小时，毙匪7名，缴获步枪4支，子弹19发，手枪1支，子弹52发。

8. 松尾部队的原家堡子（大堡东12公里）战斗。

国武游击队之松尾队于12月1日午前10时，攻击潜伏在原家堡子附近山地之王大姑娘匪约15名，逮捕匪贼1，射杀1，缴获步枪1，子弹27，手枪1，子弹11。

9. 鹈木队的何家堡子（凤凰城东8公里）战斗。

国武游击队之鹈木队于2日拂晓，急袭潜伏在何家堡子之匪首吴殿臣部约30名，毙匪2名，逮捕2名，缴获步枪1，子弹15，手枪1，子弹55。

10. 渡边部队的三道林子（草河口东北25公里）战斗。

渡边部队于12月2日在三道林子附近山中，与匪首老北风以下约30名交战，射杀匪贼5，缴获步枪3，子弹18，手枪1。

四、第二次讨伐效果

本期主要由警察进行对潜伏匪的彻底搜索逮捕，计交战13次，逮捕匪贼23名及通匪者25名，射杀匪贼33名，缴获步枪71支，手枪13支，子弹1184发，夺回人质5名。

五、警察队的损失

警察部队自出动以来，在整个期间，战死警部等7名，负伤警视等22名。

警察编制表（警部以上）

警察队司令官　东条［东条英机］警务部长

幕僚　盐泽警备科长、青木警务科长、小坂卫生科长、矶部事务官、有贺事务官、潮海事务官、田边州厅警察部长、浅子州厅警务课长、盐谷警视

作战班　池田警部、坂本警部、平井警部、正冈警部、冲田警部、小野警部、荒木警部、黑田警部

庶务班　坂本警部、黑田警部、松田警部

通信联络班　吉冈警部、空闲警部、松藤警部、上村警部

经理部　荒木警部、辰已警部

救护班　伊藤警部

奉天情报班　乌越警部

第一次警察部队编制：

今井部队长今井警视：第一中队长南警部，第二中队长永田警部，第三中队长森山警部。

渡边部队渡边警视：第一中队长冈野警部，第二中队长飞田警部，第三中队长木内警部，第四中队长新妻警部。

国武部队长国武警视：山口游击队长山口警部，森游击队长森警部，宇井游击队长宇井警部，堀内游击队长堀内警部，本田游击队长本田警部，居场队长居场警部，鹈木队长鹈木警部。

田上部队长田上警视：第一中队长佐藤警部，第二中队长志岐警部，第三中队长大津警部。

滩部队长滩警视：第一中队长神生警部，第二中队长羽田警部。

藤岛部队长藤岛警视：丰增队长丰增警部，泉田队长泉田警部。

飞行班（佛奥克斯·摩斯警察机一架）飞行班长松藤警部。

第二次警察部队编成：

藤岛部队长藤岛警视：渡边游击队长渡边警视，国武游击队长国武警视，田上游击队长田上警视。

第一次、第二次综合战果表

区分 / 时间	期间	交战（次）	逮捕（人）	射杀（人）	负伤（人）	武器（支）	子弹（发）	夺回人质（人）
第一次	自10月19日 至11月16日	70	匪贼　89 通匪　227 投降　34	274	103	轻机　1 步枪 123 手枪 28	轻机　50 步枪 2248 手枪 266	126

续表

区分 时间	期间	交战（次）	逮捕（人）	射杀（人）	负伤（人）	武器（支）	子弹（发）	夺回人质（人）
第二次	自11月17日至12月5日	13	匪贼 26 通匪 89 投降 5	33	6	步枪 71 手枪 13	步枪 746 手枪 438	6
计		83	匪贼 115 通匪 416 投降 39	307	109	轻机 1 步枪 194 手枪 41	轻机 50 步枪 2994 手枪 704	132

伪军政部大臣命令*

（1937.1.6　满作命第50号）

第一军管区司令官须按所附讨伐指导计划（临抚地区除外）进行讨伐。

军政部大臣　于上将

军政部最高顾问　佐佐木少将

第二次讨伐计划（临抚地区除外）

康德4年1月6日

军政部讨伐指导部

第一　方针

军除临抚地区外，由各地区讨伐队尽量抽出兵力，以王凤阁可能潜在的辑安第四区附近临江县境或临江、濛江两县境附近为重点，全力搜捕匪首王凤阁，同时彻底歼灭小匪团。

第二　指导要领

一、军队划分

辑安南部地区（略称辑南地区）

司令官　陆军中将张益三

安东地区司令部

混成第一旅

索混成旅

旧辑安地区司令部及各旅配属部队如原状

辑安北部地区（略称辑北地区）

司令官　陆军少将高明

* 此件由中央档案馆收藏，档案号：D，1107。

混成第二旅
步兵第十六团 配属部队如原状

金柳地区

司令官 陆军少将董国华

混成第六旅（步兵第七团，步兵第六团第一营本部及第一、第三连，骑兵第九团，移动无线电台缺）

骑兵第三旅

第三教导骑兵团

配属部队如原状

濛辉地区

司令官 陆军中将廖弼宸

奉天地区司令部

混成第五旅（缺骑兵第八团）

步兵第六团第一营（缺第二连及第一机关枪连）

混成第十四旅（配属临抚地区部队除外）配属部队如原状

直辖部队

第一教导队（移动无线电台一部属之）

步兵第七团

骑兵第九团（通化治安队属之）

混成第一宪兵队

总预备队

骑兵第十六团

二、各地区部队配属要领及任务

1. 辑南地区讨伐队

辑、通两县境大壶沟山——将军坟一线以西的辑安县（含欢喜岭）内为担当地区，地区内剿匪搜索重点是尚团长和王凤阁旧根据地方向。特别须与宪兵协作，搜索和根绝担当区内的杂匪。

另外，根据匪情，向桓仁县、宽甸县东部地区及通化县西南地区出击。

特别将索混成旅司令部置于青沟子或台上附近。

2. 辑北地区讨伐队

司令部设于辑安县第四区三道沟附近，主要担任辑安县第四区及通化县第二、第三区内的欢喜岭、冰沟子、烂泥塘子沟门、二道沟门、挂重岭（含）一线以南地区，兵力重点配置在辑安县第四区（含错草沟）。剿匪、检索的重点指向临、辑两县境，特别须与宪兵密切协作，彻底击溃担当区内的潜在匪徒。

另以一部继续在王凤阁匪旧根据地搜索逮捕。

步兵第十六团主要配置在通化县境内。

3. 金柳地区讨伐队

担当地区不变。

担任金川、柳河两县内匪团的搜索，搜索红军旧根据地的同时，特别要努力防备兴京附近匪团侵入，并积极出击。

另外，须特别留意掩护梅通线的建设。

配属给混成第六旅的活动无线电台，转属给第一教导队。

4. 濛辉地区讨伐队

担当地区为松树镇、头道岔、老岭（含）一线以北的濛江县及辉南县全部。

司令部设在头道花园附近，努力将混成第五旅配置在二道花园、白浆河以南，与步兵第七团及第一教导队密切协作，把剿讨重点放在防止从濛、临县境侵入的匪团，并掩护濛江至扶松的道路。

混成第十四旅（配属临抚地区的部队除外）以一部留置在辉南县内，主力配置在第一、二、四区，与步兵第六团第一营部队，共同担当该地区及辉南县的治安。

特别要防止从吉林省境及抚松县境逃入匪团，另以一部担任朝阳镇、辉南、濛江道路的掩护。

5. 直辖部队

第一教导队

队本部设于红土崖附近，以通化县冰沟子、烂泥塘子沟门、二道沟门、挂重岭（含）以北的第二、三区，临江县第五、六、七、八区为担当区，特别把剿匪搜索重点指向辑、临县境北老岭山脉和濛、临县境，与宪兵队、步兵第七团、混成第五旅部队密切联系，彻底歼灭潜在匪。

另以一部配置在大板石沟、黑瞎子沟等要地，与混成第六旅部队联系，防止匪团潜入金、临县境。

步兵第七团

团本部设在临江县城或三队附近，担当临江第一、四区及濛江县湾口附近（松树镇、头道岔、老岭（不含）一线以南的濛江县），剿匪搜查重点指向临辑县境及老岭山中，与第一教导队、混成第二旅及第五旅部队密切联系，彻底搜索讨伐潜在匪。

特别是鉴于顾虑临抚街方向匪团的侵入，充分准备防遏和迎击。

骑兵第九团

以第二、第三区除外的通化（县城除外）为担当地区，兵力配置在英歌布、大泉源（不含）一线以东地区，担任县内治安，特以一个连配置在干沟子、二密河附近，掩护梅通铁路的建设。

另以治安队一个连，配置在富尔江口，担任桓、辑、通三县境附近治安。与大泉源、三棵榆树驻屯日军密切联系，特别留意兴京、桓仁县境匪团的动静，必要时积极出击。

混成第一宪兵队

部队的配置，在队长计划下统一使用，仍然将重点指向搜索王凤阁匪，同时并注意各部队紧密协调和联系，估计必要时配属其一部。

总预备队

骑兵第十六团

驻在通化县城，担当总司令部及指导部的警护，并与各机关协作，担任县城附近的警备。

三、讨伐实施要领

讨伐的实施，准据康德3年度后期讨伐实施要领。

佐佐木到一《昭和11年满军独立北部东边道秋冬季讨伐综合报告》（摘录）*

1. 秋季讨伐末期以来，王凤阁带领随身部下数十名（一度为十几名），钻我讨伐阵势的空隙，巧妙潜藏。最近宣称已成为红军匪，回避我之搜查锋芒，难以判明其所在。1937年2月初，综合各种情报，基本上判明仍然潜伏在旧根据地，于是各讨伐队大肆活跃起来，特别是在八道沟方面，奋战5个月搜查王凤阁的桥本宪兵连，构成了更加严密的谍报网，努力弄清其所在。

2. 3月16日和22日，步兵第十六团的部队逮捕了王凤阁部下两名，和韩连长及其他匪2名。调查得知，王凤阁于2月初旬带着随身部下，从老虎山山寨西去，目前潜伏在闹头沟1150或953高地附近山寨。

于是22日步兵第十六团主力从闹头沟方面，桥本宪兵连从果松川方面，索混成旅一部从欢喜岭方面，步兵第一团主力从南方，开始了围攻。步兵第十六团当夜在闹头沟里660高地北小流一线与王匪遭遇，激战后，将其击退至1120高地。

---

* 此件藏于中央档案馆，档案号：D，1107。

该队于翌日对1120高地一带严密搜索，但因降雪较大，暂时失却匪迹。

3. 该匪乘23日以来咫尺难辨的降雪，在我警戒网潜行，经羊群沟（八道沟北）北侧东行，再次向老虎山方向逃走（向桥本宪兵连投降的王凤阁部下供述）。得讯后，第十六团极力穷追匪迹，经四昼夜，于25日夜在老虎山西北10公里1310高地北侧发现，激战一昼夜，匪于26日夜半，秘密向北方逃走。

4. 指导部根据上述情况，及时地按如下部署各队，努力进行逮捕。

（1）令程游击队迅速参加第十六团的战斗；

（2）令在红土崖的教导步兵第一团各一部，进出南老岭及其东西头道阳岔、小南岔，防止匪向北逃走；

（3）令骑兵第五团急进至老虎山附近，防止匪从该方向逃入；

（4）令索混成旅及步兵第一团努力防止匪向西南逃去；

（5）将通化治安队（相马上尉指挥的五十名）急派至战斗地点，列入步兵第十六团长的指挥之下；

（6）令古岳混成第一宪兵队长采取万无一失的搜捕行动。

5. 26日夜半，向北逃走的王匪，无法突破我严密的包围网，改向西走。

各队密切联系，一齐缩小包围圈，猛追。27日晨，在王凤阁沟（六道沟东六公里）的程游击队山口连，于午后1时半切断匪的退路，包围进攻，其一部突入匪中，将匪首王凤阁及其妻逮捕。追击队又捕杀了20余名。至此，全部歼灭了王凤阁的主力匪团。

桥本岬口供*

（1954. 8. 4）

问：你在伪满沈阳第一宪兵队充任第二连连长时期，具体进行了哪些活动？

答：一九三六年四月到一九三八年四月，我以满洲国沈阳第一宪兵队（在东边道讨伐时该队番号始改为混成第一宪兵队）第二连连长的身份，亲自命令指挥全连士兵，对抗日武装部队进行搜集情报约十五次。其中准确有效的情报八次，配合日满军讨伐攻击十三次。在这期间，我主要参加了三次东边道大讨伐。

第一次参加东边道大讨伐是一九三六年五月到七月。我命令、指挥满洲国宪兵七十名，在通化、辑安、桓仁、宽甸一带，配合满洲国步兵教导

* 此件藏于中央档案馆，档案号：119－2，1010，1，第4号。

第一团，对抗日武装部队进行游击讨伐。六月间，先后在通化、辑安县境与红军（抗日联军）进行了两次战斗，在战场上打死红军三四人，打死和平居民一人，夺步枪三四支。七月上旬，奉命搜集抗日武装王凤阁部队的情报，我带领宪兵三十名，在通化七道沟、八道沟、九道沟、十道沟逮捕了当地和平居民四人，进行拷问、威胁后，强迫他们搜集抗日武装王凤阁部队的情报。

第二次参加东边道讨伐是一九三六年十月到一九三七年三月。我以满洲国沈阳第一宪兵队第二连长的身份，命令、指挥部下宪兵四十名，在通化八道沟及辑安外岔沟的附近地区搜集抗日武装王凤阁部队的情报。在这期间，我的连部驻扎八道沟，我指挥部下分别驻扎六道沟、七道沟、十一道沟、四道江、小南岔等地区。我指挥部下先后逮捕当地和平居民五十五人，胁迫他们为我搜集情报，并诱捕了王凤阁部队抗日武装人员及其他抗日武装人员三十九人，利用他们当密探。同时在驻扎地区附近村庄，先后进行了十八次搜查，逮捕了抗日武装人员、抗日地下工作人员及和平居民共五十三名，我命令部下就地全部屠杀了，其中一人是我亲手杀的。在搜查中，先后烧毁了王凤阁部队房屋二十六处，共六十二间，劫夺该部队粮食六大车。由于我在该地区布置了严密的情报网，诱捕了王凤阁部队人员，从而收集了准确有效的情报，及时通知了满洲国军，对王凤阁部队进行了七次袭击。我亦亲自命令、指挥部下进行了两次偷袭攻击。在战场上打死王凤阁部队抗日武装人员共计三十三名，俘虏王凤阁本人及其妻子、儿子和部下共八人，夺步枪三十二支。使抗日武装王凤阁部队全军覆灭了。

问：你具体讲一讲你如何搜集准确有效情报，使抗日武装王凤阁部队全军覆灭的？

答：一九三七年三月上旬和中旬，我先后诱捕了王凤阁部队抗日武装人员三人，从严刑审问被诱捕的抗日武装人员的口供中，得到了王凤阁部队约一百余人在八道沟东北山地密林中活动的情况，及最近期间的行军路线和宿营地址的准确情报后，我立即报告了当地满洲国军和住通化混成第一宪兵队队部。三月下旬，依据我的情报，对王凤阁部队进行伏击的满洲国军步兵第二团约六百名的兵力，在六道沟附近东南方，与王凤阁部队开始了战斗。在该地区搜索的满洲国军教导步兵第一团一个营的兵力听到枪声后也参加了战斗。与此同时，我派在七道沟的宪兵班又诱捕了王凤阁部队抗日武装人员一名，从强迫他供述的情况中，知道了在交战中的抗日武装部队里确有王凤阁本人，及王凤阁部队在密林中的行军路线和宿营地址的情报。我立即把这准确情报向通化混成第一宪兵队本部及当地日满军报告了。当时东边道讨伐指导部对我报告的准确情报非常重视，故该部改变了准备结束东边道讨伐的方案，并根据我的情报，作了偷袭、攻击、覆灭抗日武装王凤阁部队的计划，重新组织了军事讨伐力量，计有满洲国军步兵第二团、教导第一团和满洲国军骑兵第五团、日军独立守备队一个中队，共有兵力约二千一百名。于一九三七年三月二十六日在通化、辑安、临江交界的山地上，将王凤阁部队包围，战斗了十五个小时，将抗日武装王凤阁部队全军歼灭了。王凤阁司令及其妻子、儿子与部下共八名被俘，战场上打死王凤阁部队人员二十余人，侵占了王凤阁部队的抗日根据地。王凤阁及其部下与妻、儿八人，被屠杀于通化城东北玉皇山下。

宇津木孟雄口供*

(1954.9.10)

问：你详细讲一讲你到通化指导伪满军第一宪兵团，对抗日联军王凤阁部队的所谓讨伐情况。

答：一九三七年一月中旬，关东宪兵队司令官派我到通化地区，以伪满军兼职顾问身份，接任奉天宪兵队特高课长富田直澄少佐，指导伪满军第一宪兵团对抗日联军王凤阁部队的讨伐任务。我到通化之前，先与奉天宪兵队长加藤泊治郎研究讨伐的具体方案，决定先进行诱扣，后进行肃清。我赴通化接替富田少佐职务后，由伪满军第一宪兵团长古岳新治中校报告当前讨伐工作一般情况和伪满军宪兵的兵力、编制以及通化地区的治安情况。伪满军宪兵兵力约二百五十名，其余分驻辑安、临江、抚松等地，另外还有一部分直接配属在步兵讨伐队中。我按与奉天宪兵队长研究决定的讨伐方案，指示古岳中校说：“目前要尽量坚持诱扣，如果不可能，再转入武力肃清。”其后，我为了解伪满军宪兵的分布配备情况，曾到抚松、临江等地，进行视察工作及指导业务等。

问：你到通化以后，怎样具体指导诱扣工作的，其结果又怎样？

答：我到通化之前，伪满军宪兵团曾多次利用居民，或者选拔少数宪兵伪装农民，给王凤阁部队送信等方法进行诱扣工作，奉天宪兵队长还直接派长岛工作班到所谓治安恶化地区进行工作。我到通化后，古岳即向我报告诱扣工作已陷入无法进行的状态，他还提出了讨伐的具体作法，应由诱扣转入武力肃清。以后，我与奉天宪兵队长研究后，同意古岳中校进行武力肃清的讨伐方案。

---

* 此件藏于中央档案馆，档案号：119－2，29，1，第4号。

问：你将以武力肃清王凤阁部队的方法和情况讲一讲。

答：以通化附近一百五十名伪满宪兵为主力，抚松、临江各二十名，辑安十名配属到第一线讨伐队，并在通化与辑安之间设置两个据点，各配三四十名宪兵，组成一个包围阵，以逐步肃清、逐步前进的办法来缩小包围圈。一九三七年一月下旬至二月上旬，曾发生两次小规模的战斗，双方均无伤亡。

问：你以伪满军兼职顾问身份指导伪满军宪兵团对东北抗日联军王凤阁部队进行诱扣、讨伐肃清，古岳直接指挥部下所犯的罪行，你应负什么责任？

答：我以伪满军兼职顾问的身份，并代替了奉天宪兵队长指挥伪满军第一宪兵团，对东北抗日联军王凤阁部队进行讨伐工作，只要是古岳所属部下所犯罪行，我都应负参与策划和协助、指导讨伐的罪责。

毕相臣控诉书*

（1954. 7. 20）

控诉人，毕相臣。我控诉日本宪兵迫害我和杀害王凤阁及其妻子、儿子的罪行。王凤阁是我的外甥，因王凤阁反满抗日，在通化大罗圈沟一带打游击，日本宪兵队派出许多部队抓他都未抓到。因此，于康德三年九月二十六日，日本宪兵就把我抓去，关押在日本宪兵队，要我说服王凤阁投降。我拒绝日本宪兵卑鄙无耻的要求，也不承认王凤阁是我外甥。我当时宁愿一死也不能当日本鬼子的走狗。日本宪兵给我过堂十二次，有九次受刑，把我肋骨打断三根，灌凉水将我呛伤，使我痰中带血。日本宪兵队残酷审讯关押我四个多月，直到他们把王凤阁抓到才把我放出。

康德三年，王凤阁领导抗日联军在七道沟进行游击战时，伪军讨伐司令部与宪兵队派出七个团的兵力讨伐王凤阁。这年冬天雪很大，在战斗中就连着下了几天大雪，部队行动很困难，粮食弹药也不多。经过四个月的战斗，粮食弹药几乎耗尽，王凤阁部队兵力也不多，以后退到老虎山，外面包围很紧，又切断了外援。就在这种情况下，王凤阁部队士气仍然很高，英勇战斗了七天七夜。敌人的火力很猛，他们无法突破重围，王凤阁带领部下与他妻子转移到六道沟小南岔王凤阁沟。此时，王凤阁身负重伤，又被日寇和伪军包围，王凤阁身边就剩下几个战士，子弹也全打光了，王凤阁及妻、儿和几个战士全部被俘。这是康德四年阴历二月十二日的事。被捕后关押在通化宪兵队，经过几次过堂，敌人逼他投降，王凤阁志气刚强，宁死

* 此件藏于中央档案馆，档案号：119－2，29，4，第4号。

不降，不当亡国奴。敌人无计可施，于同年阴历二月二十四日，用大卡车拉着王凤阁及其妻、儿，经过通化市大街到玉皇山下，用刀将他们砍杀了。

王凤阁是我亲外甥，他为抗日的正义事业而被日本鬼子惨害，连三岁的孩子都难于幸免，这深仇大恨我永远也不会忘记。

迟曼青谈日寇残杀王凤阁一家三口的经过*

（1981.5.10）

一九三七年四月六日清晨，日寇就让保长们挨家挨户通知，今天上午要处决王凤阁，家家都要有人在路旁观看。众人怀着不同的心情，纷纷鹄立路旁，有的是希望见英雄最后一面，有的希望杀的不是王凤阁而是抓错了人。尤其是他的亲友、同学，更是万分难过。八点多钟日伪军出动了，街上三步一岗，五步一哨，从南关宪兵队一直到城东柳条沟，五六里长的街道，戒备森严。还有无数便衣密探混在人群中，准备发现同情烈士的嫌疑犯，随时逮捕。

一切布置完备，从宪兵队先开出了几辆荷枪实弹、刺刀闪光的日本宪兵车，后面是两辆大马车，第一辆坐着王凤阁，第二辆是他的妻子抱着孩子，后面又是几辆日伪军汽车。王凤阁新理的发，刮了胡须，穿了一套新棉衣。上车前给预备的“送行”酒饭，他都吃了喝了。他是从来不吸烟不喝酒的，但那天破例喝了一碗酒。车行得很慢，他坐在车上神采焕发，红光满面，目光炯炯地向左右人群扫视。当看到自己的亲友故旧时，则久久凝视着，车子过去了他还要回头看几眼。路旁群众，不管曾否相识，都是眼巴巴地看着两辆车上的三口人。各个揪心撕肺，痛苦万分，有的把眼泪往肚里咽，有的止不住流了出来。事后，人们都怀着敬佩的心情说，这哪里像去赴死，简直像带着老婆孩子去串亲戚、喝喜酒。

车子终于到了刑场。日伪军头一天就在柳条沟挖了两个坑，一大一小。车子停后，一家人被押下了车，他妻子还把孩子尿了泡尿，而后脸色苍白两腿微颤地向丈夫靠拢。王鼓励她说：“别怕，坚强起来！人不总有一死吗？这死值得！”行刑的时间到了，鬼子让王凤阁下那个大坑里去。这时他抬起头来，慷慨激昂地对广大群众说：“诸位父老兄弟们！诸位姐妹们！我王凤阁通化生，通化长，就是我的小名大家也知道。为了中华民族的存亡，为了把日本鬼子赶出中国去，我和日本鬼子战斗了这些年，不幸被俘，现在我要和乡亲们永别了。希望大家不要泄气，一个王凤阁倒下去，还会有

---

* 此件复印件藏于吉林省社会科学院。

千万个王凤阁站起来！人心不死，国必不亡！乡亲们战斗啊！中华民族万岁！……”这时鬼子吓得叫他快下坑去，他神色自若，从容不迫地跳了下去，昂首挺立，引颈待戮。鬼子让他跪下，他屹立不动，这时刽子手举起锋利的刀向英雄砍去，一腔爱国热血喷射长空，而后溅落在柳条沟这块国土上。这时鬼子又叫他妻子抱着孩子到那个小土坑去。她说，我们活着一处做人，死也要一处做鬼，于是，抱着孩子毅然跳入大坑。一个伪警先向母亲开了一枪，然后又向孩子开枪，头一枪未打死，孩子哇哇大哭，伪警又开了一枪，哭声又自坑中传出，直至第三枪响后，孩子的哭声消失了。日寇这一惨绝人寰的暴行，激起了群众的无比愤慨。烈士的鲜血，孩子的哭声，撕碎了群众的心。这一幕，一家人为了卫国而在敌人屠刀下临危不惧，视死如归的浩然正气，给白山增光，黑水增辉。使日本鬼子看到了中国人民的气节：威武不屈，富贵不淫，在任何情况下也不会向鬼子屈服，他们永远也实现不了侵占中国的梦想。同时，也使广大群众从这一家人身上汲取了力量，增强了抗日必胜的信心。

刑场很快被鬼子填平了，烈士的头颅被鬼子拿到各地示众去了。日寇在土坑周围派了便衣特务，昼夜巡视，看是否有人来祭奠忠魂。尽管鬼子防范严密，但在土坑周围却常发现火化纸灰的痕迹。可见人民不会忘记他，他永远活在人民心里。愿烈士英魂，永载史册！永垂千秋！

编者注：本文作者迟曼青，是王凤阁发妻迟凤英胞妹，曾在抗日民族自卫军总部所设妇女部负责宣传工作，后为中学语文教员。王凤阁一家三口被日寇杀害的场面为其二姐迟凤珍所见。作者的一个同事王景柱，家住柳条沟，王凤阁一家三口被日寇杀害时，他才十多岁，挤在人群里，看得真真切切。作者即根据以上二人的多次谈话，写成本文。

《新京日日新闻》关于抓捕王凤阁经过情况的报道*

（1937.3.29）

曾以一万元悬赏的北部东边道匪首王凤阁，在满洲事变以后，成了名副其实的君主，在绿林中为王。然而，在三月二十七日下午一点半钟，于通化县六道沟东方约六公里的王凤阁沟，被程游击队山口连及步兵第××团长于明甲上校指挥的步兵第××团，及从通化宪兵队选拔出来的宪兵一个排，在通化孙部队的协助之下，终于被捕，屈服在王道的旗帜下。目前在通化审讯中。王凤阁这样的大匪首，能被逮捕的直接原因，完全是由于

* 此件藏于中央档案馆，档案号：119-2，1010，1，第7号。

满洲国军自觉的新军意识和日系军官协力之结果。因此，二十九日，军政部最高顾问佐佐木，向团部部队长及安东省长发出感谢电。经审王凤阁的结果，判明了该匪团的编制是将王凤阁称为中韩抗日同盟军事委员长，司令崔宗仑，民事部长崔宗五，部队总人数五百名。轻重机枪二挺，手枪四五十支。卫队有魏营长、李克令、张殿英、刘相花等部下在活动。其他游击队方面有万团附、尚鸿恩、韩连长等各匪团，但这些匪团估计在近日中都能被逮捕。王匪首被逮捕的经过情况如下：

第一报　（三月二十五日）

一、步兵混成第××旅第××团长于明甲上校所指挥的步兵第××团（该团由军事教官山崎中佐指导，并附有步兵第××团的一个连），二十五日夜间，在通化县第三区标高一三一〇高地（六道沟口南十八公里），终将王凤阁的主力匪团捕获。在此攻击中，曾协同向敌追击中的教导队步兵第××团程部队，对顽强抵抗的匪贼，极力地加以歼灭。但因该地区雪深，且敌人占有山头要地，未获成功。

二、到了二十六日，匪贼仍无丝毫的动摇。因此，在当日晚，由通化选拔出一个宪兵排及通化孙部队的一部，急速派遣协助。可是，在当晚一点多钟，该匪团拟以极巧妙的方法脱出我包围圈，被我各部队识破，为不失时机，立即进行追击。

三、二十七日早晨，在王凤阁沟（六道沟东约六公里）附近的程游击队的山口连，在下午一点多钟，切断了匪贼的退路，并将其包围攻击，随之逮捕了匪首王凤阁及其妻子。

其他部队也在同时逮捕了二十四名匪徒。战斗胜利告终。

四、现正打扫战场中，详情另行电告。

第二报

一、王凤阁及其妻、子和另三人，二十八日下午二点半钟，被押到通化指导部，关押在第一宪兵队。

二、从二十九日开始审讯。

中央警务统制委员会关于抓捕和杀害王凤阁的通报*

（1937.6.24　中警委第282号）

逮捕反满抗日巨头王凤阁

自去秋以来，即作为满军讨伐队讨伐目标的反满抗日匪首王凤阁，在

---

* 此件藏于中央档案馆，档案号：119-2，20，3，第2号。

通化县七道沟山中，受到满军游击队山口连的急袭，终于在 3 月 27 日被捕。在通化经满宪审问后，于 4 月 6 日与其妻一同予以严重处分。

编者注："严重处分"是日伪警宪机关所使用的专用语言，即不经司法程序的屠杀镇压。

第五章　日伪对抗日义勇军的观点*

一　战犯笔述**

对抗日军民的镇压

镇压方针与抗日部队：

满洲建国后，全满各地的抗日军及抗日义勇军的数量达30几万。在那里，日本帝国主义采取了讨伐第一主义。而且，由于抗日部队各部队各集团兵员数量，多者两万乃至3万，少者多数也不下于1000人。所以，以县为单位的警察队也全面参加了战斗。再者，因建军尚早，满洲国军素质不良，私兵观念颇深，故因部队长的意旨而使子弟兵反而转向抗日的情况也时有发生。对于抗日军的作战，主要是日本侵略军。而对傀儡满洲国军来说，在讨伐上，以指导、援助为名，实际行动上是受到监视的；对日本军的作战，被强制进行协助，实际是作为肉弹而被使用的。

这就是，以关东军为主力的日满军队，对抗日部队的大集团进行大规模的“讨伐”作战，对于小集团则采取警察独立“讨伐”的方针。

满洲的抗日部队是因“反对”所谓“防止事件扩大绝对不得抵抗”的不抵抗政策，而受到蒋介石政府冷遇的，不仅得不到任何供给，而且由于蒋政权的阻挠，中国内地各方面爱国人民的援助物资也无法取得，不仅如

---

* 本章所涉及伪满洲国的国名、年号、机构、官衔等均为伪称。

** 此件摘译自战犯古海忠之等《日本帝国主义中国侵略史》（日文），未刊手稿，第317～340、第38～386页。

此，武器弹药补给根本断绝，士兵薪饷也很困难。对他们一方面悍然进行“讨伐”，另一方面又采取一切手段，劝说“归顺”，从抗日部队内部施以瓦解之策。

抗日部队内部初期也存在着难以避免的弱点。首先是抗日部队没有全局性的统一指挥的总司令部，因而无法发挥军事的和政治的综合力量。中国共产党满洲省委的领导自始就发挥了很大作用，但在 1932 年和 1933 年的当时，未能统一指挥全部抗日部队。因此，各抗日部队对日满军警的作战，是各自为战，相互协作极不充分，力量分散，行动不一致，被各个击破的危险性很大。

第二，得不到来自中国内地的物质支援，不存在统一指挥的总司令部，各部队的粮秣军费得不到保障，各部队的现地筹措也因为没有统一标准，而不得不随意向民众筹集。因此，补给经常缺乏，加以抗日军几乎全部由旧军队官兵所组成，部分抗日义勇军中还有土匪出身者，因而在从民众筹集物资和资金时，也有强制情况，故有脱离群众的危险。

由于这些情况而产生粮秣及武器弹药补给不足和军费筹措不充分等，致使成为大规模集团的抗日部队难以为继。

第三，虽然在反满抗日这一点上是一致的，但是各抗日部队的目的却未必一致，思想上存在差别，团结方面，包含着许多缺欠。

第四，因为存在以上情况，抗日武装，特别是由旧军队官兵进行的武器斗争与工农大众的抗日运动，不仅不能很好结合，而且各部队都缺乏游击战的经验，游击战的本领不能十分发挥。

对东北自卫军的作战

1932 年夏季日军“讨伐”的重点是，面向吉林省和黑龙江省。在该地区，李杜、丁超所领导的东北自卫军［吉林自卫军］展开了活跃的抗日运动，特别是同年 4 月 26 日军政部长兼黑龙江省省长马占山率领属下 8000 人起义，极大鼓舞了东北的反满抗日部队。不仅如此，恰好当时国际联盟调查团李顿一行来满，对于日本帝国主义而言，对他们如不迅速加以镇压，在国际上也唯恐立于不利立场。当时，关东军除原来的第二师团外，先后于 5 月投入第十四师团，6 月还投入了第十师团和骑兵第四旅团，对北满地区一带的抗日部队进行了欲一举歼灭的“讨伐”作战。

在此之前，第二师团，从同年 3 月末到 4 月上旬，以李杜、丁超领导的东北自卫军为主要目标，对从宾县到依兰地区，集中进行了“讨伐”，给抗日军以很大伤害，但抗日军依然占据着松花江沿岸各县及中东铁路沿线各县的多数县城，开展活跃的抗日运动。

5月中旬，第十四师团［参加上海侵略作战后直接被派到东北］为“讨伐”东北自卫军，而沿中东铁路线向牡丹江对岸行动时，道路上的木桥和一切木桥全被烧毁，师团必须在修理所有桥梁的同时向前行进，但在归途中往往是前日修理木桥又全部被烧，不得不再次进行修理。这样一来，经过日军的反复“讨伐”，抗日部队处于不得不分散的小集团，但只要是县的行政不建立，日本人不掌握县政实权，与日军未建立起充分的联系，也就是县的行政上没有充分反映日军的意图时，确保县城就很困难的。于是，日军向满洲国政府提出要求，和奉天省一样，在吉黑两省各县，在日军进行“讨伐”的同时立即派入日本人自治指导员。

政府应关东军的要求，从奉天省各县的自治指导员中，选出蛸井元义、泽井铁马、稻津一德等十余名，也从民政部内选3人，先在以哈尔滨为中心的吉黑两省12县派进自治指导员。可是，吉林省长熙洽却拒绝，称：“吉林早与奉天不同，文化也先进，自治已很好实行，目前不再需要自治指导员”。对此，民政部借口“那些地方附近去年以来因水灾而荒废，又匪贼横行，民众深受其害，所以要派救济员”，而抑制了熙洽。1932年6月在哈尔滨设立了民政部驻哈连络员办事处，向哈尔滨派送了“救济员”。然而，救济员得以入县的，只有滨江、双城、呼兰、韦河、珠河、木兰等县，就连邻近哈尔滨的中东铁路沿线上的阿城县都难以进入。不能入县的救济员们在哈尔滨等待，特务机关通知可能入县时，立刻入县。随着日军“讨伐”救济员虽已陆续进县，但在初期，大部分只能留在县里，几乎都不能走出城外，主要从事有关抗日部队动向和县民状况的情报收集，并通过警察上报，竭尽全力将县的人口、面积、地势、物产、行政组织、行政区划、财政等的一般情况，主要以文书形式做出调查报告。

在吉林省，由于熙洽本身不赞成派进救济员，省公署对各县长也未发出任何关于救济员的通知，即使拿着“国务院特派北满救济员××县驻在何某”的大型名片一张前往，县长等县里职员也不见得愉快迎接。当时滨江县长李科元感到难以处理，曾向熙洽省长请示对救济员的接待问题，而在省方的回答中竟有“蛸井元义等虽称为国务院特派救济员，焉知其是否为奸人”的字句。由此可见，当时中央政府的威令很难通行。然而，日本人官吏进县这一事实，很明显标志着日本帝国主义侵略势力的扩张，将卖国的土豪劣绅和官吏层拉向日本侵略者一方的暧昧态度是明明白白的，这种事件对日本侵略者是极有利，而对抗日军民是极不利的。

民政部驻哈联络员办事处，与其说救济员与民政部之间有着联络，毋宁说，向哈尔滨日本特务机关和当时驻哈尔滨第十师团司令部（师团长广濑寿助中将）以及日本宪兵队等逐一提供救济员的情报，和由师团司令部及特务机关向救济员做出指示及要求，以及向救济员传达事项更为重要。

对马占山军的作战

自1931年11月于嫩江附近与多门师团交战以来，马占山处于抗日与投降、爱国与卖国的巨大矛盾之中。12月7日，受关东军板垣参谋和驹井部长的劝说，参加了“建国会议”，但像热河汤玉麟不参加会议那样，显示出一贯的动摇不定。建国后虽然就任了军政部长兼黑龙江省长之职，但在最初的国务院会议上，对强力的中央集权制，表示了很大的不满。而且，在其部下中，谢珂参谋长等抗日爱国之士很多，每有机会就劝说马占山抗日。在这种形势下，马占山终于在1932年4月26日走出齐齐哈尔到达黑河，举起抗日之旗。对日本帝国主义而言，既然已经制造起傀儡满洲国，马占山就已经无用了，只有“讨伐”。

对马占山的“讨伐”是5月下旬开始的。由于马占山的主力位于绥化、海伦方向，关东军便将第十师团配置在松花江一线，以抑制其南下，令骑兵第四旅团由齐齐哈尔进入东北方向，在该方向切断其道路，由十四师团以呼海铁路为中心行动，与此同时，满洲国军5000名也归其指挥，在各地攻击分散的抗日军集团，寻找马占山，进行追击。

这样，6月1日在克东、拜泉附近，同月20日在呼海铁路西部地区，7月5日在其东部地区的庆城，三次包围了马占山，但因马占山受到民众的支持，巧妙地逃脱包围网。当时由于连绵大雨，北满旷野已化为泥海。本庄关东军司令官曾两次现地督战，受到鼓舞的日军，在大雨和泥泞中，步兵部队到处撒开捕捉网，骑兵步队为寻找马占山的足迹而马不停蹄。然而，因泥泞的坏路，骑乘困难，马料不足，衰瘦的骑兵，未能充分发挥骑兵的机动力。

从庆城逃出的马占山向南侧寻求活路，但遭到吉冈部队、三宅支队等的阻止，再次反转至庆城方向寻找退路。7月27日晨，在刘家房南6公里地方，宿营中的田中大队步哨偶然发现马占山，他于头天夜晚率800人在这里采取了不知有日军的彻底行动。日军部队立即采取包围态势，进行迎击。出乎意料受到冲击的马占山军，在混乱中遗弃众多尸体开始向北部退却。田中部队立刻追击，转换方向追到安固镇东部大湿地，又出现大量死伤。29日拂晓还发现和急袭了在安固镇附近一农家为中心露营的马占山军，随之给以毁灭性的打击。马占山将其一直携带的金条（约一马车）、勋章、印鉴以及经常使用的马鞍等全都遗弃，从现场逃脱。就这样，马占山军遭受无法再起的打击而四散。与此相策应的李海青军也在此次讨伐的初期遭平松部队的攻击而大受损失。第十师团与“讨伐”马占山并行，对松花江一带进行作战，一并指挥吉林省警备军约6000名及江防舰队，进攻到佳木斯、富锦，给予当地的抗日军，特别是李杜、丁超率领的东北自卫军以很大打击，将其主力压迫到苏满东部国境的密山附近。同时，对策应东北自卫军的吉林省东南部敦化地区为中心活动中的王德林救国第一路军，也从未停止攻击。

经关东军的此次“讨伐”，缴获了马占山的勋章、印鉴、马鞍等，认为已射杀了马占山，从遗弃的尸体中，提出像似马占山的遗物，认定为马占山，并报告天皇，向中外发表。然而，此后不久，第十四师团的宪兵长柏叶勇一准尉得到密探报告：“马占山与部下五六名来到海伦东北约30公里的村落。”于是，柏叶将此报告给了当时驻扎在海伦的第二十八旅团长，旅团长立即斥责称：“这是无聊的，马占山确已被杀，都已报告天皇，没有那种情况。”可是，柏叶称：“获得如此重大情报，作为宪兵长必须将其报告给宪兵队，亦请旅团向师团司令部报告。”没有收回情报。结果，按旅团长的意见，将密探情报中出现的马占山说成是假马占山，在向宪兵队及师团司令部的报告中写成“伪马占山出现”。可是密探情报没有错，马占山还活着。从安固镇的危机中逃脱的马占山伪装成农民，与数名随从进入苏联[进入苏联是1932年临冬的事情]，从那里绕道欧洲回国。

北满水灾与抗日运动

当时，吉林附近也连日大雨，松花江中下游渐渐水涨，7月19日凌晨哈尔滨市决堤。浊水滔滔滚入付家甸（原吉林省滨江市），瞬间哈尔滨第一条繁华大街基泰尔斯基大街都已被淹。游泳者聚集的太阳岛也埋没在水中，没有了模样，水面上只剩下杨柳的树梢和建筑物的房盖。站在江岸上只见一片汪洋，去邻县呼兰都得乘船。仅哈尔滨一带，受灾灾民就有36万人，溺死2.8万人，去向不明者大量，无法判明。中游的哈尔滨如此，下游泛滥尤为严重，受灾面积相当于日本的整个九州。据当时乘飞机在空中视察的人称：“四周一望，是无边的大海，偶而看到的浮藻一样的东西，想必是杨柳大树”。7月下旬到8月的此次大洪水，特别对松花江沿岸地区农民的损害，实在无法估算。

北满各县救济员从其职称上来说，着眼于此次灾害，立即要求中央政府拨给救济金是当然之举。然而，政府很难承诺要求，经救济员再三强硬请求才给以支付，可数额北满12个县才5万元。所谓“救济员”，是日本人官吏进县，只是名义而已，从这一事实上也暴露无遗。而救济员之所以还请求救济金，主要动机是：“此时如不拿出救济金，救济员也好，日本人官吏也好，今后就不好办了。”大洪水使北满人民的生活穷困达于极点，它很快便对抗日运动特别是武装斗争产生了很大影响。受灾农民本身在粮食上已很穷困，抗日部队宣告粮秣不足事属当然，向受灾农民筹措军费更加困难。在这种情势下，维持抗日部队的大集团，几乎是不可能的，于是抗日部队转移地区，也不得不小集团地分散化，最坏的情况是，不得已而解散。1932年夏季日军在北满地区所取得的所谓“讨伐”成果，“日军作战良好”、“武力优秀”等等，全部是一面之词。大水灾的自然灾害，对日本侵略军是大幸，但不能不看到，对于抗日部队和抗日民众来说，是造成了极其不利的条件。

苏炳文事件

1932年9月27日，黑龙江省防军第二旅长兼呼伦贝尔警备司令苏炳文，将在满洲里的山崎领事、小原大尉、宇野满洲国国境警察队长为首的日本侨民及满洲国官吏监禁起来，树起反满抗日之旗，与步兵第一旅长张殿九共同组织了东北民众救国军，自任该军总司令，10月1日于海拉尔发表呼伦贝尔独立宣言。关东军及满洲国政府进行怀柔工作，极力劝说他们归顺，可是苏炳文断然拒绝，占据呼伦贝尔一带，积极地从事抗日活动。苏炳文、张殿九两旅长的起义，大大鼓舞了全满的抗日部队和抗日民众，特别是给了北满地区的抗日部队活动以激励。这就是，10月16日，大刀会、红枪会等抗日义勇军约2000人，袭击了齐克线的宁年、拉哈、江湾等各站，破坏了铁道，解除了该地公安队武装。10月27日，王德林、刘万魁所率义勇军约3000人，袭击了宁安县城。翌28日泰安的日本守备队约4000名被义勇军包围，长春的救援部队到达后，才幸被救出。就这样，苏炳文、张殿九的起义，大大鼓舞了抗日运动，不仅对所谓“国内治安”造成重大影响，而且堵塞了经满洲里通向苏联的国际交通线，国际联盟大会开会时间逼近，恐对日本及满洲国方面在国联的立场不利，因而关东军于11月30日出动以驻齐齐哈尔第十四师团为主力的黑龙江省警备军约5000名，正式开始“讨伐苏炳文作战”。作战开始后，很快日军的一部在矢崎参谋直接指挥下，用装甲车突破救国军在大兴安岭的第一线阵地，并出现在救国军的背后，致使救国军的战线陷入混乱，苏炳文遭到日军追击，与部下约1000名进入苏联。12月6日，日军宫本先遣部队进入满洲里，全部救出山崎领事等被监禁的日本人。

南满地区的镇压

南满地区的抗日活动

北满地区的情势已如前述，南满地区也决非平稳。关东军由于将“讨伐”重点放在北满地区，南满地区日军势必薄弱，抗日部队的活动更加活跃起来。其表现是，［1932 年］7 月 19 日沈海线黑山站被袭；7 月 31 日企图袭击新京的抗日义勇军一部在南岭与守备该地的日军交战；8 月 3 日约 1000 名抗日部队袭击了营口市水源地田庄台。其后不久，由于营口市有遭袭的危险，遂要求海军援助，旅顺要港部出动了巡洋舰及驱逐舰数只，以救其急。8 月 6 日，佐世保海军镇守府因南满地区的抗日运动特别激烈化，竟受命出动军舰、驱逐舰和轰炸机等。9 月初，原在吉林东部的冯占海、宫长海率领的抗日军约 2 万人联合南下，以部分兵力袭击吉林省城，同时还造成攻击新京的态势，在满洲国军骑兵 3 个支队 3000 人和日军第二师团及第十师团兵力牵制下，巧妙地向热河省转移。

昌图县的状况

当时南满各县状况如何？可将昌图作为一例来观察，当时任昌图县参事的今吉均曾就当时状况谈话如下：

昌图县城位于满铁干线昌图站西的 12 公里，其间有日俄战争时俄军铺设的小铁道。县城内设有日军宪兵分遣队，驻有高荷军曹等 3 名宪兵；并驻有领事馆警察山本、阿部二人。日本人依赖的是，昌图站南约 25 公里该满铁线上的开原驻扎的一个中队的日军独立守备队。

说到 1932 年夏，在辽河沿岸地区的法库、康平、昌图、铁岭、开原等地，都有大量北京的青年学生等前来，他们走街窜（串）巷、村村镇镇，向民众宣传要收回失地，热情呼吁“起来！参加抗日救国的战斗行列。”激起民众的抗日意识。昌图县的民众起义情报也频频传来，甚至抗日部队也曾逼近县城。自 8 月末起，田振东率领的抗日义勇军约 3000 名活跃起来，以致出县城一步都不可能。铁丝网内侧有深 2 米宽 1. 5 米的土壕，壕上还设有许多岗哨，左右警戒。县城内的 500 名警察队员和 800 名自卫团员，说是为了警备县城而被召集，分宿在民家。市民在遭受饥荒的同时，还要负担所需经费。东南西北设有 4 个出口，并进行严格的检查，因而一般人几乎难以通行。没有任何理由，而把昌图县城的 3 万中国人用通着电流的铁丝网，与城外的中国人完全隔离开来，成为日本侵略者的俘虏。我认为，日军是向昌图城射出的一支毒箭，而我的任务就是，将日本侵略势力由昌图县的所谓“点”

扩展到“面”，将全县人民作为日军俘虏、奴隶，供其酷使、掠夺。

我欲完成任务，没有强力的日军做背景是不成的，我如没有中国人的支援者也无法出手和投足。县长栾自新、警务局长田庆良为首的行政官、警察官，全都是我完成侵略任务的协助者。我本身虽然是日本侵略军的手足，但与日军并非没有矛盾，宪兵只是强取我做的事情，可自己却无“功绩”可言。我何时与谁在何处饮酒，对手是谁，直到有多少借款，详情都记入他们笔记本中。

我不仅恐惧县城外的中国人，对县城内的中国人也恐惧。所以，我极力防止县城内外中国人的合流。我常常要求县长，要放松县城的警戒。

从昌图县的如上情况，可以窥见满铁沿线各县的全部情况。对日本侵略者而言，连条件最好的满铁沿线的县尚且如此，其他更可想而知。

对东北民众救国军的作战

进入10月后，关东军对在东边道地区继续强烈抗日运动的唐聚五的东北民众救国军约两万人，大刀会约一万人，从南北西三个方向进行大规模的“讨伐”，给救国军以毁灭性的打击。因而救国军不得不放弃原来占据的各县城。在此次讨伐中，奉天省警备军、靖安游击队等约8000人的满洲国军，在日军的指挥下参加进攻。当时恰好毕业的大同学院第一期生约90名中的大多数，受关东军的指示，进行随军宣传宣抚活动。而所谓宣传宣抚活动，只不过是作为侵略者的触角，宣传满洲国的三千万民众得到无限幸福和享受神仙一般生活，并以蚊子眼泪那样一点物品来收买中国民心。他们完全像是卷起尾巴披着羊皮的狼，口蜜腹剑：“我真是驯服的羊，共同很好地生活如何!”

对沈海地区及三角地区的作战

在满洲原野，到了秋天，树叶飘落，收割高粱，视野广阔。到了冬天，大地全部结冻，不管是河川还是湖泊，人马往来，通行无阻，卡车也能自由行走。这种自然条件的变化，对拥有优秀装备和机动性的日本侵略者来说，是极其有利的。而对抗日部队是极为不利的，这种不利决非限于作战方面，被服、粮秣的补给、宿营等方面都愈益困难起来，大部队越来越难以维持。

日本侵略军利用对己有利的自然条件，特别进行大规模的讨伐作战，打击抗日部队。在南满地区，10月开始以唐聚五的东北民众救国军为目标的东边道讨伐，继而又进行沈海地区，即由沈海、吉海、满铁三线围起来的东丰、西安［即辽源］、西丰各县的讨伐。12月中旬，对安奉线、满铁干线与黄海海岸线围绕起来的三角地带，亦即庄河、岫岩、凤城各县，受到民众强烈支持坚强进行抗日运动的原凤城县警察大队长邓铁梅、原岫岩县长刘景文率领的抗日义勇军，进行了以第二师团为中心的大讨伐，给当时号称 15000 人的抗日义勇军以人员减半的巨大打击。

在此次讨伐中，由复县松树站出动的骑兵第二联队指挥的靖安游击队，由森大佐率领的骑兵团约 300 人，12 月 16 日夜，在庄海县城西北 12 公里的土城子宿营时，遭到红枪会的约 300 人的袭击，在团本部的森大佐等 12 名日本人和中国人军官 4 名被杀，大量负伤者出现，许多士兵弃马逃往山中。

事件发生后，配属在骑兵第二联队的日本宪兵立即前往调查，逮捕了与红枪会通谋的土城子村长，送往庄河县警务科，拷打后杀害，首级悬挂在县城东门以示众。继而在此次讨伐期间，骑兵第二联队配属的只是岸宪兵大尉等 18 名宪兵，就为搜集情报，或者当作抗日义勇军，逮捕了 34 名中国人民，残酷拷打后予以杀害。讨伐期间，与部队行动平行，实行宪兵队的方针即严重处分，在短期内，可以随意审问、拷打，“检举者根据情况进行处理”。“讨伐”对于中国人民是不堪忍受的地狱之苦，无比怀恨与憎恶。抗击日本帝国主义侵略，为争取民族的自由和独立，而勇敢地拿起枪来进行战斗的父兄子弟们，却背负“匪贼”的名义而惨遭杀害。讨伐队所到之处，必然严酷地拷问村民：“义勇军在哪里?”对妇女也施以暴行。同时，为修筑警备道路、运搬弹药、粮秣，老少都抓，在枪刀下使役 。稍有反抗，就被加盖上恐怖的反满抗日必死的烙印，等待处理。猪、鸡、蛋、菜、燃料等，都毫无顾及地从人民手中夺取，就连非常重要的耕地用的马也被夺走。为便于讨伐部队宿营，每家都必须打开家门，在寒风吼啸的零下 30 度严冬夜半，被赶出家门，绝非少见。

在三角地带的讨伐作战中，关东局根据关东军的要求，编成警务局长等 417 人的部队，进行协助。陆上部队从貔子窝和凤凰城两地出发，与日本侵略军共同行动，海上部队分乘警备船 4 艘，与日本海军的驱逐队一起，封锁大孤山、庄河一带的黄海沿岸，与陆上的讨伐部队呼应。

侵略热河与抗日运动

日本帝国主义在打造傀儡满洲国时，其范围从最初起即决定包括东北四省，即奉天、吉林、黑龙江三省和热河省以及内蒙古东部。然而，“九一八”事变后，关东军的兵力，无论如何也不具备侵略热河的余力。关东军对于汤玉麟无奈仅止于劝说其宣布热河独立和参加傀儡国家的炮制。而汤玉麟却一方面平抑中国人民反对日本帝国主义侵略满洲的激烈斗争，另一方面受满洲形势变化的影响，没有出席 2 月 16 日召开的“建国会议”，只致电表示“无条件服从会议的决定”。出席会议的马占山曾经质问：“汤大人果真来电报了吗?”汤玉麟的态度极为暧昧。其后，汤玉麟在东北行政委员会［政务委员会］上亦署了名，并在建国的同时被任命为参议府副议长兼热河省长，虽然从未露面。然而，对于日本帝国主义而言，汤玉麟没有出席会议，也没在政府中露面，这些都不是问题。无论如何，代表热河省的汤玉麟承认“建国会议”的决定，在东北行政委员会的东北四省区独立宣言上汤玉麟还署了名，亦即在满洲国的范围中具备了包含热河省的形态，也就够了。

至于与激烈的抗日运动高涨的中国本土为邻、身受张学良军事压力的热河汤玉麟，其动向将如何，日本帝国主义还是有着一定的看法的。

事实上，汤玉麟受到国内到处澎湃着的抗日救国的呼吁，和东北各地抗日义勇军奋战的激励，已断然选择了抗日的道路。因此，汤玉麟与张学良密切联络，重振省内抗日运动，同时还在通辽方面改编活跃中的义勇军别动队，使之抵抗日本侵略军，并大力支援南满特别是辽西地区的抗日运动。辽西地区，即满铁线以西，主要是大辽河以西地区的抗日义勇军，1932 年 1 月将第二十师团的松尾辎重兵少尉指挥的输送监视队，在大虹螺山麓全歼，并在锦西给古贺传太郎中佐率领的骑兵二十七联队以毁灭性的打击，日军从这些战斗中深深体会了辽西义勇军的剽悍。日本侵略军为进行讨伐，疲于奔命，损失很大。进入 1933 年后，在热河地区，以汤玉麟、张学良的正规军为中心，冯占海率领的义勇军、朱子桥领导的东北义勇军（由红枪会员和普济佛教会员组成）等，日趋活跃，呼吁收复失地的声音遍布全满，反满抗日运动大受鼓舞。

1933 年 1 月末，张学良将在热河的正规军及义勇军均置于北平军事委员会［分会］的统辖之下，并起用张作相为该方面的总指挥。冯占海、邓文、李海青等部队都被改编为警备军，强化了抗日态势。张作相麾下的兵力约 15.5 万人，部署在开鲁朝阳线、赤峰干沟镇线及承德附近三线，开始构筑阵地；在其背后的山海关方面，有张学良、商震、宋哲元等部队 10.5 万人，集结在北京等地。

山海关的阴谋

到 1932 年末，关东军已给北满的马占山、苏炳文等抗日军以毁灭性打击，将李杜、丁超的部队围堵在苏满国境密山附近，给吉林省东部及南部王德林部队以很大伤害，减弱其活动力，冯占海、李海青等抗日军不得不向热河转移，东边道一带唐聚五率领的东北民众救国军也受到接近毁灭的损失，沈海地区及三角地带的讨伐，基本上也从抗日部队的手中夺取了奉天省内的全部县城。在这种形势下，1933 年 1 月，发生了作为开始热河作战准备工作的山海关事件。

当时，山海关驻有何柱国中将率领的步兵两个团、迫击炮两个连、骑兵两个连的中国军队，就是这些部队驻于山海关，对于进行热河作战的日本军也是不利的；反之，确保山海关，日军在作战上则是极为有利的。因此，关东军在热河侵略作战开始前，必欲使何柱国军从山海关撤走。为此，关东军山海关守备队长落合甚九郎发布密令，挑起同何柱国军间的纠纷，即计划制造借口要求何柱国军撤退，如不听从即诉诸武力，将其赶走。受命的落合守备队长于 1933 年 1 月 1 日与满洲国山海关国境警察队山海关派遣队柏叶勇一密谋，委托该队日本队员秘密地向日本宪兵分遣队内院和山海关车站内的日本守备队办事处前铁道线上，投掷中国兵使用的木柄手榴弹。形式上是“请接受，干吧！”可实质是不许抗辩。接受日军绝对命令的柏叶派遣队长于该夜 11 时许与该队分队长国宏亮壹和警长阿部隆雄向宪兵分遣队院内、警长长任长一及佐佐木源九郎向站内守备队办事处前铁道线上，分别投掷了两发手榴弹。手榴弹投掷并确认爆炸后，落合守备队长便向何柱国军提出严重抗议称：“投掷的手榴弹系贵队所持有，故相信是贵队的人所投掷。”天亮后派儿玉中尉指挥的一个中队［连］到南门外，要求何柱国军的警备队长交出南门。儿玉中尉见对方表示拒绝，立即从附近民家强夺竹梯，开始攀登城墙。在那里的中方警备队出于自卫而投下手榴弹，儿玉中尉当即毙命，并有士兵 3 名负伤。关东军接此报告后，立刻宣称“手榴弹投掷事件也好，南门事件也好，都是中国方面有计划的挑战行为。”并命令驻锦州的铃木旅团出动。铃木旅团于 1 月 2 日午后 8 时到达山海关，落合部队及满洲国山海关国境警察队被列入其指挥之下，准备攻击山海关城。当时，何柱国中将因参加会议出差北京，接获事件发生的报告后，立即返回。2 日到达秦皇岛，于该地停留，不想归回山海关。于是铃木旅团长向何柱国通告，督促其于 3 日上午 10 时前回到山海关，以礼交涉，倘如届时没有归任即进攻山海关。

就这样，日军于 1 月 3 日上午 10 时便对山海关开始了极端非法的炮击，何柱国军勇敢应战，战死约 200 名，负伤约 400 名，遭受极大损失。下午 3 时遂从山海关撤退。

在此次战斗中，旅顺要港所属驱逐舰两艘，应关东军要求参加作战，以舰炮射击，协助铃木旅团。这就是山海关事件真相，有计划挑起战争的不是中国军队，而是日军。

热河侵略作战

1932 年 8 月，武藤信义大将成为关东军司令官，小矶国昭中将成为参谋长后，立即为准备热河作战而发布关东军命令，并着手侵略准备，同时命令满洲国政府准备研究热河侵略及其后政治机构和省行政的运营等。接受关东军命令的满洲国政府编成追加热河事变费 19500 千元的预算，与此同时，为指导侵略热河及其以后的政治工作，1933 年 1 月在总务厅设立了热河处理委员会。热河处理方针及计划确定，派遣热河的政治工作班编成，以及其他准备完成后，为图谋与各政治工作班联络调整，在锦州设立了热河处理委员会锦州办事处。

1933 年 2 月 17 日，满洲国政府按照关东军指示，发表“热河省肃正”的声明，任命军政部总长张景惠上将为总司令、张海鹏上将为前敌总司令，令张海鹏率直属部队洮辽警备军和程国瑞的建国军共 42000 人向热河省进击。

关东军根据《日满议定书》的所谓“共同防卫”精神，发表对满洲国进行的“热河肃正予以协助”的极端欺骗性声明，开始侵略热河。在侵略行动开始的同时，关东军司令官武藤信义大将声言“热河肃正是满洲国国内问题，但如华北政权对我军采取实力行动时，将不得不使战局及于华北。”暴露了关东军不仅侵略热河，而且持有侵入华北的意图。

在这种形势下，张学良与宋子文、张作相、朱庆澜等乘飞机前往热河，会见汤玉麟等华北 28 名将领，召开军事会议，发表抗日通电。万福麟的第二十九旅从平泉向朝阳开始进击，张作相被任命为热河边境总司令，命令汤玉麟攻击日军。

日满两军于 2 月 17 日前后开始行动。第六师团由北面向热河、第八师团由东面向热河、宇佐见骑兵集团由海拉尔出发从赤峰方面向热河、服部混成旅团由锦州方向向热河，各部队全都指向热河并一齐侵入热河。第八师团的山原挺进队乘汽车急进承德。

张海鹏指挥的洮辽军，在关东军参谋佐久间骑兵少佐等日军指导下，随从日军，经开鲁、赤峰进击承德。

防卫热河的中国军队，因国民政府的“不抵抗撤退”命令的阻止未能进行充分的抵抗，日军乘此很快于 3 月 4 日占领承德。

一周间占领了热河全省的日本侵略军，还占领了战略上重要的万里长城上的全部关卡。满洲国政治工作班，跟随日军分成承德班、赤峰班、朝阳班等 13 个班，分赴各地，从事政治工作和热河情况调查，准备开设省政府和其他地方政府。3 月下旬，日本侵略军以“追击敌人”为借口开始侵入华北。第八师团从古北口方面经南天门侵入北平北面，第六师团从冷口方面，服部旅团从喜峰口方面侵入滦河东部地区，骑兵集团从马兰峪方面远远侵入滦西玉田县城。4 月 11 日第六师团侵入建昌营，第八师团 4 月 28 日攻陷南天门，并于 5 月 10 日开始新开岭附近的攻击，进入石匣东西之线，同时还占领怀柔附近，很快逼近北平。

另方面，第六师团于 12 日渡过滦河，进入蓟运河一线。这样，第六师团在密云附近、第八师团在三田附近分别集结了主力，对北平、天津方面，采取了威吓的态势。

国民政府对此实施其一贯的“不抵抗撤退”的命令。张学良的后任何应钦 5 月 25 日到密云的西部队［第八师团］正式提出停战。30 日在塘沽日方代表冈村宁次少将与国民政府代表北京军分会总参谋长熊斌会见，翌 31 日停战协定签字。该协定是承认满洲的既成事实，和将长城以南的河北省东北部（冀东地区）广大地区划为非武装地带的卖国的屈辱协定。据此协定，中国军队立即撤退，日军也于 6 月 11 日至 19 日撤退，侵略热河战争终结。

就这样，日本帝国主义准备了将来对华北的侵略。其后，1935 年 11 月，日本帝国主义根据该塘沽协定，在非武装地带制造了冀东防共自治委员会（12 月将委员会改称为政府）的傀儡政府，作为第二个满洲国，夺取了中国的这一地区。

热河省公署开设起来，由热河警备司令官张海鹏兼任省长，承德政治工作班长中野琥逸任总务厅长，工作班员配置在总务厅内。从而形成热河省的侵略态势，构成为日本帝国主义的掠夺榨取的对象，同时也起着侵略华北的第一线基地的作用。

3 月 13 日热河省内的作战告一段落。战争期间中国人民不堪忍受的灾难，决不仅仅是作战地区民众的直接战火损害，还伴随着侵略战争的屠杀、放火、掠夺、强奸等所有苦难。

从财政方面来看，当时满洲国的预算一般、特别两个会计，合计只有 1.1 亿元左右，可是其中超过 2 成，即 2300 万元为此次作战而支出，成为三千万民众的沉重负担。不仅如此，为运输日满两军的军需物资，从全满各地征发大量马车和车夫。奉天省昌图一县就征发 500 台。马车一台说起来很简单，但是其车体和马具外至少有马 3 匹和赶车车夫一名，因而马车 500 台的征发，意味着车 500 台，马 1500 匹，车夫 500 名。在关东军命令的绝对命令中虽然没有说什么，但是如果不同意或者反对征发，等待着的将是令人恐怖的“反满抗日”四个字。

日军支付的日薪，根本不够补偿马和车的损失，而且连马车夫的生命都很危险。为了补偿这些损失，不能提供马车、马或马夫的农民，互相也要分摊许多钱款，这对农民也是一笔很大的负担。

侵略热河对抗日部队的影响

自热河作战开始前，日本侵略军利用对讨伐有利的满洲秋冬季节所进行的对抗日义勇军的大规模讨伐，已给义勇军以很大打击。热河侵略作战实施后，短期完成，对于满洲的抗日运动，并非没有更大的影响。特别是旧军阀出身的领导者对满洲抗日运动失去信心，以致李杜逃往上海，王德林进入苏联，丁超变节投降。

处于抗日义勇军领导地位的大干部的向关内逃离、入苏等，与冬季补给困难及日军讨伐激化相伴随，导致缺乏明确政治目标的各地旧军阀、官僚特别是土匪出身的拥有领导地位的义勇军干部对抗战前途失掉希望的投降倾向。与这种倾向相并行也出现另一种倾向，即为了行动敏捷自由也好，为了补给容易解决也好，都致力于抗日义勇军急速地小集团分散化，和分散后为弥补弱势而特别努力于部队相互间的联络与合作等等。在这种形势下，出现了全满抗日部队统一的萌芽。与此同时，在战略上，似乎逐渐地规避与日军正面冲突，而置重点于游击战。这样，满洲的抗日部队，在量上虽然显著减少，但是通过两年多与日军的战斗，不仅思想上受到锻炼，丰富了战斗经验，培养了大量优秀的指挥员和战斗员，而且在与日军的战斗上，拥有了一定的战术，在质的方面，有了显著的强化。

对于抗日军的这种变化，日军的治安对策当然也不能不有所变化，这就是，随着侵略热河和后续的华北侵略作战的结束，以及塘沽协定的成立，关东军于6月8日声明日军在满洲国内实行分散配置，在被视为抗日军根据地的要地配置部队。

当时，关东军在满兵力有步兵4个师团，骑兵一个集团，以及独立守备队和宪兵。第十师团在哈尔滨、吉林方面，第十四师团在齐齐哈尔方面，第六师团在承德方面，第八师团在锦州方面，骑兵集团在海拉尔方面，分别驻扎。当时，满洲国政府逐渐地将全满各县城收入手中，奉天省58个县中的57个县，吉林省42个县中的26个县，黑龙江省47个县中的37个县，都派有日本人官吏的县参事官、副参事官、警务指导官等，掌握了县政的实权，政令基本上可以使行到各机关，侵略行政大体就绪。与此同时，国军也好，警察也好，作为日本帝国主义的手足，大体上已有基础，作为日本掌控下的殖民地镇压机关，已大体完备。卖国的地主富农和民族资本家阶级依赖日本的倾向也日益强化。与此相适应，如他们的雇佣武装地方自卫团，成为忠于满洲国的日本走狗，似乎与抗日军真的对抗起来了。

编者注：此件摘译自：《日本帝国主义中国侵略史》，第 352 – 365 页。

东北人民革命军的成立

不管以日本侵略军为首的满洲国军警如何狂暴镇压，满洲的中国人民抗日运动，一日也没有停止。特别是 1933 年 5 月，在中国共产党推动领导下，以共产党员吉鸿昌、享有抗日将军之称的冯玉祥、方振武等为核心，于张家口组成了察哈尔、绥远抗日同盟军，集聚了东北义勇军的一部和当地的武装人民，以及天津的爱国学生等，宣言收复失地，对日本侵略军展开果敢的攻击，给东北人民的抗日士气以很大鼓舞。进入 8 月，九江率领的 200 名抗日义勇军，首先攻击了宾县县城；同月中，宝清、同江、延寿、铁骊各县城相继遭受袭击。9 月起，不久，兴京县城受到 400 名部队的袭击，继而东宁、穆棱、巴彦等县亦遭袭。抗日义勇军平素小集团分散行动，袭击县城时，合流为 200 人乃至 400 人的部队，时而构成为 2000 人乃至 3000 人的大部队进行战斗，对于警备县城的日满军警，经常给以不小的打击。

就这样，在 1933 年度，抗日部队前后对县城进行 27 次袭击（奉天省 4 次，吉林省 16 次，黑龙江省 7 次），与此同时，运行途中的火车遭袭达 72 次（东部线 27 次、吉海线 16 次、吉敦县 16 次，西部线及其他线 13 次）。由此可知东北人民的抗日运动是何等的炽烈。

对此，日军“肃正”的重点转向南满，特别是奉天省内，并谋求各种“治安工作”的进展。结果，抗日部队的规模，由 8 月时的 3.2 万人，减少到 10 月的 1.4 万人。从 10 月东边道的讨伐开始，对三角地区从夏至冬，连续进行“肃正”工作。结果，8 月下旬李子荣逃往北平；11 月下旬，自 1932 年蜂起的岫岩县长刘景文亦不得不逃往华北。到了 1934 年 3 月左右，奉天省内的抗日义勇军数量，据称为五六万人。就这样虽依然对日本的侵略顽强地进行抵抗，但抗日部队的数量是在逐渐减少。尽管如此，抗日运动却发生了质的变化，抗日部队数量的减少绝不意味着满洲的中国人民抗日运动的弱化。当时，中国共产党领导的武装游击队逐步扩大，它对全满洲的抗日部队，在思想上政治上都产生了很大影响，使满洲的抗日统一战线的形成，有了很大的转机。

1932 年 1 月，由奉天转移到哈尔滨的中国共产党满洲省委，在图谋党内调整的同时，响应党中央的“组织大众，反抗日本帝国主义的侵略，组织东北游击队，直接打击日本帝国主义”的号召。在吉林省磐石县哈马河子，以中国、朝鲜农民为基干，组成了以共产党员李红光为领导者的磐石游击队。接着，珠河、饶河、东宁、汤原等游击队也已组成，在与日满军警展开英勇斗争的同时，将各地抗日部队，吸收到他们的领导下，以谋党的武装势力的扩大与强化。1933 年 1 月，基于党中央的指示，各地人民武装部队组成统一战线，决意进行长期的游击战，决定将原来的红军改编为人民革命军的组织。于是，满洲省委以 1933 年的“九一八”纪念日为期，将原来的红军第三十二军南满游击队改编，正式成立了由中共中央派遣的杨靖宇为首的位于磐石县的人民革命军独立第一师。继而，1934 年 4 月以朱镇为首的第二军第一独立师在间岛省延吉县成立，5 月 3 日该军第二独立师也宣告成立。继第一军和第二军，到 1935 年 1 月下旬，在滨江省珠河县也成立了以赵尚志为军长的第三军。

分散在各地的红枪会、大刀会等农民们，陆续参加了新的抗日组织，一部分抗日军队进而被纳入人民革命军的组织之下。

以金日成为领导者的朝鲜共产党员和爱国主义者，认识到祖国解放和中国解放是不可分的，以国际主义精神参加了东北的抗日游击战争。中国共产党的武装部队，作为其正规军的东北人民革命军的成立，在傀儡满洲国建国后，开始了中国共产党正式的武装斗争，使东北抗日部队的性质，在思想上政治上发生了巨大变化。东北人民革命军的成立，意味着全满的抗日部队，作为中国共产党的正规军和协助部队，是拥有打倒日本帝国主义，将全国人民从剥削压迫下解放出来，赢得民族独立自由的明确政治目标和正确斗争纲领的军队。同时，在部队内确立了人民军队为人民的思想，并将马克思列宁主义的阶级观点、组织观点、大众观点植于队员的心中，成为有严格纪律、坚强团结的部队，成为人民革命运动的宣传者、组织者和推动者。于是，反对日本帝国主义的中国人民伟大革命战争在全满展开，克服一切困难、英勇激烈地进行。他们的英雄般的行动，对全国人民的抗日决心，是强大的推动和巨大的鼓舞。

二　伪满警察史记述*

东北抗日武装斗争状况

（1933.6～1935.9）

国内，由旧政权军阀的余党及对政府不满分子等组成的大集团反抗兵

* 此件摘译自吉林省公安厅公安史研究室、东北沦陷十四年史吉林编写组编译《满洲国警察史》，1989，第 171～177 页。

匪，已在第一期予以剿灭，全国各县城基本上均归化于新国家的统制。但在大同2年6月，国内的残匪大约还有15万，仍是横行各地，逞凶作恶。他们是由分散的小批政治土匪、一般土匪、败残兵匪和一部分为匪的农民所构成的。一些地方，还出现了少数“共匪”，正在整顿其阵容。因此，大同2年6月，从热河和华北作战归来的日军，立刻采取了分散配置的体制，同时，于大同2年6月4日，从中央到各省、县，设置了将有关治安工作的日满机构合为一体的咨询机关——“治安维持会”。治安维持会的方针是：

> 日满两国各机关，在军队分散配置期间，在有统制的指导下相互协力，以期铲除、扫荡反抗分子，同时，努力于使满洲方面有关各治安维持机关的巩固与安定人心政策相结合，在军队分散配置撤销后不至于动摇治安。

当初，设立这一机构的期限，是从大同2年6月到10月底，后来又延长到康德元年3月。面对大同2年的兴盛时期，认可牺牲军方的自身训练，果断实行了分散配置，并在全国建立了强有力的治安工作机构——治安维持会。这些事实便使专横于全国各地的各类匪帮了解到日军的根本方针，而日军从不间断的积极讨伐，则不仅涣散了匪徒之间的团结和削弱了他们的战斗力，并且由于土匪不断出现伤亡，就使他们看到自己的前途和命运。与此同时，它也使自卫团加强了自卫力量，进而对促使匪帮无条件归顺，调查和整理民间武器，整顿民间武装团体，构筑通信和公路网，进行宣传安抚，巩固我国警备机构等，在同治安维持会的活动相互配合的情况下，正逐步获得成果，可以说治安工作从这时起终于走上正轨。在这个时期必须重视的是，匪帮由大股变成小股，从平地遁往山间僻地，盘踞在那里，不断袭击县城和袭击火车。另一方面，作为共产党一翼的“共匪”，开始逐渐兴起。

由于日军的分散配署和各地的一致讨伐，使集团匪败走分裂。同时，还须认真对付这些匪帮为了避免成为讨伐的目标而从自卫角度所采取的分散策略。大同元年10月，匪数在500人以上的匪帮有152帮（不包括热河省），但到大同2年10月便成为36帮（其中包括热河省11帮），减少了126帮。正是大匪团减少，已如上述，而小股匪团却猛增。这些小股匪团遭到一齐讨伐便逃往高粱地或山林之中，待讨伐队撤回又直接集结转而袭击，自然，其活动区域与历来相比也顶多是相邻的二三个县，而且活动也少了。但是，他们难以靠近有日本军驻屯的县城，并且在袭击没有驻屯军的县城时，是以相互集结2000人乃至3000人的集团匪进行行动，又推断由于出动讨伐的县城警备力量薄弱时，分散的小股匪团忽而合流，以 200 人乃至 400 人强行袭击县城。

在大同 2 年，袭击县城，以夏天为甚，其主要者有：8 月 10 日九江匪 200 人袭击了宾县县城，接着于同月受到匪袭的，有宝清县城（陈东山匪 600 人）、同江县城（匪数 400 人）、延寿县城（匪数 200 人）、铁力县城（匪数 100 人）等等；特别是进入 9 月，从当月 5 日袭击兴京县城（匪数 400 人）开始，接着有东宁县城（吴义城匪 2500 人）、东丰县城（大刀会匪）、穆棱县城（匪数 100 人）、巴彦县城（曹德权、孙英武、九江等合股匪 200 人）等受到袭击，给讨伐带来很大困难。

奉天省，以治安维持会为中心开展诸般工作的结果，使省内匪势顿衰。8 月份尚有匪 32 000 人，10 月份便猛减到 14 000 人。10 月份，开始对东边道进行讨伐，在三角地带从夏到冬连续进行了肃正工作。其结果，8 月下旬匪首李子荣逃往北平，11 月下旬大同元年叛变的原岫岩县长刘景文也随后逃往华北，使这块以治安不良著称的三角地带，也开始趋向明朗。于是，在进行了经久不断的讨伐活动和适当的治安工作之后，职业匪帮终于一个接一个地被整肃。大同 2 年冬季，奉天以南的南满地方治安基本恢复。到康德元年 3 月，省内匪数为 5600 人。到康德 2 年 11 月末，省内主要匪首及其势力是：王殿瑞（400 人，活动于通化、临江）、王凤阁（400 人，活动于辑安、通化）、马兴山（200 人，活动于临江）、苏子全（300 人，活动于清原）、天虎（200 人，活动于东丰）、邓铁梅（300 人，活动于岫岩）、海蚊（300 人，活动于岫岩、安东）、栾法章（200 人，活动于清原），还有国民革命军梁凤瑞等统率的各匪帮，横行于上述括弧内的各县，栾匪则于大同 3 年 1 月被逐逃往北平。

这里应特别记述的是，满洲事变后在磐石附近曾由中国共产党县委组织起来的武装游击队，人称红军，于大同 2 年 9 月最先自称东北人民革命军（军长杨靖宇），在磐石起义。同年 10 月，在奉、吉省境遭到讨伐后南下，侵入奉天省金川、柳河、清原各县。人数虽十分微弱，却成为其后“共匪”活动的开端。

吉林省，于大同元年冬，具有较长历史的间岛方面的共产党，与叛变了的匪徒接触，搞到武器弹药，组成了抗日游击队。大同 2 年，由于受到驻屯日军以及从同年 10 月中旬到 11 月中旬的靖安军大讨伐的打击，这些匪帮中的王德林匪逃往宁安、东宁方面，吴义成匪逃往宁安、额穆方面。残余的“共匪”吸收了间岛地方的残匪和土匪，于康德元年 3 月在延吉县内，组成东北人民革命军第 2 军第 1 独立师，又于同年 5 月末组成第 2 独立师。

另外，在东部国境的虎林、密山、东宁各县，有自卫军李参谋、高玉山、陈东山、那师长等匪帮盘踞着；在永吉县南部，残存着殿臣、九江好匪。黑龙江省，除肇东县有天照应匪跳梁外，全省基本保持平稳局面。热河省，大同2年春季作战完成后，各地残留潜伏着草贼和残兵败卒，受华北方面反满势力的操纵，互相串通，到处横行。特别在辽西省境地区，有不少依然标榜着反满义勇军者。但从成立治安维持会后，此等匪帮有的逐次被招抚，有的被赶到国外，如胡宝山、老耗子以下多人，有的由于受到多次讨伐而被消灭。尤其是大同3年1月上旬，对建平、平泉、赤峰各县黄、红枪会匪进行的一致讨伐等，使省内治安显著恢复。到康德元年，只有一些土匪在暗中活动。此外，大同2年消灭匪数为8728人，归顺匪数为37452人。

大同2年度县城被袭击的次数

省份＼月份		1	2	3	4	5	6	7	8	9	10	11	12	计
奉天省			1	1			1			1				4
吉林省			1	4			1	1	5	4				16
黑龙江省								4	1	2				7
热河省														
计			2	5			2	1	9	6	2			27
细目	陷落			1			2	1	3					7
	击退		2	4					6	6	2			20

[该表数字似有误]

其次，袭击列车以东部铁路沿线为最多，大同2年时，如下表所示共达72次。

大同2年度列车被袭击次数

件数＼月份	1	2	3	4	5	6	7	8	9	10	11	12	计
奉山线									1				1
营口支线						1				1			2
四洮线			1										1
东部线			3	2	15		3		4				27
南部线					1				2				3
吉海线			4	2		2	4	2	2				16

续表

月份 件数	1	2	3	4	5	6	7	8	9	10	11	12	计
吉敦线				1	4	7	1	3					16
穆铁线					1								1
西部线					1	1						3	5
计			8	5	22	11	8	5	9	1		3	72

［中略］

这一时期，随着肃正工作的深入，政治土匪的衰落和一般土匪的灭亡都很显著。与此相反，“共匪”却扩张了势力，从而掌握了对上述二者的领导能力。有时虽也发生彼此对峙、分庭抗礼的事情，但终于还是产生了能够形成抗日统一战线的形势。因此这一时期的匪帮，虽在数量上减少了，却在质量上提高了，行动也更加积极和活跃，思想也更为加强了。康德元年解冻以后，渐呈活跃的匪徒，随着高粱茂盛时期的迫近，鸦片收获季节的到来，匪数达 4 万人左右。由于第二期治安工作深度之不同，各地区治安的好坏也相差悬殊。东满地带（东部国境地带、北满铁路东部沿线以北）、奉吉省境、东边道等地，又可看到残匪集结，四处活动。建国以来，匪数虽在减少，却从另一方面出现由量到质的飞跃。残匪不管是政治土匪或一般土匪，与追击程度成正比，他们的思想越来越激进，行动上也就更加坚决反对国家。匪徒在性质上的发展演变，表现为：康德元年 3 月中旬，围绕土地收买问题上，依兰地方不满农民掀起暴动，使当地居民和匪徒的反日思想进一步高涨，加上苏联的乘机插手，吉林省的匪徒便日益成为更加激烈反抗国家的匪帮。同时期末，又曾策划与东边道方面红军主力匪帮实行大联合，这就使系统统一的一大抗日反满匪帮的出现有了可能。根据这一实际状况，先前设置的治安维持会便有继续存在的必要，并与日军的集团部署相配合，逐渐将其主体转到满洲国方面来，日军则处于指导和支援的地位。同时，在防卫地区治安维持会下，设地区治安维持会，改组基层组织县治安维持会，基本上由县长担任委员长。在此新体制下，各地方的治安维持会比前期增多了，对诸般肃正工作逐步进行了研究和实施，伴随治安工作的宣传工作，也于 3 月以后移交给满洲国方面。匪帮势力的衰退，从对县城的袭击上看也比上年度明显减少。康德元年夏季的情况是：4 月中旬（秦文元红军）袭击了安图县城，下旬（赵尚志一伙）袭击了延寿县城，5 月上旬（赵尚志）袭击了宾县城，7 月上旬（创江南一伙）袭击了五常县城，9 月 20 日（王殿阳）袭击了通化县城，但都分别被击退。其中只 5 月上旬西来好匪曾暂时占领过舒兰县城。

在破坏铁路、袭击列车方面，情况也是同样的。大同2年，京图路、吉海路、北满铁路东段，北满铁路西段等，大致受到同样的袭击。进入康德元年，随着上述各地的治安肃正，除同年6月京图路列车运行受过妨害外，其余全部集中发生在北满铁路东段。值得特别注目的是，袭击货车比上一年增多了。对此，与其说是为了抢掠和绑架，勿（毋）宁说是他们转移了行动目标，更多是为了扰乱治安。康德元年解冻以后，破坏铁路和袭击列车事件如（下表）：

月	件　数（件）	袭击列车（列）	破坏铁路（条）	线　路　名	
				东段路（条）	其　它（条）
4	2	1	1	2	0
5	6	6	0	6	0
6	5	4	1	4	1 京图线
7	12	4	8	12	0
8	5	5	0	4	1 南段路
9	4	4	0	4	0
10	2	1	1	1	0
计	36	25	11	33	2

继“共匪”核心部队东北人民革命军第1军、第2军建立之后，康德2年1月下旬，虽然又在珠河县以赵尚志为军长组成了一个军，但是由于日满军警的连续讨伐和各项基本治安工作的进展，各类股匪不得不愈发分散成小部队，被逼至困难穷苦的环境中。结果，便给那些彼此对立抗争、思想体系各异的匪帮，甚至在本质上互不相容的匪帮之间，造成了从自卫的角度上互助合作的机会。另外，由于他们逃往某一匪区的山间僻地，便要受该地区有实力匪首的统治。于是，在有实力匪首的统治和领导下出现了若干小匪帮。这些小匪帮间，建立了必要的联系，经常聚在一起，或研究合并于“共匪”的事项，或缔结作战协定。这样，昨天还分别是一般土匪或政治土匪，今天便都受到思想上的洗礼，使这些匪帮干部乃至队员的头脑中浸润了受“共匪”的思想领导。与此同时，“共匪”还把统一战线的目标放在基层，尽力争取其他匪帮的下层匪徒，孤立匪首，于是部分匪帮中，发生了与其他匪帮之间的激烈摩擦、抗争和冲突。

于是，政治土匪和一般土匪便处在“共匪”的思想工作和官宪的武力镇压之间，介于或为“共匪”，或被消灭的十字路口。除“共匪”外，其他匪帮都意识到自己的余生不久，来日无多。但是对“共匪”而言，处在这个时代，只有他的干部具有一定的觉悟，在共产党的领导下保持着思想上的宣传性，在这一点上是同一般土匪或政治土匪有所区别的。不过，其行为则与土匪无何差异，袭击城镇村庄，烧毁民宅，绑架人质，勒索赎金，抢劫粮食、物资、马匹，残暴已极，成为良民怨恨的目标。而建设集团部落之类便是一种对策，以之贡献于村落的自我捍卫。

其次，康德元年肃正工作的完成，以及同年12月1日开始实行的省制改革即设置新省，使地方行政得以进一步贯彻执行，使匪帮武器弹药的补充陷于困难境地。于是，他们转换了战术，或奇袭讨伐队，或解除战斗力薄弱的警察署、分驻所、自卫团的武装，或通过秘密宣传，策动携械潜逃。另一方面，由于集家和集团部落的形成，势必使匪帮的行动范围缩小，难于找到粮食和衣服。而县城和大村落警备充实，情况严重，他们或者尽可能避开，或者趁军警出动之机进行袭击。此外便是袭击警备力量薄弱的小村庄或公共汽车等，为获得所需物资而疲于奔命。康德2年共发生4起袭击县城的事件：3月1日凤山县城（墨林，60人），3月4日宾县城（占北、黑龙、70人），3月9日方正县城（谢文东、李华堂、赵尚志，600人），8月30日安图县城（“共匪”，800人）。除方正县城外，均被击退。

其次，关于袭击列车的情况：大同2年开始交涉的北满铁路转让协定达成协议，康德2年3月23日正式签字，当天进行了接收。从此苏联势力从北满一带撤退，同时我方的警备力量也加强了，往年在北铁东段集中发生的事故再也不见了。但自5月2日以来，在京图路发生了连续三次“共匪”恶性袭击列车事件。奉天境内，康德元年春以南下侵入本省的“共匪”为中心，使东边道的治安令人忧虑。因此，同年夏季把治安工作的重点指向该地区，实行了特别工作，加强了军警的肃正，整备了交通、通信，实行了保甲、清乡，改编了民间武装团体，回收了民间武器，对朝鲜人进行调查监督等，都做出了异常的努力。现在的匪势是：同年春南下的以杨靖宇为首的“共匪”（东北人民革命军第1军），处在东边道东北部省境地带的柳河、金川、辉南各县；此外当时在同地活动的主要匪帮，还有王凤阁（300人，通化、辑安）、王殿阳（200人，临江、通化、辑安）、马兴山（120人，临江县西北部、金川县南部）、苏子余（150人，兴京、清原、柳河、海龙）、仁义军（100人，桓仁、兴京）、大善人（120人，临江县西北部、辑安县北部）、老长清（150人，兴京、桓仁、柳河、通化县境）、四季好（100人，辉南、金川、濛江县境一带）、赵旅（200人，辉南县东北地方）；另外还有梁瑞凤领导的朝鲜革命军，盘踞在兴京、通化两县，向地方行人征收义务金，大肆暗中活动。上述“共匪”、土匪、朝鲜匪，面对日满军警的彻底讨伐，认为有团结起来的必要，结果，朝鲜革命军与王凤阁匪联合起来，红军与其他匪帮缔结了作战协定，更有王殿阳、大善人之类合并起来，改名为第2团、第3团。这些匪帮的联合与协作，起因于自我保卫，其离合不定，集散无常自不消说。为了对抗“共匪”方面建立基层统一战线的战术，土匪有时也解除“共匪”部队的武装，而“共匪”有时也杀掉土匪的首领，吸收其部队或解除其武装。这种纵横交叉的联合、冲突、协作，包含着许多错综复杂的关系。康德元年9月18日，梁瑞凤被击毙后，朝鲜革命军便一蹶不振；康德2年9月，除王凤阁外，所有土匪或者变成“共匪”，或者处于“共匪”的领导之下。只有王凤阁固执己见，独自进行武力抗争。在三角地带，从康德元年5月30日有实力的匪首邓铁梅被捕后，仅有海蚊（100人）、阎生堂（100人）在东安、宽甸县境活动，黄锡山在本溪县活动。

本期内的吉林省匪情，明显地呈现出治安良好地带和治安恶劣地带的两种现象。变成治安恶劣地带的主要原因，在于地域辽阔，山地特多，交通、通讯不便，宣抚工作难期彻底，以及资源比较丰富，易于靠鸦片种植和森林采伐生存下来，而东部铁路和东部国境又受到苏联的影响，因此吉林省成了匪帮成长的绝好温床。康德元年春在延吉县组成的“共匪”东北人民革命军第2军，于当年秋季的讨伐中，被赶到安图县内。后因该“共匪”集团内部极其混乱，中共东满特委于康德2年春下令让王德泰前去收拾残局。于是，王德泰以原人民革命军的余党，组成东北抗日救国军第2军，在延吉、和龙、安图各县和汪清、珲春两县的部分地方进行游击。另外，吴义成遵照遁入苏联沿海州的王德林的指示，从宁安方面潜入汪清北部，纠集各地“共匪”和人民革命军余党，组成半共半兵的匪帮东北义勇军，与王德泰互相呼应，蠢动于东部国境地带的东宁、穆棱两县和汪清、珲春两县的北部。在密山、虎林方面，有东山好、徐司令、李司令等1500人盘踞，按王德林指示从事活动。另外，在松花江沿岸地带，从康德元年春依兰暴动事件以来，成为前所未有的治安混乱地区。但6月以来谢文东逃往虎林县后，秩序逐渐趋于平静。在宾县方面，有赵尚志率领的东北人民革命军第3军，在拉滨线方面有德林、西来好、创江南等，准备与“共匪”合流。这时期，其他地方的治安概况是：旧黑龙江省地区基本保持平稳；热河省方面，在锦州、热河省境附近，有刘振东、老梯子等匪帮，较为活跃。

附　录

一　中国共产党关于东北抗日武装斗争文件

中央关于日本帝国主义强占满洲事变的决议*

（1931.9.22）

（一）日本帝国主义驻满军队，于九月十八日晚，借辞南满铁路破坏的口实，紧急的以武力占领沈阳、营口、长春与南满安东两铁路线上的各重要城市，炸毁重要的要塞建筑、兵工厂及繁盛的街市，屠杀无数的中国兵士与劳苦群众。同时更在次一日占领吉林、延边、新民各地。并向青岛、天津、北京、葫芦岛、秦皇岛各地增兵。并委任沈阳及其他地方的行政长官，拆毁沈阳兵工厂，移动大队的驻鲜军队入满。而日本全国的军队，亦是在整个动员备战的状态之中。这严重的事变，是日本帝国主义的积极殖民地政策之产物，是日本武装占领整个满洲及东蒙的企图的最露骨的表现，是将满洲更殖民地化，而作更积极的进攻苏联的军事根据地的实现。日本帝国主义所以能够而不得不采取这个政策的原因是：

1. 剧烈的空前的世界经济危机，用极大的力量打击着日本帝国主义。日本的经济危机，猛烈发展着，浸及一切的生产部门与国内国外的贸易，广大群众失业，无产阶级与劳苦群众的生活极端恶化，并在这个基础上产生了群众斗争的日益紧张与革命化（失业斗争之严重，罢工斗争的开展，

---

* 此件摘自中央档案馆编《中共中央文件选集》第七册（1931），中共中央党校出版社，1983，第442～448页。

与朝鲜、台湾的骚动）。所有这些，促使日本帝国主义者不得不采用更急进的帝国主义政策，以巩固掠夺，加紧殖民地的剥削，加紧战争的准备，企图在新的帝国主义战争之中来找得经济危机的出路。

2. 苏联社会主义建设的惊人成功，五年计划的完成与超过，引起一切帝国主义者的愤懑与仇恨。因之全世界的资本主义国家，都加倍地积极准备反苏联的战争。而最近五年计划的成功，使得苏联在西伯利亚东部的社会主义力量亦大大地增厚与巩固，这更加厉害地使日本帝国主义恐怖惊慌。尤其是苏联的存在给全世界的无产阶级与劳苦群众一个最大的刺激，而成为他们革命斗争的大本营。在日本国内阶级斗争日益紧张的现在，不能不使日本的资产阶级更加坐立不安。远东海参崴朝鲜银行支行的停业，日俄无区卢布贴现律［率］的争执，驻日俄大使之被刺等等，都明显地表现日本帝国主义对苏联的政策的变化。目前日本的武人已经明白宣言，反苏联的必要准备正在加紧进行，占领满洲一切军事战略上的要点自然亦是这进行中之一个主要步骤。

3. 中国革命运动的开展，苏维埃和红军的巩固与发展，国民党军阀进攻苏维埃的屡次溃败与覆灭，反帝国主义运动的高涨与灾民斗争风起云涌；城市工人斗争浓厚的反攻与进攻的成份，政治性质之日益显露，农民游击战争之发展，兵变潮流之勃起，以及北方农民群众的实现土地革命与建立苏维埃政权之最初的行动（红军二十四军的成立），国民党统治的经济的财政的危机及其部分的分崩，这些都使得帝国主义感觉得在中国的半殖民地奴役制度的危机，以及国民党没有力量压迫革命运动的勃发。因之更积极地进行组织公开的军事武装干涉反帝国主义的土地革命与苏维埃运动。满洲的占领与武备的增加，是使日本帝国主义更能便利的调动大队的陆军来干涉北方及中部的游击战争与苏维埃运动。

4. 而促进日本这个政策通行无阻的，不能不归功于国民党无耻的投降帝国主义及出卖民族利益。国民党政府事前参预了日本武装占领满洲的计划，命令自己的军队无条件的缴械与投降，将千百万的劳动群众给日本帝国主义者蹂躏、虐杀、奸淫与剥削。而事变时亦只有空口的抗议，“镇静的”外交，向强盗机关（国联）乞求，希望美国主持公道，或者在纪念周上大哭一次，而实际上更加紧对于群众的民族自觉和反帝国主义斗争的残酷压迫。国民党政府的投降帝国主义与无耻出卖民族利益，给日本帝国主义的殖民地政策与武装占领作开路先锋。

日本帝国主义者的武装占领满蒙，是在上述的背景之下实行的。他的真实的意义，是以军事和武装的力量将中国屈服在日本帝国主义的剥削和奴役之下，巩固他们在满洲的统治，加倍地压榨剥削中国的劳苦群众，以找求本国经济恐慌的出路。并依据着满洲的战略上的各要点，准备反对苏联的进攻与帝国主义争夺市场和殖民地的强盗战争，准备直接武装干涉中国革命的战争。所以满洲事变是瓜分中国为各个帝国主义者的殖民地的开始，是反苏联战争的序幕，是世界新的帝国主义强盗战争的初步。

（二）在世界经济恐慌剧烈发展与革命危机日益成熟的情势之下，在世界帝国主义者一致地疯狂地进行反苏联战争准备的情势之下，日本公开地以武装占领了满洲。日本利用着各个帝国主义反苏联战争的一致和主要的帝国主义国家无暇东顾的机会，进行了满洲的武装占领。这个占领与军事行动是最露骨的反苏联战争的序幕。军事战略的重要各地之占领，日本军队向北满的推进，中东南段的强占与路员工人的屠杀，到处表露着日本帝国主义的反苏联挑衅的军事冒险。日本军事主要指挥者反苏联的狂言，英国帝国主义停止现金兑现的决议，德国总参谋部之活跃，这些都告诉我们实际反苏联战争已经准备妥当，东方战线战争的爆发将是极大的可能的前途。同时，我们必须认识到：世界经济恐慌与市场问题态度紧张的现象，在瓜分中国问题的周围，在发展巨大的帝国主义间的冲突与矛盾，首先是日英美法的斗争。所以帝国主义强盗间的强盗战争，在满洲问题周围爆发的危险一样地威胁着。现在全国无产阶级及劳苦群众身上肩负着伟大历史的任务，这一任务便是武装保卫苏联，反对帝国主义的强盗战争，反对日本的殖民地屠杀政策，用革命斗争的力量消灭反动的在帝国主义怀抱中献媚乞怜的国民党政府，实行反帝国主义的土地革命，以求民族的与无产阶级劳动群众的彻底解放。

（三）满洲事变对于中国事变发展的前途，将给予决定的影响。日本帝国主义残酷的暴行，毫无疑义地将激起广大的劳苦群众的民族觉醒，在党的正确的领导之下，这个民族的觉醒能够很迅速地转变到革命的反帝国主义的斗争。正在急剧高涨中的反帝运动的高潮，将以更大的力量向前开展。农民的饥荒与土地斗争的紧张，城市工人运动斗争进攻与政治性质之日益明显，敌人士兵群众情绪的动摇与不安，给苏维埃运动与红军的斗争以极大的顺利，造成了全国革命危机先决条件更进（一步）的成熟。这事变给予中国的地主资产阶级的统治以新的重大的打击，群众的民族的觉醒与革命斗争的剧烈，北方军阀的巨魁张学良在军事上的、财政上的丧失，民族的武断宣传的破产，国民党政府对于帝国主义的投降、屈服与无耻的揭露，这些将更加促进国民党统治的崩溃与破产，及胜利的革命斗争的顺利的客观环境。正是这个客观环境，将使得国民党的各反革命派别企图在反对革命及苏维埃斗争的旗帜之下团结起来，更加残酷的进攻苏维埃和红军（国民党告同志书上说明这是应付满洲事变的第一等的任务），压迫一切群众的革命斗争与反帝国主义运动，以博取帝国主义者的欢心，而维持自己行将没落的统治。然而由于帝国主义在华矛盾的紧张，革命运动发展的不平衡，军阀内部的矛盾和冲突是不会消灭的，反而会更加紧张起来。虽然国民党民族武断的宣传的破产和它的投降帝国主义的面目在群众面前更进一步的揭露，但是，国民党必然要更利用民族主义及一切的武断宣传来阻滞群众运动的革命化。

（四）党在这次事变中的中心任务是：加紧的组织领导发展群众的反帝国主义运动，大胆地警醒民众的民族自觉，而引导他们到坚决无情的革命斗争上来。抓住广大群众对于国民党的失望与愤怒，而组织他们引导他们走向消灭国民党统治的斗争。抓住一切灾民、工人、兵士的具体的切身要求，发动他们的斗争走到直接的革命斗争。领导群众为反对日本帝国主义的暴力政策，反对帝国主义的奴役和侵略，反对进攻苏联和苏区，拥护苏维埃，武装保卫苏联，反帝国主义的强盗战争而斗争。为着这些任务的实现，中央责成各级党部及全体同志以布尔塞维克的坚决性与无限的革命热忱来进行下列的工作：

1. 进行广大的反对日本帝国主义的暴行的运动。丝毫不要害怕群众的民族主义热忱，相反的必须加紧警醒群众的民族自觉而引导到反帝的斗争上去，同时坚决反对一切国民党的武断宣传。向广大群众指出：只有群众自己的力量才能战胜帝国主义的侵略和求得民族的解放。只有苏维埃政权才是唯一的能够彻底地反对帝国主义的政权。估计着群众的仇恨和热忱，提出武装群众的口号；使这些武装群众团体变为游击队与工人自卫队。同时必须指出只有推翻地主资产阶级的国民党政府，才能真正地进行革命的民族战争，使武装群众的口号很密切地与武装暴动口号的宣传密切的联系起来。

2. 组织各色各种反对帝国主义的公开组织，或者参加一切已经存在的反帝组织而夺取它们的领导。经过这些组织正确实行反帝运动中的下层统一战线，和吸收广大的小资产阶级的阶层参加斗争。在各大城市中公开的出版群众的反帝日报，抓住国内重要工厂——尤其日本工厂进行组织反日的罢工、示威。同时各地党部团部也应该注意学生中的工作，使一部分贫苦学生群众离开民族主义武断宣传的影响而作坚决的革命斗争。

3. 广大的进行武装保卫苏联的宣传鼓动工作，在苏区与非苏区之内组织“苏联之友”协会。积极地进行拥护红军苏维埃的工作，动员工人到红军中去，募捐援助红军，很广泛地把苏维埃政府的宣传以及全国苏大会的各种法令草案散布到群众中去。

4. 估计到在这次事变后士兵情绪的动摇和不满，这些士兵在经常军官的保国卫民的欺骗宣传之中，而一旦地身历了国民党的卑鄙无耻，反抗与愤懑的情绪是必然增涨的。党应该加紧在士兵中的工作，各省委应该派大批同志到白军中去发动他们的争斗，组织他们的游击战争。这是真正的武装拥护苏联及变帝国主义战争为国内战争的方法之一。

5. 在灾民斗争中（不论在城市与农村中的），必须加紧把他们与反对帝国主义斗争联系起来，经过反帝的口号及他们切身的要求来发动广大的灾民斗争，必须说明反帝国主义运动与土地革命的关系。不推翻地主的土地占有，不能根本的消灭帝国主义在乡村的支柱，不根本推翻帝国主义的统治，土地革命胜利无从巩固。

6. 特别在满洲更应该加紧的组织群众的反帝运动，发动群众斗争（北宁路、中东路、哈尔滨等），来反抗日本帝国主义的侵略，加紧在北满军队中的工作，组织它的兵变与游击战争，直接给日本帝国主义以严重的打击。

7. 必须估计行将来到的战时的地下党的困难环境，各省委必须有专门的计划来改善党的秘密工作，使它能够在严重白色恐怖与战争状况之下来继续工作，这是应该看作是目前的战斗任务之一。

附注：关于苏区党目前的任务，中央另有决议。

中国共产党为日帝国主义强占东三省第二次宣言*

（1931. 9. 30）

全中国的工农兵学生以及一切劳苦的民众！

日帝国主义用暴力强占东三省以来，已经二星期了。在这二星期中，日帝国主义不但没有撤退日军的企图，而且更占据了许多新的城市与新的铁道线，积极巩固着它们的军事地位。在奉天、长春、吉林等主要城市内它们已经组织了自己的行政机关，实行对于这些占领区域的统治权。同时它们公开宣布了要把东三省成为独立国家的企图。日本帝国主义并吞东三省的野心，难道还要其他的证明吗？

对于日本帝国主义这种侵掠，全中国的工农兵学生以及一切劳苦的民众都表示了无限的愤激与反抗。“罢工、罢课、罢操反对日本帝国主义”，“武装工农，同日本帝国主义宣战”，已经成为全国民众的普遍的要求。在

---

* 此件摘自中央档案馆编《中共中央文件选集》第七册（1931），第449～453页。

市民大会，工厂区域的群众大会，飞行集会，示威游行，群众会议以及罢工、罢课等的斗争中，全中国的民众都表示了他们反对日本帝国主义的坚决。反帝的斗争现在正象风起云涌般升长起来。这一斗争必然能给日本帝国主义，以至一切帝国主义以致命的打击。

但是在日本帝国主义这种横暴的面前，国民党采取了什么态度呢？张学良的“无抵抗主义”，蒋介石的“逆来顺受”，以至南京政府的所谓“镇静外交”、“保护日侨”，广东政府的“反蒋即反日”，想来是大家所耳闻目睹的了。中国共产党曾经一再告诉全中国的民众，投降帝国主义，勾结帝国主义，压迫与屠杀中国民众的国民党，决不能反对任何帝国主义的进攻，现在不是完全证实了吗？

正因为国民党自己不能反对帝国主义，而只能投降帝国主义，所以它们希望国际联盟，希望美国来主持“正义”与“公道”，来干涉日本的武力侵略。甚至用“联俄联共”的把戏来威吓各帝国主义国家，要他们出来做“更有效的”干涉。中国共产党曾经一再告诉全中国的民众，国际联盟是帝国主义压迫弱小民族的工具，希望国际联盟来帮助中国，无异与虎谋皮；美国也同样是帝国主义的国家，是中国民众的敌人，希望美国来反对日本，等于引狼入室。事实现在不是告诉全中国民众，中国共产党所说的话是完全正确的吗？

正因为国民党不能反对帝国主义，而只能投降帝国主义，所以他们拼命的鼓吹着他们的所谓“民族统一战线”。国民党的所谓“民族统一战线”，就是中国的工人应该加紧替资本家生产，中国的农民应该拼着命给地主耕种，中国兵士应该更无抵抗地服从长官的命令，中国的学生群众应该更和顺的听从校长的命令，努力学业，灾民更应该镇静地等待着“为国牺牲”，红军兵士不要去向国民党进攻，而应该“一致对外”，全中国的民众应该在国民党的统治之下继续受国民党的压迫、剥削与屠杀。同时国民党就利用这一“民族统一战线”的名义扣留上海的学生代表，逮捕上海市民大会的革命分子，枪毙南京军官学校的学生，反对罢工、罢课、罢操，反对市民大会，反对群众集会与游行示威，反对言论出版的自由。换句话说，国民党就利用这一“民族统一战线”，向全中国的革命民众进攻。而同时国民党就在这种民族的武断宣传下面，同各帝国主义者密商如何出卖中国民族的利益，如何得到帝国主义的助力来一致的对付突飞猛进着的中国革命运动，准备用血与铁来消灭这一运动！国民党在这种民族主义的武断宣传下面，现在正在同广东政府协商妥协条件，实行“南北的统一”，这统一，当然也不是为了共同对付日本帝国主义，而是为了对付革命的民众。

不但这样，国民党还利用日本帝国主义向中国的进攻，协同帝国主义，造出种种谣言，说苏联怎样准备同日本一样，用武力占据中东路，并吞北满，以便转移民众反对帝国主义的视线去反对所谓“赤色帝国主义”，反对世界无产阶级的祖国苏联。然而事实证明，这完全是帝国主义国民党的阴谋。就是反动的报纸现在也不能不否认苏联出兵的事实了。当然，苏联的工农民众对于日帝国主义的暴行，是完全反对的，他们主张联合世界上一切无产阶级与被压迫民族打倒帝国主义。他们并且在实际上帮助世界上一切反帝国主义的斗争。但只有苏联才采取一贯的和平政府，绝对不愿意用武力侵略人家一寸土地。一九二八［1929］年中东路事件的发生，是帝国主义国民党向苏联进攻的结果。苏联那时所采取的，完全是出于自卫的行动。

全中国的民众！对于国民党的这种阴谋毒计，现在必须有充分的了解。全中国的民众，必须彻底明了，要求投降帝国主义的国民党起来反对帝国主义，无异向国民党引颈就戮，并且必须深刻地认识，要打倒帝国主义，必须打倒这一投降帝国主义的国民党。我们只有充分准备民众自己的力量，自动的组织起来，实行罢工，罢课，罢操，罢市，示威游行，群众大会，武装工农学生，以扩大与巩固我们自己的力量。只有依靠工农兵、学生，以及一切劳苦群众自己的力量，才能打倒帝国主义，打倒国民党。

全中国的民众！国民党近来更造出江西共产党，江西工农红军的领袖朱德、毛泽东怎样愿意为了“一致对外”，投降国民党，为国民党效力的可笑到万分的谣言。中国共产党公开向全世界与全中国的劳苦民众宣言：中国共产党是帝国主义与国民党最不能调和的死敌。中国共产党反对一切投降帝国主义国民党的政治集团与派别，如像第三党，陈独秀托洛斯基取消派，罗章龙右派小组织。只有中国共产党，才能最彻底的领导全中国的工农兵学生以及一切劳苦群众向帝国主义国民党进攻。日本侵掠东三省的事变，不但丝毫不能减轻中国共产党向国民党统治的进攻，而且正相反，正因为这些事件，中国共产党将加倍努力去推翻帝国主义的工具中国国民党在中国的统治！

全中国的民众！蒋介石第三次“围剿”苏区与红军是完全失败了，苏维埃运动与红军的发展正在突飞猛进。只有这一力量，才能根本打倒帝国主义国民党在中国的统治。也正因为这原因，帝国主义国民党现在正在寝食不安地准备集中力量向苏维埃与红军进攻啊！帝国主义国民党现在正在利用一切方法团结反革命力量，向苏区与红军为新的进攻。但是不论帝国主义国民党的军队是如何的多，枪炮是如何的精，工农兵的苏维埃运动，在全中国千百万劳苦群众的拥护之下，必然会得到最后的胜利！

起来！全中国的工农兵学生以及一切劳苦的群众！

罢工，罢课，罢操，罢市，反对日本帝国主义！

参加一切示威游行与群众大会！

武装工农学生群众！

自动取得言论出版集会结社的自由！

反对国民党同一切帝国主义订立一切密约！

反对一切帝国主义，打倒帝国主义！

反对帝国主义国民党进攻苏联，武装拥护苏联！

反对投降帝国主义的国民党，打倒国民党！

拥护打倒帝国主义的唯一力量苏维埃与红军！

拥护反帝运动的唯一领导者中国共产党！

中国苏维埃革命的胜利万岁！

中国共产党中央委员会

中央给满洲各级党部及全体党员的信

——论满洲的状况和我们党的任务*

（1933.1.26）

一、日本占据满洲后一般的状况

满洲已经被日本占据一年零四个月了，日本帝国主义用全部的力量把满洲变为它垄断的殖民地，变为进一步的进攻中国革命，公开的武装干涉中国革命，进行冒险主义的反革命的反对世界上第一个无产阶级国家——苏联的战争，以及为着争夺太平洋的霸权，而与自己极大的竞争者——美国，彼此进行强盗战争，而最后是对本国工农和一切劳苦群众，加紧经济上和政治上的进攻等等的大本营。日本帝国主义的这个计划能完成到什么程度和如何范围，这首先要依满洲的内部为转移，如果日本帝国主义因有张学良和南京政府完全可耻的投降政策——“不抵抗”而能在短期间占据全满洲，那么现在它不得已而承认了，须要十万武装整齐的正式日本军队，用十年的功夫，才能在满洲建立起应有的秩序来，这个承认是十分有价值，和十分值得注意的。满洲现在的经济状况，正和侵略者所应许的“经济兴隆”相反，而是沿着经济危机积极加紧的道路前进着。危机几乎扩大到了灾难浩劫的状态。抚顺、穆棱等煤矿井关闭了一年。铁路（南满、北宁）

---

* 此件摘自中共中央书记处编《六大以来》（上），“党内秘密文件”，人民出版社，1980，第319～329页。

不但减少了运输，而且还不经常的通行。奉天的一万四千七百三十九个商店关闭了七千余个。北满的收成只有常年的二分之一，在整个的北满这项损失超过了农产品的商品余额，这些余额通常是出口的。因水灾而受害者在八百万人以上；城市和乡村中的失业者，贫民饥民逐日增加。在政治管理方面，借口铲除军阀而进行着真正的殖民地制度，保存着一切军阀官僚的国家机关系统，更加上日军直接血的统治，满洲国傀儡政治的压迫，不但未按着侵略者的应许而建立“廉洁政府”，和减轻捐税，反而增加了许多新的捐税和直接抢夺农民的土地等等。不但没有侵略者所应许的“和平秩序”，反而进行着不断的战争和各样的扰乱，劳动者所受的压迫竟如此之深，农民甚至不能自由地种高粱和使用器具家什（如三五家许可共用一刀等等）。日本帝国主义野兽般的白色恐怖竟如此之甚，如抚顺煤矿的成百甚至成千的工人被活埋了。

“因为日本侵略军的民族压迫，及广大群众政治经济地位的日益恶化，不仅满洲的工人农民苦力小资产阶级（小手工业者、学生、城市贫民）对日本侵略者及其走狗表示极端敌视，而且有一部分的有产阶级直到现在对侵略者抱敌视态度，因为它是他们的利益的竞争者。正因此，日本帝国主义所谓满洲国，直到现在还未能造下坚固的社会靠山。而且，虽然中国共产党的影响和组织十分薄弱，但满洲的游击运动，却逐渐更多带着群众的性质”。

因为这个，以及因为国际方面以及日本内部许多其他的原因，所以日本国内不但经济危机猛烈的加深和扩展，而且统治阶级内部冲突，以及意见纷歧日趋紧张起来。特别是工人阶级和农民的不满意，以及革命情绪和波动迅速地增长起来（工人罢工运动发展着，农民不断地骚动，而且有些地方竟变成了武装斗争，先进工人和农民及知识分子中的反战争情绪正在加紧，日本共产党的发展等等），这些教训不仅对日本帝国主义十分宝贵，而且对一切想用战争走出危机的人都十分宝贵。

虽然国际间和国内有各种各样的困难，日本帝国主义却继续用加紧的速度准备着满洲的大本营，首先是为着进一步地进攻中国和实行武装干涉苏联的计划，占据山海关和进攻热河以及准备割据中国北部，实际上是日本帝国主义抢劫和侵略计划的有机的继续。

二、满洲目前反日游击运动的性质和前途

满洲反日游击运动，在上海工人及十九路军士兵所实行的英勇的民族革命的防守推动之下而一天天地更带群众性质。现在各游击队的数目有三十万人，这些队伍因其社会成分政治领导及影响的不同而带着各种不同的色彩。现在主要的可分为以下几种：（一）纯由旧吉林军部队所组织者，其领导属于张学良部下的各将领，（马占山，李杜，丁超，苏炳文，朱霁青等），他们服从国民党的指挥而依靠着地主资产阶级和富农，这一些人，在另一帝国主义（美国）影响下，同时在广大民众的反帝国主义的民族革命运动的高涨，及其自己的军队中兵士和一大部分军官反日情绪威胁之下，而且为着自己剥削者的利益，才实行抗日的战争，然而，他们却绝对仇视工农的各种带群众性质的革命运动。他们枪杀革命的工人农民士兵学生，解除反日义勇军的武装，压迫劳动者，他们是不可靠的，动摇的，在适宜的条件下和必要的时候，能够叛变和向日本帝国主义投降，而且现在已经阻碍着满洲真正群众游击运动的发展了。他们的战斗力较低，及其失败（马占山、李杜、苏炳文）和投降（几乎完全没有激烈的战争，而把阵地让给日军），主要的是由他们仇视劳动者的政策产生出来的。

苏、李、马等的失败，绝对不是表明满洲反帝国主义游击运动没有希望或是低落，这只是又一次的表明中国地主资产阶级及其代表国民党以及一切军阀将军在反帝斗争中的无能，这只是又一次地证明，我们说的：只有广大民众武装起来，才能战胜帝国主义这话的正确，这只能使工农兵士贫民及一切革命的知识分子革命的军官们相信，他们应该违反国民党张学良及一切军阀而自己来保护中国，不受日本帝国主义的奴役。同时也必须反对他们，因为他们是帝国主义最狡猾的奸细。在这些军阀失败和投降之下，有更大的可能在满洲热河中国北部及全中国吸收成千成万的工农和一切真诚反帝分子，因为日本帝国主义的继续进攻中国北部而参加反日反一切帝国主义的武装斗争。（二）第二种游击队伍，如王德林这一部队，不是大部的旧吉林军，而大部分是农民小资产阶级，甚至是工人的反日义勇军，国民党的影响较小，有一时期在某种程度内，曾经允许我们党反帝国主义及革命煽动的自由。这些队伍的领导者企图各种民族的和社会的武断宣传而能依靠在农民小资产阶级身上。最近在上级和下级军官间，在政治方面看出了内部分化过程的开始，这个队伍的命运，是首先要看他对工农的政策如何。（三）第三种游击队，是各种农民的游击队（大刀会，红枪会，自卫团），其中有工人小资产阶级和知识分子参加，其成分多数是农民，因为他们政治的成熟不够，及军事技术的弱点，一部分（现在仍然是大多数）还在地主富农及旧吉林军官的影响和指挥之下，而不能使自己的运动走上真正革命的轨道。而且有时候简直被反动的领袖为自己的利益而利用了。一部分是在革命分子的影响和领导之下，他们对于本阶级弟兄的态度极好，然而还未能找着正确的彻底的革命的方法和道路。（四）第四种游击队，赤色游击队，这是我们党领导下的工人农民革命兵士及其他革命分子的队伍，他执行我们党对满洲问题的纲领中彻底反帝的要求，他是一切游击队伍中最先进最革命最大战斗力的队伍。这队伍在自己进一步的开展中，有可能动员千百万群众在自己的周围，而不仅与帝国主义及其走狗，不仅与满洲政府，而且与国民党政府作胜利的斗争，但是可惜我们的组织及影响过于薄弱，所以虽然党、苏维埃、赤色游击队的本身的政治影响不断地增加（比如许多的游击队不断地找我们的领导），然而赤色游击队，直到现在不但还不是满洲整个反日游击运动的领导者和左右一切的力量，而且未成为这运动的基本力量。

整个国民党的各个派别，一贯的继续对各帝国主义的基本政策——投降政策，在准备进攻苏联的反革命战争及为着瓜分中国及其他殖民地半殖民地的太平洋上帝国主义大战方面尽着奸细的作用。对满洲的反日运动，执行着最可耻最狡猾的策略。

所有一切反对派别在全国广大群众反日反帝反国民党的怒潮威胁之下，不得已采取了这样的方针：对日本帝国主义的侵略，表面上处反对的立场，对满洲的反日运动假装着同情，他们提出援助反日运动的口号与空谈，不仅是为着掩饰自己民族革命叛徒的真面目，而且是有一定反革命目的：（一）为着借口“肃清后方破坏分子”而加紧进攻苏维埃中国和英勇的工农红军。（二）借口“国难期间全国一致”、“各阶级为救国而牺牲”、“不允许阶级斗争”、“维持后方和秩序”等等，而对工农兵及革命知识分子加紧经济上和政治上的进攻。（三）散布对国民党“民族革命”的幻想，以求挽救自己的腐败和垂死的政治。（四）夺取反日运动的领导，以保护自己反革命伙伴——军阀的统治，把反日游击运动限制在国民党监督下的个别军队的“单纯军事行动”，并且不但不援助群众真正的革命反日运动，而且直接地用“铁和血”来压服他。并在国民党和帝国主义者认为适合的时候，而完全叛变满洲一切反日运动。（五）为着夺取和垄断广大群众们的为给满洲游击队物质和精神上的援助，企图这样使满洲游击队没有真能从外面得到此种帮助的可能，并借此减小满洲和全国反日运动程度和范围。

因此便是藉保护民族利益，而实际限制这个运动，并准备与日本帝国主义共同来破坏它，挂革命的招牌来行反革命的政策，这是国民党各派别对满洲问题政策的一致的实质。同时国民党各不同派别因其与各不同的帝国主义主人的基本联系，而且对满洲问题所玩的手腕中也本着各不同的帝国主义的利益。以蒋介石为首的南京派逐渐倾向于与日本帝国主义直接谈判，以及强盗国际联盟的提议，而同时大喊反对日本在满洲的侵略，其目的是在执行美帝国主义的命令。以陈济堂胡汉民等为首的广东派，武断地喊反对日本侵略满洲时，其目的是引诱群众视线和注意脱离所谓康藏纠纷，以便英帝国主义能安心执行在中国西北的占据西藏西康等计划，另一方面取得些政治资本以作反南京之用。北方国民党（冯玉祥、阎锡山）及非国民党的（段祺瑞、吴佩孚）军阀官僚们，口头反对日本帝国主义在满洲的侵略者及国民党南京派，实际共同目的是建立所谓北方独立及变相的第二个满洲国。

上述的事实，又一次证明共产国际及中央对满洲事变的策略与立场绝对正确的，即是“推翻国民党这个背叛民族羞辱民族的政府，是武装民众顺利进行反日及反其他帝国主义的民族革命战争，来保护中国的独立完整和统一的条件”。所有这些事实，毫无疑义的是说国民党张学良在满洲游击运动中的影响和局部领导，是阻碍满洲反日运动及一般革命群众进一步扩大和深入的基本事实。就是，国民党这个影响和局部的领导，在满洲目前反日游击运动中政治方面很不成熟及满洲我们党较弱条件下，是主要的危险。它能使满洲的游击战争在日本帝国主义武力前失败。因为实际情形如果继续不变，则满洲反日游击运动失败的前途，不仅由旧吉林军将领及国民党的必然叛变投降而产生，而且还可以因为运动本身致变成散漫和政治绝望及组织瓦解而产生出来。

为避免失败和瓦解，为使反日游击运动胜利，那便须要坚决的为夺取和巩固我们党——无产阶级唯一的彻底革命的党——在满洲反日游击运动及各种革命群众运动中领导权而斗争。它，并且只有它，能够组织和动员满洲本部及全中国成千成万的民众作武装斗争，从满洲、西藏和全中国赶走日本及一切帝国主义，极广大的民众，是战胜帝国主义唯一的力量。而我们党是他们唯一的可靠的组织者和领袖，满洲事变使我们党负起极大的任务。

三、我们党在满洲的战斗任务

满洲问题，有了很大的全世界的意义。满洲的命运不仅是与反苏联武装干涉及太平洋帝国主义大战的命运联系着，而且是与中国苏维埃革命的进一步发展以及整个殖民地世界解放斗争进程的命运密切地联系着，我们党胜利地指导满洲的革命群众斗争，这不仅是完成自己民族解放革命任务和保护苏维埃的中国，而且也是完成国际的任务——在实际反帝国主义战争的斗争中武装拥护苏联。

我们党应该十分清楚了解和巩固反日群众斗争的领导，是自己手里的任务，这是中国革命发展的现在阶段上的基本任务之一。即除此之外，更有发展和联合苏区，巩固红军，推翻国民党和扩大群众革命斗争，而首先是工人阶级罢工的斗争，目的是在吸收黄色工会及无组织的工人，而把赤色工会变为真正广大群众的组织的任务。事实的整个过程完全证明了共产国际执委和中央关于用革命方法解决满洲问题总策略的方向的正确，以及根据这个策略方向而规定的及由其中产生出来的总政治口号的正确。在满洲群众运动现在发展的阶段上，我们的总策略方针，是一方面尽可能的造成全民族的（计算到特殊的环境）反帝统一战线，来聚集和联合一切可能的，虽然是不可靠的动摇的力量，共同的与共同敌人——日本帝国主义及其走狗斗争。另一方面准备进一步的阶级分化及统一战线内部阶级斗争的基础，准备满洲苏维埃革命胜利的前途。共产国际第十二次全会在这个策略基础上所提出的总政治口号——没收日本帝国主义及民族叛徒的财产，总同盟抵制日本帝国主义及满洲国，扩大广大群众的游击运动，反对日本侵略者，建立选举的民众革命政权——这些口号毫无疑义地，将得到满洲和全国广大民众的热烈拥护和同情。然而实现这些总的政治口号的成功，首先要靠着我们党正确的和灵活的实行“特殊的”全民族的反帝国主义，而首先便是反日的统一战线，并且要靠着夺取和保护无产阶级在这统一战线中的领导权。我们党利用一九二五——二七年革命在这方面已有的极丰富的经验，计算到满洲反帝民族解放运动发展的现在阶段上阶级力量的相互关系，和配置的特别情形，在执行这个策略时，对下列的情形应当严格的注意！

第一，无论在什么时候，都坚持和保存自己政治上和组织上的独立性，即无产阶级的政党自由和不留情的批评和揭穿统一战线内同体中的一切不彻底、动摇、叛变、变节、投降的企图和事实。坚决的无情的反对右倾分子把夺取无产阶级领导权的策略，变为投降和作资产阶级尾巴的一种企图和趋势。但同时要和“左”倾关门主义，及在政策的实际工作中的想跳过现在阶段的企图和趋势宣布无情的战争，因为这可过早地破坏或完全不可能造成现在所规定的必须的统一战线，并且这在客观上实际是帮助日本帝国主义。

第二，在实际执行统一战线的策略时，必须具体的注意的计算到客观的环境和主观的因素，须分别对付各种不同的对象。如对上述的第一种游击队（朱霁青本人的队伍，这里不包括群众的反日义勇军，这些义勇军是暂时的和形式上的服从他的指挥）主要是从下面和兵士组织统一战线，并且在有共同作反日斗争必要时，订立具体的作战行动的协约。对第二种游击队，除下层统一战线外，在某种程度和范围内，或能实行上层的统一战线。对第三种游击队，根据其反对反动领袖的斗争，以及我们在他们中间的革命政治影响的程度而决定具体的实行统一战线的程度和范围，甚至可与他们订立某种反帝联盟的形式。然而，第三，必须牢记着下层统一战线，是我们活动的基础，任何的上层统一战线都只有在我们能够抓紧巩固的下层统一战线和上层处于下层革命情绪的威胁下的时候，才可能和有用，只有这样地分别对付和执行下层统一战线，才能使满洲的工人阶级和革命运动，得着实行民族革命战争统一战线策略的效果。

第四，必须慎重地计算到这一点：即是，如果无产阶级在一定的场合和条件之下，与民族资产阶级的某一部分实行统一战线，当这部分人还用武装的方法与帝国主义斗争的时候，那么，这不仅是表明共同的反帝国主义斗争，而且特别是表明为着夺取农民和小资产阶级到无产阶级的领导下来，而用特殊的方式来与这资产阶级奋斗。不保证反帝运动者无产阶级的骨干，没有无产阶级广大的群众革命组织（赤色工会、罢工委员会、反日会、工人纠察队、工人义勇军），则不必想在无产阶级的周围来实行真正革命的统一战线，或使之有利于无产阶级，也不必想在无产阶级的周围来实行真正革命的统一战线，或使之有利于无产阶级，也不必想夺得无产阶级的领导。因此，尽量扩展无产阶级农民小资产阶级（特别是工人）的政治教育和组织，基本是借着发展他们的政治经济斗争的方法，这是我们党现在在满洲的第一等基本的任务。

满洲的无产阶级在数量和质量上是伟大的政治力量（在数量上，工业，运输，小手工业达约六十万，乡村工人约一百二十万，在质量上主要的干部是集中在几个大城市，奉天、大连、哈尔滨、抚顺等等，和几个主要的经济部门：铁路、煤矿、兵工厂，百分之八十的大产业工人，和大部的林木工人，是直接在日本的企业做工，与乡村的关系密切），虽然它有一定的弱点（没有一九二五——二七年中国革命及其苏维埃阶段上的直接经验，在政治上，阶级觉悟和组织性较小等等），然而，无条件的它是革命和民族革命战线最基本的动力，各工业部门及运输业不断的罢工浪潮，以及工人的积极参加游击战争，完完全全证明无产阶级伟大的政治力量。然而，他们基本还带着自发的性质。党的任务就在于尽量扩展和指导无产阶级各式各样的群众斗争（特别是罢工和武装斗争）而首先是在他们日常迫切的部分的政治和经济要求的基础上，例如：按时发工资和发现洋，同等劳动同等工资，成年八小时工作日，青工六小时，并保留已有的工资标准，反对裁人和关厂，在裁人和关厂时，业主须付工人六个月工资，反对用白俄和日本工贼代替中国人，要求增加林木工人和雇农的工资，并且业主应当供给工人及其家属满意的住所。满洲国当局及业主须给失业工人免费的饭食、衣服、烧柴、住所；反对宪兵警察在兵工厂、作坊、矿井上的压迫，反对逮捕和屠杀工人，要求工人言论集会和组织工会的自由，组织工人拒绝运输和服务于日军，反对日本帝国主义强迫工人劳动，并在反帝反阶级斗争的过程中尽量的把工人组织在上述的革命群众组织内，找出、提拔和训练工人先进分子作为党、团、赤色工会、民众革命政权的骨干，并这样来保证夺取和巩固无产阶级在民族革命运动中的领导权。

必须十分清楚的认识，反日斗争一天天发动起更多的广大劳动农民群众，因之而一天天与反对中国地主和高利贷者的农民土地运动的发展配合起来。

我们保持最宽广的反帝统一战线，但要坚决的拥护农民的要求。一切共产党员和革命的工人须明了独立的组织我们的武装力量，及无产阶级在反帝运动中的领导权是靠着巧妙的和及时的援助和组织加入反帝统一战线及正在斗争着的农民。

东三省党的组织，必须坚决的反对其队伍间对满洲土地问题估计得不够（如说满洲有很多荒地，因此土地问题不紧张）以及对土地革命运动已达到的程度估计得不够。必须计算到满洲作帝国主义殖民地的程度比中国其他部分都大，并且它在中国是农村经济商品性最发达的一部，在乡村中，无论反日斗争和阶级斗争发展的速度都更快。

根据这种情形我们必须对组织满洲的农村工人特别注意，经过他们来实现我们在农民土地运动上的领导权。除了斗争没有方法挽救农民脱离饥饿贫困与死亡，党的任务在于提出最切实的要求和口号——譬如：百分之八十的收成归农民，不向日本帝国主义和满洲国政府及军阀纳任何的捐税，反对日本帝国主义及满洲国政府大批屠杀农民，反对焚烧农民的住宅及抢劫农民的财产和牲畜，停止还高利贷，自由种高粱及农民所愿种的其他东西，反对日本帝国主义所实行的对待奴隶的法律（禁止自由使用刀、锤、铲等农具和工具）并在这些口号的周围组织和联合农民的经济和政治斗争，并把他们的斗争与城市工人斗争联系起来。党应在扩展农民群众斗争的基础上把他们组织在各种革命的群众组织之内，尤其是农民委员会，这个农民委员会应该成为实际的乡村政权机构，并且为民众政权宽广的和强大的基础之一。它应该调节农民与游击队间的关系，经常的供给游击队以食品，组织武装自卫队，党应用全力使雇农和贫农成为农民委员会的指导力量，并在农民委员会的周围组织广大的中农群众。

因水灾和战争而受害的饥民难民为数极多，约由八百万到一千万，而他们正在为米为高粱，为衣服，为烧柴，为住所而作着生死的斗争，那些能动员他们和组织他们与侵略者及剥削者斗争的口号，如：没收日本帝国主义的财产和货物给饥民，没收民族叛徒的财产给饥民，饥民自动的打开财主的米仓和高粱栈拿来吃，大家合力来抢财主的煤、木柴、衣服、鞋。反对日本帝国主义强迫饥民难民建筑铁路，修飞机场汽车路工厂制造厂等等，如作这个建筑工作时，则日本侵略者须给他们和铁路及工厂工人适合的工资，反对关［此处可能有漏字］饥民在收容所里等死，要求日帝国主义和满洲国政府无代价地发米粮衣服、煤、劈柴、住所等等，所有这些口号，我们党必须广泛的传播，他们的组织形式可以是“饥民会”、“饥民灾民联合会”等等。

对满洲国的军队应当提出这样的口号：谁替日本帝国主义及其走狗满洲国当兵就是可耻的民族叛徒！兵士们！满洲国军队中的弟兄们带枪到反日的游击队方面来，杀死你们的长官民族叛徒，暴动起来反对屠杀中国民众的刽子手——日本帝国主义。而对反动军官所领导下的尚在斗争着的旧吉林军兵士们，可提出下列的要求和口号：兵士弟兄们组织兵士委员会来监督各种反帝团体为我们捐来的几百万几千万元的进款和用途。不要压迫和杀害自己的弟兄——工人农民学生和饥民！和工农联合及友好，不服从反对长官的反革命命令，去投降和压迫工农！小心你们的长官和国民党党官的叛变！最后，兵士选举长官的口号要小心仔细和有准备的提出来实行等等……便把他们夺取到革命方面来，并加紧武装革命与全副武装的反革命斗争。

对小资产阶级提出停止减少各式各样的捐税（首先是盐税粮食税户口捐），无代价的退还当铺里的衣被器具，反对城市里戒严，要求言论集会结社信教等自由。对于学生和知识分子提出反对关闭学校，反对屠杀学生和新闻记者，思想言论出版集会结社和学习的自由，反对日本帝国主义奴役式的教育计划，因为这是对学生的污染和讽刺，反对孙文主义，因为它是流血的白色恐怖和卖国辱国的旗帜。不要忘记，在民族革命斗争中特别是在它的最初阶级上，一般的小资产阶级尤其是学生，在扩展群众反帝运动上能起很大的作用。对高丽人（其中一部分曾被日本帝国主义利用来反对中国人，而另一部分先进的工人农民经常的与中国劳动者共同反对日本帝国主义）和对蒙古人（日本帝国主义根据其已定的使满洲及蒙古殖民地化的计划，而进一步进攻的最近和最先的对象）须提出特殊的斗争口号，即是一方面借此可以揭穿和打破日本帝国主义（内蒙自立，间岛自立区）的武断宣传，和它之利用及故意挑拨民族恶感及冲突，以利于自己的帝国主义强盗事业；另一方面组织和联络它们与中国劳动者共同反对共同的敌人——日本帝国主义及其他帝国主义。应当提出如下的口号：第一，一致抵抗日本国政府及满洲国政府的捐税和命令；第二，中韩蒙及其他劳动者共同进行民族革命战争，反对日本及其他帝国主义和它们的奸细——中韩蒙的压迫者和剥削者，第三，苏联的工农与中韩蒙民众的友谊联盟万岁。为朝鲜人所提出的特殊斗争的口号大致是：朝鲜的农民们，日帝国主义抢去了你们的土地，并把你们从故乡赶出来，打倒日本帝国主义，为归还自己的土地而奋斗，不给中韩日地主缴租。为蒙古人所提出的特殊口号，组织游击队武装反对日帝国主义侵入热河和内蒙！中国革命，外蒙人民共和国及内蒙群众友谊的联盟万岁。反对国民党及一切北方军阀的压迫，不给国民党及一切军阀纳税，不给本地王公督统纳税。反对喇嘛帮助日本帝国主义压迫蒙古民众的民族叛徒政策。

计算满洲有一万到一万五千的日本工人，他们比中国工人及其本国日本工人都处于特权地位，并且顾及建立他们的革命斗争与日本国内斗争的联系，而应该提出日本工人和中国工人利益相同的口号，组织共同的罢工，在满洲的日本工人中间，组织共产党的支部，同时必须提出共同的要求，在满洲有建立工会组织之权。

根据上海所有的经验和满洲的事实，满洲反日会等等，能成为联合广大民众的组织，同时必须夺取这个组织的领导权到我们的手里。满洲党的每个组织和每个党员，都必须提出那些是群众最感奋，和在各地都能动员广大群众起来斗争的口号，并把他们日常部分要求斗争与我们党总的政治任务和武装反对日本帝国主义及其走狗的斗争联系起来。此外，党还必须估计到满洲的复杂国际关系与无情地反对帝国主义的斗争，同时还必须进行反对一切帝国主义的斗争，这些帝国主义的正为着压迫和奴役满洲的中国和其他民众，而与日本帝国主义竞争着，这是一方面；而另一方面必须尽可能的哪怕是极小的可能，利用帝国主义强盗间的矛盾和冲突，使它有利于革命的群众运动。

党必须经常的和广泛的传播苏联的工农和中国工农友谊联盟的口号，以及中国民众和外蒙人民友谊联盟的口号，同时党必须在满洲的民众间作广泛的解释运动，来解释苏联所坚决执行的和平政策（特别是关于满洲事件）的实质和意义。

最后，党必须根据一九二五——二七年革命，一二八上海防守以及满洲游击运动的实际经验和朱霁青等将军——国民党张学良段祺瑞吴佩孚阎锡山冯玉祥等等每一件具体的反革命事实，来进行广大的解释工作，揭穿国民党张学良及其他反革命的团体，国家主义派、社会民主党、托陈取消派、罗章龙派对于满洲事变投降叛卖政策的事实；而另一方面，广泛的宣传苏维埃的中国在解决一般的反帝国主义和土地革命问题方面所得到的成绩，特别是中华苏维埃共和国政府已经对日宣战的问题，以便向广大的群众证明只有苏维埃政府和它的英勇的红军是中国唯一彻底的反帝国主义的政府和军队。假如国民党不是四面围攻我们的苏区，那么，我们的红军早已和全国反日游击队及义勇军在一起，在第一道战线上直接和日本帝国主义作战了（参看中华苏维埃共和国政府对日宣战的宣言）。并且要指明中华苏维埃政府和红军的革命军事委员会声明同任何的军队和队伍缔结作战的协定，共同反对日本帝国主义，只要有两种条件：（一）停止向苏维埃区域进攻；（二）给他们自己领土内的民众以一般的民权（言论出版集会罢工示威的自由）和武装民众的自由。这样，党不但能粉碎国民党的武断宣传，而且会得到满洲民众对我们党广大的同情和拥护，并且真正准备满洲革命发展的基础。

只有正确的灵活的完成上述的任务，我们党才不仅能夺得和巩固自己在反日游击队内的领导，而且只有在我们的直接领导之下，目前的反日游击运动，才能变成千百万武装民众反日的及反对其他帝国主义的真正的彻底的民族革命战争。只有在我们党领导之下，才能造成真正民众的和真正由一切反帝国主义的民众（工人、农民、兵士、城市贫民、学生知识分子、革命的军官）所选举出来的政权，有一定的适合的领土基础，和在武装斗争的过程中由最好的游击队所构成的民众革命军，并且只有在我们领导之下，满洲的反日游击运动和革命运动，才能得到完全胜利。

此外，党必须在全中国这运动中灵活和勇敢的利用各种公开的可能，以便把援助满洲游击运动的发起和领导权夺到我们手里，以便一方面揭穿国民党的手腕和欺骗，而另一方面利用这运动而公开的派革命分子和我们的人、钱，去帮助满洲的游击队，在全国特别是华北党必须立刻在群众中广泛进行一种运动来解释，组织所谓“北方独立国”，即是变相的满洲国。这运动的实质在于：借此可动员广大民众反对日本帝国主义侵入热河及内蒙古的全部领土，和进一步进攻中国北部和全中国。在我们的苏维埃区域里，党应当发起一种运动和举动，在精神和物质方面帮助满洲国的游击队。这运动不仅给满洲的游击队以有力的帮助，同样也会掀起和提高国民党中国里反帝运动的战斗精神和情绪，而同时也提高苏维埃中国里的红军兵士和劳动者的精神。募捐援助游击队，不应当只限于金钱，而应该普遍到各种东西——米粮、衣服等等。

四、我们党政治上和组织上的巩固和发展是满洲民众斗争胜利的保障

我们上面已经指出了，满洲民族革命斗争胜利的前途，在基本上要看我们党如何执行目前阶段上伟大的基本的革命任务，因此我们党在满洲必须有自己的能执行上边为满洲指出的任何的组织。然而可惜，在满洲我们党的组织，在最近一年中虽然有发展，然还远远的落在客观可能之后，党员和团员数量不大，群众组织非常薄弱。因此在政治上和组织上发展和巩固我们在满洲的组织，是目前我们党最要紧最主要的任务之一。

应当加倍和巩固满洲党的领导，以便这领导真能和真会应付这复杂的环境和极端重大的任务。顾虑到军事的环境及在满洲省委和地方党委员会间时常没有必须的联系，省委须在各地建立起强健的和有独立及自动的工作能力的党委员会，譬如在南满北满等处，以及在各主要游击区域和抚顺等，同时在各大城市——大连、哈尔滨、奉天、长春等等。所有满洲党的组织，从省委到支部以及每个党员都必须用全力和一切政治方法，努力打入一切游击队伍（首先是最大的）和一切重要企业（首先是南满铁路，抚顺、穆棱等煤矿，大连、松花江的航业等等）以及一切群众组织（反帝同盟、反日会、农民委员会、大刀会、红枪会等等）去，以便和群众发生联系及在其中建立党的支部。这些支部要十分的秘密，然也必须能扩展革命的群众工作。对于找出、提拔和教育，以及正确的利用党的组织干部的问题，特别要严重的注意。应当消灭那种以为满洲“无人”可作我们干部的不正确的意见，在满洲天天有更多新的力量被吸进游击队和反帝运动中来，为什么能说在满洲没有先进的工人和劳动分子呢？满洲党的组织须在群众反日游击战争、罢工斗争、群众的农民骚动等发展的过程中，找出、训练成千成万的新干部。党的教育工作，经过党校训练班、研究组和个人的帮助，教育每个党员以基本的马克思列宁的理论、知识，这有极大的政治意义。满洲党的组织须有计划的和有系统的进行这个工作。在正发展着的群众革命斗争的实际中，党员和积极分子能很快的了解马克思列宁的理论。

在满洲目前极复杂的条件下，公开工作和秘密工作的方法，及公开工作和秘密工作联系的问题，有特别重大的意义。然而根据我们所有的材料（如满洲省委关于五一运动的决议案），省委本身对这问题也没有正确的提出，他简直把公开工作和秘密工作对立了，从他们的决议案内可以得出这样的结论：“或是公开工作，或是秘密工作”。这是无疑义的是不对的，而且是有害的。现在在满洲，一方面因为日帝国主义直接警察统治的关系，我们必须深深的加紧我们的秘密工作；另方面，因为群众反帝国主义运动广泛的发展，我们就能利用很大公开的可能，在群众中作公开和半公开的

工作。在游击队的区域里，这问题的作用，也不比在日本帝国主义军队直接统治的区域小。

在两条战线上无情的斗争，首先是反对右倾（对满洲的形势估计不足），对游击和罢工斗争采取消极的态度，不相信群众的力量，为着与其他阶级统一的战线，而失去我们党独立的政治面目，对国民党有幻想等等——这是主要危险。同时要反对各种的“左倾”（如对游击队抱关门主义的态度，反日及反其他帝国主义的统治民族革命战线上的估计得不够，李立三路线残余），必须成为一切行动及其指导的基础。同时必须顾到满洲党组织与苏维埃中国和中国南方中部比较要年幼得多，和经验少得多，因此在批评某个同志特别是年青幼稚和少经验的同志们的错误时，要多有忍耐心，而说服之和给以解释。反对反革命的罗章龙和托陈派的斗争，必须是不留情的。和反对国民党及帝国主义的奸细一样，不但在思想上与他们宣战，而且在组织上也要断绝我们组织和他们的一切关系。只有这样的方法，我们才能在组织上政治上发展和巩固我们党在满洲的组织。只有我们在满洲强固的党的组织，才是革命运动彻底的唯一的和有力的领导者。

满洲党组织的基本弱点之一，在于他未经过一九二五——二七年大革命的学校，然而满洲党是我们不可分离的及组织的部分。因此一九二五——二七年革命极丰富的教训，以及最近几年中国中部及南部胜利的苏维埃革命极丰富经验，和联共伟大胜利的经验，都应当有系统的被我们在满洲的组织在中央指导之下所利用。

同志们！满洲的客观环境对于扩展胜利的群众斗争是十分有利的。

我们相信满洲的党和全体同志坚决执行共产国际执委第十二次全会的决议案和中央这一指示，在广大的劳动者工人武装的广大群众中进行着无量的布尔塞维克的群众工作，而首先是最勇敢最牺牲最努力的与帝国主义及国民党奋斗，在满洲最后的胜利是属于我们的！

国民党签订卖国的“华北停战协定”承认了“满洲国”，最后出卖了满洲、热河、平津华北，进一步更无耻地公开投降日本帝国主义，帮助日本和一切帝国主义彻底瓜分中国，造成更严重的民族危机，除发表反对“华北停战协定”的一切文件以外，中央认为把本年一月给满洲党的信公布出来是必要的，希望一切组织，首先是华北的党把这一信中所指出的任务与策略适宜地应用于目前各地实际斗争环境中，去组织与开展反日反帝反国民党的斗争，为中国革命的胜利而奋斗！

为抗日救国告全体同胞书（八一宣言）*

（1935.8.1）

国内外工农军政商学各界男女同胞们！

日本帝国主义加紧对我们进攻，南京卖国政府步步投降，我北方各省又继东北四省之后而实际沦亡了！

有数千年文化历史的平津，有无限富源的直、鲁、晋、豫各省，有最重要战略意义的热、察、绥区域，有全国政治经济命脉的北宁、平汉、津浦、平绥等铁路，现在实际上都完全在日寇军力控制之下。关东贼军司令部正在积极实行成立所谓“蒙古国”和“华北国”的计划。自民国二十年“九一八”事变以来，由东三省而热河，由热河而长城要塞，由长城而“滦东非战区”，由非战区而实际占领河北、察、绥和北方各省，不到四年，差不多半壁山河，已经被日寇占领和侵袭了。田中奏折所预定的完全灭亡我国的毒计，正着着实行，长此下去，眼看长江和珠江流域及其他各地，均将逐渐被日寇所吞蚀。我五千年古国将完全变成被征服地，四万万同胞将都变成亡国奴。

近年来，我国家我民族已处在千钧一发的生死关头。抗日则生，不抗日则死，抗日救国，已成为每个同胞的神圣天职！

然而最痛心的，在我们伟大民族中间，却发现着少数人面兽心的败类！蒋介石，阎锡山，张学良等卖国贼，黄郛，杨永泰，王揖唐，张群等老汉奸，数年以来，以“不抵抗”政策出卖我国领土，以“逆来顺受”的主张接受日寇一切要求，以“攘外必先安内”的武断宣传来进行内战和压迫一切反帝运动，以“十年生聚”、“十年教养”、“准备复仇”等骗人口号来制止人民抗日救国行动，以“等待世界第二次大战来了再说”的狡计来迫使我国人民坐以待亡。而最近以来，汉奸卖国贼等在“中日亲善”，“中日合作”和“大亚细亚主义”等口号之下所作的降日卖国之露骨无耻行为，简直是古今中外未有之奇闻！日寇要求撤退于学忠、宋哲元等军队，这些军队便立刻奉令南下西开去进行内战了；日寇要求撤退某些军政长官，某些军政长官便立刻被撤职了；日寇要求河北省政府迁出天津，省政府便立刻搬到保定了；日寇要求封禁某些报章杂志，那些报章杂志便立刻被封禁了；日寇要求惩办“新生”等杂志主笔和新闻记者，“新生”主笔和许多记者便立刻被逮捕监禁了；日寇要求中国政府实行奴化教育，蒋贼便立刻焚书坑

* 此件摘自中共中央书记处编《六大以来》（上），“党内秘密文件”，第679～682页。

儒了；日寇要求中国聘请日本顾问，蒋贼的军政机关便立刻开门揖盗了；甚至日寇要求解散国民党党部，北方厦门等地国民党党部便立刻奉命解散了；日寇要求解散蓝衣社组织，蓝衣社北方领袖曾扩情、蒋孝先等便闻风潜逃了。

中国苏维埃政府和共产党认为日寇和汉奸卖国贼对我国这些行动，是中华民族的无上耻辱！苏维埃政府和共产党郑重宣言：我们不仅对于日寇对我国的领土侵略和内政干涉，表示激烈的反抗；就是对于日寇提出解散国民党党部和蓝衣社组织的要求，也表示坚决的抗议。在共产党及苏维埃政府看来：一切中国人的事，应由中国人自己解决，无论国民党和蓝衣社卖国殃民的罪恶如何滔天，但其应否存废问题，日寇绝无置喙的余地。

领土一省又一省地被人侵占，人民千万又千万地被人奴役，城村一处又一处地被人血洗，侨胞一批又一批地被人驱逐，一切内政外交处处被人干涉，这还能算什么国家?！这还能算什么民族?！

同胞们！中国是我们的祖国！中国民族就是我们全体同胞！我们能坐视国亡族灭而不起来救国自救吗?

不能！绝对不能！阿比西尼亚以八百万人民的国家，尚能对意大利帝国主义准备作英勇的武装反抗，以保卫自己的领土和人民；难道我们四万万人民的泱泱大国，就能这样束手待毙吗？苏维埃政府和共产党深切相信：除极少数汉奸卖国贼愿作李完用、郑孝胥、张景惠、溥仪第二腼颜事仇而外，我绝大多数工农军政商学各界同胞，绝不甘心作日寇的牛马奴隶。苏维埃政府对日宣战，红军再三提议与各军队共同抗日，红军北上抗日先遣队艰苦奋斗，十九路军及民众的淞沪抗日血战，察哈尔、长城及滦东各地军民英勇杀贼，福建人民政府接受红军提议联合抗日，罗登贤、徐名鸿、吉鸿昌、邓铁梅、伯阳、童长荣、潘洪生、史灿堂、瞿秋白、孙永勤、方志敏等民族英雄为救国而捐躯，刘崇武、田汉、杜重远等爱国志士为抗日而入狱，蔡廷锴、蒋光鼐、翁照垣、陈铭枢、方振武等抗日部队艰苦斗争，宋庆龄、何香凝、李杜、马相伯等数千人发表中华民族对日作战基本纲领，数年来我工农商学各界同胞为抗日而进行排货、罢工、罢市、罢课、示威等救国运动，尤其是我东北数十万武装反日战士在杨靖宇、赵尚志、王德泰、李延禄、周保中、谢文东、吴义成、李华堂等民族英雄领导之下，前仆后继的英勇作战，在在都表现我民族救亡图存的伟大精神，在在都证明我民族抗日救国的必然胜利。到现在，我同胞抗日救国事业之所以还未得到应有胜利的原因，一方面是由于日寇蒋贼的内外夹攻，另方面是由于各种抗日反蒋势力互相之间存在有各种隔阂和误会，以致未能团结一致。

因此，今当我亡国灭种大祸迫在眉睫之时，共产党和苏维埃政府再一次向全体同胞呼吁：无论各党派间在过去和现在有任何政见和利害的不同，无论各界同胞间有任何意见上或利益上的差异，无论各军队间过去和现在有任何敌对行动，大家都应当有“兄弟阋于墙外御其侮”的真诚觉悟，首先大家都应当停止内战，以便集中一切国力（人力、物力、财力、武力等）去为抗日救国的神圣事业而奋斗。苏维埃政府和共产党特再一次郑重宣言：只要国民党军队停止进攻苏区行动，只要任何部队实行对日抗战，不管过去和现在他们与红军之间任何旧仇宿怨，不管他们与红军之间在对内问题上有何分歧，红军不仅立刻对之停止敌对行为，而且愿意与之亲密携手共同救国。此外，苏维埃政府和共产党现在更进一步地恳切号召：

一切不愿当亡国奴的同胞们！

一切有爱国天良的军官和士兵弟兄们！

一切愿意参加抗日救国神圣事业党派和团体的同志们！

国民党和蓝衣社中一切有民族意识的热血青年们！

一切关心祖国的侨胞们！

中国境内一切被压迫民族（蒙、回、韩、藏、苗、瑶、黎、番等）的兄弟们！

大家起来！冲破日寇蒋贼的万重压迫，勇敢地与苏维埃政府和东北各地抗日政府一起，组织全中国统一的国防政府；与红军和东北人民革命军及各种反日义勇军一块，组织全中国统一的抗日联军。

苏维埃政府和共产党愿意作成立这种国防政府的发起人，苏维埃政府和共产党愿意立刻与中国一切愿意参加抗日救国事业的各党派，各团体（工会，农会，学生会，商会，教育会，新闻记者联合会，教职员联合会，同乡会，致公堂，民族武装自卫会，反日会，救国会等等），各名流学者，政治家，以及一切地方军政机关，进行谈判共同成立国防政府问题；谈判结果所成立的国防政府，应该作为救亡图存的临时领导机关，这种国防政府，应当设法召集真正代表全体同胞（由工农军政商学各界，一切愿意抗日救国的党派和团体，以及国外侨胞和中国境内各民族，在民主条件下选出的代表）的代表机关，以便更具体地讨论关于抗日救国的各种问题。苏维埃政府和共产党绝对尽力赞助这一全民代表机关的召集，并绝对执行这一机关的决议，因为苏维埃政府和共产党是绝对尊重人民公意的政府和政党。

国防政府的主要责任在于抗日救国，其行政方针应包括下列各点：

（一）抗日救国，收复失地；

（二）救灾治水，安定民生：

（三）没收日寇在华一切财产，充作对日战费；

（四）没收汉奸卖国贼财产、粮食、土地，交给贫苦同胞和抗日战士享用；

（五）废除苛捐杂税，整理财政金融，发展工农商业；

（六）加薪加饷，改良工农军学各界生活；

（七）实行民主自由，释放一切政治犯；

（八）实行免费教育，安置失业青年；

（九）实行中国境内各民族一律平等政策，保护侨胞在国内外生命、财产、居住和营业的自由；

（十）联合一切反对帝国主义的民众（日本国内劳苦民众，高丽，台湾等民族）作友军，联合一切同情中国民族解放运动的民族和国家作同盟，与一切对中国民众反日解放战争守善意中立的民族和国家建立友谊关系。

抗日联军应由一切愿意抗日的部队合组而成，在国防政府领导之下，组成统一的抗日联军总司令部。这种总司令部或由各军抗日长官及士兵选出代表组成，或由其他形式组成，也由各方代表及全体人民公意而定。红军绝对首先加入联军，以尽抗日救国的天职。

为的使国防政府真能担当起国防重任，为的使抗日联军真能担负起抗日重责，共产党和苏维埃政府号召全体同胞：有钱的出钱，有枪的出枪，有粮的出粮，有力的出力，有专门技能的供献专门技能，以便我全体同胞总动员，并用一切新旧式武器，武装起千百万民众来。共产党和苏维埃政府坚决相信：如果我们四万万同胞有统一的国防政府作领导，有统一的抗日联军作先锋，有千百万民众作后备，有无数万东方的和全世界的无产阶级和民众作声援，一定能战胜内受人民反抗、外受列强敌视的日本帝国主义！

同胞们起来！

为祖国生命而战！

为民族生存而战！

为国家独立而战！

为领土完整而战！

为人权自由而战！

大中华民族抗日救国大团结万岁！

中国苏维埃中央政府

中国共产党中央委员会

二 九一八事变前后中国东北军与日本关东军状况调查

关东军参谋部关于中国东北军的调查*

东北边防军新编成一览表（1931年5月25日 关东军司令部调查）

中华民国陆海空军副司令部（北平）	中华民国陆海空军副司令 张学良 参谋长 戢翼翘 秘书长 王树翰 参谋处长 陈钦若 总务处长 朱光沐 副官处长 汤国桢 秘书处长 叶弼亮 经理局长 苏全斌 军法处长 颜文海 军医处长 刘荣骮
东北边防军司令长官公署（沈阳）	东北边防军司令长官 张学良 参谋长 荣 臻 秘书长 吴家象 参谋处长 王 烈；副处长 李 宝 军法处长 颜文海；副处长 赵喜士 副官处长 杨正治；副处长 李汝舟 军医处长 任作楫；副处长 石吉玉 军术处长 徐世英；副处长 王腾 工务处长 柏桂林 军务处长 周 濂；副处长 马兆骑 秘电处长 张志忻；副处长 张鸿翥 军需处长 苏全斌；副处长 王享之
东北边防军驻吉副司令官公署（吉林）	东北边防军驻吉副司令官 张作相 参谋长 熙 洽 参谋处长 赵荣升 军法处长 樵金声 副官处长 宋常廷 军医处长 张明睿 军务处长 郑世□ 秘书处长 王宝善 军需处长 王作宾 电务处长 李光祖

* 此件摘自吉林省档案馆，档案号：全宗三，目录8，案卷，332。本节表中括号中部队番号为原来番号，大部现在仍在使用。部队番号应为汉字。

续表

<table>
<tr><td>东北边防军驻黑副司令官公署（齐齐哈尔）</td><td>东北边防军驻黑副司令官　万福麟
参谋长　谢　珂
秘书长　汪维城
参谋处长　刘幼生
军医处长　蔡亚民
副官处长　唐凤甲
电务科长　杨承基
军需处长　李梦庚
机要秘书　许克耀
军法处长　王海峰
军务处长　王治兰
东北边防军驻热副司令官　汤玉麟
参谋长　李璧臣
秘书长　潘鼎新
参谋处长　李璧臣
军需处长　刘云阶
副官处长　景德新
军法处长　刘　钧
军务处长　高清顺
军医处长　崔恩鸿</td></tr>
<tr><td>东北第一军司令部（北平）</td><td>东北第一军长兼平津警备司令　于学忠
参谋长　陈贯群
秘书长　李　耀
副官处长　李俊寰
军医处长　周鸿烈
军法处长　张允翰
兽医处长　王　镛
军械处长　刘云路
书记处长　张汝嘉
军需处长　林葆原</td></tr>
<tr><td>东北第二军司令部（天津）</td><td>东北第二军长兼河北省政府委员主席　王树常
参谋长　陈钦若
参谋处长　王德新
副官处长　刘运鸿</td></tr>
</table>

东北第一军

<table>
<tr><th>名称所在地</th><th>团体长参谋长</th><th>团号</th><th>团长</th><th>团所在地</th><th>摘要</th></tr>
<tr><td rowspan="2">独立第10旅
宣化
（旧第4旅）</td><td rowspan="2">旅长：刘辅廷
参谋长：
赵世功</td><td>第628团
（旧第53团）</td><td>刘朗川</td><td>怀来</td><td rowspan="2">刘旅长任察哈尔主席，据称继任者为高胜玉</td></tr>
<tr><td>第629团
（旧第80团）</td><td>陈德泽</td><td>宣化</td></tr>
</table>

续表

名称所在地	团体长参谋长	团号	团长	团所在地	摘要
独立第10旅 宣化 （旧第4旅）	旅长：刘辅廷 参谋长： 赵世功	第630团 （旧第81团）	朱鸿勋	宣化	
独立第11旅 张家口 （旧第5旅）	旅长 董英斌	第631团 （旧第16团）	陈树楷	张家口	
		第632团 （旧第55团）	王保心	孔家庄	
		第633团 （旧第71团）	常思多	张家口	
独立第13旅 保定 （旧第6旅）	旅长：李振唐 参谋长： 李荣谟	第637团 （旧第8团）	霍守义	定州	霍唐两团由保定向定州望都前进
		第638团 （旧第40团）	唐君尧	望都	
		第639团 （旧第44团）	周福成	保定	
独立第14旅 北京 （旧第23团）	旅长：陈贯群 参谋长： 牟中珩	第640团 （旧第1团）	张俊乡	北平	于学忠解除旅长兼职，陈参谋长提升
		第641团 （旧第10团）	李寿山	间道沟	
		第642团 （旧第54团）	张砚田	北平	
独立第18旅 石家庄 （旧第27旅）	旅长：杜继武 参谋长： 周毓英	第651团 （旧第27团）	杜继武（兼）	正定	刘乃昌免旅长职，杜团长升任，杜之后任不明
		第652团 （旧第48团）	张□余	石家庄	
		第653团 （旧第67团）	赵荣枝	石家庄	
独立骑兵 第6旅 高邑 （旧骑兵 第6旅）	旅长：白凤祥	骑兵第47团 （旧骑兵第15团）	袁□霖	高邑	旅部及主力从顺德转至高邑
		骑兵第48团 （旧骑兵第18团）	刘□五	内邱	
新编骑兵 第1师 多伦 （旧骑兵 第6旅）	师长：张成德	骑兵第1团 （旧骑兵第19团）	黄金生	多伦	
		骑兵第2团 （旧骑兵第10团）	宋万里	多伦	

续表

名称所在地	团体长参谋长	团号	团长	团所在地	摘要
独立炮兵第 7 旅		炮兵第 14 团（旧炮兵第 1 团）	王绍云	南苑	
独立	工兵第 5 营	张质彬	北平		
	辎重兵第 1 营	戴锡福	北平		

东北军第二军

名称所在地	团体长参谋长	团号	团长	团所在地	摘要
独立第 8 旅 马厂 （旧第 2 旅）	旅长：丁喜春 参谋长：张子峰	第 622 团（旧第 11 团）	夏鹤一	沧州	旅部移马厂，徐团一部移廊坊
		第 623 团（旧第 28 团）	孙兆印	马厂	
		第 624 团（旧第 52 团）	徐光贤	杨柳青 廊坊	
独立第 15 旅 天津 （旧第 25 旅）	旅长：姚东□ 参谋长：张天申	第 643 团（旧第 21 团）	鲍阁臣	天津	第 75 团似未编成，故予除外
		第 644 团（旧第 32 团）	李连坡	塘沽	
独立骑兵第 4 旅 曲周 （旧骑兵第 4 旅）	旅长：郭希鹏 参谋长：孟明山	骑兵第 42 团（旧骑兵第 5 团）	刘钟林	大名	
		骑兵第 44 团（旧骑兵第 7 团）	董文阁	平乡	
独立骑兵第 5 旅 武邑 （旧骑兵第 5 旅）	旅长：李福知	骑兵第 45 团（旧骑兵第 13 团）	周益轩	武邑	□□镇向武邑献州方向移动
		骑兵第 46 团（旧骑兵第 17 团）	李从忠	献州	
新编第 6 旅 朝城 （旧杂军）	旅长：刘桂堂	步兵第 1 团（旧第 1 团）		朝城	作为杂牌军与西北军共同在山西翼城附近被东北军收编，驻黄河沿岸朝城附近
		步兵第 2 团（旧第 2 团）		朝城	
		骑兵第 6 团（旧骑兵第 1 团）		朝城	

续表

名称所在地	团体长参谋长	团号	团长	团所在地	摘要
独立炮兵第6旅		炮兵第12团（旧炮兵第4团）	王和华（兼）	军粮城	旅部在北镇
独立		工兵第4营	王晏熙	军粮城	
		辎重兵第2营	李发金		

辽宁省驻屯军

名称所在地	团体长参谋长	团号	团长	团所在地	摘要
长官公署卫队奉天	刘多荃	卫队团	刘多荃	省城	第2营随学良
独立第7旅奉天北大营（旧第1旅）	旅长：王以哲 参谋长：赵国民	第619团（旧第17团）	张士贤	奉天北大营	因常团长升任旅长，张士贤升任
		第620团（旧第37团）	□芝荣	奉天北大营	
		第621团（旧第79团）	王志军	奉天北大营	
独立第9旅山海关（旧第3旅）	旅长：何桂国 参谋长：曹霄	第625团（旧第23团）	田泽民	唐山	
		第626团（旧第46团）	石世安	山海关	
		第627团（旧第64团）	李树沆	滦州	
独立第16旅打虎山（旧第16旅）	旅长：缪承琳 参谋长：邢培模	第645团（旧第25团）	江伟任	打虎山	
		第646团（旧第30团）	杨德新	新立屯	
		第647团（旧第56团）	孙庆濂	打虎山	
独立第12旅锦州（旧第12旅）	旅长：张廷枢 参谋长：张学骞	第634团（旧第29团）	李戒麟	连山	
		第635团（旧第31团）	薛文彩	兴城	
		第636团（旧第59团）	阎宗周	锦州	

续表

名称所在地	团体长参谋长	团号	团长	团所在地	摘要
独立第19旅 田庄台 （旧第19旅）	旅长：孙德荃 参谋长： 高玉峰	第654团 （旧第12团）	李玉青	盘山	骑兵训练营及营口练军营被第19旅收编，第68团似未编成
		第655团 （旧第45团）		同上	
独立第20旅 洮南 （旧第20旅）	旅长： 常经武	第656团 （旧第20团）	叶兆麟	开通	黄旅长任奉天公安局长，第一旅常团长升任
		第657团 （旧第26团）	马万珍	镇东	
		第658团 （旧第58团）	张金相	洮南	
独立第17旅 昌图 （旧第24旅）	旅长：黄师岳 参谋长： 曹凌霄	第648团 （旧第4团）	张政枋	郑家屯	因其护四洮铁路，配置变更
		第649团 （旧第16团）	王之翰	梨树	
		第650团 （旧第72团）	□子恒	红顶山	
独立骑兵 第3旅 通辽	旅长：张树森 参谋长： 乔万章	骑兵第39团 （旧骑兵第3团）	徐英	通辽	出动讨伐热河，王团团部由郑家屯转移钱家店
		骑兵第40团 （旧骑兵第6团）	王奇峰	钱家店	
		骑兵第41团 （旧骑兵第9团）	徐梁	彰武	
省防步兵 东边镇守 使所属军 洮南	旅长：于芷山 参谋长： 布傅彦	第1团	姜全我	凤城	因警护沈海线，第3团200名配置在抚顺朝阳镇间，骑兵团200名配置在梅河口至西安间
		第2团	廖弼臣	通化	
		第3团	田得胜	北山城子	
		骑兵第1团	王玉丰	西安	
省防骑兵 洮辽镇守 使所属军 洮南	旅长：张海鹏 参谋长： 李盛唐	骑兵第2团	徐景隆	洮南	出动讨伐热河未归
		骑兵第3团	傅铭勋	突泉	
		骑兵第4团	鹏飞	洮南	
		骑兵第5团	刘茂思	开通	

续表

名称所在地	团体长参谋长	团号	团长	团所在地	摘要
兴安屯垦队 兴安	督办：邹作华 代理：高仁毅	步兵第1团	苑崇谷	索伦	邹作华出国。目前在各地募兵中
		步兵第2团	张毓龙	苏鄂公府	
		步兵第3团	赵冠伍	兴安	
独立炮兵 第6旅 北镇	旅长：王和华	炮兵第11团 （旧炮兵第3团）	谢绪哲	北镇	新编第12团出动中
		炮兵第13团 （旧炮兵第5团）	张福山	同上	
独立炮兵 第7旅 锦州	旅长：乔方	炮兵第15团 （旧炮兵第2团）	黄永安	锦州	同上 第14团出动中
		炮兵第16团 （旧炮兵第8团）	乔方（兼）	锦州	
独立炮兵 第8旅 锦州	旅长：刘翰东	炮兵第17团 （旧炮兵第6团）	及绍岚	锦州	同上
		炮兵第18团 （旧炮兵第7团）	刘翰东（兼）	锦州	
独立工兵		工兵第1营	吴宗庆	北大营	有工兵训练营第15营号的工兵营5营似在奉天，第4、5营出动中
		同第1营	□□□	大凌河	
		工兵第3营	张玉振	大凌河	
		工兵营	王树昌	北大营	
		同上	树勋	同上	
		同上	冯星武	同上	
		同上	韩模	同上	
		同上	富双方	同上	
独立辎重兵		辎重兵第2营		新民	辎重兵训练监部撤销，第1、4营出动关内
		辎重兵第3营	刘伟章	同上	
		辎重兵第5营		同上	
		辎重兵第6营		同上	
		辎重兵第7营		同上	

吉林省驻屯军

名称所在地	团体长参谋长	团号	团长	团所在地	摘要
卫队		第682团（旧第34团）	冯占海	吉林	
独立第21旅 宁安（旧第21旅）	旅长：赵芷香 参谋长：王绍文	第659团（旧第18团）	管永胜	穆棱	
		第660团（旧第74团）	张治邦	绥芬	
		骑兵第21团（旧骑兵第12团）	薄振声	密山	
独立第22旅 双城（旧第7旅）	旅长：苏德臣 参谋长：张春霖	第661团（旧第42团）	曲宝珩	敦化	曹参谋长升任故更换，曲团由老少沟转移敦化
		第662团（旧第57团）	赵毅	双城	
		第663团（旧第72团）	陈德才	密门	
独立第24旅 依兰（旧第9旅）	旅长：李杜 参谋长：翼景儒	第667团（旧第3团）	马龙图	富锦	
		第668团（旧第5团）	陈宗岱	依兰	
		第669团（旧第35团）	路永方	同江	
独立第23旅 长春（旧第8旅）	旅长：李桂林 参谋长：王宪章	第664团（旧第24团）	任永和	桦甸	
		第665团（旧第33团）	杨宗武	伊通	
		第666团（旧第78团）	马锡麟	长春	
独立第25旅 吉林（旧第10旅）	旅长：张作舟 参谋长：孟傅荣	第670团（旧第49团）	刘宝麟	吉林	
		第671团（旧第50团）	任玉山	长春	
		第672团（旧第73团）	夏洪谟	吉林	
独立第26旅 哈尔滨（旧第26旅）	旅长：邢占清 参谋长：盛芳厚	第673团（旧第36团）	宗文俊	哈尔滨	赵团第3营由杨玉书新任营长
		第674团（旧第44团）	刘汉武	一面坡	

续表

名称所在地	团体长参谋长	团号	团长	团所在地	摘要
独立第26旅 哈尔滨 （旧第26旅）	旅长：邢占清 参谋长： 盛芳厚	第675团 （旧第77团）	赵秋航	铁岭河	
独立第27旅 延吉 （旧第13旅）	旅长：吉兴 参谋长： 吴元敏	第676团 （旧第7团）	王树棠	百草沟	敦化的王团移百草沟，增设迫击炮连
		第677团 （旧第63团）	梁泮	延吉	
		第678团 （旧第70团）	朱格	珲春	
独立第28旅 哈尔滨 （旧第18旅）	旅长：丁超 参谋长： 孙广中	第679团 （旧第60团）	白文清	哈尔滨	
		第680团 （旧第66团）	关成山	横道河子	
		第681团 （旧第78团）	刘作宾	苇河	
独立骑兵 第7旅 农安 （旧骑兵 第4旅）	旅长：常尧臣 参谋长： 龙霈	骑兵第49团 （旧骑兵第11旅）	张廷弼	扶余	刘国志团长因某种原因被免，刘炮兵营长升任
		骑兵第50团 （旧骑兵第14团）	王浙民	长岭	
		骑兵第51团 （旧骑兵第16团）	刘玉昆	伏龙泉	
独立		炮兵第19团 （旧炮兵第19团）	穆纯昌	长春	更换第2营长
		吉林山林 保卫游击队	宗希曾	延吉	
		工兵第11营	洛荣晋	吉林	
		辎重兵第2营	宋求铃	长春	
独立第29旅 兴隆镇 （旧第15旅）	旅长：王永盛 参谋长： 张文清	第684团 （旧第42团）	刘纯和	通河	由石友三军增加105名
		第685团 （旧第51团）	高鹏云	巴彦	
独立第30旅 齐齐哈尔 （旧第17旅）	旅长：于兆麟 参谋长： 张麟绥	第686团 （旧第6团）	李久绪	泰来	由石友三军增加500名
		第687团 （旧第13团）	赵子余	齐齐哈尔	
		第688团 （旧第14团）	孙树华	同上	

续表

名称所在地	团体长参谋长	团号	团长	团所在地	摘要
独立骑兵第8旅满洲里（旧骑兵第2旅）	旅长：程志远 参谋长：杨镇凯	骑兵第52团（旧骑兵第1团）	朱凤阳	扎赉诺尔	第53团于5月末由满洲里转移讷河
		骑兵第53团（旧骑兵第4团）	周作霖	讷河	
		骑兵第54团（旧骑兵第8团）	徐世胜	满洲里	
省防步兵第1旅扎兰屯	旅长：张殿九 参谋长：王廷元	步兵第3团	牛青山	安达	
		步兵第6团	张文筹	扎兰屯	
省防步兵第2旅海拉尔	旅长：苏炳文 参谋长：孙麟	步兵第1团	许庆麟	海拉尔	
		步兵第4团	吴德林	满洲里	
省防步兵第3旅黑河	旅长：马占山 参谋长：范景春	步兵第5团	李青山	鸥浦	
		骑兵第1团	徐景德	黑河	
省防骑兵第1旅呼兰	旅长：王南屏 参谋长：周兴岐	骑兵第2团	刘斌	海林	第2团编入第2旅，王旅长拟留学日本
		骑兵第4团	萨力布	呼兰	
		骑兵第55团（旧第10团）	吴松林	拜泉	
独立		炮兵第20团（旧炮兵第9营）	朴炳珊	泰安	
		工兵第12营（旧工兵第7营）	刘润川	齐齐哈尔	
		辎重兵第2营（旧辎重兵第9营）	田魁升	同上	
边防	保安队	陆春溥	黑河		

热河省驻屯军

名称所在地		团体长参谋长	团号	团长	团所在地	摘要
	第106旅承德（旧31旅）	旅长：张从云	第211团（旧第35团）	绍某	承德	
			第212团（旧第37团）		承德	

续表

名称所在地		团体长参谋长	团号	团长	团所在地	摘要
陆军第36师	第107旅平泉（旧38旅）	旅长：董福亭	第213团（旧第58团）	于某	平泉	
			第214团（旧第83团）	绍某	凌源	
	第108旅隆化（旧51旅）	旅长：刘香九	第215团（旧第161团）	吴嘉宾	隆化	
			第216团（旧第163团）	窦连玺	滦平	
			骑兵第36团（旧骑兵第49团）	汤玉书	承德	
			炮兵第36团（旧炮兵第19团）	汤玉铭	同上	
			工兵第36营	汤宝福	同上	
			辎重兵第26营	夏建贵	同上	
独立第31旅围场（旧第22旅）		旅长：富春 参谋长：何庆德	第689团（旧第2团）	邰云霖	围场	
			第690团（旧第48团）	孟尚培	天宝山	
独立骑兵第9旅林西（旧骑兵第17旅）		旅长：崔兴武 参谋长：程贤	骑兵第56团（旧骑兵第27团）	孙福升	开鲁	
			骑兵第57团（旧骑兵第34团）	李守信	经棚	
			骑兵第58团（旧骑兵第41团）	尹宝山	林西	
独立骑兵第10旅赤峰（旧骑兵第19旅）		旅长：石文华 参谋长：郭明德	骑兵第59团（旧骑兵第4团）	求贤	赤峰	
			骑兵第60团（旧骑兵第31团）	宗德昌	建平	
			骑兵第61团（旧骑兵第44团）	苏殿鲁	朝阳	

编者注：此件摘自吉林省档案馆。

北平绥靖公署参谋处编《九・一八以来日军在东北行动概要》

(1932. 7. 1)

关东军司令部，司令官本庄繁。

该司令部原设于旅顺，事变之前［时］移置于奉天，向来统辖驻南满沿线之一个师团、独立守备队六大队，并宪兵队及特务机关等。事变以后凡续来东北之日军均归其指挥。

陆军第二师团，师团长多门二郎。

该师团原驻南满沿线，师团司令部设于辽阳，所属步兵四个联队分驻旅顺、奉天、辽阳、长春等地，山炮兵、野炮兵各一联队驻奉天、海城一带。事变之日，除第二十九联队及炮兵一部原驻奉天外，其所属第六联队先一日即集结于奉天附近，第三十联队亦由旅顺急行到奉。事变之夜，奉天、长春各地日侨俱持发给枪械，编为义勇军，实行军人役务。一方，第三旅团长谷部旅团长在长春攻击我南岭之步炮兵营；九月二十一日多门师团长以主力攻夺我吉林；十月四日嫩江桥之役；同月十八日昂昂溪之役；十二月下旬锦州攻击开始；二月四日哈尔滨附近之战争及尔后该地之警备；以至四月上旬攻陷我方正、依兰，均为多门师团长亲率部队奔驰指挥于其间。迨增派第十师团交替后，师团司令部始由哈尔滨复归辽阳，天野旅团移驻齐齐哈尔，长谷旅团仍返长春。不几敦化告急，该师团长更移其司令部于吉林，其所属步兵第三十联队随向敦化，驻奉天之步兵第二十九联队旋又进驻海龙。现在该师团部队散在南满沈海、吉敦沿线，并有一部在龙江，其驻军区域最广。

混成第二（三）十九旅团，旅团长嘉村达次郎。

该旅团原属朝鲜之第二十师团，驻龙山、平壤，九月十八日以前集结于新义州，十九日由安奉线以列车输送到奉天。天津事变曾以一部派遣到津。昂昂溪三间房之攻击，该旅团所属第三十七联队以一部参加。锦州之役在室师团长指挥之下首先入城。此后从事辽西义勇军之攻防，四月下旬以朝鲜防务之整理，并同时有第八、第十两师团之增派，该旅团随同第二十师团司令部归原防。

混成第四旅团，旅团长铃林美通。

该旅团原属第八师团，驻日本弘前。嫩江桥之激战后，马占山军退守龙江坚持抵抗。十一月十一日该旅团奉派增加与第二师团协力进攻昂昂溪，同时另由第三、第十二、第二十师团所属飞行联队之一部急遽增加，遂致我龙江失守。尔后该旅团即常驻齐齐哈尔，迨所属第八师团全部开至锦州后，龙江戍地交代与第二师团之天野旅团，该旅团乃归还建制。现驻锦州以西地区。

混成第八旅团，旅团长村井清规。

该旅团原属第十师团，驻日本姬路。龙江失陷以后，日军部决意攻夺我锦州，十二月十七日由第十师团编成一旅团，并附以野战重炮兵若干（即村井旅团），由船舶输送，二十八日到达大连，二十九日于奉天集结完了。盖日军攻锦部队之第二师团，于十二月二十三日田庄台之激战后，二十八日即开始行动，沿沟营线前进集结于沟帮子，以资策应。一方室师团长率嘉村、依田两旅团由北宁线西进，该旅团乃控置于打虎山。嗣以第二师团攻入哈尔滨后，丁超、李杜等自卫军依据中东哈绥线誓志抗日，关东军部复以该旅团配属第二师团，在一面坡、海林、宁古塔一带协同作战。四月，第八师团全部开到哈尔滨后，该旅团归还建制，并同时以依田旅团之接替，该旅团主力遂撤回哈尔滨整顿休养。但一面坡以西至哈尔滨沿线以及通河等处，仍为该旅团部队，并于中东路东西两路线时有该旅团派遣部队之活动。

陆军第二十师团司令部，师团长室兼次。

该师团司令部原驻龙山，十二月二十七日奉令率同混成第三十八旅团（即依田旅团）出动，同月三十日即由安奉线到达奉天，二月一日所属之依田旅团一部到达石山站沟帮子间。嘉村旅团已进至大凌河铁桥。多门师团集结沟帮子附近。该师团司令部于翌日拂晓，由北宁线从第二师团之后方超越前进，嘉村旅团乃复归其隶属。进驻锦州后该师团司令部统辖嘉村、依田两混成旅团，任辽河以西之警备。锦州以西连山绥中以迄前所，该师团均节节驻防，以能与榆关日军连续为止，并以一部至义州。四月中旬，日本增派第十师团接替防务后，该师司令部与嘉村旅团先后归还朝鲜。

混成第三十八旅团，旅团长依田少将。

该旅团属第十九师团，驻朝鲜罗南。（一九三一年）十二月二十七日奉令隶属室师团长指挥，与该师团司令部同时出动，同月三十日到达奉天，随即以大部沿北宁线在嘉村旅团后方向锦州跟进。到达锦州后，即以所属骑兵第二十联队进占锦西，当地义勇军于其入城后突起袭击，该联队自古贺联队长以下陷于全灭。四月中旬增派第八师团到达锦州接替防务。该旅团于归还朝鲜途中，忽以中东路情况紧急，奉令转进哈尔滨，五月一日以一部到达一面坡，因以解村井旅团之危。该旅团曾进至海林宁古塔一带，现犹在该路线上警备中。

陆军第八师团，师团长西义一。

该师团司令部原驻日本弘前，上年（一九三一年）十月增派向齐齐哈尔之铃木第四旅团即其所属。四月上旬，日本军部宣称整顿关东军之统率，借以增兵东北，乃命该师团全部开赴锦州，先遣之铃木第四旅团亦即归还建制，以齐齐哈尔之防务交代第二师团之天野旅团后，移驻锦州。该师团所属林茂清第十六旅团分驻打虎山、沟帮子一带。

陆军第十师团，师团长广濑寿助。

该师团司令部原驻日本姬路，四月中旬中东路自卫军势复强盛，该师团奉令以全部开赴东北，于四月十八日到达哈尔滨，接替第二师团之防务。其原在中东路之先发村井旅团归还建制。四月二十六日该师团所属中村馨第三十三旅团，由哈尔滨分乘商船及江防炮舰沿松花江东下，协同依田旅团复夺我方正、依兰。旋以依兰防务交与于琛澂军，中村旅团主力乃复回哈尔滨。但松花江下游依兰至富锦间为中村旅团所属之第六十三联队驻守，并以该联队长中村音吉为依兰警备司令官。

陆军第十四师团，师团长松木直亮。

该师团司令部原驻京都，三月初曾派向上海增援，为上海战役最后登陆之部队。五月上旬由沪撤退转进哈尔滨，当马占山军进击哈埠对岸松浦镇时，该师团渡江抵御，适中村旅团主力沿松花江归还途中，自巴彦登陆抄袭侧背，马军退守绥化，与该师团在绥化以南地区演成激烈之战争。该师团复举全力进攻，所有在哈埠及龙江之飞行队全部出动。五月三十日之海伦爆击为祸至烈，该师团遂于六月一日以平贺第二十八旅团进占海伦，以平松第二十七旅团经由齐克线向克山前进。该师团虽欲会师德都，以黑山为最后目标，但以河川泛滥山路崎岖，离开铁路线不独补充困难，后方之连络线亦时时有切断之虞，加以马军九日反攻海伦，十四日袭击克山，平贺、平松两旅团损害甚重。现在马军以主力沿呼海线以南前进，该师团犹以海伦为根据与马军周旋中。

骑兵第一旅团，旅团长吉冈丰辅。

该旅团属近卫师团，驻习志野。所属有近卫骑兵联队与骑兵第十三、第十四两联队。五月上旬马占山军再起反攻，日军既以第十四师团盘踞呼海、齐克两路，更以天野旅团所属戍守龙江之第十六联队进至讷河嫩江，但离开铁路线作战终觉机动力之不能充分发展。日军部又以地形上之不利，在东北之日军兵种须增加骑兵之活动，于是密令该旅团以所属骑兵第十三、第十四两联队编为骑兵集团，由吉冈旅团长率领出动，于六月十五日到达齐齐哈尔，旋即使用于齐克、呼海两路线中间地区。

间岛派遣队，指挥官池田联队长（系由第十九师团抽编）。

日方以图们江中韩国境之警备空虚，并为掩护吉会线工事之完成起见，乃借口于王德林反日军之扫荡，吉林本省兵力之不足，遽然向间岛出兵。该派遣队系由驻朝鲜之第十九师团抽派一混成联队，以池田联队长为指挥官，于四月三日向间岛前进，越日复由龙井村以强行军进至延吉，在平壤之飞行第六联队残部亦尽数配属。四月下旬，该派遣队之落合支队经过老头沟、五虎岭子、瓮声折［砬］子向敦化前进，现仍在吉会线之敦会段驻屯中。派遣队本部设于延吉。

鸭绿江越境部队。

本年五月自马占山军再起反攻以来，辽宁东边一带，通化、桓仁、辑安、宽甸等十数县一致反抗伪国政府。彼时日军注全力于中东路线，兵力不敷分配，通化告急，不得已召集各地警官编成武装警察队二百余名，其结果仅救出该地日侨，而东边义勇军势益扩大。鸭绿江一带朝鲜独立党亦复潜滋为患。日军部乃自朝鲜守备队平壤之步第七十七联队抽派部队并日韩合组之警官队，于六月六、七两日，由中江镇、满浦镇、楚山、昌城四路开始渡江，向帽儿山通沟城外岔沟、永甸城分头进攻，经苦战之结果已次第占据临江、辑安、宽甸等县城。救国军犹集结于其四围地区，随时施行奇袭，而当面峻山密林，迄未得进展一步，日准向千古斧斤不入不（出）之山林横施爆击。一面关东军部复令驻奉天之平田步兵第二十九联队，并于独立守备队各大队中抽编一大队，向沈海线出动，以期挟击云。其由鸭绿江越境之部队如左［下］：

中江镇方面　　柴田少佐指挥

满浦镇方面　　吉江中佐指挥

以上为平壤部队

楚山方面　　三轮中佐指挥之守备队

昌城方面　　江上大尉指挥之守备队

同时盘井中佐指挥之守备队由惠山镇进攻长白

独立守备队，司令官少将森连。

该守备队原驻南满沿线，其编制为步兵六大队，并其他特科部队，司令部设于公主岭。去年九月十八日夜驻奉天之独立守备队第二大队，首先攻击我北大营，同时独立守备队第一大队在长春攻击南岭之兵营。四月，独立守备第六大队自敦化徒步攀越山岭至宁安，然后由中东路线回鞍山原防。五月上旬，通辽开鲁方面义勇军勃起，该守备队森司令官亲率中岛大队进至通辽。六月，驻奉天之独立守备第二大队随步兵第二十九联队向沈海线出动。独立守备队自事变以来，对于各地剿匪事务极其忙碌。且其驻军与活动区域从前仅限于南满沿线，今则遍东北各铁路沿线云。

飞行队、铁道队。

日本空军尚未独立，平时均分属于陆、海军，故其陆军飞行联队恒配属于师团，战时部队之编成，则由军部按情况以规定之。事变以来，日军对各地之攻略，莫不先以飞机之侦察，继以爆击之横施。其陆续增派配属各师团者，系由第二（歧阜）、第四（太刀洗）、第五（立川）、第六（平壤）等飞行联队抽调编成。另有东北原有之飞行机编为独立飞行队，更有所调爱国满洲号机之陆续告成。关于飞行机之使用，为统一指挥起见，在第八、第十两师团增派以后，已于关东军司令部下设置飞机司令官，充任者为大江少将。又日军在东北作战恒以铁路线为依据，本年五月千叶之铁道第一联队（原属近卫师团）开赴哈尔滨，对于中东路沿线桥梁铁轨随时加以修建。上述日军行动概要系截至民国二十一（一九三二）年七月一日止。

图书在版编目(CIP)数据

抗日义勇军与抗日救亡运动/解学诗主编. —北京：社会科学文献出版社，2016.3

ISBN 978-7-5097-8707-6

Ⅰ.①抗… Ⅱ.①解… Ⅲ.①东北抗日义勇军-史料 Ⅳ.①K264.306

中国版本图书馆 CIP 数据核字（2016）第 018100 号

抗日义勇军与抗日救亡运动

主　　编／解学诗
副 主 编／李　娜　王玉芹

出 版 人／谢寿光
项目统筹／宋月华　吴　超
责任编辑／赵　晨　周志宽

出　　版／社会科学文献出版社·人文分社(010)59367215
　　　　　地址：北京市北三环中路甲29号院华龙大厦　邮编：100029
　　　　　网址：www.ssap.com.cn
发　　行／市场营销中心（010）59367081　59367018
印　　装／北京盛通印刷股份有限公司

规　　格／开　本：787mm×1092mm　1/16
　　　　　印　张：35.75　字　数：638千字
版　　次／2016年3月第1版　2016年3月第1次印刷
书　　号／ISBN 978-7-5097-8707-6
定　　价／168.00元